AF283724

Ley de Amparo
Ley Orgánica del Poder Judicial de la Federación
Código Nacional de Procedimientos Civiles y Familiares

ACCESO GRATIS a la Lectura en la Nube + Actualizaciones

Para visualizar el libro electrónico en la nube de lectura envíe junto a su nombre y apellidos una fotografía del código de barras situado en la contraportada del libro y otra del ticket de compra a la dirección:

ebooktirant@tirant.com

En un máximo de 72 horas laborables le enviaremos el código de acceso con sus instrucciones.

Ley de Amparo
Ley Orgánica del Poder Judicial de la Federación
Código Nacional de Procedimientos Civiles y Familiares

9ª Edición

Edición y estudio introductorio de
MIGUEL CARBONELL

tirant lo blanch
Ciudad de México, 2026

© Miguel Carbonell

© EDITA: TIRANT LO BLANCH
DISTRIBUYE: TIRANT LO BLANCH MÉXICO
Av. Tamaulipas 150, Oficina 502
Hipódromo, Cuauhtémoc, 06100, Ciudad de México
Telf: +52 1 55 65502317
infomex@tirant.com
www.tirant.com/mex/
www.tirant.es
ISBN: 979-13-7021-865-2

Si tiene alguna queja o sugerencia, envíenos un mail a: *atencioncliente@tirant. com*. En caso de no ser atendida su sugerencia, por favor, lea en *www.tirant. net/index.php/empresa/politicas-de-empresa* nuestro Procedimiento de quejas.

Responsabilidad Social Corporativa: http://www.tirant.net/Docs/RSCTirant.pdf

ÍNDICE

LEY ORGÁNICA DEL PODER JUDICIAL DE LA FEDERACIÓN

CÓDIGO NACIONAL DE PROCEDIMIENTOS CIVILES Y FAMILIARES

Estudio preliminar

MIGUEL CARBONELL
Director del Centro de Estudios Jurídicos Carbonell AC

El 15 de septiembre de 2024 fue publicada en el *Diario Oficial de la Federación* una reforma profunda a la Constitución mexicana, muy criticada y muy criticable, en materia de impartición de justicia que afectó principalmente a la forma en la que son electos los titulares de los órganos judiciales tanto a nivel federal como local.

En correspondencia con esa reforma, mediante decreto publicado el 13 de marzo de 2025 se modificaron un número importante de artículos de la Ley de Amparo, sobre todo en cuestiones de competencia orgánica o semánticas. El texto de esta edición incluye, como es lógico, esa reciente modificación, que va de la mano de la expedición de una nueva Ley Orgánica del Poder Judicial de la Federación que fue publicada en el Diario Oficial de la Federación el 20 de diciembre de 2024. Igualmente, para esta edición incluimos la reforma (que también fue muy discutida y criticada, si bien es cierto que tiene aspectos positivos) del 16 de octubre del 2025. De esa manera se configura un marco jurídico profundamente modificado que va a regir en materia de impartición de justicia a nivel federal y que, desde luego, también afecta al contenido conceptual y práctico del juicio de amparo.

El juicio de amparo mexicano es una de las instituciones más prestigiosas y conocidas del sistema jurídico nacional. Tiene sus orígenes en la Constitución yucateca de 1841, gracias a las aportaciones de Manuel Crescencio García Rejón; a nivel federal se recoge también en el Acta de Reformas de 1847, por iniciativa de Mariano Otero y queda finalmente establecido en los artículos 101 y 102 de la Constitución de 1857.

Actualmente, las bases constitucionales del amparo se encuentran en los artículos 103 y 107 de la Constitución mexicana vigente, los cuales fueron objeto de una importante reforma publicada en el *Diario Oficial de la Federación* el 6 de junio de 2011, la cual se complementa con la reforma a la propia Carta Magna en materia de derechos humanos publicada el 10 de junio de 2011.

El amparo tiene en la actualidad una regulación que lo hace bastante complejo y que se nutre de diversos antecedentes internacionales y extranjeros.

Por ejemplo, el amparo mexicano tiene entre sus funciones la protección de la libertad personal a través del llamado "amparo-libertad". Esta función del amparo tiene sus orígenes en Inglaterra, país en el que desde la Carta Magna de Juan sin Tierra de 1215 se estableció el llamado *habeas corpus*, como un mecanismo de tutela y garantía precisamente de la libertad personal.[1]

De igual forma, el amparo mexicano tiene también entre sus funciones la controlar la constitucionalidad de las leyes, cuyos antecedentes se remontan a la sentencia "Marbury versus Madison" dictada en 1803 por la Suprema Corte de los Estados Unidos.

Un tercer sector del amparo tiene que ver con el control de los actos administrativos, lo cual hace que el amparo se asemeje en parte a un proceso "contencioso administrativo" que tiene sus raíces históricas en el derecho francés del siglo XIX.

Un cuarto aspecto interesante del amparo es que sirve para controlar la constitucionalidad de las sentencias judiciales, lo que lo hace parecerse (en este aspecto) a los recursos de casación que se comienzan a desarrollar en Europa también en el siglo XIX. Bajo esta modalidad, el Poder Judicial de la Federación revisa las sentencias de los tribunales de instancia locales y también los juicios federales ordinarios. El amparo supone en los hechos, desde este punto de vista, un juicio de última instancia en el sistema jurídico mexicano.

Aparte de lo que llevamos apuntado, lo cierto es que la actual configuración del juicio de amparo se nutre de muchos otros antecedentes, tanto normativos como doctrinales o teóricos. Así por ejemplo, es del todo probable que hayan tenido influencia en el amparo mexicano las constituciones locales de las colonias que conformaron los Estados Unidos, así como la Constitución federal de 1787. También se nota la influencia de la Declaración de los Derechos del Hombre y del Ciudadano, promulgada en Francia el 26 de agosto de 1789.

---

[1]   Carbonell, Miguel, *Una historia de los derechos fundamentales*, México, Porrúa, 2010; Carbonell, Miguel, *Los derechos humanos. Génesis y desarrollo*, México, Centro Carbonell, 2022.

En el plano nacional, además de los antecedentes ya citados, el amparo también toma elementos del llamado Supremo Poder Conservador previsto en la Constitución Política de 1836.

Por todo lo anterior, el amparo puede gráficamente ser descrito —de acuerdo a la terminología empleada por Héctor Fix-Zamudio en varios de sus trabajos— como una "federación de instrumentos procesales", ya que bajo un único nombre aglutina aspectos que en otros países se llevan a cabo mediante figuras claramente separadas.

Pese a las tendencias recientes que, desde trincheras políticas, han criticado a los órganos de la justicia federal y que han señalado al juicio de amparo como el proceso que sirve de excusa para proteger supuestos delincuentes o para impedir el legítimo ejercicio del poder público, la historia nos enseña que es precisamente al revés. Ha sido gracias al juicio de amparo que se han podido señalar y, en algunos casos, detener actos arbitrarios que tuvieron como origen los poderes legislativo o ejecutivo tanto a nivel federal como local.

Nadie niega que el juicio de amparo era y es manifiestamente mejorable, pero las descalificaciones que, con clara intencionalidad política, se le han dirigido son en gran medida falsas e intendibles. Lo que necesita el juicio de amparo mexicano es ser fortalecido en sus alcances procesales y sustantivos (como herramienta esencial de protección de los derechos humanos). Necesitamos un amparo con mayores alcances, incluyendo desde luego un fortalecimiento de esa medida cautelar por excelencia en el proceso de amparo que es la suspensión del acto reclamado. En eso deberíamos estar enfocados, alejándonos de la "guerra" que se ha declarado contra el amparo desde ciertas tribunas políticas.

En la actualidad, el juicio de amparo se erige como el mecanismo más robusto de defensa de los derechos humanos y el control del poder público en México; incluso más: si tomamos en cuenta las reformas constitucionales recientes que han erosionado el papel de algunas instituciones autónomas que tenían por tarea precisamente la defensa de los derechos humanos, el amparo es hoy en día casi el único mecanismo protector de tales derechos. Su importancia trasciende el ámbito jurídico y debe interesar a todos los ciudadanos de México, pues cumple una función esencial en la preservación del Estado de Derecho y la democracia.

Lo anterior se basa en al menos tres elementos que describen muy bien las tareas del amparo mexicano:

1. Defensa de los derechos humanos: el juicio de amparo es el principal recurso para proteger a los ciudadanos de actos arbitrarios de las autoridades. Desde cuestiones civiles y penales hasta laborales y administrativas, este instrumento garantiza que ningún acto de gobierno esté por encima de la Constitución.

2. Control constitucional: al revisar la constitucionalidad de leyes y actos administrativos, el juicio de amparo asegura que las autoridades actúen dentro de los límites de la ley, promoviendo un equilibrio entre los poderes del Estado.

3. Justicia accesible: al permitir que cualquier persona, independientemente de su condición social o económica, pueda acudir a los tribunales para exigir el respeto de sus derechos, el juicio de amparo democratiza el acceso a la justicia.

Se ha dicho muchas veces que el amparo mexicano es "la joya de la corona" del sistema jurídico nacional y seguramente no se trata de una afirmación exagerada. Quizá valdría la pena agregar que su tarea protectora es hoy en día más importante que nunca, dadas las pulsiones regresivas y autoritarias que se observan en el panorama político nacional. De ahí la relevancia de estudiar, conocer y analizar a profundidad el juicio de amparo. Eso es lo que busca esta nueva edición de la Ley de Amparo y de los demás ordenamientos que el lector podrá encontrar en la siguientes páginas.

LEY DE AMPARO, REGLAMENTARIA DE LOS ARTÍCULOS 103 Y 107 DE LA CONSTITUCIÓN POLÍTICA DE LOS ESTADOS UNIDOS MEXICANOS

Nueva Ley publicada en el Diario Oficial de la Federación el 2 de abril de 2013

TEXTO VIGENTE

Última reforma publicada DOF 16-10-2025

Al margen un sello con el Escudo Nacional, que dice: Estados Unidos Mexicanos.- Presidencia de la República.

ENRIQUE PEÑA NIETO, Presidente de los Estados Unidos Mexicanos, a sus habitantes sabed:

Que el Honorable Congreso de la Unión, se ha servido dirigirme el siguiente

DECRETO

"EL CONGRESO GENERAL DE LOS ESTADOS UNIDOS MEXICANOS, DECRETA:

SE EXPIDE LA LEY DE AMPARO, REGLAMENTARIA DE LOS ARTÍCULOS 103 Y 107 DE LA CONSTITUCIÓN POLÍTICA DE LOS ESTADOS UNIDOS MEXICANOS; SE REFORMAN Y ADICIONAN DIVERSAS DISPOSICIONES DE LA LEY ORGÁNICA DEL PODER JUDICIAL DE LA FEDERACIÓN, DE LA LEY REGLAMENTARIA DE LAS FRACCIONES I Y II DEL ARTÍCULO 105 DE LA CONSTITUCIÓN POLÍTICA DE LOS ESTADOS UNIDOS MEXICANOS, DE LA LEY ORGÁNICA DE LA ADMINISTRACIÓN PÚBLICA FEDERAL, DE LA LEY ORGÁNICA DEL CONGRESO GENERAL DE LOS ESTADOS UNIDOS MEXICANOS Y DE LA LEY ORGÁNICA DE LA PROCURADURÍA GENERAL DE LA REPÚBLICA.

ARTÍCULO PRIMERO. Se expide la Ley de Amparo, Reglamentaria de los artículos 103 y 107 de la Constitución Política de los Estados Unidos Mexicanos.

TÍTULO PRIMERO
REGLAS GENERALES

CAPÍTULO I
DISPOSICIONES FUNDAMENTALES

Artículo 1o. El juicio de amparo tiene por objeto resolver toda controversia que se suscite:

I. Por normas generales, actos u omisiones de autoridad que violen los derechos humanos reconocidos y las garantías otorgadas para su protección por la Constitución Política de los Estados Unidos Mexicanos, así como por los tratados internacionales de los que el Estado Mexicano sea parte;

II. Por normas generales, actos u omisiones de la autoridad federal que vulneren o restrinjan la soberanía de los Estados o la esfera de competencias de la Ciudad de México, siempre y cuando se violen los derechos humanos reconocidos y las garantías otorgadas para su protección por la Constitución Política de los Estados Unidos Mexicanos, y

Fracción reformada DOF 13-03-2025

III. Por normas generales, actos u omisiones de las autoridades de los Estados o de la Ciudad de México, que invadan la esfera de competencia de la autoridad federal, siempre y cuando se violen los derechos humanos reconocidos y las garantías otorgadas por la Constitución Política de los Estados Unidos Mexicanos.

Fracción reformada DOF 13-03-2025

El amparo protege a las personas frente a normas generales, actos u omisiones por parte de los poderes públicos o de particulares en los casos señalados en la presente Ley.

Artículo 2o. El juicio de amparo se tramitará en vía directa o indirecta. Se substanciará y resolverá de acuerdo con las formas y procedimientos que establece esta Ley.

A falta de disposición expresa se aplicará en forma supletoria el Código Nacional de Procedimientos Civiles y Familiares, y en su defecto, los principios generales del derecho.

Párrafo reformado DOF 13-03-2025

Artículo 3o. En el juicio de amparo las promociones deberán hacerse por escrito. Su presentación puede hacerse de forma electrónica o impresa.

Si las partes o sus representantes cuentan con un usuario dentro del Portal de Servicios en Línea del Poder Judicial de la Federación, deberán manifestarlo desde su primera actuación en el juicio de amparo, a efecto de que sea a través de dicho medio por el cual se lleven a cabo las notificaciones correspondientes.

Las autoridades que tengan suscrito Convenio de Interconexión con el Órgano de Administración Judicial y la Suprema Corte de Justicia de la Nación deberán informarlo en su primera promoción, a efecto de que las notificaciones se realicen por medio de dicho sistema.

La presentación electrónica de promociones será opcional para la parte promovente, por lo que en ningún supuesto podrá condicionarse el acceso al procedimiento a la utilización de medios digitales, cuando la persona haya elegido ejercer su derecho a promover por escrito.

Únicamente podrán ser orales las promociones que se hagan en las audiencias, notificaciones y comparecencias autorizadas por la ley, dejándose constancia de lo esencial.

Las copias certificadas que se expidan para la substanciación del juicio de amparo no causarán contribución alguna.

Los escritos en forma electrónica se presentarán mediante el empleo de las tecnologías de la información, utilizando la Firma Electrónica conforme la regulación que para tal efecto emita el Órgano de Administración Judicial.

La Firma Electrónica es el medio de ingreso al sistema electrónico del Poder Judicial de la Federación y producirá los mismos efectos jurídicos que la firma autógrafa, como opción para enviar y recibir promociones, documentos, comunicaciones y notificaciones oficiales, así como consultar acuerdos, resoluciones y sentencias relacionadas con los asuntos competencia de los órganos jurisdiccionales.

El Órgano de Administración Judicial, mediante acuerdos generales, determinará la forma en que deberán integrarse los expedientes físico y electrónico, salvaguardando en todo momento el derecho de las partes para consultarlos.

Las personas titulares de los órganos jurisdiccionales serán las responsables de vigilar la digitalización de todas las promociones y documentos que presenten en forma física las partes, así como de los acuerdos, resoluciones o sentencias y toda información relacionada con los expedientes en el sistema.

El Órgano de Administración Judicial, en ejercicio de las facultades que le confiere la Ley Orgánica del Poder Judicial de la Federación, emitirá los acuerdos generales que considere necesarios a efecto de establecer las bases y el correcto funcionamiento de la Firma Electrónica.

Todas las autoridades que participen en el juicio de amparo están obligadas a generar un usuario dentro del Portal de Servicios en Línea del Poder Judicial de la Federación, a efecto de que por dicho medio actúen dentro del juicio. Las autoridades que tengan suscrito Convenio de Interconexión con el Órgano de Administración Judicial y la Suprema Corte de Justicia de la Nación podrán actuar en el juicio a través de dicho sistema.

No se requerirá Firma Electrónica cuando el amparo se promueva en los términos del artículo 15 de esta Ley.

Artículo reformado DOF 13-03-2025, 16-10-2025

Artículo 4o. De manera excepcional, y sólo cuando exista urgencia atendiendo al interés social o al orden público, las Cámaras del Congreso de la Unión, a través de las personas que ocupen sus presidencias, o el Ejecutivo Federal, por conducto de la persona titular de la Consejería Jurídica, podrán solicitar a la persona titular de la Presidencia de la Suprema Corte de Justicia de la Nación que un juicio de amparo, incluidos los recursos o procedimientos derivados de éste, se substancien y resuelvan de manera prioritaria, sin modificar de ningún modo los plazos previstos en la ley.

Párrafo reformado DOF 13-03-2025

La urgencia en los términos de este artículo se justificará cuando:

I. Se trate de amparos promovidos para la defensa de grupos en situación de vulnerabilidad en los términos de la ley.

Fracción reformada DOF 13-03-2025

II. Se trate del cumplimiento de decretos, resoluciones o actos de autoridad en materia de competencia económica, monopolios y libre concurrencia.

III. Se trate de prevenir daños irreversibles al equilibrio ecológico.

IV. En aquellos casos que el Pleno de la Suprema Corte de Justicia de la Nación estime procedentes.

Recibida la solicitud, la persona titular de la Presidencia de la Suprema Corte de Justicia de la Nación la someterá a consideración del Pleno, que resolverá de forma definitiva por mayoría simple. La resolución incluirá las providencias que resulten necesarias, las que se notificarán, cuando proceda, al Órgano de Administración Judicial.

Párrafo reformado DOF 13-03-2025

Para la admisión, trámite y resolución de las solicitudes, así como las previsiones a que hace referencia este artículo, deberán observarse los acuerdos generales que al efecto emita la Suprema Corte de Justicia de la Nación.

CAPÍTULO II
CAPACIDAD Y PERSONERÍA

Artículo 5o. Son partes en el juicio de amparo:
I. La persona quejosa, teniendo tal carácter quien aduce ser titular de un derecho subjetivo o de un interés legítimo individual o colectivo, siempre que alegue que la norma, acto u omisión reclamados violan los derechos previstos en el artículo 1o. de la presente Ley y con ello se produzca una afectación real y actual a su esfera jurídica, ya sea de manera directa o en virtud de su especial situación frente al orden jurídico.

Párrafo reformado DOF 13-03-2025

Tratándose del interés legítimo, la norma, acto u omisión reclamado deberá ocasionar en la persona quejosa una lesión jurídica individual o colectiva, real y diferenciada del resto de las personas, de tal forma que su anulación produzca un beneficio cierto y no meramente hipotético o eventual en caso de que se otorgue el amparo.

Párrafo adicionado DOF 16-10-2025

El interés simple, en ningún caso, podrá invocarse como interés legítimo. La autoridad pública no podrá invocar interés legítimo.

El juicio de amparo podrá promoverse conjuntamente por dos o más personas quejosas cuando resientan una afectación común en sus derechos o intereses, aun en el supuesto de que dicha afectación derive de actos distintos, si éstos les causan un perjuicio análogo y provienen de las mismas autoridades.

Párrafo reformado DOF 13-03-2025

Tratándose de actos o resoluciones provenientes de tribunales judiciales, administrativos, agrarios o del trabajo, la persona quejosa deberá aducir ser titular de un derecho subjetivo que se afecte de manera personal y directa.

Párrafo reformado DOF 13-03-2025

La persona víctima u ofendida del delito podrán tener el carácter de persona quejosa en los términos de esta Ley.

Párrafo reformado DOF 13-03-2025

II. La autoridad responsable, teniendo tal carácter, con independencia de su naturaleza formal, la que dicta, ordena, ejecuta o trata de ejecutar el acto que crea, modifica o extingue situaciones jurídicas en forma unilateral y obligatoria; u omita el acto que de realizarse crearía, modificaría o extinguiría dichas situaciones jurídicas.

Para los efectos de esta Ley, las y los particulares tendrán la calidad de autoridad responsable cuando realicen actos equivalentes a los de autoridad, que afecten derechos en los términos de esta fracción, y cuyas funciones estén determinadas por una norma general.

Párrafo reformado DOF 13-03-2025

III. La persona tercera interesada, pudiendo tener tal carácter:

Párrafo reformado DOF 13-03-2025

a) La persona que haya gestionado el acto reclamado o tenga interés jurídico en que subsista;

b) La contraparte de la persona quejosa cuando el acto reclamado emane de un juicio o controversia del orden judicial, administrativo, agrario o del trabajo; o tratándose de persona extraña al procedimiento, la que tenga interés contrario al de la persona quejosa;

Inciso reformado DOF 13-03-2025

c) La persona víctima del delito u ofendida, o quien tenga derecho a la reparación del daño o a reclamar la responsabilidad civil, cuando el acto reclamado emane de un juicio del orden penal y afecte de manera directa esa reparación o responsabilidad;

Inciso reformado DOF 13-03-2025

d) La persona indiciada o procesada cuando el acto reclamado sea el no ejercicio o el desistimiento de la acción penal por la o el Ministerio Público;

Inciso reformado DOF 13-03-2025

e) La o el Ministerio Público que haya intervenido en el procedimiento penal del cual derive el acto reclamado, siempre y cuando no tenga el carácter de autoridad responsable.

Inciso reformado DOF 13-03-2025

IV. La o el Ministerio Público Federal en todos los juicios, donde podrá interponer los recursos que señala esta Ley, y los existentes en amparos penales cuando se reclamen resoluciones de tribunales locales, independientemente de las obligaciones que la misma ley le precisa para procurar la pronta y expedita administración de justicia.

Fracción reformada DOF 13-03-2025

Sin embargo, en amparos indirectos en materias civil y mercantil, y con exclusión de la materia familiar, donde sólo se afecten intereses particulares, la o el Ministerio Público Federal podrá interponer los recursos que esta Ley señala, sólo cuando las personas quejosas hubieren impugnado la constitucionalidad de normas generales y este aspecto se aborde en la sentencia.

Párrafo reformado DOF 13-03-2025

Artículo 6o. El juicio de amparo puede promoverse por la persona física o moral a quien afecte la norma general o el acto reclamado en términos de la fracción I del artículo 5o. de esta Ley. La persona quejosa podrá hacerlo por sí, por su representante legal o por su apoderado o apoderada, o por cualquier persona en los casos previstos en esta Ley.

Cuando el acto reclamado derive de un procedimiento penal, podrá promoverlo, además, por conducto de su defensor o defensora o de cualquier persona en los casos en que esta Ley lo permita.

Artículo reformado DOF 13-03-2025

Artículo 7o. La Federación, los Estados, la Ciudad de México, los municipios o cualquier persona moral pública podrán solicitar amparo por conducto de las personas servidoras públicas o representantes que señalen las disposiciones aplicables, cuando la norma general, un acto u omisión los afecten en su patrimonio respecto de relaciones jurídicas en las que se encuentren en un plano de igualdad con los particulares.

Las personas morales oficiales, los organismos descentralizados, las empresas públicas del Estado, las empresas de participación estatal mayoritaria, las instituciones nacionales de crédito, las organizaciones auxiliares nacionales de crédito, las instituciones nacionales de seguros y de fianzas, fondos, mandatos y fideicomisos públicos estarán exentos de prestar las garantías que en esta Ley se exige a las partes.

Párrafo reformado DOF 16-10-2025

Artículo 8o. La persona menor de edad, persona con discapacidad o mayor sujeta a interdicción podrá pedir amparo por sí o por cualquier persona en su nombre sin la intervención de su legítimo o legítima representante cuando ésta se halle ausente, se ignore quién sea, esté impedida o se negare a promoverlo. El órgano jurisdiccional, sin perjuicio de dictar las providencias que sean urgentes, le nombrará un o una representante especial para que intervenga en el juicio, debiendo preferir a una persona familiar cercana, salvo cuando haya conflicto de intereses o motivo que justifiquen la designación de persona diversa.

Si la persona menor de edad hubiere cumplido catorce años, podrá hacer la designación de representante en el escrito de demanda.

Artículo reformado DOF 13-03-2025

Artículo 9o. Las autoridades responsables podrán ser representadas o sustituidas para todos los trámites en el juicio de amparo en los términos de las disposiciones legales y reglamentarias aplicables. En todo caso podrán por medio de oficio acreditar personas delegadas que concurran a las audiencias para el efecto de que en ellas rindan pruebas, aleguen, hagan promociones e interpongan recursos.

La persona titular de la Presidencia de la República será representada en los términos que se señalen en el acuerdo general que expida y se publique en el Diario Oficial de la Federación. Dicha representación podrá recaer en la propia Consejera o Consejero Jurídico o en las secretarias o los secretarios de estado a quienes en cada caso corresponda el asunto, en términos de las leyes orgánicas y reglamentos aplicables. Los reglamentos interiores correspondientes señalarán las unidades administrativas en las que recaerá la citada representación. En el citado acuerdo general se señalará el mecanismo necesario para determinar la representación en los casos no previstos por los mismos.

Los órganos legislativos federales, de los Estados y de la Ciudad de México, así como las gobernadoras y los gobernadores y jefa o jefe de gobierno de éstos, instituciones de carácter federal o local con autonomía derivada de la Constitución Política de los Estados Unidos Mexicanos o de las Constituciones de los Estados, titulares de las dependencias de la administración pública federal, estatales o municipales, podrán ser sustituidos por las personas servidoras públicas a quienes las leyes y los reglamentos que las rigen otorguen esa atribución, o bien por conducto de las personas titulares de sus respectivas oficinas de asuntos jurídicos.

Cuando la responsable sea una o varias personas particulares, en los términos establecidos en la presente Ley, podrán comparecer por sí mismas, por conducto de un o una representante legal o por conducto de un apoderado o apoderada.

Artículo reformado DOF 20-05-2021, 13-03-2025

Artículo 10. La representación de la persona quejosa y de la persona tercera interesada se acreditará en juicio en los términos previstos en esta Ley.

En los casos no previstos, la personalidad en el juicio se justificará en la misma forma que determine la ley que rija la materia de la que emane el acto reclamado y cuando ésta no lo prevenga, se estará a lo dispuesto por el Código Nacional de Procedimientos Civiles y Familiares.

Cuando se trate de la o el Ministerio Público o cualquier otra autoridad, se aplicarán las reglas del artículo anterior.

Artículo reformado DOF 13-03-2025

Artículo 11. Cuando quien comparezca en el juicio de amparo indirecto en nombre de la persona quejosa o de la persona tercera interesada afirme tener reconocida su representación ante la autoridad responsable, le será admitida siempre que lo acredite con las constancias respectivas, salvo en materia penal en la que bastará la afirmación en ese sentido.

En el amparo directo podrá justificarse con la acreditación que tenga en el juicio del que emane la resolución reclamada.

La autoridad responsable que reciba la demanda expresará en el informe justificado si el o la promovente tiene el carácter con que se ostenta.

Artículo reformado DOF 13-03-2025

Artículo 12. La persona quejosa y la tercera interesada podrán autorizar para oír notificaciones en su nombre, a cualquier persona con capacidad legal, quien quedará facultada para interponer los recursos que procedan, ofrecer y rendir pruebas, alegar en las audiencias, solicitar su suspensión o diferimiento y realizar cualquier acto que resulte ser necesario para la defensa de los derechos de la persona autorizante, pero no podrá substituir o delegar dichas facultades en una o un tercero.

En las materias civil, mercantil, laboral, tratándose del patrón, administrativa y penal, la persona autorizada, deberá acreditar encontrarse legalmente autorizada para ejercer la profesión de licenciado o licenciada en derecho o abogado o abogada, y deberán proporcionarse los datos correspondientes en el escrito en que se otorgue dicha autorización. Sin embargo, las partes podrán designar personas solamente para oír notificaciones e imponerse de los autos, a cualquier persona con capacidad legal, quien no gozará de las demás facultades a que se refiere el párrafo anterior.

Artículo reformado DOF 17-06-2016, 13-03-2025

Artículo 13. Cuando la demanda se promueva por dos o más personas quejosas con un interés común, deberán designar entre ellas un o una representante, en su defecto, lo hará el órgano jurisdiccional en su primer auto sin perjuicio de que la parte respectiva lo substituya por otro. Las personas terceras interesadas podrán también nombrar representante común.

Cuando dos o más personas quejosas reclamen y aduzcan sobre un mismo acto u omisión ser titulares de un interés legítimo, o bien en ese mismo carácter reclamen actos u omisiones distintos pero con perjuicios análogos, provenientes de la misma autoridad, y se tramiten en órganos jurisdiccionales distintos, cualquiera de las partes podrá solicitar al Órgano de Administración Judicial que determine la concentración de todos los procedimientos ante un mismo órgano del Poder Judicial de la Federación, según corresponda. Recibida la solicitud, el Órgano de Administración Judicial, en atención al interés social y al orden público, resolverá lo conducente y dictará las providencias que resulten necesarias.

Artículo reformado DOF 13-03-2025

Artículo 14. Para el trámite de la demanda de amparo indirecto en materia penal bastará que la persona defensora manifieste, bajo protesta de decir verdad, tener tal carácter. En este caso, la autoridad ante quien se presente la demanda pedirá a la persona juzgadora o tribunal que conozca del asunto, que le remita la certificación correspondiente.

Si la persona promovente del juicio posteriormente carece del carácter con el que se ostentó, el órgano jurisdiccional de amparo le impondrá una multa de ciento quince a mil ciento cuarenta y cinco Unidades de Medida y Actualización al momento de realizarse la conducta sancionada y ordenará la ratificación de la demanda a la persona agraviada dentro de un término de tres días.

Al ratificarse la demanda se tramitará el juicio, entendiéndose las diligencias directamente con la persona agraviada siempre en presencia de su defensor o defensora, ya sea de oficio o designado por aquella, mientras no constituya representante dentro del juicio de amparo. De lo contrario, la demanda se tendrá por no interpuesta y quedarán sin efecto las providencias dictadas en el expediente principal y en el incidente de suspensión.

Artículo reformado DOF 13-03-2025

Artículo 15. Cuando se trate de actos que importen peligro de privación de la vida, ataques a la libertad personal fuera de procedimiento, incomunicación, deportación o expulsión, proscripción o destierro, extradición, desaparición forzada de personas o alguno de los prohibidos por el artículo 22 de la Constitución Política de los Estados Unidos Mexicanos, así como la incorporación forzosa al Ejército, Armada o Fuerza Aérea nacionales, y la persona agraviada se encuentre imposibilitada para promover el amparo, podrá hacerlo cualquiera otra persona en su nombre, aunque sea menor de edad.

En estos casos, el órgano jurisdiccional de amparo decretará la suspensión de los actos reclamados, y dictará todas las medidas necesarias para lograr la comparecencia de la persona agraviada.

Una vez lograda la comparecencia, se requerirá a la persona agraviada para que dentro del término de tres días ratifique la demanda de amparo. Si ésta la ratifica por sí o por medio de su representante se tramitará el juicio; de lo contrario se tendrá por no presentada la demanda y quedarán sin efecto las providencias dictadas.

Si a pesar de las medidas tomadas por el órgano jurisdiccional de amparo no se logra la comparecencia de la persona agraviada, resolverá la suspensión definitiva, ordenará suspender el procedimiento en lo principal y se harán los hechos del conocimiento del o la Ministerio Público de la Federación. En caso de que éste sea autoridad responsable, se hará del conocimiento a la persona Fiscal General de la República. Cuando haya solicitud expresa de la Comisión Nacional de los Derechos Humanos, se remitirá copia certificada de lo actuado en estos casos.

Transcurrido un año sin que nadie se apersone en el juicio, se tendrá por no interpuesta la demanda.

Cuando, por las circunstancias del caso o lo manifieste la persona que presenta la demanda en lugar de la persona quejosa, se trate de una posible comisión del delito de desaparición forzada de personas, el juez o jueza tendrá un término no mayor de veinticuatro horas para darle trámite al amparo, dictar la suspensión de los actos reclamados, y requerir a las autoridades correspondientes toda la información que pueda resultar conducente para la localización y liberación de la probable víctima. Bajo este supuesto, ninguna autoridad podrá determinar que transcurra un plazo determinado para que comparezca la persona agraviada, ni podrán las autoridades negarse a practicar las diligencias que de ellas se soliciten o sean ordenadas bajo el argumento de que existen plazos legales para considerar la desaparición de una persona.

Artículo reformado DOF 20-05-2021, 13-03-2025

Artículo 16. En caso de fallecimiento de la persona quejosa o de la tercera interesada, siempre que lo planteado en el juicio de amparo no afecte sus derechos estrictamente personales, el o la representante legal de la persona fallecida continuará el juicio en tanto interviene el o la representante de la sucesión.

Si la persona fallecida no tiene representación legal en el juicio, éste se suspenderá inmediatamente que se tenga conocimiento de la defunción. Si la sucesión no interviene dentro del plazo de sesenta días siguientes al en que se decrete la suspensión, el juez o la jueza ordenará lo conducente según el caso de que se trate.

Cualquiera de las partes que tenga noticia del fallecimiento de la persona quejosa o de la tercera interesada deberá hacerlo del conocimiento del órgano jurisdiccional de amparo, acreditando tal circunstancia, o proporcionando los datos necesarios para ese efecto.

Artículo reformado DOF 13-03-2025

CAPÍTULO III
PLAZOS

Artículo 17. El plazo para presentar la demanda de amparo es de quince días, salvo:

I. Cuando se reclame una norma general autoaplicativa, o el procedimiento de extradición, en que será de treinta días;

II. Cuando se reclame la sentencia definitiva condenatoria en un proceso penal, que imponga pena de prisión, podrá interponerse en un plazo de hasta ocho años;

III. Cuando el amparo se promueva contra actos que tengan o puedan tener por efecto privar total o parcialmente, en forma temporal o definitiva, de la propiedad, posesión o disfrute de sus derechos agrarios a los núcleos de población ejidal o comunal, en que será de siete años, contados a partir de que, de manera indubitable, la autoridad responsable notifique el acto a los grupos agrarios mencionados;

IV. Cuando el acto reclamado implique peligro de privación de la vida, ataques a la libertad personal fuera de procedimiento, incomunicación, deportación o expulsión, proscripción o destierro, desaparición forzada de personas o alguno de los prohibidos por el artículo 22 de la Constitución Política de los Estados Unidos Mexicanos, así como la incorporación forzosa al Ejército, Armada o Fuerza Aérea nacionales, en que podrá presentarse en cualquier tiempo.

Artículo 18. Los plazos a que se refiere el artículo anterior se computarán a partir del día siguiente a aquél en que surta efectos, conforme a la ley del acto, la notificación a la persona quejosa del acto o resolución que reclame o a aquella en que haya tenido conocimiento o se ostente sabedora del acto reclamado o de su ejecución, salvo el caso de la fracción I del artículo anterior en el que se computará a partir del día de su entrada en vigor.

Artículo reformado DOF 13-03-2025

Artículo 19. Son días hábiles para la promoción, substanciación y resolución de los juicios de amparo todos los del año, con excepción de los sábados y domingos, uno de enero, cinco de febrero, veintiuno de marzo, uno y cinco de mayo, catorce y dieciséis de septiembre, doce de octubre, veinte de noviembre y veinticinco de diciembre, así como aquellos en que se suspendan las labores en el órgano jurisdiccional ante el cual se tramite el juicio de amparo, o cuando no pueda funcionar por causa de fuerza mayor.

Artículo reformado DOF 19-01-2018

Artículo 20. El juicio puede promoverse por escrito, comparecencia o medios electrónicos en cualquier día y hora, si se trata de actos que importen peligro de privación de la vida, ataques a la libertad personal fuera de procedimiento, incomunicación, deportación o expulsión, proscripción o destierro, extradición, desaparición forzada de personas o alguno de los prohibidos por el artículo 22 de la Constitución Política de los Estados Unidos Mexicanos, así como la incorporación forzosa al Ejército, Armada o Fuerza Aérea nacionales. En estos casos, cualquier hora será hábil para tramitar el incidente de suspensión y dictar las providencias urgentes a fin de que se cumpla la resolución en que se haya concedido.

Para los efectos de esta disposición, los jefes, jefas y personas encargadas de las oficinas públicas de comunicaciones estarán obligados a recibir y transmitir, sin costo alguno para las personas interesadas, los mensajes en que se demande amparo por alguno de los actos enunciados, así como las resoluciones y oficios que expidan las autoridades que conozcan de la suspensión, fuera de las horas del despacho y a pesar de que existan disposiciones en contrario de autoridades administrativas.

Párrafo reformado DOF 13-03-2025

Artículo 21. La presentación de las demandas o promociones de término en forma impresa podrá hacerse el día en que éste concluya, fuera del horario de labores de los tribunales ante la oficialía de partes correspondiente que habrá de funcionar hasta las veinticuatro horas del día de su vencimiento.

La presentación de las demandas o las promociones de término en forma electrónica a través de la Firma Electrónica, podrán enviarse hasta las veinticuatro horas del día de su vencimiento.

Con independencia de lo anterior, los órganos jurisdiccionales de amparo podrán habilitar días y horas cuando lo estimen pertinente para el adecuado despacho de los asuntos.

Artículo 22. Los plazos se contarán por días hábiles, comenzarán a correr a partir del día siguiente al en que surta sus efectos la notificación y se incluirá en ellos el del vencimiento, inclusive para las realizadas en forma electrónica a través del uso de la Firma Electrónica, salvo en materia penal, en donde se computarán de momento a momento.

Correrán para cada parte desde el día siguiente a aquél en que para ella hubiese surtido sus efectos la notificación respectiva.

Artículo 23. Si alguna de las partes reside fuera de la jurisdicción del órgano de amparo que conozca o deba conocer del juicio, la demanda y la primera promoción de la persona tercera interesada podrán presentarse, dentro de los plazos legales, en la oficina pública de comunicaciones del lugar de su residencia, en la más cercana en caso de no haberla, o bien, en forma electrónica a través del uso de la Firma Electrónica.

Artículo reformado DOF 13-03-2025

CAPÍTULO IV
NOTIFICACIONES

Artículo 24. Las resoluciones que se dicten en los juicios de amparo deben notificarse a más tardar dentro del tercer día hábil siguiente, salvo en materia penal, dentro o fuera de procedimiento, en que se notificarán inmediatamente en que sean pronunciadas. La razón que corresponda se asentará inmediatamente después de dicha resolución.

La persona quejosa y la tercera interesada podrán autorizar a cualquier persona con capacidad legal exclusivamente para oír notificaciones aún las de carácter personal e imponerse de los autos, quien no gozará de las demás facultades previstas en el artículo 12 de esta Ley.

Cuando la persona quejosa y la tercera interesada cuenten con Firma Electrónica y pretendan que los autorizados en términos del párrafo anterior, utilicen o hagan uso de ésta en su representación, deberán comunicarlo al órgano jurisdiccional correspondiente, señalando las limitaciones o revocación de facultades en el uso de la misma.

Artículo reformado DOF 13-03-2025

Artículo 25. Las notificaciones a la persona titular del Poder Ejecutivo Federal se entenderán con el o la titular de la Secretaría de Estado o de la Consejería Jurídica del Ejecutivo Federal, que deba representarla en el juicio de amparo, de acuerdo con lo dispuesto en el acuerdo general al que hace referencia el artículo 9o. de esta Ley.

Párrafo reformado DOF 20-05-2021, 13-03-2025

Las notificaciones a las entidades a que se hace referencia en el párrafo anterior deberán ser hechas vía electrónica, con el uso de la Firma Electrónica, a través del Portal de Servicios en Línea del Poder Judicial de la Federación o, en su caso, conforme al Convenio suscrito con el Órgano de Administración Judicial y la Suprema Corte de Justicia de la Nación, y solo excepcionalmente por medio de oficio impreso dirigido al domicilio oficial que corresponda.

Párrafo reformado DOF 16-10-2025

Artículo 26. Las notificaciones en los juicios de amparo se harán:
I. En forma personal:

a) A la persona quejosa privada de su libertad, en el local del órgano jurisdiccional que conozca del juicio, o en el de su reclusión o a su defensor o defensora, representante legal o persona designada para oír notificaciones;

Inciso reformado DOF 13-03-2025

b) La primera notificación a la persona tercera interesada y al o la particular señalada como autoridad responsable;

Inciso reformado DOF 13-03-2025

c) Los requerimientos y prevenciones;

d) El acuerdo por el que se le requiera para que exprese si ratifica su escrito de desistimiento;

e) Las sentencias dictadas fuera de la audiencia constitucional;

f) El sobreseimiento dictado fuera de la audiencia constitucional;

g) Las resoluciones que decidan sobre la suspensión definitiva cuando sean dictadas fuera de la audiencia incidental;

h) La aclaración de sentencias ejecutorias;

i) La aclaración de las resoluciones que modifiquen o revoquen la suspensión definitiva;

j) Las resoluciones que desechen la demanda o la tengan por no interpuesta;

k) Las resoluciones que a juicio del órgano jurisdiccional lo ameriten; y

l) Las resoluciones interlocutorias que se dicten en los incidentes de reposición de autos;

II. Por oficio:

a) A la autoridad responsable, salvo que se trate de la primera notificación a un o una particular señalada como tal, en cuyo caso se observará lo establecido en el inciso b) de la fracción I del presente artículo;

Inciso reformado DOF 13-03-2025

b) A la autoridad que tenga el carácter de tercera interesada, y

Inciso reformado DOF 13-03-2025

c) Al o la Ministerio Público de la Federación en el caso de amparo contra normas generales.

Inciso reformado DOF 13-03-2025

III. Por lista, en los casos no previstos en las fracciones anteriores; y

IV. Por vía electrónica:

a) A las partes que cuenten con un usuario dentro del Portal de Servicios en Línea del Poder Judicial de la Federación.

b) A las autoridades, a través de los perfiles institucionales oficiales con que cuenten dentro del Portal de Servicios en Línea del Poder Judicial de la Federación o, en su caso, conforme al Convenio que tengan suscrito con el Órgano de Administración Judicial y la Suprema Corte de Justicia de la Nación.

Para los supuestos enunciados en los incisos anteriores, la totalidad de las notificaciones del juicio de amparo, ya sean de carácter personal o por lista, deben practicarse por las vías mencionadas.

Fracción reformada DOF 16-10-2025

Artículo 27. Las notificaciones personales se harán de acuerdo con las siguientes reglas:

I. Cuando obre en autos el domicilio de la persona, o se encuentre señalado uno para recibir notificaciones ubicado en el lugar en que resida el órgano jurisdiccional que conozca del juicio:

a) El actuario o actuaria buscará a la persona que deba ser notificada, se cerciorará de su identidad, le hará saber el órgano jurisdiccional que ordena la notificación y el número de expediente y le entregará copia autorizada de la resolución que se notifica y, en su caso, de los documentos a que se refiera dicha resolución. Si la persona se niega a recibir o a firmar la notificación, la negativa se asentará en autos y aquélla se tendrá por hecha;

Inciso reformado DOF 13-03-2025

b) Si no se encuentra a la persona que deba ser notificada, el actuario o actuaria se cerciorará de que es el domicilio y le dejará citatorio para que, dentro de los dos días hábiles siguientes, acuda al órgano jurisdiccional a notificarse, especificándose el mismo y el número del expediente. El citatorio se dejará con la persona que se encuentre en el domicilio; si la persona por notificar no acude a la cita, la notificación se hará por lista; y por lista en una página electrónica, y

Inciso reformado DOF 13-03-2025

c) Si el actuario o actuaria encuentra el domicilio cerrado y ninguna persona acude a su llamado, se cerciorará de que es el domicilio correcto, lo hará constar y fijará aviso en la puerta a fin de que, dentro de los dos días hábiles siguientes, acuda al órgano jurisdiccional a notificarse. Si no se presenta se notificará por lista y por lista en una página electrónica pudiendo, el referido órgano, tomar las medidas necesarias para lograr la notificación personal si lo estima pertinente.

Inciso reformado DOF 13-03-2025

En todos los casos a que se refieren los incisos anteriores, el actuario o actuaria asentará razón circunstanciada en el expediente;

Párrafo reformado DOF 13-03-2025

II. Cuando el domicilio señalado de la persona a notificar no se encuentre en el mismo lugar en que resida el órgano jurisdiccional, la primera notificación se hará por exhorto o despacho en términos del Código Nacional de Procedimientos Civiles y Familiares, los que podrán ser enviados y recibidos haciendo uso de la Firma Electrónica. En el exhorto o despacho se requerirá que se señale domicilio en el lugar del juicio, con apercibimiento que de no hacerlo, las siguientes notificaciones, aún las personales, se practicarán por lista, sin perjuicio de que pueda hacer la solicitud a que se refiere la fracción IV del artículo 26 de esta Ley.

Párrafo reformado DOF 13-03-2025

Cuando el domicilio se encuentre fuera de la circunscripción territorial del órgano jurisdiccional que conoce del juicio, pero en zona conurbada, podrá comisionar al notificador para que la realice en los términos de la fracción I de este artículo;

III. Cuando no conste en autos domicilio para oír notificaciones, o el señalado resulte inexacto:

a) Las notificaciones personales a la persona quejosa se efectuarán por lista.

Inciso reformado DOF 13-03-2025

b) Tratándose de la primera notificación la persona tercera interesada y al o la particular señalada como autoridad responsable, el órgano jurisdiccional dictará las medidas que estime pertinentes con el propósito de que se investigue su domicilio y podrá requerir a la autoridad responsable para que proporcione el que ante ella se hubiera señalado. Siempre que el acto reclamado emane de un procedimiento judicial la notificación se hará en el último domicilio señalado para oír notificaciones en el juicio de origen.

Si a pesar de lo anterior no pudiere efectuarse la notificación, se hará por edictos a costa de la persona quejosa en términos del Código Nacional de Procedimientos Civiles y Familiares. En caso de que la persona quejosa no acredite haber entregado para su publicación los edictos dentro del plazo de veinte días siguientes al en que se pongan a su disposición, se sobreseerá el amparo.

Inciso reformado DOF 13-03-2025

c) Cuando se trate de personas de escasos recursos a juicio del órgano jurisdiccional, se ordenará la publicación correspondiente en el Diario Oficial de la Federación sin costo para la persona quejosa.

Inciso reformado DOF 13-03-2025

IV. Cuando obre en autos que la persona cuenta con un usuario dentro del Portal de Servicios en Línea del Poder Judicial de la Federación, la notificación se hará de forma electrónica.

Fracción adicionada DOF 16-10-2025

Cuando deba notificarse a la persona interesada la providencia que mande ratificar el escrito de desistimiento de la demanda o de cualquier recurso, si no consta en autos el domicilio para oír notificaciones, ni se expresan estos datos en el escrito, continuará el juicio.

Párrafo reformado DOF 13-03-2025

Artículo 28. Las notificaciones por oficio se harán conforme a las reglas siguientes:

I. Si el domicilio de la oficina principal de la autoridad se encuentra en el lugar del juicio, un empleado o empleada hará la entrega, recabando la constancia de recibo correspondiente.

Si la autoridad se niega a recibir el oficio, el actuario o actuaria hará del conocimiento de la persona encargada de la oficina correspondiente que no obstante esta circunstancia, se tendrá por hecha la notificación. Si a pesar de esto subsiste la negativa, asentará la razón en autos y se tendrá por hecha;

Fracción reformada DOF 13-03-2025

II. Si el domicilio de la autoridad se encuentra fuera del lugar del juicio, se enviará el oficio por correo en pieza certificada con acuse de recibo, el que se agregará en autos.

En casos urgentes, cuando el domicilio se encuentre fuera de la circunscripción territorial del órgano jurisdiccional que conozca del juicio, pero en zona conurbada, podrá ordenarse que la notificación se haga por medio del actuario o actuaria, y

Párrafo reformado DOF 13-03-2025, 16-10-2025

El Órgano de Administración Judicial será el encargado de desarrollar y actualizar mediante acuerdos generales, el listado de medios electrónicos aptos para practicar notificaciones en el juicio de amparo.

Párrafo adicionado DOF 16-10-2025

En ningún caso podrán practicarse notificaciones a las partes por un medio diverso al establecido en la presente Ley, en los acuerdos generales emitidos por el Órgano de Administración Judicial o, tratándose de autoridades responsables que tengan Convenio suscrito con el Órgano de Administración Judicial o la Suprema Corte de Justicia de la Nación, según corresponda, en contravención a las formas o medios que se establezcan en dicho convenio, y

Párrafo adicionado DOF 16-10-2025

III. En casos urgentes, cuando lo requiera el orden público o fuere necesario para la eficacia de la notificación, el órgano jurisdiccional que conozca del amparo o del incidente de suspensión o de cualquier otro previsto por esta Ley, podrá ordenar que la notificación se haga a las autoridades responsables por cualquier medio oficial, sin perjuicio de practicarla conforme a las fracciones I y II de este artículo.

Las oficinas públicas de comunicaciones están obligadas a transmitir, sin costo alguno, los oficios a que se refieren las anteriores fracciones.

Artículo 29. Las notificaciones por lista se harán en una que se fijará y publicará en el local del órgano jurisdiccional, en lugar visible y de fácil acceso, así como en el portal de internet del Poder Judicial de la Federación. La fijación y publicación de esta lista se realizará a primera hora hábil del día siguiente al de la fecha de la resolución que la ordena y contendrá:

I. El número del juicio o del incidente de suspensión de que se trate;

II. El nombre de la persona quejosa;

Fracción reformada DOF 13-03-2025

III. La autoridad responsable; y

IV. La síntesis de la resolución que se notifica.

El actuario o actuaria asentará en el expediente la razón respectiva.

Párrafo reformado DOF 13-03-2025

Artículo 30. Las notificaciones por vía electrónica se sujetarán a las reglas siguientes:

I. A las y los representantes de las autoridades responsables y a las autoridades que tengan el carácter de terceras interesadas, así como cualesquier otra que tuviere intervención en el juicio, la primera notificación deberá hacerse por oficio digitalizado mediante la utilización de la Firma Electrónica al usuario registrado dentro del Portal de Servicios en Línea del Poder Judicial de la Federación, o en su caso, mediante el sistema establecido en el Convenio suscrito con el Órgano de Administración Judicial y la Suprema Corte de Justicia de la Nación y, excepcionalmente, por oficio impreso en los términos precisados en el artículo 28 de esta Ley.

Párrafo reformado DOF 13-03-2025, 16-10-2025

A efecto de dar cumplimiento a lo dispuesto por el párrafo anterior, cuando el domicilio se encuentre fuera del lugar del juicio, la primera notificación se hará por correo, en pieza certificada con acuse de recibo por medio de oficio digitalizado, con la utilización de la Firma Electrónica.

En todos los casos la notificación o constancia respectiva se agregará a los autos.

Las autoridades responsables que cuenten con Firma Electrónica están obligadas a ingresar al sistema electrónico del Poder Judicial de la Federación todos los días y obtener la constancia a que se refiere la fracción III del artículo 31 de esta Ley, en un plazo máximo de dos días a partir de que el órgano jurisdiccional la hubiere enviado, con excepción de las determinaciones dictadas en el incidente de suspensión en cuyo caso el plazo será de veinticuatro horas.

De no generarse la constancia de consulta antes mencionada, el órgano jurisdiccional que corresponda tendrá por hecha la notificación y se dará por no cumplida por la autoridad responsable la resolución que contenga. Cuando el órgano jurisdiccional lo estime conveniente por la naturaleza del acto podrá ordenar que las notificaciones se hagan por conducto del actuario o la actuaria, quien, además, asentará en el expediente cualquiera de las situaciones anteriores.

Párrafo reformado DOF 13-03-2025

En aquellos asuntos que por su especial naturaleza, las autoridades responsables consideren que pudiera alterarse su normal funcionamiento, éstas podrán solicitar al órgano jurisdiccional la ampliación del término de la consulta de los archivos contenidos en el sistema de información electrónica.

El auto que resuelva sobre la ampliación podrá ser recurrido a través del recurso de queja en los plazos y términos establecidos para las resoluciones a las que se refiere el artículo 97, fracción I, inciso b) de esta Ley;

II. Las personas quejosas o terceras interesadas que cuenten con Firma Electrónica están obligadas a ingresar al sistema electrónico del Poder Judicial de la Federación todos los días y obtener la constancia a que se refiere la fracción III del artículo 31 de esta Ley, en un plazo máximo de dos días a partir de que el órgano jurisdiccional la hubiere enviado, con excepción de las determinaciones dictadas en el incidente de suspensión, en cuyo caso, el plazo será de veinticuatro horas.

De no ingresar al sistema electrónico del Poder Judicial de la Federación dentro de los plazos señalados, el órgano jurisdiccional que corresponda tendrá por hecha la notificación. Cuando el órgano jurisdiccional lo estime conveniente por la naturaleza del acto podrá ordenar que las notificaciones se hagan por conducto del actuario o actuaria, quien, además, hará constar en el expediente cualquiera de las situaciones anteriores, y

Fracción reformada DOF 13-03-2025

III. Cuando por caso fortuito, fuerza mayor o por fallas técnicas se interrumpa el sistema, haciendo imposible el envío y la recepción de promociones dentro de los plazos establecidos en la ley, las partes deberán dar aviso de inmediato, por cualquier otra vía, al órgano jurisdiccional que corresponda, el que comunicará tal situación a la unidad administrativa encargada de operar el sistema. En tanto dure ese acontecimiento, se suspenderán, únicamente por ese lapso, los plazos correspondientes.

Una vez que se haya restablecido el sistema, la unidad administrativa encargada de operar el sistema enviará un reporte al o los órganos jurisdiccionales correspondientes en el que deberá señalar la causa y el tiempo de la interrupción del sistema, para efectos del cómputo correspondiente.

El órgano jurisdiccional que corresponda deberá notificar a las partes sobre la interrupción del sistema, haciéndoles saber el tiempo de interrupción, desde su inicio hasta su restablecimiento, así como el momento en que reinicie el cómputo de los plazos correspondientes.

Artículo 31. Las notificaciones surtirán sus efectos conforme a las siguientes reglas:

I. Las que correspondan a las autoridades responsables y a las autoridades que tengan el carácter de terceras interesadas, desde el momento en que hayan quedado legalmente hechas.

Párrafo reformado DOF 13-03-2025

Cuando el oficio que contenga el auto o resolución que se debe notificar se envíe por correo y no se trate de la suspensión, en la fecha que conste en el acuse de recibo, siempre y cuando sea un día hábil. En caso contrario, a la primera hora del día hábil siguiente;

II. Las demás, desde el día siguiente al de la notificación personal o al de la fijación y publicación de la lista que se realice en los términos de la presente Ley. Tratándose de aquellas personas usuarias que cuenten con Firma Electrónica, la notificación por lista surtirá sus efectos cuando llegado el término al que se refiere la fracción II del artículo 30, no hubieren generado la constancia electrónica que acredite la consulta de los archivos respectivos, debiendo asentar el actuario o actuaria la razón correspondiente, y

Fracción reformada DOF 13-03-2025

III. Las realizadas por vía electrónica cuando se genere la constancia de la consulta realizada, la cual, por una parte, el órgano jurisdiccional digitalizará para el expediente electrónico y, por otra, hará una impresión que agregará al expediente impreso correspondiente como constancia de notificación.

Se entiende generada la constancia cuando el sistema electrónico del Poder Judicial de la Federación produzca el aviso de la hora en que se recupere la determinación judicial correspondiente, contenida en el archivo electrónico.

Artículo 32. Serán nulas las notificaciones que no se hicieren en la forma que establecen las disposiciones precedentes.

CAPÍTULO V
COMPETENCIA

SECCIÓN PRIMERA
REGLAS DE COMPETENCIA

Artículo 33. Son competentes para conocer del juicio de amparo:
I. La Suprema Corte de Justicia de la Nación;
II. Los tribunales colegiados de circuito;

III. Los tribunales colegiados de apelación;

Fracción reformada DOF 07-06-2021

IV. Los juzgados de distrito; y
V. Los órganos jurisdiccionales de los poderes judiciales de los Estados y de la Ciudad de México, en los casos previstos por esta Ley.

Fracción reformada DOF 13-03-2025

Artículo 34. Los tribunales colegiados de circuito son competentes para conocer del juicio de amparo directo.

La competencia de los tribunales se fija de acuerdo con la residencia de la autoridad que haya dictado el acto reclamado y, en su caso, atendiendo a la especialización por materia.

En materia agraria y en los juicios en contra de tribunales federales de lo contencioso administrativo, es competente el tribunal colegiado de circuito que tenga jurisdicción en donde el acto reclamado deba tener ejecución, trate de ejecutarse, se esté ejecutando o se haya ejecutado; si el acto reclamado puede tener ejecución en más de un circuito o ha comenzado a ejecutarse en uno de ellos y sigue ejecutándose en otro, es competente el tribunal colegiado de circuito que primero hubiere recibido la demanda; en su defecto, aquél que dicte acuerdo sobre la misma.

Artículo 35. Los juzgados de distrito y los tribunales colegiados de apelación son competentes para conocer del juicio de amparo indirecto.

Párrafo reformado DOF 07-06-2021

También lo serán las autoridades del orden común cuando actúen en auxilio de los órganos jurisdiccionales de amparo.

Artículo 36. Los tribunales colegiados de apelación sólo conocerán de los juicios de amparo indirecto promovidos contra actos de otros tribunales de la misma naturaleza. Será competente otro tribunal del mismo circuito, si lo hubiera, o el más próximo a la residencia de aquél que haya emitido el acto reclamado.

Artículo reformado DOF 07-06-2021

Artículo 37. Es jueza o juez competente la o el que tenga jurisdicción en el lugar donde el acto que se reclame deba tener ejecución, trate de ejecutarse, se esté ejecutando o se haya ejecutado.

Si el acto reclamado puede tener ejecución en más de un distrito o ha comenzado a ejecutarse en uno de ellos y sigue ejecutándose en otro, es competente el juez o jueza de distrito ante el o la que se presente la demanda.

Cuando el acto reclamado no requiera ejecución material es competente el juez o jueza de distrito en cuya jurisdicción se haya presentado la demanda.

Artículo reformado DOF 13-03-2025

Artículo 38. Es competente para conocer del juicio de amparo indirecto que se promueva contra los actos de un juez o jueza de distrito, otro u otra del mismo distrito y especialización en su caso y, si no lo hubiera, el más cercano o cercana dentro de la jurisdicción del circuito al que pertenezca.

Artículo reformado DOF 13-03-2025

Artículo 39. Cuando se trate de amparos contra actos de autoridades que actúen en auxilio de la justicia federal, no podrá conocer el juez o jueza de distrito que deba avocarse al conocimiento del asunto en que se haya originado el acto reclamado.

En este caso, conocerá otro u otra del mismo distrito y especialización, en su caso, y si no lo hubiera, el más cercano o cercana dentro de la jurisdicción del circuito a que pertenezca.

Artículo reformado DOF 13-03-2025

Artículo 40. El Pleno de la Suprema Corte de Justicia de la Nación podrá ejercer, de manera oficiosa o a solicitud de la persona titular de la Fiscalía General de la República la facultad de atracción para conocer de un amparo directo que corresponda resolver a los tribunales colegiados de circuito, cuando por su interés y trascendencia lo ameriten, de conformidad con el siguiente procedimiento:

I. Planteado el caso por cualquiera de las ministras o los ministros, o en su caso hecha la solicitud de la persona titular de la Fiscalía General de la República, el Pleno acordará si procede solicitar los autos al tribunal colegiado de circuito, en cuyo caso, previa suspensión del procedimiento, éste los remitirá dentro del plazo de tres días siguientes a la recepción de la solicitud;

II. Recibidos los autos se turnará el asunto al ministro o ministra que corresponda, para que dentro del plazo de quince días formule dictamen a efecto de resolver si se ejerce o no dicha facultad, y

III. Transcurrido el plazo anterior, el dictamen será discutido por el tribunal pleno dentro de los tres días siguientes.

Si el Pleno decide ejercer la facultad de atracción se avocará al conocimiento; en caso contrario, devolverá los autos al tribunal de origen.

Artículo reformado DOF 20-05-2021, 07-06-2021, 13-03-2025

SECCIÓN SEGUNDA
CONFLICTOS COMPETENCIALES

Artículo 41. Ningún órgano jurisdiccional puede sostener competencia a su superior.

Artículo 42. Luego que se suscite una cuestión de competencia, se suspenderá todo procedimiento con excepción del incidente de suspensión.

Artículo 43. Se deroga.

Artículo derogado DOF 13-03-2025

Artículo 44. Cuando la Suprema Corte de Justicia de la Nación conozca de la revisión interpuesta contra la sentencia definitiva dictada en un juicio que debió tramitarse como directo, declarará insubsistente la sentencia recurrida y remitirá los autos al correspondiente tribunal colegiado de circuito.

Si en el mismo supuesto del párrafo anterior quien conoce de la revisión es un tribunal colegiado de circuito, declarará insubsistente la sentencia recurrida y se avocará al conocimiento en la vía directa.

Artículo 45. Cuando se reciba en un tribunal colegiado de circuito una demanda que deba tramitarse en vía indirecta, declarará de plano carecer de competencia y la remitirá con sus anexos al órgano que estime competente. Si se trata de un órgano de su mismo circuito, éste conocerá del asunto sin que pueda objetar su competencia, salvo en el caso previsto en el artículo 49 de esta Ley; si el órgano designado no pertenece al mismo circuito, únicamente podrá plantear la competencia por razón del territorio o especialidad, en términos del artículo 48 de esta Ley.

Artículo 46. Cuando un tribunal colegiado de circuito tenga información de que otro conoce de un asunto que a aquél le corresponda, lo requerirá para que le remita los autos. Si el requerido estima no ser competente deberá remitir los autos, dentro de los tres días siguientes a la recepción del requerimiento. Si considera que lo es, en igual plazo hará saber su resolución al requirente, suspenderá el procedimiento y remitirá los autos a la persona titular de la Presidencia de la Suprema Corte de Justicia de la Nación, quien lo turnará a la ministra o ministro ponente que corresponda, para que aquella resuelva lo que proceda dentro del plazo de ocho días.

Párrafo reformado DOF 13-03-2025

Cuando el tribunal colegiado de circuito que conozca de un juicio o recurso estime carecer de competencia para conocer de ellos, lo declarará así y enviará dentro de los tres días siguientes los autos al órgano jurisdiccional que en su concepto lo sea.

Si éste acepta la competencia, se avocará al conocimiento; en caso contrario, dentro de los tres días siguientes comunicará su resolución al órgano que declinó la competencia y remitirá los autos a la Suprema Corte de Justicia de la Nación para que dentro del plazo de ocho días resuelva lo que proceda.

Artículo 47. Cuando se presente una demanda de amparo ante una jueza o un juez de distrito o ante un tribunal colegiado de apelación, en la que se reclamen actos que estimen sean materia de amparo directo, declararán carecer de competencia y de inmediato remitirán la demanda y sus anexos al tribunal colegiado de circuito que corresponda.

La presidenta o el presidente del tribunal decidirá, sin trámite alguno, si acepta o no la competencia. En el primer caso, mandará tramitar el expediente y señalará a la quejosa o al quejoso un plazo de cinco días para la presentación de las copias, notificará a la autoridad responsable para que, en su caso, provea respecto a la suspensión del acto reclamado y le otorgará un plazo de diez días para que rinda el informe correspondiente. En el caso que decida no aceptar la competencia, remitirá los autos al juzgado o tribunal que estime competente, sin perjuicio de las cuestiones de competencia que pudieran suscitarse entre juezas o jueces de distrito o tribunales colegiados de apelación.

Si la competencia del tribunal colegiado de circuito aparece del informe justificado de la autoridad responsable, la jueza o el juez de distrito o el tribunal colegiado de apelación se declarará incompetente conforme a este artículo, remitirá los autos al tribunal colegiado de circuito que estime competente para el efecto previsto en el párrafo anterior y lo comunicará a la autoridad responsable para que ésta, en su caso, continúe lo relativo a la suspensión del acto reclamado conforme a lo establecido en esta Ley.

Artículo reformado DOF 07-06-2021

Artículo 48. Cuando se presente una demanda de amparo ante jueza o juez de distrito o tribunal colegiado de apelación y estimen carecer de competencia, la remitirán de plano, con sus anexos, a la jueza, juez o tribunal competente, sin decidir sobre la admisión ni sobre la suspensión del acto reclamado, salvo que se trate de actos que importen peligro de privación de la vida, ataques a la libertad personal fuera de procedimiento, incomunicación, deportación o expulsión, proscripción o destierro, extradición, desaparición forzada de personas o alguno de los prohibidos por el artículo 22 de la Constitución Política de los Estados Unidos Mexicanos, así como la incorporación forzosa al Ejército, Armada o Fuerza Aérea nacionales.

Párrafo reformado DOF 07-06-2021

Recibida la demanda y sus anexos por el órgano requerido, éste decidirá de plano, dentro de las cuarenta y ocho horas siguientes, si acepta o no el conocimiento del asunto. Si acepta, comunicará su resolución a la persona requirente, previa notificación de las partes. En caso contrario, devolverá la demanda a la persona requirente, quien deberá resolver dentro de las cuarenta y ocho horas siguientes si insiste o no en declinar su competencia. Si no insiste, se limitará a comunicar su resolución a la persona requerida y se dará por terminado el conflicto competencial. Si insiste en declinar su competencia y la cuestión se plantea entre órganos de la jurisdicción de un mismo tribunal colegiado de circuito, remitirá los autos al tribunal colegiado de circuito de su jurisdicción, el cual dará aviso a la persona requerida para que exponga lo que estime pertinente.

Párrafo reformado DOF 13-03-2025

Si el conflicto competencial se plantea entre órganos que no sean de la jurisdicción de un mismo tribunal colegiado de circuito, lo resolverá el que ejerza jurisdicción sobre el o la requirente, quien remitirá los autos y dará aviso a la persona requerida para que exponga lo conducente, debiéndose estar a lo que se dispone en el artículo anterior.

Párrafo reformado DOF 13-03-2025

Recibidos los autos y el oficio relativo, el tribunal colegiado de circuito tramitará el expediente y resolverá dentro de los ocho días siguientes quién debe conocer del juicio; comunicará su resolución a las o los involucrados y remitirá los autos al órgano declarado competente.

Párrafo reformado DOF 13-03-2025

Admitida la demanda de amparo indirecto ningún órgano jurisdiccional podrá declararse incompetente para conocer del juicio antes de resolver sobre la suspensión definitiva.

Artículo 49. Cuando la jueza o el juez de distrito o el tribunal colegiado de apelación ante el cual se hubiese promovido un juicio de amparo tenga información de que otro está conociendo de un juicio diverso promovido por la misma quejosa o quejoso, contra las mismas autoridades y por el mismo acto reclamado, aunque los conceptos de violación sean distintos, lo comunicará de inmediato por oficio a dicho órgano, y anexará la certificación del día y hora de presentación de la demanda, así como, en su caso, del auto dictado como primera actuación en el juicio.

Párrafo reformado DOF 07-06-2021

Recibido el oficio, el órgano resolverá dentro de las veinticuatro horas siguientes si se trata del mismo asunto y si le corresponde su conocimiento, y comunicará lo anterior al oficiante. Si reconoce la competencia de éste, le remitirá los autos relativos.

En caso de conflicto competencial, se estará a lo dispuesto en el artículo 48 de esta Ley.

Cuando se resuelva que se trata de un mismo asunto, se continuará el juicio promovido ante la jueza o el juez de distrito o tribunal colegiado de apelación que haya resultado competente y se deberá sobreseer en el otro juicio.

Párrafo reformado DOF 07-06-2021

Artículo 50. Cuando alguna de las partes estime que una jueza o un juez de distrito o tribunal colegiado de apelación está conociendo de un juicio de amparo que debe tramitarse como directo, podrá ocurrir ante el tribunal colegiado de circuito que estime competente y exhibir copia de la demanda y de las constancias conducentes.

La presidenta o el presidente del tribunal colegiado pedirá informe a la jueza o juez de distrito o tribunal colegiado de apelación, que deberá rendirse en el plazo de veinticuatro horas, y resolverá dentro de las cuarenta y ocho horas siguientes.

Artículo reformado DOF 07-06-2021

CAPÍTULO VI
IMPEDIMENTOS, EXCUSAS Y RECUSACIONES

Artículo 51. Los ministros y las ministras de la Suprema Corte de Justicia de la Nación, los magistrados y magistradas de circuito, los jueces y juezas de distrito, así como las autoridades que conozcan de los juicios de amparo, deberán excusarse cuando ocurra cualquiera de las siguientes causas de impedimento:

Párrafo reformado DOF 13-03-2025

I. Si son cónyuges o parientes de alguna de las partes, de sus abogados o abogadas o representantes, en línea recta por consanguinidad o afinidad sin limitación de grado; en la colateral por consanguinidad dentro del cuarto grado, o en la colateral por afinidad dentro del segundo;

Fracción reformada DOF 13-03-2025

II. Si tienen interés personal en el asunto que haya motivado el acto reclamado o lo tienen su cónyuge o parientes en los grados expresados en la fracción anterior;

III. Si han sido abogados, abogadas, apoderados o apoderadas de alguna de las partes en el asunto que haya motivado el acto reclamado o en el juicio de amparo;

Fracción reformada DOF 13-03-2025

IV. Si hubieren tenido el carácter de autoridades responsables en el juicio de amparo, o hubieren emitido en otra instancia o jurisdicción el acto reclamado o la resolución impugnada, excepto cuando se trate de la persona titular de la presidencia del órgano jurisdiccional de amparo en las resoluciones materia del recurso de reclamación;

Fracción reformada DOF 13-03-2025

V. Si hubieren aconsejado como asesores o asesoras la resolución reclamada;

Fracción reformada DOF 13-03-2025

VI. Si figuran como partes en algún juicio de amparo semejante al de su conocimiento;

VII. Si tuvieren amistad estrecha o enemistad manifiesta con alguna de las partes, sus abogados, abogadas o representantes, y

Fracción reformada DOF 13-03-2025

VIII. Si se encuentran en una situación diversa a las especificadas que implicaran elementos objetivos de los que pudiera derivarse el riesgo de pérdida de imparcialidad.

Artículo 52. Sólo podrán invocarse como excusas las causas de impedimento que enumera el artículo anterior.

Las partes podrán plantear como causa de recusación cualquiera de tales impedimentos.

Artículo 53. El que se excuse deberá, en su caso, proveer sobre la suspensión excepto cuando aduzca tener interés personal en el asunto, salvo cuando proceda legalmente la suspensión de oficio. El que deba sustituirlo resolverá lo que corresponda, en tanto se califica la causa de impedimento.

Artículo 54. Conocerán de las excusas y recusaciones:

I. El pleno de la Suprema Corte de Justicia de la Nación en los asuntos de su competencia;

II. Derogada.

Fracción derogada DOF 13-03-2025

III. Los tribunales colegiados de circuito:

a) De una de sus magistradas o magistrados;

Inciso reformado DOF 13-03-2025

b) De dos o más magistradas o magistrados de otro tribunal colegiado de circuito;

Inciso reformado DOF 13-03-2025

c) De las juezas o jueces de distrito, que se encuentren en su circuito.

Inciso reformado DOF 07-06-2021

IV. Los tribunales colegiados de apelación:

a) De una de sus magistradas o magistrados;

b) De dos o más magistradas o magistrados de otro tribunal colegiado de apelación.

Fracción con incisos adicionada DOF 07-06-2021

Artículo 55. Las ministras y los ministros de la Suprema Corte de Justicia de la Nación manifestarán estar impedidos ante el tribunal pleno.

Párrafo reformado DOF 13-03-2025

Las magistradas o los magistrados de circuito y las juezas o los jueces de distrito manifestarán su impedimento y lo comunicarán al tribunal que corresponda.

Párrafo reformado DOF 07-06-2021

Las excusas se calificarán de plano.

Artículo 56. Cuando una de las ministras o ministros se manifieste impedido en asuntos del conocimiento del Pleno, las ministras y ministros restantes calificarán la excusa. Si la admiten, éstos continuarán en el conocimiento del asunto; en caso de empate, quien presida tendrá voto de calidad.

Artículo reformado DOF 13-03-2025

Artículo 57. Cuando uno o una de los integrantes de un tribunal colegiado de circuito o de un tribunal colegiado de apelación, se excuse o sea recusado, los y las restantes resolverán lo conducente.

Párrafo reformado DOF 07-06-2021, 13-03-2025

En caso de empate, la resolución corresponderá al tribunal colegiado de circuito siguiente en orden del mismo circuito y especialidad y, de no haberlos, al del circuito más cercano. El mismo procedimiento se seguirá tratándose de empate en tribunales colegiados de apelación.

Párrafo reformado DOF 07-06-2021

Cuando la excusa o recusación se refiera a más de un magistrado o magistrada, la resolución se hará en términos del párrafo anterior.

Párrafo reformado DOF 13-03-2025

Si sólo es fundada la excusa o recusación de uno de los magistrados, el asunto se devolverá al tribunal de origen para que resuelva. Si fueren dos o más las magistradas o magistrados que resulten impedidos, el propio tribunal que así lo decidió resolverá el asunto principal.

Párrafo reformado DOF 13-03-2025

Artículo 58. Cuando se declare impedida a una jueza o un juez de distrito, conocerá del asunto otra u otro adscrito, al mismo circuito, según corresponda y, en su caso, especialización; en su defecto, conocerá el más próximo perteneciente al mismo circuito.

Artículo reformado DOF 07-06-2021

Artículo 59. En el escrito de recusación deberán manifestarse, bajo protesta de decir verdad, los hechos que la fundamentan y exhibirse en billete de depósito la cantidad correspondiente al monto máximo de la multa que pudiera imponerse en caso de declararse infundada. De no cumplirse estos requisitos la recusación se desechará de plano, salvo que, por lo que hace al último de ellos, se alegue insolvencia. En este caso, el órgano jurisdiccional la calificará y podrá exigir garantía por el importe del mínimo de la multa o exentar de su exhibición.

Asimismo, el órgano jurisdiccional desechará de plano la recusación, cuando:

I. Se advierta que existan elementos suficientes que demuestren que su promoción se haya dirigido a entorpecer o dilatar el procedimiento en cuestión, o

II. Sea presentada para que algún Ministro o Ministra, Magistrado o Magistrada se abstenga de conocer de cuestiones accesorias o diversas al fondo de la controversia.

Párrafo con fracciones adicionado DOF 16-10-2025

Artículo 60. La recusación se presentará ante la persona servidora pública a quien se estime impedida, la que lo comunicará al órgano que deba calificarla. Éste, en su caso, la admitirá y solicitará informe a la persona servidora pública requerida, la que deberá rendirlo dentro de las veinticuatro horas siguientes a su notificación.

Párrafo reformado DOF 13-03-2025

El escrito de recusación deberá ser presentado con anterioridad a la publicación de la lista de sesión a que se refiere el artículo 184 de esta Ley. Para el caso de que el asunto sea retirado y/o aplazado conforme al citado artículo 184, no podrá volver a presentarse, salvo que se modifique la integración del órgano jurisdiccional.

Párrafo adicionado DOF 16-10-2025

Si la persona servidora pública admite la causa de recusación, se declarará fundada; si la negare, se señalará día y hora para que dentro de los tres días siguientes se celebre la audiencia en la que se ofrecerán, admitirán y desahogarán las pruebas de las partes y se dictará resolución.

Párrafo reformado DOF 13-03-2025

En caso de no rendirse el informe a que se refiere el párrafo primero, se declarará fundada la causa de recusación, en cuyo caso se devolverá a la persona promovente la garantía exhibida.

Párrafo reformado DOF 13-03-2025

Si se declara infundada la recusación la persona servidora pública seguirá conociendo del asunto.

Párrafo reformado DOF 13-03-2025

Si el órgano que deba calificar la recusación la hubiere negado y ésta se comprobase, quedará sujeto a la responsabilidad que corresponda conforme a esta Ley.

CAPÍTULO VII
IMPROCEDENCIA

Artículo 61. El juicio de amparo es improcedente:

I. Contra adiciones o reformas a la Constitución Política de los Estados Unidos Mexicanos;

II. Contra actos de la Suprema Corte de Justicia de la Nación;

III. Contra actos del Órgano de Administración Judicial y del Tribunal de Disciplina Judicial;

Fracción reformada DOF 13-03-2025

IV. Contra resoluciones dictadas por el Tribunal Electoral del Poder Judicial de la Federación;

V. Contra actos del Congreso de la Unión, su Comisión Permanente o cualquiera de sus cámaras en procedimiento de colaboración con los otros poderes que objeten o no ratifiquen nombramientos o designaciones para ocupar cargos, empleos o comisiones en entidades o dependencias de la Administración Pública Federal, centralizada o descentralizada, órganos dotados de autonomía constitucional u órganos jurisdiccionales de cualquier naturaleza;

VI. Contra resoluciones de los tribunales colegiados de circuito;

VII. Contra las resoluciones o declaraciones del Congreso Federal o de las Cámaras que lo constituyen, de las Legislaturas de los Estados o de sus respectivas Comisiones o Diputaciones Permanentes, en declaración de procedencia y en juicio político, así como en elección, suspensión o remoción de funcionarios en los casos en que las Constituciones correspondientes les confieran la facultad de resolver soberana o discrecionalmente;

VIII. Contra normas generales respecto de las cuales la Suprema Corte de Justicia de la Nación haya emitido una declaratoria general de inconstitucionalidad en términos de lo dispuesto por el Capítulo VI del Título Cuarto de esta Ley, o en términos de lo dispuesto por la Ley Reglamentaria de las Fracciones I y II del Artículo 105 de la Constitución Política de los Estados Unidos Mexicanos;

IX. Contra resoluciones dictadas en los juicios de amparo o en ejecución de las mismas;

X. Contra normas generales o actos que sean materia de otro juicio de amparo pendiente de resolución promovido por la misma persona quejosa, contra las mismas autoridades y por el propio acto reclamado, aunque las violaciones constitucionales sean diversas, salvo que se trate de normas generales impugnadas con motivo de actos de aplicación distintos. En este último caso, solamente se actualizará esta causal cuando se dicte sentencia firme en alguno de los juicios en la que se analice la constitucionalidad de las normas generales; si se declara la constitucionalidad de la norma general, esta causal no se actualiza respecto de los actos de aplicación, si fueron impugnados por vicios propios;

Fracción reformada DOF 13-03-2025

XI. Contra normas generales o actos que hayan sido materia de una ejecutoria en otro juicio de amparo, en los términos de la fracción anterior;

XII. Contra actos que no afecten los intereses jurídicos o legítimos de la persona quejosa, en los términos establecidos en la fracción I del artículo 5o. de la presente Ley, y contra normas generales que requieran de un acto de aplicación posterior al inicio de su vigencia;

Fracción reformada DOF 13-03-2025

XIII. Contra actos consentidos expresamente o por manifestaciones de voluntad que entrañen ese consentimiento;

XIV. Contra normas generales o actos consentidos tácitamente, entendiéndose por tales aquéllos contra los que no se promueva el juicio de amparo dentro de los plazos previstos.

No se entenderá consentida una norma general, a pesar de que siendo impugnable en amparo desde el momento de la iniciación de su vigencia no se haya reclamado, sino sólo en el caso de que tampoco se haya promovido amparo contra el primer acto de su aplicación en perjuicio de la persona quejosa.

Párrafo reformado DOF 13-03-2025

Cuando contra el primer acto de aplicación proceda algún recurso o medio de defensa legal por virtud del cual pueda ser modificado, revocado o nulificado, será optativo para la persona interesada hacerlo valer o impugnar desde luego la norma general en juicio de amparo. En el primer caso, sólo se entenderá consentida la norma general si no se promueve contra ella el amparo dentro del plazo legal contado a partir del día siguiente de aquél al en que surta sus efectos la notificación de la resolución recaída al recurso o medio de defensa, si no existieran medios de defensa ordinarios en contra de dicha resolución, o de la última resolución recaída al medio de defensa ordinario previsto en ley contra la resolución del recurso, aún cuando para fundarlo se hayan aducido exclusivamente motivos de ilegalidad.

Párrafo reformado DOF 13-03-2025

Si en contra de dicha resolución procede amparo directo, deberá estarse a lo dispuesto en el capítulo respectivo a ese procedimiento;

XV. Contra las resoluciones o declaraciones de las autoridades competentes en materia electoral;

XVI. Contra actos consumados de modo irreparable;

XVII. Contra actos emanados de un procedimiento judicial o de un procedimiento administrativo seguido en forma de juicio, cuando por virtud del cambio de situación jurídica en el mismo deban considerarse consumadas irreparablemente las violaciones reclamadas en el procedimiento respectivo, por no poder decidirse en tal procedimiento sin afectar la nueva situación jurídica.

Cuando en amparo indirecto se reclamen violaciones a los artículos 19 ó 20 de la Constitución Política de los Estados Unidos Mexicanos, solamente la sentencia de primera instancia hará que se consideren irreparablemente consumadas las violaciones para los efectos de la improcedencia prevista en este precepto. La autoridad judicial que conozca del proceso penal, suspenderá en estos casos el procedimiento en lo que corresponda a la persona quejosa, una vez concluida la etapa intermedia y hasta que sea notificada de la resolución que recaiga en el juicio de amparo pendiente;

Párrafo reformado DOF 13-03-2025

XVIII. Contra las resoluciones de tribunales judiciales, administrativos o del trabajo, respecto de las cuales conceda la ley ordinaria algún recurso o medio de defensa, dentro del procedimiento, por virtud del cual puedan ser modificadas, revocadas o nulificadas.

Se exceptúa de lo anterior:

a) Cuando sean actos que importen peligro de privación de la vida, ataques a la libertad personal fuera de procedimiento, incomunicación, deportación o expulsión, proscripción o destierro, extradición, desaparición forzada de personas o alguno de los prohibidos por el artículo 22 de la Constitución Política de los Estados Unidos Mexicanos, así como la incorporación forzosa al Ejército, Armada o Fuerza Aérea nacionales;

b) Cuando el acto reclamado consista en órdenes de aprehensión o reaprehensión, autos que establezcan providencias precautorias o impongan medidas cautelares restrictivas de la libertad, resolución que niegue la libertad bajo caución o que establezca los requisitos para su disfrute, resolución que decida sobre el incidente de desvanecimiento de datos, orden de arresto o cualquier otro que afecte la libertad personal de la persona quejosa, siempre que no se trate de sentencia definitiva en el proceso penal;

Inciso reformado DOF 17-06-2016, 13-03-2025

c) Cuando se trate de persona extraña al procedimiento.

d) Cuando se trate del auto de vinculación a proceso.

Inciso adicionado DOF 17-06-2016

Cuando la procedencia del recurso o medio de defensa se sujete a interpretación adicional o su fundamento legal sea insuficiente para determinarla, la persona quejosa quedará en libertad de interponer dicho recurso o acudir al juicio de amparo;

Párrafo reformado DOF 13-03-2025

XIX. Cuando se esté tramitando ante los tribunales ordinarios algún recurso o medio de defensa legal propuesto por la persona quejosa que pueda tener por efecto modificar, revocar o nulificar el acto reclamado;

Fracción reformada DOF 13-03-2025

XX. Contra actos de autoridades distintas de los tribunales judiciales, administrativos o del trabajo, que deban ser revisados de oficio, conforme a las leyes que los rijan, o proceda contra ellos algún juicio, recurso o medio de defensa legal por virtud del cual puedan ser modificados, revocados o nulificados, siempre que conforme a las mismas leyes se suspendan los efectos de dichos actos de oficio o mediante la interposición del juicio, recurso o medio de defensa legal que haga valer la persona quejosa, con los mismos alcances que los que prevé esta Ley y sin exigir mayores requisitos que los que la misma consigna para conceder la suspensión definitiva, ni plazo mayor que el que establece para el otorgamiento de la suspensión provisional, independientemente de que el acto en sí mismo considerado sea o no susceptible de ser suspendido de acuerdo con esta Ley.

Párrafo reformado DOF 13-03-2025

No existe obligación de agotar tales recursos o medios de defensa, si el acto reclamado carece de fundamentación, cuando sólo se aleguen violaciones directas a la Constitución o cuando el recurso o medio de defensa se encuentre previsto en un reglamento sin que la ley aplicable contemple su existencia.

Si en el informe justificado la autoridad responsable señala la fundamentación y motivación del acto reclamado, operará la excepción al principio de definitividad contenida en el párrafo anterior;

XXI. Cuando hayan cesado los efectos del acto reclamado;

XXII. Cuando subsista el acto reclamado pero no pueda surtir efecto legal o material alguno por haber dejado de existir el objeto o la materia del mismo; y

XXIII. En los demás casos en que la improcedencia resulte de alguna disposición de la Constitución Política de los Estados Unidos Mexicanos, o de esta Ley.

Artículo 62. Las causas de improcedencia se analizarán de oficio por el órgano jurisdiccional que conozca del juicio de amparo.

CAPÍTULO VIII
SOBRESEIMIENTO

Artículo 63. El sobreseimiento en el juicio de amparo procede cuando:

I. La persona quejosa desista de la demanda o no la ratifique en los casos en que la ley establezca requerimiento. En caso de desistimiento se notificará personalmente a la persona quejosa para que ratifique su escrito en un plazo de tres días, apercibido que de no hacerlo, se le tendrá por no desistida y se continuará el juicio.

Párrafo reformado DOF 13-03-2025

No obstante, cuando se reclamen actos que tengan o puedan tener como consecuencia privar de la propiedad o de la posesión y disfrute de sus tierras, aguas, pastos y montes a los ejidos o núcleos de población que de hecho o por derecho guarden el estado comunal, no procede el desistimiento del juicio o de los recursos, o el consentimiento expreso de los propios actos, salvo que lo acuerde expresamente la Asamblea General, pero uno y otro sí podrán decretarse en su beneficio;

II. La persona quejosa no acredite sin causa razonable a juicio del órgano jurisdiccional de amparo haber entregado los edictos para su publicación en términos del artículo 27 de esta Ley una vez que se compruebe que se hizo el requerimiento al órgano que los decretó;

Fracción reformada DOF 13-03-2025

III. La persona quejosa muera durante el juicio, si el acto reclamado sólo afecta a su persona;

Fracción reformada DOF 13-03-2025

IV. De las constancias de autos apareciere claramente demostrado que no existe el acto reclamado, o cuando no se probare su existencia en la audiencia constitucional; y

V. Durante el juicio se advierta o sobrevenga alguna de las causales de improcedencia a que se refiere el capítulo anterior.

Artículo 64. Cuando las partes tengan conocimiento de alguna causa de sobreseimiento, la comunicarán de inmediato al órgano jurisdiccional de amparo y, de ser posible, acompañarán las constancias que la acrediten.

Cuando un órgano jurisdiccional de amparo advierta de oficio una causal de improcedencia no alegada por alguna de las partes ni analizada por un órgano jurisdiccional inferior, dará vista a la persona quejosa para que en el plazo de tres días, manifieste lo que a su derecho convenga.

Párrafo reformado DOF 13-03-2025

Artículo 65. El sobreseimiento no prejuzga sobre la constitucionalidad o legalidad del acto reclamado, ni sobre la responsabilidad de la autoridad responsable al ordenarlo o ejecutarlo y solo podrá decretarse cuando no exista duda de su actualización.

CAPÍTULO IX
INCIDENTES

Artículo 66. En los juicios de amparo se substanciarán en la vía incidental, a petición de parte o de oficio, las cuestiones a que se refiere expresamente esta Ley y las que por su propia naturaleza ameriten ese tratamiento y surjan durante el procedimiento. El órgano jurisdiccional determinará, atendiendo a las circunstancias de cada caso, si se resuelve de plano, amerita un especial pronunciamiento o si se reserva para resolverlo en la sentencia.

Artículo 67. En el escrito con el cual se inicia el incidente deberán ofrecerse las pruebas en que se funde. Se dará vista a las partes por el plazo de tres días, para que manifiesten lo que a su interés convenga y ofrezcan las pruebas que estimen pertinentes. Atendiendo a la naturaleza del caso, el órgano jurisdiccional determinará si se requiere un plazo probatorio más amplio y si suspende o no el procedimiento.

Transcurrido el plazo anterior, dentro de los tres días siguientes se celebrará la audiencia en la que se recibirán y desahogarán las pruebas, se oirán los alegatos de las partes y, en su caso, se dictará la resolución correspondiente.

SECCIÓN PRIMERA
NULIDAD DE NOTIFICACIONES

Artículo 68. Antes de la sentencia definitiva las partes podrán pedir la nulidad de notificaciones en el expediente que la hubiere motivado, en la siguiente actuación en que comparezcan. Dictada la sentencia definitiva, podrán pedir la nulidad de las notificaciones realizadas con posterioridad a ésta, en la siguiente actuación que comparezcan.

Este incidente se tramitará en términos del artículo anterior y no suspenderá el procedimiento.

Las promociones de nulidad notoriamente improcedentes se desecharán de plano.

Artículo 69. Declarada la nulidad, se repondrá el procedimiento a partir de la actuación anulada.

SECCIÓN SEGUNDA
REPOSICIÓN DE CONSTANCIAS DE AUTOS

Artículo 70. El incidente de reposición de constancias de autos se tramitará a petición de parte o de oficio, en ambos casos, se certificará su preexistencia y falta posterior. Este incidente no será procedente si el expediente electrónico a que hace referencia el artículo 3o de esta Ley permanece sin alteración alguna, siendo únicamente necesario, en tal caso, que el órgano jurisdiccional realice la copia impresa y certificada de dicho expediente digital.

Artículo 71. El órgano jurisdiccional requerirá a las partes para que dentro del plazo de cinco días, aporten las copias de las constancias y documentos relativos al expediente que obren en su poder. En caso necesario, este plazo podrá ampliarse por otros cinco días.

La persona juzgadora está facultada para investigar de oficio la existencia de las piezas de autos desaparecidas, valiéndose para ello de todos los medios de prueba admisibles en el juicio de amparo y ley supletoria.

Párrafo reformado DOF 13-03-2025

Artículo 72. Transcurrido el plazo a que se refiere el artículo anterior, se citará a las partes a una audiencia que se celebrará dentro de los tres días siguientes, en la que se hará relación de las constancias que se hayan recabado, se oirán los alegatos y se dictará la resolución que corresponda.

Si la pérdida es imputable a alguna de las partes, la reposición se hará a su costa, quien además pagará los daños y perjuicios que el extravío y la reposición ocasionen, sin perjuicio de las sanciones penales que ello implique.

CAPÍTULO X
SENTENCIAS

Artículo 73. Las sentencias que se pronuncien en los juicios de amparo sólo se ocuparán de las o los individuos particulares o de las personas morales, privadas u oficiales que lo hubieren solicitado, limitándose a ampararlas y protegerlas, si procediere, en el caso especial sobre el que verse la demanda. Tratándose de juicios de amparo que resuelvan la inconstitucionalidad de normas generales, en ningún caso las sentencias que se dicten fijarán efectos generales.

Párrafo reformado DOF 13-03-2025

El Pleno de la Suprema Corte de Justicia de la Nación, así como los tribunales colegiados de circuito, tratándose de resoluciones sobre la constitucionalidad o convencionalidad de una norma general y amparos colectivos, deberán hacer públicos los proyectos de sentencias que serán discutidos en las sesiones correspondientes, cuando menos con tres días de anticipación a la publicación de las listas de los asuntos que se resolverán.

Párrafo reformado DOF 17-06-2016, 13-03-2025

La Suprema Corte de Justicia de la Nación y el Órgano de Administración Judicial reglamentarán mediante acuerdos generales la publicidad que deba darse a los proyectos de sentencia a que se refiere el párrafo anterior.

Párrafo adicionado DOF 17-06-2016. Reformado DOF 13-03-2025

Cuando proceda hacer la declaratoria general de inconstitucionalidad se aplicarán las disposiciones del Título Cuarto de esta Ley.

En amparo directo, la calificación de los conceptos de violación en que se alegue la inconstitucionalidad de una norma general, se hará únicamente en la parte considerativa de la sentencia.

Artículo 74. La sentencia debe contener:

I. La fijación clara y precisa del acto reclamado;

II. El análisis sistemático de todos los conceptos de violación o en su caso de todos los agravios;

III. La valoración de las pruebas admitidas y desahogadas en el juicio;

IV. Las consideraciones y fundamentos legales en que se apoye para conceder, negar o sobreseer;

V. Los efectos o medidas en que se traduce la concesión del amparo, y en caso de amparos directos, el pronunciamiento respecto de todas las violaciones procesales que se hicieron valer y aquellas que, cuando proceda, el órgano jurisdiccional advierta en suplencia de la queja, además de los términos precisos en que deba pronunciarse la nueva resolución; y

VI. Los puntos resolutivos en los que se exprese el acto, norma u omisión por el que se conceda, niegue o sobresea el amparo y, cuando sea el caso, los efectos de la concesión en congruencia con la parte considerativa.

El órgano jurisdiccional, de oficio podrá aclarar la sentencia ejecutoriada, solamente para corregir los posibles errores del documento a fin de que concuerde con la sentencia, acto jurídico decisorio, sin alterar las consideraciones esenciales de la misma.

Artículo 75. En las sentencias que se dicten en los juicios de amparo el acto reclamado se apreciará tal y como aparezca probado ante la autoridad responsable. No se admitirán ni se tomarán en consideración las pruebas que no se hubiesen rendido ante dicha autoridad.

No obstante lo dispuesto en el párrafo anterior, en el amparo indirecto la persona quejosa podrá ofrecer pruebas cuando no hubiere tenido oportunidad de hacerlo ante la autoridad responsable. Adicionalmente, en materia penal, el juez o jueza de distrito deberá cerciorarse de que este ofrecimiento en el amparo no implique una violación a la oralidad o a los principios que rigen en el proceso penal acusatorio.

Párrafo reformado DOF 17-06-2016, 13-03-2025

El Órgano jurisdiccional deberá recabar oficiosamente las pruebas rendidas ante la responsable y las actuaciones que estime necesarias para la resolución del asunto. En materia penal, se estará a lo dispuesto en la última parte del párrafo anterior.

Párrafo reformado DOF 17-06-2016

Además, cuando se reclamen actos que tengan o puedan tener como consecuencia privar de la propiedad o de la posesión y disfrute de sus tierras, aguas, pastos y montes a los ejidos o a los núcleos de población que de hecho o por derecho guarden el estado comunal, o a las personas ejidatarias o comuneras, deberán recabarse de oficio todas aquellas pruebas que puedan beneficiar a las entidades o individuos mencionados y acordarse las diligencias que se estimen necesarias para precisar sus derechos agrarios, así como la naturaleza y efectos de los actos reclamados.

Párrafo reformado DOF 13-03-2025

Artículo 76. El órgano jurisdiccional, deberá corregir los errores u omisiones que advierta en la cita de los preceptos constitucionales y legales que se estimen violados, y podrá examinar en su conjunto los conceptos de violación y los agravios, así como los demás razonamientos de las partes, a fin de resolver la cuestión efectivamente planteada, sin cambiar los hechos expuestos en la demanda.

Artículo 77. Los efectos de la concesión del amparo serán:

I. Cuando el acto reclamado sea de carácter positivo se restituirá a la persona quejosa en el pleno goce del derecho violado, restableciendo las cosas al estado que guardaban antes de la violación, y

Fracción reformada DOF 13-03-2025

II. Cuando el acto reclamado sea de carácter negativo o implique una omisión, obligar a la autoridad responsable a respetar el derecho de que se trate y a cumplir lo que el mismo exija.

En el último considerando de la sentencia que conceda el amparo, la persona juzgadora deberá determinar con precisión los efectos del mismo, especificando las medidas que las autoridades o particulares deban adoptar para asegurar su estricto cumplimiento y la restitución de la persona quejosa en el goce del derecho.

Párrafo reformado DOF 13-03-2025

En asuntos del orden penal en que se reclame una orden de aprehensión o autos que establezcan providencias precautorias o impongan medidas cautelares restrictivas de la libertad con motivo de delitos que la ley no considere como graves o respecto de los cuales no proceda la prisión preventiva oficiosa conforme la legislación procedimental aplicable, la sentencia que conceda el amparo surtirá efectos inmediatos, sin perjuicio de que pueda ser revocada mediante el recurso de revisión; salvo que se reclame el auto por el que se resuelva la situación jurídica de la persona quejosa en el sentido de sujetarlo a proceso penal, en términos de la legislación procesal aplicable, y el amparo se conceda por vicios formales.

Párrafo reformado DOF 17-06-2016, 13-03-2025

En caso de que el efecto de la sentencia sea la libertad de la persona quejosa, ésta se decretará bajo las medidas de aseguramiento que el órgano jurisdiccional estime necesarias, a fin de que la persona quejosa no evada la acción de la justicia.

Párrafo reformado DOF 13-03-2025

En todo caso, la sentencia surtirá sus efectos, cuando se declare ejecutoriada o cause estado por ministerio de ley.

Artículo 78. Cuando el acto reclamado sea una norma general la sentencia deberá determinar si es constitucional, o si debe considerarse inconstitucional.

Si se declara la inconstitucionalidad de la norma general impugnada, los efectos se extenderán a todas aquellas normas y actos cuya validez dependa de la propia norma invalidada. Dichos efectos se traducirán en la inaplicación únicamente respecto de la persona quejosa.

Párrafo reformado DOF 13-03-2025

El órgano jurisdiccional de amparo podrá especificar qué medidas adicionales a la inaplicación deberán adoptarse para restablecer a la persona quejosa en el pleno goce del derecho violado.

Párrafo reformado DOF 13-03-2025

Artículo 79. La autoridad que conozca del juicio de amparo deberá suplir la deficiencia de los conceptos de violación o agravios, en los casos siguientes:

I. En cualquier materia, cuando el acto reclamado se funde en normas generales que han sido declaradas inconstitucionales por la jurisprudencia de la Suprema Corte de Justicia de la Nación y de los plenos regionales. La jurisprudencia de los plenos regionales sólo obligará a suplir la deficiencia de los conceptos de violación o agravios a los juzgados y tribunales de la región correspondientes;

Fracción reformada DOF 07-06-2021

II. En favor de las personas menores de edad o incapaces, o en aquellos casos en que se afecte el orden y desarrollo de la familia;

Fracción reformada DOF 13-03-2025

III. En materia penal:
a) En favor de la persona inculpada o sentenciada, y

Inciso reformado DOF 13-03-2025

b) En favor de la persona ofendida o víctima en los casos en que tenga el carácter de persona quejosa o adherente;

Inciso reformado DOF 13-03-2025

IV. En materia agraria:
a) En los casos a que se refiere la fracción III del artículo 17 de esta Ley; y
b) En favor de las personas ejidatarias y comuneras en particular, cuando el acto reclamado afecte sus bienes o derechos agrarios.

Inciso reformado DOF 13-03-2025

En estos casos deberá suplirse la deficiencia de la queja y la de exposiciones, comparecencias y alegatos, así como en los recursos que los mismos interpongan con motivo de dichos juicios;
V. En materia laboral, en favor de la persona trabajadora, con independencia de que la relación entre la persona empleadora y empleada esté regulada por el derecho laboral o por el derecho administrativo;

Fracción reformada DOF 13-03-2025

VI. En otras materias, cuando se advierta que ha habido en contra de la persona quejosa o del o la particular recurrente una violación evidente de la ley que la haya dejado sin defensa por afectar los derechos previstos en el artículo 1o. de esta Ley. En este caso la suplencia sólo operará en lo que se refiere a la controversia en el amparo, sin poder afectar situaciones procesales resueltas en el procedimiento en el que se dictó la resolución reclamada, y

Fracción reformada DOF 13-03-2025

VII. En cualquier materia, en favor de quienes por sus condiciones de pobreza o marginación se encuentren en clara desventaja social para su defensa en el juicio.
En los casos de las fracciones I, II, III, IV, V y VII de este artículo la suplencia se dará aún ante la ausencia de conceptos de violación o agravios. En estos casos solo se expresará en las sentencias cuando la suplencia derive de un beneficio.

Párrafo reformado DOF 17-06-2016

La suplencia de la queja por violaciones procesales o formales sólo podrá operar cuando se advierta que en el acto reclamado no existe algún vicio de fondo.

CAPÍTULO XI
MEDIOS DE IMPUGNACIÓN

Artículo 80. En el juicio de amparo sólo se admitirán los recursos de revisión, queja y reclamación; y tratándose del cumplimiento de sentencia, el de inconformidad.

Los medios de impugnación, así como los escritos y promociones que se realicen en ellos podrán ser presentados en forma impresa o electrónicamente. Los requisitos relativos al acompañamiento de copias o de presentación de cualquier tipo de constancias impresas a los que se refiera el presente Capítulo, no serán exigidos a las partes que hagan uso de las tecnologías de la información a las que se refiere el artículo 3o de esta Ley, en el entendido de que, cuando así sea necesario, tales requisitos serán cumplimentados por esa misma vía.

Para el caso de que los recursos se presenten de manera electrónica, se podrá acceder al expediente de esa misma forma.

Artículo 80 Bis. La Suprema Corte de Justicia de la Nación de oficio o a petición fundada del tribunal colegiado que conozca del asunto, de la persona titular de la Fiscalía General de la República, del Ministerio Público de la Federación que sea parte, o de la persona titular del Poder Ejecutivo Federal, por conducto de la o del titular de la Consejería Jurídica del Ejecutivo Federal, podrá atraer cualquiera de los recursos a los que se refiere esta Ley cuando su interés y trascendencia lo ameriten.

Artículo adicionado DOF 07-06-2021

SECCIÓN PRIMERA
RECURSO DE REVISIÓN

Artículo 81. Procede el recurso de revisión:

I. En amparo indirecto, en contra de las resoluciones siguientes:

a) Las que concedan o nieguen la suspensión definitiva; en su caso, deberán impugnarse los acuerdos pronunciados en la audiencia incidental;

b) Las que modifiquen o revoquen el acuerdo en que se conceda o niegue la suspensión definitiva, o las que nieguen la revocación o modificación de esos autos; en su caso, deberán impugnarse los acuerdos pronunciados en la audiencia correspondiente;

c) Las que decidan el incidente de reposición de constancias de autos;

d) Las que declaren el sobreseimiento fuera de la audiencia constitucional; y

e) Las sentencias dictadas en la audiencia constitucional; en su caso, deberán impugnarse los acuerdos pronunciados en la propia audiencia.

II. En amparo directo, en contra de las sentencias que resuelvan sobre la constitucionalidad de normas generales que establezcan la interpretación directa de un precepto de la Constitución Política de los Estados Unidos Mexicanos u omitan decidir sobre tales cuestiones cuando hubieren sido planteadas, siempre que a juicio de la Suprema Corte de Justicia de la Nación el asunto revista un interés excepcional en materia constitucional o de derechos humanos. La materia del recurso se limitará a la decisión de las cuestiones propiamente constitucionales sin poder comprender otras.

Fracción reformada DOF 07-06-2021

Reforma DOF 07-06-2021: Derogó del artículo el entonces párrafo segundo

Artículo 82. La parte que obtuvo resolución favorable en el juicio de amparo puede adherirse a la revisión interpuesta por otra de las partes dentro del plazo de cinco días, contados a partir del día siguiente a aquél en que surta efectos la notificación de la admisión del recurso, expresando los agravios correspondientes; la adhesión al recurso sigue la suerte procesal de éste.

La notificación del auto por el cual se admita el recurso deberá efectuarse a las partes en un plazo que no exceda los cinco días siguientes a su emisión.

Párrafo adicionado DOF 16-10-2025

Artículo 83. Es competente la Suprema Corte de Justicia de la Nación para conocer del recurso de revisión contra las sentencias dictadas en la audiencia constitucional, cuando habiéndose impugnado normas generales por estimarlas inconstitucionales, o cuando en la sentencia se establezca la interpretación directa de un precepto de la Constitución y subsista en el recurso el problema de constitucionalidad.

El Pleno de la Suprema Corte de Justicia de la Nación, mediante acuerdos generales, remitirá a los tribunales colegiados de circuito los asuntos que, conforme a los referidos acuerdos, la propia Corte determine.

Párrafo reformado DOF 13-03-2025

Artículo 84. Son competentes los tribunales colegiados de circuito para conocer del recurso de revisión en los casos no previstos en el artículo anterior. Las sentencias que dicten en estos casos no admitirán recurso alguno.

Artículo 85. Se deroga.

Artículo derogado DOF 07-06-2021

Artículo 86. El recurso de revisión se interpondrá en el plazo de diez días por conducto del órgano jurisdiccional que haya dictado la resolución recurrida.

La interposición del recurso por conducto de órgano diferente al señalado en el párrafo anterior no interrumpirá el plazo de presentación.

Artículo 87. Las autoridades responsables sólo podrán interponer el recurso de revisión contra sentencias que afecten directamente el acto reclamado de cada una de ellas; tratándose de amparo contra normas generales podrán hacerlo los titulares de los órganos del Estado a los que se encomiende su emisión o promulgación.

Las autoridades judiciales o jurisdiccionales carecen de legitimación para recurrir las sentencias que declaren la inconstitucionalidad del acto reclamado, cuando éste se hubiera emitido en ejercicio de la potestad jurisdiccional.

Artículo 88. El recurso de revisión se interpondrá por escrito en el que se expresarán los agravios que cause la resolución impugnada.

Si el recurso se interpone en contra de una resolución dictada en amparo directo, el o la recurrente deberá transcribir textualmente la parte de la sentencia que contenga un pronunciamiento sobre constitucionalidad de normas generales o establezca la interpretación directa de un precepto de la Constitución Política de los Estados Unidos Mexicanos, o la parte del concepto de violación respectivo cuyo análisis se hubiese omitido en la sentencia.

Párrafo reformado DOF 13-03-2025

En caso de que el escrito de expresión de agravios se presente en forma impresa, el o la recurrente deberá exhibir una copia del mismo para el expediente y una para cada una de las partes. Esta exigencia no será necesaria en los casos que el recurso se presente en forma electrónica.

Párrafo reformado DOF 13-03-2025

Cuando no se haga la transcripción a que se refiere el párrafo primero o no se exhiban las copias a que se refiere el párrafo anterior, se requerirá al recurrente para que en el plazo de tres días lo haga; si no lo hiciere se tendrá por no interpuesto el recurso, salvo que se afecte al o la recurrente por actos restrictivos de la libertad, se trate de menores de edad o de incapaces, o se afecten derechos agrarios de núcleos de población ejidal o comunal o de personas ejidatarias o comuneras en lo individual, o quienes por sus condiciones de pobreza o marginación se encuentren en clara desventaja social para emprender un juicio, en los que el órgano jurisdiccional expedirá las copias correspondientes.

Párrafo reformado DOF 13-03-2025

Artículo 89. Interpuesta la revisión y recibidas en tiempo las copias del escrito de agravios, el órgano jurisdiccional por conducto del cual se hubiere presentado los distribuirá entre las partes y dentro del término de tres días, contados a partir del día siguiente al que se integre debidamente el expediente, remitirá el original del escrito de agravios y el cuaderno principal a la Suprema Corte de Justicia de la Nación o al tribunal colegiado de circuito, según corresponda. Para el caso de que el recurso se hubiere presentado de manera electrónica, se podrá acceder al expediente de esa misma forma.

Artículo 90. Tratándose de resoluciones relativas a la suspensión definitiva, el expediente original del incidente de suspensión deberá remitirse dentro del plazo de tres días, contados a partir del día siguiente al en que se integre debidamente el expediente, quedando su duplicado ante el órgano jurisdiccional en contra de cuya resolución se interpuso el recurso. Tratándose del interpuesto por la vía electrónica, se enviará el expediente electrónico.

Artículo 91. La persona titular de la presidencia del órgano jurisdiccional, según corresponda, dentro de los tres siguientes días a su recepción calificará la procedencia del recurso y lo admitirá o desechará.

Párrafo reformado DOF 13-03-2025

Cuando se trate del recurso de revisión en amparo directo no procederá ningún medio de impugnación en contra del auto que deseche el recurso.

Párrafo adicionado DOF 07-06-2021

Artículo 92. Notificadas las partes del auto de admisión, transcurrido el plazo para adherirse a la revisión y, en su caso, tramitada ésta, se turnará de inmediato el expediente al ministro, ministra, magistrado o magistrada que corresponda. La resolución deberá dictarse dentro del plazo máximo de noventa días.

Artículo reformado DOF 13-03-2025

Artículo 93. Al conocer de los asuntos en revisión, el órgano jurisdiccional observará las reglas siguientes:

I. Si quien recurre es la persona quejosa, examinará, en primer término, los agravios hechos valer en contra del sobreseimiento decretado en la resolución recurrida.

Párrafo reformado DOF 13-03-2025

Si los agravios son fundados, examinará las causales de sobreseimiento invocadas y no estudiadas por el órgano jurisdiccional de amparo de primera instancia, o surgidas con posterioridad a la resolución impugnada;

II. Si quien recurre es la autoridad responsable o la persona tercera interesada, examinará, en primer término, los agravios en contra de la omisión o negativa a decretar el sobreseimiento; si son fundados se revocará la resolución recurrida;

Fracción reformada DOF 13-03-2025

III. Para los efectos de las fracciones I y II, podrá examinar de oficio y, en su caso, decretar la actualización de las causales de improcedencia desestimadas por el juzgador o la juzgadora de origen, siempre que los motivos sean diversos a los considerados por el órgano de primera instancia;

Fracción reformada DOF 13-03-2025

IV. Si encontrare que por acción u omisión se violaron las reglas fundamentales que norman el procedimiento del juicio de amparo, siempre que tales violaciones hayan trascendido al resultado del fallo, revocará la resolución recurrida y mandará reponer el procedimiento;

V. Si quien recurre es la persona quejosa, examinará los demás agravios; si estima que son fundados, revocará la sentencia recurrida y dictará la que corresponda;

Fracción reformada DOF 13-03-2025

VI. Si quien recurre es la autoridad responsable o la persona tercera interesada, examinará los agravios de fondo, si estima que son fundados, analizará los conceptos de violación no estudiados y concederá o negará el amparo, y

Fracción reformada DOF 13-03-2025

VII. Sólo tomará en consideración las pruebas que se hubiesen rendido ante la autoridad responsable o el órgano jurisdiccional de amparo, salvo aquéllas que tiendan a desestimar el sobreseimiento fuera de la audiencia constitucional.

Artículo 94. En la revisión adhesiva el estudio de los agravios podrá hacerse en forma conjunta o separada, atendiendo a la prelación lógica que establece el artículo anterior.

Artículo 95. Cuando en la revisión concurran materias que sean de la competencia de la Suprema Corte de Justicia de la Nación y de un tribunal colegiado de circuito, se estará a lo establecido en los acuerdos generales del Pleno de la propia Corte.

Artículo 96. Cuando se trate de revisión de sentencias pronunciadas en materia de amparo directo por tribunales colegiados de circuito, la Suprema Corte de Justicia de la Nación resolverá únicamente sobre la constitucionalidad de la norma general impugnada, o sobre la interpretación directa de un precepto de la Constitución Política de los Estados Unidos Mexicanos o de los derechos humanos establecidos en los tratados internacionales de los que el Estado Mexicano sea parte.

SECCIÓN SEGUNDA
RECURSO DE QUEJA

Artículo 97. El recurso de queja procede:
I. En amparo indirecto, contra las siguientes resoluciones:

a) Las que admitan total o parcialmente, desechen o tengan por no presentada una demanda de amparo o su ampliación;

b) Las que concedan o nieguen la suspensión de plano o la provisional;

c) Las que rehúsen la admisión de fianzas o contrafianzas, admitan las que no reúnan los requisitos legales o que puedan resultar excesivas o insuficientes;

d) Las que reconozcan o nieguen el carácter de persona tercera interesada;

Inciso reformado DOF 13-03-2025

e) Las que se dicten durante la tramitación del juicio, o del incidente de suspensión, que no admitan expresamente el recurso de revisión y que por su naturaleza trascendental y grave puedan causar perjuicio a alguna de las partes, no reparable en la sentencia definitiva; así como las que con las mismas características se emitan después de dictada la sentencia en la audiencia constitucional;

f) Las que decidan el incidente de reclamación de daños y perjuicios;

g) Las que resuelvan el incidente por exceso o defecto en la ejecución del acuerdo en que se haya concedido a la persona quejosa la suspensión provisional o definitiva del acto reclamado, y

Inciso reformado DOF 13-03-2025

h) Las que se dicten en el incidente de cumplimiento sustituto de las sentencias de amparo;

II. Amparo directo, tratándose de la autoridad responsable, en los siguientes casos:

a) Cuando omita tramitar la demanda de amparo o lo haga indebidamente;

b) Cuando no provea sobre la suspensión dentro del plazo legal, conceda o niegue ésta, rehúse la admisión de fianzas o contrafianzas, admita las que no reúnan los requisitos legales o que puedan resultar excesivas o insuficientes;

c) Contra la resolución que decida el incidente de reclamación de daños y perjuicios; y

d) Cuando niegue a la persona quejosa su libertad caucional o cuando las resoluciones que dicte sobre la misma materia causen daños o perjuicios a alguna de las personas interesadas.

Inciso reformado DOF 13-03-2025

Artículo 98. El plazo para la interposición del recurso de queja es de cinco días, con las excepciones siguientes:

I. De dos días hábiles, cuando se trate de suspensión de plano o provisional; y

II. En cualquier tiempo, cuando se omita tramitar la demanda de amparo.

Artículo 99. El recurso de queja deberá presentarse por escrito ante el órgano jurisdiccional que conozca del juicio de amparo.

En el caso de que se trate de actos de la autoridad responsable, el recurso deberá plantearse ante el órgano jurisdiccional de amparo que deba conocer o haya conocido del juicio.

Artículo 100. En el escrito de queja se expresarán los agravios que cause la resolución recurrida.

En caso de que el escrito de expresión de agravios se presente en forma impresa, el o la recurrente deberá exhibir una copia del mismo para el expediente y una para cada una de las partes, señalando las constancias que en copia certificada deberán remitirse al órgano jurisdiccional que deba resolver el recurso. Esta exigencia no será necesaria en los casos que el recurso se presente en forma electrónica.

Párrafo reformado DOF 13-03-2025

Cuando no se exhiban las copias a que se refiere el párrafo anterior se requerirá al o la recurrente para que en el plazo de tres días lo haga; si no lo hiciere, se tendrá por no interpuesto el recurso, salvo que se trate de actos restrictivos de la libertad o que afecten intereses de menores de edad o incapaces o de personas trabajadoras o derechos agrarios de núcleos de población ejidal o comunal o de personas ejidatarias o comuneras en lo individual, o quienes por sus condiciones de pobreza o marginación se encuentren en clara desventaja social para emprender un juicio, en los que el órgano jurisdiccional expedirá las copias correspondientes.

Párrafo reformado DOF 13-03-2025

Artículo 101. El órgano jurisdiccional notificará a las demás partes la interposición del recurso para que en el plazo de tres días señalen constancias que en copia certificada deberán remitirse al que deba resolver. Transcurrido el plazo, enviará el escrito del recurso, copia de la resolución recurrida, el informe sobre la materia de la queja, las constancias solicitadas y las demás que estime pertinentes. Para el caso de que el recurso se hubiere interpuesto por la vía electrónica, se enviará el expediente electrónico.

En los supuestos del artículo 97, fracción I, inciso b) de esta Ley, el órgano jurisdiccional notificará a las partes y de inmediato remitirá al que corresponda, copia de la resolución, el informe materia de la queja, las constancias solicitadas y las que estime pertinentes.

Cuando se trate de actos de la autoridad responsable, el órgano jurisdiccional requerirá a dicha autoridad, el informe materia de la queja, en su caso la resolución impugnada, las constancias solicitadas y las que estime pertinentes.

La falta o deficiencia de los informes establece la presunción de ser ciertos los hechos respectivos.

Recibidas las constancias, se dictará resolución dentro de los cuarenta días siguientes, o dentro de las cuarenta y ocho horas en los casos del artículo 97, fracción I, inciso b) de esta Ley.

Artículo 102. En los casos de resoluciones dictadas durante la tramitación del amparo indirecto que por su naturaleza trascendental y grave puedan causar un perjuicio no reparable a alguna de las partes, con la interposición de la queja la jueza o el juez de distrito o tribunal colegiado de apelación está facultado para suspender el procedimiento, hecha la excepción del incidente de suspensión, siempre que a su juicio estime que la resolución que se dicte en ella pueda influir en la sentencia, o cuando de resolverse en lo principal, se hagan nugatorios los derechos que pudiera hacer valer el o la recurrente en el acto de la audiencia.

Artículo reformado DOF 07-06-2021, 13-03-2025

Artículo 103. En caso de resultar fundado el recurso se dictará la resolución que corresponda sin necesidad de reenvío, salvo que la resolución implique la reposición del procedimiento. En este caso, quedará sin efecto la resolución recurrida y se ordenará al que la hubiere emitido dictar otra, debiendo precisar los efectos concretos a que deba sujetarse su cumplimiento.

SECCIÓN TERCERA
RECURSO DE RECLAMACIÓN

Artículo 104. El recurso de reclamación es procedente contra los acuerdos de trámite dictados por la persona titular de la Presidencia de la Suprema Corte de Justicia de la Nación o por las personas titulares de la presidencia de los tribunales colegiados de circuito.

Párrafo reformado DOF 13-03-2025

Dicho recurso se podrá interponer por cualquiera de las partes, por escrito, en el que se expresan agravios, dentro del término de tres días siguientes al en que surta sus efectos la notificación de la resolución impugnada.

En contra del acuerdo que deseche el recurso de revisión en amparo directo no procede medio de impugnación alguno.

Párrafo adicionado DOF 07-06-2021

Artículo 105. El órgano jurisdiccional que deba conocer del asunto resolverá en un plazo máximo de diez días; la persona ponente será un ministro o ministra o magistrado o magistrada distinta a la persona titular de su presidencia.

Artículo reformado DOF 13-03-2025

Artículo 106. La reclamación fundada deja sin efectos el acuerdo recurrido y obliga a la persona titular de la presidencia que lo hubiere emitido a dictar el que corresponda.

Artículo reformado DOF 13-03-2025

TÍTULO SEGUNDO
DE LOS PROCEDIMIENTOS DE AMPARO

CAPÍTULO I
EL AMPARO INDIRECTO

SECCIÓN PRIMERA
PROCEDENCIA Y DEMANDA

Artículo 107. El amparo indirecto procede:

I. Contra normas generales que por su sola entrada en vigor o con motivo del primer acto de su aplicación causen perjuicio a la persona quejosa.

Párrafo reformado DOF 13-03-2025

Para los efectos de esta Ley, se entiende por normas generales, entre otras, las siguientes:

a) Los tratados internacionales aprobados en los términos previstos en el artículo 133 de la Constitución Política de los Estados Unidos Mexicanos; salvo aquellas disposiciones en que tales tratados reconozcan derechos humanos;

b) Las leyes federales;

c) Las constituciones de los Estados y el Estatuto de Gobierno del Distrito Federal;

d) Las leyes de los Estados y de la Ciudad de México;

Inciso reformado DOF 13-03-2025

e) Los reglamentos federales;

f) Los reglamentos locales; y

g) Los decretos, acuerdos y todo tipo de resoluciones de observancia general;

II. Contra actos u omisiones que provengan de autoridades distintas de los tribunales judiciales, administrativos o del trabajo.

Si se trata de actos de ejecución o cobro de contribuciones de créditos fiscales determinados en resoluciones liquidatorias que hubieren sido impugnadas y hayan quedado firmes por resolución de autoridad competente, o de resoluciones que resuelvan solicitudes de prescripción de dichos créditos firmes, sólo podrá promoverse el amparo hasta el momento de la publicación de la convocatoria de remate, caso en el cual se harán valer las violaciones cometidas durante el procedimiento. Las normas generales aplicadas durante el procedimiento solo podrán reclamarse en el amparo promovido contra la resolución referida;

Fracción reformada DOF 16-10-2025

III. Contra actos, omisiones o resoluciones provenientes de un procedimiento administrativo seguido en forma de juicio, siempre que se trate de:

a) La resolución definitiva por violaciones cometidas en la misma resolución o durante el procedimiento si por virtud de estas últimas hubiere quedado sin defensa la persona quejosa, trascendiendo al resultado de la resolución, y

Inciso reformado DOF 13-03-2025

b) Actos en el procedimiento que sean de imposible reparación, entendiéndose por ellos los que afecten materialmente derechos sustantivos tutelados en la Constitución Política de los Estados Unidos Mexicanos y en los tratados internacionales de los que el Estado Mexicano sea parte;

IV. Contra actos de tribunales judiciales, administrativos, agrarios o del trabajo realizados fuera de juicio o después de concluido.

Si se trata de actos de ejecución de sentencia sólo podrá promoverse el amparo contra la última resolución dictada en el procedimiento respectivo, entendida como aquélla que aprueba o reconoce el cumplimiento total de lo sentenciado o declara la imposibilidad material o jurídica para darle cumplimiento, o las que ordenan el archivo definitivo del expediente, pudiendo reclamarse en la misma demanda las violaciones cometidas durante ese procedimiento que hubieren dejado sin defensa a la persona quejosa y trascendido al resultado de la resolución.

Párrafo reformado DOF 13-03-2025

En los procedimientos de remate la última resolución es aquélla que en forma definitiva ordena el otorgamiento de la escritura de adjudicación y la entrega de los bienes rematados, en cuyo caso se harán valer las violaciones cometidas durante ese procedimiento en los términos del párrafo anterior;

V. Contra actos en juicio cuyos efectos sean de imposible reparación, entendiéndose por ellos los que afecten materialmente derechos sustantivos tutelados en la Constitución Política de los Estados Unidos Mexicanos y en los tratados internacionales de los que el Estado Mexicano sea parte;

VI. Contra actos dentro o fuera de juicio que afecten a personas extrañas;

VII. Contra las omisiones del o la Ministerio Público en la investigación de los delitos, así como las resoluciones de reserva, no ejercicio, desistimiento de la acción penal, o por suspensión de procedimiento cuando no esté satisfecha la reparación del daño;

Fracción reformada DOF 14-07-2014, 13-03-2025

VIII. Contra actos de autoridad que determinen inhibir o declinar la competencia o el conocimiento de un asunto, y

Fracción reformada DOF 14-07-2014

IX. Contra normas generales, actos u omisiones de la Comisión Federal de Competencia Económica y del Instituto Federal de Telecomunicaciones.

Tratándose de resoluciones dictadas por dichos órganos emanadas de un procedimiento seguido en forma de juicio sólo podrá impugnarse la que ponga fin al mismo por violaciones cometidas en la resolución o durante el procedimiento; las normas generales aplicadas durante el procedimiento sólo podrán reclamarse en el amparo promovido contra la resolución referida.

Fracción adicionada DOF 14-07-2014

Artículo 108. La demanda de amparo indirecto deberá formularse por escrito o por medios electrónicos en los casos que la ley lo autorice, en la que se expresará:

I. El nombre y domicilio de la persona quejosa y de la que promueve en su nombre, quien deberá acreditar su representación;

Fracción reformada DOF 13-03-2025

II. El nombre y domicilio de la persona tercera interesada, y si no los conoce, manifestarlo así bajo protesta de decir verdad;

Fracción reformada DOF 13-03-2025

III. La autoridad o autoridades responsables. En caso de que se impugnen normas generales, la persona quejosa deberá señalar a los titulares de los órganos de Estado a los que la ley encomiende su promulgación. En el caso de las autoridades que hubieren intervenido en el refrendo del decreto promulgatorio de la ley o en su publicación, la persona quejosa deberá señalarlas con el carácter de autoridades responsables, únicamente cuando impugne sus actos por vicios propios;

Fracción reformada DOF 13-03-2025

IV. La norma general, acto u omisión que de cada autoridad se reclame;

V. Bajo protesta de decir verdad, los hechos o abstenciones que constituyan los antecedentes del acto reclamado o que sirvan de fundamento a los conceptos de violación;

VI. Los preceptos que, conforme al artículo 1o de esta Ley, contengan los derechos humanos y las garantías cuya violación se reclame;

VII. Si el amparo se promueve con fundamento en la fracción II del artículo 1o. de esta Ley, deberá precisarse la facultad reservada a los estados u otorgada a la Ciudad de México que haya sido invadida por la autoridad federal; si el amparo se promueve con apoyo en la fracción III de dicho artículo, se señalará el precepto de la Constitución General de la República que contenga la facultad de la autoridad federal que haya sido vulnerada o restringida, y

Fracción reformada DOF 13-03-2025

VIII. Los conceptos de violación.

Artículo 109. Cuando se promueva el amparo en los términos del artículo 15 de esta Ley, bastará para que se dé trámite a la demanda, que se exprese:

I. El acto reclamado;

II. La autoridad que lo hubiere ordenado, si fuere posible;

III. La autoridad que ejecute o trate de ejecutar el acto; y

IV. En su caso, el lugar en que se encuentre la persona quejosa.

Fracción reformada DOF 13-03-2025

En estos supuestos, la demanda podrá formularse por escrito, por comparecencia o por medios electrónicos. En este último caso no se requerirá de firma electrónica.

Artículo 110. Con la demanda se exhibirán copias para cada una de las partes y dos para el incidente de suspensión, siempre que se pidiere y no tuviere que concederse de oficio. Esta exigencia no será necesaria en los casos que la demanda se presente en forma electrónica.

El órgano jurisdiccional de amparo, de oficio, mandará expedir las copias cuando el amparo se promueva por comparecencia, por vía telegráfica o por medios electrónicos, lo mismo que en asuntos del orden penal, laboral tratándose de los trabajadores, cuando se puedan afectar intereses de menores de edad o incapaces, así como los derechos agrarios de los núcleos de población comunal o ejidal o de las personas ejidatarias o comuneras, así como cuando se trate de quienes por sus condiciones de pobreza o marginación se encuentren en clara desventaja social para emprender un juicio.

Párrafo reformado DOF 13-03-2025

Artículo 111. Podrá ampliarse la demanda únicamente cuando:

Párrafo reformado DOF 16-10-2025

I. No hayan transcurrido los plazos para su presentación;

II. Con independencia de lo previsto en la fracción anterior, la persona quejosa tenga conocimiento de actos de autoridad que guarden estrecha relación con los actos reclamados en la demanda inicial y que no hubieren sido de su conocimiento con anterioridad a la presentación de la demanda. En este caso, la ampliación deberá presentarse dentro de los plazos previstos en el artículo 17 de esta Ley.

Fracción reformada DOF 13-03-2025, 16-10-2025

En el caso de la fracción II, la demanda podrá ampliarse dentro de los plazos referidos en este artículo, siempre que no se haya celebrado la audiencia constitucional o bien presentar una nueva demanda.

No procederá la ampliación de demanda fuera de los casos expresamente previstos en este artículo.

Párrafo adicionado DOF 16-10-2025

SECCIÓN SEGUNDA
SUBSTANCIACIÓN

Artículo 112. Dentro del plazo de veinticuatro horas contado desde que la demanda fue presentada, o en su caso turnada, el órgano jurisdiccional deberá resolver si desecha, previene o admite.

En el supuesto de los artículos 15 y 20 de esta Ley deberá proveerse de inmediato.

Artículo 113. El órgano jurisdiccional que conozca del juicio de amparo indirecto examinará el escrito de demanda y si existiera causa manifiesta e indudable de improcedencia la desechará de plano.

Artículo 114. El órgano jurisdiccional mandará requerir al o la promovente que aclare la demanda, señalando con precisión en el auto relativo las deficiencias, irregularidades u omisiones que deban corregirse, cuando:

Párrafo reformado DOF 13-03-2025

I. Hubiere alguna irregularidad en el escrito de demanda;

II. Se hubiere omitido alguno de los requisitos que establece el artículo 108 de esta Ley;

III. No se hubiere acompañado, en su caso, el documento que acredite la personalidad o éste resulte insuficiente;

IV. No se hubiere expresado con precisión el acto reclamado; y

V. No se hubieren exhibido las copias necesarias de la demanda.

Si no se subsanan las deficiencias, irregularidades u omisiones de la demanda dentro del plazo de cinco días, se tendrá por no presentada.

En caso de falta de copias, se estará a lo dispuesto por el artículo 110 de esta Ley. La falta de exhibición de las copias para el incidente de suspensión, sólo dará lugar a la postergación de su apertura.

Artículo 115. De no existir prevención, o cumplida ésta, el órgano jurisdiccional admitirá la demanda; señalará día y hora para la audiencia constitucional, que se celebrará dentro de los treinta días siguientes; pedirá informe
con justificación a las autoridades responsables, apercibiéndolas de las consecuencias que implica su falta en términos del artículo 117 de esta Ley; ordenará
correr traslado a la persona tercera interesada, y, en su caso, tramitará el
incidente de suspensión.

Párrafo reformado DOF 13-03-2025

Cuando a criterio del órgano jurisdiccional exista causa fundada y suficiente, la audiencia constitucional podrá celebrarse en un plazo que no podrá
exceder de otros treinta días.

Las personas servidoras públicas serán responsables de verificar que los
expedientes estén integrados debidamente con antelación a la celebración de
la audiencia constitucional.

Párrafo adicionado DOF 16-10-2025

Artículo 116. Al pedirse el informe con justificación a la autoridad responsable, se le remitirá copia de la demanda, si no se hubiese enviado al
requerir el informe previo.

A la persona tercera interesada se le entregará copia de la demanda al
notificársele del juicio. Si reside fuera de la jurisdicción del órgano que conoce
del amparo se le notificará por medio de exhorto o despacho que podrán ser
enviados y recibidos haciendo uso de la Firma Electrónica o, en caso de residir
en zona conurbada, podrá hacerse por conducto del actuario o actuaria.

Párrafo reformado DOF 13-03-2025

Artículo 117. La autoridad responsable deberá rendir su informe con justificación por escrito o en medios magnéticos dentro del plazo de quince días,
con el cual se dará vista a las partes. El órgano jurisdiccional, atendiendo a las
circunstancias del caso, podrá ampliar el plazo por otros diez días.

Entre la fecha de notificación a la persona quejosa del informe justificado
y la de celebración de la audiencia constitucional, deberá mediar un plazo de
por lo menos ocho días; de lo contrario, se acordará diferir o suspender la
audiencia, según proceda, a solicitud de la persona quejosa o de la persona
tercera interesada.

Párrafo reformado DOF 13-03-2025

En el sistema procesal penal acusatorio, la autoridad jurisdiccional acompañará un índice cronológico del desarrollo de la audiencia en la que se haya dictado el acto reclamado, en el que se indique el orden de intervención de cada una de las partes.

Párrafo adicionado DOF 17-06-2016

Los informes rendidos fuera de los plazos establecidos en el párrafo primero podrán ser tomados en cuenta si la persona quejosa estuvo en posibilidad de conocerlos. Si no se rindió informe justificado, se presumirá cierto el acto reclamado, salvo prueba en contrario, quedando a cargo de la persona quejosa acreditar su inconstitucionalidad cuando dicho acto no sea en sí mismo violatorio de los derechos humanos y garantías a que se refiere el artículo 1o. de esta Ley.

Párrafo reformado DOF 13-03-2025

En el informe se expondrán las razones y fundamentos que se estimen pertinentes para sostener la improcedencia del juicio y la constitucionalidad o legalidad del acto reclamado y se acompañará, en su caso, copia certificada de las constancias necesarias para apoyarlo.

En amparos en materia agraria, además, se expresarán nombre y domicilio de la persona tercera interesada, los preceptos legales que justifiquen los actos que en realidad hayan ejecutado o pretendan ejecutar y si las responsables son autoridades agrarias, la fecha en que se hayan dictado las resoluciones que amparen los derechos agrarios de la persona quejosa y de la tercera, en su caso, y la forma y términos en que las mismas hayan sido ejecutadas, así como los actos por virtud de los cuales aquéllos hayan adquirido sus derechos, de todo lo cual también acompañarán al informe copias certificadas, así como de las actas de posesión, planos de ejecución, censos agrarios, certificados de derechos agrarios, títulos de parcela y demás constancias necesarias para precisar los derechos de las partes.

Párrafo reformado DOF 13-03-2025

No procederá que la autoridad responsable al rendir el informe pretenda variar o mejorar la fundamentación y motivación del acto reclamado, ni que ofrezca pruebas distintas de las consideradas al pronunciarlo, salvo las relacionadas con las nuevas pretensiones deducidas por la persona quejosa.

Párrafo reformado DOF 13-03-2025

Tratándose de actos materialmente administrativos, cuando en la demanda se aduzca la falta o insuficiencia de fundamentación y motivación, en su informe justificado la autoridad deberá complementar en esos aspectos el acto reclamado. En esos casos, deberá correrse traslado con el informe a la persona quejosa, para que en el plazo de quince días realice la ampliación de la demanda, la que se limitará a cuestiones derivadas de la referida complementación. Con la ampliación se dará vista a las responsables así como a la persona tercera interesada y, en su caso, se emplazará a las diversas autoridades que en ampliación se señalen. Para tales efectos deberá diferirse la audiencia constitucional.

Párrafo reformado DOF 13-03-2025

Artículo 118. En los casos en que la quejosa o el quejoso impugne la aplicación por parte de la autoridad responsable de normas generales consideradas inconstitucionales por la jurisprudencia decretada por la Suprema Corte de Justicia de la Nación o por los plenos regionales, el informe con justificación se reducirá a tres días improrrogables, y la celebración de la audiencia se señalará dentro de diez días contados desde el siguiente al de la admisión de la demanda.

Artículo reformado DOF 07-06-2021

Artículo 119. Serán admisibles toda clase de pruebas, excepto la confesional por posiciones. Las pruebas deberán ofrecerse y rendirse en la audiencia constitucional, salvo que esta Ley disponga otra cosa.

La documental podrá presentarse con anterioridad, sin perjuicio de que el órgano jurisdiccional haga relación de ella en la audiencia y la tenga como recibida en ese acto, aunque no exista gestión expresa de la persona interesada.

Párrafo reformado DOF 13-03-2025

Las pruebas testimonial, pericial, inspección judicial o cualquier otra que amerite desahogo posterior, deberán ofrecerse a más tardar, cinco días hábiles antes de la audiencia constitucional, sin contar el del ofrecimiento ni el señalado para la propia audiencia.

Este plazo no podrá ampliarse con motivo del diferimiento de la audiencia constitucional, salvo que se trate de probar o desvirtuar hechos que no hayan podido ser conocidos por las partes con la oportunidad legal suficiente para ofrecerlas en el plazo referido, por causas no imputables a su descuido o negligencia dentro del procedimiento. En estos casos, el plazo para el ofrecimiento de tales pruebas será el señalado para la audiencia constitucional, tomando como indicador la nueva fecha señalada para la audiencia.

Para el ofrecimiento de las pruebas testimonial, pericial o inspección judicial, se deberán exhibir original y copias para cada una de las partes de los interrogatorios al tenor de los cuales deberán ser examinados los y las testigos, proporcionando el nombre y en su caso el domicilio cuando no los pueda presentar; el cuestionario para los peritos o peritas o de los puntos sobre los que deba versar la inspección. No se admitirán más de tres testigos por cada hecho.

Párrafo reformado DOF 13-03-2025

Cuando falten total o parcialmente las copias a que se refiere el párrafo anterior, se requerirá al oferente para que las presente dentro del plazo de tres días; si no las exhibiere, se tendrá por no ofrecida la prueba.

El órgano jurisdiccional ordenará que se entregue una copia a cada una de las partes para que puedan ampliar por escrito, en un plazo de tres días, el cuestionario, el interrogatorio o los puntos sobre los que deba versar la inspección, para que puedan formular repreguntas al verificarse la audiencia.

Artículo 120. Al admitirse la prueba pericial, se hará la designación de una persona perita o de las que estime convenientes para la práctica de la diligencia, sin perjuicio de que cada parte pueda designar a una para que se asocie al nombrado por el órgano jurisdiccional o rinda dictamen por separado, designación que deberá hacer dentro de los tres días siguientes a aquél en que surta sus efectos la notificación del auto admisorio de la prueba.

Las personas peritas no son recusables, pero la nombrada por el órgano jurisdiccional de amparo deberá excusarse de dictaminar cuando exista alguna de las causas de impedimento a que se refiere el artículo 51 de esta Ley. Al aceptar su nombramiento manifestará bajo protesta de decir verdad que no se encuentra en la hipótesis de esos impedimentos.

Artículo reformado DOF 13-03-2025

Artículo 121. A fin de que las partes puedan rendir sus pruebas, las personas servidoras públicas tienen la obligación de expedir con toda oportunidad, las copias o documentos que aquellas les hubieren solicitado. Si no lo hacen, la parte interesada una vez que acredite haber hecho la petición, solicitará al órgano jurisdiccional que requiera a las omisas y difiera la audiencia, lo que se acordará siempre que la solicitud se hubiere hecho cinco días hábiles antes del señalado para su celebración, sin contar el de la solicitud ni el señalado para la propia audiencia. El órgano jurisdiccional hará el requerimiento de que se le envíen directamente los documentos o copias dentro de un plazo que no exceda de diez días.

Párrafo reformado DOF 13-03-2025

Este plazo no podrá ampliarse con motivo del diferimiento de la audiencia constitucional, salvo que se trate de probar o desvirtuar hechos que no hayan podido ser conocidos por las partes con la oportunidad legal suficiente para ofrecerlas en el plazo referido, por causas no imputables a su descuido o negligencia dentro del procedimiento. En estos casos, el plazo para el ofrecimiento de tales pruebas será el señalado para la audiencia constitucional, tomando como indicador la nueva fecha señalada para la audiencia.

Párrafo adicionado DOF 16-10-2025

Si a pesar del requerimiento no se le envían oportunamente los documentos o copias, el órgano jurisdiccional, a petición de parte, podrá diferir la audiencia hasta en tanto se envíen; hará uso de los medios de apremio y agotados éstos, si persiste el incumplimiento denunciará los hechos al o la Ministerio Público de la Federación.

Párrafo reformado DOF 13-03-2025

Si se trata de actuaciones concluidas, podrán pedirse originales a instancia de cualquiera de las partes.

Artículo 122. Si al presentarse un documento por una de las partes otra de ellas lo objetare de falso en la audiencia constitucional, el órgano jurisdiccional la suspenderá para continuarla dentro de los diez días siguientes; en la reanudación de la audiencia se presentarán las pruebas relativas a la autenticidad del documento. En este caso, si se trata de las pruebas testimonial, pericial o de inspección judicial se estará a lo dispuesto por el artículo 119 de esta Ley, con excepción del plazo de ofrecimiento que será de tres días contados a partir del siguiente al de la fecha de suspensión de la audiencia.

Artículo 123. Las pruebas se desahogarán en la audiencia constitucional, salvo aquéllas que a juicio del órgano jurisdiccional puedan recibirse con anterioridad o las que deban desahogarse fuera de la residencia del órgano jurisdiccional que conoce del amparo, vía exhorto, despacho, requisitoria o en cualquier otra forma legal, que podrán ser enviados y recibidos haciendo uso de la Firma Electrónica.

Artículo 124. Las audiencias serán públicas. Abierta la audiencia, se procederá a la relación de constancias, videograbaciones analizadas íntegramente y pruebas desahogadas, y se recibirán, por su orden, las que falten por desahogarse y los alegatos por escrito que formulen las partes; acto continuo se dictará el fallo que corresponda en un plazo que no podrá exceder de noventa días naturales.

Párrafo reformado DOF 17-06-2016, 16-10-2025

La persona quejosa podrá alegar verbalmente cuando se trate de actos que importen peligro de privación de la vida, ataques a la libertad personal fuera de procedimiento, incomunicación, deportación o expulsión, proscripción o destierro, extradición, desaparición forzada de personas o alguno de los prohibidos por el artículo 22 de la Constitución Política de los Estados Unidos Mexicanos, así como la incorporación forzosa al Ejército, Armada o Fuerza Aérea nacionales, asentándose en autos extracto de sus alegaciones, si lo solicitare.

Párrafo reformado DOF 13-03-2025

En los asuntos del orden administrativo, en la sentencia se analizará el acto reclamado considerando la fundamentación y motivación que para complementarlo haya expresado la autoridad responsable en el informe justificado. Ante la falta o insuficiencia de aquéllas, en la sentencia concesoria se estimará que el referido acto presenta un vicio de fondo que impide a la autoridad su reiteración.

SECCIÓN TERCERA
SUSPENSIÓN DEL ACTO RECLAMADO

PRIMERA PARTE
REGLAS GENERALES

Artículo 125. La suspensión del acto reclamado se decretará de oficio o a petición de la persona quejosa.

Artículo reformado DOF 13-03-2025

Artículo 126. La suspensión se concederá de oficio y de plano cuando se trate de actos que importen peligro de privación de la vida, ataques a la libertad personal fuera de procedimiento, incomunicación, deportación o expulsión, proscripción o destierro, extradición, desaparición forzada de personas o alguno de los prohibidos por el artículo 22 de la Constitución Política de los Estados Unidos Mexicanos, así como la incorporación forzosa al Ejército, Armada o Fuerza Aérea nacionales.

En este caso, la suspensión se decretará en el auto de admisión de la demanda, comunicándose sin demora a la autoridad responsable, por cualquier medio que permita lograr su inmediato cumplimiento.

La suspensión también se concederá de oficio y de plano cuando se trate de actos que tengan o puedan tener por efecto privar total o parcialmente, en forma temporal o definitiva, de la propiedad, posesión o disfrute de sus derechos agrarios a los núcleos de población ejidal o comunal.

Artículo 127. El incidente de suspensión se abrirá de oficio y se sujetará en lo conducente al trámite previsto para la suspensión a instancia de parte, en los siguientes casos:

I. Extradición; y

II. Siempre que se trate de algún acto que, si llegare a consumarse, haría físicamente imposible restituir a la persona quejosa en el goce del derecho reclamado.

Fracción reformada DOF 13-03-2025

Artículo 128. Con excepción de los casos en que proceda de oficio, la suspensión se tramitará a petición de la persona quejosa en todas las materias, salvo aquellas previstas en el último párrafo de este artículo.

Párrafo reformado DOF 14-07-2014, 13-03-2025, 16-10-2025

Para ello, el órgano jurisdiccional, cuando la naturaleza del acto lo permita, deberá realizar de forma expresa y justificada un análisis ponderado de la apariencia del buen derecho y del interés social, a fin de verificar que concurran los requisitos siguientes:

I. Que exista el acto reclamado, se tenga certeza de su inminente realización u opere una presunción razonable sobre su existencia.

II. Deberá acreditarse, aunque sea de manera indiciaria, el interés suspensional de la persona promovente, entendido como la existencia de un principio de agravio derivado del acto reclamado, que permita inferir que su ejecución afectará a la persona quejosa.

III. Que, al ponderar los efectos de la suspensión frente al interés social, y a disposiciones de orden público, el órgano jurisdiccional advierta que su concesión no causa un daño significativo a la colectividad, ni priva a la sociedad de beneficios que ordinariamente le corresponden.

IV. Que, del análisis preliminar de los argumentos y elementos aportados, se desprenda la apariencia del buen derecho, sin que ello implique prejuzgar sobre el fondo del asunto.

Párrafo con fracciones adicionado DOF 16-10-2025

La suspensión se tramitará en incidente por separado y por duplicado.

Asimismo, no serán objeto de suspensión las órdenes o medidas de protección dictadas en términos de la legislación aplicable por alguna autoridad administrativa o jurisdiccional para salvaguardar la seguridad o integridad de una persona y la ejecución de una técnica de investigación o medida cautelar concedida por autoridad judicial.

Párrafo adicionado DOF 17-06-2016

Las normas generales, actos u omisiones de las autoridades a que refieren los párrafos decimoquinto y decimoséptimo del artículo 28 de la Constitución Federal, no serán objeto de suspensión. Solamente en los casos en que la autoridad a que refiere el párrafo decimoquinto del artículo 28 de la Constitución Federal imponga multas o la desincorporación de activos, derechos, partes sociales o acciones, éstas se ejecutarán hasta que se resuelva el juicio de amparo que, en su caso, se promueva.

Párrafo adicionado DOF 14-07-2014. Reformado DOF 16-10-2025

Artículo 129. Se considerará, entre otros casos, que se siguen perjuicios al interés social o se contravienen disposiciones de orden público, cuando, de concederse la suspensión:

I. Continúe el funcionamiento de centros de vicio o de lenocinio, así como de establecimientos de juegos con apuestas o sorteos;

II. Continúe la producción o el comercio de narcóticos;

III. Se permita la consumación o continuación de delitos o de sus efectos;

IV. Se permita el alza de precios en relación con artículos de primera necesidad o de consumo necesario;

V. Se impida la ejecución de medidas para combatir epidemias de carácter grave o el peligro de invasión de enfermedades exóticas en el país;

VI. Se impida la ejecución de campañas contra el alcoholismo y la drogadicción;

VII. Se permita el incumplimiento de las órdenes militares que tengan como finalidad la defensa de la integridad territorial, la independencia de la República, la soberanía y seguridad nacional y el auxilio a la población civil, siempre que el cumplimiento y ejecución de aquellas órdenes estén dirigidas a quienes pertenecen al régimen castrense;

VIII. Se afecten intereses de menores de edad o incapaces o se les pueda causar trastorno emocional o psíquico;

Fracción reformada DOF 13-03-2025

IX. Se impida el pago de alimentos;

X. Se permita el ingreso en el país de mercancías cuya introducción esté prohibida en términos de ley o bien se encuentre en alguno de lo supuestos previstos en el artículo 131, párrafo segundo de la Constitución Política de los Estados Unidos Mexicanos; se incumplan con las normas relativas a regulaciones y restricciones no arancelarias a la exportación o importación, salvo el caso de las cuotas compensatorias, las cuales se apegarán a lo regulado en el artículo 135 de esta Ley; se incumplan con las Normas Oficiales Mexicanas; se afecte la producción nacional;

XI. Se impidan o interrumpan los procedimientos relativos a la intervención, revocación, liquidación o quiebra de entidades financieras, y demás actos que sean impostergables, siempre en protección del público ahorrador para salvaguardar el sistema de pagos o su estabilidad;

XII. Se impida la continuación del procedimiento de extinción de dominio previsto en el párrafo segundo del artículo 22 de la Constitución Política de los Estados Unidos Mexicanos. En caso de que la persona quejosa sea una tercera ajena al procedimiento, procederá la suspensión;

Fracción reformada DOF 13-03-2025

XIII. Se impida u obstaculice al Estado la utilización, aprovechamiento o explotación de los bienes de dominio directo referidos en el artículo 27 de la Constitución Política de los Estados Unidos Mexicanos.

XIV. Se permita la comisión o continuación de actos, operaciones o servicios que puedan favorecer, prestar ayuda, auxilio o cooperación de manera efectiva en operaciones con recursos de procedencia ilícita o conductas ilícitas relacionadas que pudieran dañar al sistema financiero, en los términos de las leyes vigentes.

El órgano jurisdiccional, en todo caso, dejará a salvo los recursos necesarios para el pago de salarios u otro tipo de obligaciones contraídas con trabajadores, de alimentos decretados por autoridad competente, o bien, para asegurar la subsistencia de la persona física titular de la cuenta y de sus acreedores alimentarios, así como de créditos fiscales o hipotecarios para vivienda de uso propio, mientras se resuelve el juicio de amparo; supuestos que deberán quedar acreditados.

La suspensión definitiva únicamente podrá ser concedida para la disposición de recursos contenidos en cuentas cuya licitud quede acreditada a juicio del órgano jurisdiccional.

Tratándose del supuesto previsto en esta fracción, en ningún caso procederá la suspensión provisional.

Fracción adicionada DOF 16-10-2025

XV. Se impida u obstaculice que la autoridad competente requiera, obtenga o disemine información financiera para la prevención y detección de operaciones con recursos de procedencia ilícita o conductas ilícitas relacionadas.

Fracción adicionada DOF 16-10-2025

XVI. Se continúe con la realización de actividades o prestación de servicios que requieran de permiso, autorización o concesión emitida por autoridad federal competente, cuando no se cuente con la misma.

Fracción adicionada DOF 16-10-2025

XVII. Se impida u obstaculice al Estado el ejercicio de sus facultades en materia de deuda pública, previstas en la Constitución Política de los Estados Unidos Mexicanos, y las que se establezcan en las leyes de la materia.

Fracción adicionada DOF 16-10-2025
Reforma DOF 14-06-2024: Derogó del artículo el entonces párrafo segundo

Artículo 130. La suspensión se podrá pedir en cualquier tiempo mientras no se dicte sentencia ejecutoria.

Artículo 131. Cuando la persona quejosa que solicita la suspensión aduzca un interés legítimo, el órgano jurisdiccional la concederá cuando la persona quejosa acredite el daño inminente e irreparable a su pretensión en caso de que se niegue, y el interés social que justifique su otorgamiento.

En ningún caso, el otorgamiento de la medida cautelar podrá tener por efecto modificar o restringir derechos ni constituir aquéllos que no haya tenido la persona quejosa antes de la presentación de la demanda.

Artículo reformado DOF 13-03-2025

Artículo 132. En los casos en que sea procedente la suspensión pero pueda ocasionar daño o perjuicio a tercero y la misma se conceda, la persona quejosa deberá otorgar garantía bastante para reparar el daño e indemnizar los perjuicios que con aquélla se causaren si no obtuviere sentencia favorable en el juicio de amparo.

Párrafo reformado DOF 13-03-2025

Cuando con la suspensión puedan afectarse derechos de la persona tercera interesada que no sean estimables en dinero, el órgano jurisdiccional fijará discrecionalmente el importe de la garantía.

Párrafo reformado DOF 13-03-2025

La suspensión concedida a los núcleos de población no requerirá de garantía para que surta sus efectos.

Artículo 133. La suspensión, en su caso, quedará sin efecto si la o el tercero otorga contragarantía para restituir las cosas al estado que guardaban antes de la violación reclamada y pagar los daños y perjuicios que sobrevengan a la persona quejosa, en el caso de que se le conceda el amparo.

Párrafo reformado DOF 13-03-2025

No se admitirá la contragarantía cuando de ejecutarse el acto reclamado quede sin materia el juicio de amparo o cuando resulte en extremo difícil restituir las cosas al estado que guardaban antes de la violación.

Cuando puedan afectarse derechos que no sean estimables en dinero, el órgano jurisdiccional fijará discrecionalmente el importe de la contragarantía.

Artículo 134. La contragarantía que ofrezca la o el tercero conforme al artículo anterior deberá también cubrir el costo de la garantía que hubiese otorgado la persona quejosa, que comprenderá:

Párrafo reformado DOF 13-03-2025

I. Los gastos o primas pagados, conforme a la ley, a la empresa legalmente autorizada que haya otorgado la garantía;

II. Los gastos legales de la escritura respectiva y su registro, así como los de la cancelación y su registro, cuando la persona quejosa hubiere otorgado garantía hipotecaria, y

Fracción reformada DOF 13-03-2025

III. Los gastos legales acreditados para constituir el depósito.

Artículo 135. Cuando el amparo se solicite en contra de actos relativos a determinación, liquidación, ejecución o cobro de contribuciones o créditos de naturaleza fiscal, podrá concederse discrecionalmente la suspensión del acto reclamado, la que surtirá efectos si se ha constituido o se constituye la garantía del interés fiscal ante la autoridad exactora por cualquiera de los medios permitidos por las leyes fiscales aplicables.

Párrafo publicado sin cambios DOF 16-10-2025

El órgano jurisdiccional está facultado para reducir el monto de la garantía o dispensar su otorgamiento, en los siguientes casos:

Párrafo publicado sin cambios DOF 16-10-2025

I. Si realizado el embargo por las autoridades fiscales, éste haya quedado firme y los bienes del contribuyente embargados fueran suficientes para asegurar la garantía del interés fiscal;

II. Si el monto de los créditos excediere la capacidad económica de la persona quejosa, y

Fracción reformada DOF 13-03-2025

III. Si se tratase de tercero distinto al sujeto obligado de manera directa o solidaria al pago del crédito.

Tratándose de créditos fiscales determinados en resoluciones liquidatorias que hubieren sido impugnadas y hayan quedado firmes por resolución de autoridad competente, o de actos que resuelvan sobre solicitudes de prescripción respecto de dichos créditos, la suspensión podrá otorgarse discrecionalmente, la que surtirá efectos si se ha constituido garantía del interés fiscal ante la autoridad exactora mediante billete de depósito emitido por institución autorizada o carta de crédito emitida por alguna de las instituciones autorizadas por la Comisión Nacional Bancaria y de Valores y registradas para tal efecto ante el Servicio de Administración Tributaria, de conformidad con las reglas de carácter general que al efecto expida el Servicio de Administración Tributaria y las demás disposiciones jurídicas aplicables.

Párrafo adicionado DOF 16-10-2025

En los casos en que se niegue el amparo, cuando exista sobreseimiento del mismo o bien cuando por alguna circunstancia se deje sin efectos la suspensión en el amparo, la autoridad responsable hará efectiva la garantía.

Artículo 136. La suspensión, cualquiera que sea su naturaleza, surtirá sus efectos desde el momento en que se pronuncie el acuerdo relativo, aún cuando sea recurrido.

Los efectos de la suspensión dejarán de surtirse, en su caso, si dentro del plazo de cinco días siguientes al en que surta efectos la notificación del acuerdo de suspensión, la persona quejosa no otorga la garantía fijada y así lo determina el órgano jurisdiccional. Al vencimiento del plazo, dicho órgano, de oficio o a instancia de parte, lo notificará a las autoridades responsables, las que podrán ejecutar el acto reclamado. No obstante lo anterior, mientras no se ejecute, la persona quejosa podrá exhibir la garantía, con lo cual, de inmediato, vuelve a surtir efectos la medida suspensional.

Párrafo reformado DOF 13-03-2025

Artículo 137. Las personas morales públicas y las oficiales que conforman las Administraciones Públicas Federal, Estatal y Municipal, los fondos, mandatos o análogos, o cualquier otro ente público, independientemente de su origen y estructura, estarán exentos de otorgar las garantías que esta Ley exige.

Artículo reformado DOF 13-03-2025, 16-10-2025

Artículo 138. Promovida la suspensión del acto reclamado el órgano jurisdiccional deberá analizar los elementos que obren en autos para determinar si se actualizan los requisitos previstos en el artículo 128 de esta Ley, atendiendo a la naturaleza provisional e inmediata de la medida cautelar. Concluida dicha valoración, la persona juzgadora deberá emitir un auto en el que:

Párrafo reformado DOF 17-06-2016, 16-10-2025

I. Concederá o negará la suspensión provisional; en el primer caso, fijará los requisitos y efectos de la medida; en el segundo caso, la autoridad responsable podrá ejecutar el acto reclamado;

II. Señalará fecha y hora para la celebración de la audiencia incidental que deberá efectuarse dentro del plazo de cinco días; y

III. Solicitará informe previo a las autoridades responsables, que deberán rendirlo dentro del plazo de cuarenta y ocho horas, para lo cual en la notificación correspondiente se les acompañará copia de la demanda y anexos que estime pertinentes.

Artículo 139. En los casos en que proceda la suspensión conforme a los artículos 128 y 131 de esta Ley, si hubiere peligro inminente de que se ejecute el acto reclamado con perjuicios de difícil reparación para la persona quejosa, el órgano jurisdiccional, con la presentación de la demanda, deberá ordenar que las cosas se mantengan en el estado que guarden hasta que se notifique a la autoridad responsable la resolución que se dicte sobre la suspensión definitiva, tomando las medidas que estime convenientes para que no se defrauden derechos de tercero y se eviten perjuicios a las personas interesadas, hasta donde sea posible, ni quede sin materia el juicio de amparo.

Cuando en autos surjan elementos que modifiquen la valoración que se realizó respecto de la afectación que la medida cautelar puede provocar al interés social y el orden público, la persona juzgadora, con vista a la persona quejosa por veinticuatro horas, podrá modificar o revocar la suspensión provisional.

Artículo reformado DOF 13-03-2025

Artículo 140. En el informe previo la autoridad responsable se concretará a expresar si son o no ciertos los actos reclamados que se le atribuyan, podrá expresar las razones que estime pertinentes sobre la procedencia o improcedencia de la suspensión y deberá proporcionar los datos que tenga a su alcance que permitan al órgano jurisdiccional establecer el monto de las garantías correspondientes. Las partes podrán objetar su contenido en la audiencia.

En casos urgentes se podrá ordenar que se rinda el informe previo por cualquier medio a disposición de las oficinas públicas de comunicaciones.

Artículo 141. Cuando alguna autoridad responsable tenga su residencia fuera de la jurisdicción del órgano que conoce del amparo, y no sea posible que rinda su informe previo con la debida oportunidad, por no haberse hecho uso de los medios a que se refiere el artículo anterior, se celebrará la audiencia incidental respecto del acto reclamado de las autoridades residentes en el lugar, a reserva de celebrar la que corresponda a las autoridades foráneas. La resolución dictada en la primera audiencia podrá modificarse o revocarse con vista de los nuevos informes.

Artículo 142. La falta de informe previo hará presumir cierto el acto reclamado para el sólo efecto de resolver sobre la suspensión definitiva.

Tratándose de amparo contra normas generales, las autoridades que hayan intervenido en el refrendo del decreto promulgatorio de la norma general o en su publicación, únicamente rendirán el informe previo cuando adviertan que su intervención en el proceso legislativo o de creación de la norma general, se impugne por vicios propios.

La falta del informe previo de las autoridades legislativas, además de lo señalado en el párrafo anterior, no dará lugar a sanción alguna.

Artículo 143. El órgano jurisdiccional podrá solicitar documentos y ordenar las diligencias que considere necesarias, a efecto de resolver sobre la suspensión definitiva.

En el incidente de suspensión, únicamente se admitirán las pruebas documental y de inspección judicial. Tratándose de los casos a que se refiere el artículo 15 de esta Ley, será admisible la prueba testimonial.

Para efectos de este artículo, no serán aplicables las disposiciones relativas al ofrecimiento y admisión de las pruebas en el cuaderno principal.

Artículo 144. En la audiencia incidental, a la cual podrán comparecer las partes, se dará cuenta con los informes previos; se recibirán las documentales que el órgano jurisdiccional se hubiere allegado y los resultados de las diligencias que hubiere ordenado, así como las pruebas ofrecidas por las partes; se recibirán sus alegatos, y se resolverá sobre la suspensión definitiva y, en su caso, las medidas y garantías a que estará sujeta.

Artículo 145. Cuando apareciere debidamente probado que ya se resolvió sobre la suspensión en otro juicio de amparo, promovido con anterioridad por la misma persona quejosa o por otra persona en su nombre o representación, contra el mismo acto reclamado y contra las propias autoridades, se declarará sin materia el incidente de suspensión.

Artículo reformado DOF 13-03-2025

Artículo 146. La resolución que decida sobre la suspensión definitiva, deberá contener:

I. La determinación clara y precisa del acto o actos reclamados cuya suspensión se solicita;

II. La valoración de las pruebas que hayan sido admitidas y desahogadas dentro del incidente;

III. El análisis expreso y razonado de cada uno de los elementos exigidos por el artículo 128 de esta Ley, y

IV. Los puntos resolutivos en los que se exprese con claridad si se concede o niega la suspensión, señalando con precisión, en su caso, los efectos y condiciones bajo los cuales se concede, para su estricto cumplimiento por la autoridad responsable.

Artículo reformado DOF 16-10-2025

Artículo 147. En los casos en que la suspensión sea procedente, el órgano jurisdiccional deberá fijar la situación en que habrán de quedar las cosas y tomará las medidas pertinentes para conservar la materia del amparo hasta la terminación del juicio, pudiendo establecer condiciones de cuyo cumplimiento dependa el que la medida suspensional siga surtiendo efectos.

Atendiendo a la naturaleza del acto reclamado, ordenará que las cosas se mantengan en el estado que guarden y, de ser jurídica y materialmente posible, restablecerá provisionalmente a la persona quejosa en el goce del derecho violado mientras se dicta sentencia ejecutoria en el juicio de amparo.

Párrafo reformado DOF 13-03-2025

El órgano jurisdiccional tomará las medidas que estime necesarias para evitar que se defrauden los derechos de los menores de edad o incapaces, en tanto se dicte sentencia definitiva en el juicio de amparo.

Párrafo reformado DOF 13-03-2025

Artículo 148. En los juicios de amparo en que se reclame una norma general autoaplicativa sin señalar un acto concreto de aplicación, la suspensión se otorgará para impedir los efectos y consecuencias de la norma en la esfera jurídica de la persona quejosa.

Párrafo reformado DOF 13-03-2025

En el caso en que se reclame una norma general con motivo del primer acto de su aplicación, la suspensión, además de los efectos establecidos en el párrafo anterior, se decretará en relación con los efectos y consecuencias subsecuentes del acto de aplicación.

Tratándose de juicios de amparo en los que se reclame la inconstitucionalidad de normas generales, en ningún caso la suspensión podrá concederse con efectos generales.

Párrafo adicionado DOF 14-06-2024. Reformado DOF 16-10-2025

Artículo 149. Cuando por mandato expreso de una norma general o de alguna autoridad, un particular tuviere o debiera tener intervención en la ejecución, efectos o consecuencias del acto reclamado, el efecto de la suspensión será que la autoridad responsable ordene a dicho particular la inmediata paralización de la ejecución, efectos o consecuencias de dicho acto o, en su caso, que tome las medidas pertinentes para el cumplimiento estricto de lo establecido en la resolución suspensional.

Artículo 150. En los casos en que la suspensión sea procedente, se concederá en forma tal que no impida la continuación del procedimiento en el asunto que haya motivado el acto reclamado, hasta dictarse resolución firme en él; a no ser que la continuación de dicho procedimiento deje irreparablemente consumado el daño o perjuicio que pueda ocasionarse a la persona quejosa.

Artículo reformado DOF 13-03-2025

Artículo 151. Cuando se promueva el amparo contra actos o resoluciones dictadas en un procedimiento de remate de inmuebles, la suspensión permitirá el curso del procedimiento hasta antes de que se ordene la escrituración y la entrega de los bienes al adjudicatario.

Tratándose de bienes muebles, el efecto de la suspensión será el de impedir su entrega material al adjudicatario.

Artículo 152. Tratándose de la última resolución que se dicte en el procedimiento de ejecución de un laudo en materia laboral la suspensión se concederá en los casos en que, a juicio de la persona titular de la presidencia del tribunal respectivo, no se ponga a la parte que obtuvo, si es la obrera, en peligro de no poder subsistir mientras se resuelve el juicio de amparo, en los cuales sólo se suspenderá la ejecución en cuanto exceda de lo necesario para asegurar tal subsistencia.

Artículo reformado DOF 13-03-2025

Artículo 153. La resolución en que se niegue la suspensión definitiva deja expedita la facultad de la autoridad responsable para la ejecución del acto reclamado, aunque se interponga recurso de revisión; pero si con motivo del recurso se concede, sus efectos se retrotraerán a la fecha del auto o interlocutoria correspondiente, siempre que la naturaleza del acto lo permita.

Artículo 154. La resolución que conceda o niegue la suspensión definitiva podrá modificarse o revocarse de oficio o a petición de parte, cuando ocurra un hecho superveniente que lo motive, mientras no se pronuncie sentencia ejecutoria en el juicio de amparo, debiendo tramitarse en la misma forma que el incidente de suspensión.

Artículo 155. Cuando se interponga recurso contra resoluciones dictadas en el incidente de suspensión, se remitirá el original al tribunal colegiado de circuito competente y se dejará el duplicado en poder del órgano jurisdiccional que conozca del amparo, sin perjuicio de que se siga actuando en el duplicado.

Artículo 156. Cuando se trate de hacer efectiva la responsabilidad proveniente de las garantías y contragarantías que se otorguen con motivo de la suspensión, se tramitará ante el órgano jurisdiccional que conozca de ella un incidente en los términos previstos por esta Ley, dentro de los seis meses siguientes al día en que surta efectos la notificación a las partes de la resolución que en definitiva ponga fin al juicio. De no presentarse la reclamación dentro de ese plazo y previa vista a las partes, se procederá a la devolución o cancelación, en su caso, de la garantía o contragarantía, sin perjuicio de que pueda exigirse dicha responsabilidad ante autoridad judicial competente.

Artículo 157. En lo conducente, se aplicará al auto que resuelve sobre la suspensión provisional lo dispuesto para la resolución que decide sobre la suspensión definitiva.

Artículo 158. Para la ejecución y cumplimiento del auto de suspensión se observarán las disposiciones relativas al Título Quinto de esta Ley. En caso de incumplimiento, cuando la naturaleza del acto lo permita, el órgano jurisdiccional de amparo podrá hacer cumplir la resolución suspensional o podrá tomar las medidas para el cumplimiento.

SEGUNDA PARTE
EN MATERIA PENAL

Artículo 159. En los lugares donde no resida juez o jueza de distrito y especialmente cuando se trate de actos que importen peligro de privación de la vida, ataques a la libertad personal fuera de procedimiento, incomunicación, deportación o expulsión, proscripción o destierro, extradición, desaparición forzada de personas o alguno de los prohibidos por el artículo 22 de la Constitución Política de los Estados Unidos Mexicanos, así como la incorporación forzosa al Ejército, Armada o Fuerza Aérea nacionales, el juez o jueza de primera instancia dentro de cuya jurisdicción radique la autoridad que ejecute o trate de ejecutar el acto reclamado, deberá recibir la demanda de amparo y acordar de plano sobre la suspensión de oficio conforme a las siguientes reglas:

Párrafo reformado DOF 13-03-2025

I. Formará por duplicado un expediente que contenga la demanda de amparo y sus anexos, el acuerdo que decrete la suspensión de oficio y el señalamiento preciso de la resolución que se mande suspender; las constancias de notificación y las determinaciones que dicte para hacer cumplir su resolución;

II. Ordenará a la autoridad responsable que mantenga las cosas en el estado en que se encuentren o que, en su caso, proceda inmediatamente a poner en libertad o a disposición del o la Ministerio Público a la persona quejosa y que rinda al juez o jueza de distrito el informe previo, y

Fracción reformada DOF 13-03-2025

III. Remitirá de inmediato el original de las actuaciones al juez o jueza de distrito competente y conservará el duplicado para vigilar el cumplimiento de sus resoluciones, hasta en tanto el juez o jueza de distrito provea lo conducente, con plena jurisdicción.

Fracción reformada DOF 13-03-2025

En caso de la probable comisión del delito de desaparición forzada, el juez o jueza de primera instancia procederá conforme lo establecido por el artículo 15 de esta Ley.

Párrafo reformado DOF 13-03-2025

Cuando el amparo se promueva contra actos de un juez o jueza de primera instancia y no haya otro en el lugar, o cuando se impugnen actos de otras autoridades y aquél no pueda ser habido, la demanda de amparo podrá presentarse ante cualquiera de los órganos judiciales que ejerzan jurisdicción en el mismo lugar, siempre que en él resida la autoridad ejecutora o, en su defecto, ante el órgano jurisdiccional más próximo.

Párrafo reformado DOF 13-03-2025

Artículo 160. Cuando el acto reclamado sea la orden de deportación, expulsión o extradición, la suspensión tiene por efecto que no se ejecute y la persona interesada quede en el lugar donde se encuentre a disposición del órgano jurisdiccional de amparo, sólo en lo que se refiere a su libertad personal.

Artículo reformado DOF 13-03-2025

Artículo 161. Cuando el acto reclamado consista en la orden de traslado de la persona quejosa de un centro penitenciario a otro, la suspensión, si procede, tendrá por efecto que éste no se lleve a cabo.

Artículo reformado DOF 13-03-2025

Artículo 162. Cuando el acto reclamado consista en una orden de privación de la libertad o en la prohibición de abandonar una demarcación geográfica, la suspensión tendrá por efecto que no se ejecute o cese inmediatamente, según sea el caso. El órgano jurisdiccional de amparo tomará las medidas que aseguren que la persona quejosa no evada la acción de la justicia, entre ellas, la obligación de presentarse ante la autoridad y ante quien concedió la suspensión cuantas veces le sea exigida.

De acuerdo con las circunstancias del caso, la suspensión podrá tener como efecto que la privación de la libertad se ejecute en el domicilio de la persona quejosa.

Artículo reformado DOF 13-03-2025

Artículo 163. Cuando el amparo se pida contra actos que afecten la libertad personal dentro de un procedimiento del orden penal, de conformidad con lo dispuesto en el artículo 166 de esta Ley, la suspensión producirá el efecto de que la persona quejosa quede a disposición del órgano jurisdiccional que conozca del amparo, sólo en lo que se refiere a dicha libertad, pero a disposición de la autoridad que deba juzgarlo, para la continuación del procedimiento.

Artículo reformado DOF 13-03-2025

Artículo 164. Cuando el acto reclamado consista en la detención de la persona quejosa efectuada por autoridades administrativas distintas del o la Ministerio Público, en relación con la comisión de un delito, se ordenará que sin demora cese la detención, poniéndolo en libertad o a disposición del o la Ministerio Público.

Cuando en los supuestos del párrafo anterior, la detención de la persona quejosa no tenga relación con la comisión de un delito, la suspensión tendrá por efecto que sea puesta en libertad.

Artículo reformado DOF 13-03-2025

Artículo 165. Cuando el acto reclamado afecte la libertad personal de la persona quejosa y se encuentre a disposición del o la Ministerio Público por cumplimiento de orden de detención del mismo, salvo el caso de la detención por caso urgente, la suspensión se concederá para el efecto de que dentro del término de cuarenta y ocho horas o en un plazo de noventa y seis, tratándose de delincuencia organizada, contadas a partir del momento de la detención, sea puesto en libertad o a disposición ante el órgano jurisdiccional correspondiente.

Cuando la persona quejosa se encuentre a disposición del o la Ministerio Público por haber sido detenida en flagrancia o caso urgente, el plazo contará a partir de que sea puesto a disposición.

En cualquier caso distinto de los anteriores y en la detención por caso urgente, en los que el o la Ministerio Público restrinja la libertad de la persona quejosa, la suspensión se concederá para el efecto de que sea puesto en inmediata libertad o a disposición ante el órgano jurisdiccional correspondiente.

Artículo reformado DOF 17-06-2016, 13-03-2025

Artículo 166. Cuando se trate de orden de aprehensión o reaprehensión o de medida cautelar que implique privación de la libertad, dictadas por autoridad competente, se estará a lo siguiente:

I. Si se trata de delitos de prisión preventiva oficiosa a que se refiere el artículo 19 constitucional, la suspensión sólo producirá el efecto de que la persona quejosa quede a disposición del órgano jurisdiccional de amparo en el lugar que éste señale únicamente en lo que se refiera a su libertad, quedando a disposición de la autoridad a la que corresponda conocer el procedimiento penal para los efectos de su continuación. Tratándose de estos casos, la suspensión no podrá otorgarse con efectos distintos a los expresamente previstos en esta fracción;

Fracción reformada DOF 13-03-2025, 16-10-2025

II. Si se trata de delitos que no impliquen prisión preventiva oficiosa, la suspensión producirá el efecto de que la persona quejosa no sea detenida, bajo las medidas de aseguramiento que el órgano jurisdiccional de amparo estime necesarias a fin de que no evada la acción de la justicia y se presente al proceso penal para los efectos de su continuación y pueda ser devuelto a la autoridad responsable en caso de que no obtenga la protección de la justicia federal.

Fracción reformada DOF 13-03-2025

Cuando la persona quejosa ya se encuentre materialmente detenida por orden de autoridad competente y el o la Ministerio Público que interviene en el procedimiento penal solicite al juez o jueza la prisión preventiva porque considere que otras medidas cautelares no sean suficientes para garantizar la comparecencia de la persona imputada en el juicio, el desarrollo de la investigación, la protección a la víctima, de las y los testigos o de la comunidad, así como cuando la persona imputada esté siendo procesada o haya sido sentenciada previamente por la comisión de un delito doloso, y el juez o jueza del proceso penal acuerde la prisión preventiva, el efecto de la suspensión sólo será el establecido en la fracción I de este artículo.

Párrafo reformado DOF 13-03-2025

Si la persona quejosa incumple las medidas de aseguramiento o las obligaciones derivadas del procedimiento penal, la suspensión será revocada con la sola comunicación de la autoridad responsable.

Párrafo reformado DOF 13-03-2025

En el caso de órdenes o medidas de protección impuestas en cualquiera de las etapas de un procedimiento penal se estará a lo dispuesto en el penúltimo párrafo del artículo 128.

Párrafo adicionado DOF 17-06-2016

Artículo 167. La libertad otorgada a la persona quejosa con motivo de una resolución suspensional podrá ser revocada cuando ésta incumpla con cualquiera de las obligaciones establecidas por el órgano jurisdiccional de amparo o derivadas del procedimiento penal respectivo.

Artículo reformado DOF 13-03-2025

Artículo 168. Para la procedencia de la suspensión contra actos derivados de un procedimiento penal que afecten la libertad personal en los términos del artículo 166, fracción II, el órgano jurisdiccional de amparo deberá exigir a la persona quejosa que, dentro de los cinco días siguientes a la notificación de la determinación de la suspensión, exhiba garantía, sin perjuicio de otras medidas de aseguramiento que estime convenientes.

Párrafo reformado DOF 13-03-2025, 16-10-2025

Para fijar el monto de la garantía se tomará en cuenta:
I. La naturaleza, modalidades y características del delito que se le impute;
II. Las características personales y situación económica de la persona quejosa, y

Fracción reformada DOF 13-03-2025

III. La posibilidad de que se sustraiga a la acción de la justicia.
No se exigirá garantía cuando la suspensión únicamente tenga los efectos a que se refiere el artículo 163 de esta Ley.
El incumplimiento de cualesquiera de las condiciones fijadas por la persona juzgadora dará lugar a la revocación de la suspensión.

Párrafo adicionado DOF 16-10-2025

Artículo 169. Cuando haya temor fundado de que la autoridad responsable trate de burlar la orden de libertad de la persona quejosa o de ocultarla, el órgano jurisdiccional de amparo podrá hacerlo comparecer ante él a través de los medios que estime pertinente o trasladarse al lugar de su detención para ponerlo en libertad. Para tal efecto las autoridades civiles y militares estarán obligadas a brindar el auxilio necesario al órgano jurisdiccional de amparo.

Artículo reformado DOF 13-03-2025

CAPÍTULO II
EL AMPARO DIRECTO

SECCIÓN PRIMERA
PROCEDENCIA

Artículo 170. El juicio de amparo directo procede:

I. Contra sentencias definitivas, laudos y resoluciones que pongan fin al juicio, dictadas por tribunales judiciales, administrativos, agrarios o del trabajo, ya sea que la violación se cometa en ellos, o que cometida durante el procedimiento, afecte las defensas de la persona quejosa trascendiendo al resultado del fallo.

Párrafo reformado DOF 13-03-2025

Se entenderá por sentencias definitivas o laudos, los que decidan el juicio en lo principal; por resoluciones que pongan fin al juicio, las que sin decidirlo en lo principal lo den por concluido. En materia penal, las sentencias condenatorias, absolutorias y de sobreseimiento, podrán ser impugnadas por la víctima u persona ofendida del delito.

Párrafo reformado DOF 17-06-2016, 13-03-2025

Para la procedencia del juicio deberán agotarse previamente los recursos ordinarios que se establezcan en la ley de la materia, por virtud de los cuales aquellas sentencias definitivas o laudos y resoluciones puedan ser modificados o revocados, salvo el caso en que la ley permita la renuncia de los recursos.

Cuando dentro del juicio surjan cuestiones sobre constitucionalidad de normas generales que sean de reparación posible por no afectar derechos sustantivos ni constituir violaciones procesales relevantes, sólo podrán hacerse valer en el amparo directo que proceda contra la resolución definitiva.

Para efectos de esta Ley, el juicio se inicia con la presentación de la demanda. En materia penal el proceso comienza con la audiencia inicial ante el Juez o Jueza de control;

Párrafo reformado DOF 17-06-2016, 13-03-2025

II. Contra sentencias definitivas y resoluciones que pongan fin al juicio dictadas por tribunales de lo contencioso administrativo cuando éstas sean favorables a la persona quejosa, para el único efecto de hacer valer conceptos de violación en contra de las normas generales aplicadas.

Fracción reformada DOF 13-03-2025

En estos casos, el juicio se tramitará únicamente si la autoridad interpone y se admite el recurso de revisión en materia contencioso administrativa previsto por el artículo 104 de la Constitución Política de los Estados Unidos Mexicanos. El tribunal colegiado de circuito resolverá primero lo relativo al recurso de revisión contencioso administrativa, y únicamente en el caso de que éste sea considerado procedente y fundado, se avocará al estudio de las cuestiones de constitucionalidad planteadas en el juicio de amparo.

Artículo 171. Al reclamarse la sentencia definitiva, laudo o resolución que ponga fin al juicio, deberán hacerse valer las violaciones a las leyes del procedimiento, siempre y cuando la persona quejosa las haya impugnado durante la tramitación del juicio, mediante el recurso o medio de defensa que, en su caso, señale la ley ordinaria respectiva y la violación procesal trascienda al resultado del fallo.

Este requisito no será exigible en amparos contra actos que afecten derechos de menores de edad o incapaces, al estado civil, o al orden o estabilidad de la familia, ejidatarios o ejidatarias, comuneros o comuneras, trabajadores o trabajadoras, núcleos de población ejidal o comunal, o quienes por sus condiciones de pobreza o marginación se encuentren en clara desventaja social para emprender un juicio, ni en los de naturaleza penal promovidos por la persona inculpada. Tampoco será exigible el requisito cuando se alegue que, la ley aplicada o que se debió aplicar en el acto procesal, es contrario a la Constitución o a los tratados internacionales de los que el Estado Mexicano sea parte.

Artículo reformado DOF 13-03-2025

Artículo 172. En los juicios tramitados ante los tribunales administrativos, civiles, agrarios o del trabajo, se considerarán violadas las leyes del procedimiento y que se afectan las defensas de la persona quejosa, trascendiendo al resultado del fallo, cuando:

Párrafo reformado DOF 13-03-2025

I. No se le cite al juicio o se le cite en forma distinta de la prevenida por la ley;

II. Haya sido falsamente representada en el juicio de que se trate;

Fracción reformada DOF 13-03-2025

III. Se desechen las pruebas legalmente ofrecidas o se desahoguen en forma contraria a la ley;

IV. Se declare ilegalmente confesa a la persona quejosa, a su representante o apoderado o apoderada;

Fracción reformada DOF 13-03-2025

V. Se deseche o resuelva ilegalmente un incidente de nulidad;

VI. No se le concedan los plazos o prórrogas a que tenga derecho con arreglo a la ley;

VII. Sin su culpa se reciban, sin su conocimiento, las pruebas ofrecidas por las otras partes;

VIII. Previa solicitud, no se le muestren documentos o piezas de autos para poder alegar sobre ellos;

IX. Se le desechen recursos, respecto de providencias que afecten partes sustanciales del procedimiento que produzcan estado de indefensión;

X. Se continúe el procedimiento después de haberse promovido una competencia, o la autoridad impedida o recusada, continúe conociendo del juicio, salvo los casos en que la ley expresamente la faculte para ello;

XI. Se desarrolle cualquier audiencia sin la presencia del juez o jueza o se practiquen diligencias judiciales de forma distinta a la prevenida por la ley, y

Fracción reformada DOF 13-03-2025

XII. Se trate de casos análogos a los previstos en las fracciones anteriores a juicio de los órganos jurisdiccionales de amparo.

Artículo 173. En los juicios del orden penal se considerarán violadas las leyes del procedimiento con trascendencia a las defensas de la persona quejosa, cuando:

Párrafo reformado DOF 13-03-2025

Apartado A. Sistema de Justicia Penal Mixto

I. No se le haga saber el motivo del procedimiento o la causa de la acusación y el nombre del acusador o acusadora particular si lo hubiere;

Fracción reformada DOF 13-03-2025

II. No se le permita nombrar defensor o defensora, en la forma que determine la ley; cuando no se le haga saber el nombre del o la adscrita al juzgado o tribunal que conozca de la causa, si no tuviere quien la defienda; cuando no se le facilite la manera de hacer saber su nombramiento al defensor o defensora designada; cuando se le impida comunicarse con él o que dicho defensor lo asista en alguna diligencia del proceso, o cuando, habiéndose negado a nombrar defensor o defensora, sin manifestar expresamente que se defenderá por sí misma, no se le nombre de oficio;

Fracción reformada DOF 13-03-2025

III. Habiéndolo solicitado no se le caree, en presencia del juez o jueza, en los supuestos y términos que establezca la ley;

Fracción reformada DOF 13-03-2025

IV. El juez o jueza no actúe con secretario o secretaria o con testigos de asistencia, o cuando se practiquen diligencias en forma distinta de la prevenida por la ley;

Fracción reformada DOF 13-03-2025

V. No se le cite para las diligencias que tenga derecho a presenciar o cuando sea citado en forma ilegal, siempre que por ello no comparezca; cuando no se le admita en el acto de la diligencia, o cuando se le coarten en ella los derechos que la ley le otorga;

VI. No se respete a la persona imputada el derecho a declarar o a guardar silencio, la declaración de la persona imputada se obtenga mediante incomunicación, intimidación, tortura o sin presencia de su defensor o defensora o cuando el ejercicio del derecho a guardar silencio se utilice en su perjuicio;

Fracción reformada DOF 13-03-2025

VII. No se le reciban las pruebas que ofrezca legalmente, o cuando no se reciban con arreglo a derecho;

VIII. Se le desechen los recursos que tuviere conforme a la ley, respecto de providencias que afecten partes substanciales del procedimiento y produzcan indefensión de acuerdo con las demás fracciones de este mismo artículo;

IX. No se le suministren los datos que necesite para su defensa;

X. Se celebre la audiencia de derecho sin la asistencia del o la Agente del Ministerio Público a quien corresponda formular la requisitoria, sin la del juez o jueza que deba fallar o la del secretario o secretaria o testigos de asistencia que deban autorizar el acto, así como el defensor o defensora;

Fracción reformada DOF 13-03-2025

XI. La sentencia se funde en la confesión del reo o la rea, si estuvo incomunicada antes de otorgarla, o si se obtuvo su declaración por medio de intimidación, tortura o de cualquiera otra coacción;

Fracción reformada DOF 13-03-2025

XII. La sentencia se funde en alguna diligencia cuya nulidad establezca la ley expresamente;

XIII. Seguido el proceso por el delito determinado en el auto de formal prisión, la persona quejosa fuere sentenciada por diverso delito;

No se considerará que el delito es diverso cuando el que se exprese en la sentencia solo difiera en grado del que haya sido materia del proceso, ni cuando se refiera a los mismos hechos materiales que fueron objeto de la averiguación siempre que, en este último caso el o la Ministerio Público haya formulado conclusiones acusatorias cambiando la clasificación del delito hecha en el auto de formal prisión o de sujeción a proceso, y que la persona quejosa hubiese sido oída en defensa sobre la nueva clasificación, durante el juicio propiamente tal, y

Fracción reformada DOF 13-03-2025

XIV. En los demás casos análogos a los de las fracciones anteriores, a juicio del órgano jurisdiccional de amparo.

Apartado con fracciones adicionado DOF 17-06-2016

Apartado B. Sistema de Justicia Penal Acusatorio y Oral

I. Se desarrolle cualquier audiencia sin la presencia del órgano jurisdiccional actuante o se practique diligencias en forma distinta a la prevenida por la ley;

II. El desahogo de pruebas se realice por una persona distinta a la autoridad judicial que deba intervenir;

III. Intervenga en el juicio el órgano jurisdiccional que haya conocido del caso previamente;

IV. La presentación de argumentos y pruebas en el juicio no se realice de manera pública, contradictoria y oral, salvo las excepciones previstas por la legislación procedimental aplicable;

V. La oportunidad para sostener la acusación o la defensa no se realice en igualdad de condiciones;

VI. No se respete a la persona imputada el derecho a declarar o guardar silencio, la declaración de la persona imputada se obtenga mediante incomunicación, intimidación, tortura o sin presencia de su defensor o defensora, o cuando el ejercicio del derecho a guardar silencio se utilice en su perjuicio;

Fracción reformada DOF 13-03-2025

VII. El Órgano jurisdiccional reciba a una de las partes para tratar el asunto sujeto a proceso sin la presencia de la otra, salvo las excepciones previstas por la legislación procedimental aplicable;

VIII. La persona imputada no sea informada, desde el momento de su detención en su comparecencia ante el o la Ministerio Público o ante el órgano jurisdiccional, de los hechos que se le imputan y los derechos que le asisten;

Fracción reformada DOF 13-03-2025

IX. No se le haga saber o se le niegue a la persona imputada extranjera, el derecho a recibir asistencia consular de las embajadas o consulados del país respecto del que sea nacional, salvo que haya declinado fehacientemente a este derecho;

Fracción reformada DOF 13-03-2025

X. No se reciban a la persona imputada los medios de prueba o pruebas pertinentes que ofrezca o no se reciban con arreglo a derecho, no se le conceda el tiempo para el ofrecimiento de pruebas o no se le auxilie para obtener la comparecencia de las personas de quienes ofrezca su testimonio en los términos señalados por la ley;

Fracción reformada DOF 13-03-2025

XI. La persona imputada no sea juzgada en audiencia pública por un juez o jueza o tribunal, salvo cuando se trate de los casos de excepción precisados por las disposiciones aplicables;

Fracción reformada DOF 13-03-2025

XII. No se faciliten a la persona imputada todos los datos que solicite para su defensa y que consten en el procedimiento o se restrinja a la persona imputada y a la defensa el acceso a los registros de investigación cuando la primera esté detenida o se pretenda recibirle declaración o entrevistarla;

Fracción reformada DOF 13-03-2025

XIII. No se respete a la persona imputada el derecho de contar con una defensa adecuada por abogado o abogada que elija libremente desde el momento de su detención, o en caso de que no quiera o no pueda hacerlo, el juez o jueza no le nombre un defensor o defensora pública, o cuando se impida, restrinja o intervenga la comunicación con su defensor o defensora; cuando la persona imputada sea indígena no se le proporcione la asistencia de un defensor o defensora que tenga conocimiento de su lengua y cultura, así como cuando el defensor o defensora no comparezca a todos los actos del proceso;

Fracción reformada DOF 13-03-2025

XIV. En caso de que la persona imputada no hable o entienda suficientemente el idioma español o sea sorda o muda y no se le proporcione la asistencia de un o una intérprete que le permita acceder plenamente a la jurisdicción del Estado, o que tratándose de personas indígenas no se les proporcione un o una intérprete que tenga conocimiento de su lengua y cultura;

Fracción reformada DOF 13-03-2025

XV. Debiendo ser juzgado por una autoridad judicial, no se integre en los términos previstos en la ley o se le juzgue por otro tribunal;

XVI. No se permite interponer los recursos en los términos que la ley prevea respecto de las providencias que afecten partes sustanciales del procedimiento que produzca indefensión;

XVII. No se hayan respetado los derechos de la persona víctima y ofendida en términos de la legislación aplicable;

Fracción reformada DOF 13-03-2025

XVIII. Cuando seguido el proceso por un delito, la persona quejosa haya sido sentenciada por un ilícito diverso a los mismos hechos materiales que fueron objeto de la investigación, sin que hubiese sido oído en defensa sobre la nueva clasificación, en términos de la legislación procedimental aplicable.

Párrafo reformado DOF 13-03-2025

No se considerará que el delito es diverso cuando el que se exprese en la sentencia sólo difiera en grado del que haya sido materia del proceso, o bien sea el resultado de la reclasificación jurídica del delito en términos del Código Nacional de Procedimientos Penales;

XIX. Se trate de casos análogos a las fracciones anteriores a juicio del Órgano jurisdiccional de amparo.

Apartado con fracciones adicionado DOF 17-06-2016

Artículo reestructurado DOF 17-06-2016 (se suprimen del artículo las anteriores fracciones I a XXII y se adicionan los Apartados A y B)

Artículo 174. En la demanda de amparo principal y en su caso, en la adhesiva la persona quejosa deberá hacer valer todas las violaciones procesales que estime se cometieron; las que no se hagan valer se tendrán por consentidas. Asimismo, precisará la forma en que trascendieron en su perjuicio al resultado del fallo.

Párrafo reformado DOF 13-03-2025

El tribunal colegiado de circuito, deberá decidir respecto de todas las violaciones procesales que se hicieron valer y aquellas que, en su caso, advierta en suplencia de la queja.

Si las violaciones procesales no se invocaron en un primer amparo, ni el tribunal colegiado correspondiente las hizo valer de oficio en los casos en que proceda la suplencia de la queja, no podrán ser materia de concepto de violación ni de estudio oficioso en juicio de amparo posterior.

SECCIÓN SEGUNDA
DEMANDA

Artículo 175. La demanda de amparo directo deberá formularse por escrito, en el que se expresarán:

I. El nombre y domicilio de la persona quejosa y de quien promueve en su nombre;

Fracción reformada DOF 13-03-2025

II. El nombre y domicilio de la o el tercero interesado;

Fracción reformada DOF 13-03-2025

III. La autoridad responsable;

IV. El acto reclamado.

Cuando se impugne la sentencia definitiva, laudo o resolución que haya puesto fin al juicio por estimarse inconstitucional la norma general aplicada, ello será materia únicamente del capítulo de conceptos de violación de la demanda, sin señalar como acto reclamado la norma general, debiéndose llevar a cabo la calificación de éstos en la parte considerativa de la sentencia;

V. La fecha en que se haya notificado el acto reclamado a la persona quejosa o aquélla en que hubiese tenido conocimiento del mismo;

Fracción reformada DOF 13-03-2025

VI. Los preceptos que, conforme a la fracción I del artículo 1o de esta Ley, contengan los derechos humanos cuya violación se reclame; y

VII. Los conceptos de violación.

Artículo 176. La demanda de amparo deberá presentarse por conducto de la autoridad responsable, con copia para cada una de las partes.

La presentación de la demanda ante autoridad distinta de la responsable no interrumpe los plazos que para su promoción establece esta Ley.

Artículo 177. Cuando no se exhiban las copias a que se refiere el artículo anterior o no se presenten todas las necesarias, la autoridad responsable prevendrá a la persona promovente para que lo haga dentro del plazo de cinco días, a menos de que la demanda se haya presentado en forma electrónica. Transcurrido éste sin que se haya subsanado la omisión, remitirá la demanda con el informe relativo al tribunal colegiado de circuito, cuya persona titular de la presidencia la tendrá por no presentada. Si la persona titular de la presidencia determina que no existe incumplimiento, o que éste no es imputable a la persona quejosa, devolverá los autos a la autoridad responsable para que siga el trámite que corresponda.

La autoridad responsable, de oficio, mandará sacar las copias en asuntos del orden penal, laboral tratándose de los trabajadores, cuando se puedan afectar intereses de menores de edad o incapaces, así como los derechos agrarios de los núcleos de población comunal o ejidal o de los ejidatarios o ejidatarias o comuneros o comuneras, o de quienes por sus condiciones de pobreza o marginación se encuentren en clara desventaja social para emprender un juicio, o cuando la demanda sea presentada por vía electrónica.

Artículo reformado DOF 13-03-2025

Artículo 178. Dentro del plazo de cinco días contados a partir del siguiente al de presentación de la demanda, la autoridad responsable que emitió el acto reclamado deberá:

I. Certificar al pie de la demanda, la fecha de notificación a la persona quejosa de la resolución reclamada, la de su presentación y los días inhábiles que mediaron entre ambas fechas.

Párrafo reformado DOF 13-03-2025

Si no consta en autos la fecha de notificación, la autoridad responsable dará cumplimiento a lo dispuesto en este artículo, sin perjuicio de que dentro de las veinticuatro horas siguientes a la en que obre en su poder la constancia de notificación respectiva proporcione la información correspondiente al órgano jurisdiccional competente;

II. Correr traslado a la o el tercero interesado, en el último domicilio que haya designado para oír notificaciones en los autos del juicio de origen o en el que señale la persona quejosa, y

Fracción reformada DOF 13-03-2025

III. Rendir el informe con justificación acompañando la demanda de amparo, los autos del juicio de origen con sus anexos y la constancia de traslado a las partes. Deberá dejar copia certificada de las actuaciones que estime necesarias para la ejecución de la resolución reclamada o para proveer respecto de la suspensión.

En el sistema procesal penal acusatorio, se acompañará un índice cronológico del desahogo de la audiencia en la que se haya dictado el acto reclamado, en el que se indique el orden de intervención de cada una de las partes.

Párrafo adicionado DOF 17-06-2016

SECCIÓN TERCERA
SUBSTANCIACIÓN

Artículo 179. La persona titular de la presidencia del tribunal colegiado de circuito deberá resolver en el plazo de tres días si admite la demanda, previene a la persona quejosa para su regularización, o la desecha por encontrar motivo manifiesto e indudable de improcedencia.

Artículo reformado DOF 13-03-2025

Artículo 180. Si hubiera irregularidades en el escrito de demanda por no haber satisfecho los requisitos que establece el artículo 175 de esta Ley, la persona titular de la presidencia del tribunal colegiado de circuito señalará a la persona promovente un plazo que no excederá de cinco días, para que subsane las omisiones o corrija los defectos precisados en la providencia relativa.

Si la persona quejosa no cumple el requerimiento, la persona titular de la presidencia del tribunal tendrá por no presentada la demanda y lo comunicará a la autoridad responsable.

Artículo reformado DOF 13-03-2025

Artículo 181. Si la persona titular de la presidencia del tribunal colegiado de circuito no encuentra motivo de improcedencia o defecto en el escrito de demanda, o si este último fuera subsanado, la admitirá y mandará notificar a las partes el acuerdo relativo dentro de los cinco días siguientes a su pronunciamiento, para que en el plazo de quince días presenten sus alegatos o promuevan amparo adhesivo.

Artículo reformado DOF 13-03-2025, 16-10-2025

Artículo 182. La parte que haya obtenido sentencia favorable y la que tenga interés jurídico en que subsista el acto reclamado podrán presentar amparo en forma adhesiva al que promueva cualquiera de las partes que intervinieron en el juicio del que emana el acto reclamado, el cual se tramitará en el mismo expediente y se resolverán en una sola sentencia. La presentación y trámite del amparo adhesivo se regirá, en lo conducente, por lo dispuesto para el amparo principal, y seguirá la misma suerte procesal de éste.

El amparo adhesivo únicamente procederá en los casos siguientes:

I. Cuando el o la adherente trate de fortalecer las consideraciones vertidas en el fallo definitivo, a fin de no quedar indefenso o indefensa, y

Fracción reformada DOF 13-03-2025

II. Cuando existan violaciones al procedimiento que pudieran afectar las defensas del o la adherente, trascendiendo al resultado del fallo.

Fracción reformada DOF 13-03-2025

Los conceptos de violación en el amparo adhesivo deberán estar encaminados, por tanto, a fortalecer las consideraciones de la sentencia definitiva, laudo o resolución que pone fin al juicio, que determinaron el resolutivo favorable a los intereses del o la adherente, o a impugnar las que concluyan en un punto decisorio que le perjudica. Se deberán hacer valer todas las violaciones procesales que se hayan cometido, siempre que pudieran trascender al resultado del fallo y que respecto de ellas, el o la adherente hubiese agotado los medios ordinarios de defensa, a menos que se trate de menores de edad, incapaces, ejidatarios o ejidatarias, trabajadores o trabajadoras, núcleos de población ejidal o comunal, o de quienes por sus condiciones de pobreza o marginación se encuentren en clara desventaja social para emprender un juicio, y en materia penal tratándose de la persona imputada y de la ofendida o víctima.

Párrafo reformado DOF 17-06-2016, 13-03-2025

Con la demanda de amparo adhesivo se correrá traslado a la parte contraria para que exprese lo que a su interés convenga.

La falta de promoción del amparo adhesivo hará que precluya el derecho de quien obtuvo sentencia favorable para alegar posteriormente las violaciones procesales que se hayan cometido en su contra, siempre que haya estado en posibilidad de hacerlas valer.

El tribunal colegiado de circuito, respetando la lógica y las reglas fundamentales que norman el procedimiento en el juicio de amparo, procurará resolver integralmente el asunto para evitar, en lo posible, la prolongación de la controversia.

Artículo 183. Transcurridos los plazos a que se refiere el artículo 181, dentro de los tres días siguientes la persona titular de la presidencia del tribunal colegiado turnará el expediente a la persona magistrada ponente que corresponda, a efecto de que formule el proyecto de resolución, dentro de los noventa días siguientes. El auto de turno hace las veces de citación para sentencia.

Artículo reformado DOF 13-03-2025

Artículo 184. Las audiencias donde se discutan y resuelvan los asuntos de competencia de los tribunales colegiados de circuito serán públicas, salvo que exista disposición legal en contrario. La lista de los asuntos que deban verse en cada sesión se publicará en los estrados del tribunal cuando menos tres días antes de la celebración de ésta, sin contar el de la publicación ni el de la sesión.

Los asuntos se discutirán en el orden en que se listen, salvo casos de excepción a juicio del órgano jurisdiccional. Si fueran aprobados se procederá a la firma del engrose dentro de los diez días siguientes.

De no ser aprobados, los asuntos sólo se podrán aplazar o retirar. En estos supuestos, se asentará a petición de quien y la causa que expuso. El asunto deberá listarse dentro de un plazo que no excederá de treinta días naturales.

Artículo 185. El día señalado para la sesión, que se celebrará con la presencia de la persona secretaria quien dará fe, la persona magistrada ponente dará cuenta de los proyectos de resolución; la persona titular de la presidencia pondrá a discusión cada asunto; se dará lectura a las constancias que señalen las personas magistradas, y, estando suficientemente debatido, se procederá a la votación; acto continuo, la persona titular de la presidencia hará la declaración que corresponda y la persona secretaria publicará la lista en los estrados del tribunal.

Artículo reformado DOF 13-03-2025

Artículo 186. La resolución se tomará por unanimidad o mayoría de votos. En este último caso, el magistrado o magistrada que no esté conforme con el sentido de la resolución deberá formular su voto particular dentro del plazo de diez días siguientes al de la firma del engrose, voto en el que expresará cuando menos sucintamente las razones que lo fundamentan.

Párrafo reformado DOF 13-03-2025

Transcurrido el plazo señalado en el párrafo anterior sin que se haya emitido el voto particular, se asentará razón en autos y se continuará el trámite correspondiente. La falta de emisión de un voto particular no impedirá la publicación de la sentencia.

Párrafo reformado DOF 16-10-2025

Artículo 187. Si no fuera aprobado el proyecto, pero el magistrado o magistrada ponente aceptare las adiciones o reformas propuestas en la sesión, procederá a redactar la sentencia con base en los términos de la discusión.

Párrafo reformado DOF 13-03-2025

Si el voto de la mayoría de los magistrados o magistradas fuera en sentido distinto al del proyecto, uno de ellos o ellas redactará la sentencia.

Párrafo reformado DOF 13-03-2025

En ambos casos el plazo para redactar la sentencia será de diez días, debiendo quedar en autos constancia del proyecto original.

Artículo 188. Las sentencias del tribunal deberán ser firmadas por todos sus integrantes y por el secretario de acuerdos.

Cuando por cualquier motivo cambiare el personal del tribunal que haya dictado una ejecutoria conforme a los artículos anteriores, antes de que haya podido ser firmada por los magistrados o magistradas que la hubiesen dictado, si fue aprobado el proyecto de la magistrada o magistrado relator, la sentencia será autorizada válidamente por los magistrados o magistradas que integran aquél, haciéndose constar las circunstancias que hubiesen concurrido.

Párrafo reformado DOF 13-03-2025

Firmada la sentencia se notificará por lista a las partes.

En los casos en que proceda el recurso de revisión la notificación a las partes se hará en forma personal.

Para los efectos del párrafo anterior, la autoridad responsable solo será notificada al proveerse la remisión de los autos a la Suprema Corte de Justicia de la Nación o haya transcurrido el plazo para interponer el recurso.

Artículo 189. El órgano jurisdiccional de amparo procederá al estudio de los conceptos de violación atendiendo a su prelación lógica y privilegiando en todo caso el estudio de aquellos que, de resultar fundados, redunden en el mayor beneficio para la persona quejosa. En todas las materias, se privilegiará el estudio de los conceptos de violación de fondo por encima de los de procedimiento y forma, a menos que invertir el orden redunde en un mayor beneficio para la persona quejosa.

En los asuntos del orden penal, cuando se desprendan violaciones de fondo de las cuales pudiera derivarse la extinción de la acción persecutoria o la inocencia de la persona quejosa, se le dará preferencia al estudio de aquéllas aún de oficio.

Artículo reformado DOF 13-03-2025

SECCIÓN CUARTA
SUSPENSIÓN DEL ACTO RECLAMADO

Artículo 190. La autoridad responsable decidirá, en el plazo de veinticuatro horas a partir de la solicitud, sobre la suspensión del acto reclamado y los requisitos para su efectividad.

Tratándose de laudos o de resoluciones que pongan fin al juicio, dictados por tribunales del trabajo, la suspensión se concederá en los casos en que, a juicio de la persona titular de la presidencia del tribunal respectivo, no se ponga a la parte trabajadora en peligro de no subsistir mientras se resuelve el juicio de amparo, en los cuales sólo se suspenderá la ejecución en cuanto exceda de lo necesario para asegurar tal subsistencia.

Párrafo reformado DOF 13-03-2025

Son aplicables a la suspensión en amparo directo, salvo el caso de la materia penal, los artículos 125, 128, 129, 130, 132, 133, 134, 135, 136, 154 y 156 de esta Ley.

Artículo 191. Cuando se trate de juicios del orden penal, la autoridad responsable con la sola presentación de la demanda, ordenará suspender de oficio y de plano la resolución reclamada. Si ésta comprende la pena de privación de libertad, la suspensión surtirá el efecto de que la persona quejosa quede a disposición del Órgano jurisdiccional de amparo, por mediación de la autoridad responsable.

Artículo reformado DOF 17-06-2016, 13-03-2025

TÍTULO TERCERO
CUMPLIMIENTO Y EJECUCIÓN

CAPÍTULO I
CUMPLIMIENTO E INEJECUCIÓN

Artículo 192. Las ejecutorias de amparo deben ser puntualmente cumplidas. Al efecto, cuando cause ejecutoria la sentencia en que se haya concedido el amparo, o se reciba testimonio de la dictada en revisión, la jueza o el juez de distrito o el tribunal colegiado de apelación, si se trata de amparo indirecto, o el tribunal colegiado de circuito, tratándose de amparo directo, la notificarán sin demora a las partes.

Párrafo reformado DOF 07-06-2021

En la notificación que se haga a la autoridad responsable se le requerirá para que cumpla con la ejecutoria dentro del plazo de tres días, apercibida que de no hacerlo así sin causa justificada, se impondrá a su titular una multa que se determinará desde luego y que, asimismo, se remitirá el expediente al tribunal colegiado de circuito o a la Suprema Corte de Justicia de la Nación, según el caso, para seguir el trámite de inejecución, que puede culminar con la separación de su puesto y su consignación.

La persona juzgadora previo a requerir a las autoridades responsables o a otras que considere como vinculadas al cumplimiento de la ejecutoria de amparo, deberá analizar el marco jurídico de actuación de las mismas para determinar si conforme a sus facultades les corresponde llevar a cabo actos relacionados con el cumplimiento respectivo.

Párrafo adicionado DOF 16-10-2025

Al ordenar la notificación y requerimiento a la autoridad responsable, el órgano judicial de amparo también ordenará notificar y requerir a la persona superior jerárquica de aquélla, en su caso, para que le ordene cumplir con la ejecutoria, bajo el apercibimiento que de no demostrar que dio la orden, se le impondrá a su titular una multa en los términos señalados en esta Ley, además de que incurrirá en las mismas responsabilidades de la autoridad responsable. La persona titular de la Presidencia de la República no podrá ser considerada autoridad responsable o superior jerárquica.

Párrafo reformado DOF 13-03-2025

El órgano judicial de amparo, al hacer los requerimientos, podrá ampliar el plazo de cumplimiento tomando en cuenta su complejidad o dificultad debiendo fijar un plazo razonable y estrictamente determinado. Asimismo, en casos urgentes y de notorio perjuicio para la persona quejosa, ordenará el cumplimiento inmediato por los medios oficiales de que disponga.

Párrafo reformado DOF 13-03-2025

Artículo 193. Si la ejecutoria no quedó cumplida en el plazo fijado y se trata de amparo indirecto, el órgano judicial de amparo hará el pronunciamiento respectivo, impondrá las multas que procedan y remitirá los autos al tribunal colegiado de circuito, lo cual será notificado a la autoridad responsable y, en su caso, a su superiora o superior jerárquico, cuyos titulares seguirán teniendo responsabilidad aunque dejen el cargo.

Párrafo reformado DOF 13-03-2025

Se considerará incumplimiento el retraso por medio de evasivas o procedimientos ilegales de la autoridad responsable, o de cualquiera otra que intervenga en el trámite relativo.

En cambio, si la autoridad demuestra que la ejecutoria está en vías de cumplimiento o justifica la causa del retraso, el órgano judicial de amparo podrá ampliar el plazo por una sola vez, subsistiendo los apercibimientos efectuados. El incumplimiento ameritará las providencias especificadas en el primer párrafo.

En el supuesto de que sea necesario precisar, definir o concretar la forma o términos del cumplimiento de la ejecutoria, cualquiera de los órganos judiciales competentes podrá ordenar, de oficio o a petición de parte, que se abra un incidente para tal efecto.

Al remitir los autos al tribunal colegiado de circuito, la jueza o el juez de distrito o el tribunal colegiado de apelación, formará un expedientillo con las copias certificadas necesarias para seguir procurando el cumplimiento de la ejecutoria.

Párrafo reformado DOF 07-06-2021

El tribunal colegiado de circuito notificará a las partes la radicación de los autos, revisará el trámite del a quo y dictará la resolución que corresponda; si reitera que hay incumplimiento remitirá los autos a la Suprema Corte de Justicia de la Nación con un proyecto de separación del cargo de la persona titular de la autoridad responsable y, en su caso, del de su superiora o superior jerárquico, lo cual será notificado a éstos.

Párrafo reformado DOF 13-03-2025

Si la ejecutoria de amparo no quedó cumplida en el plazo fijado y se trata de amparo directo, el tribunal colegiado de circuito seguirá, en lo conducente y aplicable, lo establecido en los párrafos anteriores. Llegado el caso, remitirá los autos a la Suprema Corte de Justicia de la Nación con proyecto de separación del cargo de las personas titulares de la autoridad responsable y su superiora o superior jerárquico.

Párrafo reformado DOF 13-03-2025

Artículo 194. Se entiende como superiora o superior jerárquico de la autoridad responsable, el que de conformidad con las disposiciones correspondientes ejerza sobre ella poder o mando para obligarla a actuar o dejar de actuar en la forma exigida en la sentencia de amparo, o bien para cumplir esta última por sí misma.

La autoridad requerida como superiora jerárquica incurre en responsabilidad por falta de cumplimiento de las sentencias, en los términos que las autoridades contra cuyos actos se hubiere concedido el amparo.

Artículo reformado DOF 13-03-2025

Artículo 195. El cumplimiento extemporáneo de la ejecutoria de amparo, si es injustificado, no exime de responsabilidad a la autoridad responsable ni, en su caso, a su superiora o superior jerárquico, pero se tomará en consideración como atenuante al imponer la sanción penal.

Artículo reformado DOF 13-03-2025

Artículo 196. Cuando el órgano judicial de amparo reciba informe de la autoridad responsable de que ya cumplió la ejecutoria, dará vista a la persona quejosa y, en su caso, a la o el tercero interesado, para que dentro del plazo de tres días manifiesten lo que a su derecho convenga. En los casos de amparo directo la vista será de diez días donde la parte afectada podrá alegar el defecto o exceso en el cumplimiento. Dentro del mismo plazo computado a partir del siguiente al en que haya tenido conocimiento de su afectación por el cumplimiento, podrá comparecer la persona extraña a juicio para defender su interés.

Párrafo reformado DOF 13-03-2025

Transcurrido el plazo dado a las partes, con desahogo de la vista o sin ella, el órgano judicial de amparo dictará resolución fundada y motivada en que declare si la sentencia está cumplida o no lo está, si incurrió en exceso o defecto, o si hay imposibilidad para cumplirla.

La ejecutoria se entiende cumplida cuando lo sea en su totalidad, sin excesos ni defectos.

Si en estos términos el órgano judicial de amparo la declara cumplida, ordenará el archivo del expediente.

Si no está cumplida, no está cumplida totalmente, no lo está correctamente o se considera de imposible cumplimiento, remitirá los autos al tribunal colegiado de circuito o a la Suprema Corte de Justicia de la Nación, según corresponda, como establece, en lo conducente, el artículo 193 de esta Ley.

Artículo 197. Todas las autoridades que tengan o deban tener intervención en el cumplimiento de la sentencia, están obligadas a realizar, dentro del ámbito de su competencia, los actos necesarios para su eficaz cumplimiento y estarán sujetos a las mismas responsabilidades a que alude este Capítulo.

Artículo 198. Recibidos los autos en la Suprema Corte de Justicia de la Nación, dictará a la brevedad posible la resolución que corresponda.

Cuando sea necesario precisar, definir o concretar la forma o términos del cumplimiento de la ejecutoria, la Suprema Corte de Justicia de la Nación devolverá los autos al órgano judicial de amparo, a efecto de que desahogue el incidente a que se refiere el párrafo cuarto del artículo 193 de esta Ley.

Cuando estime que el retraso en el cumplimiento es justificado, dará un plazo razonable a la autoridad responsable para que cumpla, el que podrá ampliarse a solicitud fundada de la autoridad.

Cuando considere que es inexcusable o hubiere transcurrido el plazo anterior sin que se hubiese cumplido, tomará en cuenta el proyecto del tribunal colegiado de circuito y procederá a separar de su cargo a la persona titular de la autoridad responsable y a consignarlo ante el juez o jueza de distrito por el delito de incumplimiento de sentencias de amparo. Las mismas providencias se tomarán respecto de la superiora o superior jerárquico de la autoridad responsable si hubiese incurrido en responsabilidad, así como de los o las titulares que, habiendo ocupado con anterioridad el cargo de la autoridad responsable, hayan incumplido la ejecutoria.

Párrafo reformado DOF 13-03-2025

En la misma resolución, la Suprema Corte de Justicia de la Nación ordenará que se devuelvan los autos al órgano jurisdiccional de amparo a efecto de que reinicie el trámite de cumplimiento ante los nuevos titulares, sin perjuicio de la consignación que proceda contra las o los anteriores titulares que hayan sido considerados responsables del incumplimiento de la ejecutoria de amparo en términos del párrafo anterior.

Párrafo reformado DOF 13-03-2025

CAPÍTULO II
REPETICIÓN DEL ACTO RECLAMADO

Artículo 199. La repetición del acto reclamado podrá ser denunciada por la parte interesada dentro del plazo de quince días ante el órgano jurisdiccional que conoció del amparo, el cual correrá traslado con copia de la denuncia a la autoridad responsable y le pedirá un informe que deberá rendir dentro del plazo de tres días.

Vencido el plazo, el órgano judicial de amparo dictará resolución dentro de los tres días siguientes. Si ésta fuere en el sentido de que existe repetición del acto reclamado, ordenará la remisión de los autos al tribunal colegiado de circuito o a la Suprema Corte de Justicia de la Nación, según corresponda, siguiendo, en lo aplicable, lo establecido en el artículo 193 de esta Ley.

Si la autoridad responsable deja sin efecto el acto repetitivo, ello no la exime de responsabilidad si actuó dolosamente al repetir el acto reclamado, pero será atenuante en la aplicación de la sanción penal.

Artículo 200. Recibidos los autos, la Suprema Corte de Justicia de la Nación determinará a la brevedad posible, si existe o no repetición del acto reclamado.

En el primer supuesto, tomará en cuenta el proyecto del tribunal colegiado de circuito y procederá a separar de su cargo a la persona titular de la autoridad responsable, así como a consignarlo ante juez o jueza de distrito por el delito que corresponda.

Párrafo reformado DOF 13-03-2025

Si no hubiere repetición, o si habiéndola, la autoridad no actuó dolosamente y dejó sin efectos el acto repetitivo antes de la resolución de la Suprema
Corte de Justicia de la Nación, ésta hará la declaratoria correspondiente y
devolverá los autos al órgano judicial que los remitió.

CAPÍTULO III
RECURSO DE INCONFORMIDAD

Artículo 201. El recurso de inconformidad procede contra la resolución
que:

I. Tenga por cumplida la ejecutoria de amparo, en los términos del artículo
196 de esta Ley;

II. Declare que existe imposibilidad material o jurídica para cumplir la
misma u ordene el archivo definitivo del asunto;

III. Declare sin materia o infundada la denuncia de repetición del acto
reclamado; o

IV. Declare infundada o improcedente la denuncia por incumplimiento de
la declaratoria general de inconstitucionalidad.

Artículo 202. El recurso de inconformidad podrá interponerse por la persona quejosa o, en su caso, por la o el tercero interesado o la o el promovente
de la denuncia a que se refiere el artículo 210 de esta Ley, mediante escrito
presentado por conducto del órgano judicial que haya dictado la resolución
impugnada, dentro del plazo de quince días contados a partir del siguiente al
en que surta efectos la notificación.

Párrafo reformado DOF 13-03-2025

La persona extraña a juicio que resulte afectada por el cumplimiento o
ejecución de la sentencia de amparo también podrá interponer el recurso de
inconformidad en los mismos términos establecidos en el párrafo anterior, si
ya había tenido conocimiento de lo actuado ante el órgano judicial de amparo;
en caso contrario, el plazo de quince días se contará a partir del siguiente al
que haya tenido conocimiento de la afectación. En cualquier caso, la persona
extraña al juicio de amparo sólo podrá alegar en contra del cumplimiento o
ejecución indebidos de la ejecutoria en cuanto la afecten, pero no en contra
de la ejecutoria misma.

Párrafo reformado DOF 13-03-2025

Cuando el amparo se haya otorgado en contra de actos que importen peligro de privación de la vida, ataques a la libertad personal fuera de procedimiento, incomunicación, deportación o expulsión, proscripción o destierro, extradición, desaparición forzada de personas o alguno de los prohibidos por el artículo 22 de la Constitución Política de los Estados Unidos Mexicanos, así como la incorporación forzosa al Ejército, Armada o Fuerza Aérea nacionales, la inconformidad podrá ser interpuesta en cualquier tiempo.

Artículo 203. El órgano jurisdiccional, sin decidir sobre la admisión del recurso de inconformidad, remitirá el original del escrito, así como los autos del juicio al tribunal colegiado de circuito, el cual resolverá allegándose de los elementos que estime convenientes.

Artículo reformado DOF 07-06-2021

CAPÍTULO IV
INCIDENTE DE CUMPLIMIENTO SUSTITUTO

Artículo 204. El incidente de cumplimiento sustituto tendrá por efecto que la ejecutoria se dé por cumplida mediante el pago de los daños y perjuicios a la persona quejosa.

Artículo reformado DOF 13-03-2025

Artículo 205. El cumplimiento sustituto podrá ser solicitado por cualquiera de las partes o decretado de oficio por el órgano jurisdiccional que hubiera emitido la sentencia de amparo, en los casos en que:

Párrafo reformado DOF 07-06-2021

I. La ejecución de la sentencia afecte gravemente a la sociedad en mayor proporción a los beneficios que pudiera obtener la persona quejosa, o

Fracción reformada DOF 13-03-2025

II. Por las circunstancias materiales del caso, sea imposible o desproporcionadamente gravoso restituir las cosas a la situación que guardaban con anterioridad al juicio.

La solicitud podrá presentarse ante el órgano jurisdiccional que hubiera emitido la sentencia de amparo a partir del momento que ésta cause ejecutoria.

Párrafo reformado DOF 07-06-2021

El cumplimiento sustituto se tramitará incidentalmente en los términos de los artículos 66 y 67 de esta Ley.

En el incidente, el órgano jurisdiccional que hubiera emitido la sentencia determinará si ha lugar o no al cumplimiento sustituto. En caso de resultar favorecida la petición, se abrirá un nuevo incidente para cuantificar el pago de daños y perjuicios.

Párrafo reformado DOF 07-06-2021

Tanto la determinación sobre la procedencia del cumplimiento sustituto como la que cuantifique los daños y perjuicios serán recurribles mediante el recurso de queja previsto en el artículo 97, fracción I, inciso h) de esta Ley, del cual conocerán los tribunales colegiados de circuito.

Párrafo adicionado DOF 07-06-2021

Independientemente de lo establecido en los párrafos anteriores, la persona quejosa y la autoridad responsable pueden celebrar convenio a través del cual se tenga por cumplida la ejecutoria. Del convenio se dará aviso al órgano judicial de amparo; éste, una vez que se le compruebe que los términos del convenio fueron cumplidos, mandará archivar el expediente.

Párrafo reformado DOF 13-03-2025

CAPÍTULO V
INCIDENTE POR EXCESO O DEFECTO EN EL CUMPLIMIENTO DE LA SUSPENSIÓN

Artículo 206. El incidente a que se refiere este Capítulo procede en contra de las autoridades responsables, por cualquier persona que resulte agraviada por el incumplimiento de la suspensión, sea de plano o definitiva, por exceso o defecto en su ejecución o por admitir, con notoria mala fe o negligencia inexcusable, fianza o contrafianza que resulte ilusoria o insuficiente.

Este incidente podrá promoverse en cualquier tiempo, mientras no cause ejecutoria la resolución que se dicte en el juicio de amparo.

Artículo 207. El incidente se promoverá ante la jueza o el juez de distrito o el tribunal colegiado de apelación, si se trata de la suspensión concedida en amparo indirecto, y ante la presidenta o el presidente del tribunal colegiado de circuito si la suspensión fue concedida en amparo directo.

Artículo reformado DOF 07-06-2021

Artículo 208. El incidente se tramitará de conformidad con las reglas siguientes:

I. Se presentará por escrito, con copias para las partes, ante el órgano judicial correspondiente señalado en el artículo anterior; en el mismo escrito se ofrecerán las pruebas relativas;

II. El órgano judicial señalará fecha para la audiencia dentro de diez días y requerirá a la autoridad responsable para que rinda informe en el plazo de tres días. La falta o deficiencia del informe establece la presunción de ser cierta la conducta que se reclama; y

III. En la audiencia se recibirán las pruebas ofrecidas por las partes, se dará oportunidad para que éstas aleguen oralmente y se dictará resolución.

Artículo 209. Si como resultado del incidente se demuestra que la autoridad responsable no ha cumplido con la suspensión, que lo ha hecho de manera excesiva o defectuosa o que con notoria mala fe o negligencia inexcusable admitió fianza o contrafianza ilusoria o insuficiente, el órgano judicial, en su resolución, la requerirá para que en el término de veinticuatro horas cumpla con la suspensión, que rectifique los errores en que incurrió al cumplirla o, en su caso, que subsane las deficiencias relativas a las garantías, con el apercibimiento que de no hacerlo será denunciada al o la Ministerio Público de la Federación por el delito que, según el caso, establecen las fracciones III y IV del artículo 262 de esta Ley.

Artículo reformado DOF 13-03-2025

CAPÍTULO VI
DENUNCIA POR INCUMPLIMIENTO DE LA DECLARATORIA
GENERAL DE INCONSTITUCIONALIDAD

Artículo 210. Si con posterioridad a la entrada en vigor de la declaratoria general de inconstitucionalidad, se aplica la norma general inconstitucional, la o el afectado podrá denunciar dicho acto:

Párrafo reformado DOF 13-03-2025

I. La denuncia se hará ante el juez o jueza de distrito que tenga jurisdicción en el lugar donde el acto deba tener ejecución, trate de ejecutarse, se esté ejecutando o se haya ejecutado.

Párrafo reformado DOF 13-03-2025

Si el acto denunciado puede tener ejecución en más de un distrito o ha comenzado a ejecutarse en uno de ellos y sigue ejecutándose en otro, el trámite se llevará ante el juez o jueza de distrito que primero admita la denuncia; en su defecto, aquél que dicte acuerdo sobre ella o, en su caso, el que primero la haya recibido.

Párrafo reformado DOF 13-03-2025

Cuando el acto denunciado no requiera ejecución material se tramitará ante el juez o jueza de distrito en cuya jurisdicción resida la o el denunciante.

Párrafo reformado DOF 13-03-2025

El juez o jueza de distrito dará vista a las partes para que en un plazo de tres días expongan lo que a su derecho convenga.

Párrafo reformado DOF 13-03-2025

Transcurrido este plazo, dictará resolución dentro de los tres días siguientes. Si fuere en el sentido de que se aplicó la norma general inconstitucional, ordenará a la autoridad aplicadora que deje sin efectos el acto denunciado y de no hacerlo en tres días se estará a lo que disponen los artículos 192 al 198 de esta Ley en lo conducente. Si fuere en el sentido de que no se aplicó, la resolución podrá impugnarse mediante el recurso de inconformidad;

II. Si con posterioridad la autoridad aplicadora o en su caso la sustituta incurrieran de nueva cuenta en aplicar la norma general declarada inconstitucional, el denunciante podrá combatir dicho acto a través del procedimiento de denuncia de repetición del acto reclamado previsto por el Capítulo II del Título Tercero de esta Ley.

El procedimiento establecido en el presente artículo será aplicable a los casos en que la declaratoria general de inconstitucionalidad derive de lo dispuesto por la Ley Reglamentaria de las Fracciones I y II del Artículo 105 de la Constitución Política de los Estados Unidos Mexicanos.

CAPÍTULO VII
DISPOSICIONES COMPLEMENTARIAS

Artículo 211. Lo dispuesto en este título debe entenderse sin perjuicio de que el órgano jurisdiccional haga cumplir la sentencia de que se trate dictando las órdenes y medidas de apremio necesarias. Si éstas no fueren obedecidas, comisionará al secretario o secretaria o actuario o actuaria para que le dé cumplimiento cuando la naturaleza del acto lo permita y, en su caso, el mismo juez o jueza de distrito se constituirá en el lugar en que deba dársele cumplimiento para ejecutarla.

Para los efectos de esta disposición, el juez o jueza o persona servidora pública designada podrá salir del lugar de su jurisdicción, dando aviso al Órgano de Administración Judicial. En todo tiempo podrá solicitar el auxilio de la fuerza pública para hacer cumplir la sentencia de amparo.

Se exceptúan de lo dispuesto en los párrafos anteriores, los casos en que sólo las autoridades responsables puedan dar cumplimiento a la sentencia de que se trate y aquellos en que la ejecución consista en dictar nueva resolución en el expediente o asunto que haya motivado el acto reclamado; pero si se tratare de la libertad personal, la que debiera restituirse a la persona quejosa por virtud de la sentencia y la autoridad responsable se negare a hacerlo u omitiere dictar la resolución que corresponda de inmediato, el órgano jurisdiccional de amparo mandará ponerlo en libertad sin perjuicio de que la autoridad responsable dicte después la resolución que proceda. Las o los encargados de las prisiones, darán debido cumplimiento a las órdenes que se les giren conforme a esta disposición.

Artículo reformado DOF 13-03-2025

Artículo 212. Si el Pleno de la Suprema Corte de Justicia de la Nación no obtuviere el cumplimiento material de una sentencia en la que concedió el amparo, dictará las órdenes que sean procedentes al órgano jurisdiccional que corresponda, los que se sujetarán a las disposiciones del artículo anterior en cuanto fueren aplicables.

Artículo reformado DOF 13-03-2025

Artículo 213. En el recurso e incidentes a que se refiere este título, el órgano jurisdiccional de amparo deberá suplir la deficiencia de la vía y de los argumentos hechos valer por el promovente.

Artículo 214. No podrá archivarse ningún juicio de amparo sin que se haya cumplido la sentencia que concedió la protección constitucional o no exista materia para la ejecución y así se haya determinado por el órgano jurisdiccional de amparo en resolución fundada y motivada.

TÍTULO CUARTO
JURISPRUDENCIA Y DECLARATORIA GENERAL DE INCONSTITUCIONALIDAD

CAPÍTULO I
DISPOSICIONES GENERALES

Artículo 215. La jurisprudencia se establece por precedentes obligatorios, por reiteración y por contradicción.

Artículo reformado DOF 07-06-2021

Artículo 216. La jurisprudencia por precedentes obligatorios se establece por la Suprema Corte de Justicia de la Nación funcionando en Pleno.

Párrafo reformado DOF 13-03-2025

La jurisprudencia por reiteración se establece por los tribunales colegiados de circuito.

La jurisprudencia por contradicción se establece por el Pleno de la Suprema Corte de Justicia de la Nación y por los plenos regionales.

Párrafo reformado DOF 13-03-2025
Artículo reformado DOF 07-06-2021

Artículo 217. La jurisprudencia que establezca la Suprema Corte de Justicia de la Nación será obligatoria para todas las autoridades jurisdiccionales de la Federación y de las entidades federativas, con excepción de la propia Suprema Corte.

Párrafo reformado DOF 07-06-2021

La jurisprudencia que establezcan los plenos regionales es obligatoria para todas las autoridades jurisdiccionales de la Federación y de las entidades federativas de su región, salvo para la Suprema Corte de Justicia de la Nación y los plenos regionales.

Párrafo reformado DOF 07-06-2021

La jurisprudencia que establezcan los tribunales colegiados de circuito es obligatoria para todas las autoridades jurisdiccionales de la Federación y de las entidades federativas de su circuito, con excepción de la Suprema Corte de Justicia de la Nación, los plenos regionales y los tribunales colegiados de circuito.

Párrafo adicionado DOF 07-06-2021

La jurisprudencia en ningún caso tendrá efecto retroactivo en perjuicio de persona alguna.

Reforma DOF 13-03-2025: Derogó del artículo el entonces párrafo segundo (antes reformado DOF 07-06-2021)

Artículo 218. Cuando la Suprema Corte de Justicia de la Nación, los plenos regionales o los tribunales colegiados de circuito establezcan un criterio relevante, se elaborará la tesis respectiva en la que se recojan las razones de la decisión, esto es, los hechos relevantes, el criterio jurídico que resuelve el problema abordado en la sentencia y una síntesis de la justificación expuesta por el tribunal para adoptar ese criterio.

De esta manera la tesis deberá contener los siguientes apartados:

I. Rubro: mediante el cual se identificará el tema abordado en la tesis;

II. Narración de los hechos: en este apartado se describirán de manera muy breve los hechos relevantes que dieron lugar al criterio adoptado por el tribunal para resolver el caso;

III. Criterio jurídico: en el que se reflejará la respuesta jurídica adoptada para resolver el problema jurídico que se le planteaba al órgano jurisdiccional;

IV. Justificación: se expondrán de manera sucinta los argumentos expuestos por el órgano jurisdiccional en la sentencia para sostener el criterio jurídico adoptado en la resolución, y

V. Datos de identificación del asunto: comprenderán el número de tesis, el órgano jurisdiccional que la dictó y las votaciones emitidas al aprobar el asunto y, en su caso, en relación con el criterio sustentado en la tesis.

Además de los elementos señalados en las fracciones anteriores, la jurisprudencia emitida por contradicción de criterios deberá contener, según sea el caso, los datos de identificación de las tesis que contiendan en la contradicción, el órgano que las emitió, así como la votación emitida durante las sesiones en que tales contradicciones se resuelvan.

Las cuestiones de hecho y de derecho que no sean necesarias para justificar la decisión, en ningún caso deberán incluirse en la tesis.

Artículo reformado DOF 07-06-2021

Artículo 219. La Suprema Corte de Justicia de la Nación, los plenos regionales y los tribunales colegiados de circuito deberán remitir las tesis a la dependencia de la Suprema Corte de Justicia de la Nación encargada del Semanario Judicial de la Federación, para su publicación.

Artículo reformado DOF 07-06-2021, 13-03-2025

Artículo 220. En el Semanario Judicial de la Federación se publicarán las tesis que se reciban y se distribuirá en forma eficiente para facilitar su conocimiento.

Igualmente se publicarán las resoluciones necesarias para constituir o interrumpir la jurisprudencia y los votos particulares. También se publicarán las resoluciones que los órganos jurisdiccionales competentes estimen pertinentes.

Párrafo reformado DOF 07-06-2021

Artículo 221. Se deroga.

Artículo derogado DOF 07-06-2021

CAPÍTULO II
JURISPRUDENCIA POR PRECEDENTES OBLIGATORIOS

Denominación del Capítulo reformada DOF 07-06-2021

Artículo 222. Las razones que justifiquen las decisiones contenidas en las sentencias que dicte el Pleno de la Suprema Corte de Justicia de la Nación, constituyen precedentes obligatorios para todas las autoridades jurisdiccionales de la Federación y de las entidades federativas cuando sean tomadas por mayoría de seis votos. Las cuestiones de hecho o de derecho que no sean necesarias para justificar la decisión no serán obligatorias.

Artículo reformado DOF 07-06-2021, 13-03-2025

Artículo 223. Se deroga.

Artículo reformado DOF 07-06-2021. Derogado DOF 13-03-2025

CAPÍTULO III
JURISPRUDENCIA POR REITERACIÓN

Capítulo adicionado DOF 07-06-2021

Artículo 224. La jurisprudencia por reiteración se establece por los tribunales colegiados de circuito cuando sustenten, por unanimidad, un mismo criterio en cinco sentencias no interrumpidas por otra en contrario. Las cuestiones de hecho o de derecho que no sean necesarias para justificar la decisión no serán obligatorias.

Artículo reformado DOF 07-06-2021

CAPÍTULO IV
JURISPRUDENCIA POR CONTRADICCIÓN DE CRITERIOS

Capítulo recorrido (antes Capítulo III) con denominación reformada DOF 07-06-2021

Artículo 225. La jurisprudencia por contradicción se establece al dilucidar los criterios discrepantes sostenidos entre los plenos regionales o entre los tribunales colegiados de circuito, en los asuntos de su competencia.

Artículo reformado DOF 07-06-2021, 13-03-2025

Artículo 226. Las contradicciones de criterios serán resueltas por:
I. Derogada

Fracción derogada DOF 13-03-2025

II. El Pleno de la Suprema Corte de Justicia de la Nación cuando deban dilucidarse los criterios contradictorios sostenidos entre plenos regionales o entre tribunales colegiados de circuito pertenecientes a distintas regiones, y

Fracción reformada DOF 13-03-2025

III. Los plenos regionales cuando deban dilucidarse criterios contradictorios entre los tribunales colegiados de circuito de la región correspondiente.

Al resolverse una contradicción de criterios, el órgano correspondiente podrá acoger uno de los criterios discrepantes, sustentar uno diverso, declararla inexistente o sin materia. En todo caso, la decisión se determinará por mayoría.

La resolución que decida la contradicción de criterios no afectará las situaciones jurídicas concretas de los juicios en los cuales se hayan dictado las sentencias que sustentaron los criterios contendientes.

Párrafo reformado DOF 13-03-2025
Artículo reformado DOF 07-06-2021

Artículo 227. La legitimación para denunciar las contradicciones de criterios se ajustará a las siguientes reglas:

I. Derogada

Fracción derogada DOF 13-03-2025

II. Las contradicciones a que se refiere la fracción II del artículo anterior podrán ser denunciadas ante la Suprema Corte de Justicia de la Nación por las ministras o los ministros, los plenos regionales, o los tribunales colegiados de circuito y sus integrantes, que hayan sustentado criterios discrepantes, la o el Fiscal General de la República, las magistradas o los magistrados del tribunal colegiado de apelación, las juezas o los jueces de distrito, o las partes en los asuntos que las motivaron, y

III. Las contradicciones a que se refiere la fracción III del artículo anterior, podrán ser denunciadas ante los plenos regionales por la o el Fiscal General de la República, los mencionados tribunales y sus integrantes, las magistradas o los magistrados de tribunal colegiado de apelación, las juezas o los jueces de distrito o las partes en los asuntos que las motivaron.

Artículo reformado DOF 17-06-2016, 20-05-2021, 07-06-2021

CAPÍTULO V
INTERRUPCIÓN DE LA JURISPRUDENCIA

Capítulo recorrido (antes Capítulo IV) DOF 07-06-2021

Artículo 228. Los tribunales no estarán obligados a seguir sus propias jurisprudencias. Sin embargo, para que puedan apartarse de ellas deberán proporcionar argumentos suficientes que justifiquen el cambio de criterio. En ese caso, se interrumpirá la jurisprudencia y dejará de tener carácter obligatorio.

Los tribunales de que se trata estarán vinculados por sus propias jurisprudencias en los términos antes descritos, incluso cuando éstos se hayan emitido con una integración distinta.

Artículo reformado DOF 07-06-2021

Artículo 229. Interrumpida la jurisprudencia, para integrar la nueva se observarán las mismas reglas establecidas para su formación.

Nota: Por Decreto **DOF 07-06-2021** se derogó el entonces **Capítulo V "Jurisprudencia por sustitución"**. Se suprime su referencia en virtud de que mediante el mismo Decreto **DOF 07-06-2021** se recorrió el entonces Capítulo IV para convertirse en el actual Capítulo V "Interrupción de la Jurisprudencia".

Artículo 230. Se deroga.

Artículo derogado DOF 07-06-2021

CAPÍTULO VI
DECLARATORIA GENERAL DE INCONSTITUCIONALIDAD

Artículo 231. Cuando el Pleno de la Suprema Corte de Justicia de la Nación, en los juicios de amparo indirecto en revisión, resuelvan la inconstitucionalidad de una norma general, la persona titular de la Presidencia de la Suprema Corte de Justicia de la Nación deberá informarlo a la autoridad emisora de la norma en un plazo de quince días.

Párrafo reformado DOF 07-06-2021, 13-03-2025

Lo dispuesto en el presente Capítulo no será aplicable a normas en materia tributaria.

Artículo 232. Cuando el Pleno de la Suprema Corte de Justicia de la Nación, en los juicios de amparo indirecto en revisión, establezcan jurisprudencia en la que determinen la inconstitucionalidad de una norma general, se procederá a la notificación a que se refiere el tercer párrafo de la fracción II del artículo 107 de la Constitución Política de los Estados Unidos Mexicanos.

Párrafo reformado DOF 07-06-2021, 13-03-2025

Una vez que se hubiere notificado al órgano emisor de la norma y transcurrido el plazo de 90 días naturales sin que se modifique o derogue la norma declarada inconstitucional, el Pleno de la Suprema Corte de Justicia de la Nación emitirá la declaratoria general de inconstitucionalidad correspondiente siempre que hubiera sido aprobada por mayoría de cuando menos seis votos.

Párrafo reformado DOF 13-03-2025

Cuando el órgano emisor de la norma sea el órgano legislativo federal o local, el plazo referido en el párrafo anterior se computará dentro de los días útiles de los periodos ordinarios de sesiones determinados en la Constitución

Federal, en el Estatuto de Gobierno del Distrito Federal, o en la Constitución Local, según corresponda.

Artículo 233. Los plenos regionales, conforme a los acuerdos generales que emita la Suprema Corte de Justicia de la Nación, podrán solicitar a ésta, por mayoría de sus integrantes, que inicie el procedimiento de declaratoria general de inconstitucionalidad cuando dentro de su región se haya emitido jurisprudencia derivada de amparos indirectos en revisión.

Artículo reformado DOF 07-06-2021

Artículo 234. La declaratoria en ningún caso podrá modificar el sentido de la resolución o jurisprudencia que le dio origen, será obligatoria, tendrá efectos generales y establecerá:

Párrafo reformado DOF 07-06-2021

I. La fecha a partir de la cual surtirá sus efectos; y
II. Los alcances y las condiciones de la declaratoria de inconstitucionalidad.
Los efectos de estas declaratorias no serán retroactivos salvo en materia penal, en términos del párrafo primero del artículo 14 de la Constitución Política de los Estados Unidos Mexicanos.

Artículo 235. La declaratoria general de inconstitucionalidad se remitirá al Diario Oficial de la Federación y al órgano oficial en el que se hubiera publicado la norma declarada inconstitucional para su publicación dentro del plazo de siete días hábiles.

TÍTULO QUINTO
MEDIDAS DISCIPLINARIAS Y DE APREMIO,
RESPONSABILIDADES, SANCIONES Y DELITOS

CAPÍTULO I
MEDIDAS DISCIPLINARIAS Y DE APREMIO

Artículo 236. Para mantener el orden y exigir respeto, los órganos jurisdiccionales de amparo mediante una prudente apreciación de acuerdo con la conducta realizada, podrán imponer a las partes y a las personas asistentes al juzgado o tribunal, y previo apercibimiento, cualquiera de las siguientes medidas disciplinarias:

Párrafo reformado DOF 13-03-2025

I. Multa; y

II. Expulsión del recinto judicial o del lugar donde se celebre la audiencia. En casos extremos, la audiencia podrá continuar en privado.

Para estos efectos las autoridades policiacas, federales, estatales y municipales deberán prestar auxilio a los órganos jurisdiccionales de amparo cuando lo soliciten.

Artículo 237. Para hacer cumplir sus determinaciones, los órganos jurisdiccionales de amparo, bajo su criterio y responsabilidad, podrán hacer uso, indistintamente, de las siguientes medidas de apremio:

I. Multa;

II. Auxilio de la fuerza pública que deberán prestar las autoridades policiacas federales, estatales o municipales; y

III. Ordenar que se ponga a la persona infractora a disposición del o la Ministerio Público por la probable comisión de delito en el supuesto de flagrancia; en caso contrario, levantar el acta respectiva y hacer la denuncia ante la representación social federal. Cuando la autoridad infractora sea el o la Ministerio Público de la Federación, la infracción se hará del conocimiento de la o el Fiscal General de la República.

Fracción reformada DOF 20-05-2021, 13-03-2025

CAPÍTULO II
RESPONSABILIDADES Y SANCIONES

Artículo 238. Las multas previstas en esta Ley se impondrán a razón del monto de Unidad de Medida y Actualización vigente al momento de realizarse la conducta sancionada, salvo las previstas en el Capítulo III de este Título, las cuales se regirán por lo previsto en el artículo 270 de esta Ley. Podrán aplicarse a la persona quejosa y a la persona tercera interesada, y en ambos supuestos, según el caso, de manera conjunta o indistinta con quienes promuevan en su nombre, sus apoderados o apoderadas o sus abogados o abogadas, según lo resuelva el órgano jurisdiccional de amparo.

Si la persona infractora fuera jornalera, obrera o trabajadora, la multa no podrá exceder de su jornal o salario de un día.

Artículo reformado DOF 13-03-2025

Artículo 239. No se aplicarán las multas establecidas en esta Ley cuando la persona quejosa impugne actos que importen peligro de privación de la vida, ataques a la libertad personal fuera de procedimiento, incomunicación, deportación o expulsión, proscripción o destierro, extradición, desaparición forzada de personas o alguno de los prohibidos por el artículo 22 de la Constitución Política de los Estados Unidos Mexicanos, así como la incorporación forzosa al Ejército, Armada o Fuerza Aérea nacionales.

Artículo reformado DOF 13-03-2025

Artículo 240. En el caso del artículo 11 de esta Ley, si quien promueve no tiene la representación que afirma, se le impondrá multa de setenta a seiscientos noventa Unidades de Medida y Actualización.

Artículo reformado DOF 13-03-2025

Artículo 241. Tratándose de lo previsto en el artículo 14 de esta Ley, si quien afirma ser defensor o defensora no lo demuestra, se le impondrá una multa de ciento quince a mil ciento cuarenta y cinco Unidades de Medida y Actualización.

Artículo reformado DOF 13-03-2025

Artículo 242. En el caso del párrafo tercero del artículo 16 de esta Ley, a la parte que teniendo conocimiento del fallecimiento de la persona quejosa o de la persona tercera interesada no lo comunique al órgano jurisdiccional de amparo, se le impondrá multa de ciento quince a mil ciento cuarenta y cinco Unidades de Medida y Actualización.

Artículo reformado DOF 13-03-2025

Artículo 243. En el caso de los artículos 20, párrafo segundo y 24 de esta Ley, si las personas jefas o encargadas de las oficinas públicas de comunicaciones se niegan a recibir o transmitir los mensajes de referencia, se les impondrá multa de doscientos treinta a dos mil doscientos noventa y cinco Unidades de Medida y Actualización.

Artículo reformado DOF 13-03-2025

Artículo 244. En el caso del artículo 27, fracción III, inciso b) de esta Ley, a la autoridad responsable que no proporcione el domicilio de la persona tercera interesada se le impondrá multa de doscientos treinta a dos mil doscientos noventa y cinco Unidades de Medida y Actualización.

Artículo reformado DOF 13-03-2025

Artículo 245. En el caso del artículo 28, fracción I de esta Ley, a la autoridad responsable que se niegue a recibir la notificación se le impondrá multa de doscientos treinta a dos mil doscientos noventa y cinco Unidades de Medida y Actualización.

Artículo reformado DOF 13-03-2025

Artículo 246. En el caso del artículo 28, fracción II de esta Ley, si la persona encargada de la oficina pública de comunicaciones no envía el oficio de referencia, se le impondrá una multa de doscientos treinta a dos mil doscientos noventa y cinco Unidades de Medida y Actualización.

Artículo reformado DOF 13-03-2025

Artículo 247. En los casos de los artículos 32 y 68 de esta Ley, a la persona servidora pública que de mala fe practique una notificación que sea declarada nula se le impondrá una multa de setenta a seiscientos noventa Unidades de Medida y Actualización.

Artículo reformado DOF 13-03-2025

Artículo 248. Se impondrá multa de setenta a setecientas veces el valor diario de la Unidad de Medida y Actualización a quien para dar competencia a una jueza o un juez de distrito o magistradas o magistrados del tribunal colegiado de apelación, de mala fe designe como autoridad ejecutora a quien no lo sea, siempre que no se reclamen actos que importen peligro de privación de la vida, ataques a la libertad personal fuera de procedimiento, incomunicación, deportación o expulsión, proscripción o destierro, extradición, desaparición forzada de personas o alguno de los prohibidos por el artículo 22 de la Constitución Política de los Estados Unidos Mexicanos, así como la incorporación forzosa al Ejército, Armada o Fuerza Aérea nacionales.

Artículo reformado DOF 07-06-2021

Artículo 249. En los casos a que se refiere el artículo 49 de esta Ley, si la jueza o el juez de distrito o tribunal colegiado de apelación, no encontraren motivo fundado para la promoción de dos o más juicios de amparo contra el mismo acto reclamado, impondrá al o los infractores multa de ciento quince a mil ciento cuarenta y cinco Unidades de Medida y Actualización, salvo que se trate de los casos mencionados en el artículo 15 de esta Ley.

Artículo reformado DOF 07-06-2021, 13-03-2025

Artículo 250. Cuando el órgano jurisdiccional que deseche o desestime una recusación advierta que existan elementos suficientes que demuestren que su promoción se haya dirigido a entorpecer o dilatar el procedimiento en cuestión, se impondrá multa de setenta a seiscientos noventa Unidades de Medida y Actualización.

Artículo reformado DOF 13-03-2025

Artículo 251. En el caso del artículo 64 de esta Ley, a la parte que tenga conocimiento de alguna causa de sobreseimiento y no la comunique, se le impondrá multa de setenta a seiscientos noventa Unidades de Medida y Actualización.

Artículo reformado DOF 13-03-2025

Artículo 252. En el caso del párrafo tercero del artículo 68 de esta Ley, cuando se promueva una nulidad que sea declarada notoriamente improcedente se impondrá multa de setenta a seiscientos noventa Unidades de Medida y Actualización.

Artículo reformado DOF 13-03-2025

Artículo 253. En el caso del párrafo segundo del artículo 72 de esta Ley, a la persona responsable de la pérdida de constancias se le impondrá multa de doscientos treinta a dos mil doscientos noventa y cinco Unidades de Medida y Actualización.

Artículo reformado DOF 13-03-2025

Artículo 254. En el caso del artículo 121 de esta Ley, si la autoridad no expide con oportunidad las copias o documentos solicitados por las partes o los expide incompletos o ilegibles, se le impondrá multa de cincuenta a quinientos días; si a pesar de la solicitud del órgano jurisdiccional de amparo no los remite, o los remite incompletos o ilegibles, se le impondrá multa de doscientos treinta a dos mil doscientos noventa y cinco Unidades de Medida y Actualización.

Artículo reformado DOF 13-03-2025

Artículo 255. En el caso del artículo 122 de esta Ley, si el juez o jueza de distrito desechare la impugnación presentada, impondrá al promovente que actuó con mala fe multa de setenta a seiscientos noventa Unidades de Medida y Actualización.

Artículo reformado DOF 13-03-2025

Artículo 256. En el caso del artículo 145 de esta Ley, si se acredita que la segunda suspensión se solicitó indebidamente y con mala fe, se impondrá multa de ciento quince a mil ciento cuarenta y cinco Unidades de Medida y Actualización.

Artículo reformado DOF 13-03-2025

Artículo 257. En el caso del artículo 191 de esta Ley, si la autoridad responsable no decide sobre la suspensión en las condiciones señaladas, se impondrá multa de doscientos treinta a dos mil doscientos noventa y cinco Unidades de Medida y Actualización.

Artículo reformado DOF 13-03-2025

Artículo 258. La multa a que se refieren los artículos 192 y 193 de esta Ley será de doscientos treinta a dos mil doscientos noventa y cinco Unidades de Medida y Actualización.

Artículo reformado DOF 13-03-2025

Artículo 259. En el caso de la fracción I de los artículos 236 y 237 de esta Ley, las multas serán de ciento quince a dos mil doscientos noventa y cinco Unidades de Medida y Actualización.

Artículo reformado DOF 13-03-2025

Artículo 260. Se sancionará con multa de doscientos treinta a dos mil doscientos noventa y cinco Unidades de Medida y Actualización a la autoridad responsable que:

Párrafo reformado DOF 13-03-2025

I. No rinda el informe previo;
II. No rinda el informe con justificación o lo haga sin remitir, en su caso, copia certificada completa y legible de las constancias necesarias para la solu-

ción del juicio constitucional u omita referirse a la representación que aduzca la persona promovente de la demanda en términos del artículo 11 de esta Ley;

Fracción reformada DOF 13-03-2025

III. No informe o no remita, en su caso, la certificación relativa a la fecha de notificación del acto reclamado, la de presentación de la demanda y de los días inhábiles que mediaron entre uno y otro acto; y

IV. No tramite la demanda de amparo o no remita con la oportunidad debida y en los plazos previstos por esta Ley las constancias que le sean solicitadas por amparo o por las partes en el juicio constitucional.

Fracción reformada DOF 16-10-2025

Tratándose de amparo contra normas generales, las autoridades que hayan intervenido en el refrendo del decreto promulgatorio de la norma o en su publicación, únicamente rendirán el informe justificado cuando adviertan que su intervención en el proceso legislativo o de creación de la norma general, se impugne por vicios propios.

La falta del informe justificado de las autoridades legislativas, además de lo señalado en el párrafo anterior, no dará lugar a sanción alguna. En la inteligencia que ello no impide al órgano jurisdiccional examinar los referidos actos, si advierte un motivo de inconstitucionalidad.

CAPÍTULO III
DELITOS

Artículo 261. Se impondrá una pena de dos a seis años de prisión y multa de treinta a trescientos días:

I. A la persona quejosa, a su abogada o abogado autorizado o a ambos, si con el propósito de obtener una ventaja procesal indebida, en la demanda afirme hechos falsos u omita los que le consten en relación con el acto reclamado, siempre que no se reclamen actos que importen peligro de privación de la vida, ataques a la libertad personal fuera de procedimiento, incomunicación, deportación o expulsión, proscripción o destierro, extradición, desaparición forzada de personas o alguno de los prohibidos por el artículo 22 de la Constitución Política de los Estados Unidos Mexicanos, así como la incorporación forzosa al Ejército, Armada o Fuerza Aérea nacionales, y

Fracción reformada DOF 13-03-2025

II. A la persona quejosa o tercera interesada, a su abogada o abogado o a ambos, si en el juicio de amparo presenten testigos o documentos falsos.

Fracción reformada DOF 13-03-2025

Artículo 262. Se impondrá pena de tres a nueve años de prisión, multa de cincuenta a quinientos días, destitución e inhabilitación de tres a nueve años para desempeñar otro cargo, empleo o comisión públicos, a la persona servidora pública que con el carácter de autoridad responsable o vinculada al cumplimiento en el juicio en el juicio de amparo o en el incidente de suspensión:

Párrafo reformado DOF 13-03-2025, 16-10-2025

I. Al rendir informe previo o con justificación exprese un hecho falso o niegue la verdad;

II. Sin motivo justificado revoque o deje sin efecto el acto que se le reclama con el propósito de que se sobresea en el amparo, sólo para insistir con posterioridad en la emisión del mismo;

III. No obedezca un auto de suspensión debidamente notificado, independientemente de cualquier otro delito en que incurra;

IV. En los casos de suspensión admita, por notoria mala fe o negligencia inexcusable, fianza o contrafianza que resulte ilusoria o insuficiente; y

V. Fuera de los casos señalados en las fracciones anteriores, se resista de cualquier modo a dar cumplimiento a los mandatos u órdenes dictadas en materia de amparo.

Artículo 263. Las personas juzgadoras de distrito, las autoridades judiciales de los Estados y de la Ciudad de México cuando actúen en auxilio de la justicia federal, las personas titulares de las presidencias de las juntas y de los tribunales de conciliación y arbitraje, las personas magistradas de circuito y las personas ministras de la Suprema Corte de Justicia de la Nación son responsables en los juicios de amparo por los delitos y faltas que cometan en los términos que los definen y castigan el Código Penal Federal y la Ley Orgánica del Poder Judicial de la Federación, así como este Capítulo.

Artículo reformado DOF 13-03-2025

Artículo 264. Al ministro o ministra, magistrado o magistrada o juez o jueza que dolosamente hubiere negado la causa que funda la recusación y ésta se comprueba, se le impondrán pena de dos a seis años de prisión, multa de

treinta a trescientos días, destitución e inhabilitación por un lapso de dos a
seis años.

Artículo reformado DOF 13-03-2025

Artículo 265. Se impondrá pena de dos a seis años de prisión, multa de
treinta a trescientos días, destitución e inhabilitación de dos a seis años para
desempeñar otro cargo, empleo o comisión públicos, al juez o jueza de distrito
o la autoridad que conozca de un juicio de amparo o del incidente respectivo,
cuando dolosamente:

Párrafo reformado DOF 13-03-2025

I. No suspenda el acto reclamado a sabiendas de que importe peligro de
privación de la vida, ataques a la libertad personal fuera de procedimiento, incomunicación, deportación o expulsión, proscripción o destierro, extradición,
desaparición forzada de personas o alguno de los prohibidos por el artículo
22 de la Constitución Política de los Estados Unidos Mexicanos, así como la
incorporación forzosa al Ejército, Armada o Fuerza Aérea nacionales, si dichos
actos no se ejecutan por causas ajenas a la intervención de los órganos jurisdiccionales mencionados; y

II. No concediere la suspensión, siendo notoria su procedencia.

Artículo 266. Se impondrá pena de tres a siete años de prisión, multa de
cincuenta a quinientos días, destitución e inhabilitación de tres a siete años
para desempeñar otro cargo, empleo o comisión públicos al juez o jueza de
distrito o la autoridad que conozca de un juicio de amparo o del incidente
respectivo, cuando dolosamente:

Párrafo reformado DOF 13-03-2025

I. No suspenda el acto reclamado a sabiendas de que importe peligro de
privación de la vida, ataques a la libertad personal fuera de procedimiento, incomunicación, deportación o expulsión, proscripción o destierro, extradición,
desaparición forzada de personas o alguno de los prohibidos por el artículo
22 de la Constitución Política de los Estados Unidos Mexicanos, así como la
incorporación forzosa al Ejército, Armada o Fuerza Aérea nacionales, y se lleva
a efecto su ejecución; y

II. Ponga en libertad a la persona quejosa en contra de lo previsto en las
disposiciones aplicables de esta Ley.

Fracción reformada DOF 13-03-2025

Artículo 267. Se impondrá pena de cinco a diez años de prisión, multa de cien a mil días, en su caso destitución e inhabilitación de cinco a diez años para desempeñar otro cargo, empleo o comisión públicos a la autoridad que dolosamente:

I. Incumpla una sentencia de amparo o no la haga cumplir;

II. Repita el acto reclamado;

III. Omita cumplir cabalmente con la resolución que establece la existencia del exceso o defecto; y

IV. Incumpla la resolución en el incidente que estime incumplimiento sobre declaratoria general de inconstitucionalidad.

Las mismas penas que se señalan en este artículo serán impuestas en su caso al superior de la autoridad responsable que no haga cumplir una sentencia de amparo.

Artículo 268. Se impondrá pena de uno a tres años de prisión o multa de treinta a trescientos días y, en ambos casos, destitución e inhabilitación de uno a tres años para desempeñar otro cargo, empleo o comisión públicos a la autoridad que dolosamente aplique una norma declarada inconstitucional por la Suprema Corte de Justicia de la Nación, mediante una declaratoria general de inconstitucionalidad.

Artículo 269. La pérdida de la calidad de autoridad, no extingue la responsabilidad penal por los actos u omisiones realizados para no cumplir o eludir el cumplimiento de la sentencia de amparo cuando la ley le exija su acatamiento.

Artículo 270. Las multas a que se refiere este Capítulo, son equivalentes a los días multa previstos en el Código Penal Federal.

Artículo 271. Cuando al concederse definitivamente el amparo a la persona quejosa aparezca que el acto reclamado además de violar derechos humanos y garantías, cuenta con datos de prueba de un hecho que la ley señala como delito, se pondrá el hecho en conocimiento del Ministerio Público que corresponda.

Artículo reformado DOF 13-03-2025, 16-10-2025

TRANSITORIOS

Primero. La presente Ley entrará en vigor al día siguiente de su publicación en el Diario Oficial de la Federación.

Segundo. Se abroga la Ley de Amparo, Reglamentaria de los Artículos 103 y 107 de la Constitución Política de los Estados Unidos Mexicanos, publicada en el Diario Oficial de la Federación el 10 de enero de 1936, y se derogan todas las disposiciones que se opongan a lo previsto en la presente Ley.

Tercero. Los juicios de amparo iniciados con anterioridad a la entrada en vigor de la presente Ley, continuarán tramitándose hasta su resolución final conforme a las disposiciones aplicables vigentes a su inicio, salvo lo que se refiere a las disposiciones relativas al sobreseimiento por inactividad procesal y caducidad de la instancia, así como al cumplimiento y ejecución de las sentencias de amparo.

Cuarto. A las personas que hayan cometido un delito de los contemplados en la Ley de Amparo, Reglamentaria de los artículos 103 y 107 Constitucionales publicada en el Diario Oficial de la Federación de 10 de enero de 1936, incluidas las procesadas o sentenciadas, les serán aplicadas las disposiciones vigentes en el momento en que se haya cometido.

Quinto. Los actos a los que se refiere la fracción III del artículo 17 de esta Ley que se hubieren dictado o emitido con anterioridad a la entrada en vigor de la misma podrán impugnarse mediante el juicio de amparo dentro de los siete años siguientes a la entrada en vigor de la presente Ley.

Los actos que se hubieren dictado o emitido con anterioridad a la presente Ley y que a su entrada en vigor no hubiere vencido el plazo para la presentación de la demanda de amparo conforme a la ley que se abroga en virtud del presente decreto, les serán aplicables los plazos de la presente Ley contados a partir del día siguiente a aquél en que surta efectos, conforme a la ley del acto, la notificación del acto o resolución que se reclame o a aquél que haya tenido conocimiento o se ostente sabedor del mismo o de su ejecución.

Sexto. La jurisprudencia integrada conforme a la ley anterior continuará en vigor en lo que no se oponga a la presente Ley.

Séptimo. Para la integración de la jurisprudencia por reiteración de criterios a que se refiere la presente Ley no se tomarán en cuenta las tesis aprobadas en los asuntos resueltos conforme a la ley anterior.

Octavo. Las declaratorias generales de inconstitucionalidad no podrán ser hechas respecto de tesis aprobadas conforme a la ley anterior.

Noveno. La Suprema Corte de Justicia de la Nación y el Consejo de la Judicatura Federal en el ámbito de sus respectivas competencias podrán dictar las medidas necesarias para lograr el efectivo e inmediato cumplimiento de la presente Ley.

Décimo. Se deroga.

Artículo derogado DOF 17-06-2016

Décimo Primero. El Consejo de la Judicatura Federal expedirá el Reglamento a que hace referencia el artículo 3o del presente ordenamiento para la implementación del Sistema Electrónico y la utilización de la firma electrónica.

Asimismo el Consejo de la Judicatura Federal dictará los acuerdos generales a que refieren los artículos 41 Bis y Bis 1 del presente decreto, para la debida integración y funcionamiento de los Plenos de Circuito.

Las anteriores disposiciones deberán emitirse en un plazo de noventa días a partir de la entrada en vigor del presente Decreto.

ARTÍCULO SEGUNDO. ....

ARTÍCULO TERCERO. ....

ARTÍCULO CUARTO. ....

ARTÍCULO QUINTO. ....

ARTÍCULO SEXTO. ....

TRANSITORIO

ÚNICO. El presente Decreto entrará en vigor al día siguiente de su publicación en el Diario Oficial de la Federación.

México, D.F., a 20 de marzo de 2013.- Dip. **Francisco Arroyo Vieyra**, Presidente.- Sen. **Ernesto Cordero Arroyo**, Presidente.- Dip. **Javier Orozco Gómez**, Secretario.- Sen. **Lilia Guadalupe Merodio Reza**, Secretaria.- Rúbricas."

En cumplimiento de lo dispuesto por la fracción I del Artículo 89 de la Constitución Política de los Estados Unidos Mexicanos, y para su debida publicación y observancia, expido el presente Decreto en la Residencia del Poder Ejecutivo Federal, en la Ciudad de México, Distrito Federal, a primero de abril de dos mil trece.- **Enrique Peña Nieto**.- Rúbrica.- El Secretario de Gobernación, **Miguel Ángel Osorio Chong**.- Rúbrica.

DECRETO por el que se reforman y adicionan diversas disposiciones a la Ley de Amparo, Reglamentaria de los artículos 103 y 107 de la Constitución Política de los Estados Unidos Mexicanos, al Código Fiscal de la Federación y a la Ley Orgánica del Tribunal Federal de Justicia Administrativa.

Publicado en el Diario Oficial de la Federación el 16 de octubre 2025

TRANSITORIOS

Primero. El presente Decreto entrará en vigor al día siguiente de su publicación en el Diario Oficial de la Federación.

Segundo. Se derogan todas las disposiciones que se opongan al presente Decreto.

Tercero. Al tratarse de una ley procesal, las etapas procesales concluidas que generen derechos adquiridos a las partes se regirán por las disposiciones legales vigentes al inicio de los procesos respectivos. Por lo que hace a las actuaciones procesales posteriores a la entrada en vigor del presente Decreto, de conformidad con la doctrina y la jurisprudencia de la Suprema Corte de Justicia de la Nación, se regirán por las disposiciones de este Decreto, sin que implique aplicación retroactiva ni afectación a derechos adquiridos, pues se trata de actuaciones futuras.

Cuarto. El Órgano de Administración Judicial contará con trescientos sesenta días naturales a partir de su entrada en funciones para realizar las adecuaciones al Sistema Electrónico del Poder Judicial de la Federación que resulten necesarias para dar cumplimiento a lo previsto por los artículos 3, 25, 26, 28 y 30 de la Ley de Amparo.

Una vez realizadas las adecuaciones al sistema, el Órgano de Administración Judicial publicará en el Diario Oficial de la Federación y en su propio portal, el aviso de inicio de registro de usuarios digitales para autoridades.

Todas las autoridades de la Federación, entidades federativas, municipios y alcaldías, tendrán un plazo de ciento ochenta días naturales a partir de la publicación del Aviso al que se refiere el párrafo anterior, para dar cumplimiento a este Decreto y crear sus perfiles en el Sistema.

Quinto. El Órgano de Administración Judicial contará con ciento ochenta días naturales a partir de la entrada en vigor de este Decreto, para emitir un Acuerdo General que regule la correcta integración tanto del expediente electrónico como físico en el juicio de amparo, procurando en todo momento privilegiar el uso de la tecnología y eficientizar el uso de recursos materiales dentro del Poder Judicial de la Federación, sin menoscabar el derecho de las partes de consultar los expedientes correspondientes.

Ciudad de México, a 15 de octubre de 2025.- Dip. Sergio Carlos Gutiérrez Luna, Vicepresidente en funciones de Presidente.- Sen. Laura Itzel Castillo Juárez, Presidenta.- Dip. Magdalena del Socorro Núñez Monreal, Secretaria.- Sen. María Martina Kantún Can, Secretaria.- Rúbricas."

En cumplimiento de lo dispuesto por la fracción I del Artículo 89 de la Constitución Política de los Estados Unidos Mexicanos, y para su debida publicación y observancia, expido el presente Decreto en la Residencia del Poder Ejecutivo Federal, en la Ciudad de México, a 16 de octubre de 2025.- **Claudia Sheinbaum Pardo**, Presidenta de los Estados Unidos Mexicanos.- Rúbrica.- Lcda. **Rosa Icela Rodríguez Velázquez**, Secretaria de Gobernación.- Rúbrica.

LEY ORGÁNICA DEL PODER JUDICIAL DE LA FEDERACIÓN

TEXTO VIGENTE

Nueva Ley publicada en el Diario Oficial de la Federación el 28 de noviembre de 2025

Al margen un sello con el Escudo Nacional, que dice: Estados Unidos Mexicanos.- Presidencia de la República.

CLAUDIA SHEINBAUM PARDO, Presidenta de los Estados Unidos Mexicanos, a sus habitantes sabed:

Que el Honorable Congreso de la Unión, se ha servido dirigirme el siguiente

DECRETO

"EL CONGRESO GENERAL DE LOS ESTADOS UNIDOS MEXICANOS, D E C R E T A:

SE EXPIDE LA LEY ORGÁNICA DEL PODER JUDICIAL DE LA FEDERACIÓN

Artículo Único.- Se expide la Ley Orgánica del Poder Judicial de la Federación

LEY ORGÁNICA DEL PODER JUDICIAL DE LA FEDERACIÓN

TÍTULO PRIMERO
DEL PODER JUDICIAL DE LA FEDERACIÓN

CAPÍTULO ÚNICO
DE LOS ÓRGANOS DEL PODER JUDICIAL DE LA FEDERACIÓN

Artículo 1. Los órganos del Poder Judicial de la Federación son:

I. La Suprema Corte de Justicia de la Nación;

II. El Tribunal Electoral;

III. Los Plenos Regionales;

IV. Los Tribunales Colegiados de Circuito;

V. Los Tribunales Colegiados de Apelación;

VI. Los Juzgados de Distrito;

VII. El Tribunal de Disciplina Judicial, y

VIII. El Órgano de Administración Judicial.

TÍTULO SEGUNDO
DE LA SUPREMA CORTE DE JUSTICIA DE LA NACIÓN

CAPÍTULO I
DE SU INTEGRACIÓN Y FUNCIONAMIENTO

Artículo 2. La Suprema Corte de Justicia de la Nación se compondrá de nueve Ministras o Ministros y funcionará en Pleno.

Artículo 3. La Suprema Corte de Justicia de la Nación tendrá cada año dos periodos de sesiones: el primero comenzará el primer día hábil del mes de enero y terminará el último día hábil de la primera quincena del mes de julio, y el segundo comenzará el primer día hábil del mes de agosto y terminará el último día hábil de la primera quincena del mes de diciembre.

CAPÍTULO II
DEL PLENO

SECCIÓN 1A.
DE SU INTEGRACIÓN Y FUNCIONAMIENTO

Artículo 4. El Pleno se compondrá de nueve integrantes, Ministras o Ministros, pero bastará la presencia de cinco integrantes para que pueda funcionar, a excepción de los casos previstos en los artículos 96, párrafos segundo y tercero, 100, párrafo decimotercero, 105, fracción I, segundo párrafo y fracción II, y 107, fracción II, párrafo tercero, de la Constitución Política de los Estados Unidos Mexicanos, en los que se requerirá la presencia de al menos seis Ministras o Ministros.

Artículo 5. Las sesiones ordinarias de la Suprema Corte de Justicia de la Nación se celebrarán dentro de los períodos a que alude el artículo 3 de esta Ley, en los días y horas que el mismo fije mediante acuerdos generales.

La Suprema Corte de Justicia de la Nación podrá sesionar de manera extraordinaria, aún en los periodos de receso, a solicitud de cualquiera de sus integrantes. La solicitud deberá ser presentada a la persona que presida la Suprema Corte de Justicia de la Nación a fin de que emita la convocatoria correspondiente.

Artículo 6. Las sesiones del Pleno de la Suprema Corte de Justicia de la Nación serán públicas por regla general, salvo en los supuestos previstos en el artículo 17 del presente ordenamiento. Estas sesiones constarán en acta, incluyendo aquellas que excepcionalmente sean privadas.

Artículo 7. Se autoriza la celebración de audiencias públicas en los procedimientos ante la Suprema Corte de Justicia de la Nación. Las solicitudes para la celebración de dichas audiencias serán atendidas por el Pleno de la Suprema Corte de Justicia de la Nación, previo a la resolución del asunto correspondiente. En caso de que el Pleno resuelva negativamente la solicitud, deberá motivar su decisión, y dicha motivación será pública por regla general.

Artículo 8. Las resoluciones del Pleno de la Suprema Corte de Justicia de la Nación se tomarán por unanimidad o mayoría de votos, salvo en los casos en que, conforme a la Constitución, se requiera una mayoría de seis votos de las Ministras y Ministros presentes. En los casos previstos en el segundo párrafo de la fracción I del artículo 105 Constitucional, las decisiones podrán ser tomadas por mayoría simple de los miembros presentes, pero para que tenga efectos generales, deberán ser aprobados por una mayoría de cuando menos seis votos.

Las y los Ministros sólo se abstendrán de votar cuando tengan impedimento legal.

Si al llevarse a cabo la votación de un asunto no se obtuviere mayoría, se turnará a un nuevo Ministro o Ministra para que formule un proyecto de resolución que tome en cuenta las exposiciones hechas durante las discusiones.

En caso de empate, el asunto se resolverá en la siguiente sesión, para la que se convocará a las y los Ministros que no estuvieren legalmente impedidos; si en esta sesión tampoco se obtuviere mayoría, se desechará el proyecto y la Presidenta o el Presidente de la Suprema Corte de Justicia de la Nación designará a otra Ministra o Ministro para que, teniendo en cuenta las opiniones vertidas, formule un nuevo proyecto. Si en dicha sesión persistiera el empate, la Presidenta o Presidente de la Suprema Corte de Justicia de la Nación tendrá voto de calidad.

Siempre que un Ministro o Ministra disintiere de la mayoría, o estando de acuerdo con ella tuviere consideraciones distintas o adicionales a las que motivaron la resolución, podrá formular voto particular o concurrente, respectivamente, el cual se insertará al final de la ejecutoria respectiva si fuere presentado dentro de los cinco días siguientes a la fecha del acuerdo.

Artículo 9. Para ser electo Ministro o Ministra de la Suprema Corte de Justicia de la Nación, se deberán cumplir los siguientes requisitos:

I. Poseer al día de la publicación señalada en la fracción I del artículo 96 de la Constitución Política de los Estados Unidos Mexicanos, título profesional de licenciado o licenciada en derecho expedido legalmente, un promedio general de calificación de cuando menos ocho puntos o su equivalente y de nueve puntos o su equivalente en las materias de la licenciatura, especialidad, maestría o doctorado, relacionadas con el cargo de Ministro o Ministra según determine el Comité de Evaluación en términos de la Ley General de Instituciones y Procedimientos Electorales y demás disposiciones aplicables; y práctica profesional de cuando menos cinco años en el ejercicio de la actividad jurídica;

II. Haber residido en el país durante los dos años anteriores al día de la publicación de la convocatoria señalada en el artículo 96, fracción I, de la Constitución Política de los Estados Unidos Mexicanos;

III. No haber sido Secretaria o Secretario de Estado, Fiscal General de la República, Senador o Senadora, Diputado o Diputada Federal ni Titular del Poder Ejecutivo en alguna entidad federativa, durante el año previo al día de la publicación de la convocatoria señalada en la fracción I del artículo 96 de la Constitución Política de los Estados Unidos Mexicanos, y

IV. Las Ministras y Ministros de la Suprema Corte de Justicia de la Nación serán elegidos de manera libre, directa y secreta por la ciudadanía a nivel nacional el día que se realicen las elecciones federales ordinarias del año que corresponda.

Artículo 10. Las y los Ministros durarán doce años en su cargo, en ningún caso podrán ser reelectos para un nuevo periodo y sólo podrán ser removidos en los términos del Título Cuarto de la Constitución Política de los Estados Unidos Mexicanos.

Artículo 11. Las renuncias de las y los Ministros solamente procederán por causas graves y serán aprobadas por la mayoría de los miembros presentes del Senado de la República, o en sus recesos, por la Comisión Permanente del Congreso de la Unión.

Artículo 12. En caso de que la falta de un Ministro o Ministra excediere de un mes sin licencia o dicha falta se deba a su defunción, renuncia o cualquier causa de separación definitiva, ocupará la vacante la persona del mismo género que haya obtenido el segundo lugar en el número de votos en la elección para ese cargo, siguiendo el orden de prelación en orden descendente. El Senado de la República tomará protesta a la persona sustituta para desempeñarse por el periodo que reste en el encargo.

Artículo 13. Las Ministras o Ministros no podrán, en ningún caso, aceptar ni desempeñar empleo o encargo de la Federación, de las entidades federativas o de particulares, salvo los cargos no remunerados en asociaciones científicas, docentes, literarias o de beneficencia.

Artículo 14. Las personas que hayan ocupado el cargo de Ministro o Ministra no podrán, dentro de los dos años siguientes a la fecha de su retiro, actuar como patronos, abogados o representantes en cualquier proceso ante los órganos del Poder Judicial de la Federación. Durante dicho plazo, quienes hayan desempeñado el cargo de Ministro o Ministra no podrán ocupar los cargos señalados en la fracción VI del artículo 95 de la Constitución Política de los Estados Unidos Mexicanos.

Artículo 15. El Pleno de la Suprema Corte de Justicia de la Nación nombrará, a propuesta de su Presidenta o Presidente, a una secretaria o secretario general de acuerdos y a una subsecretaria o subsecretario general de acuerdos.

La o el Presidente de la Suprema Corte de Justicia de la Nación designará a las y los secretarios auxiliares de acuerdos y a las y los actuarios que fueren necesarios para el despacho de los asuntos de la Suprema Corte de Justicia de la Nación, así como el personal subalterno que establezcan las disposiciones aplicables.

Las personas secretarias de estudio y cuenta serán designadas por las y los Ministros correspondientes, de conformidad con lo que establece la ley.

SECCIÓN 2A.
DE SUS ATRIBUCIONES

Artículo 16. La Suprema Corte de Justicia de la Nación conocerá:

I. De las controversias constitucionales y acciones de inconstitucionalidad a que se refieren las fracciones I y II del artículo 105 de la Constitución Política de los Estados Unidos Mexicanos. La admisión de controversias constitucionales y acciones de inconstitucionalidad planteadas respecto de normas generales no dará lugar en ningún caso a la suspensión de la norma cuestionada;

II. De cualquier recurso derivado de la Ley de Amparo, Reglamentaria de los artículos 103 y 107 de la Constitución Política de los Estados Unidos Mexicanos, en el que se hubiera ejercido la facultad de atracción conforme a lo dispuesto en la Constitución Política de los Estados Unidos Mexicanos y en la propia ley reglamentaria;

III. Del recurso de revisión contra sentencias pronunciadas en la audiencia constitucional por los Juzgados de Distrito o los Tribunales Colegiados de Apelación, cuando habiéndose impugnado en la demanda de amparo normas generales por estimarlas directamente violatorias de la Constitución Política de los Estados Unidos Mexicanos; subsista en el recurso el problema de constitucionalidad;

IV. Del recurso de revisión en amparo directo, en contra de las sentencias que resuelvan sobre la constitucionalidad de normas generales, establezcan la interpretación directa de un precepto de la Constitución Política de los Estados Unidos Mexicanos u omitan decidir sobre tales cuestiones cuando hubieren sido planteadas, siempre que a juicio de la Suprema Corte de Justicia de la Nación el asunto revista un interés excepcional en materia constitucional o de derechos humanos. La materia del recurso se limitará a la decisión de las cuestiones propiamente constitucionales, sin poder comprender otras;

V. De los recursos de apelación interpuestos en contra de las sentencias dictadas por las y los Jueces de Distrito, en aquellas controversias ordinarias en las que la Federación sea parte, de conformidad con lo dispuesto en la fracción III del artículo 105 de la Constitución Política de los Estados Unidos Mexicanos;

VI. De los procedimientos de declaratoria general de inconstitucionalidad, de conformidad con lo establecido en la Ley de Amparo, Reglamentaria de los artículos 103 y 107 de la Constitución Política de los Estados Unidos Mexicanos;

VII. De los amparos directos que por su interés y trascendencia así lo ameriten en uso de la facultad de atracción prevista en el segundo párrafo de la fracción V del artículo 107 de la Constitución Política de los Estados Unidos Mexicanos;

VIII. De las controversias que se susciten con motivo de los convenios a los que se refiere el segundo párrafo del artículo 119 de la Constitución Política de los Estados Unidos Mexicanos;

IX. De las denuncias de contradicción de criterios sustentados por las Salas del Tribunal Electoral en los términos de los artículos 293 y 294 de esta Ley, por los Plenos Regionales, o por Tribunales Colegiados de Circuito pertenecientes a distintas regiones.

Las y los Ministros de la Suprema Corte de Justicia de la Nación podrán denunciar una contradicción de criterios de los Plenos Regionales, con el objeto de que el Pleno de la Suprema Corte de Justicia de la Nación decida finalmente qué criterio debe prevalecer.

El Pleno de la Suprema Corte de Justicia de la Nación decidirá en definitiva cuál criterio debe prevalecer cuando exista contradicción entre un criterio sobre inconstitucionalidad de algún acto o resolución o sobre la interpretación de un precepto constitucional sostenido por una Sala del Tribunal Electoral del Poder Judicial de la Federación y la Suprema Corte de Justicia de la Nación. Las resoluciones que se dicten en este supuesto no afectarán los asuntos ya resueltos.

Las resoluciones que pronuncie el Pleno de la Suprema Corte de Justicia de la Nación sobre la contradicción de criterios sólo tendrán el efecto de fijar la jurisprudencia y no afectarán las situaciones jurídicas concretas derivadas de las sentencias dictadas en los juicios en los que hubiese ocurrido la contradicción;

X. De la aplicación de la fracción XVI del artículo 107 de la Constitución Política de los Estados Unidos Mexicanos, con excepción del incidente de cumplimiento sustituto del que conocerá el órgano que hubiera emitido la sentencia de amparo;

XI. De la revisión de oficio de los decretos expedidos por el Ejecutivo Federal durante la restricción o suspensión de derechos humanos y garantías, para pronunciarse sobre su constitucionalidad y validez;

XII. De la constitucionalidad de la materia de las consultas populares convocadas por el Congreso de la Unión;

XIII. Del recurso de revisión en materia de seguridad nacional a que se refiere la fracción VIII del apartado A del artículo 6o. de la Constitución Política de los Estados Unidos Mexicanos;

XIV. De los juicios de anulación de la declaratoria de exclusión de las entidades federativas del Sistema Nacional de Coordinación Fiscal, y de los juicios sobre cumplimiento de los convenios de coordinación celebrados por el Gobierno Federal con los Gobiernos de las entidades federativas, de acuerdo con lo establecido por la Ley de Coordinación Fiscal, en términos de lo dispuesto por la Ley Reglamentaria del artículo 105 de la Constitución Política de los Estados Unidos Mexicanos en lo que hace a las controversias constitucionales;

XV. Del recurso de reclamación contra las providencias o acuerdos del Presidente o la Presidenta de la Suprema Corte de Justicia de la Nación, dictados durante la tramitación de los asuntos jurisdiccionales de la competencia del Pleno, con excepción del auto que deseche el recurso de revisión en amparo directo;

XVI. De las recusaciones, excusas e impedimentos de las y los Ministros, en asuntos de la competencia de la Suprema Corte de Justicia de la Nación;

XVII. De las demás que expresamente le confieran las leyes.

Artículo 17. El Pleno de la Suprema Corte de Justicia de la Nación tendrá las siguientes atribuciones:

I. Definir la integración del Comité de Evaluación del Poder Judicial de la Federación conformado por cinco personas reconocidas en la actividad jurídica, conforme a las bases previstas en la fracción II, inciso b) del artículo 96 de la Constitución Política de los Estados Unidos Mexicanos, de la Ley General de Instituciones y Procedimientos Electorales y de la demás legislación aplicable;

II. Aprobar por mayoría de seis votos a las personas mejor evaluadas por el Comité de Evaluación del Poder Judicial de la Federación, para que puedan ser postuladas para los cargos y plazas en la elección judicial del año que corresponda, en términos del artículo 96 de la Constitución Política de los Estados Unidos Mexicanos, de la Ley General de Instituciones y Procedimientos Electorales y de la demás legislación aplicable;

III. Postular, con posterioridad a la insaculación correspondiente, en términos del artículo 96 de la Constitución Política de los Estados Unidos Mexicanos, hasta tres personas por mayoría de seis votos para los cargos de Ministros y Ministras de la Suprema Corte de Justicia de la Nación, Magistradas y Magistrados de la Sala Superior del Tribunal Electoral del Poder Judicial de la Federación y Magistrados y Magistradas del Tribunal de Disciplina Judicial;

IV. Postular, con posterioridad a la insaculación correspondiente, en términos del artículo 96 de la Constitución Política de los Estados Unidos Mexicanos, hasta dos personas por mayoría de seis votos para los cargos de Magistradas y Magistrados de Circuito, así como Jueces y Juezas de Distrito;

V. Resolver las impugnaciones de Magistraturas electorales antes de que el Senado de la República instale el primer periodo ordinario de sesiones del año de la elección que corresponda;

VI. Aprobar el dictamen que contenga el cómputo final de la elección correspondiente a las Magistraturas electorales y declarar la validez de dicha elección;

VII. Expedir acuerdos generales, a fin de lograr una adecuada distribución de los asuntos que competa conocer a la Suprema Corte de Justicia de la Nación, así como remitir asuntos a los Plenos Regionales y a los Tribunales Colegiados de Circuito, para mayor prontitud en su despacho. Dichos acuerdos surtirán efectos después de ser publicados.

Si un Pleno Regional o Tribunal Colegiado estima que el asunto remitido debe ser resuelto por la Suprema Corte de Justicia de la Nación funcionando en Pleno, lo hará del conocimiento de este último para que determine lo que corresponda;

VIII. Conceder licencias a sus integrantes cuando éstas no excedan de un mes;

IX. Fijar, mediante acuerdos generales, los días y horas en que de manera ordinaria deba sesionar;

X. Crear los Comités que sean necesarios para la atención de los asuntos de su competencia;

XI. Resolver las solicitudes de resolución prioritaria a que se refiere el artículo 94 de la Constitución Política de los Estados Unidos Mexicanos;

XII. Nombrar, a propuesta de la o el Presidente de la Suprema Corte de Justicia de la Nación, a la o el secretario general de acuerdos y a la o el sub-secretario general de acuerdos, resolver sobre las renuncias que presenten a sus cargos, removerlos por causa justificada y suspenderlos cuando lo juzgue conveniente para el buen servicio;

XIII. Proponer y solicitar al Órgano de Administración Judicial la expedición de acuerdos generales, reglamentos o la ejecución de resoluciones necesarias para asegurar el adecuado ejercicio de sus funciones;

XIV. Conocer sobre la interpretación y resolución de los conflictos que se deriven de contratos o cumplimiento de obligaciones contraídas por particulares o dependencias y entidades públicas con el Órgano de Administración Judicial, la Suprema Corte de Justicia de la Nación, el Tribunal de Disciplina Judicial o el Tribunal Electoral del Poder Judicial de la Federación;

XV. Reglamentar la compilación, sistematización y publicación de las ejecutorias, tesis y jurisprudencias, así como de las sentencias en contrario que las interrumpan; la estadística e informática judicial de la Suprema Corte de Justicia de la Nación y los archivos históricos de la Suprema Corte de Justicia de la Nación, Juzgados de Distrito y Tribunales de Circuito, así como el archivo central de la Suprema Corte de Justicia de la Nación y el archivo de actas;

XVI. Resolver, dentro del plazo previsto en la ley, las impugnaciones presentadas por las personas que hubiesen sido rechazadas por cualquier Comité de Evaluación por no cumplir con los requisitos de elegibilidad para ocupar el cargo de Magistrada o Magistrado en materia electoral, de conformidad con el artículo 500 de la Ley General de Instituciones y Procedimientos Electorales;

XVII. Solicitar al Tribunal de Disciplina Judicial la imposición de amonestaciones o multas hasta de ciento ochenta veces el valor diario de la Unidad de Medida y Actualización al día de cometerse la falta, a las y los abogados, las o los agentes de negocios, personas procuradoras o las o los litigantes, cuando en las promociones que hagan ante la Suprema Corte de Justicia de la Nación funcionando en Pleno falten a las normas de convivencia en perjuicio de algún órgano o persona miembro del Poder Judicial de la Federación, y

XVIII. Las demás que determinen las leyes.

CAPÍTULO III
DEL PRESIDENTE O PRESIDENTA DE LA SUPREMA
CORTE DE JUSTICIA DE LA NACIÓN

Artículo 18. La Presidencia de la Suprema Corte de Justicia de la Nación se renovará cada dos años de manera rotatoria en función del número de votos que obtenga cada candidatura en la elección respectiva, correspondiendo la Presidencia a quien alcance mayor votación.

Artículo 19. En caso de ausencia de la o el Presidente de la Suprema Corte de Justicia de la Nación que no requiera licencia, será suplido por el Ministro o Ministra que haya obtenido el segundo lugar en la votación. Si la ausencia es menor a seis meses y requiere licencia, el Ministro o Ministra en segundo lugar asumirá la Presidencia de manera interina. No obstante, si la ausencia del Presidente o Presidenta supera dicho plazo, el Ministro o Ministra que ocupó el segundo lugar en la votación ejercerá el cargo de Presidente o Presidenta de la Suprema Corte de Justicia de la Nación, por un plazo de dos años.

Artículo 20. Son atribuciones del Presidente o la Presidenta de la Suprema Corte de Justicia de la Nación:

I. Representar al Poder Judicial de la Federación, en el ámbito de su competencia;

II. Tramitar los asuntos competencia del Pleno de la Suprema Corte de Justicia de la Nación y turnar los expedientes entre sus integrantes para que formulen los correspondientes proyectos de resolución. En caso de que la o el Presidente estime dudoso o trascendente algún trámite, designará a una Ministra o Ministro ponente para que someta un proyecto de resolución a la consideración del Pleno de la Suprema Corte de Justicia de la Nación, a fin de que éste último determine el trámite que deba corresponder;

III. Autorizar las listas de los asuntos; dirigir los debates y conservar el orden de las sesiones del Pleno de la Suprema Corte de Justicia de la Nación;

IV. Firmar las resoluciones del Pleno de la Suprema Corte de Justicia de la Nación, con la o el ponente y con la secretaria o el secretario general de acuerdos que dará fe. Cuando se apruebe una resolución distinta a la del proyecto o cuando aquélla conlleve modificaciones sustanciales a éste, el texto engrosado se distribuirá entre las y los Ministros, y si éstos no formulan objeciones en el plazo de cinco días hábiles, se firmará la resolución por las personas señaladas en esta fracción;

V. Despachar la correspondencia de la Suprema Corte de Justicia de la Nación;

VI. Legalizar, por sí o por conducto del secretario o secretaria general de acuerdos, la firma de las y los servidores públicos de la Suprema Corte de Justicia de la Nación en los casos en que la ley exija este requisito;

VII. Informar al Senado de la República en caso de que la falta de un Ministro o Ministra exceda un mes sin licencia o dicha falta se deba a su defunción, renuncia o cualquier causa de separación definitiva;

VIII. Rendir ante las y los Ministros de la Suprema Corte de Justicia de la Nación, al finalizar el segundo período de sesiones de cada año, el informe de labores de la Suprema Corte de Justicia de la Nación;

IX. Proponer oportunamente los nombramientos de aquellas y aquellos servidores públicos que deba hacer el Pleno de la Suprema Corte de Justicia de la Nación;

X. Someter a la consideración del Pleno el anteproyecto de presupuesto de la Suprema Corte de Justicia de la Nación, a efecto de que, una vez aprobado, lo proponga al Presidente o Presidenta del Órgano de Administración

Judicial para su inclusión en el proyecto de presupuesto del Poder Judicial de la Federación;

XI. Designar a las y los Ministros para los casos previstos en los artículos 8 y 212 de esta Ley;

XII. Nombrar a las y los Ministros que deban proveer los trámites en asuntos administrativos de carácter urgente durante los períodos de receso de la Suprema Corte de Justicia de la Nación;

XIII. Establecer las disposiciones generales necesarias para el ingreso, estímulos, capacitación, ascensos y promociones por escalafón y remoción del personal administrativo de la Suprema Corte de Justicia de la Nación;

XIV. Realizar todos los actos tendientes a dar trámite al procedimiento de declaratoria general de inconstitucionalidad a que se refiere la Ley de Amparo, Reglamentaria de los artículos 103 y 107 de la Constitución Política de los Estados Unidos Mexicanos;

XV. Atender las solicitudes de resolución prioritaria a que se refiere el artículo 94 de la Constitución Política de los Estados Unidos Mexicanos, para lo cual deberá someterla a consideración del Pleno para que resuelva de forma definitiva por mayoría simple, y

XVI. Las demás que le confieran las leyes, reglamentos interiores y acuerdos generales.

TÍTULO TERCERO
DE LOS TRIBUNALES COLEGIADOS DE APELACIÓN, TRIBUNALES COLEGIADOS DE CIRCUITO Y DE LOS PLENOS REGIONALES

CAPÍTULO I
DISPOSICIONES COMUNES

Artículo 21. Los Tribunales Colegiados de Apelación, los Tribunales Colegiados de Circuito y los Plenos Regionales se compondrán por tres Magistradas o Magistrados de Circuito y del número de secretarias y secretarios proyectistas, secretarios y secretarias, las y los actuarios, oficiales judiciales y personas empleadas que determine el presupuesto.

Artículo 22. Las y los Magistrados listarán los asuntos con tres días de anticipación cuando menos, y se resolverán en su orden. Los proyectos desechados o retirados para mejor estudio deberán discutirse en un plazo menor a quince días, no pudiendo retirarse un mismo asunto por más de una vez.

Artículo 23. Las resoluciones de los Plenos Regionales o de los tribunales colegiados se tomarán por unanimidad o mayoría de votos de sus integrantes, quienes no podrán abstenerse de votar sino cuando tengan excusa o impedimento legal.

Si al llevarse a cabo la votación de un asunto no se obtuviere mayoría, el Presidente o la Presidenta lo turnará a una nueva Magistrada o Magistrado para que formule un proyecto de resolución que tome en cuenta las exposiciones hechas durante las discusiones.

El Magistrado o Magistrada que disintiere de la mayoría o tuviere consideraciones adicionales a las que motivaron la resolución podrá formular voto particular o concurrente, respectivamente, el cual se insertará al final de la ejecutoria respectiva si fuere presentado dentro de los cinco días siguientes a la fecha del acuerdo.

Cada tribunal nombrará a su Presidente o Presidenta, el cual durará un año en su cargo y no podrá ser reelecto para el período inmediato posterior.

Artículo 24. Son atribuciones de las y los presidentes de los tribunales colegiados y de los Plenos Regionales:

I. Llevar la representación y la correspondencia oficial del tribunal o pleno;

II. Turnar los asuntos entre las y los Magistrados que integren el tribunal o pleno;

III. Dictar los trámites que procedan en los asuntos de la competencia del tribunal o pleno hasta ponerlos en estado de resolución. En caso de que estime dudoso o trascendente algún trámite, dispondrá que la o el secretario respectivo dé cuenta al tribunal o pleno para que éste decida lo que estime procedente;

IV. Dirigir los debates y conservar el orden durante las sesiones;

V. Firmar las resoluciones del tribunal o pleno, con la o el Magistrado ponente y la o el secretario de acuerdos, y

VI. Las demás que establezcan las leyes.

Artículo 25. Cuando una Magistrada o Magistrado de circuito falte al despacho del tribunal por un tiempo menor a quince días, el o la secretaria respectiva practicará las diligencias urgentes y dictará las providencias de trámite.

Artículo 26. Cuando las ausencias temporales de la misma servidora o servidor público fueren superiores a quince días, pero menores a un mes, podrán ser concedidas por el Órgano de Administración Judicial, el cual designará a la persona que deba suplirlo interinamente, de entre la lista de servidores y servidoras públicos habilitados para desempeñar funciones jurisdiccionales en los términos del artículo 80 de esta Ley y de los acuerdos generales correspondientes. Entretanto se efectúa la designación o autorización, el secretario o secretaria actuará en términos del precepto anterior.

Artículo 27. Las ausencias de la o el secretario que no excedan de un mes serán suplidas por otro de las y los secretarios, si hubiere dos o más o por una secretaria o secretario interino y, en su defecto, por la o el actuario que designe la o el Magistrado respectivo.

Artículo 28. Las ausencias de las y los actuarios que no excedan de un mes, serán suplidas por otro actuario o actuaria del mismo tribunal, y si no hubiere más que una sola persona que ostente tal cargo, por una actuaria o actuario interino y, en su defecto, por la o el oficial judicial que designe la o el Magistrado respectivo.

Artículo 29. Cuando exista una vacante de secretario o secretaria, actuaria o actuario u oficial judicial, el Presidente o la Presidenta del Tribunal Colegiado nombrará a la persona que deba cubrir la vacante dentro de un plazo de treinta días naturales, de entre aquellas personas que figuren en el diez por ciento superior de las listas de personas vencedoras a que hacen referencia las disposiciones correspondientes a la Ley de Carrera Judicial del Poder Judicial de la Federación, notificando de ello al Órgano de Administración Judicial en un plazo no mayor a tres días hábiles. En caso de que el Presidente o la Presidenta del Tribunal correspondiente no llegare a nombrar a la persona que deba cubrir la vacante, el Órgano de Administración Judicial la designará de plano en el orden de las listas, velando en todo caso por respetar el principio de paridad de género. Esta disposición no es aplicable para las vacantes de secretaria o secretario proyectista de Juzgados de Distrito o Tribunales de Circuito.

Artículo 30. Cuando una Magistrada o un Magistrado estuviera impedido para conocer de un asunto, será suplida por una servidora o un servidor público designado de entre la lista de servidoras y servidores públicos habilitadas para desempeñar funciones jurisdiccionales en los términos de esta Ley y de los acuerdos generales correspondientes.

Cuando el impedimento afecte a dos o más de las y los Magistrados, conocerá del asunto, según sea el caso, el tribunal colegiado de circuito o el tribunal colegiado de apelación más próximo, tomando en consideración la facilidad de las comunicaciones.

Artículo 31. Cuando se establezcan en un mismo circuito varios órganos jurisdiccionales del mismo nivel con residencia en un mismo lugar que no tengan competencia especial o que deban de conocer de la misma materia, tendrán una oficina de correspondencia común que recibirá las promociones, las registrará por orden numérico riguroso y las turnará inmediatamente al tribunal que corresponda, de conformidad con las disposiciones que dicte el Órgano de Administración Judicial.

CAPÍTULO II
DE LOS TRIBUNALES COLEGIADOS DE APELACIÓN

Artículo 32. Los Tribunales Colegiados de Apelación conocerán:

I. De los juicios de amparo promovidos contra actos de otros Tribunales Colegiados de Apelación, que no constituyan sentencias definitivas, en términos de lo previsto por la Ley de Amparo, Reglamentaria de los artículos 103 y 107 de la Constitución Política de los Estados Unidos Mexicanos respecto de los juicios de amparo indirecto promovidos ante Juzgados de Distrito. En estos casos, el tribunal colegiado de apelación competente será el más próximo a la residencia de aquél que haya emitido el acto impugnado;

II. De la apelación de los asuntos conocidos en primera instancia por los Juzgados de Distrito;

III. Del recurso de denegada apelación;

IV. De la calificación de los impedimentos, excusas y recusaciones de las y los Magistrados Colegiados de Apelación y las y los Jueces de Distrito, excepto en los juicios de amparo;

V. De las controversias que se susciten entre las y los Jueces de Distrito sujetos a su jurisdicción, excepto en los juicios de amparo, y

VI. De los demás asuntos que les encomienden las leyes.

Los Tribunales Colegiados de Apelación tendrán la facultad a que se refiere la fracción XVII del artículo 17 de esta Ley, siempre que las promociones se hubieren hecho ante ellos.

Artículo 33. Los Tribunales Colegiados de Apelación que tengan asignada una competencia especializada conocerán de los asuntos a que se refiere el artículo 32 de la presente Ley, de conformidad con lo previsto en los artículos 48 a 58 de la misma.

Artículo 34. Cuando en un circuito se establezcan dos o más Tribunales Colegiados de Apelación con idéntica competencia y residencia en un mismo lugar, tendrán una oficina de correspondencia común, que recibirá las promociones, las registrará por orden numérico riguroso y las turnará inmediatamente al tribunal que corresponda de acuerdo con las disposiciones que dicte el Órgano de Administración Judicial.

CAPÍTULO III
DE LOS TRIBUNALES COLEGIADOS DE CIRCUITO

Artículo 35. Con las salvedades a que se refiere el artículo 16 de esta Ley, son competentes los Tribunales Colegiados de Circuito para conocer:

I. De los juicios de amparo directo contra sentencias definitivas, laudos o contra resoluciones que pongan fin al juicio por violaciones cometidas en ellas o durante la secuela del procedimiento, cuando se trate:

a) En materia penal, de sentencias o resoluciones dictadas por autoridades judiciales del orden común o federal, y de las dictadas en incidente de reparación de daño exigible a personas distintas de los inculpados, o en los de responsabilidad civil pronunciadas por los mismos tribunales que conozcan o hayan conocido de los procesos respectivos o por tribunales diversos, en los juicios de responsabilidad civil, cuando la acción se funde en la comisión del delito de que se trate y de las sentencias o resoluciones dictadas por tribunales militares cualesquiera que sean las penas impuestas;

b) En materia administrativa, de sentencias o resoluciones dictadas por tribunales administrativos o judiciales, sean locales o federales;

c) En materia civil o mercantil, de sentencias o resoluciones respecto de las que no proceda el recurso de apelación, de acuerdo con las leyes que las rigen, o de sentencias o resoluciones dictadas en apelación en juicios del orden común o federal, y

d) En materia laboral, de laudos o resoluciones dictadas por juntas o tribunales federales o locales;

II. Del recurso de revisión en los casos a que se refiere el artículo 81 de la Ley de Amparo, Reglamentaria de los artículos 103 y 107 de la Constitución Política de los Estados Unidos Mexicanos;

III. Del recurso de queja en los casos y condiciones establecidas en la Ley de Amparo, Reglamentaria de los artículos 103 y 107 de la Constitución Política de los Estados Unidos Mexicanos;

IV. Del recurso de inconformidad en los casos y condiciones establecidas en la Ley de Amparo, Reglamentaria de los artículos 103 y 107 de la Constitución Política de los Estados Unidos Mexicanos;

V. Del recurso de revisión contra las sentencias pronunciadas en la audiencia constitucional por las y los Jueces de Distrito, los Tribunales Colegiados de Apelación o por la persona superior del tribunal responsable en los casos a que se refiere el artículo 84 de la Ley de Amparo, Reglamentaria de los artículos 103 y 107 de la Constitución Política de los Estados Unidos Mexicanos, y cuando se reclame un acuerdo de extradición dictado por el Poder Ejecutivo a petición de un gobierno extranjero, o cuando se trate de aquellos remitidos por la Suprema Corte de Justicia de la Nación en ejercicio de la facultad prevista en el noveno párrafo del artículo 94 de la Constitución Política de los Estados Unidos Mexicanos;

VI. De los recursos de revisión que las leyes establezcan en términos de la fracción III del artículo 104 de la Constitución Política de los Estados Unidos Mexicanos;

VII. De los impedimentos y excusas que en materia de amparo se susciten entre las y los Jueces de Distrito, y en cualquier materia entre las y los Magistrados de los Tribunales de Circuito, o las autoridades a que se refiere el artículo 54, fracción III de la Ley de Amparo, Reglamentaria de los artículos 103 y 107 de la Constitución Política de los Estados Unidos Mexicanos. En estos casos conocerá el Tribunal Colegiado de Circuito más cercano.

Cuando la cuestión se suscitare respecto de un solo Magistrado o Magistrada de circuito de amparo, conocerá su propio tribunal;

VIII. De los recursos de reclamación previstos en el artículo 104 de la Ley de Amparo, Reglamentaria de los artículos 103 y 107 de la Constitución Política de los Estados Unidos Mexicanos, y

IX. Las demás que expresamente les encomiende la ley o los acuerdos generales emitidos por la Suprema Corte de Justicia de la Nación.

Los Tribunales Colegiados de Circuito tendrán la facultad a que se refiere la fracción XVII del artículo 17 de esta Ley, siempre que las promociones se hubieren hecho ante ellos.

Cualquiera de las y los Magistrados integrantes de los Tribunales Colegiados de Circuito podrá denunciar las contradicciones de criterios ante el Pleno de la Suprema Corte de Justicia de la Nación, así como ante los Plenos Regionales conforme a lo dispuesto en la Ley de Amparo, Reglamentaria de los artículos 103 y 107 de la Constitución Política de los Estados Unidos Mexicanos.

Artículo 36. Podrán establecerse Tribunales Colegiados de Circuito especializados, los cuales conocerán de los asuntos que establece el artículo anterior en la materia de su especialidad.

Artículo 37. Cuando se establezcan en un circuito en materia de amparo varios tribunales colegiados con residencia en un mismo lugar que no tengan jurisdicción especial, o que deban conocer de una misma materia, tendrán una oficina de correspondencia común que recibirá las promociones, las registrará por orden numérico riguroso y las turnará inmediatamente al tribunal que corresponda, de conformidad con las disposiciones que dicte el Órgano de Administración Judicial.

CAPÍTULO IV
DE LOS PLENOS REGIONALES

SECCIÓN 1A.
DE SU INTEGRACIÓN Y FUNCIONAMIENTO

Artículo 38. Los Plenos Regionales son los órganos facultados para desarrollar las funciones señaladas en el artículo 107, fracción XIII de la Constitución Política de los Estados Unidos Mexicanos, y las demás que les confieran los acuerdos generales. Se integrarán por tres Magistradas o Magistrados de Circuito designados por el Órgano de Administración Judicial de entre las personas que hubiesen obtenido mayor votación en los cargos para Magistrada y Magistrado de Circuito en la elección que corresponda, quienes durarán en su encargo un periodo de tres años pudiendo ser designadas o designados para otro periodo igual. En el caso de los Plenos Regionales especializados las Magistradas o Magistrados deberán ser seleccionados conforme a la especialización para la cual fueron elegidos.

Para suplir a la Magistrada o Magistrado de Circuito designado para integrar el Pleno Regional, ocupará su lugar la persona del mismo género que haya obtenido un segundo lugar en el número de votos en la elección para ese cargo.

SECCIÓN 2A.
DE SUS ATRIBUCIONES

Artículo 39. Con las salvedades a que se refiere el artículo 16 de esta Ley, son competentes los Plenos Regionales para:

I. Resolver las contradicciones de criterios sostenidas entre los Tribunales Colegiados de Circuito de la región correspondiente, determinando cuál de ellas debe prevalecer;

II. Denunciar ante el Pleno de la Suprema Corte de Justicia de la Nación las contradicciones de criterios entre Plenos Regionales o entre Tribunales Colegiados de distinta región;

III. Solicitar a la Suprema Corte de Justicia de la Nación, conforme a los acuerdos generales que emita el Órgano de Administración Judicial, que inicie el procedimiento de declaratoria general de inconstitucionalidad cuando dentro de su región se haya emitido una jurisprudencia derivada de amparos indirectos en revisión en la que se declare la inconstitucionalidad de una norma general;

IV. De los conflictos competenciales que se susciten entre órganos jurisdiccionales, y

V. Las demás que les confieran los acuerdos generales de la Suprema Corte de Justicia de la Nación.

Artículo 40. Cuando los conflictos competenciales a que refiere la fracción IV del precepto anterior, se suscite entre órganos jurisdiccionales de una misma región, conocerá el Pleno Regional correspondiente. Cuando los órganos contendientes pertenezcan a distintas regiones, conocerá el Pleno Regional con jurisdicción sobre el órgano que previno.

TÍTULO CUARTO
DE LOS JUZGADOS DE DISTRITO

CAPÍTULO I
DE SU INTEGRACIÓN Y FUNCIONAMIENTO

Artículo 41. Los Juzgados de Distrito se compondrán de un Juez o una Jueza y del número de secretarios o secretarias, actuarios o actuarias, oficiales judiciales y personas empleadas que determine el presupuesto.

Cuando una Jueza o un Juez de Distrito falten por un término menor a quince días al despacho del juzgado, el secretario o la secretaria respectiva practicará las diligencias y dictará las providencias de mero trámite y resoluciones de carácter urgente, dando aviso de ello al Órgano de Administración Judicial y remitiendo copia de la resolución dictada.

Cuando las ausencias temporales de la o el Juez de Distrito fueren superiores a quince días, pero menores a un mes, el Órgano de Administración Judicial podrá autorizarlas y designará a quien deba suplirlo de entre la lista de personas servidoras públicas habilitadas para desempeñar funciones jurisdiccionales a que se refiere la fracción XXVIII del artículo 80 de esta Ley.

Artículo 42. Las ausencias accidentales de la o el secretario y las temporales que no excedan de un mes, serán cubiertas por otro secretario o secretaria, si hubiere dos o más en el mismo juzgado o, en su defecto, por la o el actuario que designe la o el Juez de Distrito respectivo.

Artículo 43. Las ausencias accidentales de las y los actuarios, y las temporales que no excedan de un mes, serán cubiertas por otra actuaria o actuario del mismo juzgado o, en su defecto, por una o un oficial judicial que designe el Juez o Jueza de Distrito respectivo.

Artículo 44. Los impedimentos de las y los Jueces de Distrito serán conocidos y resueltos en términos de la ley relativa a la materia de su conocimiento.

Artículo 45. En los lugares en que no resida la o el Juez de Distrito o esta servidora o servidor público no hubiere sido suplido en los términos que establecen los artículos anteriores, las y los Jueces del orden común practicarán las diligencias que les encomienden las leyes en auxilio de la justicia federal.

CAPÍTULO II
DE SUS ATRIBUCIONES

Artículo 46. Las y los Jueces de Distrito que no tengan jurisdicción especial conocerán de todos los asuntos a que se refieren los artículos del presente Capítulo.

Artículo 47. Cuando se establezcan en un mismo lugar varios Juzgados de Distrito que no tengan competencia especial o que deban conocer de la misma materia, tendrán una o varias oficinas de correspondencia común, las cuales recibirán las promociones, las registrarán por orden numérico riguroso y las turnarán inmediatamente al órgano que corresponda de acuerdo con las disposiciones que dicte el Órgano de Administración Judicial.

Artículo 48. Las y los Jueces federales penales conocerán:

I. De los delitos del orden federal.

Son delitos del orden federal:

a) Los previstos en las leyes federales y en los tratados internacionales. En el caso del Código Penal Federal, tendrán ese carácter los delitos a que se refieren los incisos b) a l) de esta fracción;

b) Los señalados en los artículos 2 a 5 del Código Penal Federal;

c) Los cometidos en el extranjero por las o los agentes diplomáticos, personal oficial de las legaciones de la República y cónsules mexicanos;

d) Los cometidos en las embajadas y legaciones extranjeras;

e) Aquellos en que la Federación sea sujeto pasivo;

f) Los cometidos por una o un servidor público o persona empleada federal, en ejercicio de sus funciones o con motivo de ellas;

g) Los cometidos en contra de una persona servidora pública o empleada federal, en ejercicio de sus funciones o con motivo de ellas, así como los cometidos contra la o el Presidente de la República, las y los secretarios del despacho, el o la Fiscal General de la República, las y los diputados y senadores al Congreso de la Unión, las y los Ministros, Magistrados y Jueces del Poder Judicial Federal, las y los miembros del Órgano de Administración Judicial, las y los Magistrados del Tribunal Electoral del Poder Judicial de la Federación, las personas titulares de organismos constitucionales autónomos, las y los directores o miembros de las Juntas de Gobierno o sus equivalentes de los organismos descentralizados;

h) Los perpetrados con motivo del funcionamiento de un servicio público federal, aunque dicho servicio esté descentralizado o concesionado;

i) Los perpetrados en contra del funcionamiento de un servicio público federal o en menoscabo de los bienes afectados a la satisfacción de dicho servicio, aunque éste se encuentre descentralizado o concesionado;

j) Todos aquéllos que ataquen, dificulten o imposibiliten el ejercicio de alguna atribución o facultad reservada a la Federación;

k) Los señalados en el artículo 389 del Código Penal Federal cuando se prometa o se proporcione un trabajo en dependencia, organismo descentralizado o empresa de participación estatal del Gobierno Federal;

l) Los cometidos por o en contra de las y los funcionarios electorales federales o de funcionarios partidistas en los términos de la fracción II del artículo 401 del Código Penal Federal;

m) Los previstos en los artículos 366 Ter y 366 Quáter del Código Penal Federal, cuando el delito sea con el propósito de trasladar o entregar a la o el menor fuera del territorio nacional, y

n) Los previstos en los artículos 376 Ter y 376 Quáter del Código Penal Federal;

II. De los procedimientos de extradición, salvo lo que se disponga en los tratados internacionales;

III. De las autorizaciones para intervenir cualquier comunicación privada; así como para las autorizaciones de la localización geográfica en tiempo real o la entrega de datos conservados de equipos de comunicación asociados a una línea, y

IV. De los delitos del fuero común respecto de los cuales el Ministerio Público de la Federación hubiere ejercido la facultad de atracción.

Artículo 49. En materia federal, la autorización para intervenir comunicaciones privadas será otorgada por la o el Juez de control, de conformidad con lo establecido en el Código Nacional de Procedimientos Penales, la Ley Federal contra la Delincuencia Organizada, la Ley de Seguridad Nacional, la Ley de la Policía Federal, la Ley General para Prevenir y Sancionar los Delitos en Materia de Secuestro, Reglamentaria de la fracción XXI del artículo 73 de la Constitución Política de los Estados Unidos Mexicanos, la Ley General para Prevenir, Sancionar y Erradicar los Delitos en Materia de Trata de Personas y para la Protección y Asistencia a las Víctimas de estos Delitos, la Ley General para Prevenir, Investigar y Sancionar los Delitos en Materia de Extorsión, Reglamentaria de la fracción XXI del Artículo 73 de la Constitución Política de los Estados Unidos Mexicanos o la Ley de la Guardia Nacional, según corresponda.

Artículo 50. Cuando la solicitud de autorización de intervención de comunicaciones privadas se solicite por la o el titular del Ministerio Público de las entidades federativas, será otorgada de conformidad con lo previsto en el Código Nacional de Procedimientos Penales, la Ley General para Prevenir y Sancionar los Delitos en Materia de Secuestro o la Ley General para Prevenir, Sancionar y Erradicar los Delitos en Materia de Trata de Personas y para la Protección y Asistencia a las Víctimas de estos Delitos, incluyendo todos aquellos delitos que ameriten prisión preventiva oficiosa en los términos del artículo 19 de la Constitución Política de los Estados Unidos Mexicanos, de acuerdo a su legislación.

Artículo 51. El Órgano de Administración Judicial podrá crear, mediante acuerdo, órganos jurisdiccionales especializados en el Sistema Integral de Justicia Penal para Adolescentes, o bien, habilitar órganos jurisdiccionales especializados en el sistema penal acusatorio para que ejerzan dicha función, siempre que cuenten con la formación, capacitación y especialización necesarias para tal efecto.

Artículo 52. Los órganos jurisdiccionales a que se refiere el precepto anterior tendrán las atribuciones previstas en esta Ley, así como en la Ley Nacional del Sistema Integral de Justicia Penal para Adolescentes.

Artículo 53. Las y los Jueces de Distrito de amparo en materia penal conocerán:

I. De los juicios de amparo que se promuevan contra resoluciones judiciales del orden penal; contra actos de cualquier autoridad que afecten la libertad personal, salvo que se trate de correcciones disciplinarias o de medios de apremio impuestos fuera de procedimiento penal, y contra los actos que importen peligro de privación de la vida, deportación, destierro o alguno de los prohibidos por el artículo 22 de la Constitución Política de los Estados Unidos Mexicanos;

II. De los juicios de amparo que se promueven conforme a la fracción VII del artículo 107 de la Constitución Política de los Estados Unidos Mexicanos, en los casos en que sea procedente contra resoluciones dictadas en los incidentes de reparación del daño exigible a personas distintas de los inculpados o imputados, o en los de responsabilidad civil, por los mismos tribunales que conozcan o hayan conocido de los procesos respectivos, o por tribunales diversos, en los juicios de responsabilidad civil, cuando la acción se funde en la comisión de un delito;

III. De los juicios de amparo que se promuevan contra leyes y demás disposiciones de observancia general en materia penal, en los términos de la Ley de Amparo, Reglamentaria de los artículos 103 y 107 de la Constitución Política de los Estados Unidos Mexicanos, y

IV. De las denuncias por incumplimiento a las declaratorias generales de inconstitucionalidad emitidas por la Suprema Corte de Justicia de la Nación respecto de normas generales en materia penal, en términos de la Ley de Amparo, Reglamentaria de los artículos 103 y 107 de la Constitución Política de los Estados Unidos Mexicanos.

Artículo 54. Las y los Jueces de Distrito en materia administrativa conocerán:

I. De las controversias que se susciten con motivo de la aplicación de las leyes federales, cuando deba decidirse sobre la legalidad o subsistencia de un acto de autoridad o de un procedimiento seguido por autoridades administrativas;

II. De los juicios de amparo que se promuevan conforme a la fracción VII del artículo 107 de la Constitución Política de los Estados Unidos Mexicanos, contra actos de la autoridad judicial en las controversias que se susciten con motivo de la aplicación de leyes federales o locales, cuando deba decidirse sobre la legalidad o subsistencia de un acto de autoridad administrativa o de un procedimiento seguido por autoridades del mismo orden;

III. De los juicios de amparo que se promuevan contra leyes y demás disposiciones de observancia general en materia administrativa, en los términos de la Ley de Amparo, Reglamentaria de los artículos 103 y 107 de la Constitución Política de los Estados Unidos Mexicanos;

IV. De los juicios de amparo que se promuevan contra actos de autoridad distinta de la judicial, salvo los casos a que se refieren las fracciones II del artículo 48 y III del artículo anterior en lo conducente;

V. De los amparos que se promuevan contra actos de tribunales administrativos ejecutados en el juicio, fuera de él o después de concluido, o que afecten a personas extrañas a juicio, y

VI. De las denuncias por incumplimiento a las declaratorias generales de inconstitucionalidad emitidas por la Suprema Corte de Justicia de la Nación respecto de normas generales en materia administrativa, en términos de la Ley de Amparo, Reglamentaria de los artículos 103 y 107 de la Constitución Política de los Estados Unidos Mexicanos.

Artículo 55. Las y los Jueces de Distrito civiles federales conocerán:

I. De las controversias del orden civil que se susciten sobre el cumplimiento y aplicación de leyes federales o tratados internacionales celebrados por el Estado mexicano. Cuando dichas controversias sólo afecten intereses particulares podrán conocer de ellas, a elección de la persona actora, las y los Jueces y tribunales del orden común de las entidades federativas;

II. De los juicios que afecten bienes de propiedad nacional;

III. De los juicios que se susciten entre una entidad federativa y uno o más vecinos de otra, siempre que alguna de las partes contendientes esté bajo la jurisdicción del Juez;

IV. De los asuntos civiles concernientes a las y los miembros del cuerpo diplomático y consular;

V. De las diligencias de jurisdicción voluntaria que se promuevan en materia federal;

VI. De las controversias ordinarias en que la Federación fuere parte;

VII. De las acciones colectivas a que se refiere el Libro Sexto del Código Nacional de Procedimientos Civiles y Familiares;

VIII. De los asuntos de la competencia de los Juzgados de Distrito en materia de procesos federales que no estén enumerados en los artículos 51, 54 y 58 de esta Ley, y

IX. De los juicios y procedimientos previstos en los términos de la Ley Reglamentaria del artículo 6o. Constitucional, en materia del derecho de réplica.

Artículo 56. Las y los Jueces de Distrito mercantiles federales conocerán:

I. De las controversias del orden mercantil cuando la persona actora no haya optado por iniciar la acción ante las o los Jueces y tribunales del orden común conforme a lo dispuesto por el artículo 104, fracción II de la Constitución Política de los Estados Unidos Mexicanos. En estos casos no podrá declinarse la competencia en favor de dichos Jueces y tribunales;

II. De todas las controversias en materia concursal;

III. De los juicios mercantiles en los que la Federación sea parte;

IV. De los juicios mercantiles que se susciten entre una entidad federativa y uno o más vecinos de otra, siempre que alguna de las partes contendientes esté bajo la jurisdicción de la persona juzgadora;

V. De las diligencias de jurisdicción voluntaria que se promuevan en materia mercantil cuyo valor exceda de una cantidad equivalente a un millón de Unidades de Inversión por concepto de suerte principal, sin que sean de tomarse en consideración intereses y demás accesorios reclamados a la fecha de presentación de la solicitud;

VI. Del reconocimiento y ejecución de laudos arbitrales comerciales cualquiera que sea el país en que haya sido dictado, y de la nulidad de laudos arbitrales comerciales nacionales o internacionales cuando el lugar del arbitraje se encuentre en territorio nacional, y

VII. De las acciones colectivas mercantiles a que se refiere el Libro Sexto del Código Nacional de Procedimientos Civiles y Familiares.

Artículo 57. Las y los Jueces de Distrito de amparo en materia civil conocerán:

I. De los amparos que se promuevan contra resoluciones del orden civil, en los casos a que se refiere la fracción VII del artículo 107 de la Constitución Política de los Estados Unidos Mexicanos;

II. De los juicios de amparo que se promuevan contra leyes y demás disposiciones de observancia general en materia civil, en los términos de la Ley de Amparo, Reglamentaria de los artículos 103 y 107 de la Constitución Política de los Estados Unidos Mexicanos;

III. De los asuntos de la competencia de los Juzgados de Distrito en materia de amparo que no estén enumerados en los artículos 53, 54 y 58 de esta Ley, y

IV. De las denuncias por incumplimiento a las declaratorias generales de inconstitucionalidad emitidas por la Suprema Corte de Justicia de la Nación respecto de normas generales en materia civil, en términos de la Ley de Amparo, Reglamentaria de los artículos 103 y 107 de la Constitución Política de los Estados Unidos Mexicanos.

Artículo 58. Las y los Jueces de Distrito en materia de trabajo conocerán:

I. De los juicios de amparo que se promuevan conforme a la fracción VII del artículo 107 de la Constitución Política de los Estados Unidos Mexicanos, contra actos de la autoridad judicial, en las controversias que se susciten con motivo de la aplicación de leyes federales o locales, cuando deba decidirse sobre la legalidad o subsistencia de un acto de autoridad laboral o de un procedimiento seguido por autoridad del mismo orden;

II. De los juicios de amparo que se promuevan contra leyes y demás disposiciones de observancia general en materia de trabajo, en términos de la Ley de Amparo, Reglamentaria de los artículos 103 y 107 de la Constitución Política de los Estados Unidos Mexicanos;

III. De los juicios de amparo que se promuevan en materia de trabajo, contra actos de autoridad distinta de la judicial;

IV. De los amparos que se promuevan contra actos de tribunales de trabajo ejecutados en el juicio, fuera de el o después de concluido, o que afecten a personas extrañas al juicio;

V. De las denuncias por incumplimiento a las declaratorias generales de inconstitucionalidad emitidas por la Suprema Corte de Justicia de la Nación respecto de normas generales en materia de trabajo, en términos de la Ley de Amparo, Reglamentaria de los artículos 103 y 107 de la Constitución Política de los Estados Unidos Mexicanos, y

VI. De las diferencias o conflictos de la materia laboral, en los términos de la fracción XX del apartado A del artículo 123 de la Constitución Política de los Estados Unidos Mexicanos.

Artículo 59. Las y los Jueces de Distrito podrán denunciar las contradicciones de criterios ante el Pleno de la Suprema Corte de Justicia de la Nación, así como ante los Plenos Regionales; conforme a lo dispuesto en la Ley de Amparo, Reglamentaria de los artículos 103 y 107 de la Constitución Política de los Estados Unidos Mexicanos.

Asimismo, las y los Jueces de Distrito en materia de amparo conocerán del incidente de cumplimiento sustituto en términos de la Ley de Amparo, Reglamentaria de los artículos 103 y 107 de la Constitución Política de los Estados Unidos Mexicanos.

TÍTULO QUINTO
DE LOS CENTROS DE JUSTICIA PENAL

CAPÍTULO ÚNICO
DE LOS CENTROS DE JUSTICIA PENAL

Artículo 60. Los centros de justicia penal estarán integrados por las y los Jueces de control, tribunales de enjuiciamiento y de alzada, así como por un administrador o administradora del centro, y el personal que determine el Órgano de Administración Judicial conforme al presupuesto del Poder Judicial de la Federación. Las y los Jueces de control serán electos mediante voto popular y su asignación dependerá de su especialización.

Cuando se considere necesario, los centros de justicia penal podrán contar con unidades de justicia alternativa.

Artículo 61. Por órganos jurisdiccionales, a que se refiere este Título, se entenderá:

I. Como tribunal de alzada, a las y los Magistrados del Tribunal Colegiado de Apelación con competencia especializada en el sistema penal acusatorio, y

II. Como Juez o Jueza de control y tribunal de enjuiciamiento, la o el Juez de Distrito especializado en el sistema penal acusatorio.

Artículo 62. El tribunal de alzada se auxiliará del número de asistentes de constancias y registro, y del personal que determine el presupuesto.

Artículo 63. La o el Juez de control y el tribunal de enjuiciamiento se auxiliarán del número de asistentes de constancias y registros, y del personal que determine el presupuesto.

Artículo 64. Los tribunales de alzada conocerán:

I. Del recurso de apelación, así como de los procedimientos de reconocimiento de inocencia y de anulación de sentencia;

II. De los recursos previstos en leyes del sistema procesal penal acusatorio;

III. De la clasificación de los impedimentos, excusas y recusaciones de las y los Jueces de control, de enjuiciamiento y de ejecución de sanciones penales de su jurisdicción;

IV. De los conflictos de competencia que se susciten entre las y los juzgadores especificados en la fracción anterior, y

V. De los demás asuntos que les encomienden las leyes.

Artículo 65. Las y los Jueces de Distrito especializados en el sistema penal acusatorio conocerán de los asuntos a que se refieren los artículos 48, 49, 50 y, en su caso, 51 de esta Ley.

Artículo 66. Las ausencias de las y los servidores públicos a que se refieren los artículos 62 y 63 de esta Ley, serán suplidas conforme a los acuerdos generales que emita el Órgano de Administración Judicial.

Artículo 67. Las y los servidores públicos a los que aluden los artículos 62 y 63 de esta Ley gozarán de sus periodos vacacionales de conformidad a los acuerdos generales que determine el Órgano de Administración Judicial.

Artículo 68. Las licencias a las y los asistentes de constancias y registro de los órganos jurisdiccionales que no excedan de seis meses, serán concedidas por éstos. Las licencias que excedan de dicho término serán concedidas por el Órgano de Administración Judicial.

Artículo 69. Las cuestiones no previstas en este Capítulo serán determinadas por el Órgano de Administración Judicial, a través de acuerdos generales.

TÍTULO SEXTO
DEL ÓRGANO DE ADMINISTRACIÓN JUDICIAL

CAPÍTULO I
DEL ÓRGANO DE ADMINISTRACIÓN JUDICIAL

SECCIÓN 1A.
DE SU INTEGRACIÓN Y FUNCIONAMIENTO

Artículo 70. El Órgano de Administración Judicial contará con independencia técnica y de gestión, tendrá a su cargo la administración de todos los órganos del Poder Judicial de la Federación, y velará por su buen funcionamiento, autonomía, independencia, imparcialidad y legitimidad.

Artículo 71. El Órgano de Administración Judicial se integrará por cinco personas en los términos del artículo 100 de la Constitución Política de los Estados Unidos Mexicanos, y funcionará en Pleno o a través de Comisiones.

Artículo 72. La Presidencia del Órgano de Administración Judicial será designada mediante insaculación. La Presidenta o Presidente durará dos años en el encargo y ejercerá las atribuciones que le confiere el artículo 99 de esta Ley.

Artículo 73. El Pleno se conforma por las cinco personas integrantes del Órgano de Administración Judicial, pero bastará la presencia de cuatro de ellas para funcionar.

Artículo 74. Quienes integren el Pleno del Órgano de Administración Judicial deberán ser mexicanos o mexicanas por nacimiento, en pleno ejercicio de sus derechos civiles y políticos; contar con experiencia profesional mínima de cinco años; contar con título de licenciatura en derecho, economía, actuaría, administración, contabilidad o cualquier título profesional relacionado con las actividades del Órgano de Administración Judicial, con antigüedad mínima de cinco años; y no estar inhabilitados para desempeñar un empleo, cargo o comisión en el servicio público, ni haber sido condenados por delito doloso con sanción privativa de la libertad.

Artículo 75. Las personas integrantes del Pleno del Órgano de Administración Judicial sólo podrán ser removidas en los términos del Título Cuarto de la Constitución Política de los Estados Unidos Mexicanos. En caso de defunción, renuncia o ausencia definitiva de alguna de las personas integrantes, la autoridad que le designó hará un nuevo nombramiento por el tiempo que reste al periodo de designación respectivo.

Artículo 76. El Órgano de Administración Judicial tendrá cada año dos períodos de sesiones. El primero comenzará el primer día hábil del mes de enero y terminará el último día hábil de la primera quincena del mes de julio, y el segundo comenzará el primer día hábil del mes de agosto y terminará el último día hábil de la primera quincena del mes de diciembre.

Artículo 77. Al clausurar sus períodos ordinarios de sesiones, el Pleno del Órgano de Administración Judicial designará a las y los integrantes que deban proveer los trámites y resolver los asuntos de notoria urgencia que se presenten durante los recesos, así como a las y los secretarios y personas empleadas que sean necesarias para apoyar sus funciones.

Al reanudarse el correspondiente período ordinario de sesiones, las y los integrantes darán cuenta al Pleno del Órgano de Administración Judicial de las medidas que hayan tomado, a fin de que éste acuerde lo que proceda.

Artículo 78. Las sesiones ordinarias del Pleno del Órgano de Administración Judicial serán privadas y se celebrarán durante los períodos a que alude el artículo 3 de esta Ley, en los días y horas que el mismo determine mediante acuerdos generales.

El Pleno del Órgano de Administración Judicial podrá sesionar de manera extraordinaria a solicitud de cualquiera de sus integrantes. Dicha solicitud deberá presentarse a la o el Presidente del propio Órgano de Administración Judicial a fin de que emita la convocatoria correspondiente.

Artículo 79. Las resoluciones del Pleno del Órgano de Administración Judicial se tomarán por el voto de la mayoría de las y los integrantes presentes, y por mayoría calificada de cuatro votos tratándose de los casos previstos en las fracciones I, II, XI, XIII, XIV, XV, XVI, XVII, XL, XLII, XLIV, XLV y XLIX, del artículo 80 de esta Ley. Las y los integrantes no podrán abstenerse de votar sino cuando tengan impedimento legal o cuando no hayan asistido a la discusión del asunto de que se trate. En caso de empate, la o el Presidente tendrá voto de calidad.

El Pleno del Órgano de Administración Judicial calificará los impedimentos de sus miembros que hubieran sido planteados en asuntos de su competencia, y si la persona impedida fuera la o el Presidente, será sustituido por la Magistrada o Magistrado del Tribunal de Disciplina Judicial más antiguo en el orden de su designación.

La o el integrante que disintiere de la mayoría podrá formular voto particular, el cual se insertará en el acta respectiva si fuere presentado dentro de los cinco días siguientes a la fecha del acuerdo.

SECCIÓN 2A.
DE SUS ATRIBUCIONES

Artículo 80. Son atribuciones del Órgano de Administración Judicial:

I. Establecer mediante acuerdo general las Comisiones y áreas administrativas que estime convenientes para su adecuado funcionamiento, y designar a las y los miembros que deban integrarlas;

II. Expedir los reglamentos interiores en materia administrativa, de carrera judicial y de escalafón del Poder Judicial de la Federación, y todos aquellos acuerdos generales que fueren necesarios para el adecuado ejercicio de sus atribuciones en términos del artículo 100 de la Constitución Política de los Estados Unidos Mexicanos y de la función jurisdiccional federal;

III. Intervenir y coordinar el funcionamiento entre los órganos del Poder Judicial de la Federación;

IV. Determinar el número y los límites territoriales de los circuitos en que se divida el territorio de la República, así como las regiones a las que pertenezcan, en las cuales ejercerán jurisdicción los Plenos Regionales;

V. Designar a las Magistradas o Magistrados para integrar los Plenos Regionales, de entre las personas que hubiesen obtenido mayor votación en los cargos para Magistradas y Magistrados de Circuito en la elección que corresponda. En el caso de los Plenos Regionales especializados las Magistradas o Magistrados deberán ser seleccionados conforme a la especialización para la cual fueron elegidos;

VI. Determinar el número y, en su caso, especialización por materia de los Tribunales Colegiados de Circuito y Tribunales Colegiados de Apelación en cada uno de los circuitos a que se refiere la fracción IV de este artículo;

VII. Determinar el número, límites territoriales y, en su caso, especialización por materia, de los Juzgados de Distrito en cada uno de los circuitos;

VIII. Cambiar la residencia de los Tribunales de Circuito y la de los Juzgados de Distrito;

IX. Regular las autorizaciones para abandonar el lugar de residencia de las y los funcionarios judiciales a que se refiere el artículo 219 de esta Ley;

X. Fijar los períodos vacacionales de las y los Magistrados de Circuito y Jueces de Distrito;

XI. Resolver sobre la adscripción y readscripción de las y los Jueces de Distrito, así como de las y los Magistrados de Circuito, al órgano jurisdiccional correspondiente del circuito judicial en el que hayan sido electos;

XII. Dictar las disposiciones necesarias para regular el turno de los asuntos de la competencia de los Tribunales de Circuito o de los Juzgados de Distrito, cuando en un mismo lugar haya varios de ellos;

XIII. Emitir acuerdos generales para concentrar en uno o más órganos jurisdiccionales asuntos vinculados con hechos que constituyan violaciones graves de derechos humanos, en los casos en que el Pleno de la Suprema Corte de Justicia de la Nación lo solicite o bien cuando lo estime necesario por su trascendencia para el orden constitucional.

La decisión sobre la idoneidad de la concentración deberá tomarse en función del interés social y el orden público, lo que constituirá una excepción a las reglas de turno y competencia;

XIV. Dictar las medidas que sean necesarias para preservar la seguridad de las personas juzgadoras;

XV. Investigar, substanciar y resolver los procedimientos de responsabilidad administrativa de las personas servidoras públicas que desempeñen funciones administrativas en el Poder Judicial de la Federación;

XVI. Substanciar y resolver en Pleno los recursos de revisión en los casos que involucren faltas no graves del personal administrativo del Poder Judicial de la Federación;

XVII. Establecer mediante acuerdo general las Comisiones que estime necesarias para la substanciación y resolución del procedimiento de responsabilidad administrativa en primera instancia;

XVIII. Dictar medidas como las relativas al cambio de adscripción, cambio de órgano jurisdiccional, o reubicación del personal del Poder Judicial de la Federación para facilitar las investigaciones y procedimientos disciplinarios respectivos, en coordinación con el Tribunal de Disciplina Judicial;

XIX. Aplicar y ejecutar las medidas provisionales necesarias que permitan la efectiva substanciación de cualquier proceso de investigación, por sí, o a solicitud del Tribunal de Disciplina Judicial;

XX. Hacer del conocimiento del Senado los cargos sujetos a elección, la cantidad de plazas disponibles para cada cargo, la especialización por materia, el circuito judicial respectivo y demás información que se requiera;

XXI. Recibir las renuncias que presenten las y los Magistrados de Circuito y las y los Jueces de Distrito e informarlas al Senado de la República para los efectos del artículo 76, fracción VIII de la Constitución Política de los Estados Unidos Mexicanos;

XXII. Acordar el retiro por término de mandato de las personas juzgadoras federales;

XXIII. Acordar las remociones del personal del Poder Judicial Federal, conforme a lo que determine el Tribunal de Disciplina Judicial;

XXIV. Establecer las disposiciones generales necesarias para el ingreso, estímulos, capacitación, ascensos y promociones por escalafón y remoción del personal administrativo del Poder Judicial de la Federación;

XXV. Determinar las disposiciones generales necesarias para el ingreso, permanencia y separación del personal de carrera judicial y administrativo de conformidad con la Ley de Carrera Judicial del Poder Judicial de la Federación y demás disposiciones aplicables;

XXVI. Conocer y autorizar las licencias, con o sin goce de sueldo, para todas las personas servidoras públicas del Poder Judicial de la Federación, con excepción de los cargos de Ministra o Ministro de la Suprema Corte de Justicia de la Nación, Magistrada o Magistrado del Tribunal de Disciplina Judicial, Magistrada o Magistrado del Tribunal Electoral, Magistrada o Magistrado de Circuito y Jueza o Juez de Distrito;

XXVII. Autorizar las licencias, cuando éstas no excedan de un mes, para el caso de Magistradas y Magistrados de Circuito o Juezas y Jueces de Distrito;

XXVIII. Aprobar en cada región o circuito listas de servidoras y servidores públicos autorizados para desempeñar funciones jurisdiccionales, en caso de ausencia de la persona titular del órgano jurisdiccional hasta por treinta días;

XXIX. Autorizar en términos de esta Ley, a las y los Magistrados de Circuito y a las y los Jueces de Distrito para que, en casos de ausencias de alguna de sus personas servidoras públicas o empleadas, nombren a una interina o un interino;

XXX. Designar a quien deba cubrir las vacantes de secretario o secretaria, actuaria o actuario u oficial judicial, cuando venciere el plazo para que el Presidente o la Presidenta del Tribunal Colegiado lo hiciere;

XXXI. Resolver, por causa fundada y motivada, la suspensión, remoción o cese de los secretarios y las secretarias generales, secretarios y secretarias, así como del personal jurídico y administrativo de las Salas Regionales del Tribunal Electoral;

XXXII. Aprobar el proyecto del presupuesto anual de egresos del Poder Judicial de la Federación y enviarlo a la Presidenta o Presidente de la República para su inclusión en el proyecto de Presupuesto de Egresos de la Federación;

XXXIII. Ejercer el presupuesto de egresos del Poder Judicial de la Federación;

XXXIV. Emitir las bases mediante acuerdos generales, para que las adquisiciones, arrendamientos y enajenaciones de todo tipo de bienes, prestación de servicios de cualquier naturaleza y la contratación de obra que realice el Poder Judicial de la Federación, en ejercicio de su presupuesto de egresos, se ajuste a los criterios contemplados en el artículo 134 de la Constitución Política de los Estados Unidos Mexicanos;

XXXV. Administrar los bienes muebles e inmuebles del Poder Judicial de la Federación, incluyendo los documentos integrados al Archivo Central de la Suprema Corte de Justicia de la Nación, al archivo judicial de Juzgados de Distrito, Tribunales de Circuito y de Apelación de todos los circuitos judiciales del país; garantizando su mantenimiento, conservación y acondicionamiento;

XXXVI. Dictar las disposiciones necesarias para la recepción, control y destino de los bienes asegurados y decomisados;

XXXVII. Revisar y, en su caso, autorizar los requerimientos de los recursos humanos, financieros y materiales que el Tribunal Electoral del Poder Judicial de la Federación solicite para el buen funcionamiento de la Sala Superior y las Salas Regionales;

XXXVIII. Dictar las bases generales de organización y funcionamiento de sus órganos auxiliares;

XXXIX. Coordinar y supervisar el buen funcionamiento de los órganos auxiliares del Órgano de Administración Judicial;

XL. Nombrar, a propuesta que haga su Presidenta o Presidente, a las y los titulares de los órganos auxiliares del Poder Judicial de la Federación y resolver sobre sus renuncias y licencias cuando no sean mayores a treinta días;

XLI. Nombrar a las y los servidores públicos de los órganos auxiliares del Órgano de Administración Judicial, y acordar lo relativo a sus ascensos, licencias, remociones y renuncias;

XLII. Nombrar, a propuesta que haga su Presidenta o Presidente, a las y los secretarios ejecutivos del Órgano de Administración Judicial, así como conocer de sus licencias y renuncias;

XLIII. Realizar las funciones que se le confieren en términos de lo dispuesto por el Código Nacional de Procedimientos Civiles y Familiares y expedir las disposiciones necesarias para el adecuado ejercicio de aquéllas;

XLIV. Establecer la normatividad y los criterios para modernizar las estructuras orgánicas, los sistemas y procedimientos administrativos internos y de servicios al público; así como para la organización, administración y resguardo de los archivos de los Juzgados de Distrito, Tribunales de Circuito, Tribunal de Disciplina Judicial, Tribunal Electoral y Suprema Corte de Justicia de la Nación. Emitir la regulación suficiente, para la presentación de escritos y la integración de expedientes en forma electrónica mediante el empleo de tecnologías de la información que utilicen la Firma Electrónica, de conformidad con lo estipulado en la Ley de Amparo, Reglamentaria de los artículos 103 y 107 de la Constitución Política de los Estados Unidos Mexicanos;

XLV. Fijar las bases de la política informática y de información estadística que permitan conocer y planear el desarrollo del Poder Judicial de la Federación, así como regular, recopilar, documentar, seleccionar y difundir para conocimiento público, con apego a las normas en materia de transparencia y acceso a la información pública, las sesiones de los Tribunales Colegiados de Circuito y Tribunales Colegiados de Apelación;

XLVI. Designar a las personas responsables de la Plataforma Nacional de Personas Facilitadoras y del Sistema Nacional de Información de Convenios, de conformidad con lo dispuesto en la Ley General de Mecanismos Alternativos de Solución de Controversias;

XLVII. Disponer la creación y actualización de la Plataforma Nacional de Personas Facilitadoras y del Sistema Nacional de Información de Convenios, de conformidad con lo dispuesto en la Ley General de Mecanismos Alternativos de Solución de Controversias;

XLVIII. Impulsar, fomentar y difundir el uso de los mecanismos alternativos de solución de controversias como un derecho humano que garantiza el acceso efectivo a la justicia, la solución de conflictos y genera una cultura de paz;

XLIX. Crear el Centro Público, de conformidad con lo dispuesto en la Ley General de Mecanismos Alternativos de Solución de Controversias;

L. Convocar periódicamente a congresos nacionales o regionales de Magistradas, Magistrados, Juezas, Jueces, asociaciones profesionales representativas e instituciones de educación superior, a fin de revisar el buen funcionamiento de los órganos del Poder Judicial de la Federación y proponer las medidas pertinentes para mejorarlos;

LI. Diseñar y aplicar evaluaciones de desempeño al personal del Poder Judicial de la Federación para garantizar el buen servicio;

LII. Formar anualmente una lista con los nombres de las personas que puedan fungir como peritos ante los órganos del Poder Judicial de la Federación, ordenándolas por ramas, especialidades y circuitos judiciales;

LIII. Formar anualmente una lista con los nombres de las personas que puedan fungir como peritos o peritas ante las Salas del Tribunal Electoral, ordenándola por ramas, especialidades, circunscripciones electorales plurinominales, entidades federativas, y de ser posible, por distritos electorales uninominales federales;

LIV. Generar y coordinar una Política Nacional de Difusión de la Cultura Jurídica y el respeto al Estado de Derecho;

LV. Desempeñar cualquier otra función que la ley encomiende al Órgano de Administración Judicial.

Artículo 81. En los casos en que se investigue o procese a alguna persona por algún delito establecido en la Ley Federal Contra la Delincuencia Organizada, el Órgano de Administración Judicial podrá disponer las medidas necesarias para preservar la seguridad y, de forma excepcional, resguardar la identidad de las personas juzgadoras, conforme al procedimiento que establezca la ley.

Artículo 82. El Órgano de Administración Judicial incorporará la perspectiva de género, de forma transversal, progresiva, y equitativa en el desempeño de sus atribuciones, programas y acciones, con el objeto de garantizar a las mujeres y hombres, el ejercicio y goce de sus derechos humanos, en igualdad de condiciones y velará por que los órganos a su cargo así lo hagan.

Artículo 83. El Pleno del Órgano de Administración Judicial deberá establecer mediante acuerdo general las áreas especializadas en la prevención y erradicación de la violencia sexual y de género en el Poder Judicial de la Federación, y velará porque las mismas cuenten con las atribuciones y recursos suficientes para implementar estrategias de prevención, brindar atención y proponer los mecanismos de sanción en casos de acoso sexual y cualquier otra forma de violencia sexual y de género a las personas trabajadoras del Poder Judicial de la Federación.

Artículo 84. El Órgano de Administración Judicial será responsable de la administración de la Carrera Judicial del Poder Judicial, en los términos que establecen la Constitución Política de los Estados Unidos Mexicanos, la Ley de Carrera Judicial del Poder Judicial de la Federación y esta Ley.

Artículo 85. El Órgano de Administración Judicial podrá crear, mediante acuerdo, órganos jurisdiccionales especializados en el Sistema Integral de Justicia Penal para Adolescentes, o bien, habilitar órganos jurisdiccionales especializados en el sistema penal acusatorio para que ejerzan dicha función, siempre que cuenten con la formación, capacitación y especialización necesarias para tal efecto.

Artículo 86. El Órgano de Administración Judicial contará con una Junta de Coordinación que dependerá administrativamente de éste, pero fungirá como agencia permanente de coordinación y comunicación institucional entre el Órgano de Administración Judicial y el Tribunal de Disciplina Judicial.

La Junta de Coordinación estará encabezada por la persona titular del Secretariado Ejecutivo del Pleno del Órgano de Administración Judicial y por la persona titular de la Secretaría de Acuerdos del Tribunal de Disciplina Judicial.

La Junta de Coordinación tendrá las atribuciones contenidas en esta Ley y las que determine el Órgano de Administración Judicial mediante acuerdo general.

Artículo 87. El Pleno del Órgano de Administración Judicial podrá ordenar la creación mediante acuerdos generales de las direcciones, unidades y, en general, cualquier área administrativa que conformen el diseño de la estructura orgánica administrativa del propio Órgano necesarias para su buen funcionamiento.

Artículo 88. El Pleno del Órgano de Administración Judicial estará facultado para substanciar y resolver los recursos de revisión en los procedimientos de responsabilidad administrativa por faltas no graves que involucren al personal administrativo del Poder Judicial de la Federación.

Artículo 89. Con excepción de las atribuciones previstas en las fracciones II, IV, V, VI, VII, VIII, IX, XI, XII, XIV, XV, XVI, XVIII, XIX, XX, XXXIV y XLIV del artículo 80, el Pleno del Órgano de Administración Judicial podrá establecer mediante acuerdos generales, cuáles de las atribuciones previstas en el propio artículo podrán ejercitarse por las Comisiones creadas por el Pleno.

Las Comisiones tendrán facultades decisorias o consultivas según determine el reglamento expedido por el Pleno del propio Órgano de Administración Judicial.

Artículo 90. El Pleno del Órgano de Administración Judicial contará con las personas servidoras públicas que establece esta Ley; las personas secretarias técnicas y el personal subalterno que determine el presupuesto, las cuales podrán ser nombradas y removidas de conformidad con lo previsto en las leyes.

Artículo 91. Las resoluciones del Pleno del Órgano de Administración Judicial constarán en acta y deberán firmarse por la o el Presidente y la o el Secretario Ejecutivo, y notificarse personalmente a la brevedad posible a las partes interesadas.

La notificación y, en su caso, la ejecución de las mismas deberá realizarse por conducto de los órganos del propio Órgano de Administración Judicial o del Juzgado de Distrito que actúe en auxilio de éste.

Cuando el Pleno del Órgano de Administración Judicial estime que sus reglamentos, acuerdos o resoluciones pudieran resultar de interés general, deberá ordenar su publicación en el Diario Oficial de la Federación.

SECCIÓN 3A.
DE LAS COMISIONES

Artículo 92. El Órgano de Administración Judicial establecerá las Comisiones permanentes o transitorias que estime pertinentes para el adecuado desempeño de sus funciones, cuyo número y atribuciones se determinará mediante acuerdos generales del Pleno.

Las Comisiones deberán estar conformadas cuando menos por tres integrantes.

Artículo 93. El Pleno del Órgano de Administración Judicial podrá determinar qué tipo de asuntos y atribuciones deberán ser dictaminados por las Comisiones, pero votados en Pleno.

Artículo 94. Las Comisiones serán competentes para substanciar y resolver en primera instancia los procedimientos de responsabilidad administrativa seguidos contra las personas que desempeñan funciones administrativas en el Poder Judicial de la Federación.

Artículo 95. Las Comisiones creadas nombrarán a su respectivo presidente o presidenta, y determinarán el tiempo que deba permanecer en el cargo y las funciones que deba ejercer.

Artículo 96. Las resoluciones de las Comisiones se tomarán por mayoría de votos de sus integrantes, quienes no podrán abstenerse de votar sino cuando tengan impedimento legal. Las Comisiones calificarán las excusas e impedimentos de sus miembros.

Artículo 97. En todos aquellos casos en los que no fuere posible la resolución de un asunto en Comisiones, su conocimiento y resolución pasará al Pleno del Órgano de Administración Judicial.

Artículo 98. Las Comisiones contarán con las secretarías ejecutivas de Comisiones necesarias para su adecuado funcionamiento, cuyas atribuciones determinará el Pleno del Órgano de Administración Judicial mediante acuerdos generales.

Las y los secretarios ejecutivos deberán tener título profesional legalmente expedido en derecho, con experiencia mínima de cinco años, gozar de buena reputación y no haber sido condenado por delito doloso con sanción privativa de libertad mayor de un año.

SECCIÓN 4A.
DE SU PRESIDENTE O PRESIDENTA

Artículo 99. Son atribuciones de la Presidenta o del Presidente del Órgano de Administración Judicial, las siguientes:

I. Representar al Órgano de Administración Judicial;

II. Tramitar los asuntos de la competencia del Pleno del Órgano de Administración Judicial, y turnar los expedientes entre sus integrantes para que formulen los correspondientes proyectos de resolución.

En caso de que la o el Presidente estime dudoso o trascendental algún trámite, designará a un integrante del Pleno para que someta el asunto a la consideración del Pleno del Órgano de Administración Judicial, a fin de que determine lo que corresponde;

III. Presidir el Pleno del Órgano de Administración Judicial, dirigir los debates y conservar el orden en las sesiones;

IV. Despachar la correspondencia oficial del Órgano de Administración Judicial, salvo la reservada a las y los presidentes de las Comisiones;

V. Proponer al Pleno del Órgano de Administración Judicial los nombramientos de las y los secretarios ejecutivos, así como de las y los titulares de los órganos auxiliares del propio Órgano de Administración Judicial;

VI. Informar al Senado de la República de las vacantes que se produzcan y que deban ser cubiertas mediante elección;

VII. Otorgar licencias en los términos previstos en esta Ley;

VIII. Firmar las resoluciones y acuerdos del Pleno del Órgano de Administración Judicial, y legalizar, por sí o por conducto de la o del Secretario Ejecutivo que al efecto designe, la firma de las personas servidoras públicas del Poder Judicial de la Federación en los casos en que la ley exija este requisito;

IX. Integrar un informe que hará del conocimiento de la opinión pública, al finalizar el segundo período de sesiones de cada año, los resultados de labores del Órgano de Administración Judicial, y

X. Las demás que determinen las leyes y los correspondientes reglamentos interiores y acuerdos generales.

SECCIÓN 5A.
DEL SECRETARIADO EJECUTIVO

Artículo 100. El Órgano de Administración Judicial contará con un Secretario o una Secretaria Ejecutiva del Pleno, cuya estructura y atribuciones determinará el Pleno del Órgano de Administración Judicial mediante acuerdos generales.

La o el Secretario Ejecutivo del Pleno del Órgano deberá tener título profesional en derecho, expedido legalmente, con experiencia mínima de cinco años, gozar de buena reputación y no haber sido condenado por delito doloso con sanción privativa de libertad mayor de un año.

Artículo 101. El Secretariado Ejecutivo del Pleno, a través de la Junta de Coordinación, auxiliará al Tribunal de Disciplina Judicial en la sustanciación de procedimientos disciplinarios y de responsabilidad que se lleven a cabo contra servidores públicos adscritos a los órganos a cargo del Órgano de Administración Judicial, conforme a lo que dispongan la ley y los acuerdos generales respecto de las atribuciones de la Junta de Coordinación.

Artículo 102. Corresponderá al Secretariado Ejecutivo del Pleno del Órgano de Administración Judicial presentar quejas o denuncias ante el Tribunal de Disciplina Judicial, así como proporcionarle, de oficio o cuando el Tribunal de Disciplina Judicial formalmente lo requiera, la información y documentación que pueda constituir indicio o medios de prueba en la investigación y determinación de responsabilidades administrativas de las personas trabajadoras del Poder Judicial Federal.

CAPÍTULO II
ÓRGANOS AUXILIARES

SECCIÓN 1A.
DISPOSICIONES GENERALES

Artículo 103. Para su adecuado funcionamiento, el Órgano de Administración Judicial contará con los siguientes órganos auxiliares: la Escuela Nacional de Formación Judicial, el Instituto Federal de Defensoría Pública, la Contraloría, la Unidad de Peritos Judiciales, la Unidad de Administración de la Suprema Corte de Justicia de la Nación, la Unidad de Administración del Tribunal Electoral del Poder Judicial de la Federación, la Unidad de Administración del Tribunal de Disciplina Judicial, el Instituto Federal de Especialistas de Concursos Mercantiles en los términos que establece la Ley de Concursos Mercantiles, y el Centro Público de Mecanismos Alternativos de Solución de Controversias del Poder Judicial de la Federación en los términos que establece la Ley General de Mecanismos Alternativos de Solución de Controversias.

Artículo 104. Con excepción del director o directora general del Instituto Federal de Defensoría Pública, de las y los miembros de la Junta Directiva del Instituto Federal de Especialistas de Concursos Mercantiles y de la persona titular del Centro Público de Mecanismos Alternativos de Solución de Controversias del Poder Judicial de la Federación, cuyos requisitos para ser designadas o designados se mencionan en las leyes de la materia correspondientes, las y los demás titulares de los órganos del Órgano de Administración Judicial deberán tener título profesional legalmente expedido, afín a las funciones que deban desempeñar, experiencia mínima de cinco años, gozar de buena reputación y no haber sido condenado por delito doloso con sanción privativa de libertad mayor de un año.

Artículo 105. La estructura orgánica y el personal adscrito a los órganos auxiliares deberá determinarse con acuerdo a lo que disponga esta Ley, otras leyes aplicables y los acuerdos generales que al respecto emita el Órgano de Administración Judicial, conforme a lo que admita el presupuesto.

SECCIÓN 2A.
DE LA CONTRALORÍA DE ADMINISTRACIÓN JUDICIAL

Artículo 106. La Contraloría de la Administración Judicial es un órgano auxiliar del Órgano de Administración Judicial con independencia técnica y de gestión, competente para realizar las auditorías, revisiones e inspecciones con el propósito de verificar el cumplimiento a la normativa aplicable; promover, evaluar y fortalecer el buen funcionamiento del control interno, así como para investigar hechos relacionados con los procedimientos de responsabilidad administrativa cometidos por los servidores públicos que desempeñen funciones administrativas, en los términos establecidos en las disposiciones jurídicas aplicables.

La Contraloría contará con las atribuciones que se dispongan en ley, así como en los reglamentos y acuerdos generales que al efecto expida el Pleno del Órgano de Administración Judicial.

Artículo 107. La Contraloría del Órgano de Administración Judicial tendrá las siguientes atribuciones:

I. Comprobar el cumplimiento de las obligaciones derivadas de las disposiciones en materia de planeación, presupuestación, ingresos, egresos, financiamiento, patrimonio y fondos;

II. Implementar acciones para orientar el criterio que en situaciones específicas deberán observar las personas servidoras públicas en el desempeño de sus empleos, cargos o comisiones, salvo que se trate de cuestiones jurisdiccionales;

III. Verificar que los recursos económicos de que dispone el Poder Judicial de la Federación se administren con eficiencia, eficacia y honradez para satisfacer los objetivos a los que estén destinados, en los términos del artículo 134 Constitucional;

IV. Inspeccionar y vigilar el cumplimiento de las normas y disposiciones relativas a los sistemas de registro y contabilidad, contratación y pago de personal, contratación de servicios y recursos materiales del Poder Judicial de la Federación;

V. Coadyuvar con el Órgano de Evaluación de Desempeño adscrito al Tribunal de Disciplina Judicial en la elaboración de informes periódicos que contengan indicadores, datos, mediciones, análisis de productividad, y cualquier otra información que resulte del ejercicio de sus atribuciones y que sea de utilidad para el ejercicio de las evaluaciones de desempeño y seguimiento;

VI. Llevar el registro y seguimiento de la evolución de la situación patrimonial de las personas servidoras públicas del Poder Judicial de la Federación y de su declaración de intereses, e integrarlas al sistema de evolución patrimonial, de declaración de intereses y constancia de presentación de declaración fiscal, así como realizar la verificación aleatoria a que se refiere el artículo 30 de la Ley General de Responsabilidades Administrativas;

VII. Investigar hechos que puedan constituir faltas administrativas cometidas por el personal administrativo del Poder Judicial Federal, y

VIII. Las demás que determinen los reglamentos y acuerdos generales correspondientes.

Artículo 108. La Contraloría contará con las siguientes unidades administrativas para el ejercicio de sus funciones:

I. Dirección General de Auditoría;

II. Dirección General de Investigación, y

III. Las demás que determine el Pleno del Órgano de Administración Judicial.

Artículo 109. La Dirección General de Auditoría de la Contraloría tendrá como propósito inspeccionar y verificar el cumplimiento de las normas de funcionamiento administrativo y operativo de los órganos del Poder Judicial Federal que confiere la ley al Órgano de Administración Judicial.

La realización de auditorías tendrá como finalidad facilitar al Órgano de Administración Judicial la evaluación del desempeño de sus órganos auxiliares y jurisdiccionales.

Las funciones, atribuciones y lineamientos de actuación de la Dirección General de Auditoría se determinarán por el Pleno del Órgano mediante reglamentos y acuerdos generales, sin perjuicio de las facultades conferidas al Tribunal de Disciplina Judicial en materia de vigilancia y disciplina.

Artículo 110. La Dirección General de Investigación será competente para investigar la presunta comisión de faltas administrativas por parte del personal que desempeña labores administrativas en el Poder Judicial de la Federación y será considerada autoridad investigadora en términos de la Ley General de Responsabilidades Administrativas.

Artículo 111. Las funciones que en esta Ley y mediante reglamentos y acuerdos generales se confieran a la Dirección General de Auditoría serán ejercitadas por las y los auditores, quienes tendrán el carácter de personas representantes del Órgano de Administración Judicial para esos efectos.

Las personas auditoras serán designadas por el propio Órgano de Administración Judicial y deberán satisfacer los siguientes requisitos:

I. Ser mayor de treinta y cinco años;

II. Gozar de buena reputación;

III. No tener condena por delito con pena privativa de libertad mayor de un año, y

IV. Contar con título de licenciado o licenciada en derecho legalmente expedido y experiencia profesional de cuando menos diez años.

El Órgano de Administración Judicial establecerá, mediante acuerdos generales, los sistemas que permitan evaluar de manera periódica el desempeño y la honorabilidad de las y los auditores y, en caso de identificar irregularidades, notificará al Tribunal de Disciplina Judicial para los efectos correspondientes.

Artículo 112. Las personas auditoras, de acuerdo con los sorteos periódicos que realice la Contraloría, deberán inspeccionar de manera ordinaria los órganos auxiliares y jurisdiccionales federales a cargo del Órgano de Administración Judicial cuando menos una vez por año, de conformidad con las disposiciones generales que emita el propio Órgano de Administración Judicial en esta materia.

Ningún auditor o auditora podrá visitar los mismos órganos por más de un año.

Las personas auditoras deberán informar con la debida oportunidad a las y los titulares de los órganos a que se refiere el primer párrafo o al presidente o presidenta, tratándose de los Tribunales de Circuito, de la visita ordinaria de inspección que vayan a practicar, a fin de que procedan a fijar el correspondiente aviso en los estrados del Órgano con una anticipación mínima de quince días.

La Contraloría podrá ordenar de oficio o a petición del Órgano de Administración Judicial la celebración de auditorías extraordinarias para verificar el cumplimiento de cualquier cuestión que resulte de trascendencia para el cumplimiento de las atribuciones y competencia del Órgano, siempre que a su juicio existan elementos que hagan necesaria la inspección.

Artículo 113. Cuando del resultado de las auditorías ordinarias o extraordinarias de inspección que realicen las personas auditoras se adviertan posibles faltas administrativas o irregularidades, se deberá dar vista de manera inmediata a la Dirección General de Investigación para que proceda conforme a sus atribuciones.

Artículo 114. El procedimiento de responsabilidad administrativa se regirá en todo lo que resulte aplicable por el Título Octavo de la presente Ley, y por los acuerdos generales que dicte para tal efecto el Pleno del Órgano de Administración Judicial.

SECCIÓN 3A.
DE LA ESCUELA NACIONAL DE FORMACIÓN JUDICIAL

Artículo 115. La Escuela Nacional de Formación Judicial es un órgano auxiliar del Órgano de Administración Judicial con autonomía técnica y de gestión, responsable de diseñar e implementar los procesos de formación, capacitación, evaluación, certificación y actualización del personal de carrera judicial y administrativo del Poder Judicial de la Federación, de sus órganos auxiliares y de las defensorías públicas y, en su caso, del personal de los Poderes Judiciales locales, fiscalías, organismos de protección de los derechos humanos, instituciones de seguridad pública y del público en general.

Artículo 116. Es atribución y responsabilidad de la Escuela Nacional de Formación Judicial llevar a cabo los concursos de oposición para acceder a las distintas categorías de la carrera judicial, la cual se regirá por los principios de excelencia, objetividad, imparcialidad, profesionalismo, independencia y paridad de género.

Artículo 117. El funcionamiento de la Escuela Nacional de Formación Judicial se regirá por la Ley de Carrera Judicial, su propio Reglamento y los acuerdos generales del Pleno del Órgano de Administración Judicial que le sean aplicables.

Para el ejercicio de sus funciones, podrá celebrar convenios o bases de colaboración con autoridades, organismos públicos, instituciones académicas, asociaciones o entes, nacionales o internacionales, informando en lo conducente al Pleno del Órgano de Administración Judicial.

Artículo 118. La Escuela Nacional de Formación Judicial generará programas de capacitación y actualización permanente dirigidos a todos y cada uno de los niveles de escalafón del personal judicial. Dichos programas tendrán el carácter de obligatorios.

SECCIÓN 4A.
DEL INSTITUTO FEDERAL DE DEFENSORÍA PÚBLICA

Artículo 119. El Instituto Federal de Defensoría Pública es el órgano auxiliar del Órgano de Administración Judicial encargado de brindar el servicio de defensoría pública en los términos que establezcan las disposiciones aplicables.

SECCIÓN 5A.
DE LA UNIDAD DE PERITOS JUDICIALES

Artículo 120. La Unidad de Peritos Judiciales es un área técnica del Órgano de Administración Judicial de naturaleza y finalidad exclusivamente periciales. Su objeto es el auxilio específico a los tribunales en materia laboral en los casos que determine la ley.

Artículo 121. El peritaje de los asuntos judiciales que se presenten ante los tribunales en materia laboral del Poder Judicial de la Federación es una función pública y, en esa virtud, las personas profesionales, técnicas o prácticas en cualquier materia científica, arte u oficio que presten sus servicios a la administración pública, están obligadas a cooperar con dichas autoridades, dictaminando en los asuntos relacionados con su encomienda.

Artículo 122. Para ser persona perita se requiere poseer la ciudadanía mexicana, gozar de buena reputación, así como conocer la ciencia, arte u oficio sobre el que vaya a versar el peritaje y acreditar su pericia mediante examen que presentará ante un jurado que designe el Pleno del Órgano de Administración Judicial, con la cooperación de instituciones públicas o privadas que a juicio del Pleno cuenten con la capacidad para ello. La decisión del jurado podrá recurrirse ante el Pleno del Órgano de Administración Judicial.

Artículo 123. Los peritajes que deban versar sobre materias relativas a profesiones deberán encomendarse a personas autorizadas con título, que deberán satisfacer los requisitos señalados en el artículo anterior.

SECCIÓN 6A.
DE LA UNIDAD DE ADMINISTRACIÓN DE LA SUPREMA
CORTE DE JUSTICIA DE LA NACIÓN

Artículo 124. La Unidad de Administración de la Suprema Corte de Justicia de la Nación es un órgano auxiliar del Órgano de Administración Judicial encargado de administrar los recursos humanos, materiales, financieros y tecnológicos de la Suprema Corte de Justicia de la Nación, conforme a los

Reglamentos, presupuestos y Acuerdos Generales que expida el Órgano de Administración Judicial.

Artículo 125. La Unidad de Administración de la Suprema Corte de Justicia de la Nación tendrá las siguientes atribuciones:

I. Proponer al Órgano de Administración Judicial las bases y lineamientos, medidas o procedimientos que, en su caso, correspondan en materia de recursos humanos, materiales y de tecnologías de información y comunicación, así como los relativos a la planeación, contratación de adquisiciones, patrimonio inmobiliario, servicios, desincorporaciones, obra pública y servicios relacionados con la misma;

II. Conducir las relaciones laborales, en el marco de las disposiciones aplicables;

III. Proponer el Catálogo de Puestos, el calendario, políticas y normas de pago de nóminas, incrementos salariales, tabulador de sueldos y prestaciones, estímulos y pagos especiales al Órgano de Administración Judicial para su autorización;

IV. Dirigir y operar los mecanismos de administración aprobados por el Órgano de Administración Judicial en materia de remuneraciones, sistemas de pago de sueldos y prestaciones, reclutamiento y selección de personal, así como dar seguimiento y control a los movimientos ocupacionales e incidencias del personal;

V. Operar los mecanismos de nombramientos, contratación y ocupación de plazas, movimientos, remuneraciones, sistema de escalafón, así como los programas de servicio social y prácticas judiciales;

VI. Resolver sobre la aplicación de los descuentos y retenciones autorizadas conforme a la ley y, en su caso, la recuperación de las cantidades correspondientes a salarios no devengados; comunicar a los órganos y áreas sobre el personal que cause baja, y verificar que éstos cuenten con las constancias correspondientes;

VII. Dirigir la aplicación de los criterios técnicos en materia de relaciones laborales, control y resguardo de los expedientes personales y de plaza, y de seguridad e higiene en el trabajo, los seguros de personas, así como las prestaciones al personal;

VIII. Llevar el control y costeo de las plazas presupuestarias y de las remuneraciones del personal, así como de los contratos de prestación de servicios profesionales asimilables a salarios;

IX. Conocer y gestionar los asuntos inherentes a la seguridad social ante los organismos competentes;

X. Asesorar a los órganos y áreas de la Suprema Corte de Justicia de la Nación en los asuntos laborales relativos a su personal;

XI. Proponer y, en su caso, ejecutar y evaluar los programas en materia de desarrollo humano y servicios al personal;

XII. Coordinar la elaboración del manual de organización de la Suprema Corte de Justicia de la Nación, así como los manuales específicos respectivos;

XIII. Proponer al Órgano de Administración Judicial la adquisición, desincorporación y la enajenación de inmuebles conforme a las necesidades de la Suprema Corte de Justicia de la Nación;

XIV. Proponer al Órgano de Administración Judicial los programas de capacitación y profesionalización para el personal administrativo de la Suprema Corte de Justicia de la Nación, así como los programas de servicio social;

XV. Dirigir la elaboración de los programas de necesidades en materia de adquisición de bienes y contratación de servicios generales; de obras públicas y servicios relacionados con la misma y patrimonio inmobiliario; de tecnologías de la información y comunicaciones, así como de servicios personales;

XVI. Proponer al Órgano de Administración Judicial, para su aprobación, las medidas para la mejora administrativa en materia de recursos humanos, materiales, infraestructura física, de tecnología de la información y comunicación, así como para el cuidado del medioambiente y el desarrollo sustentable;

XVII. Suscribir, en términos de la normativa aplicable, los contratos y convenios que se celebren, incluyendo los de uso, enajenación y adquisición de inmuebles, y

XVIII. Aportar a la Suprema Corte de Justicia de la Nación todos los elementos necesarios para elaborar el anteproyecto de presupuesto anual de egresos de la Suprema Corte de Justicia de la Nación a efecto de que sea incluido en el proyecto de Presupuesto del Poder Judicial de la Federación.

SECCIÓN 7A.
DE LA UNIDAD DE ADMINISTRACIÓN DEL TRIBUNAL
ELECTORAL DEL PODER JUDICIAL DE LA FEDERACIÓN

Artículo 126. La Unidad de Administración del Tribunal Electoral del Poder Judicial de la Federación es un órgano auxiliar del Órgano de Administración Judicial encargado de administrar los recursos humanos, materiales y tecnológicos del Tribunal Electoral, conforme a los Reglamentos, presupuestos y Acuerdos Generales que expida el Órgano de Administración Judicial.

Artículo 127. La Unidad de Administración del Tribunal Electoral tendrá las siguientes atribuciones:

I. Proponer al Órgano de Administración Judicial las bases y lineamientos, medidas o procedimientos que, en su caso, correspondan en materia de recursos humanos, materiales y de tecnologías de información y comunicación, así como los relativos a la planeación, contratación de adquisiciones, patrimonio inmobiliario, servicios, desincorporaciones, obra pública y servicios relacionados con la misma;

II. Conducir las relaciones laborales, en el marco de las disposiciones aplicables;

III. Proponer el Catálogo de Puestos, el calendario, políticas y normas de pago de nóminas, incrementos salariales, tabulador de sueldos y prestaciones, estímulos y pagos especiales al Órgano de Administración Judicial para su autorización;

IV. Dirigir y operar los mecanismos de administración aprobados por el Órgano de Administración Judicial en materia de remuneraciones, sistemas de pago de sueldos y prestaciones, reclutamiento y selección de personal, así como dar seguimiento y control a los movimientos ocupacionales e incidencias del personal;

V. Operar los mecanismos de nombramientos, contratación y ocupación de plazas, movimientos, remuneraciones, sistema de escalafón, así como los programas de servicio social y prácticas judiciales;

VI. Resolver sobre la aplicación de los descuentos y retenciones autorizadas conforme a la ley y, en su caso, la recuperación de las cantidades correspondientes a salarios no devengados; comunicar a los órganos y áreas sobre el personal que cause baja, y verificar que éstos cuenten con las constancias correspondientes;

VII. Dirigir la aplicación de los criterios técnicos en materia de relaciones laborales, control y resguardo de los expedientes personales y de plaza, y de seguridad e higiene en el trabajo, los seguros de personas, así como las prestaciones al personal;

VIII. Llevar el control y costeo de las plazas presupuestarias y de las remuneraciones del personal, así como de los contratos de prestación de servicios profesionales asimilables a salarios;

IX. Conocer y gestionar los asuntos inherentes a la seguridad social ante los organismos competentes;

X. Asesorar a los órganos y áreas del Tribunal Electoral en los asuntos laborales relativos a su personal;

XI. Proponer y, en su caso, ejecutar y evaluar los programas en materia de desarrollo humano y servicios al personal;

XII. Coordinar la elaboración del manual de organización del Tribunal Electoral del Poder Judicial de la Federación, así como los manuales específicos respectivos;

XIII. Proponer al Órgano de Administración Judicial la adquisición, desincorporación y la enajenación de inmuebles conforme a las necesidades del Tribunal Electoral del Poder Judicial de la Federación;

XIV. Proponer al Órgano de Administración Judicial los programas de capacitación y profesionalización para el personal administrativo del Tribunal Electoral del Poder Judicial de la Federación, así como los programas de servicio social;

XV. Dirigir la elaboración de los programas de necesidades en materia de adquisición de bienes y contratación de servicios generales; de obras públicas y servicios relacionados con la misma y patrimonio inmobiliario; de tecnologías de la información y comunicaciones; así como de servicios personales;

XVI. Proponer al Órgano de Administración Judicial, para su aprobación, las medidas para la mejora administrativa en materia de recursos humanos, materiales, infraestructura física, de tecnología de la información y comunicación, así como para el cuidado del medioambiente y el desarrollo sustentable;

XVII. Suscribir, en términos de la normativa aplicable, los contratos y convenios que se celebren, incluyendo los de uso, enajenación y adquisición de inmuebles, y

XVIII. Aportar al Tribunal Electoral todos los elementos necesarios para elaborar el anteproyecto de presupuesto anual de egresos del Tribunal Electoral a efecto de que sea incluido en el proyecto de Presupuesto del Poder Judicial de la Federación.

SECCIÓN 8A.
DE LA UNIDAD DE ADMINISTRACIÓN DEL
TRIBUNAL DE DISCIPLINA JUDICIAL

Artículo 128. La Unidad de Administración del Tribunal de Disciplina Judicial es un órgano auxiliar del Órgano de Administración Judicial encargado de administrar los recursos humanos, materiales y tecnológicos del Tribunal de Disciplina Judicial, conforme a los Reglamentos, presupuestos y Acuerdos Generales que expida el Órgano de Administración Judicial.

Artículo 129. La Unidad de Administración del Tribunal de Disciplina Judicial tendrá las siguientes atribuciones:

I. Proponer al Órgano de Administración Judicial las bases y lineamientos, medidas o procedimientos que, en su caso, correspondan en materia de recursos humanos, materiales y de tecnologías de información y comunicación, así como los relativos a la planeación, contratación de adquisiciones, patrimonio inmobiliario, servicios, desincorporaciones, obra pública y servicios relacionados con la misma;

II. Conducir las relaciones laborales, en el marco de las disposiciones aplicables;

III. Proponer el Catálogo de Puestos, el calendario, políticas y normas de pago de nóminas, incrementos salariales, tabulador de sueldos y prestaciones, estímulos y pagos especiales al Órgano de Administración Judicial para su autorización;

IV. Dirigir y operar los mecanismos de administración aprobados por el Órgano de Administración Judicial en materia de remuneraciones, sistemas de pago de sueldos y prestaciones, reclutamiento y selección de personal, así como dar seguimiento y control a los movimientos ocupacionales e incidencias del personal;

V. Operar los mecanismos de nombramientos, contratación y ocupación de plazas, movimientos, remuneraciones, sistema de escalafón, así como los programas de servicio social y prácticas judiciales;

VI. Resolver sobre la aplicación de los descuentos y retenciones autorizadas conforme a la ley y, en su caso, la recuperación de las cantidades correspondientes a salarios no devengados; comunicar a los órganos y áreas sobre el personal que cause baja, y verificar que éstos cuenten con las constancias correspondientes;

VII. Dirigir la aplicación de los criterios técnicos en materia de relaciones laborales, control y resguardo de los expedientes personales y de plaza, y de seguridad e higiene en el trabajo, los seguros de personas, así como las prestaciones al personal;

VIII. Llevar el control y costeo de las plazas presupuestarias y de las remuneraciones del personal, así como de los contratos de prestación de servicios profesionales asimilables a salarios;

IX. Conocer y gestionar los asuntos inherentes a la seguridad social ante los organismos competentes;

X. Asesorar a los órganos y áreas del Tribunal de Disciplina Judicial en los asuntos laborales relativos a su personal;

XI. Proponer y, en su caso, ejecutar y evaluar los programas en materia de desarrollo humano y servicios al personal;

XII. Coordinar la elaboración del manual de organización del Tribunal de Disciplina Judicial, así como los manuales específicos respectivos;

XIII. Proponer al Órgano de Administración Judicial la adquisición, desincorporación y la enajenación de inmuebles conforme a las necesidades del Tribunal de Disciplina Judicial;

XIV. Proponer al Órgano de Administración Judicial los programas de capacitación y profesionalización para el personal administrativo del Tribunal de Disciplina Judicial, así como los programas de servicio social;

XV. Dirigir la elaboración de los programas de necesidades en materia de adquisición de bienes y contratación de servicios generales; de obras públicas y servicios relacionados con la misma y patrimonio inmobiliario; de tecnologías de la información y comunicaciones, así como de servicios personales;

XVI. Proponer al Órgano de Administración Judicial, para su aprobación, las medidas para la mejora administrativa en materia de recursos humanos, materiales, infraestructura física, de tecnología de la información y comunicación, así como para el cuidado del medioambiente y el desarrollo sustentable;

XVII. Suscribir, en términos de la normativa aplicable, los contratos y convenios que se celebren, incluyendo los de uso, enajenación y adquisición de inmuebles.

XVIII. Aportar al Tribunal de Disciplina Judicial todos los elementos necesarios para elaborar el anteproyecto de presupuesto anual de egresos del Tribunal de Disciplina Judicial a efecto de que sea incluido en el proyecto de Presupuesto del Poder Judicial de la Federación.

SECCIÓN 9A.
DEL INSTITUTO FEDERAL DE ESPECIALISTAS DE CONCURSOS MERCANTILES

Artículo 130. El Instituto Federal de Especialistas de Concursos Mercantiles es un órgano auxiliar del Órgano de Administración Judicial con autonomía técnica y operativa, cuyas funciones y atribuciones se limitan a lo establecido en esta ley, en la Ley de Concursos Mercantiles y en los acuerdos generales que el Órgano de Administración Judicial emita al respecto.

Artículo 131. La integración de la Junta Directiva será determinada por el Órgano de Administración Judicial, a propuesta de su Presidencia, observando el principio de paridad de género.

La o el Director General del Instituto durará en su encargo seis años y será designada de manera directa por el Pleno del Órgano de Administración Judicial.

SECCIÓN 10A.
DEL CENTRO PÚBLICO DE MECANISMOS ALTERNATIVOS DE SOLUCIÓN DE CONTROVERSIAS DEL PODER JUDICIAL DE LA FEDERACIÓN

Artículo 132. El Centro Público de Mecanismos Alternativos de Solución de Controversias del Poder Judicial de la Federación es un órgano auxiliar del Órgano de Administración Judicial con autonomía técnica, operativa y de gestión, facultado para el ejercicio de los mecanismos alternativos de solución de controversias, de conformidad con lo dispuesto en esta ley, en la Ley General de Mecanismos Alternativos de Solución de Controversias y en los acuerdos generales que el Órgano de Administración Judicial emita al respecto.

Artículo 133. La persona titular del Centro Público de Mecanismos Alternativos de Solución de Controversias del Poder Judicial de la Federación será designada por el Pleno del Órgano de Administración Judicial y durará en el encargo cuatro años.

TÍTULO SÉPTIMO
DEL TRIBUNAL DE DISCIPLINA JUDICIAL

CAPÍTULO I
DISPOSICIONES GENERALES

SECCIÓN 1A.
DE SU CONFORMACIÓN Y FUNCIONAMIENTO

Artículo 134. El Tribunal de Disciplina Judicial es un órgano del Poder Judicial de la Federación con independencia técnica, de gestión y para emitir resoluciones, que tiene por objeto la investigación, substanciación y resolución de los procedimientos de responsabilidades administrativas de las y los servidores públicos que desempeñan funciones jurisdiccionales en el Poder Judicial de la Federación, así como la resolución de los recursos de revisión en los procedimientos administrativos del personal administrativo tratándose de faltas graves.

De igual forma, el Tribunal de Disciplina Judicial es el órgano del Poder Judicial de la Federación, encargado de la evaluación y seguimiento del desempeño de las Magistradas y Magistrados de Circuito y las Juezas y Jueces de Distrito y, el encargado de resolver los conflictos entre el Poder Judicial de la Federación y sus servidores públicos, así como los que se susciten entre la Suprema Corte de Justicia de la Nación y sus empleados y empleadas.

El Tribunal de Disciplina Judicial funciona en Pleno y en Comisiones y contará con los órganos auxiliares que resulten necesarios para el desempeño de sus atribuciones.

Artículo 135. El Tribunal de Disciplina Judicial se integrará por cinco personas electas por la ciudadanía a nivel nacional conforme al procedimiento establecido en el artículo 96 de la Constitución Política de los Estados Unidos Mexicanos y en las leyes de la materia.

Artículo 136. El Pleno del Tribunal de Disciplina Judicial determinará mediante acuerdos generales el número y los periodos de sesiones tanto del propio Pleno, como de sus Comisiones, así como la periodicidad con la que se celebrarán y las condiciones en las que se desarrollarán.

El Pleno y las Comisiones del Tribunal de Disciplina Judicial podrán sesionar de manera extraordinaria a solicitud de cualquiera de sus integrantes. Dicha solicitud deberá presentarse a la Presidencia del propio Tribunal de Disciplina Judicial a fin de que emita la convocatoria correspondiente.

Artículo 137. Para ser electo Magistrado o Magistrada del Tribunal de Disciplina Judicial, se deberán cumplir los siguientes requisitos:

I. Poseer al día de la publicación señalada en la fracción I del artículo 96 de la Constitución Política de los Estados Unidos Mexicanos, título profesional de licenciado o licenciada en derecho expedido legalmente, un promedio general de calificación de cuando menos ocho puntos o su equivalente y de nueve puntos o su equivalente en las materias de la licenciatura, especialidad, maestría o doctorado, relacionadas con el cargo de Magistrada o Magistrado según determine el Comité de Evaluación en términos de la Ley General de Instituciones y Procedimientos Electorales y demás legislación aplicable; y práctica profesional de cuando menos cinco años en el ejercicio de la actividad jurídica;

II. Haber residido en el país durante los dos años anteriores al día de la publicación de la convocatoria señalada en el artículo 96, fracción I de la Constitución Política de los Estados Unidos Mexicanos;

III. No haber sido Secretaria o Secretario de Estado, Fiscal General de la República, Senador o Senadora, Diputado o Diputada Federal ni Titular del Poder Ejecutivo en alguna entidad federativa, durante el año previo al día de la publicación de la convocatoria señalada en la fracción I del artículo 96 de la Constitución Política de los Estados Unidos Mexicanos, y

IV. Las Magistradas y Magistrados del Tribunal de Disciplina Judicial serán elegidos de manera libre, directa y secreta por la ciudadanía a nivel nacional el día que se realicen las elecciones federales ordinarias del año que corresponda.

Artículo 138. El Pleno del Tribunal determinará mediante acuerdos generales el número y especialidad de las Comisiones. En el ejercicio de esa facultad, el Pleno establecerá cuando menos una comisión para substanciar y resolver el procedimiento administrativo.

Artículo 139. El Tribunal contará con dos órganos auxiliares con autonomía de gestión, a efecto de dar cumplimiento a las obligaciones derivadas del ejercicio de su competencia, a saber: el Órgano de Investigación de Responsabilidades Administrativas y el Órgano de Evaluación del Desempeño Judicial.

Artículo 140. El Órgano de Investigación tendrá a su cargo la investigación de los hechos u omisiones que puedan constituir responsabilidades administrativas de las personas que ejercen funciones jurisdiccionales en el Poder Judicial de la Federación, en los términos establecidos en esta Ley, en los acuerdos generales que emita el propio Tribunal, así como en la Ley General de Responsabilidades Administrativas.

Artículo 141. El Órgano de Evaluación de Desempeño Judicial será el competente de la evaluación y seguimiento del desempeño de los órganos jurisdiccionales del Poder Judicial de la Federación, con excepción de la Suprema Corte de Justicia de la Nación y el Tribunal Electoral del Poder Judicial de la Federación, en los términos previstos en esta Ley y en los acuerdos generales que emita el propio Tribunal. En todo caso, la evaluación deberá tener en cuenta elementos cualitativos y cuantitativos relacionados con el desempeño de los órganos jurisdiccionales. La función judicial comprende tanto la actividad propiamente jurisdiccional como la administrativa relacionada directamente con la impartición de justicia.

SECCIÓN 2A.
DE SUS RESOLUCIONES

Artículo 142. Las resoluciones deberán estar debidamente fundadas y motivadas, exponiendo la valoración de las pruebas, la calificación de la conducta probada, la individualización de la sanción y, de ser el caso, la posible reparación del daño.

Artículo 143. Las razones que justifiquen las resoluciones que emita el Pleno del Tribunal por mayoría de cuatro votos constituirán precedentes vinculantes para las Comisiones del propio Tribunal, en los casos en los que se actualicen hechos relevantes similares.

Artículo 144. Al emitir sus resoluciones, el Pleno y las Comisiones del Tribunal siempre deberán atender los precedentes que les resulten vinculantes. A partir de éstos, deberán construir una doctrina jurisprudencial coherente que dote de certeza jurídica al sistema disciplinario.

Artículo 145. El Pleno podrá cambiar o separarse de sus propios precedentes vinculantes siempre que, a partir de la resolución de casos concretos, expongan expresamente junto al nuevo criterio una motivación reforzada que justifique el cambio o separación.

Artículo 146. En los casos a los que alude el artículo anterior, las resoluciones que emita el Pleno al respecto deberán ser aprobadas por mayoría de cuatro votos. Las razones que justifiquen las resoluciones donde se establezca un cambio de criterio constituirán los nuevos precedentes vinculantes.

Artículo 147. El Pleno del Tribunal resolverá las contradicciones que se susciten entre los precedentes vinculantes que emitan las Comisiones. Para estos efectos, serán aplicables supletoriamente en la parte conducente las disposiciones de la Ley de Amparo que regulan las contradicciones de criterios.

Artículo 148. La Suprema Corte de Justicia de la Nación será competente para resolver la contradicción de criterios entre los sustentados por éste y el Pleno del Tribunal de Disciplina Judicial en relación con el alcance de los derechos humanos y principios constitucionales que rigen los procedimientos administrativos sancionadores de personas funcionarias públicas. Para estos efectos, serán aplicables supletoriamente en la parte conducente las disposiciones de la Ley de Amparo que regulan las contradicciones de criterios.

Artículo 149. Las razones que justifiquen las resoluciones sobre contradicciones de criterios emitidas por la Suprema Corte de Justicia de la Nación serán vinculantes para el Pleno y las Comisiones del Tribunal de Disciplina Judicial; así como para las autoridades análogas de las entidades federativas.

Artículo 150. La vinculatoriedad de los precedentes del Tribunal se actualizará desde el momento en el que se engrose la resolución que lo contenga, existiendo la obligación de difundir los criterios vinculantes dentro de un plazo razonable en el sistema de difusión respectivo. El Pleno determinará mediante acuerdo general el sistema electrónico de difusión de los precedentes vinculantes y el formato de su publicación, el cual deberá como mínimo exponer de forma clara los hechos relevantes, el criterio jurídico y las razones que lo justifican.

Artículo 151. El sistema electrónico de precedentes de difusión será gratuito, público, accesible y deberá garantizar la publicación actualizada y ordenada de los precedentes, de tal manera que sea clara la doctrina jurisprudencial que se construye a partir de estos.

CAPÍTULO II
DEL PLENO

SECCIÓN 1A.
DE SU COMPETENCIA Y FUNCIONAMIENTO

Artículo 152. El Pleno se conformará por cinco personas Magistradas, pero podrá sesionar con la presencia de cuatro.

Artículo 153. El Pleno nombrará, a propuesta de su Presidente o Presidenta, a una secretaria o secretario general de acuerdos y a una subsecretaria o subsecretario general de acuerdos.

La secretaria o secretario general de acuerdos del Pleno formará parte de la Junta de Coordinación adscrita al Órgano de Administración Judicial en los términos y para los efectos previstos en esta Ley.

La o el Presidente tendrá las atribuciones que se establezcan en la ley y en los acuerdos generales que para tal efecto emita el Pleno del Tribunal de Disciplina Judicial.

La o el Presidente del Tribunal de Disciplina Judicial propondrá al Órgano de Administración Judicial el nombramiento de las y los secretarios auxiliares de acuerdos, así como a las y los actuarios y al personal subalterno necesario para el despacho de los asuntos del tribunal, conforme a lo establecido por las disposiciones jurídicas aplicables.

Artículo 154. El Pleno será competente para lo siguiente:

I. Substanciar y resolver el recurso de revisión y los demás recursos que procedan respecto de los procedimientos de responsabilidad administrativa que son competencia de las Comisiones, la evaluación del desempeño de la función judicial y los conflictos laborales;

II. Solicitar de oficio o por denuncia al Órgano de Investigación el inicio de las investigaciones necesarias para determinar si se ha incurrido en responsabilidades administrativas;

III. Ejercer la facultad de atracción de procedimientos administrativos relacionados con faltas graves o hechos u omisiones que las leyes señalen como delitos tramitados en los Tribunales de Disciplina de los Poderes Judiciales de las entidades federativas y en los órganos análogos de otros tribunales, siempre que tengan conexidad con procedimientos de responsabilidad administrativa de los órganos jurisdiccionales del Poder Judicial de la Federación;

IV. Dar vista al Ministerio Público con la posible comisión de delitos;

V. Solicitar a la Cámara de Diputados el inicio del juicio político en contra de las personas juzgadoras electas por voto popular;

VI. Elaborar los proyectos de reglamentos y acuerdos generales que requiera para su administración y organización interna y presentarlos por conducto de su Presidente o Presidenta, al Órgano de Administración Judicial para su aprobación y emisión;

VII. Solicitar al Órgano de Administración Judicial la expedición de acuerdos o la ejecución de resoluciones necesarias para asegurar el adecuado ejercicio de la función jurisdiccional federal;

VIII. Reglamentar, mediante la emisión de acuerdos generales, los paráme-tros y las especificaciones relativas a los métodos, criterios e indicadores para la realización de las evaluaciones de desempeño y seguimiento;

IX. Reglamentar, mediante la emisión de acuerdos generales, el procedi-miento para la imposición e impugnación de las medidas correctivas y sancio-nadoras en materia de desempeño;

X. Determinar la implementación de mecanismos de prevención de faltas administrativas y hechos de corrupción, así como de coordinación que, en términos de la Ley General del Sistema Nacional Anticorrupción, determine el Comité Coordinador de dicho Sistema Nacional e informar a ese Órgano de los avances y resultados que se tengan;

XI. Establecer, mediante acuerdos generales, los sistemas que permi-tan evaluar de manera periódica el desempeño y la honorabilidad de las y los visitadores para efectos de lo que se dispone en esta Ley en materia de responsabilidad;

XII. Llevar un Registro de Servidores Públicos y de Particulares Sanciona-dos, conforme a lo que establezca mediante acuerdos generales;

XIII. Integrar un informe que hará del conocimiento de la opinión pública, al finalizar el segundo período de sesiones de cada año, los resultados de labo-res del Tribunal de Disciplina Judicial;

XIV. Resolver sobre los cambios de adscripción de las personas juzgadoras fuera del circuito judicial para el que fueron electas, por alguna de las causas excepcionales que el mismo Pleno determine;

XV. Dictar a través de sus Comisiones, las medidas de suspensión temporal de las personas juzgadoras que resulten pertinentes para facilitar las investi-gaciones y los procedimientos disciplinarios.

La suspensión de las y los Magistrados de Circuito y las y los Jueces de Distrito que aparecieren involucrados en la comisión de un delito, procederá siempre que lo estime necesario el Pleno del Tribunal de Disciplina Judicial en el ejercicio de sus facultades de disciplina y vigilancia, o cuando alguna auto-ridad ministerial o fiscalía den noticia de ello, así como a solicitud de la auto-ridad judicial que conozca del procedimiento penal que se siga en su contra.

Cuando la suspensión haya sido decretada por el Tribunal de Disciplina Judicial sin mediar una solicitud de otra autoridad, deberá instruirse la formu-lación de denuncia o querella en los casos en que proceda.

XVI. Resolver los recursos de revisión en los procedimientos de res-ponsabilidad administrativa del personal jurisdiccional, así como del personal administrativo del Poder Judicial de la Federación tratándose de faltas graves;

XVII. Resolver en definitiva y de forma inatacable respecto de la competencia sobre los procedimientos de responsabilidad administrativa que le remita el Órgano de Administración Judicial, y

XVIII. Las demás que determinen las disposiciones jurídicas aplicables.

Artículo 155. En ningún caso los recursos de revisión serán turnados para su substanciación y elaboración del proyecto de resolución respectivo a los Magistrados o Magistradas que integran la Comisión recurrida.

Artículo 156. En todos los casos, las resoluciones del Pleno del Tribunal de Disciplina Judicial se tomarán por mayoría de cuatro votos, por lo que si no se alcanza tal votación deberán desestimarse las sanciones impuestas en primera instancia.

Artículo 157. Las ponencias de los y las Magistradas se podrán integrar por:

I. Secretarios o secretarias proyectistas;

II. Secretarios o secretarias instructoras;

III. Secretarios o secretarias auxiliares;

IV. Oficiales judiciales, y

V. Personal operativo.

Los y las Magistradas deberán conformar la estructura de sus equipos de trabajo con funciones jurisdiccionales, incluyendo el tipo y número de plazas que lo conformen, de la siguiente manera: el cincuenta por ciento deberá provenir de los procesos de selección de la Carrera Judicial, en los términos de la ley de la materia, y el cincuenta por ciento restantes mediante designación, en ambos casos observando el límite presupuestal que establezca el Órgano de Administración Judicial.

CAPÍTULO III
DE LAS COMISIONES

SECCIÓN 1A.
DE SU COMPETENCIA Y FUNCIONAMIENTO

Artículo 158. Las Comisiones se integrarán por tres integrantes del Tribunal de Disciplina Judicial, pero podrán sesionar con la presencia de dos. En caso de empate, y cuando la resolución de los asuntos no pueda aplazarse, la Comisión respectiva se integrará con un Magistrado o Magistrada integrante de una Comisión diversa.

Artículo 159. Las Comisiones serán competentes para substanciar y resolver en primera instancia los procedimientos de responsabilidad administrativa seguidos contra las personas que desempeñan funciones jurisdiccionales en el Poder Judicial de la Federación, los recursos de inconformidad, las impugnaciones de la evaluación del desempeño de la función judicial, los conflictos laborales, de acuerdo con su especialización, y los demás asuntos que decida el Pleno del Tribunal de Disciplina Judicial mediante acuerdo general.

Artículo 160. Las Comisiones nombrarán a su respectivo presidente o presidenta, y determinarán el tiempo que deba permanecer en el cargo y las funciones que deba ejercer mediante acuerdo general.

Los asuntos de su competencia serán turnados de acuerdo con el sistema respectivo al Magistrado o Magistrada correspondiente para su substanciación y emisión del proyecto de resolución, de conformidad con las etapas y formalidades establecidas en esta Ley.

CAPÍTULO IV
DEL ÓRGANO DE EVALUACIÓN DE DESEMPEÑO JUDICIAL

SECCIÓN 1A.
DE SU COMPETENCIA Y ATRIBUCIONES

Artículo 161. El Órgano de Evaluación de Desempeño Judicial es un órgano auxiliar del Tribunal de Disciplina Judicial, competente para evaluar y dar seguimiento al desempeño de los órganos jurisdiccionales a fin de consolidar un ejercicio responsable, profesional, independiente, honesto y eficaz de la función jurisdiccional, así como evitar actos que la demeriten.

Artículo 162. La persona Titular del Órgano de Evaluación de Desempeño Judicial será designada por el Pleno del Tribunal de Disciplina Judicial a propuesta de su presidencia, y deberá tener título profesional en derecho legalmente expedido y con la experiencia profesional suficiente para el desempeño de este cargo.

Artículo 163. Las funciones de evaluación y seguimiento del desempeño que se confieren al Órgano de Evaluación serán ejercitadas por las y los visitadores judiciales bajo el mando y coordinación del Titular referido en el artículo anterior, quienes tendrán el carácter de personas representantes del Tribunal de Disciplina Judicial.

Las y los visitadores deberán satisfacer los siguientes requisitos: ser mayor de treinta y cinco años, gozar de buena reputación, no tener condena por delito con pena privativa de libertad mayor de un año, título profesional en derecho legalmente expedido y experiencia profesional de cuando menos cinco años en materia de impartición de justicia, políticas públicas y/o evaluación del desempeño institucional; su designación se hará por el Pleno del Tribunal de Disciplina Judicial a propuesta de la o el Titular del Órgano de Evaluación.

Las y los visitadores judiciales deberán conducirse con imparcialidad y objetividad en el ejercicio de sus funciones. El Pleno del Tribunal de Disciplina Judicial establecerá, mediante acuerdos generales, los sistemas que permitan evaluar de manera periódica el desempeño y la honorabilidad de las y los visitadores a fin de garantizar su imparcialidad y objetividad.

Artículo 164. El Órgano de Evaluación contará con el personal operativo que requiera para el adecuado ejercicio de sus funciones. La persona Titular del Órgano de Evaluación propondrá al Pleno del Tribunal de Disciplina Judicial la aprobación de la plantilla operativa que se requiera para el desahogo de las funciones de evaluación y seguimiento a su cargo.

Artículo 165. Los procesos de evaluación del desempeño serán una garantía del derecho al acceso a la justicia, así como de los derechos a la información y la participación pública. Sus resultados serán públicos, accesibles y transparentes. El Órgano de Evaluación garantizará el ejercicio de los derechos a la información y participación pública en relación con los resultados de los procesos de evaluación, particularmente en el contexto de la elección judicial.

Artículo 166. Los procesos de evaluación del desempeño deberán evaluar, al menos los siguientes criterios e indicadores: los conocimientos y competencias de las personas titulares del órgano jurisdiccional, incluyendo aquellas de carácter técnico, ético y profesional; el dictado y cumplimiento oportuno de sus resoluciones, la adecuada gestión de los recursos humanos y materiales a su cargo, la productividad del órgano jurisdiccional, la capacitación y desarrollo de la persona servidora pública, y la satisfacción de las personas usuarias del sistema de justicia.

Artículo 167. El Órgano de Evaluación podrá aplicar los métodos de evaluación que estime pertinentes para la examinación integral, exhaustiva, imparcial y objetiva del desempeño judicial, incluyendo visitas presenciales o digitales, auditorías, evaluación por objetivos, análisis de indicadores clave de rendimiento, evaluación por pares, encuestas de satisfacción a las personas usuarias del sistema de justicia, requerimientos de información, análisis de datos; entre otros, siempre que estén previstos en los acuerdos generales que dicte el Pleno del Tribunal de Disciplina Judicial para tal efecto.

Artículo 168. Los procesos de evaluación del desempeño serán la evaluación ordinaria, la evaluación extraordinaria y la evaluación de seguimiento.

Artículo 169. El Órgano de Evaluación podrá realizar el procedimiento de evaluación ordinaria al desempeño de las Magistradas y Magistrados de Circuito y las Juezas y Jueces de Distrito con posterioridad a los primeros noventa días naturales desde su toma de protesta, y con anterioridad a que concluya el primer año de su mandato.

Artículo 170. Cuando la evaluación ordinaria resulte insatisfactoria y el Órgano de Evaluación lo estime pertinente, podrá dictar las medidas que considere necesarias para el fortalecimiento de la función judicial.

Las medidas correctivas podrán consistir en actividades de capacitación y otras tendientes a reforzar los conocimientos o competencias técnicas, profesionales o éticas de la persona evaluada. El Pleno del Tribunal de Disciplina Judicial reglamentará los tipos de medidas correctivas mediante la emisión de acuerdos generales.

El Órgano de Evaluación establecerá el plazo para el cumplimiento de tales medidas, dentro de los parámetros que defina el Pleno del Tribunal de Disciplina Judicial mediante acuerdo general.

Artículo 171. Al vencimiento del plazo referido en el precepto anterior, el Órgano de Evaluación fijará un plazo para la acreditación de la evaluación extraordinaria, dentro de los parámetros que defina el Pleno del Tribunal de Disciplina Judicial mediante acuerdo general.

En el caso de que la persona servidora pública no acredite favorablemente la evaluación extraordinaria dentro del plazo establecido por el Órgano de Evaluación o se niegue a realizarla, el Órgano dará vista al Pleno del Tribunal de Disciplina Judicial para los efectos legales a que haya lugar.

Artículo 172. En caso de que se actualice el supuesto previsto en el último párrafo del precepto anterior, el Tribunal de Disciplina Judicial podrá ordenar la suspensión de la persona servidora pública de hasta un año, y determinará las acciones y condiciones para su restitución.

Transcurrido el año de suspensión sin acreditar satisfactoriamente la evaluación, el Tribunal de Disciplina Judicial resolverá de manera fundada y motivada la destitución de la persona servidora pública, sin responsabilidad para el Poder Judicial de la Federación.

Artículo 173. Con la finalidad de dar seguimiento al desempeño judicial y garantizar el derecho a la información y participación pública, el Órgano de Evaluación podrá realizar evaluaciones de seguimiento al desempeño judicial.

El Pleno, las Comisiones y la Secretaría General de Acuerdos podrán ordenar al Órgano de Evaluación la realización de evaluaciones de seguimiento al desempeño judicial, siempre que a su juicio existan elementos que hagan presumir irregularidades cometidas por un Magistrado, Magistrada, Jueza o Juez federales.

Sin prejuicio de lo previsto en el párrafo anterior, el Órgano de Evaluación deberá realizar una evaluación intermedia y una evaluación final a las personas titulares de los órganos jurisdiccionales del Poder Judicial de la Federación en el curso de su mandato.

El Pleno del Tribunal de Disciplina Judicial reglamentará, mediante la emisión de acuerdos generales, el procedimiento para la realización de las evaluaciones de seguimiento debiendo garantizar la transparencia y el acceso a la información y la participación pública.

Artículo 174. Las y los titulares de los órganos jurisdiccionales durante el periodo evaluado serán responsables de los resultados que arrojen los procedimientos de evaluación y seguimiento de desempeño a los que se refiere el párrafo anterior. En consecuencia, solamente las y los titulares referidos serán objeto de las medidas correctivas o sancionadoras previstas en esta Ley, aun cuando dichas medidas supongan la implementación de acciones que involucren a las y los servidores públicos a su cargo.

Artículo 175. El Órgano de Evaluación judicial deberá publicar oportunamente la realización de las evaluaciones de desempeño judicial para garantizar el derecho a la información y la participación pública. El Pleno del Tribunal de Disciplina Judicial reglamentará los procedimientos, medios y mecanismos para la difusión oportuna y adecuada de los procesos de evaluación a la sociedad.

Las y los visitadores deberán informar con la debida oportunidad a las y los titulares de los órganos jurisdiccionales o al Presidente o Presidenta, tratándose de los Tribunales de Circuito, de la evaluación de desempeño que vayan a practicar, a fin de que procedan a fijar el correspondiente aviso en los estrados del Órgano con una anticipación mínima de quince días, para el efecto de que las personas interesadas puedan manifestar sus quejas o denuncias.

Artículo 176. Cuando la evaluación de desempeño resulte insatisfactoria, o bien se impongan medidas correctivas o sancionadoras, la determinación del Órgano de Evaluación o de la Comisión del Tribunal de Disciplina Judicial podrá ser impugnada mediante el procedimiento que determine el Pleno del Tribunal de Disciplina Judicial para tal efecto mediante acuerdos generales.

CAPÍTULO V
DEL ÓRGANO DE INVESTIGACIÓN DE
RESPONSABILIDADES ADMINISTRATIVAS

Artículo 177. El Órgano de Investigación de Responsabilidades Administrativas fungirá como autoridad investigadora en términos de la Ley General de Responsabilidades Administrativas y tendrá la carga de la prueba para demostrar la veracidad sobre los hechos que demuestren la existencia de faltas administrativas cometidas por el personal jurisdiccional del Poder Judicial de la Federación, así como la responsabilidad de aquellos a quienes se imputen las mismas.

Artículo 178. La persona titular del Órgano será designada por el Pleno del Tribunal de Disciplina Judicial, a propuesta de su presidencia, y deberá tener título profesional afín a sus funciones y experiencia mínima de cinco años preferentemente en la materia de responsabilidades administrativas.

El Pleno del Tribunal de Disciplina Judicial, mediante acuerdos generales, designará la estructura orgánica a través de la cual la persona titular del Órgano de Investigación se apoyará para ejercer sus funciones. En dichos acuerdos se debe prever la existencia de agentes investigadores, quienes serán funcionarios que cuenten con las competencias necesarias para realizar las investigaciones y demás actuaciones que resulten necesarias.

Artículo 179. El Órgano de Investigación de Responsabilidades Administrativas tendrá las siguientes funciones:

I. Llevar a cabo las investigaciones por faltas administrativas del personal jurisdiccional del Poder Judicial de la Federación;

II. Ordenar la recolección de indicios y medios de prueba que estime conducentes para llegar a la verdad material de los hechos, así como desahogarlos en su momento procesal oportuno;

III. Llamar a comparecer y apercibir a personas que aporten elementos de prueba;

IV. Requerir información y documentación a las autoridades que resulten necesarias para el esclarecimiento de los hechos y conductas investigadas;

V. Requerir informes y documentación a la Unidad de Inteligencia Financiera de la Secretaría de Hacienda y Crédito Público, o a la Comisión Nacional Bancaria y de Valores, para que provean la información contable y financiera necesaria para el trámite de una investigación;

VI. Solicitar la aplicación y ejecución de las medidas necesarias para impedir que se pierdan, destruyan o alteren los indicios, una vez que tenga noticia de los mismos;

VII. Inspeccionar, en el ámbito de su competencia, el funcionamiento administrativo de los órganos jurisdiccionales a partir de las quejas interpuestas en contra de funcionarias o funcionarios adscritos a ellas o de los indicios señalados por el Órgano de Evaluación de Desempeño Judicial en el ejercicio de sus funciones;

VIII. Imponer las medidas de apremio para hacer cumplir sus determinaciones, a que se refiere el artículo 97 de la Ley General de Responsabilidades Administrativas;

IX. Integrar y presentar a las comisiones del Tribunal de Disciplina Judicial, los Informes de Presunta Responsabilidad Administrativa cuando así resulte conducente o emitir el acuerdo de conclusión y archivo del expediente, de conformidad con los acuerdos generales que dicte el Tribunal de Disciplina Judicial;

X. Solicitar a la autoridad substanciadora o resolutora, en los procedimientos de responsabilidad administrativa, las medidas cautelares a que se refiere el artículo 124 de la Ley General de Responsabilidades Administrativas, y

XI. Las demás que determinen las leyes, los reglamentos y acuerdos generales correspondientes.

Como resultado de dicha facultad investigadora, el Órgano de Investigación será la unidad responsable de integrar y presentar a las Comisiones del Tribunal de Disciplina Judicial, los Informes de Presunta Responsabilidad Administrativa cuando así resulte conducente o emitir el acuerdo de conclusión y archivo del expediente.

Si no se encontraren elementos suficientes para demostrar la existencia de la infracción y la presunta responsabilidad del infractor, se emitirá un acuerdo de conclusión y archivo del expediente, sin perjuicio de que pueda abrirse nuevamente la investigación si se presentan nuevos indicios o pruebas y no hubiere prescrito la facultad para sancionar. Dicha determinación, en su caso, se notificará a los Servidores Públicos y particulares sujetos a la investigación, así como a los denunciantes cuando éstos fueren identificables, dentro los diez días hábiles siguientes a su emisión.

CAPÍTULO VI
DEL PROCEDIMIENTO EN CASO DE DEMORA EN LA EMISIÓN DE SENTENCIAS EN MATERIA TRIBUTARIA Y PENAL

Artículo 180. Sin prejuicio de lo que establezcan las leyes en la materia, el Pleno del Órgano de Administración Judicial regulará mediante acuerdos generales los procedimientos en caso de demora en la emisión de sentencias en materia tributaria y penal, para garantizar el cumplimiento de los plazos previstos por los artículos 17, párrafo segundo, y 20, fracción VII, de la Constitución Política de los Estados Unidos Mexicanos.

Artículo 181. En el ejercicio de la atribución conferida en el precepto anterior, el Pleno del Órgano de Administración Judicial establecerá criterios claros, objetivos, y transparentes para la evaluación de los informes de demora que en su caso presenten las personas juzgadoras, tomando en consideración factores como la complejidad del asunto, las cargas de trabajo del órgano jurisdiccional en cuestión, la existencia de un obstáculo o impedimento fortuito o de fuerza mayor que impidiera la resolución del asunto, la actuación procesal de las partes, o, en general, cualquier otro elemento o supuesto mediante el que pueda determinarse razonablemente una justificación de la demora incurrida.

TÍTULO OCTAVO
DE LAS RESPONSABILIDADES ADMINISTRATIVAS

CAPÍTULO I
DE LA COMPETENCIA EN MATERIA DE
RESPONSABILIDADES ADMINISTRATIVAS

Artículo 182. El Tribunal de Disciplina Judicial tendrá a su cargo la investigación, substanciación y resolución de los procedimientos de responsabilidad administrativa del personal jurisdiccional del Poder Judicial de la Federación, así como la resolución del recurso de revisión en tales procedimientos y en los que involucren presuntas faltas graves cometidas por el personal administrativo del Poder Judicial de la Federación, de conformidad con lo previsto en la Constitución Política de los Estados Unidos Mexicanos, en la Ley General de Responsabilidades Administrativas, en este título y en las demás disposiciones que resulten aplicables.

Por su parte, el Órgano de Administración Judicial tendrá a su cargo la investigación, substanciación y resolución de los procedimientos de responsabilidad administrativa del personal administrativo del Poder Judicial de la Federación, así como la resolución del recurso de revisión en los casos que involucren presuntas faltas no graves, de conformidad con lo previsto en la Constitución Política de los Estados Unidos Mexicanos, en la Ley General de Responsabilidades Administrativas, en este título y en las demás disposiciones que resulten aplicables.

CAPÍTULO II
DE LAS FALTAS ADMINISTRATIVAS

Artículo 183. Las y los Ministros de la Suprema Corte de Justicia de la Nación, las y los Magistrados del Tribunal Electoral del Poder Judicial de la Federación, y las y los integrantes del Tribunal de Disciplina Judicial y del Órgano de Administración Judicial sólo podrán ser separados de sus puestos en la forma y términos que determina el Título Cuarto de la Constitución Política de los Estados Unidos Mexicanos.

También se procederá en los términos del párrafo anterior cuando los propios servidores y servidoras públicas violen las prohibiciones previstas en el artículo 101 Constitucional, imponiéndose además como sanción la pérdida de las prestaciones y beneficios que les correspondan y las señaladas por la comisión de delitos contra la administración de la justicia.

Las y los particulares podrán incurrir en responsabilidad si cometen las conductas previstas en los Capítulos III y IV del Título Tercero, del Libro Primero de la Ley General de Responsabilidades Administrativas, siempre que se encuentren vinculadas con las funciones del Poder Judicial de la Federación.

Artículo 184. Las personas juzgadoras serán objeto de disciplina cuando cometan algunas de las siguientes conductas que atentan contra la administración de justicia:

I. Emitan en cualquier procedimiento de manera dolosa resolución claramente contraria a lo dispuesto en la Constitución, la ley aplicable al caso, o la interpretación de las fuentes establecidas en criterios jurisprudenciales que resulten obligatorios para el órgano jurisdiccional al que pertenezcan;

II. Emitan en cualquier procedimiento por negligencia o ignorancia inexcusables resolución claramente contraria a lo dispuesto en la Constitución, la ley aplicable al caso o la interpretación de esas fuentes establecida en criterios jurisprudenciales que resulten obligatorios para el órgano jurisdiccional al que pertenezcan;

III. Emitan en cualquier procedimiento resolución contraria a las constancias de autos;

IV. Emitan en cualquier procedimiento de manera dolosa resolución que contenga inferencias probatorias claramente irracionales o en la que se aplique el estándar de prueba de manera claramente incorrecta;

V. Emita en cualquier procedimiento por negligencia o ignorancia inexcusables resolución que contenga inferencias probatorias claramente irracionales o en la que se aplique el estándar de prueba de manera claramente incorrecta;

VI. Contravengan las leyes que reglan la substanciación de los juicios o los procedimientos de manera dolosa con la finalidad de entorpecer o dilatar el normal desarrollo de éstos o producir la nulidad en todo lo actuado o alguna parte sustancial;

VII. Cuando de manera intencional o por omisión en su deber de debida diligencia retarden o demoren la emisión de la sentencia o resolución a los asuntos sometidos a su estudio, y

VIII. Cuando omitan dar el aviso de demora en la emisión de sentencias en materia tributaria y penal, conforme a lo establecido en los artículos 180 y 181 de esta Ley.

Artículo 185. A efecto de preservar los principios de independencia, objetividad e imparcialidad, en ningún caso se podrán empezar las investigaciones o procesos administrativos de responsabilidad por los supuestos anteriores cuando los procesos jurisdiccionales no hayan concluido en forma definitiva.

Artículo 186. En los casos anteriores, se podrá presentar la denuncia en cualquier momento, lo que dará lugar al análisis de su admisión y, en su caso, se suspenderá el inicio del procedimiento hasta que el proceso jurisdiccional esté concluido en forma definitiva.

Artículo 187. Serán causas de responsabilidad para las y los servidores públicos del Poder Judicial de la Federación, incluyendo a las personas juzgadoras:

I. Realizar conductas que atenten contra la independencia de la función judicial, tales como aceptar o ejercer consignas, presiones, encargos o comisiones, incurrir en corrupción, o cualquier acción que genere o implique subordinación indebida respecto de alguna persona del mismo u otro poder, o de particulares;

II. Inmiscuirse indebidamente en cuestiones del orden jurisdiccional que competan a otros órganos del Poder Judicial de la Federación;

III. Tener una notoria ineptitud técnica o jurídica, o descuido en el desempeño de las funciones o labores que deban realizar;

IV. Alterar o manipular la información en constancias de autos para afectar la resolución de los asuntos de su competencia;

V. Impedir en los procedimientos judiciales que las partes ejerzan los derechos que legalmente les correspondan en los procedimientos;

VI. Conocer de algún asunto o participar en algún acto para el cual se encuentren impedidos;

VII. Realizar nombramientos, promociones o ratificaciones infringiendo las disposiciones generales correspondientes;

VIII. No poner en conocimiento del Tribunal de Disciplina Judicial o del Órgano de Administración Judicial, según corresponda, cualquier acto tendiente a vulnerar la independencia de la función judicial;

IX. Ejercer sus atribuciones de manera claramente arbitraria en detrimento de la función judicial;

X. No preservar la dignidad, imparcialidad y profesionalismo propios de la función judicial en el desempeño de sus labores;

XI. Emitir opinión pública que implique prejuzgar sobre un asunto de su conocimiento;

XII. Abandonar la residencia del Tribunal de Circuito o Juzgado de Distrito al que esté adscrito o adscrita, o dejar de desempeñar las funciones o las labores que tenga a su cargo;

XIII. Incumplir las disposiciones constitucionales y legales en materia de propaganda y de informes de labores y de gestión;

XIV. La omisión a que se refiere el artículo 135 del Código Nacional de Procedimientos Penales;

XV. Acosar u hostigar sexualmente, o bien, llevar a cabo una o más conductas de naturaleza sexual, valiéndose de su posición jerárquica o aunque no exista dicha posición, sobre otra persona de su entorno laboral, sin el consentimiento de ésta;

XVI. Valiéndose de las atribuciones o facultades de su empleo, cargo o comisión, directa o indirectamente designar, nombrar o intervenir para que se contrate en cualquier órgano jurisdiccional o área administrativa del Poder Judicial de la Federación en que ejerza funciones, a personas con las que tenga lazos de parentesco por consanguinidad o afinidad hasta el cuarto grado o vínculo de matrimonio, concubinato o afectivo;

XVII. Que las personas que hubieran recibido un nombramiento de base, interino o de confianza directa o indirectamente designen, nombren o intervengan para que se contrate a los cónyuges, concubinas, convivientes o parejas en relaciones análogas, o a parientes consanguíneos o por afinidad hasta el cuarto grado de la persona que los nombró, y

XVIII. Las previstas en la Ley General de Responsabilidades Administrativas, siempre que no fueren contrarias a la naturaleza de la función jurisdiccional.

Además de la imposición de la responsabilidad administrativa que corresponda, los nombramientos dados en contravención a las fracciones XVI y XVII de este artículo quedarán sin efectos.

Artículo 188. Incurrirá en falta administrativa no grave la persona servidora pública cuyos actos u omisiones incumplan o transgredan lo contenido en las obligaciones siguientes:

I. Cumplir con las funciones, atribuciones y comisiones encomendadas, observando en su desempeño disciplina y respeto, tanto a las demás personas Servidoras Públicas como a los particulares con los que llegare a tratar, en los términos que se establezcan en el código de ética a que se refiere el artículo 16 de la Ley General de Responsabilidades Administrativas;

II. Denunciar los actos u omisiones que en ejercicio de sus funciones llegare a advertir, que puedan constituir faltas administrativas, en términos del artículo 93 de la Ley General de Responsabilidades Administrativas;

III. Atender las instrucciones de sus superiores, siempre que éstas sean acordes con las disposiciones relacionadas con el servicio público.

En caso de recibir instrucción o encomienda contraria a dichas disposiciones, deberá denunciar estas circunstancias en términos del artículo 93 de la Ley General de Responsabilidades Administrativas;

IV. Presentar en tiempo y forma las declaraciones de situación patrimonial y de intereses, en los términos establecidos en la Ley General de Responsabilidades Administrativas;

V. Registrar, integrar, custodiar y cuidar la documentación e información que, por razón de su empleo, cargo o comisión, tenga bajo su responsabilidad, e impedir o evitar su uso, divulgación, sustracción, destrucción, ocultamiento o inutilización indebidos;

VI. Supervisar que las personas Servidoras Públicas sujetas a su dirección, cumplan con las disposiciones de este artículo;

VII. Rendir cuentas sobre el ejercicio de las funciones, en términos de las normas aplicables;

VIII. Colaborar en los procedimientos judiciales y administrativos en los que sea parte, y

IX. Las demás que establezca la Ley General de Responsabilidades Administrativas.

Artículo 189. Cuando en un mismo acto u omisión concurran personas que desempeñan funciones jurisdiccionales y personas que realizan labores administrativas, la investigación, substanciación y resolución del procedimiento de responsabilidad administrativa será competencia del Tribunal de Disciplina Judicial. El Órgano de Administración Judicial hará del conocimiento del Tribunal de Disciplina Judicial la existencia de alguna investigación en la que se advierta la posible participación de una persona con funciones jurisdiccionales, para que el Órgano de Investigación de dicho Tribunal ejerza sus atribuciones.

Cuando en un mismo acto u omisión concurran presuntas faltas cometidas por el personal administrativo de tipo grave y no grave, la substanciación y resolución del recurso revisión será competencia del Tribunal de Disciplina Judicial.

En todo caso, el Pleno del Tribunal de Disciplina Judicial resolverá los conflictos competenciales que surjan frente a las atribuciones del Órgano de Administración Judicial con base en lo dispuesto por la Constitución Política de los Estados Unidos Mexicanos, la Ley General de Responsabilidades Administrativas, esta Ley y demás disposiciones jurídicas aplicables.

CAPÍTULO III
DE LA DECLARACIÓN PATRIMONIAL

Artículo 190. Las y los servidores públicos del Poder Judicial de la Federación estarán obligados a presentar su declaración de situación patrimonial y de intereses en los casos y conforme a lo previsto en la Ley General de Responsabilidades Administrativas y los acuerdos generales respectivos.

CAPÍTULO IV
DEL PROCEDIMIENTO DE RESPONSABILIDAD ADMINISTRATIVA

Artículo 191. El procedimiento de responsabilidad administrativa, desde la investigación hasta el cumplimiento y ejecución de la sanción, se instaurará conforme a los principios y reglas previstas en la Ley General de Responsabilidades Administrativas y en esta Ley. En lo no previsto en esa ley ni en el presente ordenamiento, se aplicarán los acuerdos generales que correspondan.

El procedimiento disciplinario se regirá por las bases siguientes:

I. Todas las investigaciones y procedimientos observarán en todo momento, el contenido de los derechos humanos aplicables a los procedimientos administrativos sancionadores, con especial énfasis en la presunción de inocencia, el derecho a la no autoincriminación, el derecho a la defensa y el debido proceso, garantizando el derecho de audiencia a las personas involucradas. La perspectiva de género será transversal desde la investigación y hasta la resolución final de los asuntos, buscando que los procesos estén dotados de una dimensión restaurativa en aquellos casos y conforme a los criterios que al respecto definan los acuerdos generales;

II. Las investigaciones podrán iniciar como consecuencia de:

a) Quejas o denuncias presentadas, ya sea por particulares o por autoridades, pertenecientes o no al Poder Judicial de la Federación, por hechos que pudieran ser objeto de responsabilidad administrativa, cometidos por alguna persona servidora pública del Poder Judicial de la Federación, incluyendo Ministras, Ministros, Magistradas, Magistrados, Juezas y Jueces.

En estos casos, compete a la presidencia del Tribunal de Disciplina Judicial o a la persona Contralora del Órgano de Administración Judicial, según corresponda, pronunciarse sobre la admisibilidad de la queja o denuncia, a partir de la propuesta que formule la autoridad investigadora respectiva.

b) Los procedimientos de auditoría, vigilancia o supervisión interna.

c) Por orden oficiosa o denuncia del Tribunal de Disciplina Judicial o del Órgano de Administración Judicial.

d) Las demás causales que prevean las leyes y acuerdos generales;

III. Corresponderá al Órgano de Investigación de Responsabilidades Administrativas, o en su caso a la Dirección General de Investigación de la Contraloría del Órgano de Administración Judicial, fungir como autoridad investigadora en términos de la Ley General de Responsabilidades Administrativas. Se exceptúan de la regla anterior los seguimientos de evolución en la situación patrimonial, en los cuales directamente se puede presentar el Informe de Presunta Responsabilidad Administrativa;

IV. Las medidas cautelares podrán dictarse en cualquier momento de la investigación o del procedimiento, conforme a las siguientes reglas:

a) Deberán solicitarse a la autoridad resolutora, según lo dispuesto en el siguiente artículo;

b) Serán medidas cautelares las previstas en la fracción XV del artículo 154;

c) Las medidas cautelares podrán tener como finalidad alguna de las previstas en el artículo 123 de la Ley General de Responsabilidades Administrativas, así como la de salvaguardar la integridad de las personas potencialmente afectadas por conductas graves, particularmente en casos de violencia sexual;

d) Las medidas cautelares serán proporcionales a la conducta investigada o procesada, e instrumentales para la persecución de la finalidad buscada, y

e) Las medidas cautelares se tramitarán incidentalmente. En caso de que la autoridad resolutora admita a trámite el incidente respectivo, podrá adoptar las medidas solicitadas de manera provisional y, en el mismo acto, dará vista a la o a las personas directamente afectadas para que, dentro de un plazo de cinco días hábiles, manifiesten lo que a su derecho convenga. Transcurrido el plazo anterior, la autoridad resolutora contará con un plazo de hasta cinco días hábiles para emitir la resolución interlocutoria respectiva, en contra de la cual no procederá recurso alguno;

V. La prescripción de la acción disciplinaria y la caducidad dentro del procedimiento respectivo se regularán de conformidad con lo dispuesto en el artículo 201 de esta Ley, y

VI. Los medios de impugnación se regirán por lo previsto en el artículo 198 de la presente Ley.

Podrán intervenir en el procedimiento de responsabilidad administrativa las autoridades que se faculten en los acuerdos generales respectivos, siempre conforme a lo previsto en las bases antes desarrolladas.

Artículo 192. El Tribunal de Disciplina Judicial es el órgano competente para investigar, substanciar y resolver los procedimientos de responsabilidades administrativas por presuntas faltas cometidas por el personal jurisdiccional del Poder Judicial de la Federación, así como aplicar las sanciones que correspondan, de acuerdo con las siguientes atribuciones:

I. Las Comisiones del Tribunal de Disciplina Judicial serán competentes para substanciar y resolver en primera instancia respecto de las responsabilidades administrativas del personal jurisdiccional.

II. El Pleno del Tribunal de Disciplina Judicial fungirá como segunda instancia en los procedimientos a los que se refiere la fracción anterior. En consecuencia, substanciará y resolverá el recurso de revisión en los procedimientos a los que se refiere la fracción anterior y los demás que resulten procedentes, así como el recurso de revisión en los casos que involucren presuntas faltas graves cometidas por el personal administrativo del Poder Judicial de la Federación.

En ningún caso los recursos de revisión podrán ser turnados para su substanciación y elaboración de proyecto de resolución respectivo a las Magistradas y los Magistrados que integren la Comisión que emitió la resolución recurrida.

Las resoluciones que emita en segunda instancia el Pleno del Tribunal de Disciplina Judicial serán definitivas e inatacables. Dichas resoluciones se tomarán por mayoría de cuatro votos; en caso de no alcanzarse tal votación deberán desestimarse las sanciones impuestas en primera instancia.

Artículo 193. El Órgano de Administración Judicial es el órgano competente para investigar, substanciar y resolver los procedimientos de responsabilidades administrativas por faltas cometidas por el personal administrativo del
Poder Judicial de la Federación, así como aplicar las sanciones que correspondan, de acuerdo con las siguientes atribuciones:

I. La Contraloría, será competente para investigar las responsabilidades
administrativas del personal administrativo del Poder Judicial de la Federación.

II. El Órgano de Administración Judicial, a través de las Comisiones que
determine mediante acuerdos generales, substanciará y resolverá en primera
instancia respecto de los procedimientos de responsabilidad administrativa.

III. El Pleno del Órgano de Administración Judicial fungirá como segunda
instancia en los procedimientos a los que se refiere la fracción anterior. En
consecuencia, substanciará y resolverá el recurso de revisión en contra de las
resoluciones emitidas por las Comisiones en los procedimientos de responsabilidad administrativa por la presunta comisión de faltas no graves, y los demás
recursos que resulten procedentes.

En ningún caso los recursos de revisión podrán ser turnados para su substanciación y elaboración de proyecto de resolución respectivo a las personas
que integren la Comisión que emitió la resolución recurrida.

Las resoluciones que emita en segunda instancia el Pleno del Órgano de
Administración Judicial serán definitivas e inatacables. Dichas resoluciones se
tomarán por mayoría de cuatro votos; en caso de no alcanzarse tal votación
deberán desestimarse las sanciones impuestas en primera instancia.

Artículo 194. Las personas servidoras públicas del Tribunal de Disciplina
Judicial y del Órgano de Administración Judicial responsables de la investigación, substanciación y resolución de las faltas administrativas incurrirán en
obstrucción de la justicia cuando:

I. Realicen cualquier acto que simule conductas no graves durante la investigación de actos u omisiones calificados como graves en la presente Ley y
demás disposiciones aplicables;

II. No inicien el procedimiento correspondiente ante la autoridad competente, dentro del plazo de treinta días naturales, a partir de que tengan conocimiento de cualquier conducta que pudiera constituir una falta administrativa
grave, faltas de particulares o un acto de corrupción, y

III. Revelen la identidad de un denunciante anónimo protegido bajo los preceptos establecidos en esta Ley General de Responsabilidades Administrativas.

Artículo 195. El Tribunal de Disciplina Judicial podrá atraer procedimientos relacionados con hechos que las leyes señalen como delitos. Para estos efectos, se considerarán faltas administrativas graves las conductas previstas en los tipos penales de los delitos contra la administración de justicia cuando dichas conductas sean realizadas por las personas juzgadoras. Las sanciones correspondientes serán las que establezca esta Ley para las faltas graves.

Dichas conductas podrán juzgarse simultánea o sucesivamente, mediante los procedimientos penales y en los procedimientos administrativos instruidos por el Tribunal de Disciplina Judicial. En este segundo caso, para establecer la existencia de la falta administrativa grave y la responsabilidad de la persona juzgadora bastará con que, en atención a las pruebas admitidas y desahogadas, tanto de cargo como de descargo, sea más probable la hipótesis de culpabilidad que la hipótesis de inocencia.

Artículo 196. El principio de independencia judicial garantiza a las personas juzgadoras la posibilidad de ejercer sin interferencias de ningún tipo su criterio jurisdiccional para resolver las controversias de las que conozcan con respeto al marco normativo aplicable y, en su caso, valorando racionalmente las pruebas que obren en la causa.

Artículo 197. Los procedimientos administrativos de responsabilidad se clasificarán por su materia de la manera siguiente:

I. Faltas en contra de la administración de justicia, los cuales comprenden los actos u omisiones contrarios a los principios y normas que disciplinan la función judicial al momento de dictar resoluciones.

II. Faltas por infracción a deberes establecidos en la ley que no están relacionadas directamente con el ejercicio de la función judicial al momento de dictar resoluciones.

Artículo 198. Los medios de impugnación en los procedimientos de responsabilidad administrativa estarán previstos en los acuerdos generales que al efecto emita el Pleno del Tribunal de Disciplina Judicial o el Pleno del Órgano de Administración Judicial, según corresponda, de conformidad con lo que dispone la Constitución Política de los Estados Unidos Mexicanos, la Ley General de Responsabilidades Administrativas y demás disposiciones aplicables.

En el caso del Tribunal de Disciplina Judicial, dichos acuerdos deberán sujetarse a los siguientes lineamientos:

a) Las decisiones disciplinarias emitidas por las Comisiones del Tribunal de Disciplina Judicial podrán ser impugnadas mediante recurso de revisión dentro de los quince días hábiles siguientes a la fecha en que surta efectos la notificación respectiva. Su resolución corresponde al Pleno del Tribunal de Disciplina Judicial.

b) La admisión y el desechamiento de quejas por parte de la presidencia del Tribunal de Disciplina Judicial, así como los dictámenes conclusivos y la inactividad procesal superior a seis meses por parte del Órgano de Investigación serán impugnables mediante recurso de inconformidad. Su resolución corresponderá a una Comisión del Tribunal de Disciplina Judicial.

CAPÍTULO V
DE LAS SANCIONES

Artículo 199. Las sanciones por las faltas administrativas contempladas en el presente Título y en la Ley General de Responsabilidades Administrativas serán las siguientes:

A. Tratándose de faltas administrativas no graves, las sanciones consistirán en:

I. Amonestación privada o pública;

II. Suspensión del empleo, cargo o comisión;

III. Destitución de su empleo, cargo o comisión, y

IV. Inhabilitación temporal para desempeñar empleos, cargos o comisiones en el servicio público.

Se podrán imponer una o más de las sanciones administrativas señaladas en este artículo, siempre y cuando sean compatibles entre ellas y de acuerdo con la trascendencia de la falta administrativa no grave. La suspensión del empleo, cargo o comisión que se imponga podrá ser de uno a treinta días naturales. En caso de que se imponga como sanción la inhabilitación temporal, ésta no será menor de tres meses ni podrá exceder de un año.

B. Tratándose de faltas administrativas graves, las sanciones consistirán en:

I. Suspensión del empleo, cargo o comisión;

II. Destitución del empleo, cargo o comisión;

III. Sanción económica, y

IV. Inhabilitación temporal para desempeñar empleos, cargos o comisiones en el servicio público y para participar en adquisiciones, arrendamientos, servicios u obras públicas.

A juicio de la autoridad resolutora podrán ser impuestas a la persona infractora una o más de las sanciones señaladas, siempre y cuando sean compatibles entre ellas y de acuerdo con la gravedad de la falta administrativa grave.

La suspensión del empleo, cargo o comisión que se imponga podrá ser de treinta a noventa días naturales.

En caso de que se determine la inhabilitación, ésta será de uno hasta diez años si el monto de la afectación de la falta administrativa grave no excede de doscientas veces el valor diario de la Unidad de Medida y Actualización, y de diez a veinte años si dicho monto excede de dicho límite. Cuando no se causen daños o perjuicios, ni exista beneficio o lucro alguno, se podrán imponer de tres meses a un año de inhabilitación.

En el caso de que la falta administrativa grave cometida por la persona servidora pública le genere beneficios económicos, a sí misma o a cualquiera de las personas a que se refiere el artículo 52 de la Ley General de Responsabilidades Administrativas, se le impondrá sanción económica que podrá alcanzar hasta dos tantos de los beneficios obtenidos. En ningún caso la sanción económica que se imponga podrá ser menor o igual al monto de los beneficios económicos obtenidos. Lo anterior, sin perjuicio de la imposición de las sanciones antes referidas.

Asimismo, se determinará el pago de una indemnización cuando, la falta administrativa grave a que se refiere el párrafo anterior provocó daños y perjuicios a la Hacienda Pública Federal, local o municipal, o al patrimonio de los entes públicos. En dichos casos, la persona servidora pública estará obligada a reparar la totalidad de los daños y perjuicios causados y las personas que, en su caso, también hayan obtenido un beneficio indebido, serán solidariamente responsables.

C. Las sanciones administrativas aplicables a particulares por la comisión de alguna falta administrativa consistirán en:

I. Para personas físicas:

a) Sanción económica que podrá alcanzar hasta dos tantos de los beneficios obtenidos o, en caso de no haberlos obtenido, por el equivalente a la cantidad de cien hasta ciento cincuenta mil veces el valor diario de la Unidad de Medida y Actualización;

b) Inhabilitación temporal para participar en adquisiciones, arrendamientos, servicios u obras públicas, según corresponda, por un periodo que no será menor de tres meses ni mayor de ocho años, y

c) Indemnización por los daños o perjuicios ocasionados al patrimonio del Poder Judicial de la Federación o a la Hacienda Pública Federal.

II. Para personas morales:

a) Sanción económica que podrá alcanzar hasta dos tantos de los beneficios obtenidos o, en caso de no haberlos obtenido, por el equivalente a la cantidad de mil hasta un millón quinientas mil veces el valor diario de la Unidad de Medida y Actualización;

b) Inhabilitación temporal para participar en adquisiciones, arrendamientos, servicios u obras públicas, por un periodo que no será menor de tres meses ni mayor de diez años;

c) La suspensión de actividades, por un periodo que no será menor de tres meses ni mayor de tres años, la cual consistirá en detener, diferir o privarlos temporalmente de sus actividades comerciales, económicas, contractuales o de negocios por estar vinculados a faltas administrativas graves;

d) Disolución de la sociedad respectiva, la cual consistirá en la pérdida de la capacidad legal de una persona moral, para el cumplimiento del fin por el que fue creada por orden jurisdiccional y como consecuencia de la comisión, vinculación, participación y relación con una falta administrativa grave, y

e) Indemnización por los daños o perjuicios ocasionados al patrimonio del Poder Judicial de la Federación o a la Hacienda Pública Federal.

Para la imposición de sanciones a las personas morales deberá observarse, además, lo previsto en los artículos 24 y 25 de la Ley General de Responsabilidades Administrativas.

Las sanciones previstas en los incisos c) y d) de la fracción II, sólo serán procedentes cuando la sociedad obtenga un beneficio económico y se acredite participación de sus órganos de administración, de vigilancia o de sus socios o socias, o en aquellos casos que se advierta que la sociedad es utilizada de manera sistemática para vincularse con faltas administrativas graves.

Podrán imponerse a la o al particular una o más de las sanciones señaladas, siempre que sean compatibles entre ellas y conforme a la gravedad de las faltas.

Se considerará como atenuante para la imposición de sanciones a personas morales el que los órganos de administración, representación, vigilancia, sus socios o sus socias denuncien o colaboren en las investigaciones proporcionando la información y los elementos que posean, o resarzan los daños que se hubieren causado.

Para la imposición de sanciones a las personas morales se considerará como agravante, el hecho de que los órganos de administración, representación, vigilancia, sus socios o sus socias conozcan presuntos actos de corrupción de personas físicas que pertenecen a aquellas y no los denuncien.

Artículo 200. Las Ministras y Ministros de la Suprema Corte de Justicia de la Nación, las Magistradas y los Magistrados electorales, las Magistradas y los Magistrados del Tribunal de Disciplina Judicial y los integrantes del Pleno del Órgano de Administración Judicial solo podrán ser removidos en los términos del Título Cuarto de la Constitución Política de los Estados Unidos Mexicanos.

Artículo 201. El plazo de prescripción de faltas graves de las y los servidores públicos o de faltas de particulares, será de siete años, contados a partir del día siguiente al que se hubieren cometido las infracciones, o a partir del momento en que hubieren cesado. La prescripción se interrumpirá con la notificación del inicio del procedimiento de responsabilidad administrativa.

Si se dejare de actuar en los procedimientos de responsabilidad administrativa y, como consecuencia de ello, se produjera la caducidad de la instancia, la prescripción se reanudará desde el día en que se admitió el Informe de Presunta Responsabilidad Administrativa.

En ningún caso, en los procedimientos de responsabilidad administrativa podrá dejar de actuarse por más de seis meses sin causa justificada; en caso de actualizarse dicha inactividad, se decretará, a solicitud del presunto responsable, la caducidad de la instancia.

Para efectos de lo previsto en el párrafo anterior, se considera causa justificada el hecho de que la o el servidor público se encuentre de vacaciones o gozando de una licencia para efectos del emplazamiento, por lo que no procederá la caducidad de la instancia.

Los plazos a los que se refiere este artículo se computarán en días naturales.

Artículo 202. Las faltas no graves prescribirán en tres años, contados a partir del día siguiente al que se hubieren cometido las faltas, o a partir del momento en que hubieren cesado.

Si se dejare de actuar en los procedimientos de responsabilidad administrativa y, como consecuencia de ello, se produjera la caducidad de la instancia, la prescripción se reanudará desde el día en que se ordenó su inicio.

En ningún caso, en los procedimientos de responsabilidad administrativa podrá dejar de actuarse por más de seis meses sin causa justificada; en caso de actualizarse dicha inactividad, se decretará, a solicitud del presunto responsable, la caducidad de la instancia.

Para efectos de lo previsto en el párrafo anterior, se considera causa justificada el hecho de que la o el servidor público se encuentre de vacaciones o gozando de una licencia para efectos del emplazamiento, por lo que no procederá la caducidad de la instancia.

Los plazos a los que se refiere este artículo se computarán en días naturales.

Artículo 203. Las faltas serán valoradas y, en su caso sancionadas, de conformidad con los criterios establecidos en los artículos 75 a 80 de la Ley General de Responsabilidades Administrativas.

En todo caso, se considerarán como faltas graves, además de las así calificadas por la Ley General de Responsabilidades Administrativas, las contempladas en las fracciones I a VIII, XV, XVI y XVII del artículo 187 de esta Ley, y las señaladas en el artículo 101 de la Constitución Política de los Estados Unidos Mexicanos.

Artículo 204. Tratándose de Juezas y Jueces de Distrito, así como Magistradas y Magistrados de Circuito, la destitución sólo procederá en los siguientes casos:

I. Cuando incurran en una causa de responsabilidad grave en el desempeño de sus cargos, y

II. Cuando reincidan en una causa de responsabilidad sin haber atendido a las observaciones o amonestaciones que se les hagan por faltas a la moral o a la disciplina que deben guardar conforme a la ley y a los reglamentos respectivos.

Artículo 205. Con independencia de si el motivo de la queja da o no lugar a responsabilidad, el Tribunal de Disciplina Judicial, a través del órgano que resulte correspondiente, dictará las providencias oportunas para su corrección o remedio inmediato, y si de la propia queja se desprende la realización de una conducta que pudiera dar lugar a responsabilidad, dará cuenta al Pleno del órgano que corresponda para que proceda en los términos previstos en este Título.

Artículo 206. Si el Tribunal de Disciplina Judicial estima que la queja fue interpuesta sin motivo, se impondrá a la o el quejoso, a su representante, a su abogado o abogada, o a todos, una multa de diez a ciento veinte veces el valor diario de la Unidad de Medida y Actualización, al momento de interponerse la queja.

TÍTULO NOVENO
DE LA FACULTAD DE ATRACCIÓN EN LAS CONTROVERSIAS ORDINARIAS

CAPÍTULO ÚNICO

Artículo 207. El ejercicio de la facultad de atracción a que se refiere la fracción II del artículo 16 de esta Ley, se regirá por las siguientes reglas:

I. Si es ejercida de oficio por el Pleno de la Suprema Corte de Justicia de la Nación, éste deberá comunicar por escrito al correspondiente Tribunal Colegiado de Apelación, el cual, en el término de quince días hábiles, le remitirá los autos originales y lo notificará a las partes mediante oficio;

II. Cuando el Ejecutivo Federal, por conducto de la o el consejero jurídico del Gobierno, o la o el Fiscal General de la República solicitare su ejercicio, el Pleno de la Suprema Corte de Justicia de la Nación, si lo estima conveniente, ordenará al Tribunal Colegiado de Apelación que le remita los autos originales dentro del término de cinco días. Recibidos los autos, el Pleno, dentro de los treinta días siguientes, resolverá si ejerce la facultad de atracción, en cuyo caso le informará al propio Tribunal Colegiado de Apelación de la resolución correspondiente; en caso contrario, notificará su resolución a la persona solicitante y devolverá los autos a dicho tribunal;

III. Si un Tribunal Colegiado de Apelación solicita que se ejerza la facultad de atracción, expresará las razones en que se funde su petición y remitirá los autos originales al Pleno de la Suprema Corte de Justicia de la Nación, el cual resolverá dentro de los treinta días siguientes en términos del párrafo anterior;

IV. No podrá solicitarse o ejercitarse la facultad de atracción, sin que se haya agotado la sustanciación del recurso de apelación ante el correspondiente Tribunal Colegiado de Apelación, y

V. Dentro de los diez días siguientes a la fecha en que se hubiere admitido la atracción, el expediente se turnará a la o el Ministro relator que corresponda, a efecto de que en un término de treinta días formule el proyecto de sentencia que deba ser sometido a la resolución del Pleno de la Suprema Corte de Justicia de la Nación.

Artículo 208. Si al dictar sentencia el Pleno de la Suprema Corte de Justicia de la Nación estima que en la tramitación o resolución de la primera instancia o durante la sustanciación de la segunda se violaron las normas esenciales del procedimiento afectando las defensas de alguna de las partes, decretará la reposición del procedimiento.

En estos casos, el Pleno revocará la sentencia recurrida y remitirá los autos a la Magistrada, Magistrado, Jueza o Juez que corresponda.

Artículo 209. En contra de las resoluciones dictadas por la o el Ministro a quien conforme a lo dispuesto en el artículo anterior se hubiere encomendado la reposición, podrá interponerse el recurso de reclamación siempre que en términos del Código Nacional de Procedimientos Civiles y Familiares la providencia correspondiente sea revocable. Para la sustanciación de este recurso se aplicarán, en lo conducente, los artículos 48 a 50 de la Ley Reglamentaria de las fracciones I y II del artículo 105 de la Constitución Política de los Estados Unidos Mexicanos.

Cuando el recurso de reclamación se interponga sin motivo, el Pleno de la Suprema Corte de Justicia de la Nación solicitará al Tribunal de Disciplina Judicial la imposición al recurrente o a su representante, a su abogado o a ambos, de una multa de diez a ciento veinte veces el valor diario de la Unidad de Medida y Actualización.

TÍTULO DÉCIMO
DE LAS DISPOSICIONES GENERALES

CAPÍTULO I
DE LA DIVISIÓN TERRITORIAL

Artículo 210. Para los efectos de esta Ley, el territorio de la República se dividirá en el número de circuitos y regiones que mediante acuerdos generales determine el Órgano de Administración Judicial.

En cada uno de los circuitos el Órgano de Administración Judicial establecerá mediante acuerdos generales, el número de Tribunales Colegiados de Circuito, Colegiados de Apelación y de Juzgados de Distrito, así como su especialización y límites territoriales. En cada región funcionará un pleno regional con jurisdicción sobre los circuitos que le correspondan.

Artículo 211. Cada uno de los circuitos a que se refiere el artículo anterior comprenderá los distritos judiciales cuyo número y límites territoriales determine el Órgano de Administración Judicial mediante acuerdos generales.

CAPÍTULO II
DE LOS IMPEDIMENTOS

Artículo 212. Las Ministras y Ministros de la Suprema Corte de la Justicia de la Nación, las Magistradas y Magistrados de Circuito, las Juezas y Jueces de Distrito, y las y los integrantes del Tribunal de Disciplina Judicial y del Órgano de Administración Judicial están impedidos para conocer de los asuntos, por alguna de las causas siguientes:

I. Tener parentesco en línea recta sin limitación de grado, en la colateral por consanguinidad hasta el cuarto grado y en la colateral por afinidad hasta el segundo, con alguna o alguno de las y los interesados, sus representantes, patronas, patronos o personas defensoras;

II. Tener amistad íntima o enemistad manifiesta con alguna de las personas a que se refiere la fracción anterior;

III. Tener interés personal en el asunto, o tenerlo su cónyuge o sus parientes, en los grados que expresa la fracción I de este artículo;

IV. Haber presentado querella o denuncia la persona servidora pública, su cónyuge o sus parientes, en los grados que expresa la fracción I, en contra de alguna de las personas interesadas;

V. Tener pendiente la persona servidora pública, su cónyuge o sus parientes, en los grados que expresa la fracción I, un juicio contra alguna o alguno de las o los interesados o no haber transcurrido más de un año desde la fecha de la terminación del que hayan seguido hasta la fecha en que tome conocimiento del asunto;

VI. Haber sido procesada la persona servidora pública, su cónyuge o parientes, en los grados expresados en la misma fracción I, en virtud de querella o denuncia presentada ante las autoridades, por alguna de las personas interesadas, sus representantes, patronos o personas defensoras;

VII. Estar pendiente de resolución un asunto que hubiese promovido como particular, semejante a aquél que le es sometido para su conocimiento o tenerlo su cónyuge o sus parientes en los grados expresados en la fracción I;

VIII. Tener interés personal en asunto donde alguno de los interesados sea Juez, Jueza, persona árbitro o arbitrador;

IX. Asistir, durante la tramitación del asunto, a convite que le diere o costeare alguna de las personas interesadas, tener mucha familiaridad o vivir en familia con alguna de ellas;

X. Aceptar presentes o servicios de alguna de las personas interesadas;

XI. Hacer promesas que impliquen parcialidad a favor o en contra de alguna de las personas interesadas, sus representantes, patronos o personas defensoras, o amenazar de cualquier modo a alguno de ellos o ellas;

XII. Ser persona acreedora, deudora, socia, arrendadora o arrendataria, dependiente o principal de alguna de las personas interesadas;

XIII. Ser o haber sido tutora, tutor, curador o curadora de alguna de las personas interesadas o administradora de sus bienes por cualquier título;

XIV. Ser persona heredera, legataria, donataria o fiadora de alguna de las personas interesadas, si la persona servidora pública ha aceptado la herencia o el legado o ha hecho alguna manifestación en este sentido;

XV. Ser cónyuge, hija o hijo de la persona servidora pública, acreedora, deudora o fiadora de alguna de las personas interesadas;

XVI. Haber sido Juez, Jueza, Magistrada o Magistrado en el mismo asunto, en otra instancia. No es motivo de impedimento para las y los Magistrados de los Tribunales Colegiados de Apelación el conocer del recurso de apelación contra sentencias del orden penal cuando hubiesen resuelto recursos de apelación en el mismo asunto en contra de los autos a que se refieren las fracciones I a IX y XI del artículo 467, y fracción I del artículo 468 del Código Nacional de Procedimientos Penales;

XVII. Haber sido persona agente del Ministerio Público, integrante de jurado, perita, perito, testigo, apoderada, apoderado, patrona, patrono, defensora o defensor en el asunto de que se trata, o haber gestionado o recomendado anteriormente el asunto en favor o en contra de alguna de las personas interesadas. Tratándose de juicios de amparo, se observará lo dispuesto en la Ley de Amparo, Reglamentaria de los artículos 103 y 107 de la Constitución Política de los Estados Unidos Mexicanos, y

XVIII. Cualquier otra análoga a las anteriores.

Artículo 213. Para los efectos del artículo anterior, en los asuntos del orden penal se considerarán como personas interesadas a la o el inculpado o a la o el imputado, así como la víctima, ofendida u ofendido.

Artículo 214. Las y los auditores y las y los peritos estarán impedidos para actuar cuando se encuentren en una de las causales del impedimento previstas por las fracciones I, II, IX, XIII, XIV y XV del artículo 212 de esta Ley o en las leyes de la materia, siempre que pudieran comprometer la prestación imparcial de sus servicios. La calificación del impedimento corresponderá, en todo caso, al órgano administrativo o jurisdiccional ante la cual deberían ejercer sus atribuciones y cumplir sus obligaciones.

Artículo 215. Además de las y los servidores públicos previstos en el artículo 101 de la Constitución Política de los Estados Unidos Mexicanos, las y los oficiales judiciales, las y los actuarios, las y los secretarios proyectistas, las y los auditores, no podrán aceptar o desempeñar empleo o encargo de la Federación, de los Estados, de la Ciudad de México o de particulares, salvo los cargos no remunerados en asociaciones científicas, docentes, literarias o de beneficencia.

CAPÍTULO III
DE LA PROTESTA CONSTITUCIONAL

Artículo 216. Las y los integrantes del Pleno del Órgano de Administración Judicial que fueren designados por el Poder Legislativo o por la persona titular del Poder Ejecutivo, otorgarán ante ellos la protesta constitucional, y las y los integrantes que fueren designados por el Pleno de la Suprema Corte de Justicia de la Nación la harán ante la o el presidente de dicha institución.

Artículo 217. Las Magistradas y los Magistrados de Circuito otorgarán la protesta constitucional ante el Senado de la República.

Artículo 218. Las Juezas y los Jueces de Distrito otorgarán la protesta constitucional ante el Senado de la República.

Artículo 219. Las secretarias, los secretarios y las personas empleadas de la Suprema Corte de Justicia de la Nación, del Órgano de Administración

Judicial y del Tribunal de Disciplina Judicial otorgarán la protesta ante la o el presidente del Pleno del Órgano de Administración Judicial.

Artículo 220. Las secretarias, los secretarios, asistentes de constancias y registros y personas empleadas de los tribunales de alzada y de los Juzgados de Distrito protestarán ante la o el Magistrado o la o el Juez al que se le deban estar adscritos.

Artículo 221. La protesta a que se refiere este capítulo se prestará en los términos siguientes: ¿Protestáis desempeñar leal y patrióticamente el cargo de (el que se confiera al interesado) que se os haya conferido; guardar y hacer guardar la Constitución Política de los Estados Unidos Mexicanos y las leyes que de ella emanen, mirando en todo por el bien y prosperidad de la Unión? El o la interesada responderá: Sí protesto. La autoridad que tome la protesta añadirá: Si no lo hicieres así, la Nación os lo demande.

CAPÍTULO IV
DE LAS ACTUACIONES JUDICIALES

Artículo 222. Ninguna servidora ni servidor público o persona empleada podrá abandonar la residencia del Tribunal de Circuito o Juzgado de Distrito al que esté adscrito, ni dejar de desempeñar las funciones o las labores que tenga a su cargo, sin que previamente se le hubiere otorgado la autorización respectiva con arreglo a la ley.

Cuando el personal de los Tribunales de Circuito o de los Juzgados de Distrito tuvieren que abandonar su residencia para practicar diligencias, podrá hacerlo en casos urgentes cuando la ausencia no excede de tres días, dando aviso al Órgano de Administración Judicial, expresando el objeto y naturaleza de la diligencia y fechas de salida y regreso.

Artículo 223. Las diligencias que deban practicarse fuera de las oficinas de la Suprema Corte de Justicia de la Nación, del Órgano de Administración Judicial o del Tribunal de Disciplina Judicial se llevarán a cabo por el Ministro, Ministra, Magistradas y Magistrados del Tribunal de Disciplina Judicial, las y los miembros del Órgano de Administración Judicial, secretario, secretaria, actuario, actuaria, Jueza o Juez de Distrito que al efecto comisione el órgano que conozca del asunto que las motive.

Artículo 224. Las diligencias que hayan de practicarse fuera de las oficinas de los Tribunales de Circuito y de los Juzgados de Distrito podrán practicarse por las y los propios Magistrados o Jueces o por las y los secretarios o actuarios que comisionen al efecto.

Fuera del lugar de la residencia de los Tribunales de Circuito, las diligencias se practicarán por la o el Magistrado o la o el Juez de Distrito o del fuero común del lugar donde habrá de realizarse la diligencia, comisionados al efecto.

Fuera de la residencia de los Juzgados de Distrito, las diligencias podrán practicarse por la o el mismo Juez de Distrito, por la o el del fuero común comisionado al efecto, o por la o el secretario o actuario del Juzgado de Distrito.

En los asuntos del orden penal, las y los Jueces de Distrito podrán autorizar a las y los Jueces del orden común en términos del artículo 48 de esta Ley y cuando dichos Jueces y Juezas ordenen la práctica de diligencias para que resuelvan sobre la vinculación a proceso o no vinculación a proceso por falta de méritos para procesar, según fuere procedente, y para practicar las demás diligencias en los términos que disponga el Código Nacional de Procedimientos Penales.

CAPÍTULO V
DE LAS VACACIONES Y DÍAS INHÁBILES

Artículo 225. Las y los servidores públicos y personas empleadas de la Suprema Corte de Justicia de la Nación, del Tribunal de Disciplina Judicial y del Órgano de Administración Judicial, disfrutarán de dos periodos vacacionales al año entre los periodos de sesiones a que se refieren los artículos 3 y 76 de esta Ley.

Las y los funcionarios designados para cubrir los recesos disfrutarán de las correspondientes vacaciones dentro de los dos primeros meses siguientes al del periodo inmediato de sesiones.

Artículo 226. Las y los Magistrados de Circuito y las y los Jueces de Distrito disfrutarán anualmente de dos periodos vacacionales de quince días cada uno, en los periodos que fije el Órgano de Administración Judicial.

Artículo 227. Durante los periodos vacacionales a que se refiere el artículo anterior, el Órgano de Administración Judicial nombrará a las personas que deban sustituir a las y los Magistrados o las y los Jueces, se estará a lo previsto en la presente Ley con relación al régimen de sustituciones.

Los actos de las y los servidores públicos sustitutos en los Tribunales Colegiados de Circuito y de los Juzgados de Distrito, serán autorizados por otro secretario o secretaria si lo hubiere, y en su defecto, por la o el actuario respectivo o por testigos de asistencia.

Artículo 228. Las y los Magistrados de Tribunal Colegiado de Circuito, de Tribunal Colegiado de Apelación y las y los Jueces de Distrito otorgarán a las y los secretarios, secretarias, actuarias, actuarios y demás personas empleadas de los Tribunales de Circuito, Colegiados de Apelación y Juzgados de Distrito, dos periodos de vacaciones durante el año, que no excederán de quince días cada uno, procurándose que no sean concedidas simultáneamente a todos los empleados de la misma oficina.

Artículo 229. En los órganos del Poder Judicial de la Federación, se considerarán como días inhábiles los sábados y domingos, el 1o. de enero, 5 de febrero, 21 de marzo, 1o. de mayo, 14 y 16 de septiembre y 20 de noviembre, durante los cuales no se practicarán actuaciones judiciales, salvo en los casos expresamente consignados en la ley.

CAPÍTULO VI
DE LAS LICENCIAS, AUSENCIA Y RENUNCIAS

Artículo 230. Toda persona servidora pública o empleada del Poder Judicial de la Federación que deba faltar temporalmente al ejercicio de sus funciones, deberá contar con la licencia otorgada en los términos de este Capítulo. En toda solicitud de licencia deberán expresarse por escrito las razones que la motivan.

Artículo 231. Cuando la falta de una Ministra o Ministro de la Suprema Corte de Justicia de la Nación, Magistrada o Magistrado del Tribunal de Disciplina Judicial, Magistrada o Magistrado del Tribunal Electoral, Magistrada o Magistrado de Circuito y Jueza o Juez de Distrito excediere de un mes sin licencia o dicha falta se deba a su defunción, renuncia o cualquier causa de separación definitiva, ocupará la vacante la persona del mismo género que haya obtenido el segundo lugar en número de votos en la elección para ese cargo; en caso de declinación o imposibilidad, seguirá en orden de prelación la persona que haya obtenido mayor votación. El Senado de la República tomará protesta a la persona sustituta para desempeñarse por el periodo que reste al encargo, en términos del artículo 98 Constitucional.

Artículo 232. Las renuncias de las Ministras y los Ministros de la Suprema Corte de Justicia de la Nación, Magistradas y Magistrados del Tribunal de Disciplina Judicial y Magistradas y Magistrados del Tribunal Electoral, solamente procederán por causas graves; serán aprobadas por mayoría de los miembros presentes del Senado de la República o, en sus recesos, por la Comisión Permanente.

Artículo 233. Las licencias de las Ministras y los Ministros de la Suprema Corte de Justicia de la Nación, Magistradas y Magistrados del Tribunal de Disciplina Judicial y Magistradas y Magistrados del Tribunal Electoral, cuando no excedan de un mes, podrán ser concedidas por el Pleno de la Suprema Corte de Justicia de la Nación para el caso de Ministras y Ministros, por el Pleno del Tribunal de Disciplina Judicial para el caso de sus integrantes, por el Pleno de la Sala Superior del Tribunal Electoral para el caso de Magistradas y Magistrados Electorales y por el Órgano de Administración Judicial para el caso de Magistradas y Magistrados de Circuito o Juezas y Jueces de Distrito. Las licencias que excedan de este tiempo deberán justificarse y podrán concederse sin goce de sueldo por la mayoría de los miembros presentes del Senado de la República o, en sus recesos, por la Comisión Permanente. Ninguna licencia podrá exceder del término de un año.

Artículo 234. Para el resto de las personas trabajadoras del Poder Judicial de la Federación, las licencias serán otorgadas con o sin goce de sueldo hasta por seis meses, y sin goce de sueldo cuando excedan de ese término, y comprenderán siempre el cargo y la adscripción.

Artículo 235. Cuando se hubiere otorgado una licencia mayor de seis meses, no podrá concederse otra en el transcurso de un año, y si hubiere gozado de una menor a seis meses, no podrá solicitarse otra en el transcurso de cuatro meses.

Artículo 236. Las licencias mayores a seis meses se otorgarán de manera extraordinaria y por causa del servicio público. Ninguna licencia podrá exceder de un año.

Artículo 237. Toda licencia deberá concederse a través de un escrito en el que se hará constar la calificación de las razones aducidas en la solicitud de la licencia respectiva.

Artículo 238. Las licencias que no excedan de treinta días de la o del secretario general de acuerdos, la o el subsecretario de acuerdos, las y los secretarios auxiliares de acuerdos, las y los secretarios de estudio y cuenta, las y los actuarios y demás personal subalterno del Pleno de la Suprema Corte de Justicia de la Nación, serán concedidas por su Presidente o Presidenta; las que excedan de ese término, serán concedidas por el Órgano de Administración Judicial.

Artículo 239. Las licencias de las y los secretarios, las y los secretarios proyectistas, actuarias, actuarios y oficiales judiciales de Tribunales Colegiados de Circuito o de Tribunales Colegiados de Apelación, que no excedan de treinta días, serán concedidas por la o el presidente del tribunal respectivo; las que excedan de treinta días pero no sean mayores a seis meses, serán concedidas conjuntamente por las y los Magistrados que integren dicho tribunal, y las mayores a este último término serán concedidas por el Órgano de Administración Judicial.

Las licencias de las demás personas empleadas de los Tribunales Colegiados de Circuito y de los Tribunales Colegiados de Apelación que excedan de treinta días, las concederá la o el presidente del tribunal del que se trate. Si exceden de dicho término serán concedidas, conjuntamente, por las y los Magistrados que integren el tribunal.

Artículo 240. Las licencias a las y los secretarios, las y los secretarios proyectistas, a las y los actuarios y a las y los oficiales judiciales de los Juzgados de Distrito que no excedan de seis meses, serán concedidas por la o el Juez respectivo. Las licencias que excedan de dicho término serán concedidas por el Órgano de Administración Judicial.

Las licencias de las demás personas empleadas de los Juzgados de Distrito serán concedidas por la persona titular del juzgado o tribunal al cual están adscritos.

Artículo 241. Las licencias de las y los servidores públicos y personas empleadas no contemplados en los artículos anteriores, serán concedidas por el órgano facultado para ello en los términos de los reglamentos y acuerdos generales correspondientes y a falta de disposición expresa por quien haya conocido de su nombramiento.

Artículo 242. Cuando las ausencias temporales de la misma servidora o servidor público fueren superiores a quince días, el Órgano de Administración Judicial nombrará a la persona que deba suplirlo interinamente, de entre la lista de servidores y servidoras públicos habilitados para desempeñar funciones jurisdiccionales en los términos del artículo 80 de esta Ley y de los acuerdos generales correspondientes. Entretanto se efectúa la designación o autorización, el secretario o secretaria actuará en términos del precepto anterior.

CAPÍTULO VII
DE LA JURISPRUDENCIA

Artículo 243. La jurisprudencia que establezca la Suprema Corte de Justicia de la Nación, los Plenos Regionales y los Tribunales Colegiados de Circuito en los asuntos de su competencia distintos del juicio de amparo, se regirán por las disposiciones de la Ley de Amparo, Reglamentaria de los artículos 103 y 107 de la Constitución Política de los Estados Unidos Mexicanos, salvo en los casos en que la ley de la materia contuviera disposición expresa en otro sitio.

Artículo 244. La Coordinación de Compilación y Sistematización de Tesis, será el órgano competente para compilar, sistematizar y publicar las tesis y jurisprudencias emitidas por los órganos del Poder Judicial de la Federación. Su titular deberá satisfacer los requisitos exigidos para ser secretario o secretaria general de acuerdos y tendrá el personal subalterno que fije el presupuesto.

Artículo 245. En términos de la fracción XV, del artículo 17 de esta Ley, la Suprema Corte de Justicia de la Nación, cuidará que las publicaciones del Semanario Judicial de la Federación se realicen con oportunidad y llevará a cabo todas aquellas tareas que fueren necesarias para la adecuada difusión de las tesis y jurisprudencias que hubieren emitido los órganos competentes del Poder Judicial de la Federación.

CAPÍTULO VIII
DEL PERSONAL DEL PODER JUDICIAL DE LA FEDERACIÓN

Artículo 246. En la Suprema Corte de Justicia de la Nación tendrán el carácter de servidores y servidoras públicas de confianza, el o la secretaria general de acuerdos, el o la subsecretaria general de acuerdos, los y las secretarias de estudio y cuenta, los y las secretarias auxiliares de acuerdos, los y las actuarias, la persona o personas designadas por su Presidente para auxiliarlo en las funciones administrativas, el Coordinador o Coordinadora de Compilación y Sistematización de Tesis, los y las directoras generales, los y las directoras de área, los y las subdirectoras, los y las jefes de departamento, el personal de apoyo y asesoría de las personas servidoras públicas de nivel de director o directora general o superior, y todas aquellas personas que tengan a su cargo funciones de vigilancia, control, manejo de recursos, adquisiciones o inventarios.

Artículo 247. También tendrán el carácter de servidores y servidoras públicas de confianza, los y las secretarias ejecutivas, los y las secretarias de comisiones, los y las secretarias técnicas, los y las titulares de los órganos, los y las coordinadoras generales, los y las directoras generales, las y los titulares de unidades administrativas, los y las directoras de área, los y las visitadoras, los y las defensoras públicas, asesores y asesoras jurídicas y personal técnico del Instituto Federal de Defensoría Pública, del Órgano de Evaluación y de las Contralorías del Poder Judicial de la Federación, subdirectores y subdirectoras, jefes y jefas de departamento, oficiales comunes de partes, el personal de apoyo y asesoría de las personas servidoras públicas de nivel de director o directora general o superior, cajeros y cajeras, pagadores y pagadoras y todas aquellas que tengan a su cargo funciones de vigilancia, control, manejo de recursos, adquisiciones o inventarios.

Las y los secretarios proyectistas a que hace referencia el artículo 11, fracciones VI y IX, de la Ley de Carrera Judicial del Poder Judicial de la Federación tendrán el carácter de personas servidoras públicas de confianza.

En la integración de todos los Juzgados de Distrito y Tribunales de Circuito, se deberá garantizar una proporción adecuada entre el número de secretarios y secretarias proyectistas y secretarios y secretarias, según corresponda.

Artículo 248. Las y los servidores públicos del Poder Judicial de la Federación no previstos en los dos artículos anteriores, serán de base.

Artículo 249. Las y los secretarios técnicos de comisión deberán tener título profesional legalmente expedido, en alguna materia afín a las facultades del Órgano de Administración Judicial, contar con experiencia mínima de tres años y acreditar buena conducta.

Artículo 250. En caso de fallecimiento de las Ministras y los Ministros durante el ejercicio del cargo o después de concluido, su cónyuge y sus hijos e hijas menores o que tengan alguna incapacidad para trabajar para su subsistencia tendrán derecho a una pensión equivalente al cincuenta por ciento de la remuneración mensual que corresponda a las y los Ministros. El o la cónyuge dejará de tener derecho a este beneficio, al contraer matrimonio o al entrar en concubinato, y los hijos al cumplir la mayoría de edad.

TÍTULO DÉCIMO PRIMERO
DEL TRIBUNAL ELECTORAL DEL PODER JUDICIAL DE LA FEDERACIÓN

CAPÍTULO I
DE SU INTEGRACIÓN Y FUNCIONAMIENTO

Artículo 251. De conformidad con el artículo 99 de la Constitución Política de los Estados Unidos Mexicanos, el Tribunal Electoral es el órgano especializado del Poder Judicial de la Federación y, con excepción de lo dispuesto en la fracción II del artículo 105 de la propia Constitución, la máxima autoridad jurisdiccional en materia electoral.

Artículo 252. El Tribunal Electoral funcionará en forma permanente con una Sala Superior y hasta siete Salas Regionales, cinco Salas Regionales coincidirán con las circunscripciones electorales previstas en el artículo 53 de la Constitución Política de los Estados Unidos Mexicanos y las dos Salas Regionales restantes podrán ser creadas por el Órgano de Administración Judicial; las sesiones de resolución jurisdiccional serán públicas.

Los órganos jurisdiccionales señalados anteriormente deberán integrarse en estricto apego al principio de paridad de género.

Artículo 253. En los términos de lo dispuesto por los artículos 41, Base VI; 60, párrafos segundo y tercero y 99, párrafo cuarto, de la Constitución Política de los Estados Unidos Mexicanos, el Tribunal Electoral del Poder Judicial de la Federación, de conformidad con lo que señalen la propia Constitución y las leyes aplicables, es competente para:

I. Resolver, en forma definitiva e inatacable, las impugnaciones en las elecciones federales de Diputados, Diputadas, Senadoras y Senadores;

II. Resolver, en una sola instancia y en forma definitiva e inatacable, las impugnaciones sobre la elección de Presidenta o Presidente de los Estados

Unidos Mexicanos. Una vez resueltas las que se hubieren interpuesto, la Sala Superior, a más tardar el 6 de septiembre del año de la elección, realizará el cómputo final, procediendo a formular la declaración de validez de la elección y la de Presidenta o Presidente Electo respecto de la persona candidata que hubiese obtenido el mayor número de votos.

La declaración de validez de la elección y la de Presidenta o Presidente Electo formulada por la Sala Superior, se notificará a la Mesa Directiva de la Cámara de Diputados para el mes de septiembre del año de la elección, a efecto de que esta última expida y publique de inmediato el Bando Solemne a que se refiere la fracción I del artículo 74 de la Constitución Política de los Estados Unidos Mexicanos.

Las Salas del Tribunal Electoral sólo podrán declarar la nulidad de una elección por las causales que expresamente se establezcan en la Ley General del Sistema de Medios de Impugnación en Materia Electoral;

III. Resolver, en forma definitiva e inatacable, las impugnaciones en las elecciones federales de Ministras y Ministros de la Suprema Corte de Justicia de la Nación, Magistradas y Magistrados del Tribunal de Disciplina Judicial, Magistradas y Magistrados de Circuito y Juezas y Jueces de Distrito antes de que el Senado de la República instale el primer periodo ordinario de sesiones del año de la elección que corresponda;

IV. Resolver, en forma definitiva e inatacable, las controversias que se susciten por:

a) Actos y resoluciones de la autoridad electoral federal distintos a los señalados en las fracciones I y II anteriores, que violen normas constitucionales o legales;

b) Actos y resoluciones definitivos y firmes de las autoridades competentes para organizar, calificar o resolver las impugnaciones en los procesos electorales de las entidades federativas, que puedan resultar determinantes para el desarrollo del proceso electoral respectivo o el resultado final de las elecciones. Esta vía procederá solamente cuando se viole algún precepto establecido en la Constitución Política de los Estados Unidos Mexicanos, la reparación solicitada sea material y jurídicamente posible dentro de los plazos electorales, y sea factible antes de la fecha constitucional o legalmente fijada para la instalación de los órganos o la toma de posesión de los funcionarios electos;

c) Actos y resoluciones que violen los derechos político-electorales de las y los ciudadanos de votar y ser votados en las elecciones populares, asociarse individual y libremente para tomar parte en forma pacífica en los asuntos políticos y afiliarse libre e individualmente a los partidos políticos, siempre y cuando se hubiesen reunido los requisitos constitucionales y los que se señalen en las leyes para su ejercicio;

d) Conflictos o diferencias laborales entre el Instituto Nacional Electoral y sus personas servidoras públicas;

e) Conflictos concernientes a impedimentos presentados contra las y los Magistrados;

f) Impugnaciones contra los actos del Consejo General, de la persona Consejera Presidenta o de la Junta General Ejecutiva del Instituto Nacional Electoral, y

g) Los asuntos que el Instituto Nacional Electoral someta a su conocimiento por violaciones a lo previsto en la Base III del artículo 41 y párrafo octavo del artículo 134 de la Constitución; a las normas sobre propaganda política electoral, así como por la realización de actos anticipados de precampaña o campaña, e imponer las sanciones que correspondan;

V. Fijar jurisprudencia en los términos de los artículos 289 al 292 de esta Ley;

VI. Resolver, en forma definitiva e inatacable, sobre la determinación e imposición de sanciones en la materia;

VII. Elaborar anualmente el proyecto de su Presupuesto y proponerlo al presidente o a la presidenta del Órgano de Administración Judicial para su inclusión en el del Poder Judicial de la Federación;

VIII. Expedir su Reglamento Interno y los acuerdos generales necesarios para su adecuado funcionamiento;

IX. Coadyuvar en el desarrollo de tareas de formación, investigación, capacitación y difusión en materia electoral a cargo de la Escuela Nacional de Formación Judicial;

X. Conducir las relaciones con otros tribunales electorales, autoridades e instituciones, nacionales e internacionales, en el ámbito de sus atribuciones;

XI. Conocer y resolver los procedimientos especiales sancionadores previstos en la Ley General de Instituciones y Procedimientos Electorales, y

XII. Las demás que le señalen las leyes.

CAPÍTULO II
DE LA SALA SUPERIOR

SECCIÓN 1A.
DE SU INTEGRACIÓN Y FUNCIONAMIENTO

Artículo 254. La Sala Superior se integrará por siete Magistrados o Magistradas electorales y tendrá su sede en la Ciudad de México. Bastará la presencia de cuatro Magistrados o Magistradas para que pueda sesionar válidamente y sus resoluciones se tomarán por unanimidad, mayoría calificada en los casos expresamente señalados en las leyes o mayoría simple de sus integrantes.

Las Magistradas y Magistrados durarán en su encargo seis años improrrogables.

La ausencia temporal de un Magistrado o Magistrada electoral, que no exceda de treinta días, será cubierta a través del método de insaculación pública de entre la totalidad de Magistradas o Magistrados de la Salas Regionales del mismo género que el de la ausencia que se cubre.

Para hacer la declaración de validez y de Presidenta Electa o Presidente Electo de los Estados Unidos Mexicanos, o para declarar la nulidad de tal elección, la Sala Superior deberá sesionar con la presencia de por lo menos seis de sus integrantes.

Las y los Magistrados electorales sólo podrán abstenerse de votar cuando tengan impedimento legal o no hayan estado presentes en la discusión del asunto. En caso de empate la Presidenta o el Presidente tendrá voto de calidad.

Cuando un Magistrado o Magistrada electoral disintiere de la mayoría o su proyecto fuera rechazado, podrá formular voto particular, el cual se insertará al final de la sentencia aprobada, siempre y cuando se presente antes de que sea firmada esta última.

Artículo 255. La Sala Superior nombrará a un secretario o secretaria general de acuerdos y a un subsecretario o subsecretaria general de acuerdos, a los secretarios, secretarias, actuarios, actuarias, así como al personal administrativo y técnico que se requiera para su buen funcionamiento, conforme a los lineamientos que dicte el Órgano de Administración Judicial.

SECCIÓN 2A.
DE SUS ATRIBUCIONES

Artículo 256. La Sala Superior tendrá competencia para:

I. Conocer y resolver, en forma definitiva e inatacable, las controversias que se susciten por:

a) Los juicios de inconformidad, en única instancia, que se presenten en contra de los cómputos distritales de la elección de Presidenta o Presidente de los Estados Unidos Mexicanos, así como de los cómputos de la elección de Ministras y Ministros de la Suprema Corte de Justicia de la Nación, de Magistradas y Magistrados del Tribunal de Disciplina Judicial, de Magistradas y Magistrados de Circuito y de Juezas y Jueces de Distrito, en los términos de la ley de la materia. Una vez resueltos los que se hubieren interpuesto, siempre que dichos juicios no tengan como efecto la nulidad de la elección, realizará el cómputo final, procediendo a formular la declaración de validez de la elección y la de Presidenta Electa o Presidente Electo respecto del candidato o la candidata que hubiese obtenido el mayor número de votos. Las decisiones que adopte la Sala Superior serán comunicadas de inmediato a la Cámara de Diputados del Congreso de la Unión para los efectos constitucionales correspondientes;

b) Los recursos de reconsideración a que se refiere el párrafo tercero del artículo 60 de la Constitución Política de los Estados Unidos Mexicanos, que en segunda instancia se presenten en contra de las resoluciones de las Salas Regionales recaídas a los medios de impugnación previstos en la ley de la materia, en las elecciones federales de diputados y diputadas y senadores y senadoras;

c) Los recursos de apelación, en única instancia, que se presenten en contra de actos y resoluciones de los órganos centrales del Instituto Nacional Electoral;

d) Los juicios de revisión constitucional electoral, en única instancia y en los términos previstos en la ley de la materia, por actos o resoluciones definitivos y firmes de las autoridades competentes para organizar, calificar o resolver las impugnaciones en los procesos electorales de las entidades federativas, que pudiesen ser violatorios de los preceptos de la Constitución Política de los Estados Unidos Mexicanos y determinantes para el desarrollo del proceso electoral respectivo o el resultado final de las elecciones de Gobernador o Gobernadora y de Jefe o Jefa de Gobierno de la Ciudad de México;

e) Los juicios para la protección de los derechos político-electorales del ciudadano y la ciudadana, en única instancia y en los términos de la ley de la materia, que se promuevan por violación al derecho de ser votado o votada en las elecciones de Presidente o Presidenta Constitucional de los Estados Unidos Mexicanos, de Diputados y Diputadas federales y Senadores y Senadoras por el principio de representación proporcional, de Ministras y Ministros de la Suprema Corte de Justicia de la Nación, de Magistradas y Magistrados del Tribunal de Disciplina Judicial, de Magistradas y Magistrados de Circuito y de Juezas y Jueces de Distrito, de Gobernador o Gobernadora, o de Jefe o Jefa de Gobierno de la Ciudad de México; los que se promuevan por violación al derecho de asociarse individual y libremente para tomar parte en forma pacífica en los asuntos políticos, así como los que se presenten en contra de las determinaciones de los partidos políticos en la selección de sus candidatos o candidatas en las elecciones antes mencionadas o en la integración de sus órganos nacionales. En los dos últimos casos la Sala Superior admitirá el medio de impugnación una vez que los quejosos o las quejosas hayan agotado los medios partidistas de defensa, y

f) Los conflictos o diferencias laborales entre el Instituto Nacional Electoral y sus servidores o servidoras adscritas a órganos centrales;

II. Las impugnaciones por la determinación y, en su caso, aplicación de sanciones impuestas por los órganos centrales del Instituto a ciudadanos, partidos políticos, organizaciones o agrupaciones políticas o de ciudadanos y ciudadanas, observadores y observadoras y cualquier otra persona física o moral, pública o privada, en los términos de la ley de la materia;

III. Resolver, dentro del plazo previsto en la ley, las impugnaciones presentadas por las personas que hubiesen sido rechazadas por cualquier Comité de Evaluación por no cumplir con los requisitos de elegibilidad para ocupar los cargos previstos en el artículo 96 constitucional, salvo los cargos de Magistradas y Magistrados electorales cuya competencia es de la Suprema Corte de Justicia de la Nación, de conformidad con el artículo 500 de la Ley General de Instituciones y Procedimientos Electorales;

IV. Apercibir, amonestar e imponer multas hasta por doscientas veces el valor diario de la Unidad de Medida y Actualización al momento de cometerse la falta, a aquellas personas que falten a las normas de convivencia en perjuicio de algún órgano o miembro del Tribunal Electoral en las promociones que hagan o aquellos y aquellas que presenten impugnaciones o escritos frívolos;

V. Fijar la jurisprudencia obligatoria en los términos de los artículos 289 al 292 de esta Ley;

VI. Insacular de entre las Magistradas o Magistrados que integran las Salas Regionales a la persona del mismo género que cubrirá la ausencia temporal de un Magistrado o Magistrada de la Sala Superior, que no exceda de treinta días;

VII. Conceder licencias a los Magistrados o Magistradas electorales, incluyendo a aquellos que integran las Salas Regionales, siempre que no excedan de un mes;

VIII. Nombrar los comités que sean necesarios para la atención de los asuntos de su competencia;

IX. Aprobar el Reglamento Interno que someta a su consideración el Presidente o Presidenta del Tribunal Electoral y dictar los acuerdos generales en las materias de su competencia;

X. Fijar los días y horas en que deba sesionar la Sala, tomando en cuenta los plazos electorales;

XI. Conocer y resolver sobre las excusas o impedimentos de los Magistrados y Magistradas electorales que la integran;

XII. Resolver los conflictos de competencia que se susciten entre las Salas Regionales;

XIII. Ejercer la facultad de atracción, ya sea de oficio, o bien, a petición de parte o de alguna de las Salas Regionales, para conocer de aquellos asuntos que por su importancia y trascendencia así lo ameriten, de acuerdo con lo previsto en el artículo 257 de esta Ley;

XIV. Remitir para su resolución a las Salas Regionales del Tribunal Electoral, con fundamento en los acuerdos generales que dicte, los asuntos de su competencia en los que hubiere establecido jurisprudencia, atendiendo a un principio de racionalidad que privilegie la pronta y expedita impartición de la justicia electoral. Dichos acuerdos surtirán efectos después de publicados en el Diario Oficial de la Federación. La determinación que emita la Sala Superior respecto de ejercer o no la facultad de delegación será inatacable;

XV. Resolver, en la esfera de su competencia, la no aplicación, en casos concretos, de leyes electorales que sean contrarias a la Constitución, y

XVI. Las demás que le confieran las leyes y el Reglamento Interno del Tribunal Electoral.

Artículo 257. La facultad de atracción de la Sala Superior a que se refiere el artículo anterior, podrá ejercerse, por causa fundada y motivada, en los siguientes casos:

a) Cuando se trate de medios de impugnación que, a juicio de la Sala Superior, por su importancia y trascendencia así lo ameriten;

b) Cuando exista solicitud razonada y por escrito de alguna de las partes, fundamentando la importancia y trascendencia del caso, y

c) Cuando la Sala Regional que conozca del medio de impugnación lo solicite.

En el supuesto previsto en el inciso a), cuando la Sala Superior ejerza de oficio la facultad de atracción, se lo comunicará por escrito a la correspondiente Sala Regional, la cual, dentro del plazo máximo de setenta y dos horas, remitirá los autos originales a aquélla, notificando a las partes dicha remisión.

En el caso del inciso b), aquellos o aquellas que sean partes en el procedimiento del medio de impugnación competencia de las Salas Regionales deberán solicitar la atracción, ya sea al presentar el medio impugnativo; cuando comparezcan como terceros o terceras interesadas, o bien cuando rindan el informe circunstanciado, señalando las razones que sustenten la solicitud. La Sala Regional competente, bajo su más estricta responsabilidad, notificará de inmediato la solicitud a la Sala Superior, la cual resolverá en un plazo máximo de setenta y dos horas.

En el supuesto contenido en el inciso c), una vez que el medio de impugnación sea recibido en la Sala Regional competente para conocer del asunto, ésta contará con setenta y dos horas para solicitar a la Sala Superior la atracción del mismo, mediante el acuerdo correspondiente, en el que se precisen las causas que ameritan esa solicitud. La Sala Superior resolverá lo conducente dentro de las setenta y dos horas siguientes a la recepción de la solicitud.

La determinación que emita la Sala Superior respecto de ejercer o no la facultad de atracción será inatacable.

CAPÍTULO III
DEL PRESIDENTE O PRESIDENTA DEL TRIBUNAL ELECTORAL

Artículo 258. La presidencia del Tribunal Electoral se renovará de manera rotatoria cada dos años en función del número de votos que obtenga cada candidatura en la elección respectiva, correspondiendo la presidencia a las

Magistradas o Magistrados de la Sala Superior que hayan alcanzado la mayor votación.

La Presidenta o Presidente de la Sala Superior lo será también del Tribunal Electoral.

Las ausencias temporales del Presidente o Presidenta menores a seis meses, serán suplidas por el Magistrado o Magistrada de la Sala Superior que haya obtenido la segunda mayor votación en la elección respectiva. Si la ausencia excediere dicho plazo, el Magistrado o Magistrada de la Sala Superior que haya obtenido la segunda mayor votación en la elección respectiva se ratificará como Presidenta o Presidente y durará en el encargo el periodo restante de la presidencia que suple más un periodo adicional de dos años, o hasta que concluya su cargo como Magistrado o Magistrada, lo que suceda primero.

En caso de renuncia del Presidente o Presidenta del Tribunal Electoral, el Magistrado o Magistrada de la Sala Superior que haya obtenido la segunda mayor votación en la elección respectiva será designado Presidente o Presidenta y durará en el encargo el periodo restante de la presidencia que sustituye más un periodo adicional de dos años, o hasta que concluya su cargo como Magistrado o Magistrada, lo que suceda primero.

Artículo 259. El Presidente o Presidenta del Tribunal Electoral tendrá las atribuciones siguientes:

I. Representar al Tribunal Electoral y celebrar todo tipo de actos jurídicos y administrativos que se requieran para el buen funcionamiento del mismo, sin perjuicio de las atribuciones del Órgano de Administración Judicial;

II. Presidir la Sala Superior;

III. Conducir las sesiones de la Sala Superior y conservar el orden durante las mismas. Cuando los y las asistentes no guarden la compostura debida, podrá ordenar el desalojo de los y las presentes y continuar la sesión en privado;

IV. Proponer oportunamente a la Sala Superior el nombramiento de los y las funcionarias que son de su competencia;

V. Designar a los y las titulares y al personal de las coordinaciones adscritas directamente a la presidencia, así como las demás que se establezcan para el buen funcionamiento del Tribunal Electoral;

VI. Vigilar que se cumplan las determinaciones de la Sala Superior;

VII. Despachar la correspondencia del Tribunal Electoral y de la Sala Superior;

VIII. Llevar las relaciones con autoridades o instituciones públicas y privadas, nacionales o extranjeras, que tengan vínculos con el Tribunal Electoral;

IX. Someter a la consideración del Pleno de la Sala Superior el anteproyecto de presupuesto del Tribunal Electoral, a efecto de que, una vez aprobado, lo proponga al Presidente o Presidenta del Órgano de Administración Judicial para su inclusión en el proyecto de presupuesto del Poder Judicial de la Federación;

X. Convocar a sesiones públicas o reuniones internas de Magistrados y Magistradas electorales y demás personal jurídico, técnico y administrativo del Tribunal Electoral;

XI. Vigilar que se adopten y cumplan las medidas necesarias para coordinar las funciones jurisdiccionales y administrativas de las Salas Regionales;

XII. Vigilar que se cumplan las medidas adoptadas para el buen servicio y disciplina en las oficinas de la Sala Superior y tomar cualquier medida urgente y necesaria para ello, informándolo de inmediato al Órgano de Administración Judicial;

XIII. Comunicar al Senado de la República o, en su caso, a la Comisión Permanente las ausencias definitivas y licencias que excedan de un mes de los Magistrados y las Magistradas electorales para los efectos que procedan de conformidad con las disposiciones constitucionales y legales aplicables;

XIV. Nombrar a la Magistrada, al Magistrado o a los Magistrados y las Magistradas electorales que deban proveer los trámites en asuntos de carácter urgente durante los períodos vacacionales de la Sala Superior;

XV. Turnar a los Magistrados y las Magistradas electorales de la Sala Superior, de conformidad con lo dispuesto en el Reglamento Interno del Tribunal Electoral, los expedientes para que formulen los proyectos de resolución;

XVI. Requerir cualquier informe o documento que, obrando en poder de los órganos del Instituto Nacional Electoral, de las autoridades federales, estatales o municipales, de los partidos políticos, agrupaciones u organizaciones políticas, o de particulares, pueda servir para la sustanciación o resolución de los expedientes, siempre que ello no sea obstáculo para resolver dentro de los plazos establecidos en las leyes;

XVII. Ordenar, en casos extraordinarios, que se realice alguna diligencia o se desahogue o perfeccione alguna prueba, siempre que ello no sea obstáculo para resolver dentro de los plazos establecidos en las leyes;

XVIII. Rendir un informe anual ante el Pleno de la Suprema Corte de Justicia de la Nación, los Magistrados y Magistradas del Tribunal Electoral, del Órgano de Administración Judicial y del Tribunal de Disciplina Judicial, y ordenar su publicación en una edición especial. Dicho informe deberá hacerse antes de que el Presidente o Presidenta de la Suprema Corte de Justicia de la Nación rinda el que corresponde a las labores del Poder Judicial de la Federación, y en los años de proceso electoral federal, una vez que haya concluido el mismo;

XIX. Proporcionar al Presidente o Presidenta de la Suprema Corte de Justicia de la Nación la información que requiera para rendir el informe al que se refiere la fracción VIII del artículo 20 de esta Ley;

XX. Decretar la suspensión, remoción o cese de los y las titulares y personal de las coordinaciones que dependan de la Presidencia del Tribunal Electoral, así como del personal adscrito directamente a la misma sin perjuicio de las disposiciones aplicables;

XXI. Acordar con las personas titulares de las coordinaciones adscritas a la Presidencia del Tribunal Electoral, los asuntos de su competencia;

XXII. Vigilar que se cumplan las disposiciones del Reglamento Interno del Tribunal Electoral;

XXIII. Enviar a la Suprema Corte de Justicia de la Nación los informes relativos a las sentencias sobre la no aplicación de leyes en materia electoral contrarias a la Constitución;

XXIV. Someter a consideración del Pleno de la Sala Superior el Reglamento Interno y acuerdos generales para el adecuado funcionamiento del Tribunal Electoral;

XXV. Dictar las medidas que exijan el buen servicio y el orden en el Tribunal Electoral, y

XXVI. Las demás que señalen las leyes, el Reglamento Interno o aquellas que sean necesarias para el correcto funcionamiento del Tribunal Electoral.

CAPÍTULO IV
DE LAS SALAS REGIONALES

SECCIÓN 1A.
DE SU INTEGRACIÓN Y FUNCIONAMIENTO

Artículo 260. El Tribunal Electoral contará con siete Salas Regionales que se integrarán por tres Magistrados o Magistradas electorales, cada una. Cinco Salas Regionales tendrán su sede en la ciudad designada como cabecera de cada una de las circunscripciones plurinominales en que se divida el país, de conformidad con lo dispuesto por el artículo 53 de la Constitución y la ley de la materia; la creación y la sede de las dos Salas Regionales restantes será determinada por el Órgano de Administración Judicial.

Los Magistrados y las Magistradas de las Salas Regionales durarán en su encargo seis años improrrogables.

En caso de vacante definitiva se estará a lo dispuesto en el Capítulo Sexto, del Título Décimo de esta Ley.

En los casos de elecciones extraordinarias la Sala Regional con competencia territorial en donde hayan de celebrarse resolverá las impugnaciones que pudieren surgir durante las mismas.

Artículo 261. Las Salas Regionales sesionarán con la presencia de los tres Magistrados o Magistradas electorales y sus resoluciones se adoptarán por unanimidad o mayoría de votos. Los Magistrados y Magistradas no podrán abstenerse de votar, salvo que tengan excusa o impedimento legal.

Cuando un Magistrado o Magistrada electoral disintiere de la mayoría o su proyecto fuera rechazado, podrá formular voto particular, el cual se insertará al final de la sentencia aprobada, siempre y cuando se presente antes de que sea firmada esta última.

Artículo 262. La ausencia temporal de un Magistrado o Magistrada de Sala Regional que no exceda de treinta días será cubierta por el secretario o secretaria general o, en su caso, por el secretario o secretaria con mayor antigüedad de la Sala respectiva, según acuerde el Presidente o la Presidenta de la misma. Cuando la ausencia exceda el plazo anterior con motivo de la aprobación de una licencia no mayor a un año por parte del Senado de la República o de la Comisión Permanente será cubierta en los mismos términos, previa aprobación de la Sala Superior.

Si la ausencia de un Magistrado o Magistrada es definitiva, el Presidente o Presidenta de la Sala respectiva lo notificará de inmediato a la Presidencia de la Sala Superior, la que procederá a dar aviso al Senado de la República o, en su caso, a la Comisión Permanente para los efectos que procedan de conformidad con las disposiciones constitucionales y legales aplicables.

SECCIÓN 2A.
DE SUS ATRIBUCIONES

Artículo 263. Cada una de las Salas Regionales en el ámbito en el que ejerza su jurisdicción, tendrá competencia para:

I. Conocer y resolver, en única instancia y en forma definitiva e inatacable, los recursos de apelación que se presenten en contra de actos y resoluciones de la autoridad electoral federal, con excepción de los de órganos centrales del Instituto Nacional Electoral, de conformidad con lo dispuesto en la ley de la materia;

II. Conocer y resolver los juicios de inconformidad que se presenten en las elecciones federales de diputados y diputadas, senadores y senadoras por el principio de mayoría relativa, de conformidad con lo dispuesto en la ley de la materia;

III. Los juicios de revisión constitucional electoral, en única instancia y en los términos previstos en la ley de la materia, por actos o resoluciones definitivos y firmes de las autoridades competentes para organizar, calificar o resolver las impugnaciones en los procesos electorales de las entidades federativas, que pudiesen ser violatorios de los preceptos de la Constitución Política de los Estados Unidos Mexicanos y determinantes para el desarrollo del proceso electoral respectivo o el resultado final de las elecciones de diputados y diputadas locales y al Congreso de la Ciudad de México, así como de ayuntamientos y de los y las titulares de los órganos político-administrativos en las alcaldías de la Ciudad de México.

Estas impugnaciones solamente procederán cuando habiéndose agotado en tiempo y forma todos los recursos o medios de defensa que establezcan las leyes por los que se pueda modificar, revocar o anular el acto o resolución impugnado, la violación reclamada ante el Tribunal Electoral pueda resultar determinante para el desarrollo del proceso electoral respectivo o el resultado final de las elecciones, y la reparación solicitada sea material y jurídicamente posible dentro de los plazos electorales, y ello sea factible antes de la fecha constitucional o legalmente fijada para la instalación de los órganos o la toma de posesión de las personas funcionarias electas;

IV. Conocer y resolver, en única instancia y en forma definitiva e inatacable, los juicios para la protección de los derechos político-electorales del ciudadano y la ciudadana que se promuevan por:

a) La violación al derecho de votar en las elecciones constitucionales;

b) La violación al derecho de ser votado en las elecciones federales de diputados, diputadas, senadores y senadoras por el principio de mayoría relativa, en las elecciones de diputados y diputadas locales y al Congreso de la Ciudad de México, ayuntamientos y titulares de los órganos político-administrativos en las alcaldías de la Ciudad de México, siempre y cuando se hubiesen reunido los requisitos constitucionales y los previstos en las leyes para su ejercicio;

c) La violación al derecho de ser votado en las elecciones de las servidoras y los servidores públicos municipales diversos a las y los electos para integrar los ayuntamientos, y

d) La violación de los derechos político-electorales por determinaciones emitidas por los partidos políticos en la elección de candidatos y candidatas a los cargos de diputados y diputadas federales, senadores y senadoras por el principio de mayoría relativa, diputados y diputadas locales y al Congreso de la Ciudad de México, ayuntamientos, titulares de los órganos político-administrativos en las alcaldías de la Ciudad de México y dirigentes de los órganos de dichos institutos distintos a los nacionales. La Sala Regional correspondiente admitirá el medio de impugnación una vez que los quejosos o las quejosas hayan agotado los medios partidistas de defensa;

V. Calificar y resolver las excusas que presenten los Magistrados y las Magistradas electorales de la Sala respectiva;

VI. Encomendar a los secretarios y las secretarias, actuarias y actuarios, la realización de diligencias que deban practicarse fuera de las instalaciones de la Sala;

VII. Fijar la fecha y hora de sus sesiones públicas;

VIII. Nombrar, conforme a los lineamientos generales que dicte el Órgano de Administración Judicial, al secretario o secretaria general, secretarios o secretarias y actuarios o actuarias, así como al demás personal jurídico y administrativo;

IX. Resolver, en la esfera de su competencia, la no aplicación, en casos concretos, de leyes electorales que sean contrarias a la Constitución;

X. Resolver los asuntos relativos a los partidos políticos y a las agrupaciones o asociaciones políticas de carácter local;

XI. Conocer y resolver en forma definitiva e inatacable, las diferencias laborales entre el Instituto Nacional Electoral y sus servidores y servidoras adscritas a los órganos desconcentrados, y

XII. Las que les delegue la Sala Superior y las demás que señalen las leyes.

Las facultades antes establecidas se sujetarán a los acuerdos generales que emita la Sala Superior, los que en ningún caso podrán hacerlas nugatorias de manera permanente. Los acuerdos específicos que en uso de su facultad de delegación emita la Sala Superior no establecerán jurisprudencia.

SECCIÓN 3A.
DE SUS PRESIDENTES O PRESIDENTAS

Artículo 264. La presidencia de cada Sala Regional se renovará de manera rotatoria cada dos años en función del número de votos que obtenga cada candidatura en la elección respectiva, correspondiendo la presidencia a las Magistradas o Magistrados de cada Sala Regional que hayan alcanzado la mayor votación.

Las ausencias temporales de los Presidentes o Presidentas de las Salas Regionales serán suplidas por el Magistrado o Magistrada de la misma Sala Regional que haya obtenido la segunda mayor votación en la elección respectiva. Si la ausencia excediere el plazo autorizado, el Magistrado o Magistrada de la misma Sala Regional que haya obtenido la segunda mayor votación en la elección respectiva se ratificará como Presidenta o Presidente y durará en el encargo el periodo restante de la presidencia que suple más un periodo adicional de dos años, o hasta que concluya su cargo como Magistrado o Magistrada, lo que suceda primero.

En caso de renuncia del Presidente o Presidenta de Sala Regional, el Magistrado o Magistrada de la misma Sala que haya obtenido la segunda mayor votación en la elección respectiva será designado Presidente o Presidenta y durará en el encargo el periodo restante de la presidencia que sustituye más un periodo adicional de dos años, o hasta que concluya su cargo como Magistrado o Magistrada, lo que suceda primero.

Artículo 265. Los Presidentes y las Presidentas de las Salas Regionales tendrán las atribuciones siguientes:

I. Representar a la Sala y despachar la correspondencia de la misma;

II. Presidir la Sala, dirigir los debates y conservar el orden durante los mismos; cuando las personas asistentes no guarden la compostura debida, podrán ordenar el desalojo de la Sala y la continuación de la sesión en privado;

III. Turnar los asuntos entre los Magistrados y Magistradas que integren la Sala;

IV. Vigilar que se cumplan las determinaciones de la Sala;

V. Informar a la Sala sobre la designación del secretario o la secretaria general, secretarios y secretarias, actuarios y actuarias y demás personal jurídico y administrativo de la Sala, conforme a los lineamientos generales establecidos por el Órgano de Administración Judicial;

VI. Tramitar ante el Órgano de Administración Judicial los requerimientos de los recursos humanos, financieros y materiales necesarios para el buen funcionamiento de la Sala;

VII. Informar permanentemente al Presidente o a la Presidenta del Tribunal Electoral sobre el funcionamiento de la Sala, el número de impugnaciones recibidas y el trámite, sustanciación y resolución que les recaiga;

VIII. Convocar, según corresponda, a sesión pública y a reuniones internas, a los Magistrados y Magistradas electorales, secretario o secretaria general, secretarios y secretarias y demás personal jurídico y administrativo de la Sala;

IX. Informar al Presidente o Presidenta del Tribunal Electoral sobre las ausencias definitivas de los Magistrados y Magistradas electorales y del secretario o la secretaria general, secretarios y secretarias y demás personal jurídico y administrativo de la Sala;

X. Requerir cualquier informe o documento que, obrando en poder de los órganos del Instituto Nacional Electoral, de las autoridades federales, estatales o municipales, de los partidos políticos o de particulares, pueda servir para la sustanciación o resolución de los expedientes, siempre que ello no sea obstáculo para resolver dentro de los plazos establecidos en las leyes;

XI. Ordenar, en casos extraordinarios, que se realice alguna diligencia o se desahogue o perfeccione alguna prueba, siempre que ello no sea obstáculo para resolver dentro de los plazos establecidos en las leyes;

XII. Solicitar al Órgano de Administración Judicial o al Tribunal de Disciplina Judicial, según sea el caso, la suspensión, remoción o cese de secretario o secretaria general, secretarios y secretarias, actuarios y actuarias, así como del personal jurídico y administrativo de la Sala, para los efectos legales conducentes;

XIII. Apoyar en la identificación y clasificación de los criterios sostenidos por la Sala;

XIV. Vigilar que se cumplan las disposiciones del Reglamento Interno del Tribunal Electoral, así como los acuerdos generales que dicte la Sala Superior;

XV. Enviar a la Sala Superior los informes relativos a la no aplicación de leyes sobre la materia electoral contrarias a la Constitución, y

XVI. Las demás que sean necesarias para el correcto funcionamiento de la Sala o que establezca la ley o el Reglamento Interno.

CAPÍTULO V
DE LAS MAGISTRADAS Y MAGISTRADOS ELECTORALES

SECCIÓN 1A.
DEL PROCEDIMIENTO PARA SU ELECCIÓN

Artículo 266. Las Magistradas y Magistrados de la Sala Superior y de las Salas Regionales del Tribunal Electoral del Poder Judicial de la Federación serán elegidos de manera libre, directa y secreta por la ciudadanía el día que se realicen las elecciones federales ordinarias del año que corresponda conforme al procedimiento previsto en el artículo 96 de la Constitución Política de los Estados Unidos Mexicanos y las leyes en la materia.

Las Magistradas y Magistrados que integren la Sala Superior serán elegidos por la ciudadanía a nivel nacional, mientras que quienes integren las Salas Regionales serán elegidos por circunscripciones electorales.

SECCIÓN 2A.
DE SUS ATRIBUCIONES

Artículo 267. Son atribuciones de los Magistrados y Magistradas electorales las siguientes:

I. Concurrir, participar y votar, cuando corresponda, en las sesiones públicas y reuniones internas a las que sean convocados o convocadas por el Presidente o la Presidenta del Tribunal Electoral o las Presidentas o Presidentes de Sala;

II. Integrar las Salas para resolver colegiadamente los asuntos de su competencia;

III. Formular los proyectos de sentencias que recaigan a los expedientes que les sean turnados para tal efecto;

IV. Exponer en sesión pública, personalmente o por conducto de un secretario o secretaria, sus proyectos de sentencia, señalando las consideraciones jurídicas y los preceptos en que se funden;

V. Discutir y votar los proyectos de sentencia que sean sometidos a su consideración en las sesiones públicas;

VI. Realizar los engroses de los fallos aprobados por la Sala, cuando sean designados o designadas para tales efectos;

VII. Admitir los medios de impugnación y los escritos de terceros o terceras interesadas o coadyuvantes, en los términos que señale la ley de la materia;

VIII. Someter a la Sala de su adscripción los proyectos de sentencia de desechamiento cuando las impugnaciones sean notoriamente improcedentes o evidentemente frívolas, en los términos de la ley de la materia;

IX. Someter a la Sala de su adscripción los proyectos de sentencia relativos a tener por no interpuestas las impugnaciones o por no presentados los escritos cuando no reúnan los requisitos que señalen las leyes aplicables;

X. Someter a la Sala de su adscripción las resoluciones que ordenen archivar como asuntos total y definitivamente concluidos las impugnaciones que encuadren en estos supuestos, de conformidad con las leyes aplicables;

XI. Someter a consideración de la Sala respectiva, cuando proceda, la acumulación de las impugnaciones, así como la procedencia de la conexidad, en los términos de las leyes aplicables;

XII. Formular los requerimientos ordinarios necesarios para la integración de los expedientes en los términos de la legislación aplicable, y requerir cualquier informe o documento que, obrando en poder de los órganos del Instituto Nacional Electoral, de las autoridades federales, estatales o municipales, de los partidos políticos o de particulares, pueda servir para la sustanciación de los expedientes, siempre que ello no sea obstáculo para resolver dentro de los plazos establecidos, de conformidad con lo señalado en las leyes aplicables;

XIII. Girar exhortos a los juzgados federales o estatales encomendándoles la realización de alguna diligencia en el ámbito de su competencia, o efectuar por sí mismos las que deban practicarse fuera de las oficinas de la Sala;

XIV. Participar en los programas de capacitación institucionales y de la Escuela Nacional de Formación Judicial, y

XV. Las demás que les señalen las leyes o el Reglamento Interno del Tribunal Electoral y las que sean necesarias para el correcto funcionamiento del Tribunal Electoral.

Cada Magistrado o Magistrada de la Sala Superior y de las Salas Regionales contará permanentemente con el apoyo de los y las secretarias instructoras y de estudio y cuenta que sean necesarias para el desahogo de los asuntos de su competencia.

CAPÍTULO VI
DE LA SECRETARIA O EL SECRETARIO GENERAL DE ACUERDOS Y SUBSECRETARIA O SUBSECRETARIO GENERAL DE ACUERDOS

SECCIÓN 1A.
DE SU INTEGRACIÓN Y FUNCIONAMIENTO EN LA SALA SUPERIOR

Artículo 268. Para el ejercicio de sus funciones la Sala Superior contará con un secretario o secretaria general de acuerdos y un subsecretario o subsecretaria general de acuerdos que serán nombrados o nombradas en los términos del artículo 255 de esta Ley.

SECCIÓN 2A.
DE SUS ATRIBUCIONES

Artículo 269. El secretario o la secretaria general de acuerdos tendrá las atribuciones siguientes:

I. Apoyar al Presidente o la Presidenta del Tribunal Electoral en las tareas que le encomiende;

II. Dar cuenta, tomar las votaciones y formular el acta respectiva en las sesiones de la Sala Superior;

III. Revisar los engroses de las resoluciones de la Sala Superior;

IV. Llevar el control del turno de los Magistrados y las Magistradas electorales;

V. Supervisar el debido funcionamiento de la Oficialía de Partes de la Sala Superior;

VI. Supervisar que se hagan en tiempo y forma las notificaciones de la Sala Superior;

VII. Supervisar el debido funcionamiento de los Archivos Jurisdiccionales de la Sala Superior y de las Salas Regionales y, en su momento, su concentración y preservación;

VIII. Dictar, previo acuerdo con el Presidente o la Presidenta del Tribunal Electoral, los lineamientos generales para la identificación e integración de los expedientes;

IX. Autorizar con su firma las actuaciones de la Sala Superior;

X. Expedir los certificados de constancias que se requieran;

XI. Llevar el registro de las sentencias relativas a la no aplicación de leyes sobre la materia electoral y auxiliar al Presidente o a la Presidenta del Tribunal

Electoral para hacerlas del conocimiento de la Suprema Corte de Justicia de la Nación, y

XII. Las demás que le señalen las leyes.

Artículo 270. El subsecretario o la subsecretaria general de acuerdos auxiliará y apoyará al secretario o la secretaria general de acuerdos en el ejercicio de las funciones que tenga encomendadas, de conformidad con lo previsto por el Reglamento Interno del Tribunal Electoral.

CAPÍTULO VII
DE LAS SECRETARIAS O LOS SECRETARIOS GENERALES DE SALA REGIONAL

SECCIÓN 1A.
DE SU INTEGRACIÓN Y FUNCIONAMIENTO EN LAS SALAS REGIONALES

Artículo 271. Para el ejercicio de sus funciones cada una de las Salas Regionales nombrará a un secretario o una secretaria general de acuerdos.

SECCIÓN 2A.
DE SUS ATRIBUCIONES

Artículo 272. Los secretarios o las secretarias generales de las Salas Regionales tendrán las atribuciones siguientes:

I. Apoyar al Presidente o a la Presidenta de la Sala en las tareas que le encomiende;

II. Dar cuenta, tomar las votaciones y formular el acta respectiva en las sesiones de la Sala;

III. Revisar los engroses de las resoluciones de la Sala;

IV. Llevar el control del turno de los Magistrados o Magistradas electorales de la Sala respectiva;

V. Supervisar el debido funcionamiento de la Oficialía de Partes de la Sala;

VI. Supervisar que se hagan en tiempo y forma las notificaciones de la Sala;

VII. Supervisar el debido funcionamiento del Archivo Jurisdiccional de la Sala y, en su momento, su envío oportuno al Presidente o la Presidenta del Tribunal Electoral;

VIII. Autorizar con su firma las actuaciones de la Sala;

IX. Expedir los certificados de constancias que se requieran;

X. Informar permanentemente al Presidente o a la Presidenta de la Sala sobre el funcionamiento de las áreas a su cargo y el desahogo de los asuntos de su competencia;

XI. Llevar el registro de las sentencias relativas a la no aplicación de leyes sobre la materia electoral y auxiliar al Presidente o Presidenta de la Sala para hacerlas del conocimiento de la Sala Superior, y

XII. Las demás que les señalen las leyes.

CAPÍTULO VIII
DISPOSICIONES ESPECIALES

SECCIÓN 1A.
DE LOS REQUISITOS PARA OCUPAR EL CARGO

Artículo 273. Para ser electo Magistrado o Magistrada de la Sala Superior o de las Salas Regionales se requiere, además de satisfacer los requisitos señalados en el artículo 95 de la Constitución Política de los Estados Unidos Mexicanos, lo siguiente:

I. No desempeñar ni haber desempeñado el cargo de presidente o presidenta del Comité Ejecutivo Nacional o equivalente de un partido político;

II. No desempeñar ni haber desempeñado cargo de dirección ejecutiva nacional, estatal, distrital o municipal en algún partido político en los seis años inmediatos anteriores a la designación.

Artículo 274. Para ser designado secretario o secretaria general de acuerdos de la Sala Superior, se deberán satisfacer los requisitos que se exigen para ser electo Magistrado o Magistrada electoral de Sala Regional.

Artículo 275. El subsecretario o la subsecretaria general de acuerdos de la Sala Superior y los secretarios o secretarias generales de las Salas Regionales deberán reunir los requisitos siguientes:

I. Ser ciudadano o ciudadana mexicana en pleno ejercicio de sus derechos políticos y civiles, y contar con credencial para votar con fotografía;

II. Gozar de buena reputación y no haber sido condenado o condenada por delito intencional con sanción privativa de libertad mayor de un año;

III. Contar con título de Licenciado o Licenciada en Derecho expedido legalmente y práctica profesional de cuando menos tres años;

IV. No desempeñar ni haber desempeñado el cargo de presidente o presidenta del Comité Ejecutivo Nacional o equivalente de un partido político;

V. No haber sido registrado o registrada como candidato o candidata a cargo alguno de elección popular en los últimos seis años inmediatos anteriores a la designación, y

VI. No desempeñar ni haber desempeñado cargo de dirección nacional, estatal, distrital o municipal en algún partido político en los seis años inmediatos anteriores a la designación.

Artículo 276. Para ser designado secretario o secretaria en cualquiera de las Salas del Tribunal Electoral se requiere:

a) Para secretario o secretaria instructor:

I. Ser ciudadano o ciudadana mexicana en pleno ejercicio de sus derechos políticos y civiles, y contar con credencial para votar con fotografía;

II. Gozar de buena reputación y no haber sido condenado o condenada por delito intencional con sanción privativa de libertad mayor de un año;

III. Contar con título de Licenciado o Licenciada en Derecho expedido legalmente y práctica profesional de cuando menos tres años, y

IV. Someterse a la evaluación que para acreditar los requisitos de conocimientos básicos determine el Órgano de Administración Judicial;

b) Para secretario o secretaria de estudio y cuenta o equivalente, se requieren los mismos requisitos señalados en el inciso anterior, con excepción de el de la práctica profesional y el de la antigüedad del título profesional que serán de dos años.

Artículo 277. Para ser designado actuario o actuaria en cualquiera de las Salas del Tribunal Electoral se requiere:

I. Ser ciudadano o ciudadana mexicana en pleno ejercicio de sus derechos políticos y civiles, y contar con credencial para votar con fotografía;

II. Gozar de buena reputación y no haber sido condenado o condenada por delito intencional con sanción privativa de libertad mayor de un año;

III. Tener por lo menos el documento que lo o la acredite como pasante de la carrera de Derecho de una institución legalmente reconocida, y

IV. Someterse a la evaluación que para acreditar los requisitos de conocimientos básicos determine el Órgano de Administración Judicial.

Artículo 278. El presidente o la presidenta del Tribunal Electoral o el Órgano de Administración Judicial, en el ámbito de sus respectivas competencias, podrán establecer otras categorías de personal jurídico para atender las necesidades de la Sala Superior o de las Salas Regionales, de acuerdo con las partidas autorizadas en el presupuesto.

Asimismo, cuando las cargas de trabajo extraordinarias lo exijan, el Órgano de Administración Judicial podrá autorizar la contratación, con carácter de eventual, del personal jurídico y administrativo necesario para hacer frente a tal situación, sin necesidad de seguir los procedimientos ordinarios para su contratación e ingreso.

SECCIÓN 2A.
DE LAS RESPONSABILIDADES, IMPEDIMENTOS Y EXCUSAS

Artículo 279. Las responsabilidades de todas las personas servidoras públicas del Tribunal Electoral se regirán por lo establecido en la Ley General de Responsabilidades Administrativas y, particularmente, por el Título Octavo de esta Ley, así como por las disposiciones especiales del presente Título, conforme a los órganos auxiliares que se definan en el reglamento o acuerdos generales que al efecto se emitan.

Los Magistrados y Magistradas de la Sala Superior y de las Salas Regionales del Tribunal Electoral sólo podrán ser removidos o removidas de sus cargos en los términos de los artículos 110 y 111 del Título Cuarto de la Constitución Política de los Estados Unidos Mexicanos.

Artículo 280. Los Magistrados y Magistradas electorales tendrán impedimento para conocer de aquellos asuntos en los que se actualice cualquiera de las causas establecidas en el artículo 212 de esta Ley, en lo que resulte conducente.

Asimismo, a los secretarios, secretarias, actuarios y actuarias de las Salas, les será aplicable, en lo conducente, lo dispuesto en el artículo 214 de esta Ley.

Artículo 281. Las excusas que por impedimento legal para conocer de un asunto presenten los Magistrados y las Magistradas electorales, serán calificadas y resueltas de inmediato por la Sala de su adscripción, en la forma y términos previstos por el Reglamento Interno.

SECCIÓN 3A.
DE LAS VACACIONES Y DÍAS INHÁBILES

Artículo 282. Las personas servidoras públicas y empleadas de las Salas disfrutarán de dos períodos de vacaciones al año, de acuerdo con las necesidades del servicio.

Durante los años de proceso electoral federal o durante los períodos de procesos electorales federales extraordinarios, tomando en cuenta que todos los días y horas son hábiles, las vacaciones podrán diferirse o pagarse a elección de la persona servidora pública o empleada: En ningún caso se podrán acumular las vacaciones correspondientes a más de dos años.

Artículo 283. Las personas servidoras públicas y empleadas del Tribunal Electoral gozarán de descanso durante los días inhábiles señalados en el artículo 229 de esta Ley, siempre y cuando no se esté en el caso a que se refiere el párrafo segundo del artículo anterior o se tengan asuntos pendientes de resolver de los previstos en el inciso b) de la fracción IV del artículo 253 de esta Ley.

Artículo 284. Las personas servidoras públicas y empleadas del Tribunal Electoral estarán obligadas a prestar sus servicios durante los horarios que señale el Pleno de la Sala Superior a propuesta de su Presidencia, tomando en cuenta que, durante los procesos electorales, federales o locales, todos los días y horas son hábiles.

Artículo 285. Durante los procesos electorales, no se pagarán horas extras, pero se preverán en el presupuesto las compensaciones extraordinarias que deban otorgarse a las y los servidores públicos y personal del Tribunal Electoral de acuerdo con los horarios y cargas de trabajo que hubiesen desahogado.

SECCIÓN 4A.
DE LAS ACTUACIONES JUDICIALES Y DEL ARCHIVO JURISDICCIONAL

Artículo 286. Para la realización de diligencias o actuaciones que deban practicarse fuera de las oficinas de las Salas del Tribunal Electoral serán aplicables, en lo conducente, los artículos 222 al 224 de esta Ley.

Artículo 287. El Tribunal Electoral deberá conservar en su archivo jurisdiccional los expedientes de los asuntos definitivamente concluidos durante dos años contados a partir de que se ordene el archivo.

Artículo 288. Una vez concluido el plazo a que se refiere el artículo anterior el Tribunal Electoral podrá remitir los expedientes al Archivo General de la Nación, y conservará copia de los que requiera, utilizando para ello cualquier método de digitalización, reproducción o reducción.

SECCIÓN 5A.
DE LA JURISPRUDENCIA

Artículo 289. La jurisprudencia del Tribunal Electoral será establecida en los casos y de conformidad con las reglas siguientes:

I. Cuando la Sala Superior, en tres sentencias no interrumpidas por otra en contrario, sostenga el mismo criterio de aplicación, interpretación o integración de una norma;

II. Cuando las Salas Regionales, en cinco sentencias no interrumpidas por otra en contrario, sostengan el mismo criterio de aplicación, interpretación o integración de una norma y la Sala Superior lo ratifique, y

III. Cuando la Sala Superior resuelva en contradicción de criterios sostenidos entre dos o más Salas Regionales o entre éstas y la propia Sala Superior.

En el supuesto de la fracción II, la Sala Regional respectiva a través del área que sea competente en la materia, comunicará a la Sala Superior las cinco sentencias que contengan el criterio que se pretende sea declarado obligatorio, así como el rubro y el texto de la tesis correspondiente, a fin de que la Sala Superior determine si procede fijar jurisprudencia.

En el supuesto de la fracción III, la contradicción de criterios podrá ser planteada en cualquier momento por una Sala, por un Magistrado o Magistrada electoral de cualquier Sala o por las partes, y el criterio que prevalezca será obligatorio a partir de que se haga la declaración respectiva, sin que puedan modificarse los efectos de las sentencias dictadas con anterioridad.

En todos los supuestos a que se refiere el presente artículo, para que el criterio de jurisprudencia resulte obligatorio, se requerirá de la declaración formal de la Sala Superior. Hecha la declaración, la jurisprudencia se notificará de inmediato a las Salas Regionales, al Instituto Nacional Electoral y, en su caso, a las autoridades electorales locales y las publicará en el órgano de difusión del Tribunal Electoral.

Artículo 290. La jurisprudencia del Tribunal Electoral será obligatoria en todos los casos para las Salas y el Instituto Nacional Electoral. Asimismo, lo será para las autoridades electorales locales, cuando se declare jurisprudencia en asuntos relativos a derechos político-electorales de los ciudadanos y ciudadanas o en aquéllos en que se hayan impugnado actos o resoluciones de esas autoridades, en los términos previstos por la Constitución Política de los Estados Unidos Mexicanos y las leyes respectivas.

Artículo 291. La jurisprudencia del Tribunal Electoral se interrumpirá y dejará de tener carácter obligatorio, siempre y cuando haya un pronunciamiento en contrario por mayoría de cinco votos de las y los miembros de la Sala Superior. En la resolución respectiva se expresarán las razones en que se funde el cambio de criterio, el cual constituirá jurisprudencia cuando se den los supuestos previstos por las fracciones I y III del artículo 289 de esta Ley.

Artículo 292. La jurisprudencia del Pleno de la Suprema Corte de Justicia de la Nación será obligatoria para el Tribunal Electoral.

SECCIÓN 6A.
DE LAS DENUNCIAS DE CONTRADICCIÓN DE
CRITERIOS DEL TRIBUNAL ELECTORAL

Artículo 293. De conformidad con lo previsto por el artículo 99 de la Constitución Política de los Estados Unidos Mexicanos y la fracción IX del artículo 16 de esta Ley, cuando una Sala del Tribunal Electoral sustente un criterio sobre la inconstitucionalidad de algún acto o resolución o sobre la interpretación de un precepto de la Constitución Política de los Estados Unidos Mexicanos, y dicho criterio pueda ser contradictorio con uno sostenido por la Suprema Corte de Justicia de la Nación, cualquiera de los Ministros o Ministras o las partes podrán denunciar la contradicción para que el Pleno de la Suprema Corte de Justicia de la Nación decida en definitiva cuál criterio debe prevalecer.

Artículo 294. Las resoluciones que dicte el Pleno de la Suprema Corte de Justicia de la Nación en los casos del artículo anterior no afectarán los asuntos ya resueltos.

SECCIÓN 7A.
DE LA PROTESTA CONSTITUCIONAL

Artículo 295. Los Magistrados y las Magistradas electorales rendirán la protesta constitucional ante el Senado de la República.

Los secretarios y secretarias y empleados y empleadas de la Sala Superior rendirán su protesta ante el Presidente o la Presidenta del Tribunal Electoral.

Las demás personas servidoras públicas y empleadas rendirán la protesta constitucional ante el Presidente o la Presidenta de la Sala a la que estén adscritos o adscritas.

En todos los casos, la protesta se prestará en los términos señalados en el artículo 221 de esta Ley.

Artículo 296. Todas las personas servidoras públicas y empleadas del Tribunal Electoral se conducirán con imparcialidad y velarán por la aplicación irrestricta de los principios de constitucionalidad y legalidad en todas las diligencias y actuaciones en que intervengan en el desempeño de sus funciones y tendrán la obligación de guardar absoluta reserva sobre los asuntos que sean competencia del Tribunal Electoral.

SECCIÓN 8A.
DEL PERSONAL DEL TRIBUNAL ELECTORAL

Artículo 297. Serán consideradas de confianza las personas servidoras públicas y personas empleadas del Tribunal Electoral adscritas a las oficinas de los Magistrados y Magistradas y aquellas personas que tengan la misma categoría o una similar a las señaladas en los artículos 246 y 247 de esta Ley, respectivamente. Todas y todos los demás serán considerados de base.

TÍTULO DÉCIMO SEGUNDO
DEL FONDO DE APOYO A LA ADMINISTRACIÓN DE JUSTICIA

CAPÍTULO I
DE LA ORGANIZACIÓN

Artículo 298. El Poder Judicial de la Federación se auxiliará para el mejor desempeño de sus funciones de un fondo económico para el mejoramiento de la administración de justicia y administrar los recursos financieros que integren el mismo.

En el ámbito del Poder Judicial de la Federación, no podrán ser creados ni mantenerse en operación otros fondos o fideicomisos adicionales al mencionado anteriormente.

CAPÍTULO II
DE LA INTEGRACIÓN

Artículo 299. El patrimonio del Fondo de Apoyo a la Administración de Justicia se integra con:

I. Las donaciones o aportaciones hechas a su favor por terceros;

II. Los ingresos provenientes de la enajenación de inmuebles en términos de lo dispuesto por el artículo 23, fracción II de la Ley General de Bienes Nacionales, así como los obtenidos por la enajenación de bienes decomisados en procesos penales federales de conformidad con lo establecido en el artículo 250 del Código Nacional de Procedimientos Penales;

III. Los intereses que se generen por las inversiones que se hagan de los depósitos en dinero o en valores que se efectúen ante los órganos jurisdiccionales del Poder Judicial de la Federación, y

IV. Los ingresos que se produzcan por la administración de valores o los depósitos en dinero, diversos a los que se refiere la fracción anterior.

Artículo 300. Los recursos con los que se integre y opere el Fondo serán diferentes de aquellos que comprenda el presupuesto anual aprobado a favor del Poder Judicial de la Federación, y no afectarán las partidas que sean autorizadas mediante dicho presupuesto.

CAPÍTULO III
DE LA ADMINISTRACIÓN Y OPERACIÓN

Artículo 301. El Fondo será manejado y operado por el Órgano de Administración Judicial, el cual fungirá como Comité Técnico del mismo.

Artículo 302. El Órgano de Administración Judicial, fungirá como Comité Técnico, para cuyo efecto se auxiliará con una Secretaría Técnica integrada por un o una profesionista especializada en finanzas y administración.

La Presidencia del Comité Técnico corresponde al presidente o la presidenta del Órgano de Administración Judicial.

El Comité Técnico decidirá el destino específico de los rendimientos del Fondo.

Artículo 303. La Secretaría Técnica del Fondo tendrá las obligaciones siguientes:

I. Llevar la documentación relativa;

II. Elaborar los informes periódicos sobre la situación contable y financiera que guarde el Fondo;

III. Proponer con cargo a los rendimientos del Fondo las erogaciones y gastos necesarios para el mejoramiento de la administración de justicia, y

IV. Las demás que señale el Comité.

Artículo 304. Los recursos que integren el Fondo deberán ser administrados en valores de renta fija del más alto rendimiento, siempre que éstos permitan la disponibilidad inmediata y suficiente de las sumas que resulte necesario reintegrar a los depositantes o entregar a los particulares que tengan derecho a ellas.

CAPÍTULO IV
DEL DESTINO

Artículo 305. Los recursos del Fondo se destinarán a:

I. Sufragar gastos que origine su administración;

II. La adquisición, construcción y remodelación de bienes inmuebles destinados a sedes de órganos jurisdiccionales del Poder Judicial de la Federación;

III. Comprar, rentar, reparar o mantener el mobiliario y el equipo necesario para el funcionamiento de las sedes jurisdiccionales del Poder Judicial de la Federación;

IV. La contratación de servicios y bienes para fortalecer la infraestructura tecnológica del Poder Judicial de la Federación, y

V. La capacitación, mejoramiento y especialización profesional del personal del Poder Judicial de la Federación.

Artículo 306. Los recursos disponibles serán exclusivamente los provenientes del rendimiento que genere el Fondo.

Artículo 307. La administración del Fondo se regirá por todas las disposiciones aplicables en esta Ley.

TRANSITORIOS

Primero.- El presente Decreto entrará en vigor al día siguiente de su publicación en el Diario Oficial de la Federación.

Segundo.- Se abroga la Ley Orgánica del Poder Judicial de la Federación, publicada en el Diario Oficial de la Federación el 7 de junio de 2021.

Tercero.- Hasta en tanto las Ministras y Ministros electos tomen protesta de su encargo ante el Senado de la República el 1o. de septiembre de 2025, la Suprema Corte de Justicia de la Nación se regirá para todos los efectos por las atribuciones, competencias, obligaciones, reglas de votación, faltas, licencias y demás disposiciones contenidas en la Ley Orgánica del Poder Judicial la Federación, publicada en el Diario Oficial de la Federación el 7 de junio de 2021; con excepción de la materia electoral tal como está previsto en la Ley General de Instituciones y Procedimientos Electorales. En consecuencia, hasta la fecha señalada en el enunciado anterior, la Suprema Corte de Justicia de la Nación seguirá funcionando en Pleno o en Salas.

Cuarto.- Las Ministras y Ministros de la Suprema Corte de Justicia de la Nación que concluyan su encargo por no postularse o no haber sido electos en la elección extraordinaria del año 2025, no serán beneficiarias de un haber por retiro, salvo cuando presenten su renuncia al cargo antes de la fecha de cierre de la convocatoria señalada en la fracción I del artículo 96 de este Decreto, misma que tendrá efectos al 31 de agosto de 2025; en estos casos, el haber de retiro será proporcional al tiempo de su desempeño.

Quinto.- Las remuneraciones de las personas servidoras públicas del Poder Judicial de la Federación se mantendrán hasta el 31 de diciembre de 2024, fecha en la que los tabuladores y organigramas correspondientes deberán estar ajustados en términos del artículo 94 de la Constitución Política de los Estados Unidos Mexicanos. Las remuneraciones subsecuentes de todas las personas servidoras públicas del Poder Judicial de la Federación, no podrán ser mayores a la establecida para la persona titular de la Presidencia de la República en el presupuesto correspondiente.

Sexto.- Hasta en tanto los miembros del Tribunal de Disciplina Judicial tomen protesta de su encargo ante el Senado de la República el 1o. de septiembre de 2025, y hasta en tanto sea creado el Órgano de Administración Judicial y sus integrantes inicien funciones con esa misma fecha, el Consejo de la Judicatura Federal continuará ejerciendo las facultades y atribuciones de administración, vigilancia y disciplina del Poder Judicial, con excepción de la Suprema Corte de Justicia de la Nación y el Tribunal Electoral del Poder Judicial de la Federación.

Séptimo.- Los Plenos Regionales y los Plenos Regionales especializados seguirán en funcionamiento conforme a su competencia, hasta que las personas juzgadoras electas en el proceso de elección del 2025 tomen protesta. Con posterioridad, el Órgano de Administración Judicial designará a las y los integrantes de la totalidad de los Plenos Regionales, de entre las personas que hubiesen obtenido mayor votación en el proceso de elección judicial 2024-2025. En el caso de los Plenos Regionales especializados las Magistradas o Magistrados deberán ser seleccionados conforme a la especialización para la cual fueron elegidos.

Las vacantes que se generen a partir de la elección de las y los Magistrados que integrarán los Plenos Regionales se ocuparán por las personas que hayan obtenido el segundo lugar de la votación que corresponda, según el año de su elección.

Octavo.- A partir de la entrada en vigor del presente Decreto, la Comisión de Transición será el ente encargado de auxiliar en sus funciones al Consejo de la Judicatura Federal para implementar un plan de trabajo para la transferencia de los recursos materiales, humanos, financieros y presupuestales a los distintos órganos y áreas del Poder Judicial Federal, de acuerdo con las atribuciones señaladas en la presente Ley.

Dicha Comisión estará integrada por cinco miembros: la Ministra Presidenta del Pleno de la Suprema Corte de Justicia de la Nación; la Magistrada Presidenta de la Sala Superior del Tribunal Electoral del Poder Judicial de la Federación; el Consejero electo por la persona titular del Ejecutivo Federal; la Consejera decana elegida por el Senado de la República; y, el Consejero decano electo por el Poder Judicial de la Federación. Los acuerdos de la Comisión se aprobarán por mayoría de votos.

I. Al Tribunal de Disciplina Judicial le corresponderá recibir los recursos materiales, humanos, financieros y presupuestales de las áreas que actualmente ejercen funciones de disciplina y control interno, tanto de la Suprema Corte de Justicia de la Nación, del Consejo de la Judicatura Federal y del Tribunal Electoral del Poder Judicial de la Federación, conforme a lo siguiente:

a) Del Consejo de la Judicatura Federal los siguientes órganos auxiliares: la Visitaduría Judicial (ahora Órgano de Evaluación de Desempeño Judicial) y la Unidad General de Investigación de Responsabilidades Administrativas. Las siguientes secretarías ejecutivas: Secretaría Ejecutiva de Vigilancia y Secretaría Ejecutiva de Disciplina.

b) De la Suprema Corte de Justicia de la Nación: la Unidad General de Investigación de Responsabilidades Administrativas.

c) Del Tribunal Electoral del Poder Judicial de la Federación: la Visitaduría Judicial y la Dirección General de Investigación de Responsabilidades Administrativas.

En lo relativo a los derechos laborales del personal administrativo que sea readscrito del Consejo de la Judicatura Federal al Tribunal de Disciplina Judicial, estos serán respetados en todo momento, de conformidad con lo dispuesto en las leyes laborales y demás disposiciones aplicables.

II. Al Órgano de Administración Judicial se transferirán los recursos materiales, humanos, financieros y presupuestales de las áreas que actualmente ejercen funciones de administración y de carrera judicial, tanto de la Suprema Corte de Justicia de la Nación, del Consejo de la Judicatura Federal y del Tribunal Electoral del Poder Judicial de la Federación, conforme a lo siguiente:

a) Del Consejo de la Judicatura Federal los siguientes órganos auxiliares: la Escuela Federal de Formación Judicial, la Contraloría, el Instituto Federal de Defensoría Pública y el Instituto Federal de Especialistas de Concursos Mercantiles. Las siguientes secretarías ejecutivas: Secretaría Ejecutiva de Administración, Secretaría Ejecutiva de Adscripción, Secretaría Ejecutiva de Carrera Judicial y Secretaría Ejecutiva de Creación de Nuevos Órganos. De la Secretaría General de la Presidencia las siguientes unidades: Coordinación de Seguridad, Unidad para la Consolidación del Nuevo Sistema de Justicia Penal, Unidad de Implementación de la reforma en materia de justicia laboral, Unidad de Transparencia, Unidad de Prevención y Combate a la Violencia Laboral y al Acoso Sexual, Unidad de Peritos Judiciales, Dirección General de Asuntos Jurídicos, Dirección General de Derechos Humanos, Igualdad de Género y Asuntos Internacionales, Dirección General de Vinculación y Relaciones Interinstitucionales,

Dirección General de Comunicación Social y Vocería y la Coordinación General de Planeación Institucional con sus direcciones generales.

b) De la Suprema Corte de Justicia de la Nación: la Oficialía Mayor con sus direcciones generales, la Contraloría y la Unidad General de Transparencia y Sistematización de la Información Judicial.

c) Del Tribunal Electoral del Poder Judicial de la Federación: todas las áreas dependientes de la Comisión de Administración del Tribunal, a excepción de la Visitaduría Judicial y la Dirección General de Investigación de Responsabilidades Administrativas.

d) El Centro Público de Mecanismos Alternativos de Solución de Controversias del Poder Judicial Federal contemplado en la Ley General de Mecanismos Alternativos de Solución de Controversias será un órgano auxiliar del Órgano de Administración Judicial a partir del día de toma de protesta de las personas integrantes del Órgano de Administración.

En lo relativo a los derechos laborales del personal administrativo que sea readscrito del Consejo de la Judicatura Federal al Órgano de Administración Judicial, estos serán respetados en todo momento, de conformidad con lo dispuesto en las leyes laborales y demás disposiciones aplicables.

La Comisión de Transición deberá instruir a las áreas de tecnologías de información y comunicación de la Suprema Corte de Justicia de la Nación, del Consejo de la Judicatura Federal y del Tribunal Electoral del Poder Judicial Federal para que conjuntamente determinen la estrategia para unificar los sistemas de los referidos órganos, procurando la homologación de los sistemas jurisdiccionales y administrativos.

Noveno.- Para dar cumplimiento al párrafo cuarto del artículo Sexto transitorio del Decreto por el que se reforman, adicionan y derogan diversas disposiciones de la Constitución Política de los Estados Unidos Mexicanos, en materia de reforma del Poder Judicial, previo a que las áreas administrativas u órganos auxiliares de la Suprema Corte de Justicia de la Nación, del Consejo de la Judicatura Federal y del Tribunal Electoral del Poder Judicial de la Federación sometan a consideración de los Comités, Comisiones o del Pleno cualquier acuerdo de trámite o resolución, deberán someter a consideración de la Comisión de Transición su procedencia, a efecto de que esta última determine si es indispensable que la propuesta de acuerdo se resuelva en el periodo de transición o si el acuerdo se reserva para su posterior análisis y, en su caso, resolución por el Tribunal de Disciplina Judicial o el Órgano de Administración Judicial, según corresponda.

Décimo.- El Órgano de Administración Judicial determinará la forma y términos en que la Escuela Judicial Electoral será incorporada a la Escuela Nacional de Formación Judicial, para que continúe desarrollando sus funciones como una institución educativa especializada en la formación, capacitación, investigación y difusión en la materia, conforme al plan de trabajo que para ello implemente la Comisión de Transición.

Décimo Primero.- La Sala Regional Especializada del Tribunal Electoral de la Federación se extinguirá el 31 de agosto de 2025, por lo que sus magistraturas no se renovarán en la elección extraordinaria del 2024-2025.

El personal que a la fecha de su extinción se encuentre adscrito a la Sala Regional Especializada será readscrito a otras áreas del Tribunal Electoral de la Federación conforme a lo que determine la Sala Superior para tal efecto.

Décimo Segundo.- La Suprema Corte de Justicia de la Nación, el Consejo de la Judicatura Federal y el Tribunal Electoral del Poder Judicial de la Federación deberán garantizar la continuidad de los instrumentos jurídicos de adquisición de bienes, así como la contratación de servicios, arrendamientos, obras y servicios relacionados con las mismas, que sean estrictamente indispensables para el funcionamiento de los distintos órganos integrantes del Poder Judicial Federal, previendo que las vigencias de los instrumentos contractuales no superen el último trimestre del año 2025, de conformidad con el presupuesto aprobado por el Congreso de la Unión para el año fiscal correspondiente.

Décimo Tercero.- La Presidencia del Órgano de Administración Judicial que entre en funciones el 1o. de septiembre de 2025 será designada mediante insaculación, de conformidad con el artículo 72 de la presente Ley.

Décimo Cuarto.- Los procedimientos disciplinarios iniciados con anterioridad a la entrada en vigor del presente Decreto, en los que se haya emitido el informe o dictamen conclusivo de la etapa de investigación, se substanciarán por el Tribunal de Disciplina Judicial, o el Órgano de Administración Judicial, según corresponda, conforme a las disposiciones vigentes en aquel momento.

Décimo Quinto.- Para efectos del artículo anterior, las competencias de la Secretaría Ejecutiva de Disciplina serán asumidos por la o el Magistrado Instructor del Tribunal de Disciplina Judicial que le corresponda conocer del asunto, o por el o la Integrante Instructor del Órgano de Administración Judicial según corresponda; las de la Comisión de Disciplina del Consejo de la Judicatura Federal por la Comisión correspondiente del Tribunal de Disciplina Judicial o bien del Órgano de Administración Judicial, según corresponda; y las del Pleno del Consejo de la Judicatura Federal por el Pleno del Tribunal de Disciplina Judicial o bien por el Pleno del Órgano de Administración Judicial, según corresponda.

En el caso de los procedimientos a cargo de la Contraloría del Consejo de la Judicatura Federal, las competencias de la Dirección General de Substanciación, Registro y Seguimiento de la Evolución Patrimonial serán asumidas por la o el Magistrado Instructor del Tribunal de Disciplina Judicial o por el o la Integrante Instructor del Órgano de Administración Judicial; las de la Comisión de Disciplina del Consejo de la Judicatura Federal por la Comisión correspondiente del Tribunal de Disciplina Judicial o del Órgano de Administración Judicial, según corresponda; las del Pleno del Consejo de la Judicatura Federal por el Pleno del Tribunal de Disciplina Judicial o por el Pleno del Órgano de Administración Judicial, según corresponda; y las competencias resolutorias de la Contraloría del Consejo de la Judicatura Federal serán asumidas por la Comisión correspondiente del Tribunal de Disciplina Judicial o del Órgano de Administración Judicial, según sea el caso.

Décimo Sexto.- Los procesos disciplinarios cuya etapa de investigación no haya concluido a la entrada en vigor del presente Decreto, se tramitarán por el Tribunal de Disciplina Judicial y sus órganos auxiliares, o en su caso por el Órgano de Administración Judicial, conforme a las disposiciones contenidas en el presente Decreto y los acuerdos generales que emita el propio Tribunal.

Décimo Séptimo.- En todo lo no previsto en el presente Decreto, el Pleno del Tribunal de Disciplina Judicial regulará la transición de los procesos disciplinarios de los que conoce el Consejo de la Judicatura Federal mediante acuerdo general.

Décimo Octavo.- Los precedentes, tesis, jurisprudencias y criterios obligatorios de los órganos jurisdiccionales del Poder Judicial de la Federación que se hubieran emitido con anterioridad a la entrada en vigor del presente Decreto mantendrán su vigencia y, por tanto, su carácter orientativo o vinculante según corresponda.

Para su modificación, las nuevas personas servidoras públicas electas para cargos de decisión jurisdiccional deberán observar y respetar los requisitos previstos para ello en los términos y procedimientos que para tal efecto establezcan las leyes.

La nueva integración del Pleno de la Suprema Corte de Justicia de la Nación estará facultado para dilucidar la posible contradicción de criterios sostenidos entre las anteriores Salas de la Suprema Corte de Justicia de la Nación.

Décimo Noveno.- Los Acuerdos Generales emitidos por el Consejo de la Judicatura Federal continuarán vigentes en todo lo que no se oponga a la Constitución Política de los Estados Unidos Mexicanos y a la presente Ley hasta en tanto el Órgano de Administración Judicial y el Tribunal de Disciplina Judicial emitan sus propios Acuerdos.

Vigésimo.- Las Magistradas y Magistrados de Circuito y Juezas y Jueces de Distrito del Poder Judicial de la Federación que concluyan su encargo por no participar en la elección respectiva o no resultar electas por la ciudadanía para el cargo que ocupaban o para un cargo o circuito judicial diverso, serán acreedoras al pago de un importe equivalente a tres meses de salario integrado y de veinte días de salario por cada año de servicio prestado dentro del Poder Judicial de la Federación, conforme al salario integrado que perciban a la fecha de entrada en vigor del presente Decreto, así como a las demás prestaciones a que tengan derecho, mismas que serán cubiertas con los recursos federales a los que se refiere el artículo Décimo transitorio del Decreto por el que se reformaron, adicionaron y derogaron diversas disposiciones de la Constitución Política de los Estados Unidos Mexicanos, en materia de reforma del Poder Judicial, de 15 de septiembre de 2024. Este beneficio no aplicará para las personas juzgadoras en funciones que hayan resultado electas para un cargo o circuito judicial diverso al que ocupaban.

Vigésimo Primero.- Se derogan todas las disposiciones que se opongan al presente Decreto.

Ciudad de México, a 10 de diciembre de 2024.- Sen. Gerardo Fernández Noroña, Presidente.- Dip. Sergio Carlos Gutiérrez Luna, Presidente.- Sen.

Verónica Noemí Camino Farjat, Secretaria.- Dip. José Luis Montalvo Luna, Secretario.- Rúbricas."

En cumplimiento de lo dispuesto por la fracción I del Artículo 89 de la Constitución Política de los Estados Unidos Mexicanos, y para su debida publicación y observancia, expido el presente Decreto en la Residencia del Poder Ejecutivo Federal, en la Ciudad de México, a 20 de diciembre de 2024.- **Claudia Sheinbaum Pardo**, Presidenta de los Estados Unidos Mexicanos.- Rúbrica.- Lcda. **Rosa Icela Rodríguez Velázquez**, Secretaria de Gobernación.- Rúbrica.

CÓDIGO NACIONAL DE PROCEDIMIENTOS CIVILES Y FAMILIARES

Nuevo Código publicado en el Diario Oficial de
la Federación el 7 de junio de 2023

TEXTO VIGENTE

Última reforma publicada DOF 16-12-2024

Al margen un sello con el Escudo Nacional, que dice: Estados Unidos Mexicanos.- Presidencia de la República.

ANDRÉS MANUEL LÓPEZ OBRADOR, Presidente de los Estados Unidos Mexicanos, a sus habitantes sabed:

Que el Honorable Congreso de la Unión, se ha servido dirigirme el siguiente

DECRETO

"EL CONGRESO GENERAL DE LOS ESTADOS UNIDOS MEXICANOS, DECRETA:

SE EXPIDE EL CÓDIGO NACIONAL DE PROCEDIMIENTOS CIVILES Y FAMILIARES

Artículo Único.- Se expide el Código Nacional de Procedimientos Civiles y Familiares, para quedar como sigue:

CÓDIGO NACIONAL DE PROCEDIMIENTOS CIVILES Y FAMILIARES

LIBRO PRIMERO
DEL SISTEMA DE IMPARTICIÓN DE JUSTICIA EN MATERIA CIVIL Y FAMILIAR

TÍTULO PRIMERO
DISPOSICIONES GENERALES

CAPÍTULO I
DEL CÓDIGO NACIONAL DE PROCEDIMIENTOS CIVILES Y FAMILIARES

SECCIÓN PRIMERA
FORMALIDADES DEL PROCEDIMIENTO

Artículo 1. Las disposiciones de este Código Nacional son de orden público, interés social y observancia general en todo el territorio nacional, tienen por objeto establecer la regulación procesal civil y familiar, con base en los derechos humanos previstos en la Constitución Política de los Estados Unidos Mexicanos y en los Tratados Internacionales de los que el Estado mexicano sea parte.

Artículo 2. Para los efectos de este Código Nacional de Procedimientos Civiles y Familiares, se entenderá por:

I. Ajustes de Procedimiento. Las modificaciones y adaptaciones necesarias y adecuadas para facilitar y garantizar el desempeño de las funciones efectivas de las personas que pertenecen a los grupos sociales en situación de vulnerabilidad como participantes directos e indirectos, en todos los procedimientos judiciales, así como el acceso a la justicia en igualdad de condiciones;

II. Apoyo. Formas de asistir en el Procedimiento a las personas para facilitar su comprensión, ejercicio y manifestación de voluntad, derechos y obligaciones;

III. Archivo o documento electrónico. Con independencia del formato en que se encuentre, comprenden el escrito que es generado, consultado, modificado o procesado por medios electrónicos, digitales u ópticos, enviado, recibido, almacenado o utilizado a través de sistemas de justicia digital;

IV. Área de transmisión. Espacio físico desde donde los intervinientes en un procedimiento en línea participan en una audiencia o diligencia virtuales, usando la herramienta de sala virtual designada para tal propósito;

V. Audiencia virtual. Cualquier audiencia de las previstas en este Código Nacional celebrada a través de una sala virtual;

VI. Autoridad jurisdiccional. Jueza, juez, magistrada, magistrado u órganos del Poder Judicial, con facultades para emitir resoluciones en el ejercicio de impartición de justicia dentro del ámbito de sus respectivas competencias;

VII. Cadena de bloques. Conjunto de tecnologías cuyas características buscan posibilitar la transferencia de valor en entornos digitales a través de métodos de consenso y cifrado. Desde un punto de vista técnico, y atendiendo a sus características, una cadena de bloques es una base de datos, descentralizada y distribuida en una red de computadoras, formada por un conjunto de registros vinculados donde se almacenan transacciones o datos, que han sido diseñados para evitar su modificación o manipulación no autorizada, una vez que un dato ha sido publicado. Una cadena de bloques es pública cuando es abierta, transparente, cualquiera puede unirse, tener acceso a ella, enviar transacciones y participar en el proceso de consenso o validación de datos. Se consideran cadenas de bloques sin permiso o no permisionadas, ya que no hay restricciones y la participación en ellas no está controlada por un administrador o por un cuerpo central de gobierno;

VIII. Certificado digital. Mensaje de datos o registro que confirme el vínculo entre un firmante y la clave privada;

IX. Clave privada. Los datos que el firmante genera de manera secreta y utiliza para crear su firma electrónica avanzada, a fin de lograr el vínculo entre dicha firma electrónica avanzada y el firmante;

X. Código Civil. Los Códigos Civiles y Familiares, Federal o Locales;

XI. Código Nacional. El Código Nacional de Procedimientos Civiles y Familiares;

XII. Declaración especial de ausencia por desaparición. Se entenderá lo previsto en la Ley General en materia de Desaparición Forzada, Desaparición cometida por Particulares y del Sistema Nacional de Búsqueda, en la Ley Federal de Declaración Especial de Ausencia para Personas Desaparecidas, así como en las leyes especiales de la materia en las Entidades Federativas;

XIII. Digitalización. Migración de documentos en soporte físico a un medio electrónico, óptico, digital o de cualquier tecnología, que genera como resultado un mensaje de datos, mediante un proceso que permita asegurar la fidelidad e integridad conforme a los documentos amparados en soportes físicos;

XIV. Diligencia virtual. Actuaciones procesales, distintas de las audiencias virtuales y promociones electrónicas, desarrolladas por personas funcionarias judiciales, las partes o sus representantes y cualquier interviniente autorizado dentro de un procedimiento judicial que se lleva a cabo a distancia o de forma remota, mediante el uso de cualquier sistema de justicia digital;

XV. Documento digitalizado. Escrito que contiene información que ha sido creado originalmente en soporte físico o de forma impresa y posteriormente ha migrado a un medio electrónico, digital o de cualquier tecnología;

XVI. Documento electrónico. Escrito que es generado, consultado, modificado o procesado por medios electrónicos, que es enviado, recibido, almacenado o utilizado a través de sistemas de justicia digital;

XVII. Enlace. Dirección electrónica o hipervínculo de la sala virtual a través de la cual las partes y el órgano jurisdiccional llevarán a cabo las audiencias o diligencias virtuales correspondientes a los procedimientos en línea;

XVIII. Expediente electrónico. Conjunto de información contenida en documentos electrónicos, documentos digitalizados o mensajes de datos que conforman un determinado procedimiento jurisdiccional, independientemente de que esté conformado por texto, imagen, audio, video o cualquier otra tecnología;

XIX. Expediente físico. Conjunto de documentos físicos que contienen las actuaciones y resoluciones judiciales, así como las promociones de las partes y demás intervinientes en un determinado procedimiento judicial;

XX. Firma electrónica avanzada. El conjunto de datos y caracteres que permite la identificación del firmante, que ha sido creada por medios electrónicos bajo su exclusivo control, de manera que está vinculada únicamente al mismo y a los datos a los que se refiere, lo que permite que sea detectable cualquier modificación ulterior de éstos, la cual produce los mismos efectos jurídicos que la firma autógrafa. La firma electrónica avanzada prevalece frente a la firma electrónica simple, ya que los requisitos de producción de la primera la dotan de más seguridad que la segunda. A pesar de que las autoridades utilicen una terminología distinta para este tipo de firma, si la misma cuenta con los atributos y características señaladas en esta definición, será considerada como firma electrónica avanzada para los efectos de este Código Nacional;

XXI. Firma electrónica o firma electrónica simple. Los datos en forma electrónica consignados en un mensaje de datos, o adjuntados o lógicamente asociados al mismo por cualquier tecnología, que son utilizados para identificar al firmante en relación con el mensaje de datos e indicar que el firmante aprueba la información contenida en el mensaje de datos, y que produce los mismos efectos jurídicos que la firma autógrafa, siendo admisible como prueba en juicio;

XXII. Grupos sociales en situación de vulnerabilidad. Las personas que pertenecen a grupos sociales en situación de vulnerabilidad, que, por causas diversas, enfrentan situaciones de riesgo o discriminación;

XXIII. Integridad. Se considerará que el contenido de un documento electrónico o mensaje de datos es íntegro, si éste ha permanecido completo e inalterado independientemente de los cambios que hubiere podido sufrir el medio que lo contiene, resultado del proceso de comunicación, archivo o presentación. El grado de confiabilidad requerido será determinado conforme a los fines para los que se generó la información y de todas las circunstancias relevantes del caso;

XXIV. Medio de comunicación judicial. El boletín judicial, lista de acuerdos, lista electrónica de acuerdos o medios electrónicos o informáticos por los que la autoridad jurisdiccional, en sus respectivos ámbitos de competencia, hace del conocimiento de las partes, la emisión de una resolución judicial;

XXV. Mensaje de datos. La información generada, enviada, recibida, archivada o comunicada a través de medios de comunicación electrónica, que puede contener documentos electrónicos;

XXVI. Metaverso. Espacio virtual que posibilita la convivencia social en mundos digitales a través de experiencias gráficas inmersivas en tercera dimensión, que suele utilizar tecnologías de realidad virtual, realidad aumentada, realidad mixta o híbrida, tokens y cadena de bloques;

XXVII. Notificación electrónica. Acto mediante el cual se hace saber a las personas a quienes va dirigida, a través de medios electrónicos, una resolución judicial;

XXVIII. Persona Desaparecida. Se entenderá lo previsto en la Ley General en materia de Desaparición Forzada, Desaparición cometida por Particulares y del Sistema Nacional de Búsqueda, en la Ley Federal de Declaración Especial de Ausencia para Personas Desaparecidas, así como las leyes especiales de la materia en las Entidades Federativas;

XXIX. Personas Mayores. Las personas determinadas como tales por la ley de la materia;

XXX. Persona Representante Autorizada. La persona autorizada por cualquiera de las partes con funciones de representación en el procedimiento judicial, de carácter público o privado que se encuentre legalmente autorizado para ejercer la profesión de abogado o licenciado en derecho con cédula profesional expedida por la autoridad competente;

XXXI. Procedimiento en línea. Todo procedimiento, contencioso o no contencioso, regulado en el presente Código Nacional, que se tramite utilizando sistemas de justicia digital;

XXXII. Promoción electrónica. Cualquier documento enviado o presentado ante un órgano jurisdiccional, a través de sistemas de justicia digital;

XXXIII. Representante social. Autoridad administrativa encargada de procurar la legalidad en los asuntos civiles y familiares, así como la representación de la sociedad en los procedimientos de orden e interés público, de acuerdo con la legislación de cada Entidad Federativa;

XXXIV. Sala virtual. Programa de cómputo, herramienta, plataforma electrónica de videoconferencia, metaverso, sistema de realidad virtual o aumentada, sistema holográfico, o cualquier otro medio tecnológico designado como sistema de interacción a distancia, que permita la transmisión de audio, video o imágenes, así como la comunicación sincrónica entre las partes que participan en cualquier acto procesal y el órgano jurisdiccional;

XXXV. Sistemas de justicia digital. Todo dispositivo electrónico, programa de cómputo, aplicación, herramienta tecnológica o plataforma electrónica, propiedad del Poder Judicial o de terceros, que sea utilizada para consultar, usar, enviar o llevar a cabo procedimientos en línea, audiencias virtuales, diligencias virtuales, expedientes electrónicos, firmas electrónicas, mensajes de datos, documentos electrónicos o digitalizados, promociones electrónicas, salas virtuales y videoconferencias, y

XXXVI. Videoconferencia. Sistema interactivo de comunicación que transmita, de forma simultánea y en tiempo real, imagen, sonido y datos a distancia de una o más personas, ubicadas en un lugar distinto del recinto del órgano jurisdiccional.

Artículo 3. En el sistema de impartición de justicia en materia civil y familiar se ponderará en todo tiempo la solución de la controversia sobre los formalismos procesales, serán aplicables las reglas y principios del juicio oral en lo que resulte compatible; asimismo, serán considerados los beneficios de la justicia alternativa o procedimientos convencionales que pacten las partes y de conformidad con lo dispuesto en este Código Nacional, podrá tramitarse mediante el uso de las tecnologías de la información y la comunicación.

Artículo 4. Las autoridades jurisdiccionales contarán con las más amplias facultades de dirección procesal para decidir en forma pronta y expedita lo que en derecho corresponda al procedimiento respectivo. Para hacer cumplir sus determinaciones podrán hacer uso de las medidas de apremio previstas en este Código Nacional.

Las autoridades jurisdiccionales deberán cerciorarse en todos los casos que las partes se encuentren debidamente representadas por persona representante autorizada.

Artículo 5. En los asuntos de orden familiar y civil, y sin alterar el principio de igualdad procesal, las partes podrán revelar su condición de vulnerabilidad, a fin de que la autoridad jurisdiccional provea ajustes de procedimiento en su caso y supla oportunamente de oficio, las deficiencias de sus planteamientos sobre la base de proteger los intereses de la familia, personas mayores, niñas, niños, adolescentes, personas con discapacidad o cualquier otra persona que se encuentre en alguna condición de vulnerabilidad.

En los casos que se involucren derechos de niñas, niños y adolescentes, así como los derechos de las mujeres, la autoridad jurisdiccional deberá actuar y resolver con base en el interés superior de las niñas, niños, o adolescentes, así como con perspectiva de género de conformidad con los Tratados Internacionales de los que el Estado Mexicano sea parte.

Asimismo, deberán adecuar sus actuaciones a las circunstancias de los grupos sociales en situación de vulnerabilidad mediante formatos alternativos, a fin de garantizar equidad y accesibilidad estructural y de comunicación, durante el procedimiento, en estricto apego al ejercicio de los derechos humanos.

Artículo 6. Tratándose de personas que pertenezcan a pueblos y comunidades indígenas y afromexicanas, la autoridad jurisdiccional deberá cerciorarse que cuenten con intérprete y traductor y en todos los casos considerará sus sistemas normativos, usos y costumbres, siempre que no contravengan lo dispuesto por la Constitución Política de los Estados Unidos Mexicanos y los Tratados Internacionales de los que el Estado mexicano sea parte.

Las personas intérpretes y traductoras al iniciar su función serán advertidos de las penas en que incurren los falsos declarantes y sobre su obligación de traducir o interpretar fielmente lo dicho. Si para el desahogo de la audiencia no es posible contar con la asistencia requerida, deberá suspenderse y ordenarse nueva fecha. En ningún caso las partes o los testigos podrán ser intérpretes.

Artículo 7. Son principios rectores del sistema de impartición de justicia en materia civil y familiar:

I. Acceso a la justicia. Cualquier persona tiene derecho a acudir ante la autoridad jurisdiccional para formular una pretensión jurídica concreta de carácter familiar y la autoridad jurisdiccional requerida deberá de proveer sobre sus peticiones;

II. Concentración. Se procurará desahogar la mayor cantidad de actuaciones procesales en una sola audiencia o el menor número de diligencias procesales;

III. Colaboración. Se propiciará que las partes resuelvan por sí mismas el conflicto en cualquier etapa del procedimiento, por tanto, las autoridades jurisdiccionales facilitarán que sean ellas las que pongan fin a la controversia mediante acuerdos conciliatorios, exceptuando aquellos casos en que existan conductas de violencia en cualquiera de sus modalidades, o que se discutan derechos intransigibles;

IV. Continuidad. Las audiencias deberán ser ininterrumpidas, permitiendo excepcionalmente su suspensión en los casos establecidos en el presente Código Nacional;

V. Contradicción. Las partes tienen derecho a debatir los hechos, argumentos jurídicos y pruebas de su contraparte, en los términos establecidos en este Código Nacional;

VI. Dirección Procesal. La rectoría del proceso está confiada únicamente a las autoridades jurisdiccionales en primera o en segunda instancia, según sea el caso;

VII. Igualdad Procesal. Desde el escrito inicial de demanda y hasta la ejecución de la sentencia, las personas recibirán el mismo trato, oportunidades, derechos y cargas procesales sin discriminación alguna. Con las excepciones que se establezcan expresamente en este Código Nacional, cuando en la controversia se involucren derechos de niñas, niños, adolescentes y personas en grupos sociales en situación de vulnerabilidad;

VIII. Inmediación. El contacto directo, personal e indelegable de la autoridad jurisdiccional con las partes y las pruebas, salvo las excepciones previstas en este Código Nacional;

IX. Interés superior de la niñez. Observancia que debe darse para hacer prevalecer los derechos de las niñas, niños o adolescentes, por sobre los otros derechos que pudieran estar en pugna en el litigio;

X. Impulso procesal. Las partes tienen la facultad para solicitar las diligencias necesarias que impidan la paralización del procedimiento, con independencia del principio de Dirección procesal que le corresponde a la autoridad jurisdiccional;

XI. Lealtad procesal. Quienes participen en el proceso, ajustarán su conducta a la dignidad de la justicia, al respeto que se deben, a la probidad y buena fe;

XII. Litis abierta. En materia familiar, la litis no se reduce a la demanda y a la contestación, o en su caso, a la reconvención y a la contestación de ésta, sino que la autoridad jurisdiccional debe hacer mérito de los hechos constitutivos, modificativos o extintivos, producidos durante la sustanciación del proceso y debidamente probados, aunque no hubiesen sido invocados oportunamente como hechos nuevos;

XIII. Oralidad. El proceso se desarrollará en audiencias orales, salvo las excepciones previstas en este Código Nacional y las que, en casos debidamente fundados y motivados, considere la autoridad jurisdiccional;

XIV. Perspectiva de género. Es una visión científica, analítica y política sobre las mujeres y los hombres. Se propone eliminar las causas de la opresión de género como la desigualdad, la injusticia y la jerarquización de las personas basada en el género. Promueve la igualdad entre los géneros a través de la equidad, el adelanto y el bienestar de las mujeres; contribuye a construir una sociedad en donde las mujeres y los hombres tengan el mismo valor, la igualdad de derechos y oportunidades para acceder a los recursos económicos y a la representación política y social en los ámbitos de toma de decisiones;

XV. Preclusión. El no ejercicio de los derechos procesales en la etapa correspondiente extingue la oportunidad de ejercerlos en la posterior;

XVI. Privacidad. En materia familiar el acceso a las audiencias queda reservado a las partes y a quienes deban comparecer conforme a la ley, y

XVII. Publicidad. En materia civil, las audiencias serán públicas, de conformidad con lo dispuesto en este Código Nacional, por las Leyes de Protección de Datos Personales, Transparencia y Acceso a la Información Pública, y demás ordenamientos aplicables en sus respectivos ámbitos de competencia.

SECCIÓN SEGUNDA
DE LA ACCIÓN

Artículo 8. El ejercicio de la acción requiere:

I. La existencia de un derecho;

II. La violación de un derecho, el incumplimiento o desconocimiento de una obligación, o la necesidad de declarar, preservar o constituir un derecho o imponer una condena, y

III. La capacidad o legitimación para ejercitar la acción por sí o por quien represente legalmente, al Ministerio Público, procurador, fiscal o representante social y a quienes cuya intervención esté autorizada por la Ley en casos especiales.

Se exceptúa de lo señalado en la fracción III anterior, el derecho o interés difuso, colectivo o individual de incidencia colectiva, de conformidad con lo dispuesto en el Libro respectivo de este Código Nacional.

Artículo 9. Las instituciones, servicios y dependencias de la Administración Pública de la Federación y de las Entidades Federativas, tendrán dentro del procedimiento judicial, en cualquier forma en que intervengan, la misma situación que otra parte cualquiera; pero nunca podrá dictarse en su contra, mandamiento de ejecución ni providencia de embargo, y estarán exentos de prestar las garantías que este Código Nacional exija de las partes.

Las resoluciones dictadas en su contra serán cumplimentadas por las autoridades correspondientes, dentro de los límites de sus atribuciones.

Artículo 10. La acción procede en juicio aun cuando no se exprese su nombre o se manifieste equivocadamente, siempre que se determine con claridad la prestación que se exija de la parte demandada y el título o causa de la acción.

Artículo 11. Por razón de su objeto, las acciones se clasifican en:
I. Reales;
II. Personales, y
III. Del estado civil de las personas.

Artículo 12. Son acciones reales las que tienen por objeto:
I. La reclamación de un bien que pertenece a título de dominio;
II. La reclamación de gravámenes, de servidumbre o la declaración que un fundo está libre de ellas;
III. La reclamación de los derechos de usufructo, uso y habitación;
IV. Las hipotecarias;
V. Las de prenda;
VI. Las de herencia;
VII. Las de posesión, y
VIII. Las demás acciones que tiendan a ejercitar un derecho contra una persona a título de propietaria o poseedora y no de obligada.

Artículo 13. Las acciones personales se deducirán para exigir el cumplimiento de una obligación personal, ya sea de dar, de hacer o no hacer determinado acto. Éstas no pueden ejercitarse sino contra la persona obligada, contra quien la haya garantizado y contra quienes legalmente le sucedan en la obligación.

Artículo 14. Las acciones de estado civil tienen por objeto las cuestiones relativas al nacimiento, reconocimiento, defunción, matrimonio, concubinato y su cesación, pacto civil de solidaridad, sociedad de convivencia o sus equivalentes.

Artículo 15. La reivindicación compete a quien no está en posesión del bien del cual tiene la propiedad, y su efecto será declarar que la parte actora tiene dominio sobre este y ordenar la entrega con sus frutos y accesiones en los términos prescritos por el Código Civil.

Artículo 16. El tenedor del bien puede declinar la responsabilidad del juicio designando a quien posee a título de dueño.

Artículo 17. El poseedor que niegue la posesión la perderá en beneficio del demandante.

Artículo 18. Pueden ser demandadas en reivindicación, aunque no posean el bien, quienes para evitar los efectos de la acción reivindicatoria dejaron de poseer y quienes están obligadas a restituir el bien o su estimación si la sentencia fuera condenatoria. La parte demandada que paga la estimación del bien puede ejercitar a su vez la reivindicación.

Artículo 19. No pueden reivindicarse los bienes que están fuera del comercio, los géneros no determinados al entablarse la demanda, las cosas unidas a otras por vía de accesión según lo dispuesto por el Código Civil, ni los bienes muebles pérdidas o robadas que una tercera persona haya adquirido de buena fe en almoneda, o de comerciante que en mercado público se dedica a la venta de objetos de la misma especie, sin previo reembolso del precio que se pagó. Se presume que no hay buena fe del adquirente, si de la pérdida o robo la persona propietaria dio aviso oportunamente a la autoridad, institución, dependencia u organismo público que corresponda, y ello se hizo del conocimiento público a través de los registros respectivos, y éstos pudieron ser consultados por el adquiriente.

Artículo 20. A quien adquiere con justo título y de buena fe, le compete la acción plenaria de posesión para que se le restituya el bien con sus frutos y accesiones en los términos del artículo 15 de este Código Nacional, incluso cuando no lo haya prescrito.

La acción se ejercitará contra el poseedor de mala fe o contra el que teniendo título de igual calidad al de la parte actora, ha poseído por menos tiempo el bien.

No procede esta acción en casos en que ambas posesiones fuesen dudosas, o la parte demandada tuviere su título registrado y la parte actora no, así como contra quien sea legítima propietaria.

Artículo 21. Procederá la acción negatoria para obtener la declaración de libertad o la de reducción de gravámenes de bien inmueble y la demolición de obras o señales que importen gravámenes, la cancelación o anotación en el Registro Público de la Propiedad, Oficina Registral o cualquier otra Institución análoga según la Entidad Federativa de que se trate, y conjuntamente, en su caso, la indemnización de daños y perjuicios. Cuando la sentencia sea condenatoria, la parte actora puede exigir de la parte demandada que caucione el respeto de la libertad del inmueble. Sólo se dará esta acción a quien posea a título de dueño o que tenga derecho real sobre el bien.

Artículo 22. Compete la acción confesoria al titular del derecho real sobre el inmueble y a quien posea el fundo dominante interesado en la existencia de la servidumbre. Se da esta acción contra el tenedor o poseedor jurídico que contraría el gravamen, para que se obtenga el reconocimiento, la declaración de los derechos y obligaciones del gravamen y el pago de frutos, daños y perjuicios, en su caso, y se haga cesar la violación. Si fuere la sentencia condenatoria, la parte actora puede exigir de la demandada que garantice el respeto del derecho.

Artículo 23. Se intentará la acción hipotecaria para constituir, ampliar y registrar una hipoteca, o bien, para obtener el pago o prelación del crédito que una hipoteca garantiza o cuando tenga por objeto la división, registro y extinción de ésta, así como su nulidad, cancelación o para obtener el pago o prelación del crédito que la hipoteca garantice. Procederá contra quien posea a título de dueña del fundo hipotecado y, en su caso, contra personas acreedoras. Cuando después de anotada la demanda en el Registro Público de la Propiedad, Oficina Registral o cualquier otra Institución análoga según la Entidad Federativa de que se trate y contestada ésta, cambiare el dueño y poseedor jurídico del fundo, con éste continuará el juicio.

Artículo 24. La acción de petición de herencia se ejercitará para que sea declarado heredero quien demande, se le haga entrega de los bienes hereditarios con sus accesiones, sea indemnizado y le rindan cuentas.

Artículo 25. La petición de herencia se deducirá por la persona presunta heredera por testamento o sucesión legítima, así como la legataria, y se da contra quien tenga el cargo de albacea y contra quien posea los bienes hereditarios con carácter de heredera o cesionaria de ésta, y contra quien no alega título ninguno de posesión del bien hereditario, o dolosamente dejó de poseerlo.

Para el caso que el juicio sucesorio ya hubiera concluido, la acción de petición de herencia deberá formularse en contra de quienes tengan la calidad de causahabientes; y de no haberse formalizado en escritura la titularidad de los bienes, esta acción real se hará en contra de quien se haya adjudicado.

Artículo 26. El copropietario puede deducir las acciones relativas al bien común, en calidad de dueño, salvo pacto en contrario o ley especial que así lo determine. La acción reivindicatoria puede ser ejercida por todos los copropietarios del bien común, una parte de ellos o uno solo, debiendo la autoridad jurisdiccional en este caso, llamar a todos al juicio ante la existencia de un litisconsorcio activo necesario. Por otro lado, el copropietario, no podrá transigir ni comprometer en árbitros el procedimiento, sin consentimiento unánime de los copropietarios.

Artículo 27. A quien se perturbe en la posesión jurídica, tanto originaria como derivada de un bien inmueble, compete el interdicto de retener la posesión contra quien le perturbe, mandó tal perturbación o que a sabiendas y directamente se aproveche de ella, y contra la sucesora de la despojante. El objeto de esta acción es poner término a la perturbación, indemnizar a la poseedora y que la parte condenada garantice no volver a perturbar.

La procedencia de esta acción requiere que la perturbación consista en actos preparatorios tendientes directamente a la usurpación violenta, o a impedir el ejercicio del derecho. Que se reclame dentro de un año, y que la persona poseedora no haya obtenido la posesión de la contraria.

Artículo 28. Quien sea despojada de la posesión jurídica de un bien inmueble, tanto originaria como derivada, debe ser restituida, y le compete la acción de recobrar contra quien despoje o lo haya mandado hacer, contra quien a sabiendas y directamente se aprovecha del despojo y contra la sucesora de quien despojó.

Artículo 29. El interdicto de recuperar la posesión tiene por objeto reponer a la persona despojada en la posesión, indemnizarla de los daños y perjuicios, obtener de la parte condenada que garantice su abstención y a la vez apercibirla con multa y arresto para el caso de reincidencia.

Artículo 30. La acción de recuperar la posesión se deducirá dentro de los dos años siguientes a los actos violentos o vías de hecho causantes del despojo. No procede en favor de aquella persona que, con relación a la parte demandada, poseía clandestinamente, por la fuerza o a ruego; pero sí contra la persona propietaria despojante que transfirió el uso y el aprovechamiento del bien por medio de contrato.

Artículo 31. A quien posea el fundo o derecho real sobre éste, compete la acción para suspender la conclusión de una obra perjudicial a sus posesiones, su demolición o modificación en su caso, y la restitución de las cosas al estado anterior a la obra nueva. Compete también a vecinos del lugar cuando la obra nueva se construye en bienes de uso común. Se da contra la persona que la mandó construir, sea poseedora o detentadora del bien donde se construye.

Para los efectos de esta acción por obra nueva, se entiende por tal no sólo la construcción de nueva planta, sino también la que se realiza sobre edificio antiguo, añadiéndole, quitándole o dándole una forma distinta.

Artículo 32. La autoridad jurisdiccional que conozca del procedimiento podrá ordenar la suspensión de la construcción hasta que el juicio se resuelva, mediante garantía que otorgue la parte actora para responder de los daños y perjuicios que se causen al demandado por obra nueva.

La suspensión quedará sin efecto, si la persona propietaria de la obra nueva da a su vez, contragarantía bastante para restituir las cosas al estado que guardaban antes o paga los gastos que erogó la parte actora para garantizar la suspensión de la obra, así como los daños y perjuicios que le sobrevengan a éste en caso de que se declare procedente la acción, salvo que la restitución se haga físicamente imposible con la conclusión de la obra, o con ésta se siga perjuicio al interés social o se contravengan disposiciones de orden público.

Artículo 33. La acción de obra peligrosa se da a quien esté en la posesión jurídica o derivada de una propiedad contigua o cercana que pueda resentirse o padecer por la ruina o derrumbe de la otra, caída de un árbol u otro objeto análogo. Su finalidad es adoptar medidas urgentes para evitar los riesgos que ofrezca el mal estado de los objetos referidos, obtener la demolición total o parcial de la obra o la destrucción del objeto peligroso.

Compete la misma acción a quienes tengan derecho privado o público de paso por las inmediaciones de la obra, árbol u otro objeto peligroso.

Artículo 34. La autoridad jurisdiccional que conozca del procedimiento podrá, previa garantía que otorgue la parte actora para responder de los daños y perjuicios que se causen a la demandada, ordenar desde luego y sin esperar la sentencia, que la persona demandada suspenda la obra o realice las obras indispensables para evitar daños a la actora.

Artículo 35. Compete acción a terceras personas para coadyuvar en el juicio seguido contra sus codeudores solidarios. Igual facultad corresponde a quienes cuyo derecho dependa de la subsistencia del derecho de la parte demandada o de la actora.

La persona deudora de obligación indivisible que sea demandada por la totalidad de la prestación puede hacer concurrir a juicio a sus codeudores, siempre y cuando su cumplimiento no sea de tal naturaleza que sólo pueda satisfacerse por la parte demandada.

Artículo 36. La parte demandada al contestar la demanda podrá denunciar el pleito a quien esté obligada a la evicción; de así considerarlo, la autoridad jurisdiccional, ordenará su llamamiento para que conteste dentro del plazo previsto por este ordenamiento para la contestación a la demanda. Quien sea llamada como obligada a la evicción, una vez salida al pleito, se convierte en principal.

El llamamiento a juicio se hará con las mismas formalidades que el emplazamiento. La parte demandada que pida sea llamada la tercera, deberá proporcionar el domicilio de ésta, y si no lo hace no se dará curso a la petición respectiva; si afirmare que desconoce, se procederá en términos de la fracción II del artículo 209 de este Código Nacional, y será a su costa el importe de la publicación de los edictos para el emplazamiento.

Artículo 37. Quien sea llamada a juicio para que le pare perjuicio la sentencia, podrá comparecer al mismo en un plazo de quince días, y estará en aptitud de ofrecer pruebas, alegar e interponer toda clase de defensas y recursos. El llamamiento a juicio se hará corriéndole traslado con los escritos y documentos que formen la litis, que deberán ser exhibidos por quien solicite la citación o en su caso, quien lo solicite deberá cubrir el pago por derecho de expedición de las copias simples necesarias para su llamamiento.

Artículo 38. Quien se ostente como tercero e intente excluir los derechos de la parte actora y de la demandada, o los de la primera solamente, tiene la facultad de concurrir al procedimiento o de iniciar uno nuevo, en el caso de que ya se haya dictado sentencia firme en aquel.

Artículo 39. Los procedimientos relacionados con el estado civil, así como su rectificación, serán competencia de la autoridad jurisdiccional o autoridad administrativa, de conformidad con las disposiciones del Código Civil respectivo.

Artículo 40. Tratándose de acciones del estado civil, salvo lo dispuesto en el párrafo siguiente, se realizará la anotación al margen o al calce del atestado respectivo, en los términos que sean ordenadas por la autoridad jurisdiccional o autoridad administrativa.

En los procedimientos de reconocimiento de identidad de género, o de reasignación por concordancia sexo genérica, en la sentencia o constancia se deberá ordenar el levantamiento de una nueva acta de nacimiento, y la cancelación del acta de nacimiento primigenia.

Artículo 41. Las acciones del estado civil fundadas en la posesión de estado de hijo o hija producirán el efecto que se ampare o restituya a quien la disfrute contra cualquier perturbador.

Las decisiones judiciales recaídas en el ejercicio de acciones de estado civil perjudican aún a quienes no litigaron.

Artículo 42. La autoridad competente tendrá a su cargo el control del registro de personas deudoras alimentarias morosas, en el que harán las inscripciones.

Artículo 43. El enriquecimiento sin causa de una parte en detrimento de otra, da derecho a la parte perjudicada para ejercitar la acción de indemnización en la medida en que aquélla se enriqueció.

Artículo 44. Quien sea perjudicado por falta de título legal, le compete la acción proforma para exigir de quien esté obligado le extienda el documento correspondiente, siempre y cuando se acredite la titularidad registral del bien inmueble transmitido por quien esté obligado a realizar la formalización que se exige.

Artículo 45. En las acciones mancomunadas por título de herencia o legado, sean reales o personales, se observarán las reglas siguientes:

I. Si no se ha nombrado albacea, interventor o albacea judicial o provisional, puede ejercitarlas quienes tengan un derecho reconocido de herencia o legado, y

II. Si se ha nombrado albacea, interventor o albacea judicial o provisional, sólo a ellos compete la facultad de deducirlas en juicio, y sólo podrán hacerlo quienes tengan reconocido derecho de herencia o legado cuando, requeridos por estos, aquéllos se rehúsen a hacerlo.

Artículo 46. Procede la acción oblicua cuando la persona acreedora tenga interés en ejercitar las acciones que competan a su deudor, cuando conste el crédito en título ejecutivo y, requerido quien sea deudor para deducirlas, descuide o rehúse hacerlo. La persona tercera demandada puede paralizar la acción pagando a la demandante el monto de su crédito.

Las acciones derivadas de derechos inherentes a la persona del deudor nunca se ejercitarán por quien sea acreedor.

Quienes acepten la herencia que corresponda a su deudor, ejercitarán las acciones pertenecientes a éste, en los términos previstos por el Código Civil correspondiente.

Artículo 47. Las acciones que pueden ejercitarse contra los herederos no obligan a éstos sino en proporción a su masa hereditaria, salvo en todo caso, la responsabilidad que les resulte cuando sea solidaria la obligación con el autor de la herencia, por ocultación de bienes o por dolo o fraude en la administración de los bienes indivisos.

Artículo 48. Cuando haya varias acciones contra una misma persona, respecto de un mismo bien y provengan de una misma causa, deberán intentarse en una sola demanda y por el ejercicio de una o más quedan extinguidas las otras. No pueden acumularse en la misma demanda las acciones contrarias o contradictorias, ni las posesorias con las petitorias ni cuando una dependa del resultado de la otra. Tampoco son acumulables acciones que por su cuantía, materia o naturaleza correspondan a jurisdicciones diferentes. Queda abolida la práctica de deducir subsidiariamente acciones contrarias o contradictorias.

Artículo 49. A nadie puede obligarse a intentar o proseguir una acción contra su voluntad, excepto cuando alguno tenga acción o excepción que dependa del ejercicio de la acción de otro, a quien pueda exigir que la deduzca, oponga o continúe desde luego; y si se rehusare, lo podrá hacer aquel.

Artículo 50. Admitida la demanda, así como formulada la contestación, no podrán modificarse ni alterarse, salvo en los casos que este Código Nacional lo disponga.

El desistimiento de la instancia que se realice con posterioridad al emplazamiento requerirá del consentimiento de la persona demandada.

Para tal efecto, se dará vista a la contraria por el término de tres días para que manifieste su conformidad o inconformidad, y en caso de silencio, se tendrá por conforme con dicho desistimiento y su efecto será que las cosas vuelvan al estado que tenían antes de la presentación de la demanda, sin perjuicio del pago a la contraparte de las costas, daños y perjuicios, en el caso de que éste haya sido emplazado, salvo convenio en contrario.

Artículo 51. El desistimiento de la acción, la extingue, aún sin consentimiento de la parte demandada, y obliga a quien lo hizo, a resarcir a la contraria en los mismos términos del desistimiento de la instancia.

Artículo 52. La acción de nulidad de juicio concluido procede en aquellos asuntos en los cuales se ha dictado sentencia o auto definitivo que han causado ejecutoria, y se actualiza alguna de las siguientes hipótesis:

I. Si se falló con base en pruebas reconocidas o declaradas de cualquier modo falsas con posterioridad a la resolución, o que la parte vencida ignoraba que se habían reconocido o declarado como tales antes de la sentencia, y

II. Cuando existiere colusión u otra maniobra fraudulenta de las partes litigantes en el juicio cuya nulidad se pide, en perjuicio de la parte promovente de la acción de nulidad de juicio concluido.

Artículo 53. La acción de nulidad de juicio concluido puede ser ejercitada por quienes hayan sido parte en el procedimiento, sus sucesores o causahabientes y los terceros a quienes perjudique la resolución.

Artículo 54. Es competente la autoridad jurisdiccional de proceso oral civil para conocer de la acción de nulidad de juicio concluido, independientemente de la cuantía del juicio solicitado como nulo.

Artículo 55. En ningún caso podrá interponerse la acción de nulidad de juicio concluido:

I. Si ha transcurrido un año desde que hubiere causado ejecutoria la resolución que en ese juicio se dictó, o

II. Si han transcurrido tres meses desde que el recurrente hubiere conocido o debió conocer los motivos en que se fundare la misma.

No procede la acción de nulidad de juicio concluido contra las sentencias dictadas en el mismo juicio de nulidad.

Artículo 56. Si se encuentra juicio pendiente de resolver sobre la falsedad de alguna prueba que fue determinante en fallo dictado en el juicio reclamado como nulo, se suspenderán los plazos a que se refiere el artículo anterior.

Artículo 57. La interposición de la acción de nulidad de juicio concluido no suspenderá la ejecución de la resolución firme que la motivare. Sin embargo, quien promueva la nulidad podrá solicitar a la autoridad jurisdiccional que conociere de la misma, la suspensión de la ejecución de aquella sentencia que motive la acción de nulidad. Para este fin, deberá otorgar garantía que fije la autoridad jurisdiccional que conoce de la acción de nulidad, por los daños y perjuicios que, de manera inmediata y directa, pudieran ocasionarse con motivo de la suspensión a la parte vencedora del juicio cuya nulidad se solicita.

Artículo 58. Cuando la acción de nulidad de juicio concluido se declare infundada, la garantía se adjudicará a la parte demandada por concepto de daños y perjuicios ocasionados por la suspensión, sin necesidad de prueba alguna.

No será necesaria la garantía cuando se acredite fehacientemente que la ejecución pueda causar un daño irreparable a quien promueve la nulidad. En este supuesto, de resultar infundada la acción de nulidad, la parte actora será condenada al pago de los daños y perjuicios ocasionados con motivo de la suspensión, sin necesidad de prueba alguna, en los términos del artículo anterior, junto con el pago de gastos y costas, así como una multa equivalente a un año de valor de la Unidad de Medida y Actualización para la persona licenciada en derecho o abogada que la haya intentado.

Artículo 59. Contra la sentencia dictada en el juicio de nulidad de juicio concluido procederá el recurso de apelación, en los términos previstos en este Código Nacional.

Artículo 60. La parte demandada que haya dado lugar a alguna de las causales para declarar nulo el juicio, será responsable de los daños y perjuicios que con su conducta haya causado.

Siempre será condenada la parte demandada al pago de los gastos y costas en el juicio en que declare fundada la acción de nulidad, conforme al arancel correspondiente.

En caso de ser improcedente o infundada la acción de nulidad de juicio concluido, siempre se condenará a la actora a una indemnización por concepto de daños y perjuicios, y a pagar gastos y costas.

El pago de los gastos y costas será conforme al arancel establecido.

Artículo 61. Quien haya actuado en ejercicio del mandato judicial de la parte actora y que intervenga de cualquier forma en el ejercicio de la acción de nulidad, podrá ser responsable solidario respecto de las prestaciones condenadas en la sentencia ejecutoriada, siempre y cuando se acredite el dolo.

SECCIÓN TERCERA
DE LAS EXCEPCIONES

Artículo 62. Las excepciones procesales son las oposiciones de la parte demandada para impugnar o contradecir el procedimiento, sin atacar el derecho sustantivo en litigio, las cuales se deben resolver antes del dictado de la sentencia definitiva.

Artículo 63. Son excepciones procesales las siguientes:

I. La falta de cumplimiento del plazo o condición a que esté sujeta la obligación;

II. La improcedencia de la vía;

III. La incompetencia de la autoridad jurisdiccional;

IV. La litispendencia;

V. La conexidad de la causa;

VI. La falta de personalidad del actor o del demandado o la falta de capacidad del actor;

VII. La cosa juzgada;

VIII. La remisión al arbitraje, y

IX. Las demás a las que les den ese carácter las leyes.

Se harán valer al contestar la demanda, la reconvención o la solicitud de medidas cautelares y en ningún caso suspenderán el procedimiento. De todas las excepciones se dará vista a la contraria por el término de tres días para que manifieste lo que a su derecho convenga, y se resolverán mediante sentencia interlocutoria en procedimientos escritos y de manera oral dentro de la audiencia preliminar en juicio oral dejando constancia de ello en el acta mínima que se levante con motivo de ésta, salvo la de cosa juzgada que se tramitará conforme a las disposiciones previstas en este Código Nacional. Contra la resolución de excepciones procesales en juicio oral no procede recurso alguno.

En las excepciones de falta de personalidad, conexidad o litispendencia, sólo se admitirá la prueba documental en copia certificada, las que se deberán exhibir antes de la audiencia preliminar, en términos de lo dispuesto en este Código Nacional.

Artículo 64. En la excepción de falta de cumplimiento del plazo o condición a que esté sujeta la obligación, si se allana la contraria, se declarará procedente de plano. De no ser así, la excepción se resolverá en la audiencia respectiva y de declararse procedente, el efecto será dejar a salvo el derecho para que se haga valer cuando cambien las circunstancias que afectan su ejercicio, debiendo condenar al pago de gastos y costas que se hubieren causado.

Artículo 65. Cuando se declare la improcedencia de la vía, el efecto será el de continuar el procedimiento para el trámite del juicio en la vía que se considere procedente declarando la validez de lo actuado, sin perjuicio de la obligación de la autoridad jurisdiccional para regularizar el procedimiento de acuerdo con la vía que se declare procedente.

Artículo 66. La incompetencia puede promoverse por declinatoria o inhibitoria, que se substanciarán conforme a lo dispuesto en este Código Nacional.

Artículo 67. La excepción de litispendencia procede cuando la autoridad jurisdiccional conoce de un juicio en el que hay identidad entre partes, acciones deducidas y objetos reclamados, cuando las partes litiguen con el mismo carácter. Quien la oponga, debe señalar precisamente la autoridad jurisdiccional ante quien se tramita el primer juicio y declarar bajo protesta de decir verdad, que no se ha dictado sentencia definitiva en el juicio primeramente promovido.

La excepción de litispendencia sólo podrá acreditarse con la copia autorizada o certificada de la demanda y contestación, así como con el original de la constancia de emplazamiento del juicio primeramente promovido, mismas que deberán exhibirse hasta el momento de celebración de la audiencia respectiva. El mismo tratamiento se dará cuando se trate de autoridad jurisdiccional que no pertenezca a la misma jurisdicción de apelación.

Artículo 68. Si se declara procedente la litispendencia, el efecto será sobreseer el juicio que en segundo lugar previno.

En materia familiar persistirán las medidas provisionales y cautelares impuestas que estén ordenadas en el juicio, hasta que determine lo contrario la autoridad jurisdiccional que previno. Lo anterior resulta aplicable tratándose de personas que pertenezcan a los pueblos y comunidades indígenas y afromexicanas y demás grupos sociales en situación de vulnerabilidad.

Artículo 69. Existe conexidad de causas en cualquiera de los supuestos siguientes:

I. Identidad de personas y acciones, aunque los bienes sean distintos;

II. Identidad de personas y bienes, aunque las acciones sean distintas;

III. Acciones que provengan de una misma causa, aunque sean diversas las personas y los bienes, y

IV. Identidad de acciones y de bienes, aunque las personas sean distintas.

Quien oponga la conexidad debe señalar precisamente la autoridad jurisdiccional ante la que se tramita el juicio conexo, y declarar bajo protesta de decir verdad el estado procesal que guarda. La conexidad sólo podrá acreditarse con la copia autorizada o certificada de la demanda y contestación, formuladas en el juicio conexo, así como con original de la constancia de emplazamiento, mismas que deberán exhibirse hasta el momento de celebración de la audiencia respectiva.

La excepción de conexidad tiene por objeto la remisión de los autos del segundo juicio a la autoridad jurisdiccional que previno conociendo primero de la causa conexa, para que se acumulen ambos juicios y se tramiten por cuerda separada, decidiéndose en una sola sentencia, evitando que exista contradicción alguna.

Artículo 70. No procede la excepción de conexidad:

I. Cuando los pleitos están en diversas instancias;

II. Cuando las autoridades jurisdiccionales que conozcan respectivamente de los juicios pertenezcan a autoridad jurisdiccional de segunda instancia o Poder Judicial diferente;

III. Cuando ambos juicios tengan trámites incompatibles, y

IV. Cuando se trate de un procedimiento que se tramite en el extranjero.

Artículo 71. La autoridad jurisdiccional estudiará de oficio la personalidad al momento de proveer el escrito inicial de demanda y su posible contestación, y el interesado podrá corregir cualquier deficiencia al respecto, siempre y cuando fuese subsanable, en un plazo no mayor de diez días, con la consecuencia de no admitir la demanda, en caso de la parte actora, o de no tener por contestada la demanda y continuar el juicio en su rebeldía, en caso de la demandada.

En caso de juicios orales, la posibilidad de subsanar la personalidad de las partes deberá realizarse a más tardar al inicio de la audiencia preliminar. Siempre que un litigante se presente en representación de alguna de las partes, la autoridad jurisdiccional estudiará de oficio su personalidad, independientemente del derecho de la contraparte de excepcionarse o realizar la objeción pertinente.

Artículo 72. La excepción de falta de personalidad de la parte actora y, en su caso, la objeción de la personalidad que haga valer la actora en contra de la demandada en la etapa postulatoria, se tramitarán incidentalmente en los procedimientos escritos, conforme a las reglas que se establecen en el presente Código Nacional.

En los juicios orales se resolverá, previo derecho de contradicción por tres días, si la excepción se hace valer en la fase postulatoria, al momento de celebrar la audiencia preliminar en la etapa de depuración del procedimiento, en la que se recibirán las pruebas que se encuentren debidamente admitidas y preparadas, dejando constancia de los puntos resolutivos en el acta mínima que se levante con motivo de la misma.

Artículo 73. En los juicios orales si la excepción de falta de personalidad fuere sobrevenida en la audiencia preliminar, se resolverá previo derecho de contradicción en la misma audiencia de la parte contraria, en la que la autoridad jurisdiccional escuchará los argumentos de las partes, proveerá lo necesario para la admisión o desechamiento de pruebas y las mandará recibir en la misma audiencia si fuere posible, resolviendo en el acto la resolución que en derecho proceda, de forma fundada y motivada, dejando constancia de los puntos resolutivos en el acta mínima que se levante con motivo de la misma.

Cuando se declare fundada una u otra, si fuere subsanable el defecto, la autoridad jurisdiccional concederá un plazo no mayor a diez días para que se subsane, y de no hacerse así, cuando se tratare de la parte actora se sobreseerá el juicio y en tratándose de la demandada se continuará el juicio en su rebeldía.

Artículo 74. Cuando se trate de objeciones de personalidad posteriores a los escritos que fijan la litis y hasta antes del dictado de la sentencia definitiva, se tramitarán de manera incidental conforme a las reglas previstas en el presente Código Nacional para los juicios del sistema escrito. En tratándose de objeción de personalidad dentro del sistema de audiencia en juicios orales, se deberá hacer valer dentro de la audiencia respectiva y resolver cumpliendo con el principio de contradicción y de manera oral en la misma audiencia cuando la naturaleza de las pruebas ofrecidas y admitidas así lo permitan; en caso de ser procedente la objeción, el interesado no podrá actuar dentro del procedimiento y se declarará nulo lo actuado por él en la audiencia respectiva.

Artículo 75. En la excepción de cosa juzgada, además de la copia certificada o autorizada de la demanda y contestación de demanda, deberá exhibirse copia certificada o autorizada de la sentencia de segunda instancia o, la de la autoridad jurisdiccional de primera instancia y del auto que la declaró ejecutoriada o, en su caso, original o copia certificada del convenio emanado del procedimiento de mediación a que se refiere la ley correspondiente que regule los medios alternativos de solución de conflictos o justicia alternativa, o cualquier otra disposición al respecto de cada Entidad Federativa.

La excepción de cosa juzgada debe oponerse al dar contestación a la demanda o la reconvención y con la misma se dará vista a la contraparte para que dentro del término de tres días manifieste lo que a su derecho convenga. Se debe resolver mediante sentencia interlocutoria en los juicios escritos y en la audiencia preliminar dentro de la etapa de depuración del procedimiento en los juicios orales; y en su caso, será apelable en ambos efectos si se declara procedente, y en el efecto devolutivo de tramitación conjunta con la sentencia definitiva si se declara improcedente. En dicho caso la autoridad jurisdiccional asumirá plena jurisdicción, resolviendo el fondo del asunto, sin necesidad de reenvío a la autoridad jurisdiccional de primera instancia del sistema escrito o sistema oral, sea en el trámite o resolución del recurso, cuando éste modifique o revoque la sentencia interlocutoria combatida.

Artículo 76. Salvo disposición expresa que señale alguna otra excepción como procesal, las demás defensas y excepciones que se opongan se resolverán en la sentencia definitiva.

TÍTULO SEGUNDO
DE LA COMPETENCIA OBJETIVA Y SUBJETIVA

CAPÍTULO I
DISPOSICIONES GENERALES

Artículo 77. Toda demanda debe formularse ante la autoridad jurisdiccional competente. La competencia de la autoridad jurisdiccional se determinará por la materia, el grado y el territorio.

La competencia por cuantía sólo aplicará en el caso de que la Ley Orgánica respectiva establezca órganos jurisdiccionales cuya competencia se defina con dicho criterio.

Artículo 78. Los Tribunales Colegiados de Circuito, Tribunales Colegiados de Apelación y Plenos Regionales, así como la Suprema Corte de Justicia de la Nación, conocerán en segunda instancia, de los procedimientos en que resulte aplicable este Código Nacional y que sea competencia de los Juzgados de Distrito, en términos de lo que disponga la Ley Orgánica del Poder Judicial de la Federación.

Cuando, en el lugar que haya de seguirse el juicio, hubiere dos o más Tribunales Federales, será competente el que elija el actor.

Las competencias entre los Tribunales Federales y los de las Entidades Federativas, se decidirán declarando cuál es el fuero en que radica la jurisdicción, y se remitirán los autos a la autoridad jurisdiccional que hubiere obtenido.

Esta resolución no impide que otras autoridades jurisdiccionales del fuero al que pertenezca la que obtuvo, le puedan iniciar competencia para conocer del mismo procedimiento.

Artículo 79. Ninguna autoridad jurisdiccional del Poder Judicial de la Federación o de las Entidades Federativas pueden negarse a conocer de un asunto, sino por considerar que carece de competencia legal. En este caso debe expresar en su resolución la motivación y los fundamentos legales en que se apoye y la autoridad que considere competente. El auto en que una autoridad jurisdiccional se negare a conocer es apelable en ambos efectos.

Artículo 80. Ninguna autoridad jurisdiccional puede sostener competencia con otra bajo cuya jurisdicción se halle, pero sí con otra que, aunque sea superior en su clase, no ejerza jurisdicción sobre ella.

Artículo 81. La autoridad jurisdiccional que reconozca la jurisdicción de otra por resolución expresa, no puede sostener su competencia.

Si el acto del reconocimiento consiste sólo en la cumplimentación de un exhorto, la autoridad jurisdiccional exhortada no estará impedida para sostener su competencia.

Artículo 82. Las partes pueden desistirse de seguir sosteniendo la competencia de una autoridad jurisdiccional, hasta antes que se resuelva la misma, si se trata de competencia por territorio.

Artículo 83. La competencia por razón del territorio y materia, son las únicas que se pueden prorrogar, salvo que correspondan al fuero federal.

La competencia por razón de materia, únicamente es prorrogable en las materias civil y familiar, y en aquellos casos en que las prestaciones tengan íntima conexión entre sí, o por los nexos entre las personas que litiguen, sea por razón de parentesco, negocios, sociedad o similares, o deriven de la misma causa de pedir, sin que para que opere la prórroga de competencia en las materias señaladas, sea necesario convenio entre las partes, ni dará lugar a excepción sobre el particular.

En consecuencia, ninguna autoridad jurisdiccional podrá abstenerse de conocer de asuntos, argumentando falta de competencia por materia cuando se presente alguno de los casos señalados, que daría lugar a la división de la continencia de la causa o a multiplicidad de litigios con posibles resoluciones contradictorias.

Artículo 84. Si la autoridad jurisdiccional deja de conocer por excusa o recusación, conocerá la que siga en número o turno, que corresponda de conformidad con la Ley Orgánica del Poder Judicial de la Federación, así como de la Entidad Federativa correspondiente.

Artículo 85. Es autoridad jurisdiccional competente aquella a la que las partes litigantes se hubieren sometido expresa o tácitamente, cuando se trate de fuero renunciable.

Artículo 86. Hay sumisión expresa cuando las partes interesadas renuncian de forma clara y precisa, sin que admita duda al fuero que la ley les concede, y se sujetan a la competencia de la autoridad jurisdiccional en turno de la materia y territorio correspondiente, o al que precisen que se someten.

Artículo 87. Se entienden sometidos:

I. La parte demandante, por el hecho de ocurrir a la autoridad jurisdiccional en turno, entablando su demanda;

II. La parte demandada, por contestar la demanda o por reconvenir a la parte actora;

III. La persona que habiendo promovido una incompetencia se desiste de ella, y

IV. La persona tercera opositora y la que por cualquier motivo viniere al juicio.

Artículo 88. Será nulo todo lo actuado por la autoridad jurisdiccional declarada incompetente, salvo que se trate de incompetencia sobrevenida, caso en el cual será nulo todo lo actuado a partir del momento en que tiene efectos dicha incompetencia.

Esta nulidad de actuaciones es de pleno derecho, y solo bastará para ello que se declare la incompetencia por la autoridad jurisdiccional para que las cosas se restituyan al estado en que se encontraban hasta antes de que se practicaran dichas actuaciones.

Serán válidas las actuaciones de una autoridad jurisdiccional competente, aun cuando declare nulo o inexistente el acuerdo en el cual se pactó su competencia.

SECCIÓN PRIMERA
DE LA FIJACIÓN DE LA COMPETENCIA

Artículo 89. Es autoridad jurisdiccional competente:

I. La del lugar que la persona deudora haya designado para ser requerida judicialmente de pago;

II. La del lugar convenido en el contrato o convenio para el cumplimiento de la obligación;

III. La de la ubicación del bien, si se ejercita una acción real sobre éste. Lo mismo se observará respecto a las cuestiones derivadas del contrato de arrendamiento de inmuebles. Cuando estuvieren comprendidos en dos o más jurisdicciones, será competente aquella en que se encuentre la mayor parte de ellos;

IV. La del domicilio de la parte demandada, si se trata del ejercicio de una acción sobre bienes muebles, de acciones personales, colectivas o del estado civil. Cuando sean varias las personas demandadas y tuvieren diversos domicilios, será competente la autoridad jurisdiccional que se encuentre en turno del domicilio que elija la parte actora;

V. En los juicios sucesorios, la autoridad jurisdiccional en cuya jurisdicción haya tenido su último domicilio el autor de la sucesión. A falta de ese domicilio, lo será el de la ubicación de los bienes inmuebles que forman la herencia y si estuvieren en varias jurisdicciones, el de aquel en que se encuentre el mayor número; y a falta de domicilio y bienes inmuebles, el del lugar del fallecimiento de la persona autora de la herencia, sin que pueda alterarse el orden anterior. Lo mismo se observará en casos de declaración especial de ausencia por desaparición o presunción de muerte. En los supuestos de la presente fracción no procede sometimiento expreso o tácito alguno;

VI. Aquella en cuyo territorio radica un juicio sucesorio para conocer:

a) De las acciones de petición de herencia.

b) De la nulidad de testamento.

c) Las relativas a la partición hereditaria.

d) De todas las acciones legales contra la sucesión antes de la partición y adjudicación de los bienes.

e) De las acciones de nulidad, rescisión y evicción de la partición hereditaria.

f) De la declaración especial de ausencia por desaparición, así como la declaración de ausencia y presunción de muerte, en los términos de la legislación aplicable.

VII. La del lugar que la persona deudora haya designado para ser requerida judicialmente de pago, o el domicilio de ésta en caso de concursos;

VIII. En los actos de jurisdicción voluntaria, la del domicilio de quien las promueve, pero si se tratare de bienes inmuebles, lo será la del lugar donde estén ubicados. En caso de conflicto de competencias se decidirá a favor del que haya prevenido en el conocimiento;

IX. La del domicilio de las niñas, niños y adolescentes, tratándose de asuntos en materia familiar;

En los procedimientos relativos a suplir el consentimiento de quien ejerce la patria potestad, o impedimentos para contraer matrimonio, la del lugar donde se hayan presentado las partes pretendientes;

X. Para decidir las controversias del estado civil de las personas, la del domicilio conyugal, o aquel en el que habiten los concubinos o convivientes;

XI. En los juicios de divorcio, lo es la del último domicilio conyugal;

XII. En los juicios de nulidad o inexistencia del matrimonio o institución equivalente o similar, lo es la del domicilio donde tuvo lugar el acto cuya nulidad se alega;

XIII. En los juicios de rectificación de actas del estado civil, lo es la del domicilio del actor;

XIV. En caso de abandono de hogar, la del domicilio en el que residía al momento del abandono el cónyuge, concubina o concubino, o conviviente que alega dicho abandono;

XV. En los juicios de alimentos o violencia familiar, la del domicilio de la persona acreedora alimentaria, la de la receptora de la violencia o la de la parte demandada, a elección de la parte actora;

XVI. La del domicilio de la hija o hijo en las acciones de filiación, sean de impugnación, contradicción, reconocimiento o desconocimiento sobre la maternidad o paternidad, y

XVII. Tratándose de juicios en los que la parte demandada sea una persona perteneciente a los pueblos y comunidades indígenas o afromexicanas, será competente la autoridad jurisdiccional del lugar en que dicha persona tenga su domicilio. Si ambas partes lo son, lo será la que ejerza jurisdicción en el domicilio del demandante.

Artículo 90. En los interdictos conocerá siempre la autoridad jurisdiccional de la ubicación del bien.

Artículo 91. Es competente para conocer de la reconvención la autoridad jurisdiccional que conoce de la demanda en el juicio principal, cualquiera que sea la materia.

Artículo 92. Las cuestiones de tercerías deben substanciarse y decidirse por la autoridad jurisdiccional que sea competente para conocer del asunto principal.

Artículo 93. Para los actos preparatorios del juicio, será competente la autoridad jurisdiccional que lo fuere para el procedimiento principal.

En las providencias precautorias y medidas cautelares o medidas provisionales regirá lo dispuesto en el párrafo anterior.

Si el expediente estuviere en segunda instancia, será competente para dictar la providencia precautoria, medidas cautelares o medidas provisionales la autoridad jurisdiccional que conoció de ellos en primera instancia. Cuando se trate de asuntos en materia familiar, de pueblos y comunidades indígenas y afromexicanas y demás grupos sociales en situación de vulnerabilidad, será competente la autoridad jurisdiccional de segunda instancia para dictarlas y en su caso, ejecutarlas con plenitud de jurisdicción.

En caso de urgencia, puede dictarla la autoridad jurisdiccional del lugar donde se hallen la persona o el bien objeto de la providencia, y una vez ejecutada, se remitirán las actuaciones a la autoridad jurisdiccional competente que conozca del procedimiento principal.

SECCIÓN SEGUNDA
DE LA SUBSTANCIACIÓN Y DECISIÓN DE COMPETENCIAS

Artículo 94. Las contiendas sobre competencia, podrán promoverse por inhibitoria o por declinatoria.

La inhibitoria se intentará ante la autoridad jurisdiccional a quien se considere competente.

La declinatoria se propondrá ante la autoridad jurisdiccional a quien se considere que carece de competencia legal, pidiéndole que resuelva no conocer del procedimiento, y remita los autos al que se estime competente. La declinatoria se promoverá y substanciará en forma incidental.

En ningún caso se promoverán de oficio las contiendas de competencia.

Artículo 95. La declinatoria se propondrá al contestar la demanda, ante la autoridad jurisdiccional que se considere que carece de competencia legal, y se expondrán las razones jurídicas esenciales, ofreciendo únicamente pruebas documentales. Se pedirá se abstenga del conocimiento del procedimiento y remita los autos a la autoridad jurisdiccional considerada competente. Al admitirla la autoridad jurisdiccional de primera instancia, se dará vista por tres días a la contraparte para que contradiga y alegue lo que a su interés convenga, así como ofrezca pruebas documentales. Vencido el término concedido con o sin el desahogo de la vista, dentro los cinco días posteriores se remitirá a la autoridad jurisdiccional de segunda instancia el testimonio de las actuaciones respectivas, haciéndolo saber a las partes interesadas para que en su caso comparezcan ante aquella.

Recibido el testimonio de las constancias por la autoridad jurisdiccional de segunda instancia, proveerá con respecto a las pruebas documentales ofrecidas su admisión o desechamiento, procediendo a desahogar en el acto las admitidas conforme a derecho. Hecho lo anterior, se dictará resolución dentro del término improrrogable de cinco días.

Artículo 96. En el caso que las partes no ofrezcan prueba, o las ofrecidas no se admitan, y no formulen alegatos, la autoridad jurisdiccional de segunda instancia citará para resolución, la que se pronunciará dentro del término improrrogable de cinco días.

Decidida la competencia, la autoridad jurisdiccional de segunda instancia lo comunicará a la autoridad jurisdiccional ante quien se promovió la declinatoria, y en su caso, al que se declare competente. Si la declinatoria se declara improcedente o infundada, la autoridad jurisdiccional de segunda instancia lo comunicará a la autoridad jurisdiccional respectiva.

Artículo 97. La autoridad jurisdiccional ante quien se promueva inhibitoria girará oficio requiriendo al que se estime incompetente, para que deje de conocer del procedimiento, y le remita los autos dentro de los cinco días posteriores. La resolución que niegue el requerimiento es apelable. Si la inhibitoria se promueve ante la autoridad jurisdiccional de segunda instancia respectiva, la resolución que niegue al requerimiento, no admite recurso ordinario alguno.

La autoridad jurisdiccional requerida, dentro del término de cinco días, resolverá si acepta o no la inhibitoria. Si las partes estuvieren conformes al ser notificadas del proveído que acepte la inhibición, se remitirá los autos a la autoridad jurisdiccional requirente dentro de los cinco días posteriores. En cualquier otro caso, se remitirán los autos a la autoridad jurisdiccional en turno que faculte la Ley Orgánica del Poder Judicial de la Federación, en tratándose de autoridades jurisdiccionales federales, comunicándolo así al requirente, para que haga igual cosa.

Recibidos los autos por la autoridad jurisdiccional de segunda instancia o aquella que faculte la Ley Orgánica del Poder Judicial de la Federación, dará vista a las partes por tres días para que aleguen por escrito lo que a su derecho corresponda y resolverá dentro del término improrrogable de cinco días.

Decidida la competencia, se comunicará la sentencia a las autoridades jurisdiccionales contendientes, y al declarado competente además se le remitirán los autos originales dentro del término de cinco días la substanciación del procedimiento y resolución.

Artículo 98. En caso de no promoverse cuestión de competencia alguna dentro de los términos señalados por la parte que se estime afectada, se considerará sometida a la autoridad jurisdiccional que lo emplazó y perderá todo derecho para intentarla.

Las cuestiones de competencia en ningún caso suspenderán el procedimiento principal, pero deberán resolverse antes de dictarse sentencia definitiva, reservándose el dictado de ésta, salvo los casos señalados en el presente Código Nacional.

Artículo 99. Si por los documentos que se hubieren presentado o por otras constancias de autos, apareciere que la parte litigante que promueve la declinatoria se ha sometido a la jurisdicción de la autoridad jurisdiccional que conoce del procedimiento, se desechará de plano, continuando su curso el juicio.

También se desechará de plano la competencia promovida que no tenga por objeto decidir cuál ha de ser la autoridad jurisdiccional que deba conocer de un asunto.

Artículo 100. Las autoridades jurisdiccionales quedan impedidas para promover oficiosamente las cuestiones de competencia, y sólo deberán inhibirse del conocimiento de un procedimiento, cuando se trate de competencias por razón de territorio, materia, con excepción de lo dispuesto en el artículo 83 de este Código Nacional, siempre y cuando se inhiban en el primer proveído que se dicte respecto de la demanda principal.

Cuando dos o más autoridades jurisdiccionales locales de la misma jurisdicción se nieguen a conocer de determinado asunto, quien se vea perjudicada ocurrirá ante la autoridad jurisdiccional de segunda instancia en turno, dentro del término de cinco días contados a partir de que la última de dichas autoridades se negó a conocer del asunto, a fin de que ésta ordene a esas autoridades jurisdiccionales, que en el término de tres días remitan los expedientes originales en que se contengan sus respectivas resoluciones. Si las dos partes consideran que les causa perjuicio la negativa a conocer del asunto siendo de materia diversa y ambas ocurrieran a autoridades jurisdiccionales de segunda instancia de diferentes Tribunales, será competente para resolver, el que primero reciba la inconformidad.

Artículo 101. Una vez recibidos los autos por la autoridad jurisdiccional de segunda instancia correspondiente, los pondrá a la vista de las partes, por el término de tres días para que ofrezcan pruebas documentales y aleguen lo que a su interés convenga.

En lo demás, será aplicable el procedimiento previsto en el artículo 95 de este ordenamiento.

Artículo 102. Cuando dos o más autoridades jurisdiccionales federales se nieguen a conocer de un determinado procedimiento, la parte interesada ocurrirá a la autoridad jurisdiccional que faculte la Ley Orgánica del Poder Judicial de la Federación, sin necesidad de agotar los recursos ordinarios, a fin de que ordene a los que se nieguen a conocer, que le envíen los expedientes en que se contengan sus respectivas resoluciones.

Recibidos los autos, se correrá de ellos traslado, por cinco días, al Ministerio Público Federal, y, desahogada que sea, se dictará la resolución que proceda, dentro de igual término.

Cuando la negativa a conocer se suscite entre dos o más autoridades jurisdiccionales del fuero común y federal, y además se encuentren en el mismo circuito judicial, corresponderá al Pleno Regional del Poder Judicial de la Federación respectivo resolver. Cuando sea entre autoridades jurisdiccionales de distintos circuitos judiciales, será el Pleno Regional del Poder Judicial de la Federación de la autoridad jurisdiccional que conoció en primer momento del asunto.

Una vez recibidos los expedientes, el procedimiento para resolver se ajustará a lo dispuesto en el artículo 95 de este Código Nacional.

Artículo 103. En el caso de que se declare infundada o improcedente la incompetencia, se aplicará una corrección disciplinaria por los montos que establece el artículo 192 fracción III de este Código Nacional, en beneficio del Fondo de Administración de Justicia del Poder Judicial de que se trate.

CAPÍTULO II
DE LA COMPETENCIA SUBJETIVA

SECCIÓN PRIMERA
DE LOS IMPEDIMENTOS Y EXCUSAS

Artículo 104. Las autoridades jurisdiccionales se tendrán por forzosamente impedidas para conocer en los casos siguientes:

I. Cuando tengan interés directo o indirecto en el procedimiento;

II. En los procedimientos que sean del mismo interés para su cónyuge, concubina, concubinario, conviviente o para sus parientes consanguíneos en línea recta sin limitación de grados, a los colaterales dentro del cuarto grado, y a los afines dentro del segundo;

III. Siempre que, entre su cónyuge, concubina, concubinario, conviviente, ascendientes o sus descendientes, y alguno de las partes interesadas, haya relación de intimidad nacida de algún acto civil o religioso, sancionado y respetado por la costumbre, relación de amistad o económica, de subordinación o lealtad, sin importar su origen;

IV. Si fuere pariente por consanguinidad o afinidad de la persona representante autorizada, abogado o procurador de alguna de las partes, en los mismos grados a que se refiere la fracción II de este artículo;

V. Cuando la autoridad jurisdiccional, su cónyuge, concubina, concubinario, conviviente o alguno de sus ascendientes o descendientes sea parte heredera, legataria, donante, donataria, socia, acreedora, deudora, fiadora, fiada, arrendadora, arrendataria, principal, dependiente o comensal habitual de alguna de las partes, o administradora actual de sus bienes;

VI. Si ha hecho promesas o amenazas, o ha manifestado de otro modo su odio o afecto por alguna de las partes; o ha sido sujeto de amenazas o la animadversión de alguna de las partes ha influido en su fuero interno de tal manera que se ponga en riesgo su imparcialidad;

VII. Si asiste o ha asistido a convites que especialmente se le ofrecieren o costeare alguna de las partes que litigan el asunto o sus personas representantes autorizadas, antes y después de comenzado el procedimiento, o si se tiene familiaridad con los mencionados, o cohabitan con ellas;

VIII. Cuando después de iniciado el procedimiento, la autoridad jurisdiccional, su cónyuge, concubina, concubinario, conviviente, ascendientes o descendientes, parientes colaterales en segundo grado y por afinidad en primer grado, haya recibido dádivas o servicios de alguna de las partes;

IX. Si ha sido abogado o procurador, ha fungido como apoyo o ha recibido apoyo para el ejercicio de la capacidad jurídica, perito o testigo en el procedimiento de que se trate o de cualquiera de las partes en éste, en cualquier otro procedimiento;

X. Si ha conocido del procedimiento como autoridad jurisdiccional, arbitro o asesor, resolviendo algún punto que afecte a la sustancia de la cuestión, en la misma instancia o en otra;

XI. Cuando la autoridad jurisdiccional, su cónyuge, concubina, concubinario, conviviente o alguno de sus parientes consanguíneos en línea recta, sin limitación de grados, de los colaterales dentro del segundo, o de los afines en el primero, siga contra alguna de las partes, o no ha pasado un año, de haber seguido un juicio civil, o una causa criminal, como parte acusadora, querellante o denunciante, o se haya constituido parte civil en causa criminal seguida contra cualquiera de ellas;

XII. Cuando alguna de las personas representantes autorizadas, sigan o hayan seguido un juicio civil, o una causa criminal, y no ha pasado un año o más, de haber causado ejecutoria, un procedimiento jurisdiccional, en contra de la autoridad jurisdiccional de que se trate, su cónyuge, concubina, concubinario, conviviente, ascendientes o descendientes, parientes colaterales en segundo grado y por afinidad en primer grado;

XIII. Cuando la persona servidora pública, su cónyuge, concubina, concubinario, conviviente, ascendientes o descendientes, parientes colaterales en segundo grado y por afinidad en primer grado, sea contrario a cualquiera de las partes en procedimiento administrativo que afecte a sus intereses;

XIV. Si la persona servidora pública, su cónyuge, concubina, concubinario, conviviente o alguno de sus expresados parientes sigue algún procedimiento civil o criminal en que sea autoridad jurisdiccional, agente del Ministerio Público Federal o Local, Procurador o Representante Social, árbitro o arbitrador, de alguno de los litigantes;

XV. Si es persona tutora, tutriz, curador o curadora de alguna de las partes interesadas, administra sus bienes, es gerente de alguna sociedad, asociación que tenga interés en la causa o no hayan pasado tres años de haberlo sido, y

XVI. Siempre que haya externado su opinión públicamente, adelantando el sentido de su fallo.

Las opiniones expresadas por la autoridad jurisdiccional al intentar conciliar entre las partes, y aquellas que se emitan con carácter doctrinario o académico, no constituyen motivo de impedimento.

Artículo 105. Las autoridades jurisdiccionales tienen el deber de excusarse del conocimiento de los procedimientos en que ocurra alguna de las causas expresadas en el artículo anterior, aún y cuando las partes no los recusen. La excusa debe expresar concretamente la causa en que se funde. Sin perjuicio de las providencias que conforme a este Código Nacional se deben dictar, tienen la obligación de excusarse inmediatamente que se avoquen al conocimiento de un procedimiento del que no deben conocer por impedimento, o dentro de los tres días siguientes en que ocurra el hecho que origina el impedimento o de que tengan conocimiento de él.

SECCIÓN SEGUNDA
DE LA RECUSACIÓN

Artículo 106. Cuando la autoridad jurisdiccional no se excusare a pesar de existir alguno de los impedimentos expresados, procede la recusación, que siempre se fundará en causa legal.

Artículo 107. Sólo pueden hacer uso de la recusación:

I. Las partes, personas interesadas o sus representantes;

II. La persona que represente a los acreedores en los concursos sólo podrá hacer uso de la recusación en los procedimientos que afecten al interés general, el cual se calculará por el importe de las porciones. En los que afecten al interés particular de alguno de las personas acreedoras, podrá la parte interesada hacer uso de la recusación, pero la autoridad jurisdiccional no quedará impedida más que en el punto de que se trate. Resuelta la cuestión se reintegra al principal;

III. La persona designada como albacea o interventor en los juicios sucesorios, y

IV. La persona que funja como representante común en caso de litisconsorcio y cuando no se haya designado aún, por cualquiera de las partes.

Artículo 108. Conocerán de las excusas y recusaciones:

I. Las autoridades jurisdiccionales respecto de las personas ante ella adscritas;

II. Los Tribunales de Segunda Instancia respecto de las autoridades juris-diccionales de primera instancia;

III. La autoridad jurisdiccional de conformidad con lo dispuesto por la Ley Orgánica que corresponda, respecto de las personas magistradas.

En el Tribunal de segunda instancia, la recusación sólo importa la de aque-llas persona o personas recusadas expresamente, y si fueren varias, deberá fundarse en la causa de impedimento que afecte a cada una.

Artículo 109. No procederá recusación:

I. En los actos prejudiciales;

II. Al cumplimentar exhortos, despachos o cartas rogatorias;

III. En las diligencias de mera ejecución;

IV. En los juicios ejecutivos mientras no se lleve a cabo el aseguramiento, y en los hipotecarios mientras no se expida el oficio de inscripción de la demanda;

V. Tratándose de ejecución de sentencia, desde la fecha del auto en que se señala término a las personas deudoras para que cumplan con ella, y

VI. En los demás actos que no radiquen jurisdicción, ni importen conocimiento de causa.

Si la ejecución de sentencia fuera mixta o si hubiere oposición de tercera persona o se opusieren excepciones en contra de la ejecución, será admisible la recusación.

Artículo 110. En los procedimientos de apremio y en el juicio que empieza por ejecución, no se dará curso a ninguna recusación sino una vez practicado el aseguramiento, hecho en el embargo o levantamiento del embargo, en su caso, o anotada la demanda en el Registro Público de la Propiedad, oficina registral o cualquier otra institución análoga según la Entidad Federativa de que se trate.

Artículo 111. La recusación puede interponerse en todo momento hasta antes de la admisión de pruebas. La recusación deberá presentarse a más tardar dentro de los cinco días a partir de que se conozca la causal que la motivó.

Artículo 112. En tanto se califica o decide la recusación, se suspenderá la jurisdicción de la autoridad jurisdiccional, excepto para la fijación de la garantía y admisión de la recusación; así como para el dictado de las medidas provisionales sobre alimentos, separación de personas o aquellas que afecten derechos de las niñas, niños o adolescentes, y demás personas que pertenezcan a grupos sociales en situación de vulnerabilidad, o a las que se refieren a providencias cautelares o diligencias de ejecución.

Artículo 113. Declarada procedente o fundada la recusación, termina la jurisdicción de la autoridad jurisdiccional en el procedimiento de que se trate.

Artículo 114. Una vez interpuesta la recusación, la parte recusante no podrá retirarla en ningún tiempo, ni variar la causa, a menos que surgiere un impedimento superveniente, en cuyo caso, se podrá permitir la substanciación de una nueva recusación.

Artículo 115. Si se declarare improcedente o no probada la causa de recusación que se hubiere alegado, no se volverá a admitir otra recusación contra la misma autoridad jurisdiccional por la misma causal, salvo cuando ésta se sustituya, en cuyo caso podrá hacerse valer la recusación.

Artículo 116. La autoridad jurisdiccional o el órgano disciplinario que conozca de la recusación la desechará de plano:
I. Por extemporánea;
II. Cuando no se funde en alguna de las causas a que se refiere el presente Título;
III. Cuando no se precisen los hechos en que se motive, no se ofrezca prueba o no se precisen los puntos sobre los que deban versar las mismas, y
IV. Cuando se interponga en procedimientos en que no puede tener lugar.

Artículo 117. Toda recusación se interpondrá ante la autoridad jurisdiccional que conozca del procedimiento, expresándose con toda claridad y precisión la causa en que se funde, así como las pruebas tendientes a justificarla, y la autoridad recusada remitirá a la autoridad competente para resolver sobre ésta, dentro del término improrrogable de cinco días, el testimonio de las actuaciones respectivas, acompañado del informe justificado, manifestando bajo protesta de decir verdad las argumentaciones que considere apoyan la inexistencia de la causa en que se funde la recusación. La falta de informe hará presumir como cierto el impedimento alegado por la parte promovente.

La autoridad jurisdiccional que conozca de una recusación, resulta irrecusable para este solo efecto.

Artículo 118. La recusación debe decidirse sin audiencia de la parte contraria, y se tramita en forma de incidente.

Artículo 119. En el incidente de la recusación son admisibles todos los medios de prueba establecidos por este Código Nacional, excepto la declaración de la autoridad jurisdiccional de la que se trate.

Artículo 120. De la recusación de las autoridades jurisdiccionales integrantes de un Tribunal de Segunda Instancia conocerá aquella a la que corresponda, y para tal efecto se integrará de acuerdo con la Ley Orgánica respectiva.

Si una autoridad jurisdiccional de segunda instancia dejare de conocer de algún asunto por impedimento o recusación, conocerá de éste la autoridad jurisdiccional que se designe mediante el turno, conforme a lo dispuesto en la Ley Orgánica respectiva.

Cuando todas las autoridades jurisdiccionales que integren la Sala estuvieren impedidas de conocer un procedimiento, pasará éste al conocimiento de la Sala que le siga en número.

Si todas las autoridades jurisdiccionales de las Salas de la materia civil y familiar estuvieren impedidas de conocer, pasará el asunto al conocimiento de las Salas de otra materia, por el orden indicado, y si éstas también se agotaren, se integrará una Sala que conozca del asunto con autoridades jurisdiccionales de todas las materias según corresponda, designadas por el Pleno, conforme a lo dispuesto en la Ley Orgánica respectiva, que al efecto se reunirá inmediatamente y sin perjuicio de sus demás labores y funciones.

Artículo 121. Para el caso que una autoridad jurisdiccional deje de conocer un caso por impedimento, recusación o excusa, ésta deberá remitir el expediente a la autoridad jurisdiccional respectiva, a la dirección o área administrativa que corresponda del Poder Judicial conforme a la Ley Orgánica respectiva, para que lo envíe a la autoridad jurisdiccional que corresponda en turno.

Artículo 122. Si en la sentencia incidental se declara procedente la recusación, se comunicará a la autoridad jurisdiccional correspondiente, para que ésta a su vez, remita los autos a la que corresponda, dentro del término de tres días posteriores a la recepción del comunicado anteriormente descrito. En la Sala, la autoridad jurisdiccional recusada quedará separada del conocimiento del procedimiento y se completará la misma en la forma en que determina la Ley Orgánica respectiva.

Si se declara improcedente la recusación, se comunicará la resolución a la autoridad jurisdiccional de su origen. Si la autoridad jurisdiccional recusada fuese una persona Magistrada, continuará conociendo del procedimiento la misma Sala como antes de la recusación.

Artículo 123. La recusación promovida contra otras personas servidoras públicas de acuerdo con el organigrama del Poder Judicial Federal o de la Entidad Federativa de que se trate, no suspenderá el procedimiento, y se proveerá de inmediato quien deba sustituirlo, en tanto se resuelva la recusación a fin de dar continuidad al juicio respectivo.

La recusación de las personas servidoras públicas antes mencionadas se substanciará ante la autoridad jurisdiccional ante la que se encuentren adscritas respectivamente, resolviendo esta de plano.

Artículo 124. En todos los casos la resolución que decida una recusación es irrecurrible.

LIBRO SEGUNDO
DEL PROCEDIMIENTO ORAL CIVIL Y FAMILIAR

TÍTULO PRIMERO
DE LAS FORMALIDADES JUDICIALES

CAPÍTULO I
DE LAS PARTES EN EL PROCEDIMIENTO

Artículo 125. Sólo puede iniciar o intervenir en un procedimiento judicial, quien tenga interés en que la autoridad jurisdiccional declare, constituya, preserve o modifique un derecho o imponga una condena y quien tenga el interés contrario.

Artículo 126. Cuando haya transmisión del interés a un tercero, en términos del artículo anterior, dejará de ser parte quien haya perdido el interés, y lo será quien lo haya adquirido. Esas transmisiones no afectarán el procedimiento judicial, excepto en los casos en que hagan desaparecer, por confusión substancial de intereses, la materia del litigio.

Las relaciones recíprocas de las partes dentro del procedimiento, con sus respectivas facultades y obligaciones, así como los términos, recursos y toda clase de medios que este Código Nacional concede para hacer valer en el litigio, no pueden sufrir modificación en ningún sentido. En todo caso, debe observarse la norma tutelar de la igualdad de las partes dentro del procedimiento, de manera tal que su curso será el mismo, aunque se inviertan los papeles de los litigantes.

Artículo 127. Los cambios de representante procesal de una parte, no causan perjuicio alguno a la contraria, mientras no sean hechos saber judicialmente. Tampoco perjudicarán a una parte los cambios operados en la parte contraria, por relaciones de causante a causahabiente, mientras no se hagan conocer en igual forma.

Cuando se verifiquen estos cambios sin cumplir con las notificaciones de sustitución o inclusión de representante procesal, la actividad procesal se desarrollará y producirá sus efectos con toda validez, como si no se hubiese operado el cambio, en tanto no se haga saber judicialmente.

Artículo 128. Tienen legitimación en el procedimiento para comparecer en juicio:

I. Las personas físicas por sí mismas o por conducto de sus personas representantes autorizadas, así como las personas que designen para su apoyo, en su caso;

II. Las personas jurídicas públicas o privadas por medio de quienes las representen, sea por disposición de la ley o reglamento, o bien, conforme a sus escrituras constitutivas, estatutos, poderes o mandatos;

III. Las agrupaciones o entes que no constituyan personas jurídicas reconocidas por la Ley, por medio de quienes en su nombre hayan actuado;

IV. Las instituciones y dependencias de la administración pública, por medio de sus órganos autorizados conforme a la normatividad que las regule;

V. Cualquiera que integre un grupo afectado, que busque una adecuada defensa para el interés general; y las instituciones, asociaciones o agrupaciones privadas, especializadas en la defensa de los intereses sociales o colectivos cuando se trata de la tutela de intereses difusos y de grupos indeterminados, siempre que no sean políticas o gremiales reguladas;

VI. En el caso de las personas de los pueblos y comunidades indígenas y afromexicanas, sus propias autoridades o las personas que designen con base en sus usos y costumbres, y

VII. El Ministerio Público Local o Federal.

Artículo 129. Podrán comparecer como terceras personas, quienes tengan interés propio y distinto de la parte actora o demandada, y la sentencia les pueda afectar.

Artículo 130. Las niñas, niños y adolescentes, comparecerán por conducto de las siguientes personas:

I. Quienes ejerzan la patria potestad;

II. Quien ejerza la tutela;

III. Las personas designadas legalmente por quien ejerza la patria potestad o la tutela, y

IV. La Procuraduría de Protección de Niñas, Niños y Adolescentes o institución con facultades de representación coadyuvante o en suplencia, de conformidad con la Ley General de los Derechos de Niñas, Niños y Adolescentes.

Sin embargo, las niñas, niños y adolescentes, podrán comparecer a juicio por sí o por cualquier persona en su nombre, sin la intervención de su legítimo representante cuando éste se halle ausente o desaparecido, se ignore quién sea, esté impedido, se negare a promover la acción o hubiese un conflicto de interés con su representado.

La autoridad jurisdiccional, nombrará un representante independiente para que intervenga en el juicio, debiendo preferir a un familiar cercano, salvo cuando haya conflicto de intereses o motivo que justifique la designación de persona diversa, sin perjuicio de dictar las providencias y medidas de protección especiales o urgentes, conforme a la Ley de la materia y, los tratados internacionales que resulten aplicables.

Artículo 131. Las personas ausentes o ignoradas y las personas desaparecidas serán representadas como se previene en el Código Civil o ley correspondiente. Si a juicio de la autoridad jurisdiccional la diligencia fuere urgente o perjudicial la dilación, la persona será representada por el Ministerio Público, Fiscalía o Representación Social.

En materia civil, si se presentare por quien esté ausente o desaparecida una persona que pueda comparecer en juicio, será admitida como gestor judicial; quien tendrá las obligaciones y responsabilidades que establezca el Código Civil Federal o Local correspondiente. Dicha persona deberá dar fianza equivalente al monto del procedimiento judicial en que intervenga; y en su caso de pagar lo juzgado y sentenciado e indemnizar los perjuicios y gastos que se causen. La fianza será calificada por la autoridad jurisdiccional.

Las resoluciones que admitan o no la figura de gestor judicial, así como la que fije la fianza, serán apelables en efecto devolutivo de tramitación inmediata.

Artículo 132. Si varios actores ejercen la misma acción en una demanda, o varios demandados niegan la acción u oponen la misma excepción, se aplicarán las disposiciones siguientes:

I. Los actores deberán tener un solo representante común;

II. El representante común de los actores será nombrado por estos en su primera intervención;

III. Los demandados deben tener un sólo representante común, y

IV. El nombramiento del representante común de los demandados lo harán en la contestación de la demanda.

Cuando la multiplicidad de personas surja en cualquier otro momento del juicio, o en actos de jurisdicción voluntaria, el nombramiento de representante común deberá hacerse, dentro de los tres días siguientes al primer acto procesal en el que aparezca la multiplicidad.

Si el nombramiento no fuere hecho por quienes tienen interés, previa prevención hecha de forma legal, lo hará la autoridad jurisdiccional, de entre las mismas personas interesadas.

La persona que como representante común designe la autoridad jurisdiccional, tendrá las mismas facultades que si litigara exclusivamente por su propio derecho, excepto las de desistirse, transigir y comprometer en árbitros. La que designen los interesados, sólo tendrá estas últimas facultades, si expresamente le fueren concedidas por quienes conforman el litisconsorcio.

Artículo 133. En los casos de litisconsorcio se observarán las siguientes reglas:

I. La carga de impulsar el procedimiento corresponderá al representante común del litisconsorcio;

II. Mientras continúe la persona designada como persona representante autorizada o representante común en su encargo, las notificaciones y citaciones de toda clase que se le hagan, tendrán la misma fuerza que si se hicieren a las personas que representan, sin que le sea permitido pedir que se entiendan con éstas, y

III. Cualquier persona interesada podrá excluirse de la representación común, para litigar por sí mismo y deducir su propio derecho.

Artículo 134. En cualquiera de los procedimientos previstos en el presente Código Nacional, sin que obste el derecho de las partes, sus abogados y representantes autorizados de comparecer a exponer sus alegatos en la audiencia respectiva, bajo el principio de igualdad procesal y publicidad, podrán solicitar fuera de audiencia, una cita a la autoridad jurisdiccional para manifestar en lo particular, los aspectos que consideren relevantes en la solución del juicio en el que intervengan. La misma se solicitará por escrito y le recaerá mandamiento judicial en el que se indique día, hora y duración de la cita, la que se autorizará con la finalidad de que comparezcan al recinto judicial el interesado y su contra parte; o bien sus asesores jurídicos; con el objeto de respetar el principio de contradicción. Fuera de estos casos, las autoridades jurisdiccionales estarán impedidas para escuchar en lo particular o individual a cualquiera de las partes.

CAPÍTULO II
DE LAS ACTUACIONES JUDICIALES

Artículo 135. Las autoridades jurisdiccionales se sujetarán al procedimiento convencional que las partes hubieren pactado, siempre que el mismo se hubiere formalizado en documento público o ante la misma autoridad jurisdiccional que conozca de la demanda en cualquier estado del juicio, y se respeten las formalidades esenciales del procedimiento; salvo los procedimientos en materia familiar, los cuales son de orden público.

Para su validez, el documento en que se encuentre el acuerdo a que se refiere este artículo, deberá contener como mínimo, por inclusión o referencia, las previsiones sobre la presentación de la demanda, el emplazamiento, la contestación de la demanda, las pruebas y los alegatos, en cuyo caso no puede imponer a las partes mayores cargas que las previstas en este Código Nacional. También podrá regular lo relacionado con:

I. El negocio o negocios en que se ha de observar el procedimiento convenido;

II. La sustanciación que debe observarse, siempre que no afecte las formalidades esenciales del procedimiento ni se vulneren derechos humanos;

III. Los términos que deberán seguirse durante el juicio, cuando se modifiquen los señalados en el presente Código Nacional;

IV. Los recursos legales a que renuncien, siempre que no se afecten las formalidades esenciales del procedimiento, ni se vulneren derechos humanos;

V. La autoridad jurisdiccional que debe conocer del litigio para el cual se convino el procedimiento en los casos en que conforme a este Código Nacional pueda prorrogarse la competencia, y

VI. El convenio también deberá expresar los nombres de los otorgantes, su capacidad para obligarse, el carácter con que contraten, sus domicilios y cualquiera otro dato que defina la especialidad del procedimiento.

Artículo 136. En caso de no existir convenio de las partes sobre el procedimiento en los términos del anterior artículo, los juicios civiles se regirán por las disposiciones de este Código Nacional.

Artículo 137. Los expedientes que se integren en los juicios civiles y familiares se sujetarán a las siguientes reglas:

I. Tanto los físicos como los electrónicos se formarán por la autoridad jurisdiccional;

II. Las promociones físicas o electrónicas de las partes deberán redactarse en español, debiendo estar firmados de manera autógrafa o mediante firma electrónica avanzada, según corresponda;

III. Quienes no supieren o no pudieren firmar autógrafamente, por presentar una condición de discapacidad física, imprimirán su huella digital, firmando otra persona en su nombre y a su ruego, indicando esta circunstancia;

IV. Las promociones subsecuentes físicas o electrónicas deberán tener la debida identificación del litigio, que contendrá los nombres de la parte actora, de la parte demandada y en su caso, de quien haga la solicitud, así como el número de expediente, situación que se observará tanto en el expediente físico como en el electrónico;

V. Los documentos redactados en idioma extranjero deberán acompañarse con la correspondiente traducción al español. Si la contraparte la objeta o la autoridad jurisdiccional lo estima necesario se nombrará a quien haga la traducción para el cotejo. Sólo para el caso que la traducción sea requerida por la autoridad jurisdiccional, los honorarios de quien realice el peritaje correrán a cargo del erario público;

VI. Las promociones a cargo de personas de los pueblos y comunidades indígenas y afromexicanas, que se hicieren en su lengua o idioma original, no necesitarán acompañarse de la traducción al español, la autoridad jurisdiccional de oficio designará persona autorizada a realizar la traducción correspondiente;

VII. En los procedimientos en los que una o ambas partes sean indígenas y no supieran leer el idioma español, podrán designar a quien traduzca o conozca su lengua nativa, y la autoridad jurisdiccional realizará una versión sintetizada de los puntos esenciales de las actuaciones y de la sentencia dictada, en dicha lengua; debiendo agregar constancia de que se cumplió con esta obligación en los autos;

VIII. En los procedimientos en los que una o ambas partes presenten una discapacidad auditiva, visual o intelectual, se estará a lo dispuesto en la fracción anterior y dichas personas podrán designar como apoyo, a quien sea intérprete de la Lengua de Señas Mexicana y la versión sintetizada de los puntos esenciales de las actuaciones y de la sentencia dictada, se les facilitará en los medios y formatos que les resulten accesibles;

IX. En las actuaciones judiciales, las fechas y cantidades se redactarán con letra, y no se emplearán abreviaturas, ni se rasparán las frases equivocadas, sobre las que sólo se pondrá una línea delgada que permita la lectura, salvándose al final del documento con toda precisión el error cometido;

X. Las actuaciones judiciales deberán ser autorizadas, bajo pena de nulidad, por la autoridad jurisdiccional o persona secretaria judicial a quien corresponda dar fe o certificar el acto;

XI. Todos los expedientes se llevarán en la forma y términos prescritos en las fracciones que anteceden y deberán integrarse electrónicamente en todos los casos, y

XII. Todas las resoluciones judiciales deberán redactarse en términos claros y sencillos.

Los Poderes Judiciales, de conformidad con la legislación de la materia o los Lineamientos que emita el Consejo de la Judicatura que corresponda, habilitarán los sistemas de justicia digital necesarios, con diseños y formatos accesibles, para facilitar la integración, promociones y consulta de los expedientes electrónicos.

Artículo 138. Es deber de las partes asistir a las audiencias del procedimiento, por sí o a través de sus personas representantes autorizadas, con facultades necesarias para celebrar el convenio correspondiente.

La persona representante autorizada que deje de asistir a las audiencias sin justa causa calificada, se le impondrá una multa a favor del Fondo de Apoyo a la Administración de Justicia del Tribunal o Poder Judicial de cada Entidad Federativa o la Federación, hasta el equivalente a cien veces el valor diario de la Unidad de Medida y Actualización vigente al momento de su aplicación. Contra dicha resolución procede el recurso de apelación.

Cuando las actuaciones involucren derechos de niñas, niños, adolescentes, personas con discapacidad o personas de los pueblos y comunidades indígenas o afromexicanas, la defensa pública en su caso, deberá ser preferentemente especializada.

Artículo 139. Si una de las partes comparecientes carece de la persona representante autorizada, la autoridad jurisdiccional por una sola ocasión diferirá la audiencia a fin de garantizar que las partes vengan asistidas. No se requiere el diferimiento de la audiencia, cuando ésta sólo se refiera al desahogo de pruebas documentales, instrumentales o presuncionales.

En caso de que las partes designen a varias personas representantes autorizadas, deberán designar quién de ellas quedará nombrada como abogado patrono para comparecer a las audiencias, así como designar quien la sustituya para el supuesto que la primera no pueda acudir, quienes quedarán vinculadas a las responsabilidades y sanciones a que alude este artículo.

La autoridad jurisdiccional dictará proveído de ejecución al finalizar la audiencia.

Artículo 140. En las audiencias se observarán las siguientes reglas:

I. Se sujetarán a los principios procesales previstos en este Código Nacional;

II. Se celebrarán presencialmente en la sede judicial o de forma virtual;

III. La autoridad jurisdiccional deberá presidir las audiencias, mismas que serán públicas salvo disposición expresa de la ley;

IV. La autoridad jurisdiccional tiene el deber de mantener el buen orden, evitar las digresiones, faltas de decoro y probidad, y exigir que se guarde el debido respeto a toda persona presente en el acto de la audiencia o sede judicial, pudiendo imponer las correcciones disciplinarias establecidas en el artículo 192 de este Código Nacional e incluso ordenar la expulsión de la sala de audiencia con uso de la fuerza pública o a través de los mecanismos tecnológicos correspondientes, tratándose de audiencias virtuales;

V. Cuando la infracción llegare a actualizar un hecho probablemente constitutivo de un delito conforme a las leyes Penales, se dará vista al Ministerio Público competente;

VI. La autoridad jurisdiccional determinará el inicio y la conclusión de cada una de las etapas de las audiencias de forma continua, precluyendo los derechos procesales que debieron ejercitar las partes en cada una de ellas, sin necesidad de declaración judicial;

VII. La parte que asista tardíamente a las audiencias, se incorporará en la etapa en que éstas se encuentren, sin perjuicio de la facultad de la autoridad jurisdiccional en materia de conciliación y en el entendido de que esto no altera los derechos que han quedado precluidos;

VIII. Podrán decretarse los recesos que la autoridad jurisdiccional o las partes soliciten razonablemente, siempre que no constituyan una dilación procesal innecesaria;

IX. La autoridad jurisdiccional señalará el orden del desahogo de las pruebas atendiendo a la propuesta de las partes, exigiendo el cumplimiento de las formalidades que correspondan y tendrá la facultad para hacer a los testigos, peritos y a las mismas partes, las preguntas que estime conducentes sin romper el principio de contradicción, dirigiendo el debate, moderando la discusión y podrá impedir que las alegaciones se desvíen hacia aspectos no pertinentes o inadmisibles o no controvertidos, e incluso limitar el tiempo y número de veces del uso de la palabra a las partes que intervienen, interrumpiendo a quienes hicieran uso abusivo de su derecho;

X. Una vez que testigos, peritos o partes concluyan su intervención, podrán retirarse de la audiencia cuando así lo soliciten y la autoridad jurisdiccional lo autorice;

XI. Las resoluciones judiciales pronunciadas oralmente o por escrito en las audiencias, según el tipo de juicio, se tendrán por notificadas en ese mismo acto a quienes estén presentes o debieron haber estado, sin necesidad de formalidad alguna;

XII. Las audiencias podrán diferirse o suspenderse por caso fortuito o fuerza mayor, o porque de las partes de común acuerdo lo soliciten. De ser posible en el mismo acto, se señalará fecha y hora para su continuación, de la que se tendrá por notificadas a las partes. Al reanudarse, la autoridad jurisdiccional expondrá una síntesis de los actos realizados hasta ese momento, y

XIII. Al terminar las audiencias, en los juicios orales se levantará acta mínima que deberá contener, cuando menos, el lugar, la fecha, el expediente y la autoridad jurisdiccional al que corresponda; el nombre de los participantes, una relatoría sucinta del desarrollo de la audiencia, y la firma autógrafa o electrónica avanzada de la autoridad jurisdiccional.

Tratándose de audiencias virtuales, se seguirán las reglas previstas en el Libro Octavo de este Código Nacional.

Artículo 141. En las audiencias en las que participen personas con discapacidad, podrán contar con la presencia de las personas de apoyo que, en su caso, designen.

Asimismo, podrán hacerse acompañar de los animales que para dichos efectos consideren, en su caso.

Artículo 142. La autoridad jurisdiccional podrá, por razones de orden o seguridad, antes del inicio y en el desarrollo de la audiencia, prohibir el ingreso físico o digital, a:

I. Personas armadas;

II. Personas que porten distintivos gremiales o partidarios;

III. Personas que porten objetos peligrosos o prohibidos;

IV. Personas que no observen las disposiciones de orden o seguridad física o informática que se establezcan;

V. Personas que puedan afectar la integridad de alguna de las partes, o de alguna persona citada para participar en la audiencia, y

VI. Cualquier otra persona que la autoridad jurisdiccional justificadamente considere como inapropiada para el orden o seguridad en el desarrollo de la audiencia.

En el desarrollo de las audiencias, las actuaciones de la autoridad jurisdiccional en el ejercicio de sus funciones serán válidas de pleno derecho, sin requerir de la fe de ninguna otra.

Artículo 143. La autoridad jurisdiccional podrá aplicar excepciones al principio de publicidad cuando, alguna situación o hecho derivados de las audiencias:

I. Pueda afectar la integridad de alguna de las partes, o de alguna persona citada para participar en la audiencia;

II. Se divulgue información gubernamental confidencial, información confidencial o secreto industrial, cuya revelación sea indebida;

III. Se afecte el interés superior de niñas, niños y adolescentes;

IV. Cuando se trate de juicios en materia familiar, y

V. En los casos previstos en este Código Nacional o en otra ley.

Artículo 144. La autoridad jurisdiccional podrá limitar el ingreso del público a una cantidad determinada de personas, de conformidad con las disposiciones aplicables en materia de protección civil.

Las personas periodistas y demás integrantes de los medios de comunicación, deberán informar su presencia a la autoridad jurisdiccional con el objeto de ser ubicados en un lugar adecuado y deberán abstenerse de grabar y transmitir por cualquier medio la audiencia, cuando así lo disponga la autoridad jurisdiccional.

Artículo 145. Las audiencias se registrarán por medios electrónicos. Excepcionalmente, y estableciendo la motivación y fundamentación correspondiente, se registrarán por escrito o por cualquier otro medio idóneo a juicio de la autoridad jurisdiccional. En caso de ser videograbadas, no requerirán transcripción escrita para su eficacia.

En el uso de tales medios, se deberán prever diseños y formatos de accesibilidad para personas con discapacidad a las que les resulte necesario consultar dicha información.

Al inicio de las audiencias la persona secretaria judicial, hará constar oralmente en el registro a que hace referencia el párrafo anterior, la fecha, hora y el lugar de realización, datos del asunto y el nombre de quien preside la audiencia.

Si a dicha audiencia comparece una persona con discapacidad auditiva, deberá estar presente a lo largo de la misma, un intérprete de la Lengua de Señas Mexicana y los intervinientes deberán emplear palabras sencillas para que sean comprendidas por una persona con discapacidad intelectual en su caso.

Artículo 146. Las personas que intervengan en las audiencias deberán identificarse previamente. Los testigos, las partes cuando declaren o sean interrogadas, o los peritos, protestarán declarar con verdad, haciendo de su conocimiento las penas que se imponen a quienes declaran con falsedad.

La autoridad jurisdiccional será quien dará fe de todo lo actuado en la audiencia respectiva.

Artículo 147. La persona secretaria judicial certificará el medio en donde se encuentren registradas las audiencias respectivas e identificará dicho medio con el número de expediente. La conservación de los registros de audio y video estará igualmente a su cargo, y las partes podrán solicitar copia que siempre será certificada, a su costa, asegurando que estén disponibles para consulta para las partes desde el momento en que concluya la audiencia.

La conservación de registros de audios y video de las audiencias deberá realizarse a través de medios que permitan garantizar la fiabilidad e integridad de la información, así como la reproducción de su contenido y acceso al mismo.

Cuando por cualquier causa se dañe el soporte material del registro afectando su contenido, la autoridad jurisdiccional ordenará su reposición conforme a lo establecido en las reglas generales del procedimiento.

Artículo 148. En el Poder Judicial respectivo estarán disponibles los documentos y personal de auxilio para que las partes tengan acceso a los registros de audiencias, a fin de conocer su contenido.

La autoridad jurisdiccional, con base en los ajustes de procedimiento conducentes a cada caso, proporcionará toda la información relacionada desde un inicio, y en todas las etapas del procedimiento. Queda a cargo de los Poderes Judiciales la elaboración de los manuales correspondientes, que deberán estar disponibles, actualizados, comprensibles y accesibles.

Desde el primer proveído y en cualquier etapa del procedimiento, las personas con discapacidad podrán solicitar a la autoridad jurisdiccional, la forma o medio que requiere para recibir la información del juicio en que interviene.

Artículo 149. Para la validez de las actuaciones judiciales es necesario que se practiquen en días y horas hábiles.

Son días hábiles todos los del año, excepto sábados y domingos y aquellos que las Leyes declaren festivos, además en los que por cualquier motivo no tengan lugar actuaciones judiciales.

Son horas hábiles las comprendidas de las siete a las diecinueve horas, pero cuando alguna diligencia se prolongue de tal manera que haya necesidad de continuarla en horas inhábiles, no se requerirá mandamiento de habilitación y cuando haya necesidad de diferirla, se continuará en la primera hora hábil siguiente.

Artículo 150. En los juicios que versen sobre alimentos, derechos de niñas, niños y adolescentes, controversias familiares, cualquier tipo de violencia intrafamiliar, y los demás que determinen las Leyes, todos los días y horas son hábiles.

En los demás casos, la autoridad jurisdiccional puede habilitar los días y horas inhábiles para actuar o para que se practiquen diligencias, cuando hubiere causa urgente que lo exija, expresando cuál sea ésta y las diligencias que hayan de practicarse.

Artículo 151. El Poder Judicial contará con una Oficialía de Partes Común, a través de la cual se presenten los escritos de demanda o promociones posteriores de manera electrónica y escrita, en los siguientes términos:

I. La demanda o escrito inicial podrá promoverse de forma física o electrónica a través de la oficina o portal autorizado por el Consejo de la Judicatura, conforme a lo dispuesto en la Ley Orgánica, que corresponda;

II. Por lo que hace a los procedimientos en línea, la demanda y documentos siempre deberán presentarse vía electrónica, debiendo verificar en todos los casos que cuenten con la firma electrónica avanzada de quien suscribe el escrito inicial, para ser turnada a la autoridad jurisdiccional que corresponda, y

III. Una vez recibido el escrito de demanda, se emitirá acuse de recibo físico o electrónico, en el que se conste la fecha y hora de presentación, número de expediente y autoridad jurisdiccional que conocerá del mismo.

En ningún caso se requerirá manifestación bajo protesta de decir verdad de que los documentos digitalizados son copia fiel e inalterada de los documentos físicos; sin embargo, deberá manifestar si los documentos digitalizados son originales, copias certificadas o copias simples, y si es el caso que están disponibles cuando la autoridad jurisdiccional se los requiera, en el entendido que de no hacerlo precluirá su derecho y se tendrán por no presentados oportunamente, con las consecuencias legales.

Artículo 152. Las promociones electrónicas subsecuentes, se podrán presentar en cualquier hora en el sistema de justicia digital autorizado, para ser remitidas a la autoridad jurisdiccional correspondiente al día y hora hábil siguiente a su presentación y deberán contener los datos de identificación, es decir, nombre de las partes, juicio y número de expediente, para ser remitidas vía electrónica a la autoridad jurisdiccional del conocimiento, sea de procedimiento escrito u oral, a efecto de que la autoridad jurisdiccional provea lo conducente.

Cuando sean promociones por escrito subsecuentes, serán recibidas físicamente cuando se presenten después de las horas de atención al público y hasta el horario que determine cada Ley Orgánica respectiva, y si exhiben copia de ellos se les devolverá sellada y firmada, con fecha y hora de su presentación, las cuales deberán contener la debida identificación del nombre de las partes, juicio, número de expediente y autoridad a la cual se dirige, para ser remitidas a la autoridad jurisdiccional correspondiente al día y hora hábil siguiente a su presentación, a fin de ser proveídas.

Artículo 153. Quedan exceptuados del cumplimiento de dichas formalidades los juicios relativos a las comparecencias para la solicitud de pensión alimenticia, así como los juicios sumarios, en los que se podrá acudir de manera directa ante la autoridad jurisdiccional que corresponda por razón de turno.

Artículo 154. La Oficialía de Partes o área de recepción de los órganos jurisdiccionales, recibirá todas las promociones subsecuentes de los procedimientos que les hayan sido turnados, durante las horas de labores correspondientes, y quien esté interesado podrá exhibir una copia de sus escritos, a fin de que se le devuelva con la anotación de la fecha y hora de presentación, sellada y firmada por la persona servidora pública que lo reciba en la Oficialía de Partes de la autoridad jurisdiccional, a fin de que le recaiga el acuerdo que le corresponda. Se implementará una Oficialía de Partes virtual, conforme a lo establecido en la Ley Orgánica o los lineamientos que al efecto emita el Consejo de la Judicatura correspondiente.

Diariamente se efectuará la descarga e impresión de las promociones físicas, así como en las virtuales presentadas en la Oficialía de Partes; hecho lo anterior se integrarán inmediatamente al expediente físico y electrónico, para ser proveídos.

Artículo 155. Las personas servidoras públicas encargadas de la recepción de escritos y documentos de la Oficialía de Partes Común, en ningún caso y por ningún motivo podrán rechazar promoción alguna.

Artículo 156. En caso de detectarse cualquier acción tendiente a eludir el turno establecido en las Oficialías de Partes, una vez presentado un escrito por el cual se inicie un procedimiento, ya sea exhibiendo varios de éstos para elegir la autoridad jurisdiccional que convenga, o desistiéndose de la instancia más de una vez, sin acreditar la necesidad de hacerlo, o cualquier acción similar, la parte promovente y quienes aparezcan autorizadas en los escritos como personas representantes autorizadas, abogadas patronas, procuradoras o asesoras jurídicas, o cualquier figura análoga, se harán acreedores, solidariamente, a una multa que será fijada por la autoridad jurisdiccional, la que no será inferior a doscientas cincuenta ni excederá de quinientas veces el valor diario de la Unidad de Medida y Actualización vigente; además, se anotará en el Registro Judicial y se dará vista al Ministerio Público.

Artículo 157. La persona secretaria judicial o quien determine la Ley, dará cuenta con las promociones que reciba física o electrónicamente, dentro de las veinticuatro horas de su presentación, sin perjuicio de hacerlo desde luego cuando se trate de un asunto urgente; la inobservancia a este artículo será sancionada de acuerdo a la Ley Orgánica respectiva y, a falta de ésta, la primera vez con amonestación y, las subsecuentes, con apercibimiento en términos de lo dispuesto por el artículo 192 de este Código Nacional.

Asimismo, cuidará que las resoluciones judiciales, actuaciones y las promociones originales o en copias sean claramente legibles y de que los expedientes sean exactamente foliados, al agregarse cada una de las hojas. En el caso del expediente físico, se firmarán todas éstas en el centro de los escritos y pondrán el sello en el fondo del cuaderno, de manera que queden selladas las dos caras. Asimismo, deberá cumplir con los requisitos para la conservación e integración de los expedientes electrónicos, de acuerdo con el Libro Octavo de este Código Nacional.

Artículo 158. La frase "dar vista" significa que los autos quedan en la secretaría para que los interesados se impongan de ellos y para tomar apuntes dentro del local de la autoridad jurisdiccional, sin que les sea permitida la sustracción fuera del recinto judicial.

La expresión "correr traslado" significa que se entreguen las copias, exhibidas al interesado. Las disposiciones de este artículo comprenden a la persona del Ministerio Público, así como a la Procuraduría de la Defensa del Menor o cualquier institución análoga según la Entidad Federativa de que se trate.

Artículo 159. Los autos que se perdieren serán repuestos a costa de quien fuere responsable de la pérdida, quien además pagará los daños y perjuicios, quedando sujeto a las disposiciones del Código Penal correspondiente.

La reposición se substanciará incidentalmente con intervención del Ministerio Público; la persona secretaria judicial certificará la existencia anterior y falta posterior del expediente en cuestión.

La autoridad jurisdiccional está obligada a investigar de oficio la existencia de las piezas de autos desaparecidos, valiéndose para ello de todos los medios que no sean contrarios al derecho.

En la reposición de los expedientes, las partes están obligadas a aportar las copias de documentos, diligencias o resoluciones judiciales que obren en su poder, incluyendo los registros que consten en el expediente electrónico.

En el caso de resultar que algunas de las partes, sus personas representantes autorizadas, fueren responsables por autoría, complicidad o encubrimiento, de la sustracción o pérdida del expediente, se dará vista de oficio por parte de la autoridad jurisdiccional o a petición de parte, al Ministerio Público para los efectos legales procedentes, sin necesidad de denuncia por parte de la autoridad jurisdiccional.

Artículo 160. La autoridad jurisdiccional está obligada a expedir a costa de la parte que lo solicite, copia simple de los documentos o resoluciones que obren en autos, bastando que lo peticione verbalmente, sin que se requiera decreto judicial, pero dejando constancia en autos de su recepción. Cuando la solicitud se realice por conducto de quien ejerza como defensora pública o de institución pública, las copias de referencia podrán expedirse exentas de pago.

Artículo 161. Para obtener copia certificada de cualquier documento o registro electrónico que obre en juicio, la parte interesada deberá solicitarlo en comparecencia, por escrito o por vía electrónica requiriéndose decreto judicial, y sólo se expedirá con citación de la contraria cuando se pidiera copia o testimonio de parte de un documento contenido en el expediente.

Cuando la parte interesada solicite copia certificada de uno o varios documentos completos, en ningún caso se dará vista a la contraria. Al entregarse las copias certificadas, quien las reciba deberá dejar razón y constancia de su recibo. Cualquier circunstancia especial se hará constar en la certificación correspondiente.

Artículo 162. Queda prohibida la reproducción, difusión o puesta a disposición por cualquier medio, de las constancias, videos o audio grabaciones de las audiencias, en términos de las leyes de transparencia, acceso a la información, privacidad y protección de datos personales que resulten aplicables.

La violación a este precepto, hará a la persona que lo infrinja, acreedora a las sanciones previstas para tal caso en la legislación administrativa, civil y penal, con independencia de las medidas disciplinarias que procedan conforme a este Código Nacional.

Artículo 163. Las actuaciones serán nulas cuando les falte alguna de las formalidades esenciales, de manera que quede sin defensa cualquiera de las partes, y cuando la Ley expresamente lo determine, pero no podrá ser invocada esa nulidad por la parte que dio lugar a ella.

Artículo 164. La nulidad establecida en beneficio de una de las partes no puede ser invocada por la otra.

Artículo 165. Las notificaciones hechas en forma distinta a la prevenida en el presente Código Nacional serán nulas; pero si la persona notificada se hubiere manifestado en juicio, sabedora de la providencia, la notificación surtirá desde entonces sus efectos como si estuviese legítimamente hecha.

Sólo por errores u omisiones sustanciales que hagan no identificables los juicios, podrá pedirse la nulidad de las notificaciones practicadas en términos del párrafo que antecede.

Artículo 166. La nulidad de una actuación debe reclamarse en la actuación subsecuente, pues de lo contrario, aquélla queda convalidada de pleno derecho, con excepción de la nulidad por defecto en el emplazamiento o de la primera notificación en los procedimientos judiciales; su trámite será en la vía incidental.

Cualquier nulidad que se genere en audiencia, deberá reclamarse de forma oral en la propia audiencia en que se actualice y antes del cierre de la etapa procesal respectiva tratándose de la audiencia preliminar, en las demás audiencias deberá hacerse valer antes de que ésta concluya. Hecha valer, la autoridad jurisdiccional proveerá sobre su admisión y estando presente la contraria, bajo el principio de contradicción contestará en el acto de la audiencia y ofrecerán sus pruebas. En la misma diligencia la autoridad jurisdiccional ordenará la admisión o desechamiento de pruebas y, en su caso, ordenará desahogar las que no requieran preparación especial, dictando en el acto, de forma fundada y motivada su fallo interlocutorio, asentando en el acta mínima únicamente los puntos resolutivos. Para el caso de existir pruebas que requieran preparación especial, se señalará fecha de audiencia especial dentro del plazo de ocho días, en el que se dictará la sentencia interlocutoria.

Los incidentes que se susciten con motivo de otras nulidades de actuaciones o de notificaciones se tramitarán y resolverán en los términos de lo dispuesto por el artículo 185.

CAPÍTULO III
DE LAS RESOLUCIONES JUDICIALES

Artículo 167. Para los efectos de este Código Nacional, las resoluciones judiciales se clasifican en la forma siguiente:

I. Decretos: son simples determinaciones de trámite que no impliquen impulso u ordenación al procedimiento;

II. Autos: decisiones que tienden al impulso, desarrollo y orden del procedimiento;

III. Autos provisionales: todas aquellas determinaciones que se ejecutan de manera provisional;

IV. Autos preparatorios: resoluciones que disponen el conocimiento del asunto, ordenando la admisión de las pruebas y su preparación o su desechamiento;

V. Autos definitivos: decisiones que ponen fin a la acción principal o las que impiden la continuación del procedimiento, dándolo como totalmente concluido, cualquiera que sea la naturaleza de éste;

VI. Sentencias interlocutorias: decisiones que resuelven un incidente promovido antes o después de dictada la sentencia definitiva, y

VII. Sentencias definitivas: las que resuelven el fondo del asunto en lo principal.

Artículo 168. Todas las resoluciones, de cualquier clase, dictadas por escrito en primera o segunda instancia, serán autorizadas con las rúbricas, firmas autógrafas o electrónicas avanzadas de las autoridades jurisdiccionales que las dicten y por la de la persona secretaria judicial, o a quien corresponda dar fe o certificar el acto.

Artículo 169. Todas las resoluciones, sean decretos, autos provisionales, definitivos, preparatorios o sentencias interlocutorias, deben ser dictados con plena autonomía e independencia judicial, cualquier atentado contra estos dos principios se hará del conocimiento del Ministerio Público. Igualmente serán claras, precisas y congruentes con las promociones de las partes, resolviendo sobre todo lo que éstas hayan pedido.

Cuando la autoridad jurisdiccional sea omisa en resolver todas las peticiones planteadas, de oficio o a simple instancia verbal del interesado, deberá dar nueva cuenta y resolver las cuestiones omitidas dentro del plazo de los tres días siguientes. Las sentencias definitivas también deben ser claras, precisas y congruentes con las demandas y las contestaciones, y con las demás pretensiones deducidas oportunamente en el procedimiento, condenando o absolviendo a la parte demandada, y decidiendo todos los puntos litigiosos que hayan sido objeto del debate. Cuando éstos hubieren sido varios, se hará el pronunciamiento correspondiente a cada uno de ellos.

Artículo 170. Las sentencias deben tener el lugar, fecha, nombre de la autoridad jurisdiccional que las pronuncie, nombre de las partes contendientes, el carácter con que litiguen, el objeto del pleito, y bastará que la autoridad jurisdiccional funde y motive su resolución en preceptos legales, su interpretación o principios jurídicos, de acuerdo con los artículos 14 y 16 de la Constitución Política de los Estados Unidos Mexicanos.

En el caso de que alguna de las partes sea persona, comunidad o pueblo originario, indígena y afromexicana, la fundamentación y motivación de las resoluciones judiciales deberán tomar en cuenta su derecho consuetudinario y las mismas constarán en formato de comunicación culturalmente adecuada para comunidades indígenas, anexando en su caso, una versión original e idéntica en la lengua originaria de que se trate; en términos de lo que ordena el presente Código Nacional.

En el caso de que alguna de las partes sea persona con discapacidad, las resoluciones judiciales constarán en los formatos accesibles de acuerdo con las circunstancias de cada caso.

Artículo 171. La autoridad jurisdiccional no podrá, bajo ningún pretexto, aplazar, dilatar, ni negar la resolución de las cuestiones que hayan sido discutidas en el pleito, salvo los casos previstos por la Ley.

Artículo 172. Tampoco podrán variar ni modificar sus sentencias o autos después de firmados, pero sí aclarar algún concepto que contengan omisiones sobre puntos discutidos, errores materiales o de cálculo, edades, nombres, ambigüedades, contradicciones evidentes, oscuridad de las expresiones o de las palabras, cuando sean imprecisos sin alterar su esencia.

Estas aclaraciones podrán hacerse de oficio o a petición de parte en un plazo no mayor a tres días hábiles y en su caso, la autoridad jurisdiccional resolverá lo que estime procedente dentro del tercer día hábil siguiente al de la presentación del escrito en que se solicite la aclaración conforme a lo dispuesto en el presente Código Nacional.

Artículo 173. La autoridad jurisdiccional no admitirá demandas, promociones, peticiones, incidentes o recursos notoriamente improcedentes; las desechará de plano, sin necesidad de mandarlas hacer saber o correr traslado a la otra parte ni de formar incidente.

Se entiende por notoriamente improcedente, toda actuación de las partes que, sin necesidad de demostración, es contrario a la letra de la Ley, al estado o naturaleza del procedimiento o a las facultades de la autoridad jurisdiccional.

Al desechar las promociones o solicitudes, incluyendo los recursos e incidentes que los tribunales consideren notoriamente frívolos o improcedentes, los tribunales deben fundar y motivar su determinación.

Los incidentes ajenos al procedimiento principal o notoriamente frívolo e improcedente, deberán ser repelidos de oficio por los jueces.

Artículo 174. Los decretos y los autos deben dictarse y mandarse notificar mediante su publicación en el medio de comunicación procesal oficial correspondiente, dentro del plazo de tres días siguientes a las veinticuatro horas en que se dé cuenta a la autoridad jurisdiccional de la promoción respectiva.

Se exceptúan aquellos que por disposición de este ordenamiento tenga señalado un término o forma de notificación distinta.

Artículo 175. Las sentencias interlocutorias deben dictarse y mandarse notificar por publicación en el medio correspondiente, dentro de los diez días siguientes a aquel en que surta sus efectos la notificación del auto que ordena la citación.

Las sentencias definitivas deben dictarse y mandarse notificar mediante su publicación en el medio respectivo, dentro de los quince días siguientes a aquel en que surta sus efectos la notificación del auto que ordena la citación.

En ambos casos cuando hubiere necesidad de que la autoridad jurisdiccional examine documentos o expedientes voluminosos, al resolver, podrá disfrutar de un término ampliado de diez días más para los dos fines ordenados anteriormente.

En los juicios orales la sentencia definitiva se emitirá en la misma audiencia de juicio, y, además, se explicará con un lenguaje cotidiano, en forma breve, clara y sencilla y leerá únicamente los puntos resolutivos, así como, en los casos que proceda, el derecho que tienen las partes para apelar dicha sentencia conforme a lo establecido en este Código Nacional. Acto seguido, en la audiencia entregará a cada una de las partes copia por escrito de la sentencia. En caso de asuntos voluminosos o muy complejos o de un alto grado de dificultad, la autoridad jurisdiccional podrá diferir la audiencia de juicio hasta por diez días para el dictado y explicación de la sentencia definitiva.

Artículo 176. Cuando este Código Nacional no señale términos para la práctica de algún acto judicial, o para el ejercicio de algún derecho, se tendrán por señalados los siguientes:

I. Nueve días para interponer el recurso de apelación contra sentencia definitiva;

II. Cinco días para apelar de sentencia interlocutoria o auto contra el que proceda apelación de tramitación inmediata;

III. Tres días para la celebración de juntas, reconocimientos de firmas, exhibición de documentos; a no ser que, por circunstancias probadas, solicite ampliar el término, lo cual podrá hacerse hasta por tres días más, y

IV. Tres días para todos los demás casos.

Artículo 177. El retardo sin justa causa en el pronunciamiento y publicación de decretos, autos o sentencias dará lugar a queja administrativa que se presentará ante el Consejo de la Judicatura para su trámite y sanción respectiva.

Artículo 178. Las resoluciones judiciales dictadas con el carácter de provisionales pueden modificarse en sentencia interlocutoria o definitiva.

Sin perjuicio de que la autoridad jurisdiccional, de oficio o a petición de parte, esté facultada para modificar en cualquier etapa del procedimiento las medidas provisionales, cuando cambien las circunstancias o exista causa legal acreditada que así lo amerite o se afecte el ejercicio de la acción que se dedujo en el juicio correspondiente.

Las resoluciones judiciales firmes dictadas en procedimientos de alimentos, ejercicio y suspensión de la patria potestad, jurisdicción voluntaria y las demás que prevengan las leyes, pueden alterarse y modificarse cuando cambien las circunstancias que afectan el ejercicio de la acción que se dedujo en el juicio correspondiente.

Artículo 179. Cuando hubiere condena de frutos, intereses, daños o perjuicios, se fijará su importe en cantidad líquida o se establecerán, por lo menos, las bases con arreglo a las cuales deba hacerse la liquidación.

Sólo en el caso de no ser posible lo uno ni lo otro, se hará la condena genérica, a reserva de fijar su importe y hacerlo efectivo en la ejecución de la sentencia.

CAPÍTULO IV
DE LAS COSTAS

Artículo 180. Por ningún acto judicial se cobrarán costas, ni aun cuando se actuare con testigos de asistencia, o se practicaren diligencias fuera del lugar del juicio.

Artículo 181. Cada parte será inmediatamente responsable de los gastos y costas que originen las diligencias que promueva. El pago de los gastos será a cargo de quien faltare al cumplimiento de la obligación. Cuando las leyes utilicen solamente las palabras gastos, o solamente costas, se incluyen ambos conceptos de gastos y costas, y la condenación abarcará los dos.

La condena en costas sólo comprenderá la remuneración de la persona representante autorizada para ejercer la profesión de licenciado en derecho o abogado. Las personas de origen extranjero no podrán cobrar gastos, sino cuando estén autorizados legalmente en el territorio nacional, para ejercer como licenciadas en derecho o el ejercicio de la abogacía.

Artículo 182. La condena en costas se hará cuando así lo prevenga la Ley, o cuando, a juicio de la autoridad jurisdiccional, se haya procedido con temeridad o mala fe, conforme al arancel autorizado en la Ley Orgánica respectiva.

Siempre serán condenados:

I. La persona que ninguna prueba rinda para justificar su acción o su excepción, si se funda en hechos disputados;

II. La persona que presente instrumentos o documentos falsos, testigos falsos, aleccionados o sobornados, peritos aleccionados o sobornados, oponga acciones o excepciones procesales notoriamente frívolas e improcedentes, o haga valer recursos o incidentes de ese tipo con el fin de generar dilaciones al procedimiento, no solamente se le condenará respecto de los señalados, sino que, si la sentencia definitiva le es adversa, también se le condenará por todos los demás trámites, y así lo declarará dicha resolución definitiva;

III. La persona que fuere condenada en los juicios ejecutivos, hipotecarios, en los interdictos de retener y recuperar la posesión, y la que intente alguno de estos juicios si no obtiene sentencia favorable. En estos casos, la condenación se hará en la primera instancia, observándose en la segunda lo dispuesto en la fracción siguiente;

IV. La persona que fuere condenada por dos sentencias conformes de toda conformidad de su parte resolutiva, sin tomar en cuenta la declaración sobre costas. En este caso, la condenación comprenderá las costas de ambas instancias, y

V. Las demás que prevenga este Código Nacional.

Artículo 183. Las costas judiciales tienen por objeto resarcir los gastos y erogaciones ejecutadas con motivo del juicio a cargo de la parte vencida.

Las costas serán reguladas por cualquiera de las partes contendientes, se substanciará y resolverán mediante el incidente respectivo en términos de lo dispuesto en este Código Nacional.

La autoridad jurisdiccional deberá analizar la cuantificación y liquidación que se presente por las personas que ejerzan como notaria o notario público, personas representantes autorizadas, corredor público o peritos, y para aprobarla deberá comprobar que se apega al arancel porcentual del monto del procedimiento o por actuación respectivo de la localidad de que se trate, así como a las constancias de autos, en caso, de no existir arancel, sólo se autorizará la cuantificación y liquidación formulada a juicio de peritos, debiendo mediar prudencialmente la autoridad jurisdiccional la liquidación, siempre y cuando no exista un treinta por ciento de diferencia entre el más alto y el más bajo, en cuyo caso se despachará perito adscrito tercero en discordia.

La decisión que se pronuncie será apelable en efecto devolutivo de tramitación inmediata.

Artículo 184. La condena en costas no procede en los juicios o procedimientos relacionados con el derecho familiar, o civil cuando se encuentren involucrados derechos que afecten a niñas, niños, adolescentes o personas que pertenezcan a grupos sociales en situación de vulnerabilidad, siempre que no tengan un fin preponderantemente patrimonial.

CAPÍTULO V
DE LOS INCIDENTES

Artículo 185. Los incidentes, cualquiera que sea su naturaleza, nunca suspenderán el procedimiento, además:

I. Se tramitarán oralmente en el caso de desarrollarse en el sistema de audiencias, sea en la audiencia preliminar, la de juicio o para la ejecución de la sentencia o cualquier audiencia. En caso de promoverse en la etapa postulatoria o fuera del sistema de audiencias, se hará por escrito;

II. Los incidentes que surjan en audiencia, deberán plantearse de forma oral en la misma, exponiendo los hechos, ofreciendo las pruebas e invocando la norma vulnerada. Hecho valer, la autoridad jurisdiccional proveerá sobre su admisión o desechamiento y estando presente la contraria, contestará en el acto de la audiencia y ofrecerán sus pruebas;

III. En la misma audiencia la autoridad jurisdiccional ordenará la admisión o desechamiento de pruebas y en su caso, ordenará desahogar las que no requieran preparación especial, dictando en el acto de forma fundada y motivada su fallo interlocutorio, asentando en el acta mínima únicamente los puntos resolutivos. Para el caso de existir pruebas que requieran preparación especial, se señalará fecha de audiencia especial dentro del plazo de ocho días, en el que se dictará el fallo interlocutorio, conforme a las disposiciones anteriores;

IV. En caso de no estar presente la parte contraria, se mandará correr traslado para que conteste por escrito dentro del término de tres días. Enseguida se admitirán las pruebas y se señalará dentro del término de ocho días fecha de audiencia de resultar necesario desahogo especial alguno, dictando en el acto de forma fundada y motivada el fallo interlocutorio, asentando en el acta mínima únicamente los puntos resolutivos;

V. Los incidentes fuera del sistema de audiencias, se tramitarán, cualquiera que sea su naturaleza, con un escrito de cada parte, y tres días para resolver. Si se promueve prueba, deberá ofrecerse en los escritos respectivos, fijando los puntos sobre los que verse. En ambas vías, oral y escrita, si las pruebas no tienen relación con los puntos cuestionados incidentalmente, o si éstos son puramente de derecho, la autoridad jurisdiccional deberá desecharlas. En caso de admitirlas se citará para audiencia dentro del término de ocho días, diferible por una sola vez, en que se reciban pruebas, se oigan brevemente las alegaciones, y se dicte en el acto de forma fundada y motivada el fallo interlocutorio, asentando en el acta mínima únicamente los puntos resolutivos. Los incidentes que por la naturaleza de las pruebas de que se tratan no requieran de señalamiento de audiencia, mediante acuerdo, se admitirán las mismas y se desahogarán en el acto, citando de inmediato para sentencia interlocutoria que se dictará en el plazo de cinco días por escrito.

Artículo 186. En caso de impugnación de falsedad de documentos, se estará a lo dispuesto en el presente Código Nacional.

Artículo 187. Los incidentes que se susciten con motivo de nulidades de actuaciones o de notificaciones se tramitarán conforme a lo dispuesto en este Código Nacional.

Si, dicho incidente de nulidad es notoriamente frívolo e improcedente, se desechará de plano de manera fundada y motivada, y se impondrá solidariamente a quien lo promueva y a su persona representante autorizada, una multa en términos del artículo 192 fracción III de este Código Nacional.

Artículo 188. La nulidad por defecto en el emplazamiento implica la nulidad de todo lo actuado con posterioridad al mismo de resultar procedente. Si el incidente se hace valer en cualquiera de las audiencias y, si está presente e identificada la parte interesada en la diligencia en que se declare la nulidad del emplazamiento, en el acto y de forma inmediata se procederá a emplazarlo, debiendo entregar la cédula y traslados respectivos.

La nulidad por defecto en el requerimiento en cumplimiento a la sentencia definitiva para que una persona lleve a cabo un acto determinado de ejecución inmediata, sólo implica la nulidad de la diligencia de requerimiento y sus consecuencias materiales, así como las correcciones disciplinarias o medios de apremio que se hayan decretado para hacer cumplir la orden judicial respectiva.

Artículo 189. Las demás nulidades de actuaciones o notificaciones, por regla general, solo implican la nulidad de la propia actuación o notificación defectuosa.

En todos los casos de nulidad de actuaciones o notificaciones sólo se repetirán las declaradas nulas cuando así lo solicitare la parte interesada, salvo que se trate de alguna diligencia decretada de oficio pues, en este caso, la autoridad jurisdiccional obrará discrecionalmente.

Artículo 190. En todos los casos contra la sentencia interlocutoria procede el recurso de apelación en efecto devolutivo.

CAPÍTULO VI
DE LAS MEDIDAS DE APREMIO Y LAS CORRECCIONES DISCIPLINARIAS

Artículo 191. Para hacer cumplir sus determinaciones, las autoridades jurisdiccionales, previo apercibimiento, pueden emplear cualquiera de los siguientes medios de apremio, cuantas veces crean necesario, sin que para ello sea indispensable que se ciñan al orden que a continuación se señala:

I. Multa hasta por las cantidades a que se refiere el artículo 192 fracción III de este Código Nacional, la cual podrá duplicarse en caso de reincidencia;

II. Auxilio de la fuerza pública y la fractura de cerraduras si fuere necesario;

III. Cateo por orden escrita, de conformidad con los requisitos del Artículo 16 de la Constitución Política de los Estados Unidos Mexicanos;

IV. Arresto hasta por treinta y seis horas, y

V. Presentación de testigos por la fuerza pública.

Las personas servidoras públicas habilitadas para tal efecto de acuerdo con el organigrama de la Entidad Federativa de que se trate, podrán solicitar directamente y deberán prestárseles el auxilio inmediato de la fuerza pública, cuando actúen para cumplimentar un emplazamiento, notificación o determinación de la autoridad jurisdiccional.

Si agotados los medios de apremio no se obtuviera el cumplimiento de la resolución que motivó el uso de ellos, se dará vista al Ministerio Público, Fiscal o Representante Social.

La resolución que imponga una medida de apremio será irrecurrible.

Artículo 192. Se entenderá por corrección disciplinaria:

I. La amonestación, consistente en la represión verbal, electrónica o escrita, que se haga al infractor por la falta cometida;

II. El apercibimiento, consistente en la prevención verbal, electrónica o escrita, que se haga a la persona infractora, en el sentido de que, de incurrir en nueva falta, se le aplicarán una o más de las sanciones previstas por este Código Nacional;

III. La multa que no podrá ser inferior a cien ni exceder de trescientas veces el valor diario de la Unidad de Medida y Actualización;

IV. La expulsión cuando las circunstancias así lo ameriten y se altere el orden de la audiencia, se retirará al responsable del recinto judicial, inclusive, con auxilio de la fuerza pública, y

V. Arresto. Quienes se resistieren a cumplir la orden de expulsión, serán sujetos a un arresto hasta por un término de treinta y seis horas.

La autoridad jurisdiccional deberá fundar y motivar la imposición de la medida que imponga.

Artículo 193. Dentro de los tres días de haberse hecho saber una corrección disciplinaria, a quien se le haya impuesto, podrá pedir a la autoridad jurisdiccional que la oiga en justicia; y se citará para la audiencia dentro del quinto día, en la que se resolverá, confirmará, atenuará o dejará sin efecto la corrección disciplinaria, sin que en contra de dicha resolución proceda recurso alguno.

CAPÍTULO VII
DEL EMPLAZAMIENTO Y LAS NOTIFICACIONES

Artículo 194. El emplazamiento, es el primer acto por el que se hace saber a una persona que se ha iniciado un juicio en su contra, para que dentro del término que se señale comparezca a contestar la demanda.

La notificación, que es el acto procesal mediante el cual la autoridad jurisdiccional da a conocer el contenido de una resolución a las partes.

La citación, que es el llamamiento para que alguna persona comparezca o intervenga en la práctica de algún acto procesal.

El requerimiento, que es el medio a través del cual la autoridad jurisdiccional conmina a las partes o a terceros, para que cumplan con un mandato judicial.

Artículo 195. El emplazamiento deberá hacerse en el domicilio que señale la parte actora, precisamente en donde vive, trabaja o habite la parte a emplazar si esta es persona física; si se trata de persona jurídica, en su domicilio social, en sus oficinas, sucursales o principal asiento de sus negocios.

Artículo 196. El emplazamiento se entenderá con la persona a quien se dirija el mandato judicial, para lo cual la persona servidora pública judicial deberá cerciorarse previamente que el lugar designado es el domicilio de la persona a la que se dirige. Si no se encontrare, se identificará con sus rasgos particulares a la persona con la que se atendió el llamado.

En la cédula se hará constar la fecha y la hora en que se entregue; la clase de procedimiento, el nombre de las partes, en su caso la denominación o razón social, la autoridad jurisdiccional que manda practicar la diligencia; transcripción de la determinación que se manda notificar y el nombre de la persona a quien se entrega, levantándose acta de la diligencia, a la que se agregará copia de la cédula entregada en la que se procurará recabar la firma de la persona con quien se entendió la actuación.

Artículo 197. El emplazamiento por medio de cédula, ésta se entregará, se asentarán, en todo caso, los medios por los cuales la persona servidora pública se haya cerciorado de que ahí tiene su domicilio la persona buscada, pudiendo recabar fotografías del exterior del domicilio en que se realizó la diligencia. En ambos casos, además de la cédula, la persona servidora pública judicial entregará y verificará, previo cotejo, que se trate de las mismas copias simples de la demanda, debidamente cotejada y sellada, más las copias simples de los demás documentos que el actor haya exhibido con su demanda, o en su caso, la entrega del dispositivo de almacenamiento de datos que garantice la inalterabilidad del o los archivos que contengan la reproducción de los anexos citados.

Artículo 198. La persona servidora pública judicial se identificará ante quien entienda la diligencia; requiriendo a ésta para que a su vez se identifique, asentando su resultado, así como los medios por los que se cerciore de ser el domicilio del buscado, pudiendo pedir la exhibición de documentos que lo acrediten, precisándolos en caso de su presentación, así como aquellos signos exteriores del inmueble que puedan servir de comprobación de haber acudido al domicilio señalado como el del buscado, y las demás manifestaciones que haga la persona con quien se entienda el emplazamiento en cuanto a su relación laboral, de parentesco, de negocios de habitación o cualquier otra existente con el interesado.

Artículo 199. Si en el domicilio señalado, cerciorado de que ahí tiene su domicilio la persona buscada pero no se encontrara, así como tampoco persona alguna que pudiera legalmente recibir la notificación o bien si se negare a recibirla, entonces procederá la persona servidora pública judicial a fijar en lugar visible del domicilio, un citatorio de emplazamiento en donde se señalará el motivo de la diligencia, la fecha, la hora y el lugar de la misma, así como la fecha y hora del día para que le espere, que en ningún caso podrá ser menor de veinticuatro horas ni exceder de cuarenta y ocho horas, contadas a partir del día en que se dio la citación, nombre de quien promueve, autoridad jurisdiccional que ordena la diligencia, la determinación que se manda notificar y el apercibimiento de que, si en la fecha señalada para llevar a cabo la diligencia de emplazamiento no se encontrara a la persona buscada o destinataria del procedimiento judicial, se aplicarán las siguientes reglas:

I. En segunda diligencia y pese al citatorio con antelación adherido, si nuevamente la demandada o persona destinataria del procedimiento judicial no se encontrare y no hubiere con quien entender la diligencia, entonces se procederá a realizar el emplazamiento por adhesión, que consistirá en que la persona servidora pública judicial dejará adherido en lugar visible al domicilio, las cédulas de notificación con las copias de traslado correspondientes así como el instructivo en el que se explique el motivo del emplazamiento por adhesión, mismo que tendrá las características de la cédula de notificación usual, dicho emplazamiento o notificación tendrá el carácter de personal;

II. Cuando el acceso a la casa, local, oficina o despacho, donde se haya ordenado el emplazamiento se encuentre restringido para su acceso, por estar en el interior de negociaciones mercantiles, establecimientos abiertos al público, clubes privados, unidades habitacionales, fraccionamientos, condominios, colonias o cualquier otro lugar similar; la persona servidora pública judicial solicitará, el ingreso a quien se encuentre resguardando la entrada y, en caso de negativa, hará uso del auxilio de la fuerza pública previamente autorizada, a fin de que ésta ejecute todos los actos tendientes a permitir el ingreso de la persona servidora pública para que se constituya en el domicilio; lo anterior, sin perjuicio de la decisión judicial de dar vista al Ministerio Público para que investigue la probable existencia de un hecho que la ley señale como delito y; en su caso, la aplicación de otras medidas de apremio que determine ordenar la autoridad jurisdiccional, para lo cual el notificador o actuario podrá ser acompañado por el interesado o el autorizado en autos, a efecto de que bajo su responsabilidad identifique plenamente a la persona con quien se entienda la diligencia;

III. La persona servidora pública judicial describirá y certificará en el acta que elabore, los documentos que en copia se adjuntaron a la demanda y que fueron entregados al destinatario del emplazamiento, y

IV. La parte actora podrá acompañar a la persona servidora pública judicial a la práctica del emplazamiento.

Deben firmar las notificaciones tanto la persona que la hace como aquella a quien se le hace, si ésta no supiere firmar, lo hará un tercero a su ruego y si no quisiere firmar, lo hará el servidor público, haciendo constar esta circunstancia. A toda persona se le dará copia simple de la resolución que se le notifique, sin necesidad de acuerdo judicial. Las copias que no recojan las partes se conservarán en la secretaría, mientras esté pendiente el procedimiento.

Artículo 200. El emplazamiento deberá hacerse en el domicilio de la parte demandada. Desde la admisión de la demanda, la autoridad jurisdiccional habilitará los domicilios que le hubiera señalado la parte actora donde se pueda encontrar a la parte contraria, siempre y cuando obren en autos datos precisos de los mismos, y la persona servidora pública judicial lo haga constar así en autos y cumpla en lo conducente con lo que se previene en los artículos anteriores.

Artículo 201. Cuando no se conociere el lugar en donde la persona que debe emplazarse o notificarse tenga su domicilio o el principal asiento de sus negocios, o en éstos no se pudiese llevar a cabo la diligencia, se podrá hacer ésta en el lugar en donde habitual o transitoriamente se encuentre. En este caso el emplazamiento o las notificaciones se firmarán por la persona servidora pública judicial y por la persona a quien se hiciere. Si ésta no supiere o no pudiera firmar lo hará a su ruego un testigo, si no quisiere firmar o presentar testigo que lo haga por ella, firmarán dos testigos requeridos al efecto por la persona servidora pública judicial. Quienes sean testigos, no podrán negarse hacerlo bajo pena de multa por los equivalentes precisados en el artículo 192 de este Código Nacional.

Artículo 202. Las personas servidoras públicas judiciales, deberán practicar los emplazamientos, notificaciones, citaciones o requerimientos dentro de los tres días siguientes a aquél en que reciban el expediente o las actuaciones correspondientes, salvo que la ley disponga otra cosa.

Artículo 203. Las notificaciones en juicio se podrán hacer:
I. Personalmente, por cédula, por instructivo, por adhesión o por correo electrónico;
II. Por medio de comunicación judicial, según corresponda;
III. Por edictos;
IV. Por correo certificado;
V. Por telégrafo, y
VI. Por cualquier otro medio de comunicación electrónica o sistema de justicia digital, mediante dispositivos físicos o móviles, autorizados en los

lineamientos aprobados por el Consejo de la Judicatura conforme a la Ley Orgánica del Poder Judicial correspondiente.

La persona servidora pública judicial, elaborará la razón respectiva, acompañando las evidencias de la ejecución de la misma.

Artículo 204. Las partes, en el primer escrito o en la primera diligencia judicial, deberán designar un domicilio ubicado en el lugar del procedimiento para que se les hagan las notificaciones personales y se practiquen las diligencias que sean necesarias.

Asimismo, podrán designar en cualquier momento una dirección de correo electrónico, para que las segundas y ulteriores notificaciones, incluso las personales, se puedan practicar por esa vía; en cuyo caso, se deberá asentar razón del día y hora en que se verifiquen las notificaciones así practicadas.

Todas las notificaciones que por disposición de este Código Nacional deban hacerse personalmente, con excepción del emplazamiento o la primera notificación de un procedimiento judicial, se harán por correo electrónico cuando así haya sido designado en términos del párrafo que antecede, salvo que excepcionalmente a juicio de la autoridad jurisdiccional deba practicarla personalmente en el domicilio señalado, con las salvedades previstas en el presente Código Nacional.

Artículo 205. En caso de omisión en la designación del domicilio o dirección electrónica, las notificaciones le surtirán a la parte omisa por el medio de comunicación procesal oficial respectivo.

Las entidades públicas que participen en un procedimiento amparado por el presente Código Nacional, deberán designar una dirección de correo electrónico, y contar con el equipo y los recursos de infraestructura necesarios para la recepción de notificaciones.

Artículo 206. Las notificaciones personales y por correo electrónico, en lo que corresponda, se entenderán con la parte interesada, la persona representante autorizada en autos, entregando cédula en la que hará constar la fecha y la hora en que se entregue; la clase de procedimiento, el nombre de las partes, autoridad jurisdiccional que mande practicar la diligencia; transcripción de la determinación que se manda notificar y el nombre de la persona a quien se entrega, levantándose acta de la diligencia, a la que se agregará copia de la cédula entregada en la que se procurará recabar la firma de la persona con quien se hubiera entendido la actuación o en su caso, explicando las razones por las que no se haya recabado la firma.

Artículo 207. Salvo disposición legal en contrario, cuando se trate de diligencias de embargo, la persona servidora pública judicial, no podrá practicarla cuando por primera ocasión en que la intente no se entienda con la parte interesada. En este caso, dejará citatorio para que la espere dentro de las horas que se le precisen, que serán para después de seis horas de la del citatorio y entre las cuarenta y ocho horas siguientes. Si la persona buscada no atiende el citatorio, la diligencia se practicará con quienes tengan con ella algún parentesco o sean sus trabajadoras, o con cualquier otra persona que viva en el domicilio señalado.

En todos los casos, practicada la diligencia de ejecución decretada, la persona servidora pública judicial, entregará a las partes, copia del acta que se levante o constancia firmada por ella, en donde consten los bienes sobre los que se haya trabado embargo y el nombre y domicilio de la persona depositaria designada. Quien funja como depositaria, deberá aceptar y protestar su cargo si se encuentra presente en la diligencia para tomar posesión del mismo, o en su caso, en comparecencia ante la autoridad jurisdiccional.

La persona servidora pública judicial, expresará las causas precisas por las que no se pueda practicar la diligencia o notificación, así como las oposiciones, para que la autoridad jurisdiccional con vista al resultado, imponga las correcciones disciplinarias y medios de apremio que considere procedentes.

A petición de parte la autoridad jurisdiccional, dentro de un término de cinco días, deberá poner el oficio respectivo a disposición de la parte interesada, acompañado de la constancia debidamente certificada del embargo de bienes inmuebles, para que se presente al Registro de la Propiedad, Oficina Registral o cualquier otra institución análoga según la Entidad Federativa de que se trate, para su inscripción preventiva, la cual tendrá el efecto señalado en el Código Civil y la Ley Registral de la Entidad Federativa correspondiente. En caso de negativa sin causa justificada a la inscripción del embargo, la dependencia pública será responsable de los daños y perjuicios que se ocasionen con motivo de su omisión.

Artículo 208. Mientras las partes no hicieren nueva designación del domicilio o medio a través del cual se deban practicar las diligencias y las notificaciones personales, se seguirán practicando en el autorizado para ello.

En caso de no existir dicho domicilio, o haber negativa a recibirla en el autorizado o se encuentre vacío y desocupado, la notificación personal le surtirá por medio de publicación en el medio de comunicación procesal oficial, así como todas las notificaciones subsecuentes incluyendo las personales, previniendo a la parte para que señale nuevo domicilio o medio de comunicación con los datos precisos.

Artículo 209. Procede el emplazamiento o la notificación por edictos:

I. Cuando se trate de personas inciertas;

II. Cuando se refiera a personas cuyo domicilio se ignora, se manifieste así bajo protesta de decir verdad y previo informe o informes que electrónicamente se soliciten y rindan por el mismo medio y que, a juicio de la autoridad jurisdiccional requiera a las autoridades o instituciones públicas que cuenten con registro oficial de personas y sus domicilios, y

III. Cuando hubiere que citar a juicio a alguna persona que haya desaparecido, no tenga domicilio conocido o se ignore donde se encuentra.

En los casos dispuestos en las fracciones anteriores, los edictos contendrán una relación sucinta de la demanda, señalándose únicamente los puntos sustanciales y se publicarán por tres veces, de tres en tres días, en el medio de comunicación procesal oficial del Poder Judicial de la Entidad Federativa o de la Federación, según corresponda, haciéndosele saber que debe presentarse dentro de un término que no será inferior a quince días ni excederá de treinta días, contados a partir del siguiente al de la última publicación.

Lo anterior en la inteligencia de que, si se presentare la persona requerida ante la autoridad jurisdiccional dentro del término que se haya otorgado, será emplazada y empezará a correr el plazo para contestar la demanda al día siguiente; y de no ser así, concluido el plazo otorgado iniciará al día siguiente el plazo para dar contestación a la demanda respectiva, quedando en la secretaría de la autoridad jurisdiccional el traslado correspondiente.

Artículo 210. Se harán mediante notificación personal las siguientes resoluciones:

I. El emplazamiento a juicio al demandado, y en todo caso en que se trate de la primera notificación en cualquier procedimiento;

II. El auto que admite la reconvención, salvo que se haga sabedor de la misma;

III. Los incidentes en ejecución de sentencia;

IV. La primera resolución que se dicte cuando se dejare de actuar por más de seis meses por cualquier motivo;

V. En caso de ejecución de sentencia o convenio judicial, cuando la misma se solicite fuera de los tres meses de que haya quedado firme la sentencia definitiva;

VI. Cuando se estime que se trata de un caso urgente o que la situación de vulnerabilidad de la persona lo requiera, a juicio de la autoridad jurisdiccional y así se ordene;

VII. El requerimiento de un acto a la parte que deba cumplirlo;

VIII. La primera resolución dictada por la autoridad jurisdiccional distinto al que previno en el conocimiento;

IX. En todo caso, a las personas titulares de las fiscalías, Agentes del Ministerio Público y cuando la ley expresamente lo disponga, y

X. En los demás casos que este Código Nacional lo disponga.

Para el supuesto que se ordene la entrega de niñas, niños o adolescentes, el requerimiento se hará de manera personal, pero dicha notificación se practicará en el lugar donde se encuentre quien tenga la calidad de requerida y podrá hacerse acompañar la persona servidora pública del auxilio de la fuerza pública de ser necesario para el cumplimiento de dicha orden judicial.

Artículo 211. Hecho el emplazamiento, quedarán obligadas las partes y sus personas autorizadas, a imponerse de todas las actuaciones que se dicten en el procedimiento y se publiquen a través del medio de comunicación procesal oficial respectivo, dándose por hecha el día de su publicación y surtiendo sus efectos al día siguiente; y, en caso de que sea una notificación personal, cuando comparezca la parte interesada ante la autoridad jurisdiccional, se les deberá de notificar dejando constancia en autos de la razón de notificación, firmada por la persona servidora pública, habilitada para tal efecto de acuerdo al organigrama de la Entidad Federativa de que se trate, haciendo saber si la persona notificada se negó a firmar; caso en el cual las partes podrán comparecer el mismo día en que se dicten las resoluciones para el efecto de notificarse, sin necesidad de esperar a que se publiquen en los medios antes referidos.

Artículo 212. Cuando variare el personal de la autoridad jurisdiccional, no se proveerá decreto haciendo saber el cambio, sino que al margen del primer proveído que se dictare, después de ocurrido, se pondrán completos los nombres de las personas funcionarios judiciales nuevas. Sólo que el cambio ocurriere cuando el procedimiento esté pendiente únicamente de la sentencia, se mandará hacer saber a las partes.

Artículo 213. Cuando se trate de citar a peritos y testigos, la citación se hará por conducto de quien haya ofrecido dichas pruebas, quien estará obligada a realizar cuanta gestión sea conducente para llevarla a cabo y será en su perjuicio la falta de comparecencia de las personas, a quienes no se les volverá a buscar si la parte interesada no efectuó la citación oportuna y debidamente, pero su inasistencia no dará lugar a la imposición de medida de apremio, si no que se desechará tal probanza.

Artículo 214. Es un deber procesal de las partes interesadas concurrir a las autoridades jurisdiccionales, para ser notificados de las resoluciones e imponerse de los autos. Todas las que se dicten en cualquier procedimiento se notificarán a través del medio de comunicación procesal oficial, que contendrá la lista de los asuntos que se hayan acordado cada día, expresando solamente el número de toca o expediente, nombre de las partes interesadas y clase de juicio, con excepción de los que la autoridad jurisdiccional estime de publicación reservada o secreta dada la naturaleza del juicio.

La persona que concurra a consultar los autos de forma física a las instalaciones de la autoridad jurisdiccional, por ese sólo hecho, se tendrá por notificada de los proveídos en la que así estuviera ordenada práctica de la diligencia, dejando constancia de ello el funcionario judicial que cuente con fe pública.

Artículo 215. Las partes podrán autorizar para oír notificaciones en su nombre, a una o varias personas, quienes quedarán facultadas para intervenir en representación de quien los autoriza en todas las etapas procesales del juicio, comprendiendo la de segunda instancia y la ejecución, con todas las facultades generales y las especiales que requieran cláusula especial, incluyendo la de absolver y articular posiciones, debiendo en su caso, especificar aquellas facultades que no se les otorguen, pero no podrán sustituir o delegar dichas facultades en tercera persona. Sin embargo, requerirán manifestación expresa que los faculte para transigir, desistirse de la instancia, de la acción y de los recursos o medios de defensa.

Las personas autorizadas conforme al párrafo anterior, deberán acreditar encontrarse legalmente autorizadas para ejercer la profesión de persona licenciada en derecho o abogada, debiendo proporcionar los datos correspondientes

en el escrito en que se otorgue dicha autorización y exhibir la cédula profesional o carta de pasante en su primera intervención, en el entendido que quien
no cumpla con lo anterior, perderá la facultad a que se refiere este artículo en
perjuicio de la parte que la hubiere designado, y únicamente tendrá las que se
indican en el penúltimo párrafo del artículo 216.

Artículo 216. Las personas autorizadas en los términos del artículo anterior, serán responsables de los daños y perjuicios que causen al que las autorice, de acuerdo a las disposiciones aplicables del Código Civil para el mandato
y las demás conexas, salvo prueba en contrario. Se podrá renunciar a dicha
calidad, mediante escrito presentado a la autoridad jurisdiccional, haciendo
saber las causas de la renuncia. En ningún caso se requerirá registro ante los
poderes judiciales, ni la falta de este registro será impedimento para que las
autoridades jurisdiccionales tengan por autorizadas a las personas representantes autorizadas.

Las partes podrán autorizar a personas solamente para oír notificaciones e
imponerse de los autos, a cualquiera con capacidad legal, quien no gozará de
las demás facultades a que se refieren los párrafos anteriores.

Al acordar lo relativo a la autorización a que se refiere este artículo, se
deberá expresar con toda claridad el alcance con el que se reconoce la autorización otorgada.

CAPÍTULO VIII
DE LOS EXHORTOS Y DESPACHOS

Artículo 217. Los exhortos y despachos que se reciban de las autoridades
judiciales del territorio nacional, se proveerán dentro de las veinticuatro horas
siguientes a su recepción, y se diligenciarán dentro de los cinco días siguientes,
a no ser que lo que haya de practicarse, exija necesariamente mayor tiempo.

En ningún caso para la diligenciación de exhortos y despachos entrantes
o salientes enviados por el Poder Judicial de la Entidad Federativa que corresponda, se requerirá la legalización de las firmas de los funcionarios que los
expidan.

Artículo 218. De acuerdo con la naturaleza del exhorto o despacho, podrán autorizarse áreas o autoridades jurisdiccionales especializadas para su
diligenciación a cargo de personas servidoras públicas con facultades suficientes para su cumplimiento. Para la recepción y devolución de exhortos, cartas

rogatorias y despachos, los Poderes Judiciales preferentemente harán uso de las tecnologías de la información y comunicación, de conformidad con lo dispuesto en la Ley Orgánica respectiva.

En materia familiar, la autoridad jurisdiccional diligenciará los exhortos, cartas rogatorias o despachos, de oficio, salvo que se requiera la presencia de parte interesada para el cumplimiento de lo encomendado.

Artículo 219. Las autoridades jurisdicciones podrán encomendar a sus diversas, la práctica de las diligencias encomendadas dentro de su propia jurisdicción si por razones de la distancia se facilita su práctica.

Los despachos, exhortos o cualquier otra comunicación similar que tenga que diligenciarse entre las autoridades judiciales de una misma Entidad Federativa, deberán ser remitidos conforme lo establezcan las leyes o reglamentos de cada Entidad Federativa.

Los exhortos y despachos a los que alude el párrafo anterior, se deberán remitir a la autoridad jurisdiccional que deba cumplir la encomienda, a través del correo electrónico institucional de la Administración de Gestión Judicial o Institución análoga que corresponda, conjuntamente con los documentos digitalizados de las constancias conducentes. Una vez recibido, la persona secretaria judicial hará constar en el citado documento, la fecha y hora de su recepción. De la misma manera, se devolverán las constancias que deriven de la diligenciación de dichos exhortos.

Artículo 220. Las diligencias de los exhortos que deban practicarse fuera del territorio de la competencia de la Entidad Federativa de que se trate, deberán encomendarse, vía correo electrónico, al Tribunal o Poder Judicial del lugar en que han de realizarse o directamente a la autoridad jurisdiccional de la jurisdicción en que deban ejecutarse, conjuntamente con las constancias conducentes; asimismo, la autoridad jurisdiccional exhortada, de resultar incompetente por razón de territorio o cuantía, emitirá los proveídos necesarios a fin de que por su conducto y vía correo electrónico lo haga llegar a la autoridad jurisdiccional competente, informando de dicha situación a la autoridad ordenadora.

El exhorto contendrá:

I. La designación de la autoridad jurisdiccional exhortante;

II. La del lugar o población en que tenga que llevarse a cabo la actividad solicitada, aunque no se designe la ubicación del Tribunal o Poder Judicial exhortado;

III. Las actuaciones cuya práctica se intenta;

IV. El término o plazo en que habrán de practicarse las mismas, y

V. El exhorto preferentemente deberá realizarse, enviarse y devolverse en forma electrónica, mediante los correos institucionales o plataformas diseñadas para ello, conforme a las disposiciones de la Ley Orgánica o los lineamientos del Consejo de la Judicatura del Poder Judicial respectivo.

Artículo 221. Excepcionalmente, de no contar con los medios para la tramitación de los exhortos de la forma antes señalada, su diligenciación se hará vía ordinaria, ya sea por servicio postal o a través de las partes interesadas o de las personas previamente autorizadas o sus representantes, para hacerlos llegar a su destino, quienes tendrán la obligación de gestionar la diligenciación ante la autoridad jurisdiccional exhortada y devolverlos con lo que se practicare, si por su conducto se hiciere la devolución, y para el caso de que sea por servicio postal, una vez cumplimentado se devolverá a su lugar de origen por el mismo medio.

Artículo 222. En caso de que no se hubieran remitido por medio electrónico para su gestión, los tribunales pueden acordar que los exhortos y despachos que manden expedir se entreguen, para hacerlos llegar a su destino, a la parte interesada que hubiere solicitado la práctica de la diligencia.

El Tribunal o Poder Judicial de cada Entidad Federativa redactará el exhorto con las inserciones respectivas, dentro del término de tres días, contados a partir de que surta efectos el proveído que ordene su remisión y lo pondrá a disposición de la parte promovente, mediante publicación por medio de comunicación procesal oficial, que se hará dentro del mismo plazo, para que a partir del día siguiente al que surta sus efectos dicha publicación, se inicie el término que se haya concedido para su diligenciación.

Cuando el exhorto tenga algún defecto, la parte promovente deberá hacerlo saber a la autoridad jurisdiccional y devolverlo dentro de los cinco días siguientes, para que sea corregido y se proceda como se ordena en el párrafo anterior. De no hacerse la devolución del exhorto defectuoso, el plazo para su diligenciación no se interrumpirá.

Artículo 223. En la resolución que ordene librar el exhorto podrá designarse, a instancia de parte, persona o personas para que intervengan en su tramitación, con expresión del alcance de su intervención y del término para su comparecencia ante la autoridad exhortada, expresando a la autoridad jurisdiccional exhortada si su incomparecencia determina o no del exhorto. No procederá la nulidad de actuaciones por las diligencias practicadas por las personas mencionadas.

De igual manera, la autoridad jurisdiccional exhortante o de oficio, otorgará plenitud de jurisdicción al exhortado, para que se practiquen cuantas diligencias sean necesarias para el cumplimiento de lo ordenado.

No se exigirá poder alguno a las personas a que se refieren el párrafo que antecede.

La autoridad jurisdiccional exhortada devolverá a la exhortante una vez cumplimentado, salvo que se designase a una o varias personas para la tramitación, en cuyo caso, se le entregarán bajo su responsabilidad, previa razón que por su recibo obre en autos, para que haga su devolución dentro del término de cinco días como máximo. La autoridad jurisdiccional exhortada, no podrá negar el despacho del exhorto por falta de formalidades que puedan ser subsanadas por ella misma, ni negar el despacho por falta de cotejos o requisitos no previstos en el presente Código Nacional.

Artículo 224. La autoridad jurisdiccional exhortante podrá inquirir del resultado de la diligenciación a la exhortada por alguno de los medios autorizados en el presente Código Nacional, dejando constancia en autos de lo que resulte. Si a pesar del recordatorio, continuase la misma situación, la autoridad jurisdiccional exhortante lo pondrá en conocimiento directo del Superior inmediato del que deba cumplimentarlo, rogándole adopte las medidas pertinentes a fin de obtener el cumplimiento.

El exhorto deberá cumplimentarse en el tiempo previsto en el mismo. De no ocurrir así, se recordará por cualquier medio de comunicación de la urgencia del cumplimiento, lo que se podrá hacer de oficio o a instancia de parte interesada.

La autoridad jurisdiccional exhortante deberá facultar a la exhortada, para que cuando el exhorto haya sido remitido a autoridad jurisdiccional diferente al que deba prestar el auxilio, el que lo reciba lo envíe directamente al que corresponda inmediatamente, si es que le consta cuál sea éste, solicitando el exhortante que se le dé cuenta de dicha circunstancia por oficio.

Si quien reciba un exhorto para los fines que se precisan en este artículo, no hace la devolución dentro de los cinco días siguientes al plazo que se le hubiere concedido para su diligenciación, sin justificar que para ello tuvo impedimento bastante, será sancionado en los términos del artículo 192 fracción III de este ordenamiento, y se dejará de desahogar la diligencia por causas imputables.

La parte a cuya instancia se libre exhorto, queda obligada a satisfacer los gastos que origine su diligenciación.

Artículo 225. Tratándose de exhortos o despachos que libren las autoridades jurisdiccionales, serán remitidos por cualquier medio de comunicación, de manera directa a las autoridades jurisdiccionales que por razón de jurisdicción y competencia deban diligenciarlos, a través del correo electrónico institucional de la Administración de Gestión Judicial o Institución análoga que corresponda, conjuntamente con los documentos digitalizados de las constancias conducentes, mismos que una vez cumplimentados deberán ser devueltos por cualquiera de estas vías.

Del empleo de los medios de comunicación indicados se dejará razón en el expediente, la cual deberá de contener, en su caso, los datos de la persona con la que se entendió la comunicación, la fecha y hora de envío o recepción y la solicitud encomendada, anexando constancia como fotografías, impresión o capturas de pantalla del medio que se haya utilizado.

Artículo 226. Las diligencias judiciales que deban practicarse en el extranjero, se cursarán en la forma que establezca el Libro Décimo de este Código Nacional, los Tratados y los Convenios Internacionales de los que los Estados Unidos Mexicanos sea parte.

La parte a cuya instancia se libre exhorto, queda obligada a satisfacer los gastos que origine su diligenciación.

CAPÍTULO IX
DE LOS TÉRMINOS JUDICIALES

Artículo 227. Los términos empezarán a correr:

I. El día siguiente en que se hubiere hecho el emplazamiento o notificación personal;

II. Fuera de los casos señalados en la fracción anterior, el día siguiente a aquel en que surtió sus efectos la notificación realizada por el medio de comunicación procesal oficial;

III. La notificación realizada por medio de comunicación judicial surtirá efectos el mismo día a aquel en que por sistema se confirme que recibió el archivo electrónico correspondiente;

IV. También podrán notificarse por correo certificado y el plazo correrá a partir del día siguiente hábil en que fue recibida la notificación, y

V. En las audiencias del juicio oral las resoluciones dictadas por la autoridad jurisdiccional surtirán efectos en el momento en que las emita, estén o no presentes las partes.

Asimismo, podrá notificarse mediante otros sistemas autorizados en las leyes que corresponda, siempre que no causen indefensión.

Artículo 228. La Ley sólo reconoce como términos comunes en los juicios, los siguientes:

I. Para todas las partes que intervengan en el juicio, el relativo a ofrecimiento de pruebas, así como aquéllos en que la autoridad jurisdiccional determine la vista para desahogo por las partes al mismo tiempo;

II. En el litisconsorcio pasivo, tratándose del emplazamiento, y

III. Los demás que expresamente señale este Código Nacional como términos comunes.

Los términos comunes se empezarán a contar desde el día siguiente a aquel en que todas las personas que conformen el posible litisconsorcio pasivo o todas las partes hayan quedado notificadas.

Los demás términos se considerarán individuales y empezarán a correr para cada parte interesada en particular, cuando se haya realizado la notificación o surtido sus efectos según el caso.

Artículo 229. En ningún término se contarán los días en que no puedan tener lugar actuaciones judiciales.

Artículo 230. En los autos se hará constar el día en que comiencen a correr los términos y aquel en que deben concluir.

Artículo 231. Una vez concluidos los términos fijados a las partes, sin necesidad de que se acuse rebeldía, seguirá el juicio su curso y se tendrá por precluido el derecho que, dentro de ellos, debió ejercitarse, salvo los casos de caducidad o excepción previstos en el presente Código Nacional.

Artículo 232. Siempre que la práctica de un emplazamiento deba realizarse fuera del lugar del juicio, para que se concurra ante la autoridad jurisdiccional sea local o Federal, se debe fijar un término en el que se aumente al señalado por la Ley, un día más por cada doscientos kilómetros de distancia o fracción que exceda de la mitad, salvo que la Ley disponga otra cosa expresamente o que la autoridad jurisdiccional estime que deba ampliarse. Si la parte demandada residiere en el extranjero, se ampliará el término del emplazamiento por el lapso que se considere necesario, atendidas las distancias y la mayor o menor facilidad de las comunicaciones.

Artículo 233. Para fijar la duración de los términos, los meses se regularán por el número de días que les correspondan, y los días se entenderán de veinticuatro horas naturales, sin perjuicio de que las actuaciones judiciales se sujeten al horario que establece el presente Código Nacional.

Artículo 234. Operará de pleno derecho la caducidad de la primera instancia cualquiera que sea el estado del juicio, desde el primer auto que se dicte en el mismo, hasta antes de que concluya la audiencia de juicio, si transcurridos cuarenta días hábiles contados a partir de la notificación de la última determinación judicial no hubiere promoción que tienda a impulsar el procedimiento de cualquiera de las partes. Los actos o promociones de mero trámite que no impliquen ordenación o impulso del procedimiento, no se considerarán como actividad de las partes ni impedirán que la caducidad se alcance.

Los efectos y formas de su declaración se sujetarán a las siguientes normas:

I. La caducidad de la instancia es de orden público, irrenunciable y no puede ser materia de convenio entre las partes. La autoridad jurisdiccional la declarará de oficio o a petición de cualquiera de las partes, cuando concurran las circunstancias a que se refiere el presente artículo;

II. La caducidad extingue el procedimiento, pero no la acción; en consecuencia, se puede iniciar un nuevo juicio, sin perjuicio de lo dispuesto en la fracción V de este artículo;

III. La caducidad de la primera instancia convierte en ineficaces las actuaciones del juicio y las cosas deben volver al estado que tenían antes de la presentación de la demanda y se levantarán los embargos preventivos, dejando sin efectos las medidas provisionales o cautelares. Se exceptúan de la ineficacia referida, las resoluciones firmes sobre competencia, litispendencia, conexidad, personalidad y capacidad de las partes litigantes, que regirán en el juicio ulterior si se promoviere. Las pruebas rendidas en el procedimiento extinguido por caducidad, podrán ser invocadas en el nuevo si se promoviere, siempre que se ofrezcan y precisen en la forma legal;

IV. La caducidad de la segunda instancia se da si en el lapso de treinta días hábiles contados a partir de la notificación de la última determinación judicial, ninguna de las partes hubiere promovido impulsando el procedimiento y su efecto será dejar firme lo actuado ante la autoridad jurisdiccional;

V. La caducidad de los incidentes se causa por el transcurso de quince días hábiles contados a partir de la notificación de la última determinación judicial sin promoción alguna de las partes; la declaración respectiva sólo afectará a las actuaciones del incidente, sin abarcar las de la instancia principal;

VI. Para los efectos de la interrupción de la prescripción por demanda o cualquier género de interpelación judicial notificada a la persona poseedora o deudora en su caso, se equipará a la desestimación de la demanda la declaración de caducidad del procedimiento;

VII. No tiene lugar la declaración de caducidad:

a) En los juicios universales de concursos y sucesiones, pero sí en los juicios con ellos relacionados que se tramiten independientemente, que de aquéllos surjan o por ellos se motive;

b) En las actuaciones de jurisdicción voluntaria o procedimientos no contenciosos;

c) En los juicios de alimentos, y

d) Cuando sea en perjuicio de niñas, niños y adolescentes;

VIII. El término de la caducidad sólo se interrumpirá por promociones de las partes o por actos de las mismas realizados ante autoridad judicial diversa, siempre que tengan relación inmediata y directa con la instancia;

IX. La suspensión del procedimiento produce la interrupción del término de la caducidad. La suspensión del procedimiento tiene lugar:

a) Cuando por fuerza mayor la autoridad jurisdiccional o las partes no puedan actuar;

b) En los casos en que es necesario esperar la resolución de una cuestión previa o conexa por la misma autoridad jurisdiccional o por otras autoridades;

c) Cuando la autoridad jurisdiccional tenga conocimiento de que las partes están participando en un procedimiento alternativo de solución de conflictos, conforme a la Ley de la materia, y

d) En los demás casos previstos por la Ley.

X. Contra la declaración de caducidad de la primera instancia procede el recurso de apelación en ambos efectos. Si la declaratoria se hace en segunda instancia, procede el recurso de reposición. Contra la negativa a la declaración de caducidad no procede recurso alguno, y

XI. Las costas serán a cargo de la parte actora; pero serán compensables con las que corran a cargo de la parte demandada en aquellos en que opusiere reconvención, compensación, nulidad y en general las excepciones que tienden a variar la situación jurídica que privaba entre las partes antes de la presentación de la demanda.

TÍTULO SEGUNDO
DE LA ETAPA POSTULATORIA

CAPÍTULO I
DE LA DEMANDA

SECCIÓN PRIMERA
REQUISITOS DE LA DEMANDA

Artículo 235. La demanda deberá cumplir los requisitos siguientes:

I. La autoridad jurisdiccional ante la que se promueve;

II. Nombre, denominación o razón social de la parte actora o de quien promueve a su nombre, el domicilio para oír y recibir notificaciones dentro de la jurisdicción, número telefónico y dirección de correo electrónico para los mismos efectos procesales. Cuando proceda, revelar si el promovente pertenece a grupos sociales en situación de vulnerabilidad;

III. Nombre de la persona designada como la persona representante autorizada. En ningún caso se exigirá contar con registro ante el Tribunal o Poder Judicial que corresponda;

IV. Nombre, denominación o razón social de la parte demandada, y su domicilio;

V. Las pretensiones, el objeto u objetos que se reclamen con sus accesorios;

VI. La exposición clara y sucinta de los hechos en que el actor funde la demanda, relacionándolos a su vez con el título o títulos de las acciones que se ejerzan;

VII. Los fundamentos de derecho, procurando citar la clase de acción intentada, los preceptos legales y, en su caso, convencionales, los criterios jurisprudenciales o doctrinales, o principios jurídicos aplicables;

VIII. En su caso, el valor de lo demandado para determinar la competencia de la autoridad jurisdiccional;

IX. El ofrecimiento de pruebas, mencionando con toda precisión el hecho o hechos que se tratan de demostrar con cada prueba, debiendo proporcionar el nombre de las personas que deban rendir testimonio;

X. Las firmas de la parte actora o de su persona representante autorizada. Si éstos no pudieran o no supieran firmar, pondrán su huella dactilar, firmando otra persona en su nombre y a su ruego indicando estas circunstancias. Igualmente podrá firmar la parte actora, la persona representante autorizada, el escrito, usando su firma electrónica avanzada, la cual deberá corresponder a la persona que promueva;

XI. Exhibir por cada demandado un ejemplar de las copias de traslado tanto de la demanda y sus anexos, ya sean en formato electrónico o físico, las cuales deberán estar debidamente foliadas e identificadas como copia; si los interesados fueran varios, se acompañará un ejemplar para cada uno de ellos. Esta exigencia no será necesaria en los casos que la demanda se presente en forma electrónica, y

XII. Los demás requisitos relacionados con las pruebas conforme a lo dispuesto en este Código Nacional.

Artículo 236. Si la demanda fuere oscura, irregular o no cumpliera con alguno de los requisitos del artículo anterior, por una sola ocasión se señalará con toda precisión en qué consisten los defectos de la misma en el proveído que al efecto se dicte y publique en el medio de comunicación judicial, para que en el término de tres días contados a partir del día siguiente a aquel en que surta efectos la notificación se desahogue en tiempo y forma.

La autoridad jurisdiccional debe hacer una nueva y exhaustiva revisión de la demanda, y si en ésta encuentra que los requisitos que omitió están satisfechos, o que no son realmente indispensables para los fines que les asigna la ley o la naturaleza del proceso, debe rectificar y admitir la demanda, sin estar vinculado ineludiblemente por su propia prevención, aunque el demandante no haya presentado ningún escrito encaminado a cumplir con lo pedido o el presentado se considere insuficiente.

Si a pesar de lo anterior, no se cumplieron los motivos de prevención dentro del término señalado para tal efecto, se desechará la demanda y devolverá al interesado todos los documentos originales y electrónicos, así como las copias simples que se hayan exhibido, con excepción de la demanda con la que se haya formado el expediente respectivo, salvo lo dispuesto en el artículo 5 del presente Código Nacional.

En caso de que se promueva la acción o una petición en una vía incorrecta, la autoridad jurisdiccional la reencausará a la que sea procedente, proveyendo sobre las medidas cautelares o provisionales solicitadas.

Artículo 237. La determinación de no admitir la demanda o cualquier otra por la que no se le dé curso, se podrá impugnar mediante el recurso de queja, para que el Tribunal de Segunda Instancia competente dicte la resolución que corresponda, bajo los lineamentos que en derecho le ordene a la autoridad jurisdiccional. En contra de dicha resolución no procede recurso ordinario alguno.

En contra del auto que admita la demanda no es procedente recurso alguno.

Los efectos de la presentación de la demanda son: interrumpir la prescripción, si no lo está por otros medios, señalar el principio de la instancia, y determinar el valor de las prestaciones exigidas, cuando no pueda referirse a otro tiempo.

Artículo 238. Cuando se trate de demandas por controversias sobre bienes inmuebles, o en caso de que se intente la acción hipotecaria, la autoridad jurisdiccional podrá ordenar su anotación preventiva ante el Registro Público de la Propiedad, Oficina Registral o cualquier Institución análoga según la Entidad Federativa de que se trate, de conformidad con las disposiciones aplicables del Código Civil respectivo, siempre que previamente se otorgue garantía suficiente a criterio de la autoridad jurisdiccional para responder de los daños y perjuicios que se puedan causar a la persona demandada, la que deberá ser fijada al prudente arbitrio de la autoridad jurisdiccional. Este requisito no será exigible en el caso de la acción hipotecaria.

Artículo 239. Admitida la demanda, se ordenará emplazar al demandado, corriéndole traslado con copias de la misma, de los documentos exhibidos por el actor y, en su caso, con la propuesta de convenio y el formulario correspondiente, a fin de que, dentro del término de quince días conteste la demanda.

Artículo 240. Los efectos del emplazamiento son:

I. Prevenir el juicio en favor de la autoridad jurisdiccional que lo hace;

II. Sujetar al emplazado a seguir el juicio ante la autoridad jurisdiccional que lo emplazó, siendo competente al tiempo de la citación, aunque después deje de serlo con relación a la parte demandada, porque éste cambie de domicilio, o por otro motivo legal;

III. Obligar a la parte demandada a contestar ante la autoridad jurisdiccional que lo emplazó, dejando en su caso a salvo, siempre el derecho de provocar la incompetencia respectiva;

IV. Producir todas las consecuencias de la interpelación judicial, si por otros medios no se hubiere constituido ya en mora el obligado, y

V. Originar el interés legal en las obligaciones pecuniarias sin causa de réditos.

SECCIÓN SEGUNDA
DE LA CONTESTACIÓN A LA DEMANDA

Artículo 241. La contestación a la demanda deberá cumplir con los siguientes requisitos:

I. Presentarse ante la autoridad jurisdiccional que lo emplazó;

II. Nombre, denominación o razón social de la parte demandada o de quien actúe en su representación, el domicilio para oír y recibir notificaciones dentro de la jurisdicción correspondiente, número telefónico y dirección de correo electrónico para los mismos efectos procesales. Cuando proceda, revelar si el promovente pertenece a grupos sociales en situación de vulnerabilidad y acreditarlo o, en su caso, solicitar el apoyo especial a que se refiere el artículo 141 de este Código Nacional;

III. El nombre de la persona designada como la persona representante autorizada. En ningún caso se exigirá contar con registro ante el Tribunal o Poder Judicial que corresponda;

IV. Contestará categóricamente cada uno de los hechos en que la parte actora funde su pretensión, aceptándolos, negándolos o manifestando bajo protesta de decir verdad los que desconozca, apercibida que en caso de no hacerlo o de evadir su respuesta se tendrán por ciertos los hechos expresados por la parte actora, salvo prueba en contrario;

V. Deberá ofrecer sus pruebas, mencionando con toda precisión el hecho o hechos que trata de demostrar, debiendo proporcionar el nombre de las personas que deban rendir testimonio;

VI. Las excepciones y defensas que se tengan, se harán valer en la contestación y nunca después, salvo las supervenientes. Se procurará citar los preceptos legales, convencionales, los criterios jurisprudenciales o doctrinales, o principios jurídicos aplicables;

VII. Las firmas de la parte demandada, o de la persona representante autorizada. Si éstos no pudieren o no supieren firmar, pondrán su huella dactilar, firmando otra persona en su nombre y a su ruego indicando estas circunstancias. La parte demandada o la persona representante autorizada podrá firmar el escrito usando su firma electrónica avanzada;

VIII. Acompañar copia simple del escrito de contestación debidamente foliada e identificada como copia para dar vista a la parte actora por el término de tres días, y

IX. Los demás requisitos relacionados con las pruebas conforme a lo dispuesto en este Código Nacional.

Artículo 242. Dentro del término para contestar la demanda, se podrá proponer la reconvención en los casos en que proceda, ajustándose a las disposiciones de la demanda.

En caso de reconvención, se seguirán las reglas previstas en este Código Nacional tanto para la demanda como para la contestación. Sin embargo, el emplazamiento deberá hacerse a través de la dirección de correo electrónico señalada por la parte actora en la demanda principal.

Artículo 243. Si las partes en sus respectivos escritos quisieran llamar a un tercero deberán manifestarlo en los mismos. El llamamiento a juicio se hará corriéndole traslado con los escritos y anexos, que deberán ser exhibidos por quien solicite la citación, debiendo proporcionar el domicilio de éste, sin cuyos requisitos no se dará curso a la petición respectiva.

Si se alega que se desconoce el domicilio se procederá a su búsqueda y en su caso a publicación de edictos en los términos de las disposiciones del presente Código Nacional. El tercero llamado a juicio podrá comparecer en el mismo plazo de quince días; estando en aptitud de ofrecer pruebas, alegar e interponer toda clase de excepciones defensas y recursos.

La petición contenida en este artículo no será tramitada a no ser que se trate de cuestiones supervinientes.

Artículo 244. A toda demanda o contestación deberá acompañarle necesariamente:

I. El o los documentos que acrediten, la personalidad o carácter de aquel que comparece en representación de alguna de las partes o terceros;

II. Los documentos en los que la parte actora funde su acción y aquellos en que la parte demandada funde sus excepciones, ya sea en forma física o electrónica. Si no los tuvieren a su disposición, acreditarán haber solicitado su expedición con el acuse de recibo por el archivo o lugar en que se encuentren los originales, para que, a su costa, se les expida certificación de ellos, en la forma que prevenga la Ley. Se entiende que las partes tienen a su disposición los documentos, siempre que legalmente puedan pedir copia autorizada de los originales y exista obligación de expedírselos. Si las partes no pudiesen presentar los documentos en que funden sus acciones o excepciones, declararán, bajo protesta de decir verdad, la causa por la que no pueden presentarlos o no se les expidieren sin causa justificada; en este caso, si la autoridad jurisdiccional lo estima procedente, ordenará al responsable de la expedición que el documento solicitado por la parte interesada se expida a costa de ésta, apercibiéndolo con la imposición de alguna de las medidas de apremio;

III. Salvo disposición legal en contrario o que se trate de pruebas supervenientes, de no cumplirse por las partes con alguno de los requisitos anteriores, no se les recibirán las pruebas documentales que no obren en su poder al presentar la demanda o contestación, como tampoco si en esos escritos se dejan de identificar las documentales, para el efecto de que oportunamente sean requeridos por la autoridad jurisdiccional y sean recibidas; el mismo tratamiento se dará a los informes que se pretendan rendir como prueba;

IV. Los documentos que las partes tengan en su poder y que deban servir como pruebas de su parte y, los que presentaren después, con violación de este precepto, no les serán admitidos, salvo que se trate de pruebas supervenientes o la demanda se haya presentado vía electrónica con los documentos digitalizados para que con posterioridad sean presentados sus originales, y

V. Copias simples, siempre que sean legibles, tanto del escrito de demanda como de los demás documentos referidos, incluyendo la de los que se exhiban como prueba según los párrafos precedentes, incluyendo archivos o documentos electrónicos y si se acompañan grabaciones de audio o video, para que se impongan de ellos, se exhibirá un duplicado de los mismos para correrle traslado a la contraria. Las copias simples de los documentos que sirvan como prueba y las grabaciones de audio o video, se podrán exhibir como archivos dentro de un dispositivo de almacenamiento de datos que garantice la integridad de los mismos, debiendo el promovente identificar y precisar con toda claridad su contenido. Al momento de proveer el escrito de demanda o contestación, la persona secretaria judicial deberá cotejar que las copias exhibidas o las que se contienen en los archivos del dispositivo de almacenamiento correspondan a los documentos exhibidos como pruebas.

Artículo 245. La presentación de documentos cuando sean públicos, podrá hacerse por copia simple, si la parte interesada manifestare, bajo protesta de decir verdad, que carece de otra fehaciente; pero no producirá aquélla ningún efecto si durante el desarrollo de la audiencia respectiva, no se presentare una copia del documento con los requisitos necesarios para que haga fe en juicio, o se cotejen las copias simples con sus originales por la persona secretaria judicial y a costa de la parte interesada, pudiendo asistir a la diligencia de cotejo la contraparte, para que en su caso haga las observaciones que considere pertinentes.

Artículo 246. Después de la demanda y contestación, no se admitirán a las partes, otros documentos que los que se hallen en alguno de los casos siguientes:

I. Ser de fecha posterior a dichos escritos;

II. Los anteriores respecto de los cuales, protestando decir verdad, asevere la parte que los presente no haber tenido antes conocimiento de su existencia;

III. Los que no haya sido posible adquirir con anterioridad por causas que no sean imputables a la parte interesada, y siempre que haya hecho oportunamente la designación expresa en los términos de lo dispuesto en el presente Código Nacional;

IV. Los documentos que sirvan de pruebas contra excepciones alegadas o contra acciones en lo principal o reconvencional, y

V. Los que se ofrezcan para la impugnación de pruebas de la contraria.

Artículo 247. A ninguna de las partes se le admitirá documento alguno después de concluido el desahogo de pruebas. La autoridad jurisdiccional, de oficio, no deberá admitirlos y mandará devolverlos a la parte sin ulterior recurso, sin agregarlos al expediente en ningún caso, salvo las excepciones previstas en este Código Nacional.

Artículo 248. De todo documento que se presente después de la demanda y contestación, se dará traslado a la otra parte, para que dentro del plazo de tres días manifieste lo que a su derecho convenga.

Una vez desahogada la vista por la contraria, o transcurrido el plazo para ello, la autoridad jurisdiccional resolverá sobre su admisión.

Si la exhibición del documento se hace en el acto de la audiencia y estuviera presente la parte contraria, se le dará vista en la misma audiencia para que manifieste lo que a su derecho convenga, evaluando en todo caso la autoridad jurisdiccional su admisión o desechamiento.

Artículo 249. La omisión de presentar las copias simples no será motivo para dejar de admitir los escritos y documentos que se presenten en tiempo oportuno. En este caso, se señalará un plazo que no excederá de tres días para exhibir las copias antes referidas, y si no se presentaren en dicho plazo, se tendrán por no admitidas. Lo anterior no resulta aplicable para el caso de presentación de la demanda y sus anexos por vía electrónica o digital.

Artículo 250. En los escritos de demanda, contestación, reconvención, contestación a la reconvención y desahogo de vista, las partes ofrecerán sus pruebas, exhibirán las documentales físicas o electrónicas que tengan en su poder o el acuse de recibo mediante el cual hayan solicitado las que no tuvieren en su poder.

En el caso de documentos físicos o electrónicos que hayan sido anunciados y no se tenga la posibilidad de exhibir, deberá presentarse el acuse de recibo de la solicitud de los mismos ante la oficina o archivo en que se encuentren, la parte interesada deberá continuar con las gestiones necesarias para recabar la prueba a fin de exhibirla en la etapa de admisión de pruebas de la audiencia preliminar. Sin embargo, cuando se manifieste bajo protesta de decir verdad la imposibilidad para exhibir las documentales físicas o electrónicas ofrecidas como prueba, por causa justificada la autoridad jurisdiccional desde la admisión de la demanda, contestación o desahogo de vista de excepciones, auxiliará al oferente girando las órdenes correspondientes para que sean remitidas a más tardar en la audiencia preliminar, con los apercibimientos de las medidas de apremio que considere pertinente.

Dicha medida sólo se hará efectiva si la prueba resulta admisible y conforme a las disposiciones aplicables de las leyes vigentes en materia de transparencia, acceso a la información pública y datos personales, según corresponda.

Si se trata de documentos físicos o electrónicos a disposición de la contraparte, se le requerirán en el acuerdo que recaiga al ofrecimiento y anuncio de la prueba, quien deberá exhibirlo en el escrito subsecuente referido en el primer párrafo de este artículo o en la etapa de admisión de pruebas de la audiencia preliminar, según corresponda. En este caso, de ser admisible la prueba y no se presente oportunamente, se presumirán ciertos los hechos, salvo causa justificada y previo apercibimiento.

En el supuesto de pruebas documentales o de informe a cargo de personas ajenas al juicio y que legalmente no estén obligados a su expedición, la autoridad jurisdiccional sin perjuicio de decidir su admisión en el momento oportuno, autorizará los requerimientos respectivos en el acuerdo que recaiga al anuncio y ofrecimiento de la prueba.

Artículo 251. Una vez contestada la demanda y, en su caso, la reconvención o transcurridos los términos para ello, se señalará fecha y hora para la celebración de la audiencia preliminar, dentro de los quince días siguientes.

En el mismo auto, se admitirán o desecharán las pruebas ofrecidas en relación con las excepciones procesales, para que, en su caso, se desahoguen en la audiencia preliminar. En caso de no desahogarse las pruebas en dicha audiencia, se declararán desiertas por causa imputable al oferente.

En las excepciones de conexidad, litispendencia y cosa juzgada sólo será admisible como prueba la documental.

Artículo 252. Una vez publicado el auto que señala fecha para la celebración de la audiencia preliminar y hasta el dictado de la sentencia definitiva, las promociones de las partes que se encuentren relacionadas con el procedimiento deberán formularse oralmente al inicio de la audiencia respectiva. Las peticiones que no impulsen el procedimiento se harán valer antes del cierre de la audiencia. Cualquier promoción o petición que se presente por escrito en dichas etapas, serán devueltas al interesado, sin necesidad de acuerdo.

Las cuestiones debatidas en una audiencia deberán ser resueltas en ella. Las partes no podrán dar lectura a escritos o registros de forma íntegra, pero sí a sus notas o apuntes.

Artículo 253. La nulidad de una actuación deberá reclamarse en la audiencia subsecuente, bajo pena de quedar validada de pleno derecho. La producida en la audiencia de juicio deberá reclamarse durante ésta hasta antes de que la autoridad jurisdiccional emita la sentencia definitiva. La del emplazamiento, por su parte, podrá reclamarse en cualquier momento hasta antes de que se dicte sentencia definitiva.

Artículo 254. En los juicios orales civil y familiar, únicamente será notificado personalmente el emplazamiento y el auto que admita la reconvención.

Las demás determinaciones se notificarán a las partes a través del medio de comunicación oficial, salvo lo dispuesto para las audiencias.

SECCIÓN TERCERA
DEL ALLANAMIENTO Y REBELDÍA

Artículo 255. Transcurrido el plazo fijado en el emplazamiento sin contestar la demanda, se tendrán por contestados los hechos en sentido negativo y se hará la declaratoria de rebeldía correspondiente. A continuación, se señalará fecha para la audiencia de juicio, dictando auto de admisión de las pruebas ofrecidas por la parte actora.

Artículo 256. La parte demandada podrá allanarse a la demanda. En caso de allanamiento total, este deberá ser ratificado ante la autoridad jurisdiccional, en donde ambas partes serán asistidas técnica y efectivamente por la persona representante autorizada.

Habiéndose ratificado el allanamiento, la autoridad jurisdiccional estudiará la legitimación procesal, y dictará sentencia en un plazo que no excederá de diez días.

Artículo 257. En materia familiar, en caso de allanamiento total, además de la ratificación a que se refiere al artículo anterior, la autoridad jurisdiccional deberá proveer de la preparación de las pruebas y se fijará fecha para el desahogo de la audiencia de juicio dentro de los diez días siguientes, actuación en la que se escucharan los alegatos, se desahogaran las pruebas, y se dictará el fallo correspondiente en la misma audiencia.

Artículo 258. Cuando la controversia se refiera sólo a puntos de derecho, y no de hecho, se citará para la audiencia de juicio en el término de diez días y después de escuchar los alegatos, la autoridad jurisdiccional expondrá de forma breve, clara y sencilla su fallo y leerá únicamente los puntos resolutivos, entregando copia simple de la sentencia a las partes, así como, en los casos que proceda, el derecho que tienen las partes para apelar dicha sentencia conforme a lo establecido en este Código Nacional.

Artículo 259. En los casos de declaración de rebeldía de la parte demandada por falta de contestación, tendrán aplicación las siguientes reglas:
I. Todas las resoluciones que de ahí en adelante recaigan en el pleito y cuantas citaciones deban hacérsele, aún las de carácter personal, se notificarán por el medio de comunicación procesal oficial, salvo los casos en que otra cosa se prevenga o a juicio de la autoridad jurisdiccional;
II. Desde el día en que fue declarada rebelde o quebrantó la radicación de persona la parte demandada, se decretarán las medidas cautelares solicitadas por la parte actora, si la parte contraria lo pidiere, la retención de sus bienes muebles y el embargo de los inmuebles en cuanto se estime necesario, para asegurar lo que sea objeto del juicio, aplicando en lo conducente las reglas de las medidas cautelares.

Artículo 260. La persona declarada en rebeldía podrá apersonarse a la audiencia de juicio para participar en el desahogo de las pruebas y rendir alegatos finales, sin que en ningún caso pueda retrotraerse el procedimiento.

CAPÍTULO II
DE LAS PRUEBAS

SECCIÓN PRIMERA
DE LAS PRUEBAS EN GENERAL

Artículo 261. Las partes, para soportar su acción, excepciones y defensas, así como acreditar los hechos, podrán ofrecer medios de prueba que no sean contrarios a derecho, y les serán admitidas por la autoridad jurisdiccional, las que resulten pertinentes e idóneas y guarden relación con los hechos narrados y cumplan con los requisitos de ofrecimiento previstos en este Código Nacional.

Son admisibles como medios de prueba, todos aquellos elementos que puedan producir convicción en el ánimo de la autoridad jurisdiccional acerca de los hechos controvertidos.

Artículo 262. La autoridad jurisdiccional, de oficio podrá decretar en todo tiempo, sea cual fuere la naturaleza del procedimiento la práctica o ampliación de cualquier diligencia probatoria. En la práctica de estas diligencias, la autoridad jurisdiccional obrará como estime procedente para obtener el mejor resultado de ellas, sin lesionar el derecho de las partes, oyéndolas y procurando en todo, su igualdad y justo equilibrio, se tomará en cuenta cualquier situación de vulnerabilidad que pueda afectar el equilibrio procesal.

Artículo 263. Las diligencias de desahogo de pruebas que deban verificarse fuera del recinto asiento, de la autoridad jurisdiccional, pero dentro de su ámbito de competencia territorial, deberán ser presididas por la autoridad jurisdiccional, registradas por personal técnico adscrito al Tribunal o Poder Judicial, por cualquiera de los medios autorizados en este Código Nacional y certificadas de conformidad con lo dispuesto para el desarrollo de las audiencias.

Artículo 264. La parte que niega sólo estará obligada a probar:

I. Cuando la negación envuelva la afirmación expresa de un hecho;

II. Cuando se desconozca la presunción legal que tenga en su favor la parte colitigante;

III. Cuando la negativa fuere elemento constitutivo de la acción o de la excepción.

Artículo 265. Ni la prueba en general ni los medios de pruebas establecidos por la Ley son renunciables.

No obstante, lo dispuesto en el párrafo que antecede, las partes podrán desistirse de las pruebas que estén pendientes de desahogo, a fin de que el procedimiento continúe en sus demás etapas, pero no podrán hacerlo una vez que éstas hayan sido desahogadas. Tratándose de documentales que lleguen con posterioridad al desistimiento, no podrán agregarse al expediente en ningún caso.

Artículo 266. Sólo los hechos estarán sujetos a prueba; el derecho lo estará únicamente cuando se trate de normas diversas a las generales o cuando se funde en usos y costumbres.

Artículo 267. La autoridad jurisdiccional aplicará el derecho extranjero tal como lo harían las del Estado cuyo derecho resultare aplicables sin perjuicio de que las partes puedan alegar la existencia y contenido del derecho extranjero invocado.

Respecto del texto, vigencia, sentido y alcance del derecho extranjero, la autoridad jurisdiccional podrá valerse de informes oficiales; los cuales podrá solicitar al servicio exterior mexicano, admitir las pruebas ofrecidas por las partes o bien ordenar las que considere necesarias.

Artículo 268. La autoridad jurisdiccional debe recibir las pruebas que le presenten las partes, siempre que estén permitidas por la Ley y se refieran a los puntos cuestionados. Si las partes estiman que las resoluciones judiciales que admitan o desechan pruebas les causan agravio, lo harán valer en la apelación contra la sentencia definitiva que, en su caso, interpongan; y la autoridad jurisdiccional de segunda instancia deberá resolver con plenitud de jurisdicción sin reenvío.

Tratándose de juicios del arrendamiento inmobiliario, la prueba pericial sobre cuantificación de daños, reparaciones o mejoras, sólo será admisible en el periodo de ejecución de sentencia, en la que se haya declarado la procedencia de dicha prestación. Asimismo, tratándose de informes que deban rendirse en dichos juicios, los mismos deberán ser recabados por la parte interesada.

Artículo 269. Los hechos notorios no necesitan ser probados, y la autoridad jurisdiccional puede invocarlos, aunque no hayan sido alegados por las partes.

Artículo 270. Cuando una de las partes se oponga a la inspección o reconocimiento, ordenados por la autoridad jurisdiccional, se tendrán por ciertas las afirmaciones de la contraparte, salvo prueba en contrario. Lo mismo se hará si una de las partes no exhibe a la inspección de la autoridad jurisdiccional el bien, documento o archivo electrónico que tiene en su poder, siempre que la posesión esté debidamente acreditada, que por disposición de la Ley deba tenerlo o deba acreditarlo o, atendiendo al caso en concreto, por la naturaleza de los hechos sea evidente su disponibilidad.

Artículo 271. Las personas terceras están obligadas, en todo tiempo, a prestar auxilio a las autoridades jurisdiccionales, en consecuencia, deben sin demora, exhibir documentos, informes, bienes y archivos electrónicos que tengan en su poder, cuando para ello fueren requeridos o permitir su inspección.

La autoridad jurisdiccional tiene la facultad y el deber de compeler a las personas terceras, por los apremios más eficaces, para que cumplan con esta obligación; y en caso de oposición, oirán las razones en que la funden y resolverán sin ulterior recurso.

De la mencionada obligación están exentas las personas ascendientes, descendientes, tutores o curadores de niñas, niños y adolescentes, personas designadas como apoyo para el ejercicio de la capacidad jurídica, pupilos, cónyuges, concubinos, convivientes, en los casos en que se trate de probar contra la parte con la que están relacionadas, sin perjuicio de que, si alguna de ellas manifiesta su voluntad de hacerlo, se les permitirá, dejando constancia de dicha circunstancia.

Es inadmisible el testimonio de personas que, respecto del objeto de su declaración, tengan el deber de guardar secreto con motivo del conocimiento que tengan de los hechos debido a su empleo, cargo, puesto, oficio, profesión o relación de negocios.

Cuando deba recibirse testimonio de menores de edad y se tema por su afectación psicológica o emocional, así como en caso de víctimas de cualquier tipo de violencia, la autoridad jurisdiccional a petición de las partes, podrá ordenar su recepción con el auxilio de familiares o peritos especializados.

Para ello deberán utilizarse las técnicas audiovisuales adecuadas que favorezcan evitar la confrontación con el generador de violencia.

Artículo 272. Las personas que no puedan concurrir a la sede judicial, por tener algún impedimento debidamente acreditado, podrán ser examinadas en el lugar donde se encuentren y su testimonio podrá ser rendido o transmitido utilizando sistemas de justicia digital, en presencia de la autoridad jurisdiccional.

Artículo 273. Las autoridades tendrán la obligación de proporcionar los informes que se les pidan respecto de los hechos relacionados con el procedimiento, y de los que hayan tenido conocimiento o en los que hubieren intervenido por razón de su cargo, los que serán proporcionados en el plazo de cinco días a que le fueran judicialmente requeridos y, en caso de incumplimiento a un mandato judicial o retardo injustificado en el cumplimiento de sus determinaciones, podrá imponerse una medida de apremio establecida en el presente Código Nacional, salvo que exista impedimento legal para ello.

Artículo 274. Las pruebas deberán ofrecerse en los escritos de demanda, contestación a la demanda, en la reconvención, y en el escrito de contestación a la reconvención, así como de las excepciones. En el caso de incidentes, se hará en el escrito que lo promueva y su contestación, si se realiza por escrito o, en el mismo acto, si se realiza oralmente en la audiencia respectiva.

Artículo 275. Las pruebas deben ofrecerse expresando con toda claridad cuál es el hecho o hechos que se pretende probar, declarando, en su caso, en los términos anteriores el nombre y domicilio de testigos y peritos, y pidiendo la citación de la contraparte para responder al interrogatorio respectivo. Si a juicio de la autoridad jurisdiccional las pruebas ofrecidas no cumplen con las condiciones apuntadas, serán desechadas. Con la taxativa de que no será necesario proporcionar el domicilio de testigos, cuando las partes por sí mismas se comprometan a presentarlas.

Artículo 276. En la etapa de admisión de pruebas de la audiencia preliminar o en la misma resolución que recaiga a la demanda incidental o contestación, la autoridad jurisdiccional se pronunciará sobre la admisión o desechamiento de pruebas, pudiendo limitar el número de testigos prudencialmente. En ningún caso, la autoridad jurisdiccional admitirá pruebas o diligencias en los siguientes supuestos:

I. Las que hayan sido ofrecidas extemporáneamente;

II. Las que sean contrarias a derecho;

III. Las que no versen sobre los hechos narrados por las partes, o hechos imposibles o notoriamente inverosímiles, y

IV. Las que no reúnan los requisitos establecidos en este Código Nacional.

En los casos en que las partes dejen de mencionar las personas testigos que estén relacionados con los hechos que fijen la litis; o se dejen de acompañar los documentos que se deben presentar, salvo en los casos autorizados en el presente Código Nacional, la autoridad jurisdiccional no admitirá tales pruebas.

Contra el auto que admita o deseche pruebas deberá estarse a lo dispuesto en el artículo 268 del presente Código Nacional.

Artículo 277. La autoridad jurisdiccional, en la audiencia preliminar al admitir las pruebas ofrecidas, procederá a señalar fecha y hora para audiencia de juicio en la que se recibirán oralmente las pruebas, para dichos efectos tomará en consideración el tiempo para su preparación.

Se señalará audiencia de juicio dentro de los siguientes cuarenta días. Presentes o no las partes en las audiencias, se les tendrá por notificadas y apercibidas de las consecuencias legales en caso de inasistencia.

La audiencia de juicio, incidental o de ejecución se celebrará con las pruebas que estén preparadas, por regla general no se diferirá y sólo se señalará nuevo día y hora para recibir las que se encuentren pendientes y que no sean imputables a la persona oferente. La nueva fecha se señalará en el menor tiempo posible que se requiera para su preparación.

Si en la siguiente ocasión no se encuentra debidamente preparada la prueba o en su caso no se puede hacer comparecer al testigo respectivo en la nueva fecha, se dejará de recibir la prueba o testimonio.

Artículo 278. Las partes, estén o no presentes en las audiencias, se les tendrá por notificadas y apercibidas de todas las resoluciones que la autoridad jurisdiccional emita de las consecuencias legales, en caso de inasistencia.

Artículo 279. Los medios de prueba también podrán desahogarse en audiencia virtual, cuando su naturaleza así lo permita, sea posible técnicamente, exista consenso de las partes y resulte necesario a juicio de la autoridad jurisdiccional, conforme a lo dispuesto en el Libro Octavo del presente Código Nacional.

Artículo 280. Cuando hubiere de practicarse alguna diligencia o aportarse pruebas fuera del lugar del juicio, de acuerdo con la naturaleza de la prueba, podrá ordenarse su recepción a distancia. Con este fin, la autoridad jurisdiccional exhortante podrá coordinarse con la exhortada, de acuerdo a los sistemas de justicia digital con que cuenten, para celebrar la audiencia respectiva de forma virtual, tramitar y devolver el exhorto o documentos en formato electrónico a través de correo electrónico o de las plataformas tecnológicas correspondientes, tomando las medidas necesarias para garantizar la integridad y autenticidad de actuaciones judiciales, conforme a las disposiciones del Código Nacional y, en su caso, el convenio de colaboración que entre los Poderes Judiciales exista.

En caso de que no se cuente con los recursos tecnológicos necesarios o que por la naturaleza de la prueba no lo permita, la prueba se preparará y se desahogará mediante el exhorto respectivo tramitado en forma escrita, a cargo de la parte interesada.

Artículo 281. En los casos establecidos en el artículo anterior, a petición de parte interesada, se concederá el siguiente término para la tramitación y diligenciación del exhorto respectivo:

I. Un mes si el lugar está comprendido dentro del territorio nacional;

II. Dos meses si lo está en los Estados Unidos de América o Canadá;

III. Tres meses si está comprendido en Centroamérica y el Caribe;

IV. Seis meses si estuviere en Europa o en la América del Sur, y

V. Siete meses cuando esté situado en cualquiera otra parte.

El término referido no será prorrogado, salvo caso fortuito o fuerza mayor plenamente acreditado.

Artículo 282. Para otorgarse el término antes referido, deberá de cumplirse con los siguientes requisitos:

I. Que se solicite en los escritos de fijación de la litis;

II. Que se indiquen los nombres y domicilios de las personas testigos que hayan de ser examinados, cuando la parte que los ofrezca no se haya comprometido a presentarlos cuando la prueba sea testimonial. Para el caso de ser inexactos los datos de identificación, domicilio o simplemente no existan, se declarará desierta la prueba;

III. Que se designen, en caso de ser prueba instrumental, los archivos públicos o particulares donde se hallen los documentos físicos o electrónicos que han de cotejarse, o presentarse originales, y

IV. En tratándose de cualquier otra diligencia, deberá indicarse con toda claridad lo que se pretende rendir o recibir y los puntos sobre los que deba versar.

La autoridad jurisdiccional al calificar la admisibilidad de las pruebas determinará el monto de la cantidad que el interesado deberá depositar como multa en caso de no rendirse la prueba, que no podrá ser superior a ciento veinte veces el valor diario de la Unidad de Medida y Actualización vigente al momento de su imposición. Sin este depósito no se hará el señalamiento para la recepción de la prueba. El acuerdo que autorice el término para el desahogo de prueba foránea no será recurrible.

Artículo 283. A la parte a la que se le hubiere concedido la ampliación a que se refiere el artículo anterior, se le entregarán en el término de cinco días los exhortos para su diligenciación, poniéndolos a su disposición, si no los recibiera en ese plazo se hará efectiva la multa y se dejará de recibir la prueba y si no rindiere las pruebas que hubiere propuesto, sin justificar que para ello tuvo impedimento bastante, se le impondrá una sanción pecuniaria a favor de su contraparte, equivalente al monto del depósito a que se hace mención en el mismo artículo anterior, incluyendo la anotación en el Registro Judicial a que se refiere el presente Código Nacional, y además se dejará de recibir la prueba por causas imputables al interesado.

En caso de que las partes, estando obligadas a presentar a sus testigos o peritos no cumplan con dicha comparecencia, se les tendrá por desistidos de la prueba, a menos que justifiquen la imposibilidad que se tuvo para presentarlos, dentro de esa misma audiencia, en la que la autoridad jurisdiccional ordenará lo procedente.

SECCIÓN SEGUNDA
DE LA DECLARACIÓN DE PARTE PROPIA Y CONTRARIA

Artículo 284. Podrá ofrecerse la prueba de declaración voluntaria de parte propia, así como la declaración de la parte contraria, a través del interrogatorio que se les formule en forma personal en el acto de la audiencia de juicio, con el fin de obtener información sobre los hechos controvertidos dentro del proceso, le sean propios o no.

La declaración voluntaria de parte propia será a cargo de la misma parte oferente de la prueba, para que sea interrogada en forma oral por su representante y su contraparte.

Artículo 285. Cuando se trate de una persona jurídica, sólo podrá ser desahogada por la persona representante autorizada, con facultades, sin que pueda exigirse que se lleve a cabo por representante o apoderado específico, quien deberá conocer de los hechos litigiosos.

La declaración voluntaria de parte propia no será admisible para las personas jurídicas públicas.

La declaración de parte contraria será a cargo de la contraparte, para que sea interrogada, por la oferente o la persona representante autorizada de la oferente de forma oral en el acto de la audiencia de juicio.

La declaración será a cargo de la contraparte, para que sea interrogada oralmente por la parte oferente o la persona representante autorizada en la audiencia respectiva. Su objetivo será aportar información de calidad o su confesión judicial para la autoridad jurisdiccional, sobre hechos materia de la controversia, conforme al caso en concreto. En el caso de persona física solo será por conducto de la propia parte interesada de forma personal.

La declaración de parte contraria de personas jurídicas de carácter público deberá de desahogarse por escrito.

Artículo 286. A la parte que corresponda desahogar el interrogatorio se le tendrá por citada, haya estado presente o no, desde la audiencia preliminar en que se admitió la prueba. En el caso de la declaración de parte contraria, quedará apercibida que, de no presentarse a la audiencia de juicio, o en caso de responder con evasivas el interrogatorio o negarse a contestarlo, se presumirán ciertos los hechos que se pretendieron demostrar, salvo prueba en contrario. Si se trata de una declaración voluntaria de parte propia, de no presentarse, el apercibimiento será dejar de recibir dicha probanza.

Artículo 287. Tanto el interrogatorio formulado para el desahogo de la prueba de declaración voluntaria de parte propia y de parte contraria deberá ajustarse a las siguientes reglas:

I. Las preguntas se formularán de manera oral, libre y directa sin incorporar valoraciones ni calificaciones, de manera que puedan ser comprendidas con facilidad por quien ha de declarar;

II. Estar dirigido a demostrar hechos controvertidos que sean objeto de la litis;

III. Estar formulado en términos sencillos, claros y precisos;

IV. Referir sobre hechos percibidos o con conocimiento de la parte respectiva, y no a conceptos subjetivos u opiniones;

V. Podrán formularse respecto de hechos complejos;

VI. Las preguntas no podrán ser insidiosas, entendiéndose por tales las que se dirijan a ofuscar la inteligencia del que ha de responder, con objeto de obtener una confesión contraria a la verdad;

VII. Las preguntas no serán repetitivas;

VIII. No se permitirán preguntas sobre cuestiones de derecho o desconocidas técnicamente por la parte respectiva, y

IX. Podrán formularse preguntas abiertas, caso en el cual la persona responderá ampliamente; o cerradas, supuesto en el cual deberá responder primero categóricamente, afirmando o negando, sin perjuicio de realizar las aclaraciones pertinentes.

Artículo 288. La declaración voluntaria de parte propia y parte contraria se desahogará conforme a las siguientes disposiciones:

I. Se desahogará primero la de la parte actora y con posterioridad la de la parte demandada;

II. En el caso de que una o ambas partes hayan ofrecido la declaración voluntaria de parte propia y declaración de parte contraria, la autoridad jurisdiccional establecerá que, quien declare primero, en una u otra modalidad, inmediatamente que concluya su desahogo, permanezca en el lugar de recepción, para el desahogo de la declaración voluntaria de parte propia y declaración de parte contraria, según corresponda, admitida a la contraparte, a fin de contribuir a la continuidad y concentración de las pruebas;

III. Quien responda al interrogatorio, al inicio de la diligencia se le tomarán sus datos de identificación general y domicilio. Del mismo modo, no podrá recibir asistencia jurídica alguna durante el desahogo de la prueba, de quien ostente su representación como persona representante autorizada;

IV. El oferente de la prueba formulará su interrogatorio en primer término, concluido éste, la parte contraria a su vez tiene derecho a formular preguntas;

V. Ante la formulación de cada pregunta la contraparte tendrá derecho a objetar la misma, exponiendo la causa fundada de la objeción. Quien interroga podrá contradecir la objeción o retirar la pregunta, resolviendo la autoridad jurisdiccional;

VI. En el caso de la declaración de parte contraria, si quien objeta, en su argumentación asiste al dar información o indicar a su representado sobre cómo responder la pregunta, se tendrán por presuntamente ciertos los hechos que se pretende demostrar con la prueba. Mismo criterio se seguirá cuando pretenda defender una pregunta en el caso de declaración voluntaria;

VII. Previo apercibimiento, en caso de que no asista a la audiencia respectiva la parte que responda al interrogatorio de declaración de parte contraria, se tendrán por ciertos los hechos que el oferente de la prueba pretendió demostrar con la misma. Mismo criterio se aplicará si no responde, responde con evasivas u omite responder categóricamente a las preguntas;

VIII. Si quien ofreció la declaración de parte propia no asiste a la audiencia respectiva, se declarará desierta la prueba;

IX. Si fueren varias las personas colitigantes que hayan de responder al interrogatorio, las diligencias se practicarán separadamente y en un mismo acto, evitando que las partes se comuniquen entre sí;

X. La parte que interroga, podrá reformular aquellas preguntas durante la audiencia cuando retire la pregunta anterior o porque no sea aprobada por objeción, y

XI. Durante el desahogo de esta prueba, podrán tenerse a la vista, así como usarse, bienes, instrumentos y apoyos técnicos, o incluso documentos, previamente admitidos, para ser mostrados al declarante para que pueda contestar los cuestionamientos que se le realicen.

Artículo 289. No estarán obligadas a comparecer en los términos previstos en los artículos anteriores y declararán por escrito las siguientes personas:

I. Las previstas en el artículo 110 de la Constitución Política de los Estados Unidos Mexicanos;

II. Los extranjeros que gozaren en el país de inmunidad diplomática, de conformidad con los Tratados sobre la materia, y

III. Quienes, por enfermedad grave u otro impedimento acreditado con certificado de salud emitido por Institución de Salud pública.

En casos urgentes podrán rendir declaraciones personalmente, con este fin, desde el ofrecimiento de pruebas se adicionará el interrogatorio a fin de dar la oportunidad a la contraparte de proponer el contra interrogatorio respectivo, conforme a las reglas establecidas en el presente Capítulo. En este caso también se tendrá la oportunidad de formular la objeción respectiva, lo cual deberá garantizar la autoridad jurisdiccional. Serán calificados por la autoridad jurisdiccional antes de su envío para su respuesta.

Artículo 290. Las personas señaladas en el artículo anterior declararán por medio de preguntas cerradas o abiertas y mediante oficio, en el que se insertará el interrogatorio que quiera hacerles la contraparte, para que, por vía de informe, contesten dentro del término improrrogable de tres días. En el oficio se apercibirá a la parte declarante de tenerla por cierta de los hechos sostenidos por la oferente de la prueba, si no contestare, se negaré u omitiera contestar el interrogatorio dentro del término concedido.

Únicamente en este caso, la autoridad jurisdiccional se impondrá del interrogatorio que se exhiba por escrito al momento de ofrecerse la prueba respectiva, en los escritos de fijación de litis; así como calificará las que resulten procedentes formular y enviar en el acto de la audiencia preliminar, en la etapa de admisión y preparación de pruebas.

Las determinaciones que adopte la autoridad jurisdiccional durante el desahogo de la prueba de declaración de parte propia o declaración de parte contraria, solo podrán recurrirse junto con la sentencia definitiva.

SECCIÓN TERCERA
DE LA DECLARACIÓN DE TESTIGOS

Artículo 291. Se podrá ofrecer la prueba testimonial para que cualquier persona que tenga conocimiento sobre los hechos relacionados al litigio comparezca a proporcionar su declaración testimonial a través del interrogatorio que oralmente se le formule. La autoridad jurisdiccional podrá prevenir al oferente para el efecto de reducir prudencialmente el número de testigos, debiendo admitir cuando menos dos por cada hecho controvertido.

Toda persona que no tenga impedimento legal y sea conocedora de los hechos que las partes deben de probar, están obligadas a declarar como testigos.

Artículo 292. Las partes tendrán la obligación de presentar a sus testigos, para cuyo efecto, de solicitarlo, se les entregarán las cédulas de notificación. Sin embargo, cuando razonable y justificadamente estén imposibilitadas para hacerlo, manifestando bajo protesta de decir verdad, dichas circunstancias calificadas por la autoridad jurisdiccional, podrán ser auxiliadas para su presentación en la audiencia respectiva.

La autoridad jurisdiccional ordenará la citación con el apercibimiento que, en caso de desobediencia, se le impondrá a la persona testigo una medida de apremio que considere la autoridad jurisdiccional y que garantice la pronta resolución del juicio.

En los casos de urgencia, podrán ser citados por cualquier medio que garantice la recepción de la citación, de lo cual se deberá dejar constancia.

Tratándose de testigos que sean citados en su calidad de servidores públicos, la dependencia en la que se desempeñen adoptará las medidas correspondientes para garantizar su comparecencia, en cuyo caso absorberá además los gastos que se generen.

La citación se realizará, por lo menos, con dos días de anticipación al día en que deban presentarse a declarar.

Si el testigo citado de esta forma no asistiere a rendir su declaración en la audiencia programada, la autoridad jurisdiccional le hará efectivo el apercibimiento realizado y reprogramará su desahogo en una nueva audiencia. Si el testigo debidamente citado no se presentara a la primera citación o haya temor fundado de que se ausente o se oculte, se le hará comparecer en ese acto por medio de la fuerza pública sin necesidad de agotar ningún otro medio de apremio. Las autoridades están obligadas a auxiliar oportuna y diligentemente a la autoridad jurisdiccional para garantizar la comparecencia obligatoria de los testigos. En este caso, deberán desahogarse las pruebas preparadas.

Artículo 293. La prueba se declarará desierta si, aplicado el uso de la fuerza pública, no se logra la presentación de los testigos. Igualmente, en caso de que el señalamiento del domicilio de algún testigo resulte inexacto, o no existe, o de comprobarse que se solicitó su citación con el propósito de retardar el procedimiento. En estos casos, además se impondrá al oferente una sanción pecuniaria a favor de la contraparte hasta por el importe autorizado para correcciones disciplinarias, conforme a lo dispuesto en el presente Código Nacional. La autoridad jurisdiccional despachará de oficio ejecución en contra del infractor, sin perjuicio de dar vista al Ministerio Público, se declarará desierta de oficio la prueba testimonial.

Artículo 294. Para el desahogo de la prueba testimonial se estará a las siguientes reglas:

I. Las personas que tengan la calidad de testigos serán protestadas para conducirse con verdad al iniciar la audiencia; se recabarán sus generales; y se procederá a su traslado y separación en el área de testigos correspondiente, hasta que sean llamados a declarar;

II. El interrogatorio estará a cargo de la parte oferente, quien será responsable de justificar la credibilidad e idoneidad del testigo, así como de plantear el interrogatorio correspondiente, conforme a los hechos controvertidos objeto de la prueba;

III. El contrainterrogatorio estará a cargo de la contraparte, quien podrá formular preguntas tendientes tanto a desvirtuar la credibilidad o idoneidad del testigo como de su declaración;

IV. El interrogatorio y contrainterrogatorio deberá formularse en términos sencillos, claros y precisos, deberá dirigirse a los hechos controvertidos objeto de la prueba; podrá destinarse a la credibilidad o idoneidad de quien declara; será libre y directo; y se hará bajo la completa responsabilidad de quien lo formule, atendiendo a los fines propios de su postulación y el debate;

V. Agotado el interrogatorio del oferente, se procederá al contrainterrogatorio de la contraparte; sin perjuicio de poder formularse un reinterrogatorio, a cargo del oferente, o recontrainterrogatorio, a cargo de la contraparte, respectivamente, sin que puedan autorizarse preguntas que debieron formularse con anterioridad;

VI. Cada una de las partes tiene el derecho de objetar las preguntas formuladas por su contraparte, exponiendo brevemente las razones para ello, antes de que se emita la respuesta. En este caso, quien formule la pregunta será escuchado para que defienda o retire la pregunta y la autoridad jurisdiccional resolverá inmediatamente en la misma audiencia;

VII. Quien comparezca como testigo, deberá responder a todas las preguntas que se le formulen, en caso de negativa o responder evasivamente, a petición de parte, la autoridad jurisdiccional lo apremiará y, en su caso, determinará las consecuencias de ello, según el caso, en sentencia definitiva, para alguna de las partes;

VIII. No se permitirá la tacha de testigos, están permitidas las preguntas para destruir la idoneidad y credibilidad, momento en el cual, podrán exhibirse y ofrecerse, en su caso, pruebas documentales para justificarlo;

IX. De admitirse, y escuchando en estricta igualdad a la parte oferente, se reservará lo conducente para la sentencia definitiva, y

X. Únicamente serán admisibles pruebas documentales exhibidas en la audiencia, que no requieran preparación y dirigidas específicamente para los fines establecidos en la fracción VIII de este artículo.

Artículo 295. La autoridad jurisdiccional cuenta con la facultad de hacer las preguntas que estime conducentes a las personas testigos, siempre y cuando sean de naturaleza aclaratoria, sin incorporar información adicional que correspondía generar a las partes involucradas y garantizando, ante todo, el principio de igualdad e inmediación, salvo que se trate de la materia familiar, en cuyo caso la autoridad jurisdiccional estará facultada para cuestionar a la persona testigo sin limitación alguna, en aras de allegarse de la verdad material o cuando advierta violaciones a derechos humanos.

Artículo 296. Si la persona testigo o declarante no hablara o entendiera el idioma español, no sabe leer; o tiene algún impedimento de comunicación para la manifestación de su voluntad, declarará a través de la persona intérprete que le acompañe o la persona que para dichos efectos designe la autoridad jurisdiccional, preferentemente de forma gratuita, según el caso en particular.

Artículo 297. A las personas mayores, con discapacidad permanente o temporal, debidamente acreditada por instituciones de salud pública, que lo soliciten, así como a las personas que se encuentren privadas de su libertad por mandato judicial, la autoridad jurisdiccional podrá recibirles la declaración en el lugar en que se encuentren en presencia de la otra parte, si asistiere.

En los casos que se acredite la discapacidad temporal o permanente por instancias de salud privada, el médico deberá exhibir cédula profesional y concurrir a la audiencia en la que comparezca la persona que testifica, para ratificar el diagnóstico, bajo protesta de decir verdad. En caso de inasistencia, la prueba no será recibida.

En todo caso, el desahogo de la prueba testimonial deberá realizarse en audiencia de juicio que se iniciará desde la Sala de Audiencias respectiva, para trasladarse al lugar y luego regresar a la misma.

Asimismo, de acuerdo a cada caso en particular, la autoridad jurisdiccional podrá autorizar su desahogo a distancia, conforme a las reglas establecidas en este Código Nacional.

Artículo 298. Ambas partes podrán solicitar a las personas previstas en el artículo 110 de la Constitución Política de los Estados Unidos Mexicanos, así como a las personas integrantes de las fuerzas armadas con mando, que desahoguen las preguntas vía informe, previo a la celebración de la audiencia de juicio.

A criterio de la autoridad jurisdiccional, podrá solicitarles la declaración personal dada su relación en los hechos materia de la controversia y no en virtud de su encargo.

Artículo 299. Cuando la persona testigo resida fuera del ámbito de competencia territorial de la autoridad jurisdiccional y no sea posible su desahogo por medios electrónicos, la parte oferente de la prueba, sin perjuicio que solicite la comparecencia del testigo, podrá optar por presentar sus interrogatorios con las copias respectivas para las otras partes, junto con la traducción y apostilla necesarias para el caso de girar carta rogatoria y; con la finalidad que tenga la oportunidad de formular sus contrainterrogatorios y ser agregados al exhorto o carta rogatoria, debiendo el contrainterrogatorio de cumplir con los mismos requisitos. Sin la exhibición de los interrogatorios por parte de la oferente no se admitirá la prueba.

El interrogatorio será previamente calificado por la autoridad jurisdiccional una vez que admita la prueba y enviados en sobre cerrado a la autoridad exhortada.

En todo caso, deberá preferirse y estarse al desahogo a distancia de la prueba testimonial, caso en el cual no se requerirá de dicho interrogatorio escrito.

SECCIÓN CUARTA
DE LA PRUEBA PERICIAL

Artículo 300. La prueba pericial solo procede cuando:

I. Sean necesarios conocimientos especiales en alguna ciencia, arte, técnica o industria o, en aquellos casos que la mande la Ley;

II. Cuando la autoridad jurisdiccional lo requiera para llegar a una solución;

III. Se ofrecerá expresando los puntos y cuestionamientos sobre los que versará y que deban resolver los peritos, sin lo cual no será admitida;

IV. Las personas designadas deben tener título en la ciencia, arte, técnica, oficio o industria a que pertenezca, y cédula si se requiere legalmente para su ejercicio;

V. Si los conocimientos especiales no estuvieren legalmente reglamentados con título oficial o, estándolo, no hubiere peritos en el lugar, podrá ser nombrada a satisfacción de la autoridad jurisdiccional, cualquier persona entendida, o bien con experiencia práctica en el ejercicio de un servicio u oficio;

VI. Se desechará la pericial cuando se trate de conocimientos generales, hechos acreditados en autos o tratándose de simples operaciones aritméticas, y

VII. El título de habilitación de corredor público acredita para todos los efectos la calidad de perito valuador.

Artículo 301. El ofrecimiento de la prueba pericial en materia civil deberá llevarse a cabo en los términos establecidos en el presente Código Nacional, con las salvedades siguientes:

I. Si se ofrece la prueba pericial en la demanda o en la reconvención, la contraria al contestar deberá designar perito de su parte, además de proponer la ampliación de los puntos y cuestiones que argumentó el oferente para que los peritos dictaminen. Si se ofrece al contestar la demanda principal o reconvencional, la contraria deberá designar a su perito, en la misma forma del párrafo anterior. Si se ofrece en el desahogo de las vistas con excepciones y defensas, la contraria lo designará dentro del término de tres días. En todo caso, deberá precisarse la ciencia, técnica o arte a que se refiere, proporcionando el nombre de la persona designada;

II. De estar debidamente ofrecida, la autoridad jurisdiccional la admitirá en la etapa de admisión de pruebas de la audiencia preliminar o, en su caso, en la audiencia donde haya ofrecido. Asimismo, conforme a la complejidad del caso, determinará un plazo de cinco a diez días para que las partes exhiban por escrito el dictamen respectivo, salvo que existiera causa bastante para modificar dicho término;

III. La autoridad jurisdiccional proveerá lo conducente con el fin de que los peritos en estricta igualdad cuenten con los elementos necesarios solicitados por las partes para emitir el dictamen y evitar dilaciones procesales;

IV. En caso de que alguna de las personas peritos de las partes no exhiba su dictamen dentro del plazo señalado por la autoridad jurisdiccional, precluirá su derecho para hacerlo y, en consecuencia, la prueba se desahogará con el dictamen que se tenga por rendido. En el supuesto de que ninguno de los peritos exhiba su dictamen en el plazo señalado se dejará de recibir la prueba;

V. Las partes deberán presentar a sus peritos en la audiencia de juicio, quienes deberán acreditar, bajo su responsabilidad, su calidad científica, técnica, artística o industrial para el que fueron propuestos, con el original o copia certificada de su cédula profesional o los documentos respectivos. Asimismo, deberán exponer verbal y brevemente las conclusiones de sus dictámenes, a efecto de que se desahogue la prueba con los exhibidos oportunamente y respondan las preguntas que la autoridad jurisdiccional o las partes les formulen con apoyo de auxiliar técnico, y

VI. El interrogatorio a los peritos seguirá las mismas reglas de la prueba testimonial.

En caso de no asistir el perito o los peritos designados por las partes, se procederá conforme a lo señalado en la fracción IV del presente artículo.

Artículo 302. Las partes podrán sustituir al perito designado a más tardar en la audiencia preliminar en la que se pronuncien sobre la admisibilidad de la prueba. Si las causas de sustitución acontecen después de la audiencia preliminar, la parte interesada podrá sustituir al perito designado, siempre y cuando se exhiba el dictamen dentro del plazo señalado para ello. Subsistiendo todas las cargas y apercibimientos para su comparecencia en la audiencia de juicio respectiva.

Artículo 303. Desahogados los dictámenes de ambas partes, si la autoridad jurisdiccional los estima substancialmente contradictorios de tal modo que no es posible encontrar conclusiones que le aporten elementos de convicción, podrá designar un perito tercero en discordia en la misma audiencia de juicio. En este caso, desahogará las pruebas preparadas y diferirá la misma para la recepción de dicho dictamen, según el caso, al prudente arbitrio de la autoridad jurisdiccional, siempre y cuando no exceda de quince días.

A la persona perito tercero en discordia deberá notificársele para que, dentro del plazo de tres días, presente escrito en el que acepte el cargo conferido y proteste su fiel y legal desempeño. Asimismo, señalará el monto de sus honorarios, en los términos de la legislación correspondiente o, en su defecto los que determine, mismos que deben ser autorizados por la autoridad jurisdiccional, y serán cubiertos por ambas partes en igual proporción en la audiencia de juicio donde comparezca. En caso de incumplir, la autoridad jurisdiccional en la audiencia respectiva emitirá auto de ejecución en contra de la parte que haya omitido el pago.

La persona perito tercero en discordia designado deberá rendir su dictamen por escrito a más tardar tres días hábiles antes de la audiencia de juicio o su continuación, debiendo asistir a la misma para efectos de explicar oralmente sus conclusiones y ser interrogado por las partes o la autoridad jurisdiccional.

En caso de incumplimiento por parte de la persona perito designado, dará lugar a que la autoridad jurisdiccional le imponga como sanción pecuniaria, en favor de las partes y de manera proporcional a cada una de ellas, por el importe de una cantidad igual a la que cotizó por sus servicios al aceptar y protestar el cargo. En el mismo acto, la autoridad jurisdiccional dictará proveído de ejecución en contra de dicha persona perito tercero en discordia, además de hacerla saber al Consejo de la Judicatura, a la asociación, colegio de profesionistas o institución que lo hubiera propuesto por así haberlo solicitado la autoridad jurisdiccional, para los efectos correspondientes, independientemente de las sanciones administrativas y legales a que haya lugar.

En el supuesto del párrafo anterior, la autoridad jurisdiccional designará otro perito tercero en discordia y, de ser necesario, diferirá la audiencia para el desahogo de la prueba en cuestión.

Artículo 304. La autoridad jurisdiccional podrá designar personas peritos terceros en discordia de entre aquéllos autorizados como auxiliares de la administración de justicia por la autoridad jurisdiccional competente del Poder Judicial respectivo; o, de entre aquéllos propuestos, a su previa solicitud, por colegios, asociaciones o barras de profesionales, artísticas, técnicas o científicas o de las instituciones de educación superior públicas o privadas o las cámaras de industria, comercio, confederaciones de cámaras, conforme al objeto del peritaje.

En todos los casos en que se trate únicamente de peritajes sobre el valor de cualquier clase de bienes y derechos, los mismos se realizarán por avalúos que practique un corredor público, una institución de crédito, monte de piedad, perito valuador o demás entidades que se dediquen a avalúos, nombrados por cada una de las partes y, en caso de diferencias en los montos que arrojen los avalúos, no mayor del veinte por ciento en relación con el monto mayor, se mediarán estas diferencias. De ser mayor tal diferencia, se nombrará una persona perito tercero en discordia, conforme a lo dispuesto en el presente Código Nacional. En este caso, de no designar perito alguna de las partes, se desahogará la prueba con el dictamen con que se cuente.

En caso de avalúos realizados para remates judiciales deberá estarse a las reglas especiales de los mismos.

Artículo 305. En materia civil, cuando la parte que promueve lo haga a través de la Defensoría Pública o Institución Pública o Privada que preste dichos servicios y ésta no cuente con la persona perito solicitado, la autoridad jurisdiccional, previa la comprobación de dicha circunstancia, nombrará una persona perito adscrita de alguna Institución Pública que cuente con el mismo. Aplicándose, en lo conducente, las disposiciones del presente Capítulo para garantizar la designación del perito respectivo.

Artículo 306. En materia familiar, para la prueba pericial se seguirán las siguientes reglas:

I. En todos los casos se nombrará persona perito oficial y sus honorarios serán cubiertos por el Estado, sin perjuicio de las personas peritos que puedan ser ofrecidas por las partes. Tratándose de avalúos sobre bienes, no habrá persona perito oficial, por lo que dicha pericial deberá de sujetarse a las reglas establecidas por la materia civil;

II. No será admisible persona perito tercero;

III. Las personas expertas forenses o peritos deberán comparecer a la etapa de admisión de pruebas de la segunda fase de la audiencia preliminar, para acreditar su experticia, así como protestar y aceptar el cargo, para el caso de su inasistencia se desechará la probanza, y

IV. Las personas designadas para emitir un peritaje quedan obligadas a rendir su dictamen dentro de los quince días siguientes a la fecha en que hayan aceptado y protestado el cargo o bien, de la fecha que señale la autoridad jurisdiccional atendiendo a las circunstancias del caso. Lo anterior en el entendido de que las partes deberán de estar en aptitud de imponerse de su contenido por lo menos con tres días de anticipación a la celebración de la audiencia del juicio.

Artículo 307. La persona perito tercero puede ser recusado en la audiencia de juicio en la que comparezca, por las mismas causas de las excusas e impedimentos que pueden serlo la autoridad jurisdiccional.

La parte que haga valer la recusación deberá presentar las pruebas necesarias para demostrar la causa que se alegue en la misma audiencia. En el mismo acto de la audiencia se hará saber a la persona perito tercero en discordia, a fin de que responda a la misma ofreciendo y presentando, en su caso, las pruebas pertinentes para ello. Si la reconoce como cierta, se niega a responder la recusación, se niega la misma sin ofrecerse prueba alguna o si se declaran desiertas las pruebas admitidas, la autoridad jurisdiccional lo tendrá por recusado sin más trámites y en el mismo acto nombrará otro perito.

Las pruebas ofrecidas por la parte recusante deben desahogarse en la misma audiencia. En caso contrario, se desechará de plano la recusación. En caso de que la persona perito tercero en discordia ofrezca pruebas, deberá ofrecerlas y exhibirlas en el momento, de no ser así y de requerir prepararse las mismas, se señalará una audiencia especial indiferible dentro del término de tres días, en la que se desahogaran y se resolverá lo conducente por la autoridad jurisdiccional.

En ese caso, no se suspenderá el desahogo del dictamen tercero en discordia, el cual quedará desierto, de declararse fundada la causa de recusación.

Cuando la recusación se declare fundada se designará otra persona perito tercero en discordia. En caso de declararse infundada, se impondrá a la parte recusante una multa equivalente al importe de los honorarios fijados por el perito a favor de la contraparte, por el retardo injustificado del procedimiento.

No habrá recurso alguno contra las resoluciones que se dicten en el trámite o la decisión de la recusación.

SECCIÓN QUINTA
DE LA PRUEBA DOCUMENTAL FÍSICA O ELECTRÓNICA

Artículo 308. Las pruebas documentales, físicas o electrónicas recibirán el mismo trato, atendiendo los principios de equivalencia funcional y neutralidad tecnológica. En todo caso, atendiendo a su naturaleza, se estará a las reglas generales y especiales, en lo relativo a su objeción, impugnación o fiabilidad.

Artículo 309. Las partes están obligadas a exhibir todas las pruebas documentales físicas o electrónicas que ofrezcan relacionadas con sus pretensiones en la demanda o su contestación, sea principal o reconvencional, así como sus respectivas vistas. Cuando estén a su disposición, pero por alguna circunstancia no pueda acompañarse a su escrito respectivo, deberá realizar todas las gestiones necesarias para hacerse de la prueba, acreditando dicha obligación al ofrecerla y, en su caso, la autoridad jurisdiccional emitirá las órdenes necesarias para su auxilio, si llegada la audiencia preliminar no se ha exhibido, no obstante ser admitida.

En el caso de información que no esté a su disposición, expresará el archivo o documento físico o electrónico en que se encuentre, o si está en poder de personas terceras, realizando las gestiones necesarias a su alcance para hacerse de la prueba, caso en el cual la autoridad jurisdiccional emitirá las órdenes y apercibimientos respectivos para su auxilio, en el entendido que subsistirá el deber de la parte interesada para gestionar dichas pruebas.

De no cumplirse con las cargas procesales antes referidas la prueba será desechada o, en su caso, declarada desierta.

Artículo 310. Los documentos que ya se exhibieron antes del período probatorio y las constancias de autos se tomarán como prueba, aunque no se ofrezcan.

Artículo 311. Los archivos o registros electrónicos de audiencias o diligencias del juicio oral, cualquiera que sea el medio, serán documentos públicos que harán prueba plena y acreditarán el contenido y modo en que se desarrolló la audiencia.

Artículo 312. Son documentos públicos:

I. Las escrituras públicas, pólizas y actas otorgadas ante corredor público, notaria o notario público, según corresponda y los testimonios y copias certificadas de dichos documentos, firmadas en forma autógrafa o con firma electrónica avanzada;

II. Los documentos auténticos e informes expedidos por personas funcionarias que desempeñen cargo público, en lo que se refiere al ejercicio de sus funciones, con firma autógrafa o electrónica avanzada;

III. Los documentos auténticos, libros de actas, estatutos, registros y catastros que se hallen en los archivos públicos, o los dependientes del Gobierno Federal, de los Estados, de los Ayuntamientos, con firma original o electrónica autorizada;

IV. Las certificaciones de las actas del estado civil expedidas por las autoridades jurisdiccionales, personas funcionarias públicas del Registro Civil o dependencia pública de acuerdo con cada Entidad Federativa, y las certificaciones que sean expedidas por medios manuales o electrónicos y que cuenten con la firma autógrafa digitalizada o firma electrónica avanzada de las personas facultadas para ello, respecto a constancias existentes en los libros correspondientes;

V. Las certificaciones de constancias existentes en los archivos públicos físicos o electrónicos firmados en forma autógrafa o electrónicamente expedidas por personas funcionarias a quienes competa;

VI. Las certificaciones de constancias existentes en los archivos parroquiales y que se refieran a actos pasados, antes del establecimiento del Registro Civil, siempre que fueren cotejadas por Notario Público o quien haga sus veces con arreglo a derecho;

VII. Las ordenanzas, estatutos, reglamentos y actas de sociedades o asociaciones, universidades, siempre que estuvieren aprobados por el Gobierno Federal o de los Estados, y las copias certificadas que de ellos se expidieren;

VIII. Las actuaciones judiciales de toda especie, incluyendo las de los expedientes electrónicos publicados y generados por cualquier autoridad jurisdiccional, en forma física o electrónica, de los Poderes Judiciales que les corresponda;

IX. Las certificaciones que expidieren las bolsas mercantiles o mineras autorizadas por la Ley y las expedidas por corredor público con arreglo al Código de Comercio;

X. Los convenios emanados del procedimiento de mediación o de Centro de Mediación o mecanismos alternativos para la solución de conflictos, que cumplan con los requisitos previstos en la Ley de la materia, y

XI. Los demás a los que se les reconozca ese carácter por la Ley.

Artículo 313. Los documentos públicos expedidos por Autoridades Federales, Locales, Municipales, Alcaldías o cualquier semejante, firmados en forma autógrafa o con la firma electrónica avanzada harán fe en las autoridades jurisdiccionales ante las que se presenten, sin necesidad de legalización.

Artículo 314. Para que los documentos públicos procedentes del extranjero, hagan fe en los Estados Unidos Mexicanos, deberán presentarse debidamente legalizados por las autoridades diplomáticas o consulares en los términos que establezcan los tratados y convenciones de los que México sea parte, la Ley del Servicio Exterior Mexicano y demás disposiciones aplicables.

En caso de imposibilidad para obtener la legalización, ésta se sustituirá por cualquier prueba adecuada para garantizar su autenticidad. En todo caso deberá estarse a lo señalado en los instrumentos internacionales en los que el Estado mexicano sea parte.

Tratándose de documentos de nacimiento que acrediten la nacionalidad e identidad de personas mexicanas nacidas en el extranjero o migrantes en retorno de nacionalidad mexicana, no se requerirá de la legalización consular o de la apostilla. Bastará con presentar el certificado de nacimiento extranjero y el acta de nacimiento del padre o madre mexicanos para acreditar su identidad y su nacionalidad mexicana con el fin de obtener el registro de su nacimiento ante los Registros Civiles del país, en términos de la normatividad aplicable.

Párrafo adicionado DOF 04-06-2024

Artículo 315. De la traducción de los documentos que se presenten en idioma extranjero, se mandará dar vista a la parte contraria para que, en un plazo de tres días, manifieste si está conforme; en caso de no estarlo, dentro del mismo plazo de tres días deberá presentar traducción emitida por un perito traductor.

Si la traducción presentada por ambas partes fuese distinta en aspectos relevantes para la solución del conflicto, a costa de las partes, la autoridad jurisdiccional ordenará la traducción a través de un perito traductor oficial o una institución educativa.

En ambos casos, si hubiere conformidad o no dijere nada el contrario, se tendrá por consentida la traducción.

Artículo 316. Siempre que una de las partes litigantes pidiere copia o testimonio de parte de un documento, firmados de forma autógrafa o electrónicamente que obren en los archivos públicos físicos o electrónicos, la parte contraria tendrá derecho de que a su costa se adicione con lo que crea conducente del mismo documento. No así de los documentos que existen en archivos físicos o electrónicos de particulares.

Artículo 317. Los documentos existentes en un sitio distinto de aquel en que se sigue el juicio, se compulsarán a virtud de despacho o exhorto que dirija la autoridad jurisdiccional competente y; siempre que estos documentos se encuentren en los archivos públicos físicos o electrónicos.

Cuando se trate de documentos con firma electrónica, simple o avanzada, de ser posible se compulsarán levantando la actuación correspondiente y se observará el documento en la página de internet o en la base de datos de la dependencia que lo expidió. De no ser posible el referido cotejo, se procederá en los términos del párrafo anterior.

Artículo 318. Los documentos públicos que hayan venido al procedimiento sin citación contraria, se tendrán por legítimos y eficaces, salvo que se impugnare expresamente su autenticidad o exactitud por la parte a quien perjudiquen. En este caso, a petición de parte, se decretará el cotejo con los protocolos y archivos físicos o electrónicos de los que provengan, mismo que se practicará en la audiencia respectiva por parte de la autoridad jurisdiccional acompañado del personal necesario y competente, así como las partes involucradas, al efecto de ingresar en el local del archivo físico, la página de internet o matriz, el día y hora señalado, a realizar dicho cotejo. Si no comparece la parte interesada o no provee los medios tecnológicos para su desahogo se declarará desierta la prueba.

Los documentos firmados en forma autógrafa o electrónica, simple o avanzada, emitidos por autoridades federales, locales, municipales, alcaldías o cualquier otra semejante; así como por países extranjeros, tendrán el mismo valor y serán tratados con las mismas condiciones que los que se hayan elaborado físicamente, autenticados con firma autógrafa.

Artículo 319. Son documentos privados los que otorgan personas particulares sin intervención de Notario Público u otra persona funcionaria dotado de fe pública, o legalmente autorizado para certificar tal documento.

También se consideran documentos privados, aquellos que provengan de personas terceras y que este Código Nacional no reconozca como documentos públicos.

Artículo 320. Los documentos privados y la correspondencia procedente de las partes, presentados en juicio por vía de prueba y no objetados por la parte contraria, se tendrán por admitidos y surtirán sus efectos como si hubieren sido reconocidos expresamente. Puede exigirse el reconocimiento expreso, si la parte que los presenta así lo pidiere; con este objeto se exhibirán los originales a quien deba reconocerlos y se le dejará verlos en su integridad y no sólo la firma.

Quien ofrezca pruebas documentales privadas está obligada a exhibir el original, si lo exhibe en copia certificada o simple y no lo exhibe para los efectos del reconocimiento o la elaboración de pruebas periciales, se presumirá ciertos los hechos que pretende demostrar la parte impugnante u objetante, salvo prueba en contrario.

Artículo 321. Los documentos privados originales, cuando formen parte de un libro, expediente o legajo, se exhibirán para que se compulse la parte que señalen las partes interesadas.

Artículo 322. Si el documento se encuentra en libros, papeles de casa, de comercio o de algún establecimiento industrial, así como archivo que, por sus características y estado no permita su reproducción sin deteriorarse, quien pida el documento o la constancia, deberá fijar con precisión cuál sea, y la copia testimoniada se tomará en el escritorio del establecimiento, sin que las personas directoras de él, estén obligados a llevar a la autoridad jurisdiccional los libros de cuentas, ni a más que a presentar las partidas o documentos designados.

Artículo 323. Cuando las partes deban servirse de documentos en poder de terceros, solicitarán del juzgado, que se intime a los mismos la exhibición o para que faciliten la obtención de copia fotográfica, electrónica o testimonio certificado de ellos, siendo los gastos que se originen a cargo de la parte que pida la prueba. Las personas terceras pueden rehusarse si tienen derechos exclusivos sobre los documentos u otra cosa, debiendo justificarlo de manera fehaciente.

Si se trata de documento que se halle en poder de la contraparte, se le intimará para que lo presente en el primer ocurso que comparezca a juicio o en la audiencia respectiva, y de no presentarlo se presumirán ciertos los hechos que pretende demostrar su contraparte. La parte que promueva la prueba podrá presentar copia del documento o proporcionar los datos que conozca acerca de su contenido, mismo que se tendrá por exacto si se probare que el documento se halla o estuvo en poder de la parte adversaria, y ésta sin justa causa no lo presenta.

Artículo 324. La obligación de exhibir documentos y cosas en procedimientos que se sigan en el extranjero, no comprenderá la de exhibir documentos o copias de éstos identificados por características genéricas.

En ningún caso podrá una autoridad jurisdiccional ordenar ni llevar a cabo la inspección de archivos que no sean de acceso público, salvo en los casos permitidos por las Leyes nacionales.

Artículo 325. Los documentos que presenten las partes en los escritos de demanda y contestación, o en el desahogo de vista, podrán ser objetados en cuanto a su alcance y valor probatorio en esos propios escritos o una vez admitidos en la audiencia preliminar. Los documentos que surjan con posterioridad, deberán ser exhibidos o incorporados sólo durante audiencia por parte interesada y, de ser admitidos, en el mismo acto podrá realizarse su objeción.

Artículo 326. En el reconocimiento de documentos se protestará en términos de Ley a la persona que debe hacerlo, ya sea tratándose de una de las partes o de un tercero, quien en la audiencia de juicio contestará oralmente los cuestionamientos que se le realicen sólo sobre el documento a reconocer. Si se niega a responder y es parte en el juicio, el documento se tendrá por reconocido.

Sólo puede reconocer un documento privado la persona que lo firmó, la que lo manda extender o la persona legítima representante con poder o cláusula especial.

Artículo 327. Podrá pedirse el cotejo de firmas y letras, siempre que se niegue o que se ponga en duda la autenticidad de un documento privado o de un documento público que carezca de matriz. Para este objeto se procederá con sujeción a lo que se previene para la prueba pericial.

Artículo 328. La falsedad consiste en la formación de un documento no verdadero, o en la alteración de uno auténtico, o bien en la falta de veracidad de los hechos representados en un documento público que se afirman como ocurridos ante una persona funcionaria pública, Notario o Corredor públicos.

La parte que redarguye de falso un documento debe indicar específicamente los motivos y las pruebas; cuando se impugne la autenticidad del documento privado o público sin matriz deben señalarse los documentos indubitables para el cotejo y promover la prueba pericial correspondiente. Sin estos requisitos se tiene por no redargüido o impugnado el documento.

Realizada la impugnación, se procederá a desahogar la prueba pericial en términos del presente Código Nacional.

Lo dispuesto en este artículo sólo da competencia a la autoridad jurisdiccional para conocer y decidir en lo principal la fuerza probatoria del documento impugnado, sin que pueda hacerse declaración alguna general que afecte al documento, y sin perjuicio del procedimiento penal a que hubiere lugar.

Si en el momento de la celebración de la audiencia se tramitare procedimiento penal sobre la falsedad del documento en cuestión, la autoridad jurisdiccional, sin suspender el procedimiento y según las circunstancias, determinará al dictar sentencia, si se reservan los derechos del impugnador para el caso en que penalmente se demuestre la falsedad, o bien puede subordinar la eficacia ejecutiva de la sentencia a la prestación de una caución.

Artículo 329. La impugnación de falsedad de un documento debe realizarse en la etapa postulatoria del juicio. Si se trata de los exhibidos en la demanda, sea principal o reconvencional, la parte demandada deberá oponer la excepción de falsedad de documento y ofrecerá las pruebas para tal fin. La parte actora podrá responder a dicha impugnación, ampliará su cuestionario y ofrecerá la pericial correspondiente, en su caso.

Si se trata de documentos exhibidos al contestar la demanda o la reconvención, la contraparte deberá promover la impugnación al desahogar la vista y ofrecerá las pruebas para ello, dando vista por tres días a su contraria para el derecho de contradicción.

En el caso de los documentos exhibidos en los escritos de desahogo de vista de excepciones, la demandada podrá impugnarlos dentro del término de tres días contados a partir del acuerdo en que se tienen por exhibidos, ofreciendo las pruebas pertinentes; y la actora en el principal o en la reconvención, responderán a dicha impugnación por escrito en el término de tres días, en el entendido de que sólo podrán adicionar puntos o cuestionamientos y, en su caso, documentos indubitables para cotejo. En el caso de documentos exhibidos en audiencia, la impugnación de falsedad se hará en la misma audiencia donde se exhiben. Las partes tienen la obligación de acudir a la audiencia respectiva debidamente preparados para tales efectos, bajo el apercibimiento de no dar trámite a su petición.

Artículo 330. Quien pida el cotejo designará el documento o documentos indubitables con que deba hacerse, o pedirá a la autoridad jurisdiccional que cite a la persona interesada, para que en su presencia y en audiencia especial o simple comparecencia asiente la firma, letras o huella digital que servirán para el cotejo. En este caso, la autoridad jurisdiccional podrá aprovechar la presencia de la persona en cualquiera de las audiencias para recabar sus firmas.

Artículo 331. Se considerarán indubitables para el cotejo:

I. Los documentos físicos o electrónicos firmados de manera autógrafa o con firma electrónica avanzada que las partes, según el caso, de común acuerdo, reconozcan como tales;

II. Los documentos privados físicos o electrónicos cuya letra o firma autógrafa o con firma electrónica avanzada hayan sido reconocidos en juicio por aquel a quien se atribuye la dudosa;

III. Los documentos físicos o electrónicos cuya letra, firma autógrafa o con firma electrónica avanzada, o huella dactilar, haya sido judicialmente declarada propia de aquel a quien se atribuye la dudosa, exceptuándose el caso en que la declaración haya sido hecha en rebeldía;

IV. El escrito impugnado, en la parte en que reconozca la letra como suya aquella parte a quien perjudique, y

V. Las firmas o huellas digitales puestas en actuaciones judiciales, en presencia de la persona secretaria judicial, auxiliar o judicial de la autoridad jurisdiccional, por la parte cuya firma, letra o huella dactilar se trata de comprobar y las puestas ante cualquier otra persona funcionaria revestida de fe pública.

SECCIÓN SEXTA
DE LA INSPECCIÓN O RECONOCIMIENTO JUDICIAL

Artículo 332. Al ofrecerse la prueba de inspección judicial, se deberá señalar e identificar los puntos sobre los que debe versar y puede verificarse respecto de lugares, bienes muebles e inmuebles, información publicada y de libre acceso en internet o personas, y que no requieran de conocimientos técnicos especializados, debiendo indicar con toda precisión, la materia u objeto de la prueba y su relación con algún punto del debate, sin cuyos requisitos no se admitirá.

El reconocimiento o inspección judicial, es el acto contingente y momentáneo, en el que la autoridad jurisdiccional, a través de sus sentidos, da fe de aspectos reales o cuestiones materiales para crear convicción respecto de los hechos materia del litigio.

Cuando el reconocimiento a cargo de una persona verse sobre algún documento, deberá desahogarse en la audiencia de juicio, apercibido que, en caso, de no comparecer, se le tendrá por cierto el contenido del mismo.

Artículo 333. La inspección o reconocimiento deberá cumplir con las siguientes reglas:

I. Deberá desahogarse en la audiencia de juicio o, según las circunstancias, o bien, antes o después de la misma en cualquier diligencia, con día de diferencia máximo, a efecto de no afectar el principio de continuidad y concentración de la información que arroje;

II. En el caso de haberse solicitado la elaboración de planos o toma de fotografías éstas deberán desahogarse necesariamente en audiencia de juicio por la parte interesada;

III. Las partes, peritos o testigos podrán estar presentes en la inspección judicial, dejando razón de su asistencia. La autoridad jurisdiccional deberá estar presente, sin poder delegar su presencia, con el personal necesario para el desarrollo de la audiencia, en caso, contrario resultará nula la diligencia de pleno derecho;

IV. De recibirse la inspección judicial en audiencia de juicio, la autoridad jurisdiccional decidirá el momento procesal para decretar el receso respectivo, definiendo las condiciones, tiempos, apercibimientos y demás medidas que considere pertinentes para llevar a cabo el desahogo y regresar a la sala de audiencias respectiva para la continuación de la audiencia, si fuera el caso;

V. Con este fin, la audiencia iniciará en la sala de audiencias de la autoridad jurisdiccional respectiva, en la que, después de cumplir con las demás formalidades de la misma, se decretará el receso para trasladarse al lugar de la inspección y, posteriormente, al regreso, continuar con la audiencia respectiva de poderse celebrar el mismo día, en caso contrario, se podrá señalar nuevo día y hora para su continuación, y

VI. En caso de no presentarse a la audiencia o diligencia la parte interesada, la prueba dejará de recibirse. Durante el desahogo de la inspección las partes, testigos o peritos, según el caso, podrán realizar las observaciones que consideren pertinentes, debiendo la autoridad jurisdiccional resolver en el acto lo que en derecho proceda, y la inspección judicial deberá videograbarse en su totalidad, sin incluir el traslado de personas; adicionándose, en su caso, los planos y fotografías respectivas. De no ser posible, se hará constar en cualquier medio a juicio de la autoridad jurisdiccional.

SECCIÓN SÉPTIMA
DE LA PRUEBA DE INFORMES

Artículo 334. El informe es un medio de prueba autónomo, que consiste en la rendición de datos, a través de un comunicado que debe contener la información que la parte oferente de la prueba proponga, o que el juzgado requiera oficiosamente y que la persona informante tenga a su disposición, en cualquier fuente que la pueda contener, ya sea electrónica o documental.

Los informes que se soliciten deberán versar sobre puntos claramente individualizados y referirse a hechos o actos que resulten de la documentación, archivo o registro de la persona informante.

La contraparte podrá formular las peticiones tendientes a que los informes sean completos y ajustados a los hechos a que han de referirse.

SECCIÓN OCTAVA
DE OTROS MEDIOS DE PRUEBA

Artículo 335. Para acreditar hechos o circunstancias que tengan relación con el procedimiento que se ventile, las partes pueden presentar otros medios de prueba que no estén expresamente reconocidos y regulados en el Código Nacional, como son, ejemplificativamente, videos, fotografías, cintas cinematográficas, disquetes o discos compactos, de sistemas computacionales, grabaciones de imágenes y sonidos, así como la información generada o comunicada que conste en medios electrónicos, magnéticos, ópticos, u otros medios de reproducción; o bien, copias digitales, impresiones de documentos electrónicos, simples o al carbón, documentos taquigráficos; así como registros dactiloscópicos, fonográficos y, en general, cualesquiera otros elementos proporcionados por la ciencia y la tecnología, que puedan producir convicción en el ánimo de la autoridad jurisdiccional.

Las pruebas ofrecidas que, por su naturaleza, requieran de dispositivos electrónicos para su reproducción o percepción, o de alguna traducción o interpretación técnica, serán admitidas siempre y cuando la autoridad jurisdiccional cuente con ellas, y en caso contrario el oferente proporcione dichas herramientas para su desahogo en la audiencia respectiva, bajo el apercibimiento de dejar de recibir la prueba.

Los registros electrónicos generados y publicados en un expediente electrónico, únicamente podrán ofrecerse precisando la liga respectiva, la parte conducente que se desea aportar como prueba, así como el nombre de las partes, número de expediente, tipo de juicio, juzgado en el que se tramita o tramitó el procedimiento respectivo, y cualquier otro dato que permita a la autoridad jurisdiccional su localización electrónica.

En todo caso, deberán respetarse los principios de equivalencia funcional o no discriminación y de neutralidad tecnológica de todo documento electrónico, conforme a las reglas de la prueba documental, atendiendo a la naturaleza del mismo.

Artículo 336. Si alguna de las partes estima que la reproducción de estos medios puede atentar contra la intimidad de las personas o poner en riesgo información reservada, confidencial o secretos industriales, lo expresará a la autoridad jurisdiccional, quien calificará tal solicitud y de considerarla fundada se recibirá en audiencia privada, dejando constancia de ello en el acta mínima que al efecto se levante.

SECCIÓN NOVENA
DE LAS PRESUNCIONES

Artículo 337. Presunción es la consecuencia que la norma jurídica o la autoridad jurisdiccional, deduce de un hecho conocido para averiguar la verdad de otro desconocido: la primera se llama legal y la segunda humana.

Artículo 338. Hay presunción legal cuando la Ley la establece expresamente y cuando la consecuencia nace inmediata y directamente de la Ley; hay presunción humana, cuando de un hecho debidamente probado, se deduce otro que es consecuencia ordinaria de aquél.

Artículo 339. La persona que tiene a su favor una presunción legal, sólo está obligada a probar el hecho en que se funda la presunción.

Artículo 340. No se admite prueba contra la presunción legal, cuando la Ley lo prohíbe expresamente y cuando el efecto de la presunción, es anular un acto o negar una acción, salvo el caso en que la Ley haya reservado el derecho de probar.

Artículo 341. La presunción debe ser grave, esto es, digna de ser aceptada por persona de buen criterio. Debe también ser precisa, esto es, que el hecho probado en que se funde, sea parte o antecedente o consecuencia del que se quiera probar, y que cuando fueren varias las presunciones han de ser concordantes entre sí.

Artículo 342. En los supuestos de presunciones legales que admiten prueba en contrario, opera la inversión de la carga de la prueba.

SECCIÓN DÉCIMA
DE LA VALORACIÓN DE LAS PRUEBAS

Artículo 343. Las autoridades jurisdiccionales apreciarán la prueba según su libre convicción extraída de la totalidad del debate y la instrumental de actuaciones, lo harán de manera libre, lógica y basada en la experiencia. En la resolución judicial respectiva siempre expondrán la motivación racional de las pruebas desahogadas tanto en lo individual como en su conjunto, salvo que se hayan desestimado, indicando las razones que se tuvieron para hacerlo.

En el caso de los recursos que se encuentran previsto en el presente Código Nacional, la autoridad de apelación deberá realizar la inmediación directa de las pruebas cuando así resulte procedente, valorándolas en los términos señalados en el párrafo anterior.

Artículo 344. Los documentos públicos siempre harán prueba plena, salvo el caso de objeción declarada procedente o probado el incidente de impugnación.

Las actuaciones e inspección judiciales que no requiera conocimientos especiales o científicos hacen prueba plena.

Artículo 345. Los documentos privados provenientes de las partes, harán prueba plena cuando no fueren objetados, cuando no se pruebe la objeción, cuando no fueren impugnados, cuando no se demuestre la impugnación o cuando fueren legalmente reconocidos.

El reconocimiento de documentos por su autor o autores, sea en etapa escrita o en audiencia, hace prueba plena salvo que existan otras que las contradigan. Los documentos privados provenientes de extraños al juicio, no reconocidos, ni objetados, constituyen indicio que requiere concatenación con otros medios de prueba para que funden una presunción.

Artículo 346. Los libros, instrumentos técnicos y demás que conforme a la Ley se deben llevar por cualquier persona, tendrán el valor probatorio que les asigne su normatividad específica.

Los documentos simples reconocidos por testigos, tendrán el valor que merezcan sus testimonios.

Artículo 347. Las presunciones legales hacen prueba plena, salvo que existan otras que la contradigan o el presente Código Nacional disponga lo contrario.

El órgano jurisdiccional según la naturaleza de los hechos, la prueba de ellos, los indicios y el enlace necesario que exista entre la verdad conocida y la que se busca, apreciará discrecionalmente el valor de las presunciones humanas.

Artículo 348. Se reconoce como prueba la información generada o comunicada que conste en medios electrónicos, ópticos, digitales, en una cadena de bloques o en cualquier otra tecnología.

Artículo 349. Para valorar la fuerza probatoria de la información a que se refiere el artículo anterior, se estimará primordialmente la fiabilidad del método en que haya sido generada, comunicada, recibida o archivada y, en su caso, si es posible atribuir a las personas obligadas el contenido de la información relativa y ser accesible para su ulterior consulta.

Artículo 350. Cuando la ley requiera que un documento sea conservado y presentado en su forma original, ese requisito quedará satisfecho si se acredita que la información generada, comunicada, recibida o archivada por medios electrónicos, ópticos, digitales, cuánticos o de cualquier otra tecnología, se ha mantenido íntegra e inalterada a partir del momento en que se generó por primera vez en su forma definitiva y ésta pueda ser accesible para su ulterior consulta.

La información, documentos electrónicos o mensajes de datos contenidos o almacenados en una cadena de bloques pública hacen prueba plena, siempre que no existan circunstancias fehacientes de que los registros vinculados en la cadena de bloques han sido vulnerados o manipulados sin autorización, o no son confiables.

CAPÍTULO III
DEL JUICIO ORAL SUMARIO

Artículo 351. Corresponde a los Consejos de la Judicatura de los Poderes Judiciales de las Entidades Federativas y del Poder Judicial de la Federación, mediante acuerdos generales, determinar qué asuntos serán gestionados en el juicio oral sumario que trata este Capítulo.

Artículo 352. Al juicio oral sumario le resultan aplicables las disposiciones generales de este Código Nacional, siempre que no contravengan lo previsto en este Capítulo.

Artículo 353. La demanda será formulada por comparecencia y en ella se expresarán en forma sucinta el objeto que se persigue y los hechos que fundan la pretensión, se ofrecerán las pruebas de tales hechos, y se indicará el nombre y domicilio de la parte demandada.

Artículo 354. De reunirse los presupuestos procesales, en la misma comparecencia la autoridad jurisdiccional admitirá la demanda y ordenará emplazar a la parte demandada para una audiencia que se celebrará en un plazo no menor a cinco días contados a partir del emplazamiento, de conformidad con lo siguiente:

I. La parte demandada dará respuesta a los hechos expuestos por su contraria y ofrecerá las pruebas que estime a su favor; en caso de documentos, deberá proporcionar copia de los mismos a la parte actora.

II. La autoridad judicial podrá suspender la audiencia para, en sesión privada, intentar la solución del asunto a través de los medios alternativos, así como informar a las partes la posibilidad de acudir ante los centros de justicia alternativa, en los casos en que procedan dichos medios.

III. La autoridad judicial admitirá a las partes las pruebas que estime pertinentes, según la naturaleza de los hechos controvertidos, y señalará día y hora para la audiencia de juicio.

Artículo 355. Para el emplazamiento se aplicarán las reglas generales previstas en este Código Nacional, pero se dará traslado a la parte demandada del registro en que conste la comparecencia para formular la demanda, así como la resolución de admisión de esta, y se le entregarán copias de los documentos o registros presentados al formular la demanda.

Artículo 356. Si solo se admiten pruebas documentales, declaración de parte, instrumental y presuncional, la autoridad judicial iniciará en ese momento la audiencia de juicio, en la cual desahogará las pruebas admitidas, escucharán los alegatos orales y emitirá la sentencia definitiva, que explicará a las partes y documentará dentro de los tres días siguientes.

Artículo 357. Cuando el allanamiento vincule a la autoridad jurisdiccional de conformidad con lo dispuesto en este Código Nacional, si la parte demandada se allana a la demanda, en la misma audiencia la autoridad judicial dictará la sentencia definitiva, que explicará a las partes y documentará dentro de los tres días siguientes. En caso de allanamiento no procederá la condenación en costas.

Artículo 358. En los casos de reconvención:

I. La autoridad jurisdiccional admitirá la reconvención, de ser procedente;

II. Ordenará emplazar al demandado reconvencional en ese mismo acto para otra audiencia que se celebrará en un plazo no menor a cinco días contados a partir de concluida la audiencia;

III. El demandado de la reconvención dará respuesta a los hechos expuestos por su contraria y ofrecerá las pruebas que estime a su favor; en caso de documentos, deberá proporcionar copia de los mismos a la parte actora, y

IV. Concluida la reconvención se estará a lo dispuesto por este Capítulo.

Artículo 359. En la audiencia de juicio se recibirán las pruebas, conforme a las disposiciones de este Código Nacional.

Los documentos y objetos que se hayan presentado serán mencionados, leídos, descritos, exhibidos o reproducidos, según corresponda.

Concluido el desahogo, se escucharán alegaciones breves de las partes y la autoridad jurisdiccional emitirá la sentencia definitiva, que explicará a las partes y documentará dentro de los cinco días siguientes.

El escrito en que se consigne la sentencia deberá corresponder a la que en la audiencia pronunció la autoridad judicial, sin que sea permitido incorporar argumentos diversos.

Artículo 360. Siempre se procurará resolver el fondo de todas las controversias planteadas.

Artículo 361. Contra la sentencia definitiva procede recurso de apelación; contra cualquier otra resolución no procede recurso alguno.

El plazo de la apelación se contará tomando en cuenta la notificación de la sentencia escrita.

Artículo 362. La autoridad jurisdiccional, sin afectar el debido proceso o los derechos humanos, bajo su prudente arbitrio y atendiendo a la naturaleza de la controversia, dispondrá de amplias facultades para orientar el desahogo de esta.

Artículo 363. La autoridad judicial podrá señalar y desahogar tantas audiencias cuantas considere necesarias para decidir los debates que establezcan las partes, sean principales, incidentales o sobre medidas cautelares.

Artículo 364. La autoridad judicial concederá la palabra a las partes las veces que estime convenientes para aclarar los puntos del propio debate y podrá interrogarlas para ese fin.

Artículo 365. En los procedimientos orales sumarios no existirá expediente.

Las audiencias se registrarán por cualquier medio que se estime conveniente, que asegure la preservación de la información para que pueda ser consultada.

No será necesario que la autoridad judicial sea asistida por persona secretaria judicial.

Artículo 366. Los Consejos de la Judicatura de los Poderes Judiciales de las Entidades Federativas y del Poder Judicial de la Federación, mediante acuerdos generales, podrán establecer los mecanismos necesarios para que los procedimientos a que se refiere este Capítulo se desahoguen a través de sistemas de justicia digital.

LIBRO TERCERO
DE LA JUSTICIA CIVIL

TÍTULO PRIMERO
DE LOS ACTOS PREJUDICIALES EN MATERIA CIVIL

CAPÍTULO I
DE LOS MEDIOS PREPARATORIOS DEL JUICIO EN GENERAL

SECCIÓN PRIMERA
DISPOSICIONES GENERALES

Artículo 367. El juicio podrá prepararse:

I. Pidiendo información a través de declaración o interrogatorio bajo protesta, a la persona que se pretenda demandar, acerca de un hecho relativo a su personalidad, negocios, la calidad de su posesión o tenencia de bienes;

II. Pidiendo la exhibición del bien mueble que haya de ser objeto de la acción real que se trate de entablar;

III. Pidiendo la persona legataria o cualquier otra que tenga el derecho de elegir uno o más bienes entre varios, su exhibición;

IV. Pidiendo la persona que se crea heredera, o coheredera o legataria, la exhibición de un testamento;

V. Pidiendo la persona compradora a la vendedora, o la vendedora a la compradora, en el caso de evicción, la exhibición de títulos u otros documentos que se refieran a los bienes vendidos;

VI. Pidiendo a una persona socia o comunera la presentación de los documentos y cuentas de la sociedad o comunidad, a una persona socia o copropietaria que los tenga en su poder;

VII. Pidiendo el examen de personas testigos, cuando se trate de personas mayores o se hallen en peligro inminente de perder la vida, o próximas a ausentarse a un lugar con el cual sean tardías o difíciles las comunicaciones y no pueda deducirse aún la acción, por depender su ejercicio de un plazo o de una condición que no se haya cumplido todavía;

VIII. Pidiendo el examen de personas testigos para probar alguna excepción, siempre que la prueba sea indispensable y las personas testigos se hallen en alguno de los casos señalados en la fracción anterior;

IX. Pidiendo el examen de personas testigos u otras declaraciones que se requieran en un procedimiento extranjero;

X. Cuando pida la exhibición de un protocolo o de cualquier otro documento archivado, la diligencia se practicará en la oficina del Notario o Notaria Pública; del Corredor o Corredora Pública o en la oficina respectiva de conformidad con lo dispuesto por la legislación Local aplicable, sin que, en ningún caso, salgan de ellas los documentos originales, y

XI. Pidiendo la exhibición de instrumentos o documentos relativos a la posesión, propiedad y tenencia de bienes muebles o inmuebles que se pretenda recuperar; así como de actos o hechos jurídicos que puedan ser materia de controversia.

La acción que pueda prepararse conforme a las fracciones I a III y XI, procede contra cualquier persona que tenga en su poder los bienes que en ellas se mencionan.

Artículo 368. Los medios preparatorios tienen por objeto que una persona se allegue de aquellos elementos que estime necesarios para ejercitar una acción o hacer valer un derecho o excepción, dentro de un procedimiento jurisdiccional.

Artículo 369. Estos procedimientos se tramitarán de forma escrita y únicamente serán aplicables los principios del juicio oral y sus reglas probatorias, durante las audiencias.

Artículo 370. Los medios preparatorios a juicio deberán solicitarse por escrito ante autoridad jurisdiccional competente y reunir al menos los siguientes requisitos:

I. Nombre, domicilio y dirección electrónica de quien promueve, en su caso;

II. El nombre y domicilio de las personas que deberán comparecer ante la autoridad jurisdiccional para rendir su declaración o exhibir los documentos o bienes solicitados;

III. Señalar el objeto que se persigue con la práctica de las diligencias;

IV. Señalar la acción, derecho o excepción que se pretenda ejercer u oponer;

V. El ofrecimiento de los medios de prueba que estime para acreditar la pertinencia de la solicitud, y

VI. La firma autógrafa o electrónica de quien promueve.

Artículo 371. La autoridad jurisdiccional podrá ordenar la práctica de diligencias que estime necesarias para cerciorarse sobre la personalidad y legitimación de quien solicita los medios preparatorios, así como de la necesidad o pertinencia de lo solicitado.

Artículo 372. Contra la resolución que concede la diligencia preparatoria, no habrá ningún recurso. Contra la resolución que niegue alguna de las diligencias enumeradas en el artículo 367 del presente Código Nacional, procede la queja.

Artículo 373. Una vez que la autoridad jurisdiccional admitió la solicitud y concedió la práctica de las diligencias preparatorias, se citará a la persona de la cual se requiera la declaración o la exhibición de los documentos o bienes, informándosele la naturaleza del procedimiento y el contenido de la solicitud, para que dentro del plazo de cinco días se lleve a cabo la audiencia respectiva o la práctica de la diligencia a que haya lugar.

Artículo 374. La solicitud de exhibición interrumpe la prescripción de la acción, siempre que se presente la demanda correspondiente dentro de los cinco días siguientes al que se efectúe la exhibición, o dentro de los cinco días siguientes al que judicialmente conste que aquella no puede efectuarse.

Artículo 375. Desahogada la diligencia, quien intentó la medida ante la autoridad jurisdiccional competente, deberá presentar la demanda dentro del término de cinco días, la que se engrosará y tramitará con el mismo número de expediente con que se radicó el medio preparatorio. Si por razón de turno, le corresponde la nueva demanda a la misma autoridad jurisdiccional que conoció de la diligencia preparatoria, en caso contrario, se remitirá al que por razón de turno le corresponda.

Artículo 376. La autoridad jurisdiccional podrá usar los medios de apremio previstos en el presente Código Nacional para hacer cumplir sus determinaciones. La persona rebelde responderá de los daños y perjuicios que cause.

Artículo 377. No se practicará diligencia alguna de jurisdicción voluntaria de la que pueda resultar perjuicio a la Federación. Las que se practicaren en contravención de este precepto serán nulas de pleno derecho y no producirán efecto legal alguno.

SECCIÓN SEGUNDA
DE LOS MEDIOS PREPARATORIOS DEL JUICIO EJECUTIVO CIVIL

Artículo 378. Los medios preparatorios a juicio ejecutivo tienen por objeto que una persona presunta deudora comparezca ante la autoridad jurisdiccional para reconocer el contenido de un documento o la firma de este, así como por solicitud de la persona acreedora y sobre una obligación cierta, liquida y exigible.

Artículo 379. La solicitud deberá formularse por escrito ante la autoridad jurisdiccional competente y contendrá al menos lo siguiente:
I. Nombre, domicilio y dirección electrónica de quien promueve;
II. Nombre y domicilio de la persona presunta deudora;
III. Los hechos en que funde su solicitud, y
IV. La firma autógrafa o electrónica de quien promueve.

Artículo 380. Tratándose de reconocimiento de documento o firma, se deberá adjuntar el documento a reconocer.

Artículo 381. Una vez que la autoridad jurisdiccional admita la solicitud, señalará fecha de audiencia dentro del plazo de veinte días y citará a la persona de la cual se requiera el reconocimiento del documento o su declaración en torno a una presunta deuda líquida y exigible, con el apercibimiento que, en caso de inasistencia o falta de contestación al interrogatorio, se le tendrá por cierto el reconocimiento de la obligación, contenido del documento o la firma de este.

Artículo 382. Practicada la citación se llevará a cabo la audiencia de reconocimiento, misma que deberá desahogarse mediante su declaración y en su caso, con la exhibición del documento. En la audiencia de reconocimiento se observará lo siguiente:

I. El interrogatorio que se le formule a la persona citada deberá estar destinado únicamente al objeto de la solicitud, sin introducir hechos ajenos al reconocimiento o declaración;

II. La autoridad jurisdiccional calificará de oficio el interrogatorio y rechazará las que resulten impertinentes. Contra dicha resolución no procede recurso alguno;

III. Se redactará acta que contenga el reconocimiento de lo solicitado, cuando así proceda.

Artículo 383. Puede hacerse el reconocimiento de documentos firmados ante Corredora o Corredor Público, Notaria o Notario Público, según corresponda de conformidad con lo dispuesto por la legislación aplicable, en forma autógrafa o con la firma electrónica, ya en el momento del otorgamiento o con posterioridad, siempre que lo haga la persona directamente obligada, la persona representante legítima o persona representante autorizada con poder bastante.

La Corredora o Corredor Público, Notaria o Notario Público hará constar el reconocimiento al pie del documento mismo, asentando si la persona que reconoce es representante legal o apoderada de la persona deudora, y la cláusula relativa, señalando también los datos de la escritura o póliza en su caso, en que se asiente tal constancia.

Artículo 384. Si el instrumento público o privado reconocido no contiene cantidad líquida, puede prepararse la acción ejecutiva siempre que la liquidación pueda hacerse en un término que no excederá de quince días.

La liquidación se hace incidentalmente con un escrito de cada parte, un plazo probatorio no mayor de seis días, si las partes lo pidieren y la autoridad jurisdiccional lo estima necesario y la resolución se dictará dentro de los tres días siguientes al desahogo de las pruebas; pronunciamiento contra el cual no procederá recurso alguno.

Artículo 385. En lo no previsto en este Capítulo se observarán las reglas para los medios preparatorios del juicio en general en lo que resulte aplicable.

SECCIÓN TERCERA
DE LA PREPARACIÓN DEL JUICIO ARBITRAL

Artículo 386. Cuando en un contrato o instrumento público se haya establecido cláusula de arbitraje y no se haya nombrado árbitro, éste se rehusare o falleciere y no exista sustituto, cualquiera de las partes contratantes podrá acudir ante la autoridad jurisdiccional para que se designe uno a través de un medio preparatorio.

Artículo 387. Presentándose por cualquiera de los interesados el documento firmado ya sea de manera electrónica o autógrafa, en el que se contiene la cláusula compromisoria, la autoridad jurisdiccional citará a una audiencia dentro del quinto día para que se presenten a elegir árbitro, apercibiéndolos de que, en caso de no hacerlo, lo hará en su rebeldía.

Artículo 388. Si la cláusula compromisoria forma parte de documento privado, al emplazar a la otra parte a la audiencia a que se refiere el artículo anterior, la persona secretaria judicial la requerirá previamente para que reconozca o no la firma autógrafa o electrónica del documento, y si se rehusare a contestar, se tendrá por reconocida.

Artículo 389. En la audiencia, la autoridad jurisdiccional exhortará a que elijan árbitro de común acuerdo, y en caso de no conseguirlo, designará uno entre las personas que aparezcan en las listas oficiales del Poder Judicial de la Federación o de las Entidades Federativas; también podrá consultar a instituciones arbitrales, colegios de corredores o notarios públicos debidamente certificados para tal fin.

Lo mismo se hará cuando el árbitro nombrado en el compromiso renunciare o fallezca y no hubiere sustituto designado.

Artículo 390. Habiéndose nombrado árbitro, se levantará acta de la audiencia, a través de la cual se iniciarán las actuaciones de este, emplazando a las partes como se determina en las reglas generales del juicio arbitral.

SECCIÓN CUARTA
DE LAS PRELIMINARES DE LA CONSIGNACIÓN

Artículo 391. Si la persona acreedora rehusare, sin justa causa recibir la prestación debida, dar el documento justificativo de pago o si fuere persona incierta o no tenga la habilidad o facultad jurídica de recibir pagos, la deudora podrá librarse de la obligación, mediante el ofrecimiento judicial de pago, seguido de consignación.

Artículo 392. Si la persona acreedora fuere cierta y conocida, se le citará para día, hora y lugar determinados, a fin de que reciba o vea depositar el bien debido. Si este fuere bien mueble de difícil conducción, la diligencia se practicará en el lugar donde se encuentre, siempre que esté dentro de la competencia territorial de la autoridad jurisdiccional; si estuviere fuera, se le citará y se librará el exhorto por escrito o vía correo electrónico o el despacho correspondiente a la autoridad jurisdiccional del lugar para que en su presencia el acreedor reciba o vea depositar el bien debido.

Artículo 393. Si se tratare de valores, alhajas o muebles de fácil conducción, la consignación se hará mediante entrega directa, o bien si fuese dinero, exhibiendo el certificado de depósito expedido por instituciones de crédito autorizadas, ante la autoridad jurisdiccional o área de apoyo judicial respectiva para tal efecto en la Ley Orgánica del Poder Judicial competente.

Artículo 394. Si la consignación fuere de inmuebles, se citará al acreedor para que dentro del plazo de tres días manifieste lo que a su derecho corresponda y, en su caso, comparezca a recibir la posesión del inmueble relativo. Para ello, es necesaria la aprobación de la consignación por parte de la autoridad jurisdiccional, a fin de que la misma surta efectos, pudiendo también, en su momento, ordenar que se entregue al acreedor la posesión del bien, lo cual determinará con base en las circunstancias que resulten de las diligencias que se practiquen.

Artículo 395. Si la persona acreedora fuere desconocida, se le citará de conformidad con lo previsto en este Código Nacional, en términos de las disposiciones que se utilizan para las notificaciones de personas inciertas o cuyo domicilio se ignore.

Si la persona acreedora estuviere ausente o desaparecida, será citada a través de representante de conformidad con las leyes de la materia, y en su caso por conducto del Ministerio Público o la Representación Social.

Artículo 396. La persona acreedora comparecerá personalmente o a través de su persona representante autorizada, el día, hora y lugar designados, ante el área de apoyo judicial respectiva o la autoridad jurisdiccional, donde se levantará constancia de la comparecencia, o no, describiendo el bien consignado, su recepción y, en su caso, que quedó constituido el depósito en la persona o establecimiento designado por la autoridad jurisdiccional, oficina de apoyo judicial, o en el lugar indicado por la Ley Orgánica respectiva.

Si la persona acreedora se negare a recibir los bienes consignados, se harán constar sus argumentos en el acto respectivo.

Artículo 397. Si el bien debido fuese cierto y determinado, que debiera ser consignado en el lugar en donde se encuentre, y la persona acreedora no lo retirara ni lo transportara, la deudora puede obtener autorización de la autoridad jurisdiccional para depositarlo en otro lugar adecuado y bajo su responsabilidad.

Artículo 398. Cuando la persona acreedora no haya estado presente en el ofrecimiento y depósito del bien debido, debe ser notificada personalmente de esas diligencias, entregándosele copia simple de ellas, si las pidiere, conforme a las formalidades establecidas en el presente Código Nacional.

Artículo 399. La consignación del dinero puede hacerse en el lugar o cuenta bancaria que designe la persona acreedora y en su defecto, mediante certificado de depósito o cheque certificado, ante el área de apoyo judicial, dispuesta· para dichos efectos en la Ley Orgánica respectiva, Secretaría de Finanzas o Tesorería de cada Entidad Federativa.

Artículo 400. La consignación y el depósito de que hablan los artículos anteriores pueden hacerse por conducto de Fedatario Público, en este caso la designación de la persona depositaria será hecha bajo la responsabilidad de la persona deudora.

La Corredora o el Corredor Público, Notaria o Notario Público, en su caso atenderán personalmente la diligencia y se limitarán a hacer el ofrecimiento y expedir a la persona deudora la certificación respectiva, en la que dé fe de los hechos. La tramitación de oposiciones de la persona acreedora y declaración de liberación deberá hacerse por la autoridad jurisdiccional competente.

Artículo 401. Las mismas diligencias previstas en el artículo que antecede, se seguirán si la persona acreedora fuere conocida, pero dudosos sus derechos. Este depósito sólo podrá hacerse bajo la intervención judicial y bajo la condición de que la persona interesada justifique sus derechos por los medios legales.

Artículo 402. Cuando la persona acreedora se rehusare en el acto de la diligencia a recibir, el bien, con la certificación a que se refieren los artículos anteriores, podrá la deudora pedir la declaración de liberación en contra de la acreedora.

Mientras la acreedora no acepte la consignación o no se pronuncie resolución sobre ella, podrá la deudora retirar el depósito del bien; pero en este caso la obligación conserva todo su vigor.

Artículo 403. La persona depositaria que se constituya en estas diligencias será designada por la autoridad jurisdiccional si con intervención de ella se practicaren. Si fueren hechas con intervención de Corredor o Corredora Pública, Notaria o Notario Público, la designación será bajo la responsabilidad de la deudora.

CAPÍTULO II
DE LAS MEDIDAS CAUTELARES EN MATERIA CIVIL

SECCIÓN PRIMERA
DE LAS PROVIDENCIAS PRECAUTORIAS

Artículo 404. Las providencias precautorias son las siguientes:

I. Radicación de persona, cuando hubiere temor fundado de que se ausente u oculte la persona contra quien deba promoverse o se haya promovido una demanda. Dicha medida se reducirá a prevenir a la parte demandada que no se ausente del lugar del juicio sin dejar quien la represente legalmente, suficientemente instruida y expensada, para responder a las resultas del juicio. Quien quebrante la providencia de radicación de persona, será sancionado con la pena que señala el Código Penal respectivo por el delito de desobediencia a un mandato legítimo de la autoridad judicial, sin perjuicio de ser compelido por los medios de apremio que correspondan a volver al lugar del juicio. Quien ostente la representación legal y que se presente instruida y expensada, quedará obligada solidariamente con la persona deudora, respecto del contenido de la sentencia;

II. Retención de bienes, en cualquiera de los siguientes casos:

a) Cuando exista temor fundado de que los bienes que se hayan consignado como garantía o respecto de los cuales se vaya a ejercitar una acción real, se dispongan, oculten, dilapiden, enajenen o sean insuficientes, y

b) Tratándose de acciones personales, siempre que la persona contra quien se pida no tuviere otros bienes que aquellos en que se ha de practicar la diligencia, y exista temor fundado de que los disponga, oculte, dilapide o enajene. En los supuestos a que se refiere esta fracción, si los bienes consisten en dinero en efectivo o en depósito en instituciones de crédito, u otros bienes fungibles, se presumirá, para los efectos de este artículo, el riesgo de que los mismos sean dispuestos, ocultados o dilapidados, salvo que el afectado con la medida garantice el monto del adeudo.

III. Depósito o aseguramiento de las cosas, libros, documentos o papeles sobre que verse el litigio, cuando se demuestre la existencia de un temor fundado o el peligro de que las cosas, libros, documentos o papeles puedan ocultarse, perderse o alterarse, y

IV. El aseguramiento de bienes y condiciones necesarias para conservar la causa de pedir y garantizar la ejecución efectiva de la sentencia, siempre y cuando las cosas se mantengan en el estado en que se encuentren a la fecha de notificación de la providencia, no se afecten el orden e interés público o de terceras personas, y no se constituyan derechos a favor de la promovente equivalentes a los que obtendría, en el caso de obtener sentencia definitiva favorable. Las disposiciones de las fracciones anteriores comprenden no sólo a la persona deudora, sino también a quienes tengan la calidad de socias y administradoras de bienes ajenos.

Artículo 405. Las providencias precautorias establecidas por este Código Nacional podrán decretarse, tanto como actos prejudiciales, como después de iniciado el juicio respectivo.

En el primer caso, se tramitará en expediente que se forme por cuerda separada, previo a iniciar el juicio principal conforme al procedimiento de dos fases que prevé el artículo 409 del presente Código Nacional; en el caso de que la petición sea la radicación de persona, quien promueva deberá garantizar el pago de los daños y perjuicios que se generen si no se presenta la demanda. El monto de la garantía deberá ser determinado por la autoridad jurisdiccional prudentemente, con base en la información que se le proporcione y cuidando que la misma sea asequible para el promovente; si la autoridad jurisdiccional que decretó las providencias no fuere la que conozca del procedimiento, desde luego remitirá las mismas a la que le haya sido encomendado el mismo, quien podrá, en su caso, confirmar o revocar la decisión dictada.

En el segundo caso, se tramitará en vía incidental directamente ante la autoridad jurisdiccional que conoce del procedimiento conforme al procedimiento de dos fases del mismo artículo 409 del presente Código Nacional.

Si se pide la radicación de persona, bastará la petición de la promovente y el otorgamiento de la garantía a que se refiere este artículo para que se decrete y se haga a la persona demandada la correspondiente notificación.

Artículo 406. Quien solicite la radicación de persona, deberá acreditar el derecho que tiene para gestionar dicha medida. Se podrá probar lo anterior mediante documentos o con testigos idóneos.

Artículo 407. La autoridad jurisdiccional deberá decretar de plano la retención de bienes, cuando la persona que la pida cumpla con los siguientes requisitos:

I. Pruebe la existencia de un crédito cierto, líquido y exigible a su favor;

II. Exprese el valor de las prestaciones o el de la cosa que se reclama, designando ésta con toda precisión;

III. Manifieste, bajo protesta de decir verdad, las razones por las cuales tenga temor fundado de que los bienes consignados como garantía o respecto de los cuales se vaya a ejercitar la acción real serán ocultados, dilapidados, dispuestos o enajenados. En caso de que dichos bienes sean insuficientes para garantizar el adeudo, deberá acreditarlo con el avalúo o las constancias respectivas;

IV. Tratándose de acciones personales, manifieste bajo protesta de decir verdad que la persona deudora no tiene otros bienes conocidos que aquellos en que se ha de practicar la diligencia. Asimismo, deberá expresar las razones por las que exista temor fundado de que el deudor oculte, dilapide o enajene dichos bienes, salvo que se trate de dinero en efectivo o en depósito en instituciones de crédito, o de otros bienes fungibles. Tratándose de alimentos, bastará la protesta de decir verdad del acreedor de que la persona deudora ha dejado de suministrar alimentos por tres meses consecutivos o discontinuos, y

V. Garantice los daños y perjuicios que pueda ocasionar la medida precautoria a la persona deudora, en el caso de que no se presente la demanda dentro del plazo previsto en este Código Nacional o bien porque promovida la demanda, sea absuelta su contraparte. El monto de la garantía deberá ser determinado por la autoridad jurisdiccional prudentemente, con base en la información que se le proporcione y cuidando que la misma sea asequible para quien la solicite. Salvo en asuntos que afecten derechos de familia, niñas, niños, adolescentes o mujeres que sufran cualquier tipo de violencia, en las que no será necesaria tal garantía.

Artículo 408. Si la parte demandada consigna el valor u objeto reclamado, si da fianza bastante a juicio de la autoridad jurisdiccional o prueba tener bienes inmuebles bastantes para responder del éxito de la demanda, comprometiéndose a no transmitirlos de ningún modo, no se llevará a cabo la providencia precautoria o se levantará la que se hubiere dictado.

Artículo 409. El procedimiento para decretar una providencia precautoria constará de dos fases, una provisional y una definitiva.

En la fase provisional no se requerirá de citación de la parte afectada y tendrá por objeto proteger el peligro en la demora que afirme y demuestre el peticionario. En caso de ser otorgada, la providencia precautoria provisional surtirá sus efectos hasta que se resuelva sobre el otorgamiento de la providencia precautoria definitiva.

Para el otorgamiento de la providencia precautoria definitiva el peticionario deberá demostrar, además de los requisitos particulares que este Código Nacional exige respecto de cada providencia precautoria, la apariencia del buen derecho y el peligro en la demora. Para tal efecto, se correrá traslado a la parte afectada con la solicitud respectiva para que en el plazo de tres días hábiles manifieste lo que a su derecho convenga.

En dicho caso, las partes deben ofrecer sus pruebas en la comparecencia o en los escritos de solicitud de providencia precautoria y en el de su contestación, y cada una de ellas es responsable de su preparación de forma que puedan recibirse en la audiencia especial para la determinación de la procedencia de la providencia precautoria definitiva.

Una vez transcurrido el plazo para que la parte afectada desahogue la vista con la solicitud de la providencia precautoria, se citará a las partes para una audiencia oral que tendrá lugar en un plazo de cinco días en la que se recibirán las pruebas y alegatos de las partes. En la misma audiencia se abordará el debate sobre procedencia, en su caso, de establecer una garantía a cargo del peticionario de la providencia precautoria.

Cerrada la instrucción, la autoridad jurisdiccional gozará de un plazo de tres días hábiles para dictar la sentencia interlocutoria en la que confirme, modifique o levante la providencia precautoria, en definitiva. En todo lo relacionado a ofrecimiento, admisión, preparación, desahogo de pruebas y celebración de audiencia oral, se aplicarán las reglas previstas en el presente Código Nacional.

Artículo 410. De toda providencia precautoria queda responsable la persona que la pida; por consiguiente, son a su cargo los daños y perjuicios que se causen.

Artículo 411. El aseguramiento de bienes decretado por providencia precautoria y la consignación a que se refiere este Capítulo, se rigen en lo que sea aplicable por lo dispuesto en las reglas generales del secuestro formándose la sección de ejecución que se previene en los juicios ejecutivos.

Artículo 412. Ejecutada la providencia precautoria antes de ser presentada la demanda, la persona que la pidió deberá entablar el juicio respectivo dentro de los quince días siguientes.

Artículo 413. Si la parte actora no cumple con lo dispuesto en el artículo que precede, la providencia precautoria se revocará de oficio o a petición de parte. Dentro del término a que se refiere el artículo anterior, deberá exhibir copia certificada u original del escrito inicial de demanda debidamente recibido por la Oficialía de Partes y; en su caso, el auto que la admitiera, de lo contrario se levantará la misma.

Artículo 414. La persona contra quien se haya dictado una providencia precautoria, puede en cualquier tiempo, pero antes de la sentencia ejecutoria, solicitar a la autoridad jurisdiccional su modificación o revocación, cuando ocurra un hecho superveniente y conforme al procedimiento que establece el artículo 409 del presente Código Nacional.

Artículo 415. Puede reclamar la providencia precautoria un tercero, cuando sus bienes hayan sido objeto del secuestro. Esta reclamación se sustanciará por cuaderno separado. El tercero que reclame una providencia, deberá hacerlo mediante escrito en el que ofrezca las pruebas respectivas. La autoridad jurisdiccional correrá traslado al promovente de la precautoria y a la persona contra quien se ordenó la medida, para que la contesten dentro del término de cinco días y ofrezcan las pruebas que pretendan se les reciban. Transcurrido el plazo para la contestación, se proveerá respecto a la admisión o desechamiento de las pruebas que se hayan ofrecido y se señalará fecha para su desahogo dentro de los diez días siguientes, mandando preparar las pruebas que así lo ameriten. En la audiencia se recibirán y desahogarán las pruebas. Concluido su desahogo, las partes alegarán verbalmente lo que a su derecho convenga. La autoridad jurisdiccional fallará en la misma audiencia y dictará el acta mínima que contendrá los puntos resolutivos, siendo el medio digital que contenga la audiencia, la más fiel constancia de valoración, fundamentación y motivación de la autoridad jurisdiccional.

En contra de la resolución de dicha reclamación, procederá el recurso de apelación en el efecto devolutivo. Cuando la providencia precautoria hubiere sido dictada en segunda instancia con motivo del recurso de apelación, la sentencia de la reclamación no admitirá recurso alguno.

Artículo 416. Cuando la providencia precautoria se dicte por una autoridad jurisdiccional que no sea la que deba conocer del procedimiento principal, una vez ejecutada y resuelta en su caso la reclamación, se remitirán a la autoridad jurisdiccional competente las actuaciones que se unirán al expediente, así como las constancias digitales del audio y video de la audiencia respectiva, para que en él obren los efectos que correspondan conforme a derecho.

SECCIÓN SEGUNDA
DE LAS MEDIDAS DE ASEGURAMIENTO

Artículo 417. Antes de iniciarse el juicio, o durante su desarrollo, pueden decretarse todas las medidas necesarias para mantener la situación de hecho existente. Estas medidas se decretarán en forma provisional y definitiva siguiendo el mismo procedimiento cautelar que para las providencias precautorias se prevén en el artículo 409 del presente Código Nacional, y su resolución definitiva, es apelable en el efecto devolutivo de tramitación inmediata.

Artículo 418. La parte que tenga interés en que se modifique la situación de hecho existente, deberá proponer su demanda ante la autoridad competente.

Artículo 419. Cuando para mantener los hechos en el estado que guarden entrañe la suspensión de una obra, de la ejecución de un acto o de la celebración de un contrato, la demanda debe ser presentada por la parte que solicitó la medida, dentro del plazo de cinco días, contados a partir de la fecha en que se haya ordenado la suspensión.

El hecho de no interponer la demanda dentro del plazo indicado, deja sin efecto la medida.

Artículo 420. En todo caso, el mantener las cosas en el estado que guarden pueda causar daño o perjuicio a persona distinta de la que solicite la medida, se exigirá, previamente, garantía bastante para asegurar su pago, a juicio de la autoridad jurisdiccional que la decrete.

Artículo 421. La determinación que ordene que se mantengan las cosas en el estado que guarden al dictarse la medida, no prejuzga sobre la legalidad de la situación que se mantiene, ni sobre los derechos o responsabilidades del que la solicita, ni el pago de daños y perjuicios a que pueda resultar condenado de no ser procedente la medida de aseguramiento.

Artículo 422. Si la medida se decretó antes de iniciarse el juicio, quedará insubsistente si no se interpone la demanda dentro de los cinco días de practicada, y se restituirán las cosas al estado que guardaban antes de dictarse la medida.

Artículo 423. No podrá decretarse diligencia preparatoria alguna, de aseguramiento o precautoria que no esté autorizada por este Código Nacional o por disposición especial de la ley.

TÍTULO SEGUNDO
PROCEDIMIENTOS CIVILES NO CONTENCIOSOS

CAPÍTULO I
DE LA JURISDICCIÓN VOLUNTARIA

SECCIÓN PRIMERA
DISPOSICIONES GENERALES

Artículo 424. La jurisdicción voluntaria comprende todos los actos que, por disposición de la ley o por solicitud de las personas interesadas, se requiere la intervención de la autoridad jurisdiccional, sin que esté promovida, ni se promueva cuestión litigiosa alguna entre partes determinadas.

A solicitud de parte legítima podrán practicarse en esta vía las notificaciones o emplazamientos necesarios en procesos extranjeros.

Artículo 425. De manera enunciativa y no limitativa, podrá tramitarse la jurisdicción voluntaria en los siguientes casos:

I. Para justificar algún hecho o acreditar un derecho;

II. Cuando se pretenda justificar la posesión como medio para acreditar el dominio pleno de un inmueble o derecho real;

III. La posesión o propiedad de vehículos automotores por medio de testigos, siempre que no cuenten con reporte de robo u otros ilícitos, así como se justifique su legal estancia en el país;

IV. Cuando se trate de comprobar la posesión de un mueble o algún derecho real;

V. Para acreditar hechos conocidos o acreditar situaciones jurídicas se podrá realizar la diligencia ante Notaria o Notario Público, de conformidad con lo dispuesto por la legislación aplicable;

VI. Asimismo, se podrá realizar la diligencia ante Notaria o Notario Público, de conformidad con lo dispuesto por la legislación aplicable, en los casos del procedimiento de apeo y de deslinde, y

VII. En cualquier otro que sólo tenga interés el promovente.

En los casos de las tres primeras fracciones, así como en aquellos que se afecte el interés público, estén involucrados derechos de niñas, niños y adolescentes o se trate de derechos o bienes de personas declaradas ausentes o desaparecidas, se dará vista al Ministerio Público o Representación Social para su intervención y solo se podrá celebrar ante autoridad jurisdiccional. Las practicadas por Notaria o Notario Público las realizarán conforme a la ley respectiva.

En el caso de la fracción IV, con la quien sea titular de la propiedad o de los demás partícipes del derecho real.

Tratándose de vehículos automotores se requerirá acreditar que no cuenta con reporte de robo o de algún otro ilícito, así como su legal estancia en el país.

El Ministerio Público y las personas con cuya citación se reciba la información, pueden tachar a los testigos por circunstancias que afecten su credibilidad.

Cuando haya datos o indicios que inclinen a sospechar que la promovente trata, mediante la información de despojar inmuebles, o defraudar al fisco o cometer cualquier otro delito, la autoridad jurisdiccional, Notaria o Notario Público dará vista al Ministerio Público para los efectos conducentes y suspenderá la tramitación de la información.

Estos procedimientos se tramitarán por escrito, salvo que, atendiendo al caso en concreto puedan realizarse las diligencias ajustándose a los principios del juicio oral.

Artículo 426. La jurisdicción voluntaria deberá promoverse por escrito ante la autoridad jurisdiccional competente y reunir los siguientes requisitos:

I. Nombre y domicilio de quien promueve;

II. En su caso, nombre y domicilio de las personas que deban ser citadas;

III. La providencia solicitada;

IV. Los hechos que fundamenten la solicitud;

V. Las pruebas que se ofrezcan, y

VI. Firma de quien promueve.

Artículo 427. Si no se requiere la intervención de persona distinta al promovente, se observará lo siguiente:

I. El promovente comparecerá ante la autoridad jurisdiccional y sin mayor formalidad expresará la causa que origina la necesidad de la intervención judicial;

II. Si se requiere por la naturaleza de lo solicitado, el promovente ofrecerá las informaciones, dictámenes o pruebas necesarias para que la autoridad jurisdiccional gestione la solicitud y emita la providencia respectiva, y

III. Si la autoridad jurisdiccional admite la solicitud, en la misma audiencia recibirá las informaciones, dictámenes o pruebas ofrecidas y emitirá, en su caso, la providencia respectiva. Si se le solicita, la documentará en tres días.

Artículo 428. Si se requiere la intervención de persona distinta al promovente, se observará lo siguiente:

I. El promovente comparecerá ante la autoridad jurisdiccional, y sin mayor formalidad expresará la causa que origina la necesidad de la intervención judicial. Además, señalará el nombre y domicilio de las personas que tengan interés;

II. El promovente ofrecerá cuando así se requiera, las pruebas que sustenten la petición;

III. Se emplazará a las personas que tengan interés para una audiencia que se verificará en el término de tres días, en que expresen lo que a su interés convenga. En esa audiencia se desahogarán las pruebas de las partes y en seguida se emitirá la sentencia respectiva.

Artículo 429. Los Consejos de la Judicatura de los Poderes Judiciales de las Entidades Federativas y del Poder Judicial de la Federación, mediante acuerdos generales, podrán establecer los mecanismos necesarios para que los procedimientos a que se refiere este artículo se desahoguen por medios electrónicos.

Artículo 430. Para el examen de los testigos, se observarán las formalidades que para esta prueba regula el presente Código Nacional.

La autoridad jurisdiccional podrá ampliar el examen de los testigos con las preguntas que estime pertinentes.

Artículo 431. En ningún caso se admitirán en procedimiento judicial no contencioso, informaciones de testigos sobre hechos que fueren materia de un procedimiento en curso.

Artículo 432. La Jurisdicción Voluntaria podrá tramitarse ante Notaria o Notario Público cuando así lo disponga la legislación aplicable; y el promovente sea el único que tenga interés en el objeto de los mismos, no esté promovida, ni se promueva cuestión litigiosa alguna entre partes determinadas y no se encuentren involucrados derechos de niñas, niños y adolescentes, observándose en lo conducente las reglas del presente Código Nacional.

Artículo 433. Se dará por terminado el procedimiento de jurisdicción voluntaria si se opusiere parte legítima. Se desechará la oposición que se haga después de efectuado el acto, reservándole los derechos a quien se oponga para que los haga valer en la vía y forma que proceda.

Artículo 434. La Autoridad Jurisdiccional podrá variar o modificar las providencias que dictare, sin sujeción estricta a los términos y formas establecidos respecto de la jurisdicción contenciosa.

No se comprenden, en esa disposición, los autos que tengan fuerza de definitivos, a no ser que se demuestre que cambiaron las circunstancias que determinaron la resolución.

Artículo 435. Las resoluciones que se dicten en las diligencias de jurisdicción voluntaria ante autoridad jurisdiccional son recurribles en términos de lo que establece este Código Nacional. La resolución desestimatoria de la petición es recurrible en queja. La que dé por concluido el procedimiento de las diligencias, será apelable en el efecto devolutivo.

Artículo 436. No se practicará diligencia alguna de jurisdicción voluntaria de la que pueda resultar perjuicio a la Hacienda Pública. Las que se practicaren en contravención de este precepto serán nulas de pleno derecho y no producirán efecto legal alguno.

Artículo 437. De las informaciones o resoluciones se expedirán las copias certificadas o se mandarán protocolizar ante Fedatario Público a petición y costa del interesado.

Artículo 438. Las informaciones se inscribirán en el Registro Público de la Propiedad Federal, Oficina Registral o cualquier Institución análoga según la Entidad Federativa de que se trate, si así procediere.

SECCIÓN SEGUNDA
DEL APEO Y DESLINDE

Artículo 439. El apeo o deslinde tiene lugar siempre que no se hayan fijado los límites o linderos que separan un fundo de otro u otros, o que, habiéndose fijado, hay motivo fundado para creer que no son exactos ya sea que naturalmente se hayan confundido, o porque se hayan destruido las señales que los marcaban, o bien porque éstas se hayan colocado en lugar distinto del primitivo.

Artículo 440. Tiene derecho para promover el apeo:
I. Quien ostente la calidad de propietaria;
II. Quien posea con título bastante para transferir el dominio;
III. Quien sea titular del derecho para usufructuar el bien;
IV. El apeo o deslinde de un fundo de propiedad nacional, estatal o municipal sólo podrá practicarse a petición de la autoridad administrativa correspondiente, y
V. Los particulares pueden también pedir el apeo, para deslindar su fundo respecto de otro con carácter público. En este caso, la diligencia se limitará a marcar los linderos entre ambos fundos.

Artículo 441. La petición de apeo debe contener:
I. El nombre y ubicación de la finca que debe deslindarse;
II. La parte o partes en que el acto debe ejecutarse;
III. Los nombres de las personas colindantes que puedan tener interés en el apeo, así como de las autoridades que puedan tener injerencia en el asunto;
IV. El sitio donde están y dónde deben colocarse las señales y si éstas no existen, el lugar donde estuvieron;
V. Los planos y demás documentos que vengan a servir para la diligencia, y designación de perito por parte de la promovente, y
VI. La designación de un perito para que intervenga en el reconocimiento.
Si el apeo se tramita ante Notaria o Notario Público, además de acreditarse la propiedad o titularidad del bien a deslindar, se deberá acreditar la propiedad o titularidad de los colindantes, salvo que el predio colinde con predio o bienes destinados a servicios públicos o de propiedad municipal, estatal o federal.
Asimismo, cuando el trámite se realice por Notaria o Notario Público, la solicitud deberá ser suscrita además por los colindantes del predio a deslindar

y deberá contener señalados el día, hora y lugar para que dé principio la diligencia de deslinde.

Artículo 442. Admitida la petición se mandará citar a los colindantes para que dentro de tres días presenten los títulos y documentos de su posesión, y nombren perito si quieren hacerlo. Se señalará el día, hora y lugar para que dé principio la diligencia de deslinde.

Si fuere necesario identificar alguno o algunos de los puntos de deslinde, quienes tengan interés podrán presentar dos testigos de identificación cada uno, en la diligencia.

Artículo 443. El día y hora señalados para que se celebre la diligencia de deslinde, la autoridad jurisdiccional, acompañada de la persona secretaria judicial, así como peritos, testigos de identificación y personas autorizadas en el proceso que asistan al lugar designado para dar principio a la diligencia, conforme a lo siguiente:

I. Practicará el apeo y deslinde, asentándose acta en que constarán todas las observaciones que hicieren las personas interesadas;

II. La diligencia no se suspenderá por virtud de las observaciones, sino en el caso de que se presente en el acto un documento debidamente registrado que acredite es de su propiedad el fundo que se trata de deslindar;

III. La autoridad jurisdiccional, al ir demarcando los límites del fundo deslindado, otorgará posesión a la promovente de las diligencias respecto de la propiedad que quede comprendida dentro de ellos, si quien sea colindante se opusiera, o mandará que se le mantenga en la que esté disfrutando;

IV. Si existe oposición de colindantes respecto a un punto determinado, por considerar que conforme a sus títulos quede comprendido dentro de los límites de su propiedad, la autoridad jurisdiccional oirá a los testigos de identificación y a los peritos, e invitará a los interesados a que se pongan de acuerdo. Si esto se lograre, se hará constar y se otorgará la posesión según su sentido. Si no se lograre, se abstendrá la autoridad jurisdiccional de hacer declaración alguna en cuanto a la posesión, respetando en ella a quien la disfrute, y mandará reservar sus derechos a quienes tengan interés para que los hagan valer en el juicio correspondiente mediante la resolución correspondiente que se dictare en el plazo de cinco días, y

V. La autoridad jurisdiccional mandará que se fijen las señales convenientes en los puntos deslindados, las que quedarán como límites legales. Los puntos respecto a los cuales hubiere oposición no quedarán deslindados ni se fijará en ellos señal alguna, mientras no haya sentencia ejecutoria que resuelva la cuestión, dictada en el juicio correspondiente.

Al realizarse la diligencia por Notaria o Notario Público, éste deberá levantar acta en la que haga constar y certifique los hechos ocurridos durante la diligencia, misma que deberá protocolizar en escritura pública, junto con la solicitud y demás documentos que le hayan sido presentados para la realización de la diligencia, en los términos de la Ley del Notariado de cada Entidad Federativa.

Artículo 444. Los gastos generales del apeo se harán por quien lo promueva. Los que importen la intervención de peritos y testigos que presenten los colindantes, serán pagados por quien nombre a los unos y presente a los otros.

En el caso de que el trámite de la diligencia se realice ante Notaria o Notario Público, los gastos serán únicamente por cuenta de quien la promueva.

SECCIÓN TERCERA
DE LA DESIGNACIÓN DE APOYOS EXTRAORDINARIOS

Artículo 445. Todas las personas mayores de edad tienen capacidad jurídica plena. El código civil respectivo regulará las modalidades en que las personas puedan recibir apoyo para el ejercicio de su capacidad jurídica, que son formas de apoyo que se prestan a la persona para facilitar el ejercicio de sus derechos, incluyendo el apoyo en la comunicación, la comprensión de los actos jurídicos y sus consecuencias, y la manifestación de la voluntad.

Puede ser objeto de apoyo cualquier acto jurídico, incluidos aquellos para los que la ley exige la intervención personal del interesado. Nadie puede ser obligado a ejercer su capacidad jurídica mediante apoyos, salvo lo señalado en el artículo siguiente.

Artículo 446. La autoridad jurisdiccional, en casos excepcionales, puede determinar los apoyos necesarios para personas de quienes no se pueda conocer su voluntad por ningún medio y no hayan designado apoyos ni hayan previsto su designación anticipada. Esta medida únicamente procederá después de haber realizado esfuerzos reales, considerables y pertinentes para conocer una manifestación de voluntad de la persona, y de haberle prestado las medidas de accesibilidad y ajustes razonables, y la designación de apoyos sea necesaria para el ejercicio y protección de sus derechos.

Si se hubiere realizado una designación anticipada de apoyos, se estará a su contenido.

El procedimiento para la designación extraordinaria de apoyos se llevará a cabo ante autoridad jurisdiccional civil o familiar, en su caso, en forma sumaria en una audiencia oral en los términos de este Código Nacional.

Artículo 447. La autoridad jurisdiccional determinará la persona o personas de apoyo, sobre la base de la voluntad y preferencias de la persona manifestadas previamente y, de no existir, determinará la persona o personas de apoyo tomando en cuenta la relación de convivencia, confianza, amistad, cuidado o parentesco que exista entre ellas y la persona apoyada, escuchando la opinión del Ministerio Público o autoridad competente en la Entidad Federativa. De no existir ninguna de las personas anteriores, o cuando ninguna acepte el cargo, se designará a una persona física o moral del registro de personas morales que provean apoyos para el ejercicio de la capacidad jurídica, de conformidad con la regulación del código civil respectivo.

Artículo 448. Cualquier persona podrá solicitar la designación judicial extraordinaria de apoyo; corresponderá a la autoridad jurisdiccional allegarse de la información necesaria con base en:

I. La imposibilidad de conocer la voluntad, preferencias, medio, modo y formato de comunicación;

II. El riesgo para la salvaguarda de los derechos, el patrimonio, la integridad personal o la vida, y

III. La realización de esfuerzos reales, considerables y pertinentes, incluyendo la implementación de ajustes razonables, para que la persona manifestara su voluntad y preferencias, sin que éstos resultaran eficaces.

Artículo 449. La autoridad jurisdiccional de manera fundada y motivada, determinará en la resolución la temporalidad, alcances y responsabilidades de la persona designada como apoyo, así como las salvaguardias e informes a la autoridad administrativa competente, que en su caso procedan. La designación judicial de apoyo no puede otorgarse para actos personalísimos.

Artículo 450. La persona judicialmente designada como apoyo tendrá la encomienda de realizar su mandato de acuerdo con la mejor interpretación posible de lo que fuera la voluntad y preferencias de la persona, de conformidad con las fuentes conocidas de información que resulten pertinentes, incluida la trayectoria de vida de la persona, sus valores, tradiciones y creencias, previas manifestaciones de la voluntad y preferencias en otros contextos, información con la que cuenten personas de confianza, y tecnologías presentes o futuras.

La persona designada judicialmente como apoyo está obligada a hacer esfuerzos constantes, dentro de sus posibilidades, durante su encargo para conocer la voluntad y preferencias de la persona apoyada.

Artículo 451. En caso de que se llegue a conocer la voluntad y preferencias de la persona, quien haya sido designado como apoyo, está obligada a dar aviso de inmediato a la autoridad jurisdiccional para que se revoque o modifique la presente designación.

La autoridad jurisdiccional deberá establecer revisiones periódicas, determinadas, para verificar que la persona designada está cumpliendo con su mandato, de conformidad con los parámetros establecidos en la designación extraordinaria, así como la pertinencia de su continuación o modificación. Para dichos efectos, la autoridad jurisdiccional podrá auxiliarse de las autoridades administrativas competentes.

Además, deberá verificar, de preferencia de manera directa, que sigue vigente la situación que dio lugar a la designación de apoyos y que aún no se puede conocer la voluntad y preferencias de la persona por cualquier medio, modo y formato de comunicación posible.

Artículo 452. Cualquier persona que tenga prueba de que la persona designada judicialmente como apoyo no está actuando de conformidad con la mejor interpretación posible de la voluntad y preferencias de la persona apoyada, estará autorizada a poner este hecho en conocimiento de la autoridad jurisdiccional, quien deberá tramitar por vía incidental, para realizar las diligencias y corroboraciones pertinentes a fin de adoptar las medidas correctivas, en su caso, incluida la posibilidad de remover a la persona designada como apoyo.

Artículo 453. En ningún caso se podrán tramitar ante Fedatario Público asuntos no contenciosos en los que esté involucrada la designación extraordinaria de apoyo, para el ejercicio de la capacidad jurídica, salvo aquellos asuntos autorizados por la autoridad jurisdiccional competente.

Artículo 454. La autoridad jurisdiccional no puede designar como apoyos a las personas que tengan conflicto de intereses con la persona apoyada. No será considerado como conflicto de intereses la simple relación de parentesco que tenga la persona apoyada con quien proporciona el apoyo.

Artículo 455. Se entiende que existen conflicto de intereses cuando la situación laboral, personal, profesional, familiar o de negocios, pueden llegar a afectar el desempeño o las decisiones imparciales y objetivas de sus funciones de apoyo.

CAPÍTULO II
DE LOS JUICIOS ORALES CIVILES

SECCIÓN PRIMERA
DEL JUICIO ORDINARIO CIVIL ORAL

Artículo 456. Todas las controversias de naturaleza civil que no tengan señalada tramitación especial en este Código Nacional se ventilarán en juicio ordinario civil y se tramitarán conforme a las reglas del presente Título y en lo no previsto, se regirá por las disposiciones generales de este Código Nacional.

Artículo 457. Atendiendo a lo establecido en el artículo 251, se desarrollará la audiencia preliminar con las siguientes etapas:
I. Depuración del procedimiento;
II. Conciliación de las partes y en su caso, invitación a la mediación ante los Centros Alternativos de Justicia del Poder Judicial respectivo;
III. Depuración del debate;
IV. Calificación sobre admisibilidad o desechamiento de pruebas, y
V. Citación para audiencia de juicio.
Las partes podrán solicitar a la autoridad jurisdiccional, de manera verbal, en las audiencias, que se subsanen las omisiones o irregularidades de debido proceso, que se llegasen a presentar en la substanciación del procedimiento oral, para el solo efecto de regularizar el mismo.

Artículo 458. Las partes tienen el deber de comparecer a la audiencia preliminar, personalmente o por conducto de persona representante autorizada.
A las personas representantes autorizadas que no acudan a la audiencia preliminar sin justa causa calificada por la autoridad jurisdiccional se le impondrá una multa que no podrá ser menor a veinte ni superior a sesenta Unidades de Medida y Actualización, y se diferirá la audiencia por una única ocasión.

Si dejaran de concurrir alguna o ambas partes sin justificación a la audiencia diferida, la autoridad jurisdiccional procederá a examinar los presupuestos y excepciones procesales, resolverá sobre la admisión o desechamiento de pruebas y citará para audiencia de juicio, que no podrá exceder de un plazo de cuarenta días siguientes a la celebración de esta audiencia quedando las partes notificadas desde ese momento.

Artículo 459. En la etapa de depuración del procedimiento, la autoridad jurisdiccional examinará las cuestiones relativas a la legitimación procesal y procederá, en su caso, al desahogo de las pruebas relacionadas a las excepciones procesales y una vez hecho lo anterior las resolverá de manera oral; salvo las cuestiones de incompetencia, que se tramitarán conforme a la parte general de este Código Nacional.

Artículo 460. Depurado el procedimiento, la autoridad jurisdiccional procurará conciliar a las partes, salvo que el asunto sea sobre derechos intransigibles, para dichos efectos hará saber a las partes las pretensiones de cada una de ellas, escuchará las propuestas de éstas y tendrá facultades para, sin externar opinión sobre el posible resultado del juicio, proponer alternativas relacionadas con la litis y solución del conflicto.

Dentro de la misma audiencia, las partes podrán solicitar un receso razonable para desarrollar pláticas conciliatorias entre ellas, sin la presencia de la autoridad jurisdiccional y sin que obre registro del contenido de estas.

Para el caso de conciliación se redactará convenio respectivo, que deberá referirse sólo a las cuestiones en litigio y será firmado por las partes.

La autoridad jurisdiccional examinará el convenio, si concluye que no es contrario a derecho, lo aprobará, elevándolo a categoría de cosa juzgada.

Artículo 461. Cuando en la audiencia no se logre conciliación, lo planteado por las partes no se registrará por ningún medio, ni producirá efecto alguno dentro del procedimiento o fuera de él. Asimismo, se les hará saber a las partes, la posibilidad que tienen en todo momento para llegar a un acuerdo, e incluso, acudir al centro de justicia alternativa o institución análoga que corresponda.

Artículo 462. Durante la audiencia preliminar, en la etapa de depuración del debate, las partes podrán solicitar conjuntamente a la autoridad jurisdiccional la fijación de acuerdos sobre hechos no controvertidos, los que tendrán como finalidad establecer acontecimientos que estarán fuera del debate, con el fin de que las pruebas se dirijan a los hechos controvertidos. La autoridad jurisdiccional de oficio impulsará a las partes para que realicen fijación de hechos no controvertidos con la finalidad de depurar el procedimiento.

De igual manera, las partes y la autoridad jurisdiccional precisarán los acuerdos probatorios necesarios para eliminar total o parcialmente trámites probatorios o pruebas innecesarias, o bien definirán la cooperación procesal entre las partes para su preparación y desahogo; asimismo, pueden pactar las partes el que se incorpore alguna prueba relacionada con el debate, aún y cuando no haya sido ofrecida en los escritos que fijan la Litis.

Consensuados voluntariamente los acuerdos por las partes, la autoridad jurisdiccional los tendrá por fijados.

Artículo 463. La autoridad jurisdiccional al abrir la etapa de admisión de pruebas, en la que, a petición de parte, deberá permitir un breve debate sobre la admisibilidad de las pruebas, previo al pronunciamiento de la autoridad jurisdiccional.

Concluido el breve debate sobre la admisibilidad de las pruebas, la autoridad jurisdiccional procederá a pronunciarse respecto su admisión o desechamiento, así como la forma en que deberán prepararse para su desahogo en la audiencia de juicio, quedando a cargo de las partes su oportuna preparación, bajo el apercibimiento que de no hacerlo se declararán desiertas de oficio las mismas por causas imputables al oferente. Las pruebas que ofrezcan las partes sólo deberán admitirse cuando se refieran a los hechos controvertidos y cumplan con los requisitos previstos en el presente Código Nacional.

La preparación de las pruebas quedará a cargo de las partes, por lo que deberán presentar a los testigos, peritos y demás pruebas que les hayan sido admitidas; y sólo en los casos autorizados en este Código Nacional, la autoridad jurisdiccional, en auxilio del oferente, expedirá los oficios o citaciones, los cuales serán entregados al oferente en la misma audiencia, salvo causa justificada, a efecto de que preparen sus pruebas y éstas se desahoguen en la audiencia de juicio.

Si sólo se reciben pruebas documentales, instrumentales y presuncionales, la autoridad jurisdiccional deberá concentrar la audiencia de juicio dentro de la audiencia preliminar, en la cual se expresarán alegatos de inicio, se desahogarán las pruebas admitidas, se escucharán los alegatos de cierre y se emitirá sentencia definitiva de conformidad con las reglas previstas en el presente Código Nacional.

Durante la etapa de admisión de pruebas, las partes podrán objetar las documentales que consideren pertinentes.

Artículo 464. En casos excepcionales, por la complejidad del asunto, la autoridad jurisdiccional podrá planificar el desahogo de pruebas en más de una que se celebrará en días consecutivos sin afectar los principios de continuidad y concentración.

Artículo 465. Cerrada la etapa de admisión de pruebas, la autoridad jurisdiccional dará el uso de la palabra a las partes, a fin de proveer peticiones finales antes de la conclusión de la audiencia.

Artículo 466. Abierta la audiencia de juicio, la autoridad jurisdiccional escuchará los alegatos de apertura de las partes, para exponer sus respectivas teorías del caso.

La autoridad jurisdiccional señalará el orden para el desahogo de las pruebas, de conformidad con los acuerdos fijados en la audiencia preliminar.

Serán declaradas desiertas aquellas pruebas que no estén debidamente preparadas para su desahogo por causas imputables a la parte oferente. Contra dicha resolución no procede recurso alguno.

Artículo 467. Concluido el desahogo de pruebas, se concederá el uso de la palabra, por una vez a cada una de las partes para formular los alegatos de cierre. La autoridad jurisdiccional tomará las medidas que procedan a fin de que las partes se sujeten al tiempo indicado.

Artículo 468. Enseguida se declarará el asunto visto y se emitirá de inmediato la sentencia definitiva. De ser necesario, la autoridad jurisdiccional decretará un receso razonable para resolver en el mismo día.

En su caso, reanudada la audiencia, la autoridad jurisdiccional explicará de forma breve, clara y sencilla en un lenguaje cotidiano el sentido de su sentencia definitiva y leerá únicamente los puntos resolutivos, entregando copia simple de la versión escrita de la misma a las partes, en un plazo no mayor a dos días.

Asimismo, se hará del conocimiento de las partes el derecho que tienen, si estimaren que la sentencia definitiva contiene omisiones, cláusulas o palabras contradictorias, ambiguas u oscuras, de solicitar por escrito dentro del término de tres días, posteriores a la emisión de la sentencia, la aclaración de la resolución y sin que con ello se pueda variar la substancia de la resolución, sin que dicha petición pueda alterar los plazos del recurso de apelación.

De igual forma, hará saber el derecho y término que tienen las partes para impugnar dicha sentencia conforme al caso en concreto.

En casos excepcionales, dada la complejidad del asunto, el cúmulo y naturaleza de las pruebas desahogadas, la autoridad jurisdiccional podrá diferir la audiencia para emisión de la sentencia definitiva hasta por diez días, citando a las partes para su explicación en un lenguaje cotidiano, en forma breve, clara y sencilla el sentido de la sentencia definitiva y leerá únicamente los puntos resolutivos, entregando copia simple de la versión escrita de la misma a las partes, en un plazo no mayor a dos días.

En caso de que las partes no estén presentes en la audiencia donde se emita la sentencia, se dispensará su explicación y lectura de puntos resolutivos, y se publicará la sentencia a través del medio de comunicación procesal oficial.

Tratándose de personas pertenecientes a grupos sociales en situación de vulnerabilidad la sentencia deberá explicarse y dictarse con los ajustes y formatos necesarios para su debido entendimiento y comprensión.

Artículo 469. Asimismo, al momento de dictar la sentencia definitiva, la autoridad jurisdiccional explicará a las partes las ventajas del cumplimiento voluntario de la sentencia; y las desventajas, de no hacerlo voluntariamente; así como la importancia de presentarse a las audiencias de cumplimiento voluntario de sentencia y sus consecuencias legales, para el caso de que la resolución no sea modificada o revocada por la autoridad jurisdiccional de segunda instancia. Destacando la importancia de vigilar el expediente ante la ausencia de cualquier notificación personal antes de los tres meses posteriores a que la sentencia definitiva sea ejecutable.

SECCIÓN SEGUNDA
DEL JUICIO EJECUTIVO CIVIL ORAL

Artículo 470. Procede el juicio ejecutivo en los casos que un documento lleve aparejada ejecución y que contenga obligación cierta, líquida y exigible. Traen aparejada ejecución:

I. Los instrumentos públicos, así como los testimonios que de los mismos expidan las y los Corredores Públicos, las y los Notarios Públicos, o la autoridad competente para emitir dichos testimonios;

II. Las ulteriores copias dadas por mandato judicial, con citación de la persona a quien interesa;

III. Los demás instrumentos públicos que conforme a este Código Nacional hacen prueba plena;

IV. Cualquier documento privado después de reconocido por la persona quien lo hizo o lo mandó extender; basta con que se reconozca la firma aun cuando se niegue la deuda;

V. La confesión de la deuda hecha ante la autoridad jurisdiccional competente por la persona deudora;

VI. Los convenios celebrados en el curso de un juicio ante la autoridad jurisdiccional, ya sea de las partes entre sí o de terceros que se hubieren obligado como fiadoras, depositarias, o en cualquier otra forma;

VII. El estado de liquidación de adeudos por cuotas ordinarias o extraordinarias, intereses moratorios o penas convencionales que se hayan aprobado en la Asamblea General de Condóminos; suscrito por quien tenga a su cargo la Administración o el Comité de Vigilancia o su equivalente, conforme a lo dispuesto en la ley de la materia de cada Entidad Federativa;

VIII. Los convenios emanados del procedimiento de mediación o conciliación que cumplan con los requisitos previstos en la Ley de mecanismos alternativos de solución de controversias o de justicia alternativa respectiva, y

IX. Los demás a los que se les reconozca ese carácter por la Ley.

Artículo 471. Las sentencias que causen ejecutoria y los convenios judiciales, los convenios celebrados ante la Procuraduría Federal del Consumidor, así como los celebrados ante la Procuraduría Social o Institución autorizada de la Entidad Federativa correspondiente, los convenios emanados del procedimiento de mediación o conciliación, incluidos los de mediación comunitaria de cada Estado, que cumplan con los requisitos previstos en la Ley de Justicia Alternativa o la legislación respectiva que señale la autoridad jurisdiccional o Poder Judicial de las diversas entidades, los convenios celebrados ante Juzgado Cívico o su análogo tratándose de daños culposos causados con motivo del tránsito de vehículos, los convenios de transacción, los laudos que emitan las propias Procuradurías antes mencionadas y los laudos arbitrales o juicios de contadores, motivarán ejecución, si la persona interesada no intentare la vía de apremio.

Artículo 472. Cuando la confesión judicial de reconocimiento de deuda se haga durante la secuela del juicio ordinario, cesará este si la parte actora lo pidiere y se procederá en la vía ejecutiva.

Si la confesión sólo afecta a una parte de lo demandado en el juicio oral civil, procederá la vía ejecutiva únicamente por lo reconocido si la actora lo pidiere así. El resto de las obligaciones no reconocidas seguirán el juicio ordinario civil.

Artículo 473. La ejecución no puede despacharse sino por cantidad líquida. Si el título ejecutivo o las diligencias preparatorias determinan una cantidad líquida en parte y en parte ilíquida, por aquélla se decretará la ejecución, reservándose por el resto los derechos de la persona promovente.

Artículo 474. Las cantidades que por intereses o daños y perjuicios forman parte de la deuda reclamada y no estuvieren liquidadas al despacharse la ejecución de la suerte principal, lo serán en su oportunidad y se decidirán en la sentencia definitiva.

Artículo 475. Las obligaciones sujetas a condición suspensiva o a plazo, no serán ejecutivas, si no cuando aquélla o éste se hayan cumplido, salvo lo dispuesto en los artículos relativos al cumplimiento de la condición y pérdida del derecho a agotar el plazo del Código Civil correspondiente.

Artículo 476. Si el documento ejecutivo contiene obligación de hacer o no hacer, se observarán las reglas siguientes:

I. Si la parte actora exige la prestación del hecho por quien está obligada o por una tercera persona conforme al Código Civil de cada Entidad Federativa en relación al cumplimiento de la prestación de servicio, la tercera persona, atendidas las circunstancias del hecho, señalará un término prudente para que se cumpla la obligación;

II. Si en el contrato se estableció alguna pena por el incumplimiento, se decretará la ejecución;

III. Si no se fijó penalidad por el incumplimiento de la obligación, el importe de los daños y perjuicios será fijado por la parte actora, cuando la misma optare por el resarcimiento de daños y perjuicios; en este caso, la autoridad jurisdiccional debe moderar prudentemente la cantidad señalada, y

IV. Hecho el acto por la tercera persona, o efectuado el embargo por los daños y perjuicios o la pena, puede oponerse la demandada, de la misma manera que en las demás ejecuciones.

Artículo 477. Cuando el documento contenga la obligación de entregar bienes muebles que sin ser dinero se cuentan por número, peso o medida, o inmuebles se observará lo siguiente:

I. Si no se designa la calidad de los bienes y existieren de varias clases en poder de la parte deudora, se embargarán las de mediana calidad;

II. Si hubiere sólo calidades diferentes a la estipulada, se embargarán si así lo pidiere la parte actora, sin perjuicio de que en la sentencia definitiva se hagan los abonos recíprocos correspondientes, y

III. Si no hubiere en poder de la parte demandada ninguna calidad, se despachará ejecución por la cantidad de dinero que señale la actora, debiendo prudentemente moderarla la autoridad jurisdiccional, de acuerdo con los precios corrientes en plaza, sin perjuicio de lo que señale por daños y perjuicios, moderables también.

Artículo 478. Cuando la acción ejecutiva se ejercite sobre bien mueble o inmueble, cierto y determinado o en especie, o se haya establecido una condición resolutoria ante el incumplimiento de una obligación de dar, si hecho el requerimiento de entrega o devolución la persona demandada no la hace, se pondrá en secuestro judicial.

Si la cosa, bien mueble o inmueble ya no existe, se embargarán bienes suficientes que cubran su valor fijado por la persona ejecutante y los daños y perjuicios como en las demás ejecuciones, pudiendo ser moderada la cantidad por la autoridad jurisdiccional. La ejecutada puede oponerse a los valores fijados, y rendir las pruebas que juzgue convenientes durante la tramitación del juicio. Para el caso de pruebas periciales se estará a las disposiciones del Libro respectivo de este Código Nacional en relación a la vía de apremio y ejecución de sentencia.

Artículo 479. Si el bien mueble o inmueble especificado se halla en poder de una tercera persona, la acción ejecutiva no podrá ejercitarse contra éste, sino en los casos siguientes:

I. Cuando la acción sea real, y

II. Cuando se haya declarado judicialmente que la enajenación por la que adquirió la tercera persona fue realizada por la persona deudora en perjuicio de su acreedor, en los casos y supuestos que señala el Código Civil respectivo y los demás preceptos, en que expresamente se establezca esa responsabilidad.

Artículo 480. En el auto de admisión se mandará emplazar a la persona deudora conforme lo regula el presente Código Nacional, para que dentro de nueve días concurra a oponerse a su ejecución, si para ello tuviere excepciones que hacer valer y se dictará auto de ejecución, ordenando que se requiera de pago a la persona deudora y de no pagar se le embarguen bienes suficientes para garantizar la deuda de forma precautoria.

En los escritos de demanda o contestación y desahogo de excepciones y defensas deberán ofrecerse las pruebas pertinentes, las que se admitirán o desecharán por la autoridad jurisdiccional.

Si la parte demandada no se opusiere a la ejecución o contestadas las excepciones y defensas o precluido el derecho que de oficio se decrete, se señalará fecha para la celebración de la audiencia de juicio, que tendrá verificativo dentro de los diez días siguientes.

En la audiencia de juicio las partes expresarán los alegatos de inicio, se desahogarán las pruebas, se expondrán los alegatos de cierre y se dictará sentencia definitiva conforme a las disposiciones previstas en este Código Nacional.

Para los efectos del remate, en su caso, se estará a lo dispuesto por el Libro Noveno de este Código Nacional en relación con la vía de apremio y ejecución de sentencia.

Artículo 481. Si la persona deudora, tratándose de juicio ejecutivo, no fuere encontrada después de habérsele buscado una vez en su domicilio, se le dejará citatorio para hora fija dentro de las veinticuatro horas siguientes, y si no espera, se practicará la diligencia con cualquier persona que se encuentre en la casa o a falta de ella con el vecino inmediato.

Si no se supiere el paradero de la persona deudora, ni tuviere casa en el lugar, se hará el requerimiento por tres días consecutivos en el medio de comunicación procesal oficial y fijando la cédula en los medios de comunicación procesal oficiales y surtirá sus efectos dentro de tres días, salvo el derecho de la parte actora para pedir providencia precautoria.

Verificado de cualquiera de los modos indicados el requerimiento, se procederá en seguida al embargo.

Artículo 482. El juicio ejecutivo se tramitará en un solo cuaderno, sin necesidad de integrar secciones o cuadernillos especiales.

Artículo 483. Agotado el procedimiento se citará para la sentencia que decidirá los derechos controvertidos. Se procurará dictar en forma inmediata en términos del artículo 468 del presente Código Nacional, y en caso de que se trate de asuntos complejos que requieran mayor tiempo para su análisis, se concederá la ampliación hasta por cinco días más. De resultar probada la acción, la sentencia decretará que ha lugar a hacer trance y remate de los bienes embargados y con el producto, pago a la persona acreedora, una vez celebrada la audiencia de cumplimiento de sentencia.

Artículo 484. Si el crédito que se cobra está garantizado con hipoteca, la persona acreedora podrá intentar el juicio hipotecario o el juicio ejecutivo oral civil, según corresponda.

Artículo 485. Cuando la persona deudora consignare la cantidad reclamada para evitar los gastos y molestias del embargo, reservándose el derecho de oponerse, se suspenderá el embargo y la cantidad se depositará conforme a la Ley; y si la cantidad consignada no fuere suficiente para cubrir la deuda principal y las costas, se practicará el embargo por lo que falte.

SECCIÓN TERCERA
DE LAS TERCERÍAS

Artículo 486. Tercería es la acción que deduce un tercero en un procedimiento previamente instaurado entre dos o más personas, con el objeto de coadyuvar o adherirse a las acciones del demandante o a las excepciones del demandado, o para excluir los derechos de ese tercero.

En un juicio previamente instaurado y seguido por dos o más personas, puede uno o más terceros, con intereses distintos de las partes, presentarse a deducir una acción distinta de la que se debate entre aquellos, tercero que debe fundar su acción y presentar los documentos que tenga relación con la litis planteada en el juicio principal, sin los cuales se desechará de plano. Este nuevo litigante se llama tercer opositor.

Artículo 487. Las cuestiones de tercerías deben substanciarse y decidirse por la autoridad jurisdiccional que sea competente para conocer del asunto principal, independientemente de su cuantía.

La tercería deberá deducirse en los términos prescritos para formular una demanda ante la autoridad jurisdiccional que conoce del juicio y se tramitará conforme a las formalidades del procedimiento en el que se promueva.

Al juicio pueden venir uno o más terceros, siempre que tengan interés propio y distinto de la persona actora o persona demandada en la materia del juicio.

Artículo 488. Las tercerías son coadyuvantes o excluyentes. Las tercerías excluyentes son de dominio o preferencia.

Artículo 489. Las tercerías coadyuvantes pueden oponerse en cualquier juicio, sea cual fuere la acción que en él se ejercite y cualquiera que sea el estado en que éste se encuentre, con tal que aún no se haya pronunciado sentencia definitiva.

Artículo 490. Quien promueva tercería coadyuvante se considera asociado con la parte cuyo derecho coadyuva y, en consecuencia, podrán:

I. Salir al pleito en cualquier estado en que se encuentre, con tal que no se haya pronunciado sentencia definitiva;

II. Hacer las gestiones que estimen oportunas dentro del juicio, deduciendo la misma acción u oponiendo la misma excepción que la persona actora o la demandada, respectivamente y no hubiere designado representación común;

III. Continuar su acción y defensa, aun cuando el principal desistiere, y

IV. Apelar e interponer los recursos procedentes.

Artículo 491. Se correrá traslado a la parte actora y demandada en el principal con la promoción de la tercería coadyuvante, para que contesten en el plazo de nueve días; con el escrito de contestación a la demanda se dará vista a la tercerista para que dentro del término de tres días manifieste lo que a su derecho convenga. En los escritos citados se deberán ofrecer las pruebas, las cuales se admitirán conforme a las reglas generales de este Código Nacional.

En caso de no contestar la demanda, contestadas las excepciones y defensas o precluido el derecho para ello, la autoridad jurisdiccional señalará fecha para la celebración de una audiencia de juicio, dentro de los quince días posteriores, en donde se expresarán alegatos de inicio, se desahogarán pruebas, alegatos de cierre y se dictará sentencia. En lo no previsto y de resultar necesario, deberá de estarse a las reglas para la audiencia de juicio tratándose del procedimiento ordinario civil oral.

Artículo 492. Las tercerías excluyentes de dominio deben de fundarse en el dominio que se posee sobre los bienes objeto del procedimiento.

No es lícito interponer tercería excluyente de dominio a quien consintió en la constitución del gravamen o del derecho real en garantía de la obligación de la persona demandada.

Artículo 493. Quien promueva la tercería excluyente de preferencia debe fundarse en el mejor derecho para ser pagado.

Artículo 494. Con la demanda de tercería excluyente deberá presentarse el título de fecha cierta en original o copia certificada en que se funde o el elemento fehaciente que acredite el derecho que se pretende ejercitar.

La demanda de tercería deberá cumplir con lo previsto por el artículo 235 de este Código Nacional, sin cuyos requisitos se desechará de plano.

Artículo 495. No ocurrirán en tercerías de preferencia:

I. La persona acreedora que tenga hipoteca u otro derecho real accesorio en finca distinta de la embargada;

II. La persona acreedora que sin tener derecho real no haya embargado el bien objeto de la ejecución;

III. La persona acreedora a quien la persona deudora señale bienes bastantes a solventar el crédito, y

IV. La persona acreedora a quien la Ley lo prohíba en otros casos.

Artículo 496. La tercería excluyente de crédito hipotecario tiene derecho de pedir que se inscriba su demanda a su costa.

Artículo 497. Las tercerías excluyentes pueden oponerse en todo procedimiento, cualquiera que sea su estado, con tal de que, si son de dominio, no se haya dado posesión de los bienes a quien haya adquirido por remate o a la parte actora, en su caso, por vía de adjudicación, y que, si son de preferencia, no se haya hecho el pago al demandante.

Artículo 498. Las tercerías excluyentes no suspenderán el curso del juicio en que se interponen. Si fueren de dominio, el juicio principal seguirá sus trámites hasta antes de la aprobación definitiva del remate, y desde entonces se suspenderán sus procedimientos hasta que se decida la tercería.

Artículo 499. Si la tercería fuere de preferencia, se seguirán los procedimientos del juicio principal en que se interponga, hasta la realización de los bienes embargados.

Suspendiéndose el pago que se hará a la persona acreedora que tenga mejor derecho, definida que quede la tercería. Entre tanto se decide ésta, se depositará a disposición de la autoridad jurisdiccional el precio de la venta.

Artículo 500. Si la persona actora y la demandada en el principal se allanaren a la demanda de la tercería, la autoridad jurisdiccional, sin más trámites, mandará cancelar los embargos, si fuere excluyente de dominio, y dictará sentencia por escrito dentro de los siguientes cinco días, si fuere de preferencia. Lo mismo hará cuando ambos dejaren de contestar a la demanda de tercería.

A toda persona opositora que no obtenga sentencia favorable, se le condenará al pago de gastos y costas a favor de las partes que se hubieran opuesto a la tercería.

Al declararse fundada la tercería excluyente que motive se levante el embargo de los bienes, la parte actora en el asunto principal podrá solicitar la ampliación del embargo o un nuevo embargo de bienes sobre los cuales pueda ejecutarse la sentencia o el auto de ejecución.

Artículo 501. La persona ejecutada que haya sido declarado en rebeldía en el juicio principal, seguirá con el mismo carácter en el de tercería; pero si fuere conocido su domicilio, se le notificará el traslado de la demanda.

Artículo 502. Cuando se presenten tres o más personas acreedoras que hicieren oposición, si estuvieren conformes, se seguirá un solo juicio, graduando en una sola sentencia sus créditos; pero si no lo estuvieren, se seguirá el juicio de concurso necesario de acreedoras.

Artículo 503. Si fueren varias las personas opositoras reclamando el dominio se procederá en cualquier caso a decidir incidentalmente la controversia en unión de la ejecutante y de la ejecutada.

Artículo 504. La interposición de una tercería excluyente autoriza a la persona a pedir que se amplíe la ejecución en otros bienes de la persona deudora.

Artículo 505. Si sólo alguno de los bienes ejecutados fuere objeto de la tercería, los procedimientos del juicio principal continuarán hasta vender y hacer pago a la persona acreedora, con los bienes no comprendidos en la misma tercería.

SECCIÓN CUARTA
DEL JUICIO ESPECIAL HIPOTECARIO ORAL

Artículo 506. Se tramitará en la vía especial hipotecaria oral todo juicio que tenga por objeto la constitución, ampliación, división, registro y extinción de una hipoteca, así como su nulidad, cancelación, o bien, el pago o prelación del crédito que la hipoteca garantice.

Para que el juicio que tenga por objeto el pago o la prelación de un crédito hipotecario se siga según las reglas del presente Capítulo, es requisito indispensable que el crédito conste en documento público o privado, según la forma que establezca la legislación común o la que sea aplicable, e inscrito en el Registro, Oficina o Instituto Público Registral que corresponda y que sea de plazo cumplido, o que éste sea exigible en los términos pactados o bien conforme a las disposiciones legales aplicables.

Artículo 507. Procederá el juicio hipotecario oral que tiene por objeto el pago o la prelación de crédito sin necesidad de que el contrato esté inscrito en el Registro, Oficina o Instituto Público respectivo, cuando:

I. El documento base de la acción tenga carácter de título ejecutivo;

II. El bien se encuentre inscrito a favor de la persona demandada, y

III. No exista embargo o gravamen en favor de terceras personas, inscrito cuando menos noventa días anteriores a la de la presentación de la demanda.

Artículo 508. Presentado el escrito de demanda, acompañado del documento base de la acción, la autoridad jurisdiccional si encuentra que se reúnen los requisitos fijados por los artículos anteriores, admitirá la misma y mandará anotar la demanda en el Registro, Oficina o Instituto Público respectivo y que se corra traslado de ésta a la persona deudora y, en su caso, a quien sea titular registral del embargo o gravamen por plazo inferior a que se refiere la fracción

III, del artículo anterior, para que dentro del término de quince días ocurra a contestarla y a oponer las excepciones que no podrán ser otras que:

I. Las procesales previstas en este Código Nacional;

II. Las fundadas en que la persona demandada no haya firmado el documento base de la acción, su alteración o la de falsedad del mismo;

III. Falta de representación, de poder bastante o facultades legales de quien haya suscrito en representación de la demandada el documento base de la acción;

IV. Nulidad del contrato;

V. Pago o compensación;

VI. Remisión o quita;

VII. Oferta de no cobrar o espera;

VIII. Novación de contrato;

IX. Prescripción, y

X. Las demás que autoricen las leyes.

Las excepciones comprendidas en las fracciones de la V a la VIII sólo se admitirán cuando se funden en prueba documental. Respecto de las excepciones de litispendencia y conexidad sólo se admitirán si se exhiben con la contestación las copias selladas de la demanda y contestación o de las cédulas del emplazamiento del juicio pendiente o conexo, o bien la documentación que acredite que se encuentra tramitando un procedimiento arbitral con las excepciones y defensas se dará vista a la parte actora para que manifieste en el plazo de tres días lo que a su derecho corresponda.

Artículo 509. La autoridad jurisdiccional bajo su más estricta responsabilidad, revisará escrupulosamente la contestación de la demanda y desechará de plano las excepciones diferentes a las que se autorizan o aquéllas en que sea necesario exhibir documento y el mismo no se acompañe salvo los casos que se esté gestionando su exhibición en términos de este Código Nacional.

La reconvención sólo será procedente cuando se funde en el mismo documento base de la acción o se refiera a su nulidad. En cualquier otro caso se desechará de plano. Las cuestiones relativas a la personalidad de las partes no suspenderán el procedimiento y se resolverán dentro del plazo a que se refiere el artículo 71 de este Código Nacional.

Si la parte demandada se allanare a la demanda y solicitare término de gracia para el pago o cumplimiento de lo reclamado, se dará vista a la actora para que, dentro de tres días manifieste lo que a su derecho convenga, debiendo la autoridad jurisdiccional resolver de acuerdo a tales proposiciones de las partes en audiencia de juicio, que se celebrará dentro de los diez días siguientes, en dónde se declarará el asunto visto y de ser necesario la autoridad jurisdiccional decretará un receso razonable para resolver. En su caso, reanudada la audiencia, la autoridad jurisdiccional explicará de forma breve, clara y sencilla en un lenguaje cotidiano su sentencia definitiva y leerá únicamente los puntos resolutivos, entregando copia simple de la versión escrita de la misma a las partes, en un plazo no mayor a dos días.

Artículo 510. Tanto en la demanda como en la contestación a la misma, en la vista que se dé con ésta a la actora y en su caso en la reconvención y en la contestación a ésta, así como desahogo de excepciones y defensas, las partes tienen la carga de actuar con precisión, indicando en los hechos si sucedieron ante testigos, citando los nombres de éstos y presentando todos los documentos relacionados con tales hechos. En los mismos escritos, las partes deben ofrecer todas sus pruebas, relacionándolas con los hechos que se pretendan probar. En el caso de que las pruebas ofrecidas sean contra la moral o el derecho, sobre hechos que no han sido controvertidos por las partes, sobre hechos imposibles o notoriamente inverosímiles, o no se hayan relacionado con los mismos, serán desechadas.

Las pruebas que se admitan se desahogarán en la audiencia de juicio.

Con el escrito de contestación a la demanda se dará vista a la parte actora para que manifieste lo que a su derecho convenga; si hubiere reconvención se emplazará a la actora principal para que la conteste dentro de los quince días siguientes y en el mismo proveído, dará vista por tres días con las excepciones opuestas para que manifieste lo que a su derecho convenga.

Contestadas las excepciones opuestas en lo principal y en su caso en la reconvención, o transcurrido el plazo para ello, se admitirán las pruebas que cumplan con los requisitos de ofrecimiento y admisión, establecidos en la parte general del presente Código Nacional. Hecho lo cual, se señalará fecha para la celebración de la audiencia de juicio que deberá fijarse dentro de los quince días siguientes.

Artículo 511. En la audiencia de juicio la autoridad jurisdiccional abrirá una etapa de conciliación o mediación, y en caso de no llegar a un convenio, las partes expondrán sus alegatos de inicio, se procederá al desahogo de las pruebas admitidas, expresarán las partes alegatos de cierre, en seguida la autoridad jurisdiccional explicará de forma breve, clara y sencilla en un lenguaje cotidiano su sentencia definitiva y leerá únicamente los puntos resolutivos, entregando copia simple de la versión escrita de la misma a las partes, en un plazo no mayor a dos días, todo lo anterior, aplicando en lo conducente las reglas de las audiencias del juicio ordinario oral civil.

Artículo 512. La preparación de las pruebas quedará a cargo de las partes, por lo que deberán presentar a los testigos, peritos y demás pruebas que les hayan sido admitidas.

En caso que las partes manifiesten bajo protesta de decir verdad la imposibilidad de preparar directamente el desahogo de las mismas, la autoridad jurisdiccional previa solicitud de la oferente, expedirá los oficios o citaciones, designará en su caso perito tercero en discordia, poniendo a disposición de la oferente los oficios y citaciones respectivas, a efecto que las partes preparen las pruebas y éstas se desahoguen en la audiencia de juicio; en caso contrario se declarará desierta la prueba por causa imputable del oferente.

Si llamado un testigo, perito o solicitado un documento que hayan sido admitidos como prueba, no se desahogan éstas a más tardar en la audiencia, se declarará desierta la prueba ofrecida por causa imputable a la oferente.

Artículo 513. Si en el documento base con el cual se ejercita la acción hipotecaria se advierte que hay otros acreedores hipotecarios anteriores, se mandará notificarles personalmente la existencia del juicio para que manifiesten lo que a su derecho corresponda.

Artículo 514. La demanda se anotará en el Registro, Oficina o Instituto Público respectivo, a cuyo efecto la parte actora exhibirá un tanto más de la demanda, documentos base de la acción y en su caso, de aquellos con que justifique su representación, para que, previo cotejo con sus originales se certifiquen por la persona secretaria judicial, haciendo constar que se expiden para efectos de que la parte interesada inscriba su demanda, a quien se le entregarán para tal fin, debiendo hacer las gestiones en el registro, oficina o instituto registral dentro del término de tres días y acreditándolo en su oportunidad ante la autoridad jurisdiccional.

Artículo 515. Anotada la demanda en el Registro, Oficina o Instituto Público respectivo, no podrá verificarse en el bien hipotecado ningún embargo, toma de posesión, diligencia precautoria o cualquier otra que entorpezca el curso del juicio, salvo que se trate de derechos en materia de alimentos o en virtud de sentencia ejecutoriada relativa al mismo bien, debidamente registrada y anterior en fecha a la inscripción de la referida demanda o en razón de providencia precautoria solicitada ante la autoridad jurisdiccional por la acreedora con mejor derecho, en fecha anterior a la de inscripción de la demanda.

Artículo 516. En el trámite y resolución de las acciones deducidas en el presente Capítulo, será autoridad jurisdiccional competente, la del lugar donde se encuentra el bien inmueble objeto de la garantía real sobre el constituida, incluyendo contratos de adhesión y una de las partes sea una institución que pertenezca al sistema financiero mexicano o instituto, dependencia o institución del crédito del gobierno. Si la finca no se halla en el lugar del juicio, se librará exhorto a la autoridad jurisdiccional de la ubicación del bien inmueble objeto de la garantía real conforme a las reglas de competencia prevenidas en el presente Código Nacional.

Artículo 517. Desde el día del emplazamiento, la persona deudora contrae la obligación de depositaria judicial respecto del bien hipotecado, sus frutos y de todos los objetos que, con arreglo al contrato y conforme a lo dispuesto por la legislación aplicable, deban considerarse como inmovilizados y formando parte del mismo bien hipotecado, de los cuales se formará inventario para agregarlo a los autos, siempre que lo pida la persona acreedora. Para efecto del inventario, la persona deudora queda obligada a dar todas las facilidades para su formación y en caso de desobediencia, la autoridad jurisdiccional lo compelerá por los medios de apremio que le autoriza este Código Nacional.

Artículo 518. La parte deudora que no quiera aceptar la responsabilidad de depositaria, entregará desde luego, la tenencia material del bien hipotecado a la actora o a la depositaria que éste nombre.

Artículo 519. En todo lo no previsto en lo relativo a la demanda, emplazamiento, contestación de demanda, contestación de excepciones, ofrecimiento, admisión, preparación y desahogo de las pruebas, así como al desarrollo de la audiencia de juicio, se observarán las normas del juicio ordinario civil oral, así como las reglas generales de este Código Nacional, en cuanto no se opongan a las disposiciones del presente Capítulo.

SECCIÓN QUINTA
DEL JUICIO ESPECIAL DE ARRENDAMIENTO INMOBILIARIO ORAL

Artículo 520. A las controversias que versen sobre el arrendamiento inmobiliario les serán aplicables las disposiciones de este Capítulo.

A las acciones que se intenten contra quien haya otorgado fianza de carácter civil o terceras personas por controversias derivados del arrendamiento, se aplicarán las reglas de este Capítulo, en lo conducente. Igualmente, la acción que intente la persona arrendataria para exigir a la arrendadora, el derecho de preferencia y el pago de los daños y perjuicios a que se refiere el Código Civil correspondiente se sujetará a lo dispuesto en este Título.

Artículo 521. Los escritos de demanda, contestación, y en su caso, reconvención, observarán los requisitos establecidos en las disposiciones generales. El escrito inicial de demanda además de los requisitos referidos deberá acompañarse con el contrato de arrendamiento en caso de haberse celebrado por escrito.

En la demanda, contestación, reconvención, contestación a la reconvención y contestación a las excepciones opuestas, las partes deberán ofrecer las pruebas que pretendan rendir durante el juicio.

Artículo 522. Admitida la demanda se ordenará emplazar a la parte demandada, misma que deberá dar contestación, y formular en su caso, reconvención, dentro de los quince días siguientes a la fecha del emplazamiento; si hubiere reconvención se correrá traslado de ésta a la parte actora para que la conteste dentro de los quince días siguientes.

Desahogada la vista de las excepciones y defensas, de la contestación a la demanda y en su caso, de la contestación a la reconvención, o transcurridos los plazos para ello, la autoridad jurisdiccional señalará de inmediato la fecha y hora para la celebración de la audiencia de juicio, la que deberá fijarse dentro de los quince días siguientes.

En el mismo auto, la autoridad jurisdiccional admitirá, en su caso, las pruebas que fuesen ofrecidas en relación con las excepciones procesales opuestas, para que se rindan a más tardar en la audiencia de juicio. En caso de no desahogarse las pruebas en la audiencia, se declararán desiertas por causa imputable al oferente.

En lo no previsto para la audiencia de juicio, deberán aplicarse lo dispuesto en las reglas generales del juicio ordinario oral civil de este Código Nacional.

Artículo 523. La preparación de las pruebas quedará a cargo de las partes, por lo que deberán presentar a los testigos, peritos y demás pruebas que les hayan sido admitidas.

En caso de que las partes manifiesten bajo protesta de decir verdad la imposibilidad de preparar directamente el desahogo de las mismas, la autoridad jurisdiccional previa solicitud de la oferente, expedirá los oficios o citaciones, designará en su caso perito tercero en discordia, poniendo a disposición de la oferente los oficios y citaciones respectivas, a efecto de que las partes preparen las pruebas y éstas se desahoguen en la audiencia de juicio; en caso contrario se declarará desierta la prueba por causa imputable del oferente.

Si llamado un testigo, perito o solicitado un documento que hayan sido admitidos como prueba, no se desahogan éstas a más tardar en la audiencia, se declarará desierta la prueba ofrecida por causa imputable a la oferente.

Artículo 524. En la audiencia de juicio, se abrirá una etapa de conciliación y mediación, en caso de no lograrse un convenio, las partes expresaran sus alegatos de inicio, se desahogarán las pruebas y escuchados los alegatos finales, se declarará el asunto visto y la autoridad jurisdiccional explicará de forma breve, clara y sencilla en un lenguaje cotidiano su sentencia definitiva y leerá únicamente los puntos resolutivos, entregando copia simple de la versión escrita de la misma a las partes, en un plazo no mayor a dos días.

Artículo 525. En caso de que dentro del juicio a que se refiere este Capítulo, se demande el pago de rentas atrasadas por dos o más meses de acuerdo con el contrato suscrito por las partes, la parte actora podrá solicitar a la autoridad jurisdiccional que, al momento del emplazamiento o al dar contestación a la demanda, la demandada acredite con los recibos de renta correspondientes o escritos de consignación debidamente sellados, que se encuentra al corriente en el pago de las rentas pactadas y no haciéndolo se embargarán bienes de su propiedad suficientes para cubrir las rentas adeudadas.

Artículo 526. Para los efectos de este Capítulo siempre se tendrá como domicilio legal de la parte ejecutada el inmueble motivo del arrendamiento.

Artículo 527. Los incidentes no suspenderán el procedimiento. Se tramitarán en los términos de las reglas generales del presente Código Nacional, para los de tramitación escrita u oral, según procedan.

Artículo 528. Contra las sentencias definitivas en los procedimientos de arrendamiento inmobiliario oral, procederá el recurso de apelación en efecto devolutivo.

Artículo 529. En todo lo no previsto regirán las reglas generales de este Código Nacional, en cuanto no se opongan a las disposiciones del presente Capítulo.

SECCIÓN SEXTA
DEL PROCEDIMIENTO ESPECIAL DE INMATRICULACIÓN JUDICIAL ORAL

Artículo 530. El procedimiento especial oral de inmatriculación judicial de inmuebles, sin perjuicio de lo dispuesto en los Códigos Civiles respectivos, se substanciará conforme a lo siguiente:

I. Se presentará una solicitud que deberá de contener:

a) El origen de la posesión;

b) En su caso, el nombre de la persona de quien obtuvo la posesión el peticionario;

c) El nombre y domicilio del causahabiente de aquélla si fuere conocido;

d) La ubicación precisa del bien y sus medidas y colindancias;

e) El nombre y domicilio de las personas colindantes, y

f) El nombre de tres testigos, preferentemente colindantes del inmueble a inmatricular o, en su caso, que vivan o habiten cerca del lugar de ubicación del fundo en cuestión.

II. Se acompañará a la solicitud:

a) Un plano descriptivo de la ubicación del inmueble;

b) Un plano catastral del inmueble autorizado por el órgano de recaudación correspondiente, con una vigencia no mayor a seis meses, y

c) Un certificado de no inscripción del inmueble expedido por el Registro de la Propiedad, Oficina Registral o cualquier Institución análoga según la Entidad Federativa de que se trate. En el escrito en que se solicite dicho certificado, se deberán proporcionar los datos que identifiquen con precisión el fundo y manifestar que el certificado será exhibido en el procedimiento judicial de inmatriculación.

III. Admitida la solicitud, se ordenará la publicación por edictos en el medio de comunicación procesal oficial y en un periódico de mayor circulación en la Entidad Federativa donde se ubique el bien inmueble, por una sola ocasión, para que comparezcan al procedimiento las personas que se pudieren considerar perjudicadas, en los siguientes medios:

a) En el medio de comunicación procesal oficial de la autoridad jurisdiccional, y

b) En un periódico de los de mayor circulación en el lugar del inmueble.

IV. Se deberá fijar un anuncio de proporciones visibles en la parte externa del inmueble en cuestión, a través del cual se informe a las personas que puedan considerarse perjudicadas, a las y los vecinos, así como al público en general, la existencia del procedimiento de inmatriculación judicial respecto a ese inmueble. El anuncio deberá contener el nombre de la promovente y permanecer en el inmueble durante todo el trámite judicial.

Artículo 531. Realizadas las publicaciones y fijado el anuncio, se correrá traslado de la solicitud, para que contesten si existe oposición al procedimiento, dentro del término de quince días, las siguientes personas:

I. Aquella de quien obtuviera la posesión de quien promueve o su causahabiente si fuere conocido;

II. El Ministerio Público de la Entidad Federativa o la Federación;

III. Las personas colindantes del inmueble;

IV. El Instituto de Administración y Avalúos de Bienes Nacionales o dependencia de gobierno similar en las entidades, para que exprese si el fundo es o no de propiedad Federal o Estatal, y

V. A criterio de la autoridad jurisdiccional, el Registro Agrario Nacional.

Artículo 532. Producida la contestación y desahogadas las excepciones y defensas, en dichos escritos se ofrecerán las pruebas objeto de debate y se procederá a señalar la fecha y hora para celebración de la audiencia de juicio. En todo lo no previsto se estará a las disposiciones del juicio ordinario civil oral.

En el caso de que no hubiera oposición, y previa solicitud de acuse de rebeldía, la autoridad jurisdiccional, al vencerse el término a que se refieren los artículos anteriores, señalará fecha para la celebración de la audiencia de juicio dentro de los treinta días y se decidirá sobre la admisión y preparación de pruebas en el proveído respectivo. La audiencia se llevará a cabo con o sin la asistencia de las partes emplazadas. En caso de inasistencia sin justa causa del promovente, se sobreseerá el procedimiento.

TÍTULO TERCERO
DEL JUICIO ARBITRAL

CAPÍTULO I
DISPOSICIONES GENERALES

Artículo 533. Las partes tienen el derecho de someter sus controversias al juicio arbitral.

Artículo 534. El acuerdo de arbitraje puede celebrarse previo a que inicie un procedimiento jurisdiccional, durante éste una vez iniciado y hasta antes de dictada la sentencia definitiva.

En caso de que las partes decidan someterse a un juicio arbitral una vez iniciado un procedimiento jurisdiccional, la autoridad jurisdiccional las remitirá al arbitraje, dando por concluida la instancia, a menos, que se compruebe que el acuerdo es nulo, ineficaz o de ejecución imposible.

Lo actuado en el procedimiento jurisdiccional carecerá de validez para el juicio arbitral, salvo que las partes de común acuerdo convinieren lo contrario.

Artículo 535. El acuerdo de arbitraje es un convenio, por el que las partes deciden someter a arbitraje todas o ciertas controversias que hayan surgido o puedan surgir entre ellas respecto de una determinada relación jurídica, contractual o no. El acuerdo de arbitraje podrá adoptar la forma de una cláusula compromisoria incluida en un contrato o la forma de un acuerdo independiente.

En todos los casos el acuerdo deberá constar por escrito o por cualquier medio por el que se manifieste expresamente la voluntad de las partes que así lo convinieron.

Artículo 536. La referencia a un reglamento en el acuerdo de arbitraje, o en sus modificaciones, hará que se entiendan comprendidas en el mismo todas las disposiciones de que se trate.

Artículo 537. Quien esté en pleno ejercicio de sus derechos civiles, puede comprometer en árbitros sus negocios.

Las personas tutoras no pueden comprometer los negocios de personas sobre quienes ejercen la tutela, ni nombrar árbitros, sino con aprobación judicial, a menos que éstas fueren personas herederas de quien celebró el acuerdo de arbitraje. Si no hubiere designación de árbitros, salvo pacto en contrario de las partes, se hará con intervención judicial, como está previsto en los medios preparatorios a juicio arbitral.

Artículo 538. Los albaceas necesitan del consentimiento unánime de las personas herederas para comprometer en árbitros los negocios de la herencia y para nombrar árbitros, salvo que se tratara de cumplimentar los acuerdos de arbitraje pactados por el autor de la sucesión.

Artículo 539. Quien funja como síndico de los concursos civiles, sólo puede comprometer en árbitros con el consentimiento unánime de las personas acreedoras.

Artículo 540. No se pueden comprometer en árbitros los siguientes negocios:

I. El derecho de recibir alimentos, lo concerniente al régimen de convivencia, guarda y custodia y demás derechos de niñas, niños y adolescentes;

II. Los divorcios, excepto la separación de bienes, la liquidación y disolución de la sociedad conyugal y las demás diferencias de naturaleza pecuniarias;

III. Las acciones de nulidad de matrimonio;

IV. Los concernientes al estado civil de las personas, con las excepciones contenidas en el Código Civil o Familiar de cada Entidad Federativa que así lo determine, y

V. Los demás en los que lo prohíba expresamente la Ley.

Artículo 541. La persona a quien se comunique su posible nombramiento como árbitro, deberá estar libre de conflicto de intereses con cualquiera de las partes, así mismo, será su obligación revelar todas las circunstancias que puedan dar lugar a dudas justificadas acerca de su imparcialidad o independencia. Desde el momento de su nombramiento y durante todas las actuaciones arbitrales, revelará sin demora tales circunstancias a las partes.

Sólo podrá ser recusado si existen circunstancias que den lugar a dudas justificadas respecto de su imparcialidad o independencia, o si no posee las cualidades convenidas por las partes. Una parte sólo podrá recusar al árbitro nombrado por ella o en cuyo nombramiento haya participado, por causas de las que tenga conocimiento después de efectuada la designación.

Artículo 542. Deberá tratarse a las partes con igualdad y darse a cada una plena oportunidad de hacer valer sus derechos.

Con sujeción a las disposiciones del presente Título, las partes tendrán libertad para convenir las reglas del procedimiento a que se haya de ajustar el árbitro en sus actuaciones, a menos de que se trate de un arbitraje institucionalizado.

A falta de acuerdo sobre las reglas y siempre que no se trate de un arbitraje institucionalizado, se aplicarán las disposiciones del Reglamento de Arbitraje de la Comisión de las Naciones Unidas para el Derecho Mercantil Internacional.

En ausencia de acuerdo y de disposición expresa en el reglamento respectivo, se aplicará lo dispuesto en el presente Título.

En todo momento, el árbitro podrá, con sujeción a lo dispuesto en el presente Código Nacional, dirigir el procedimiento del modo que considere apropiado con el objeto de resolver la controversia planteada. Esta facultad conferida incluye de manera enunciativa, determinar la admisibilidad, la pertinencia y el valor de las pruebas.

Artículo 543. El acuerdo de arbitraje produce las excepciones de remisión al arbitraje y litispendencia, si durante el procedimiento se promueve el negocio en un órgano jurisdiccional ordinario.

La excepción de remisión al arbitraje debe tramitarse en la vía incidental. Sólo se denegará la remisión al arbitraje:

I. Si en el desahogo de la vista dada con la excepción de remisión al arbitraje se demuestra por medio de resolución firme, sea en forma de sentencia o laudo arbitral, que se declaró la nulidad del acuerdo de arbitraje, o

II. Si la nulidad, la ineficacia o la imposible ejecución del acuerdo de arbitraje son notorias desde el desahogo de la vista dada con la solicitud de remisión al arbitraje. Al tomar esta determinación la autoridad jurisdiccional deberá observar un criterio estricto y razonable.

Artículo 544. El tribunal arbitral resolverá la controversia según las normas de derecho que las partes hayan convenido. Si las partes no indicaren la Ley que debe regir el fondo del litigio, el tribunal arbitral, tomando en cuenta las características y conexiones del caso, determinará el derecho aplicable.

Decidirá como amigable componedor o en conciencia, sólo si las partes lo han autorizado expresamente para hacerlo.

Artículo 545. El tribunal arbitral puede condenar en costas, daños y perjuicios, pero para emplear medidas de apremio debe acudir a la autoridad jurisdiccional.

CAPÍTULO II
DE LA EJECUCIÓN DE LAUDOS

Artículo 546. Notificado el laudo, cualquier parte podrá presentarlo a la autoridad jurisdiccional para su ejecución, a no ser que las partes ejercieren una acción de nulidad dentro de los siguientes tres meses a la notificación del laudo.

Artículo 547. La autoridad jurisdiccional que esté en turno y que corresponda a la competencia judicial del lugar del arbitraje, o bien, el de la ubicación de los bienes para el caso de ejecución, es competente para todos los actos relativos al juicio arbitral en lo que se refiere a jurisdicción que no tenga el árbitro; y para la ejecución de autos, decretos, órdenes y laudos.

Artículo 548. La autoridad jurisdiccional está obligada a impartir el auxilio de su jurisdicción al tribunal arbitral.

Artículo 549. Contra el laudo arbitral no procede recurso alguno. Contra la ejecución sólo serán posibles las siguientes excepciones que deberá probar la parte contra la cual se invoca el laudo:

I. Una de las partes en el acuerdo de arbitraje estaba afectada por alguna incapacidad jurídica, o que dicho acuerdo no es válido en virtud de la Ley a que las partes lo han sometido, o si nada se hubiere indicado a este respecto, en virtud de las disposiciones de este Código Nacional;

II. No fue debidamente notificada de la designación del árbitro o de las actuaciones arbitrales, o no hubiere podido, por cualquier otra razón ajena al ejecutado, hacer valer sus derechos;

III. El laudo se refiere a una controversia no prevista en el acuerdo de arbitraje o contiene decisiones que exceden los términos del acuerdo de arbitraje. No obstante, si las disposiciones del laudo que se refieren a las cuestiones sometidas al arbitraje pueden separarse de las que no lo están, se podrá dar reconocimiento y ejecución a las primeras;

IV. La composición del tribunal arbitral o el procedimiento arbitral no se ajustaron al acuerdo celebrado entre las partes o, en defecto de tal acuerdo, que no se ajustaron a la Ley del país donde se efectuó el arbitraje, o

V. El laudo no sea aún obligatorio para las partes o hubiere sido anulado o suspendido por la autoridad jurisdiccional del país en que, o conforme a cuyo derecho, hubiere sido dictado ese laudo.

En todos los casos, la autoridad jurisdiccional verificará de oficio que, el objeto de la controversia que se pretende ejecutar sea susceptible de arbitraje; o que el reconocimiento o la ejecución del laudo no sean contrarios al orden público.

LIBRO CUARTO
DE LA JUSTICIA FAMILIAR

TÍTULO PRIMERO
DISPOSICIONES COMUNES A LOS PROCEDIMIENTOS FAMILIARES

CAPÍTULO I
DISPOSICIONES GENERALES EN MATERIA FAMILIAR

SECCIÓN PRIMERA
GENERALIDADES

Artículo 550. Los procedimientos en materia familiar son de orden público; corresponde a las autoridades jurisdiccionales intervenir de oficio en los asuntos que afecten los derechos de las personas que pertenezcan a grupos sociales que se encuentren en situación de vulnerabilidad.

En todos los casos la autoridad jurisdiccional deberá:

I. Fundar y motivar sus resoluciones, de modo que estas se deduzcan lógicamente de los hechos, pruebas y leyes que les sirvan de antecedentes;

II. Procurar la preservación de los vínculos familiares, sin que ello implique una vulneración a los derechos de las personas involucradas en la controversia; para dichos efectos, también deberá de informar a las partes los beneficios del Procedimiento de Justicia Restaurativa;

III. Informar de los derechos que le asisten a la persona en su primera comparecencia ante la autoridad jurisdiccional;

IV. Valorar que los acuerdos propuestos por las partes no afectan derechos irrenunciables o propicien una segunda victimización;

V. Suplir la deficiencia procesal, y

VI. Solicitar la intervención del Ministerio Público o representación social que corresponda.

La solicitud para la intervención de la autoridad jurisdiccional podrá ser oral y sólo cuando así se prevenga los escritos, promociones y peticiones deberán reunir los requisitos mínimos exigidos por este Código Nacional.

Artículo 551. Para el esclarecimiento de la verdad de los hechos controvertidos, la autoridad jurisdiccional podrá ordenar la admisión de cualquier prueba oficial o privada y su desahogo podrá decretarse de manera anticipada.

Artículo 552. Las partes en el juicio estarán obligadas a facilitar la inspección o reconocimiento ordenados por la autoridad jurisdiccional y exhibir los documentos que tengan en su poder y se relacionen con el proceso apercibidos que de no hacerlo sin justa causa se le tendrán por ciertos los hechos que se pretendan probar con ello. La autoridad jurisdiccional podrá hacer cumplir sus determinaciones a través de la aplicación de cualquier medida de apremio prevista en el presente Código Nacional.

Las partes estarán obligadas a facilitar el examen de las condiciones físicas o mentales de una persona, o a proporcionar muestras orgánicas o biológicas, para la obtención de la verdad o resolución del conflicto; apercibiéndoles de que se tendrán por ciertas las afirmaciones de la contraparte si no cumplen con estas obligaciones, salvo prueba en contrario.

Artículo 553. La admisión de hechos por las partes y el allanamiento de estos sólo vinculan a la autoridad jurisdiccional, cuando no se afecten los derechos de niñas, niños o adolescentes, tratándose de violencia familiar, sexual o contra la mujer. Cuando se trate de un delito sexual, la autoridad jurisdiccional estará obligada a dar parte al Ministerio Público, deberá salvaguardarse la integridad y apegarse al principio del interés superior de niñas, niños y adolescentes de manera inmediata.

Artículo 554. En los casos de conductas violentas u omisiones graves que afecten a los integrantes de la familia, la autoridad jurisdiccional deberá adoptar las medidas provisionales que se estimen convenientes, para que cesen de plano. En los casos de violencia vicaria, definida en el artículo 6, fracción

VI, de la Ley General de Acceso de las Mujeres a una Vida Libre de Violencia, la autoridad jurisdiccional deberá salvaguardar la integridad de niñas, niños, adolescentes y mujeres.

Artículo reformado DOF 16-12-2024

Artículo 555. La autoridad jurisdiccional determinará siempre el aseguramiento de los alimentos de quien tenga derecho a recibirlos aun cuando el procedimiento no tenga por objeto principal dicho aseguramiento.

Artículo 556. Las medidas provisionales que hubiere decretado la autoridad jurisdiccional podrán ser modificadas o revocadas, si se demuestra que las causas que las motivaron variaron o desaparecieron.

Artículo 557. Tratándose de trámites en los que se encuentren involucrados los derechos de niñas, niños y adolescentes, la autoridad jurisdiccional, proveerá al efecto y de manera inmediata los ajustes razonables que se requiera en debida observancia del principio de interés superior de las niñas, niños y adolescentes, de conformidad con lo siguiente:

I. Actuar más allá de la demanda puntual que se le presenta cuando esto sea en aras del interés superior de la infancia;

II. Priorizar el derecho a la protección especial, contra toda forma de sufrimiento, abuso o descuido, incluidos el físico, psicológico, mental y emocional; así como priorizar el desarrollo integral en un ambiente sano y libre de violencia;

III. Atender las características, condiciones específicas y necesidades de cada niña, niño y adolescente, con base en el principio de no discriminación;

IV. Deberá cerciorarse de la necesidad de la admisión de la declaración testimonial de niñas, niños o adolescentes, con base en el principio de mínima intervención, a fin de evitar prácticas o procedimientos que causen estrés psicológico;

V. Evitar de manera acuciosa las demoras prolongadas o innecesarias en las diligencias en las que intervengan, así como la formulación de requerimientos legales que pueden resultar intimidantes;

VI. En ningún caso se hará pública la información sobre niñas, niños o adolescentes involucrados en los trámites judiciales previstos en este Código Nacional, y

VII. Toda niña, niño y adolescente, tiene derecho a expresar sus opiniones libremente sobre las decisiones que le afecten, incluidas las adoptadas en el curso de cualquier proceso, y que esos puntos de vista serán tomados en consideración por la autoridad jurisdiccional atendiendo a su edad, madurez y evolución de su capacidad; el acto procesal mediante el que sea escuchado su parecer no estará sujeto a contradicción.

Artículo 558. En todos los asuntos que estén involucrados derechos de niñas, niños y adolescentes, éstos podrán ser escuchados por la autoridad jurisdiccional, en audiencia videograbada.

La autoridad jurisdiccional señalará fecha y hora para la celebración de la comparecencia, y requerirá a quien ejerza la guarda y custodia o cuidado de la niña, niño o adolescentes para que lo presenten al desahogo de la comparecencia, con el apercibimiento de que en caso de incumplimiento se les impondrá la medida de apremio que la autoridad jurisdiccional estime conducente.

En el desahogo de la comparecencia la autoridad jurisdiccional deberá observar lo siguiente:

I. Que la comparecencia no se lleve a cabo en un ambiente hostil;

II. Asegurar que esté presente un equipo interdisciplinario, formado por: una persona profesional en psicología, preferentemente con especialidad en desarrollo infantil, una persona Agente del Ministerio Público y una persona tutora especial que se designe para el desahogo de la actuación, persona que deberá de pertenecer al Sistema al Desarrollo Integral de la Familia o a la Procuraduría de Protección de Niñas, Niños y Adolescentes;

III. La entrevista con las niñas, niños y adolescentes, está exceptuada de contradicción y debe ser resguardada en absoluta discrecionalidad, atendiendo a los principios de confidencialidad y privacidad que les asisten a las niñas, niños y adolescentes; se llevará a cabo sin la presencia de sus progenitores o tutores;

IV. En los casos en los que la niña, niño o adolescente requiera el apoyo de una persona familiar o profesional de su confianza podrá acompañarle, particularmente cuando se trate de violencia sexual infantil, ya que sólo con auxilio de sus progenitores o terapeutas suelen revelar la violencia, y

V. Dichas diligencias serán videograbadas para evitar la repetición y revictimización en el proceso de niñas, niños y adolescentes.

Los datos proporcionados en la comparecencia serán tomados en consideración por la autoridad jurisdiccional atendiendo a la edad, madurez y contexto social y familiar de la niña, niño o adolescente, así como las pruebas periciales en materia de psicología que para tal efecto se recaben. La admisión de estos medios de prueba podrá decretarse de manera anticipada.

Artículo 559. Cuando la persona que tenga a su cuidado a la niña, niño o adolescente se niegue a presentarlo a la audiencia señalada para su comparecencia, alegando cualquier causa, se harán efectivos los apercibimientos decretados con anterioridad, y de considerarse viable se señalará nuevo día y hora dentro del término de veinte días en el que la autoridad jurisdiccional, el Ministerio Público y demás personas que deban intervenir, se trasladen al domicilio donde habita la niña, niño o adolescente para llevar a cabo la diligencia referida, en su caso.

Para el caso de oposición o impedimento del desarrollo de la audiencia, la autoridad jurisdiccional dará vista al Ministerio Público para que proceda conforme a sus atribuciones y para los efectos legales conducentes. La autoridad jurisdiccional podrá adoptar las medidas de protección para las niñas, niños y adolescentes que estime pertinentes, siempre con base en el principio del interés superior de la infancia y de acuerdo con el Protocolo para juzgar con perspectiva de infancia y adolescencia de la Suprema Corte de la Justicia de la Nación.

Artículo 560. La autoridad jurisdiccional tiene, sin perjuicio de las especiales que les concede la ley, las siguientes facultades:

I. Convocar a las partes a su presencia en cualquier tiempo, para intentar la conciliación o cualquier otro medio alterno de solución de conflictos; exceptuando aquellos casos que involucren violencia de cualquier tipo incluida la de género y para cualquier persona, niña, niño y adolescente;

II. En cualquier estado o instancia del procedimiento, ordenar la comparecencia personal de las partes, a fin de interrogarlas libremente sobre los hechos por ellas afirmados. Las partes deben ser asistidas por sus representantes. Los interrogatorios se practicarán sin formalidad alguna, excepto en los casos que involucren cualquier tipo o modalidad de violencia de género, en cuyo caso las autoridades jurisdiccionales deberán actuar con base en los Protocolos que al efecto existan;

III. Rechazar de plano cualquier incidente o solicitud que merezca calificarse de frívola, notoriamente improcedente, intrascendente o dilatoria, en relación con el asunto que se ventile, lo que deberá ser hecho de manera fundada, razonada y motivada;

IV. Para el solo efecto de regularizar el proceso, ordenar en cualquier etapa del juicio que se subsane toda omisión o deficiencia formal que se notare;

V. Suplir la deficiencia de los planteamientos de derecho y de las pretensiones, así como de los agravios respecto de las niñas, niños, adolescentes; víctimas de cualquier tipo o modalidad de violencia de género y grupos de atención prioritaria;

VI. Allegarse de los medios de prueba legales que estime necesarios para la resolución del asunto, de acuerdo con la naturaleza de los derechos en conflicto, y

VII. Determinar las medidas y órdenes de protección procedentes para la protección de los miembros de la familia, cuando en un procedimiento se advierta la existencia de cualquier modalidad o tipo de violencia.

Artículo 561. Si la autoridad jurisdiccional advierte la existencia de cualquier clase de violencia, deberá modificar o suspender el ejercicio del régimen de convivencias o guarda y custodia, según sea el caso, y podrá ordenar que las convivencias se realicen de manera supervisada en los Centros o Instituciones destinadas para tal efecto en el Tribunal o Poder Judicial de cada Entidad Federativa, o bien por videoconferencia supervisada, siempre y cuando sea deseo de la niña, niño o adolescente, así como dictar las medidas que estime pertinentes para salvaguardar el orden familiar y dar vista al agente del Ministerio Público que corresponda.

SECCIÓN SEGUNDA
DE LOS ALIMENTOS

Artículo 562. Si la autoridad jurisdiccional considera acreditada la obligación alimentaria, dictará el auto admisorio a más tardar al día siguiente en que haya recibido la solicitud respectiva, fijando una pensión alimenticia provisional y dará aviso sin demora a la persona física o moral de quien perciba el ingreso la persona deudora alimentista, para que lleve a cabo el descuento y haga entrega de la cantidad al acreedor alimentario e informe sobre el total de sus percepciones.

Artículo 563. La orden de descuento de los alimentos y el informe solicitado se atenderá de inmediato por la parte responsable de la fuente de trabajo, suministrando los datos exactos dentro del término de tres días, con el apercibimiento que de no hacerlo se le aplicará una multa de hasta doscientas Unidades de Medida y Actualización, además de responder solidariamente con la obligada directa, de los daños y perjuicios que cause a la acreedora alimentaria por sus omisiones o informes falsos.

En todo momento la autoridad jurisdiccional podrá solicitar el auxilio de las autoridades fiscales para la indagación de la capacidad económica de las personas deudoras alimentarias.

Artículo 564. Cuando no se acredite la capacidad económica de la deudora alimentista, en atención a las circunstancias especiales del caso, la pensión alimenticia se fijará en salarios mínimos en la zona económica que corresponda, sin que pueda ser inferior a uno.

Artículo 565. Fuera de los casos anteriores, se ordenará requerir a la parte deudora alimentista sobre el pago inmediato de la pensión provisional, con el apercibimiento de embargar bienes de su propiedad que garanticen su cumplimiento. En caso de que se actualice el incumplimiento de la parte deudora alimentista total o parcial por un periodo mayor a 90 días, la autoridad jurisdiccional ordenará su inscripción en el Registro Nacional de Obligaciones Alimentarias.

Las personas representantes de la Procuraduría de Protección de Niñas, Niños y Adolescentes o de las instituciones análogas en las Entidades Federativas, que tengan decretada una tutoría en su favor, en todo momento se encuentran legitimadas para solicitar ante la autoridad jurisdiccional la inscripción de una persona deudora en el Registro Nacional de Obligaciones Alimentarias.

Artículo 566. En el mismo auto de admisión a la demanda, la autoridad jurisdiccional proveerá la designación de una persona profesionista en trabajo social, para que lleve a cabo un estudio socioeconómico de las partes acreedora y deudora alimentaria, el cual, de ser posible, deberá estar exhibido en la audiencia preliminar.

Artículo 567. Las cuestiones que se promuevan sobre el importe de los alimentos se decidirán por la vía incidental además de ser revisadas en la audiencia preliminar.

Artículo 568. La sentencia que decrete los alimentos fijará la pensión correspondiente y se comunicará sin demora a la persona física o moral de quien perciba el ingreso la parte deudora alimentista.

En caso de que la autoridad jurisdiccional verifique un incumplimiento total o parcial por la parte deudora alimentista del fallo que condena al pago de alimentos, ya sea que comprenda el pago de una pensión alimenticia ordinaria o retroactiva, informará para su inscripción en el plazo de tres días dicho incumplimiento al Registro Nacional de Obligaciones Alimentarias.

SECCIÓN TERCERA
DE LAS MEDIDAS PROVISIONALES Y DE PROTECCIÓN

Artículo 569. La autoridad jurisdiccional deberá intervenir de oficio en las cuestiones inherentes al orden familiar y deberá decretar las medidas provisionales necesarias sin audiencia de la contraparte y cerciorarse de su cumplimiento, en los casos que a continuación se mencionan, de manera enunciativa y no limitativa:

I. Fijación de alimentos;

II. Guarda y custodia;

III. Régimen de convivencias;

IV. Órdenes o medidas de Protección, y

V. Cualquier otra medida que señale este Código Nacional, los códigos civiles o familiares y las leyes especializadas en la materia, siempre y cuando la autoridad jurisdiccional considere pertinente para salvaguardar a los integrantes de la familia.

Las medidas indicadas en las fracciones anteriores deberán ser revisadas por la autoridad jurisdiccional, de oficio o a petición de parte, en la audiencia preliminar o en cualquier otra etapa del procedimiento. Contra dicha resolución procederá el recurso de apelación en el efecto devolutivo.

Artículo 570. Tratándose de las medidas provisionales y de protección dictadas en favor de víctimas de violencia familiar, para su revisión deberán observarse las condiciones establecidas en este Código Nacional y demás leyes aplicables.

Artículo 571. Las órdenes o medidas de protección tienen como fin salvaguardar integralmente a las víctimas de violencia y su familia, ya sea previniendo, interrumpiendo o impidiendo cualquier conducta de violencia.

Son principios básicos de la orden de protección:

I. Protección de la víctima, que la víctima recupere la sensación de seguridad ante posibles amenazas de quien violenta, lo cual, por otra parte, es indispensable para romper con el círculo de violencia;

II. Urgencia, la orden se debe implementar y cumplir de manera inmediata, con la mayor agilidad posible a efecto de que cumpla con el fin de prevenir o impedir que los actos de violencia se cometan o se sigan cometiendo;

III. Accesibilidad, quiere decir que la medida debe ser implementada a través de un procedimiento sencillo y gratuito para quien es víctima de violencia;

IV. Utilidad procesal, la orden de protección debe facilitar la confección, integración, tratamiento y conservación de las pruebas que puedan aportarse al trámite, y

V. La necesidad y proporcionalidad de la medida, las órdenes de protección deben responder a la situación de violencia en que se encuentre la persona destinataria y deben garantizar su seguridad o reducir los riesgos existentes.

Artículo 572. En caso de que la autoridad jurisdiccional conozca de hechos que probablemente constituyen actos de violencia en contra de las mujeres; niñas, niños o adolescentes; o personas que pueden encontrarse en grupos que se encuentren en situación de vulnerabilidad, tiene la obligación de dictar órdenes de protección de urgente aplicación en función del interés superior de quien pudiere resultar víctima, las cuales serán personalísimas e intransferibles, pudiendo tener incluso el carácter de preventivas y serán consideradas de naturaleza familiar.

Artículo 573. Son medidas u órdenes de protección:

I. La desocupación inmediata del domicilio conyugal o donde habite la víctima, por la persona agresora, independientemente de la acreditación de propiedad o posesión del inmueble, aún en los casos de arrendamiento;

II. La prohibición inmediata a la persona probable responsable de apersonarse en el domicilio, lugar de trabajo, de estudios, del domicilio de las y los ascendientes y descendientes o cualquier otro que frecuente la víctima;

III. La prohibición de intimidar o molestar a la víctima en su entorno social, así como a cualquier integrante de su familia;

IV. El auxilio policiaco de reacción inmediata a favor de la víctima, con autorización expresa de ingreso al domicilio donde se localice o se encuentre la víctima al momento de solicitar el auxilio;

V. El inventario de los bienes muebles e inmuebles de propiedad común, incluyendo los implementos de trabajo de la víctima;

VI. Informar a las autoridades o instituciones competentes sobre las medidas tomadas, a fin de que presten atención inmediata a las personas afectadas;

VII. El uso y goce de los bienes que se encuentren en el inmueble que sirva de domicilio a la víctima;

VIII. El acceso al domicilio en común, de autoridades policiacas o de personas que auxilien a la víctima a tomar sus pertenencias personales y las de su familia;

IX. Emitir orden de protección y auxilio dirigida a las autoridades de seguridad pública, de la que se expedirá copia a la víctima para que pueda acudir a la autoridad más cercana en caso de amenaza de agresión;

X. Brindar servicios reeducativos integrales especializados y gratuitos, con perspectiva de género en instituciones especializadas y gratuitas a la persona agresora para erradicar las conductas violentas a través de una educación que elimine los estereotipos de supremacía de género y los patrones machistas y misóginos que generaron;

XI. Suspensión temporal al agresor del régimen de visitas y convivencia con sus descendientes;

XII. Prohibición al agresor de enajenar o hipotecar bienes de su propiedad, que puedan ser susceptibles de división entre los cónyuges o concubinos, con independencia del régimen matrimonial al que se encuentre sujeto el matrimonio;

XIII. Embargo preventivo de bienes del agresor, que deberá inscribirse en el Registro Público de la Propiedad, a efecto de garantizar las obligaciones alimentarias de cualquier clase, y

XIV. En caso de ser solicitado, proveer a fin de que la víctima pueda recibir en instituciones públicas y de manera gratuita atención médica y acompañamiento psicológico.

La autoridad jurisdiccional está obligada a observar aquellos casos en los que pudiera tratarse de violencia vicaria en contra de mujeres, por sí o a través de una tercera persona definida en el artículo 6, fracción VI, de la Ley General de Acceso de las Mujeres a una Vida Libre de Violencia.

Párrafo reformado DOF 16-12-2024

Artículo 574. Toda persona integrante de la familia podrá solicitar las medidas de protección que considere pertinentes y se atenderá al principio de lealtad procesal para su decreto; sin embargo, atendiendo a los elementos del caso concreto el estándar probatorio requerido para el decreto podrá variar.

En caso de que se acredite que dichas medidas tengan el propósito de ejercer violencia contra la mujer, éstas se dejarán sin efecto.

Si quien solicita la medida de protección es una niña, niño o adolescente, y no se encuentra asistido por sus representantes legales, se ordenará por la autoridad judicial la fijación de una representación inmediata de algún familiar o persona cuidadora temporal o por alguna institución especializada, a efecto de que se dicten las órdenes solicitadas de manera inmediata, ya sea que comparezca por escrito o por comparecencia.

Artículo 575. Las medidas de protección previstas en este Código Nacional deben ser dictadas dentro de las veinticuatro horas siguientes al conocimiento de los hechos, y ser cumplimentadas en un término no mayor a setenta y dos horas; por lo que, no será necesario que surta efectos ningún tipo de notificación para la materialización de las medidas u órdenes.

Las órdenes de protección, pueden ser modificadas durante la tramitación del juicio, en la audiencia preliminar, o en la sentencia definitiva.

La autoridad jurisdiccional tiene la obligación de dar seguimiento a las órdenes de protección dictadas en el juicio.

Artículo 576. En el caso de violencia en contra de la mujer, serán aplicables las órdenes de protección que dispone la Ley General de Acceso de las Mujeres a una Vida Libre de Violencia, sin perjuicio de cualquier otra medida prevista en la legislación Federal y Local, así como en los tratados internacionales aplicables.

Artículo 577. Cuando el deudor alimentario haya dejado de cumplir con sus obligaciones en materia de alimentos por un periodo mayor de dos meses o sesenta días naturales, continuos o discontinuos, en cualquier momento del procedimiento podrá solicitarse a la autoridad jurisdiccional lo haga del conocimiento del Registro de Deudores Alimentarios Morosos o institución similar o análoga en las Entidades Federativas.

La autoridad jurisdiccional podrá retener los pasaportes a los deudores alimentarios morosos, y tratándose de extranjeros se dará vista al Instituto

Nacional de Migración, mediante oficio para que proceda conforme a la Ley de Migración, a efecto que no se le permita la salida del Territorio Nacional.

Del mismo modo la autoridad jurisdiccional podrá ordenar a petición de parte, el embargo precautorio de bienes y derechos de los que sea titular del deudor alimentario, así como el congelamiento provisional de sus cuentas bancarias.

A efecto de lo anterior la autoridad jurisdiccional también podrá instruir la anotación, registro o inscripción que corresponda a la medida ordenada.

En su caso, se dará vista al Ministerio Público para los efectos que corresponda.

SECCIÓN CUARTA
DE LA SEPARACIÓN DE PERSONAS

Artículo 578. Quien intente demandar, denunciar o querellarse contra su cónyuge o persona concubina, podrá solicitar a la autoridad jurisdiccional en materia familiar su separación del domicilio hogar común.

Artículo 579. La solicitud de separación del hogar común podrá hacerse por comparecencia o por escrito que deberá contener al menos lo siguiente:

I. Expresar los hechos sobre los que base la solicitud;

II. Indicar el domicilio en el que pretende permanecer o del que se desea retirar, y

III. En caso de existir hijas o hijos menores de edad correspondientes a la unión, se deberán de exhibir los documentos que acrediten la filiación, sin perjuicio de que en situación de urgencia no será necesaria tal exhibición y la autoridad jurisdiccional podrá hacer uso de los medios necesarios para comprobar el parentesco indicado.

Artículo 580. Cuando, derivado de una situación de cualquier tipo o modalidad de violencia, exista imposibilidad material para la presentación por la parte interesada, cualquier persona podrá bajo protesta de decir verdad, realizar su solicitud.

La autoridad jurisdiccional de primera o segunda instancia en materia familiar más cercana al domicilio común o en el que habite quien haga la solicitud, será la encargada de recibirla y decretar la separación provisional de personas, remitiendo las diligencias a la autoridad jurisdiccional que resulte competente.

Artículo 581. Presentada la solicitud de separación, si la autoridad jurisdiccional considera que procede, conjuntamente a la admisión del trámite deberá decretar lo siguiente:

I. Para el caso que la solicitud fuera interpuesta por una tercera persona, se proveerá respecto de la manifestación de conformidad con la persona interesada en el trámite, lo cual se realizará en la diligencia de cumplimiento;

II. Las medidas pertinentes y órdenes de protección a fin de que se efectúe de inmediato la separación, con atención a los hechos y circunstancias de la solicitud;

III. La determinación en cuanto a la guarda y custodia provisional de las niñas, niños o adolescentes relacionados con el caso;

IV. La fijación de la pensión alimenticia provisional correspondiente;

V. El régimen de visitas y convivencias provisionales, si ello no lesiona los derechos de las niñas, niños y adolescentes;

VI. Establecer que quien conserve el cuidado de los hijos o hijas menores de edad o de personas que pertenezcan a grupos que se encuentren en situación de vulnerabilidad, siga habitando el domicilio conyugal o familiar, si así lo desea;

VII. Quien se separe del domicilio familiar y conserve la guarda y custodia de hijos menores de edad habidos en el matrimonio o relación familiar, se le entregarán la ropa, muebles y demás enseres de los mismos, así como de las personas mayores que deban salir del domicilio con quien se haya separado del mismo. En todos los casos quien se retire del domicilio familiar podrá retirar sus objetos personales y de trabajo, y

VIII. Ordenar la notificación al otro cónyuge, concubina o concubinario, con la prevención expresa de que deberá abstenerse de impedir la separación o causarle cualquier tipo de molestias a la parte solicitante, apercibiéndole con las medidas de apremio previstas en el presente Código Nacional para en caso de incumplimiento.

Artículo 582. Decretada procedente la separación de personas, la autoridad jurisdiccional deberá prevenir a la parte solicitante para que presente la demanda correspondiente, dentro de un plazo de quince días hábiles, bajo el apercibimiento que de no realizarlo en el término señalado se levantará el acto prejudicial y cesarán los efectos de las medidas provisionales. En este sentido, podrá autorizarse por una sola ocasión una prórroga de hasta diez días hábiles.

Si la autoridad jurisdiccional advierte que con el levantamiento del acto prejudicial se pudiera vulnerar el interés superior de la niñez o de personas que pertenezcan a grupos que se encuentren en situación de vulnerabilidad, se dará vista a la Procuraduría de Protección para Niños, Niñas y Adolescentes o su equivalente en la Entidad Federativa de la que se trate, así como al Agente del Ministerio Público de su adscripción.

Artículo 583. La autoridad jurisdiccional puede modificar las resoluciones decretadas cuando los cónyuges o concubinos lo soliciten de común acuerdo o cuando aparezcan nuevas circunstancias que así lo hagan posible.

Cualquier oposición de las personas cónyuges o concubinas respecto de los alimentos o la guarda y custodia o visitas y convivencias, decretados en el acto prejudicial, se deberá tramitar en el juicio respectivo.

SECCIÓN QUINTA
DE LA JUSTICIA RESTAURATIVA EN MATERIA FAMILIAR

Artículo 584. Las partes de común acuerdo podrán sujetarse a un procedimiento de Justicia Restaurativa en materia familiar, el cual tendrá como finalidad que las partes reconozcan la existencia de un conflicto, asuman su responsabilidad y participen tanto en la reparación de los daños como en la reestructuración de la dinámica familiar. Quedan exceptuados los casos de violencia sexual contra niñas, niños y adolescentes. El procedimiento de Justicia Restaurativa no es obligatorio para acceder a la justicia familiar.

Las partes podrán acordar suspender la tramitación del juicio que hayan iniciado por un intervalo no mayor a tres meses. Las medidas cautelares, precautorias o provisionales decretadas en el trámite de cualquier juicio se mantendrán vigentes.

Las partes podrán sujetarse a los mecanismos de justicia restaurativa, sin suspensión del trámite judicial correspondiente.

En los casos que alguna de las partes manifieste su deseo de no continuar con el proceso de justicia restaurativa en materia familiar o simplemente una de ellas deje de acudir a las sesiones que se señalen, se dará por concluido el proceso, y suspendido o no el trámite, sin dilación alguna se continuará el juicio en la etapa procesal respectiva.

Artículo 585. Para la implementación de estos procesos, la autoridad jurisdiccional podrá auxiliarse de expertos en psicología, trabajo social, mediadores o facilitadores especializados en materia de familia, quienes deberán de preservar los principios de: legalidad, imparcialidad, voluntariedad, confidencialidad, flexibilidad, simplicidad, acceso a la información y que cuenten con la certificación que para dichos efectos expida la autoridad competente.

Artículo 586. En los casos en que las partes manifiesten su deseo de someterse a los beneficios de la justicia restaurativa, la autoridad jurisdiccional señalará día y hora para que las partes acudan a la entrevista inicial, a la cual podrán ser acompañadas en todo momento de cualquier persona de su confianza, lo que incluye a su representante legal.

Una vez realizadas las entrevistas la persona facilitadora informará en el plazo de tres días a la autoridad jurisdiccional la viabilidad de la implementación de un proceso de Justicia Restaurativa. No obstante, si en los encuentros preparatorios o dentro del proceso sobreviene alguna causa de inviabilidad, la persona facilitadora lo informará en un plazo máximo de cuarenta y ocho horas a la autoridad jurisdiccional.

En caso de que las partes, asistidas de la persona facilitadora, diseñen un plan de reparación del daño, deberá de observar lo siguiente:

I. De ninguna manera podrá pactarse la renuncia de los derechos de niñas, niños o adolescentes;

II. En asuntos en los que existan datos de la existencia de conductas de violencia, queda prohibido convenir el mero pago de obligaciones pecuniarias como forma de reparación del daño, y

III. No podrán pactarse cláusulas desde una asimetría en las relaciones de poder.

En el plan o convenio, en su caso, la persona mediadora o facilitadora deberán promover que se garantice el bienestar psicológico y la seguridad física de todos los miembros de la familia. Después de aceptado y firmado el acuerdo la persona facilitadora tendrá un plazo máximo de tres días para presentarlo ante la autoridad jurisdiccional competente.

Recibido por la autoridad jurisdiccional competente el plan de restitución de derechos o el convenio, en un plazo de cinco días hábiles la autoridad jurisdiccional fijará día y hora para el desahogo de una audiencia oral, a fin de sancionar y en su caso aprobar los acuerdos formulados por las partes.

Las partes comparecerán personal y debidamente asistidas a la audiencia y en caso de que la autoridad jurisdiccional lo considere pertinente podrá apersonarse la persona facilitadora. En todos los casos deberá de encontrase presente en la actuación la persona Agente del Ministerio Público correspondiente y en caso de que así lo considere la autoridad jurisdiccional, la persona representante de la Procuraduría de Protección de niñas, niños y adolescentes a nivel federal o de cada Entidad Federativa.

De resultar en derecho el convenio, se elevará a categoría de cosa juzgada y de inmediato la autoridad jurisdiccional proveerá de todo lo necesario para su ejecución.

El cumplimiento forzoso del convenio judicial podrá solicitarse en la vía de apremio.

TÍTULO SEGUNDO
PROCEDIMIENTOS NO CONTENCIOSOS EN MATERIA FAMILIAR

CAPÍTULO I
DE LA JURISDICCIÓN VOLUNTARIA

SECCIÓN PRIMERA
GENERALIDADES

Artículo 587. La jurisdicción voluntaria comprende todos los actos que, por disposición de la ley o por solicitud de las personas interesadas, se requiere la intervención de la autoridad jurisdiccional, sin que esté promovida, ni se promueva cuestión litigiosa alguna entre partes determinadas.

A solicitud de parte legítima podrán practicarse en esta vía las notificaciones o emplazamientos necesarios en procesos extranjeros.

Los procedimientos de que trata este Capítulo podrán tramitarse ante Notaria o Notario Público de conformidad con lo dispuesto por este Código Nacional, así como el Código Civil y demás leyes de la Entidad Federativa de la que se trate.

Artículo 588. De manera enunciativa y no limitativa, los siguientes casos se podrán tramitar mediante jurisdicción voluntaria:

I. Nombramiento de personas tutoras y curadoras;

II. Enajenación de bienes propiedad de niñas, niños, adolescentes, ausentes o desaparecidos;

III. Declaración de ausencia, así como la declaración especial de ausencia por desaparición;

IV. Procedimiento de adopción, y

V. Restitución nacional.

Artículo 589. La jurisdicción voluntaria deberá promoverse por escrito ante la autoridad jurisdiccional competente y reunir los siguientes requisitos:
I. Nombre y domicilio de quien promueve;
II. En su caso, nombre y domicilio de las personas que deban ser citadas;
III. La petición expresa de lo solicitado;
IV. Los hechos que fundamenten la solicitud;
V. Las pruebas que se ofrezcan, y
VI. Firma de quien promueve.

Artículo 590. Cuando fuere necesaria la audiencia de alguna persona, se la citará conforme a derecho, apercibiéndole en la citación que quedan, por tres días, las actuaciones en la secretaría de la autoridad jurisdiccional para que se imponga de ellas y señalará día y hora para la audiencia dentro del término de quince días, a la que concurrirá el promovente o su representante legal.

Artículo 591. En la Jurisdicción Voluntaria ante autoridad jurisdiccional se dará vista al Ministerio Público, Federal o local, según corresponda:
I. Cuando la solicitud promovida afecte los intereses públicos;
II. Cuando se refiera a la persona o bienes de niñas, niños o adolescentes o personas que no tengan capacidad para comprender el significado del hecho;
III. Cuando tenga relación con los derechos o bienes de persona ausente o desaparecida;
IV. Cuando se encuentren involucrados derechos de personas pertenecientes a grupos que se encuentren en situación de vulnerabilidad;
V. Cuando lo considere necesario la autoridad jurisdiccional o lo pidan las partes, y
VI. Cuando lo dispusiere la Ley aplicable.

Artículo 592. Recibida la solicitud, la autoridad jurisdiccional la examinará y conjuntamente a su admisión, proveerá respecto de las pruebas ofrecidas, las que se desahogarán en una audiencia oral que se fijará dentro del término de quince días. En su caso, se dará vista al Ministerio Público sin que sea obstáculo para la celebración de la audiencia la inasistencia de este último.
Si no mediare oposición, la autoridad jurisdiccional aprobará la información o la autorización judicial si lo considera procedente y se expedirá copia certificada al peticionario si la pidiese.

Artículo 593. En ningún caso se admitirán en procedimiento judicial no contencioso, informaciones de testigos sobre hechos que fueren materia de un procedimiento en curso.

Artículo 594. Se dará por terminado el procedimiento de jurisdicción voluntaria si se opusiere parte legítima. Se desechará la oposición que se haga después de efectuado el acto, reservándole los derechos a quien se oponga para que los haga valer en la vía y forma que proceda.

Artículo 595. La autoridad jurisdiccional podrá variar o modificar las providencias que dictare, sin sujeción estricta a los términos y formas establecidas respecto del procedimiento contencioso que corresponda.

Artículo 596. Las resoluciones que se dicten en las diligencias de jurisdicción voluntaria ante autoridad jurisdiccional son recurribles en términos de lo que establece este Código Nacional. Contra la resolución desestimatoria de la petición procede el recurso de queja y la que dé por concluido el procedimiento de las diligencias, será apelable en ambos efectos.

SECCIÓN SEGUNDA
DE LA CONSIGNACIÓN DE ALIMENTOS

Artículo 597. Quien sea deudor alimentista puede promover diligencias de consignación, derivadas de su obligación de proporcionar alimentos, sin que ello constituya la extinción de la obligación alimentaria y sin perjuicio de que la autoridad jurisdiccional determine lo conducente.

Artículo 598. La consignación se hará en cheque certificado, o billete de depósito expedido por la oficina recaudadora o bancaria que corresponda.

Artículo 599. Hecha la consignación, la autoridad jurisdiccional deberá proveer de inmediato, haciendo saber a la persona acreedora alimentaria, que lo depositado queda a su disposición, para lo cual debe citarle para que comparezca a recibir o verificar el depósito.

Artículo 600. Si la acreedora alimentaria recibe lo consignado lisa y llanamente, la autoridad jurisdiccional hará constar su recepción, sin perjuicio de que las posteriores consignaciones se sigan realizando en ese procedimiento.

Artículo 601. Cuando la persona acreedora alimentaria no comparezca o se rehúse en el acto de la diligencia a recibir lo consignado, la autoridad jurisdiccional lo hará constar, con independencia de los depósitos de alimentos subsecuentes.

Artículo 602. La consignación que hace el deudor de pensiones alimentarias no extingue ni fija por sí misma su obligación de pagar alimentos.

SECCIÓN TERCERA
DEL NOMBRAMIENTO DE PERSONAS TUTORAS Y CURADORAS

Artículo 603. Toda persona tutora cualquiera que sea su clase debe manifestar si acepta o no el cargo dentro de los tres días que sigan a la notificación de su nombramiento; en igual término debe proponer su impedimento o excusa.

Tanto las personas tutoras como curadoras aceptarán los cargos y protestarán su leal desempeño ante la autoridad jurisdiccional de primera instancia en materia familiar que los nombró.

Cuando el impedimento o la causa legal de excusa ocurrieren después de la aceptación de la tutela o curatela, los términos correrán desde el día en que la persona tutora o curadora conoció el impedimento o la causa legal de excusa.

La aceptación o el lapso de los términos, en su caso, importan renuncia de la excusa.

Artículo 604. La persona designada, dentro de los diez días que sigan a su aceptación, debe prestar las garantías exigidas por la legislación sustantiva de cada Entidad Federativa, a no ser que lo exceptuaren expresamente.

Artículo 605. Puede oponerse al nombramiento de persona tutora, la niña, niño o adolescente que tenga la edad para nombrarla y el Ministerio Público, manifestando en un escrito las razones de su oposición y en su caso la documentación que la avale, con el que se dará vista a la persona tutora en cuestión y desahogada o no, la autoridad jurisdiccional resolverá de plano, sin que dicha resolución sea recurrible, así como también podrá oponerse al hecho por la persona que no siendo ascendiente le haya instituido heredero o legatario, de acuerdo a sus intereses.

Artículo 606. Siempre que la persona nombrada como persona tutora o curadora no reúna los requisitos que la ley disponga, la autoridad jurisdiccional denegará el discernimiento del cargo respectivo y proveerá al nombramiento en la forma y términos prevenidos por la legislación sustantiva de cada Entidad Federativa. Contra dicha resolución no procede recurso alguno.

Podrá decretarse el cuidado de niñas, niños y adolescentes que se hallen sujetos a patria potestad o a tutela y que fueren maltratados por sus padres o persona tutora o reciban de éstos ejemplos perniciosos, a juicio de la autoridad jurisdiccional, o sean obligados por ellos a cometer actos reprobados por las Leyes. La misma disposición se aplicará en caso de personas adultos mayores.

La autoridad jurisdiccional deberá privilegiar el cuidado a cargo de familiares o personas más cercanas y de confianza de los infantes.

En este caso no son necesarias formalidades de ninguna clase, asentándose solamente en una o más actas las diligencias del día.

Artículo 607. La autoridad jurisdiccional deberá contar con un registro de todos los discernimientos que se hicieren de los cargos de persona tutora y curadora, así como las modificaciones que se dieran en dichos cargos, que contendrá el nombre del pupilo, fecha de la resolución donde se le designó persona tutora y curadora, domicilio, número telefónico y correo electrónico para que por cualquiera de esos medios de comunicación procesal se realicen las notificaciones respectivas, y estará a disposición del Consejo de Tutelas, Procuraduría de Protección para Niñas, Niños y Adolescentes, del Representante de la Institución análoga de la Entidad Federativa de que se trate, así como del Ministerio Público de la adscripción.

Artículo 608. Dentro del primer mes de cada año, en audiencia pública con citación del Consejo Local de Tutelas, Procuraduría de Protección para Niñas, Niños y Adolescentes, del Representante de la Institución análoga de la Entidad Federativa de que se trate, así como del Ministerio Público de la adscripción, se procederá a examinar dicho registro y ya en su vista, recibirá la rendición de cuentas, la exhibición del informe médico y dictará las medidas que estime pertinentes:

I. Si resultare haber fallecido alguna persona tutora o curadora, harán que sea reemplazada, con arreglo a las disposiciones contenidas en este ordenamiento;

II. Si hubiere alguna cantidad de dinero que resultare sobrante después de cubiertas las cargas y atenciones de la tutela o dinero que proceda de las retenciones de capitales o que se adquiera de cualquier otro modo, se ordenará que se invierta en alguna Institución de Crédito destinadas al efecto, al plazo que mayor beneficio o interés produzca al pupilo, para lo cual la persona tutora con conocimiento de la o el curador, acreditará dicha circunstancia ante la autoridad jurisdiccional para que ésta emita el mandato judicial correspondiente, de acuerdo a la normatividad sustantiva aplicable de cada Entidad Federativa;

III. En dicha audiencia pública la persona tutora con la conformidad de la persona curadora presentará un informe sobre el desarrollo de la persona sujeta a tutela y de manera obligatoria un certificado de salud de dos profesionistas en materia de medicina general, así como un certificado de salud de dos personas médicos de la especialidad respectiva;

IV. A la audiencia indicada deberá presentarse la persona tutora o curadora, en compañía de su pupilo si sus condiciones de salud así lo permiten, para que en ese acto exprese lo que considere pertinente y la autoridad jurisdiccional se cerciore del estado que guardan éstas y tome las medidas que estime necesarias para mejorar su condición;

V. Dentro de la misma diligencia la persona tutora, deberá rendir cuenta detallada de su administración como lo preceptúa el Código Civil o Familiar de cada Entidad Federativa, sea cual fuere la fecha en que se le hubiere discernido el cargo u otorgado la encomienda. La falta de presentación de la cuenta en los tres meses siguientes al de enero, motivará la remoción de la persona tutora.

Artículo 609. En todos los casos de impedimento, separación o excusa de la persona tutora o curadora, definitivos o propietarios, se nombrará un interino mientras se decide la cuestión litigiosa y resuelto éste, se designará al que lo sustituya.

Artículo 610. Sobre la rendición y aprobación de cuentas de las personas tutoras, regirán las siguientes reglas:

I. Las cuentas se rendirán dentro del mes de enero de cada año, exhibiendo los documentos justificativos, aunque no exista prevención judicial para ello;

II. La persona tutora, también tiene obligación de rendir cuentas cuando, por causas graves que calificará la autoridad jurisdiccional, lo exijan la persona curadora, el Consejo Local de Tutelas, la Procuraduría de Protección para Niñas, Niños y Adolescentes o el Representante de la Institución análoga de la Entidad Federativa de que se trate o el mismo menor [que hubiere cumplido la edad exigida por la legislación sustantiva de cada Entidad Federativa];

Fracción declarada inválida por sentencia de la SCJN a Acción de Inconstitucionalidad notificada para efectos legales 14-08-2024 y publicada DOF 04-12-2024 (En la porción normativa "que hubiere cumplido la edad exigida por la legislación sustantiva de cada Entidad Federativa")

III. Se requiere prevención judicial para que las cuentas se rindan antes de llegar al plazo previsto en la fracción I; a menos que hubiese remoción o separación de la persona tutora, pues en este caso, sin requerimiento judicial, deberán presentarlas dentro de los quince días siguientes de la fecha de la remoción o separación. En igual forma se procederá cuando la tutela o la encomienda lleguen al final del plazo por haber cesado el estado de minoridad;

IV. Las personas a quienes deben ser rendidas las cuentas son: la misma autoridad jurisdiccional, la persona curadora, el Consejo Local de Tutelas, la misma niña, niño o adolescente [que hubiere cumplido la edad exigida por la legislación sustantiva de cada Entidad Federativa], la persona tutora que lo sustituya, el pupilo que dejare de serlo, el Ministerio Público y las demás personas que fija la ley de la materia;

Fracción declarada inválida por sentencia de la SCJN a Acción de Inconstitucionalidad notificada para efectos legales 14-08-2024 y publicada DOF 04-12-2024 (En la porción normativa "que hubiere cumplido la edad exigida por la legislación sustantiva de cada Entidad Federativa")

V. La resolución que desaprobare las cuentas indicará, si fuere posible, los alcances y la que aprobare puede ser apelada por el Ministerio Público, los demás interesados y la persona curadora si hizo observaciones. Del auto de desaprobación pueden apelar en ambos efectos la persona tutora, la curadora o el Ministerio Público de la adscripción, y

VI. Si se objetaren de falsas algunas partidas, se substanciarán incidentalmente conforme a las disposiciones previstas en el presente Código Nacional, entendiéndose la audiencia sólo con los objetantes, el Ministerio Público de la adscripción y la persona tutora.

Artículo 611. Cuando del examen de la cuenta o del cercioramiento que realice la autoridad jurisdiccional del estado de salud que guarda el pupilo, encontrare motivos graves para sospechar dolo, fraude, negligencia, descuido o maltrato de la persona tutora, su función, se iniciará, a petición de la persona curadora o del Ministerio Público, procedimiento incidental de remoción de la persona tutora, ante la autoridad jurisdiccional que corresponda conocer del presente procedimiento, se respetará el derecho de audiencia del pupilo, para que pueda expresar lo que a su derecho corresponda; y si de la resolución resultaren confirmadas las sospechas, se revocará el cargo y se nombrará nueva persona tutora, curadora, sin perjuicio de que se remita testimonio de lo conducente a las autoridades penales.

Artículo 612. Las personas tutoras y curadoras, no pueden ser removidas sino a través del procedimiento incidental respectivo, de acuerdo a la autoridad jurisdiccional que corresponda conocer del presente procedimiento.

Tratándose de excusa, únicamente se dará vista a los interesados y al Ministerio Público de la adscripción, la autoridad jurisdiccional resolverá en auto lo conducente, la resolución que se dicte en el último de los supuestos será recurrible a través del recurso de apelación en el efecto devolutivo.

SECCIÓN CUARTA
DE LA ENAJENACIÓN DE BIENES DE NIÑAS, NIÑOS Y ADOLESCENTES

Artículo 613. Será necesaria autorización judicial en la vía de jurisdicción voluntaria para la enajenación de los bienes que pertenezcan exclusivamente a niñas, niños, adolescentes y correspondan a las clases siguientes:

I. Bienes muebles, inmuebles y derechos reales sobre estos;

II. Alhajas y muebles valiosos;

III. Acciones sobre personas jurídicas colectivas, y

IV. Derechos de patentes, marcas, autorales y otros derechos análogos.

Artículo 614. Para decretar la enajenación de bienes se necesita que al pedirse se exprese el motivo de la enajenación y el objeto a que debe aplicarse la suma que se obtenga, y que se justifique la absoluta necesidad o la evidente utilidad de la enajenación.

Si fuere la persona tutora, quien solicitare la venta, debe proponer, al hacer la promoción, las bases del remate en cuanto a la cantidad que deba darse de contado, el plazo, interés y garantías del remanente.

La solicitud se substanciará ante la autoridad jurisdiccional que corresponda con la persona curadora, el Consejo Local de Tutelas o la Procuraduría de Protección para Niñas, Niños y Adolescentes o el Representante de la Institución análoga de la Entidad Federativa de que se trate, con vista del Ministerio Público de la adscripción.

Para acreditar el valor del bien o bienes inmuebles que se pretende enajenar, la persona tutora, bajo su más estricta responsabilidad deberá presentar
los avalúos correspondientes.

La sentencia que se dictare es apelable en ambos efectos.

Artículo 615. Respecto de las alhajas y muebles, la autoridad jurisdiccional determinará si conviene o no la subasta, atendiendo en toda la utilidad
que resulte a la niña, niño, adolescente; si se decreta, se hará por conducto
de la institución de asistencia privada que designe la autoridad jurisdiccional;
de lo contrario, se procederá conforme a lo dispuesto en este Código Nacional.

El remate de los inmuebles se hará conforme a las disposiciones de este
Código Nacional y no podrá admitirse postura que baje de las dos terceras partes del avalúo, ni la que no se ajuste a los términos de la autorización judicial.

Si en la primera subasta no hubiere postor, la autoridad jurisdiccional
convocará, a solicitud de la persona tutora, curadora, Consejo Local de Tutelas,
Procuraduría de Protección para Niñas, Niños y Adolescentes, Representante
de la Institución análoga de la Entidad Federativa de que se trate, Ministerio
Público de la adscripción, a una junta dentro del tercer día, para ver si son de
modificarse o no las bases del remate, señalándose nuevamente las subastas
que fueren necesarias, de conformidad con las disposiciones previstas en el
presente Código Nacional.

Artículo 616. Para la venta de acciones y títulos de renta, se concederá la
autorización sobre la base de que no se haga por menor valor del que se cotice
en la plaza el día de la venta, y por conducto de corredora o corredor público,
y si no lo hay, de comerciante establecido y acreditado.

Artículo 617. El precio de la venta se entregará a la persona tutora, si la
caución, fianzas o garantías prestadas son suficientes para responder de él. De
otra manera, se depositará en el establecimiento destinado al efecto.

La autoridad jurisdiccional señalará un término prudente a la persona tutora, para que justifique la inversión del precio de la enajenación.

Artículo 618. Para la venta de los bienes inmuebles de las personas menores de edad, o de los muebles, quienes ejercen la patria potestad o tutela,
requerirán la autorización judicial en los mismos términos que los señalados
en este Código Nacional.

Artículo 619. El procedimiento se substanciará con intervención del Ministerio Público de la adscripción y con la persona tutora especial que, para el efecto, nombre la autoridad jurisdiccional desde las primeras diligencias. La base de la primera subasta, si es bien inmueble, será el precio fijado por los peritos, y la postura legal no será menor a las dos terceras partes de ese precio. Bajo las mismas condiciones podrán gravar los padres los bienes inmuebles de sus hijos, o consentir la extinción de derechos reales.

Artículo 620. Para recibir dinero prestado en nombre de la niña, niño o adolescente, necesita la persona tutora la autorización judicial y la conformidad de la persona curadora y del Consejo Local de Tutelas o de la Procuraduría de Protección para Niñas, Niños y Adolescentes o del Representante de la Institución análoga de la Entidad Federativa de que se trate y del Ministerio Público de la adscripción.

SECCIÓN QUINTA
DE LA DECLARACIÓN DE AUSENCIA Y ESPECIAL
DE AUSENCIA POR DESAPARICIÓN

Artículo 621. La declaración de ausencia, así como la declaración especial de ausencia por desaparición, podrá ser solicitada por cualquier persona a quien le asista un interés en términos de la legislación sustantiva aplicable y será recibida mediante escrito o por comparecencia ante la autoridad jurisdiccional en materia civil o familiar en turno, quien podrá recibir la solicitud sin mayores formalidades, en caso de recibirse por comparecencia será preferentemente videograbada. En ambas modalidades la solicitud deberá ser despachada por la autoridad jurisdiccional dentro de las veinticuatro horas siguientes a su recepción.

En caso de que la persona solicitante comparezca sin representación autorizada, la autoridad jurisdiccional designará de inmediato persona de la defensoría pública para su asistencia y representación.

Artículo 622. La declaración especial de ausencia por desaparición, se tramitará por la autoridad jurisdiccional en materia familiar o civil de conformidad con lo dispuesto en la Ley General en Materia de Desaparición Forzada de Personas, Desaparición Cometida por Particulares y del Sistema Nacional de Búsqueda de Personas, así como las leyes especiales de la materia en el Orden Federal y de las Entidades Federativas. En lo no previsto en las leyes especiales, se observarán las disposiciones establecidas en este Código Nacional para su debida tramitación.

Artículo 623. Ante la solicitud de declaración de ausencia y la declaración especial de ausencia por desaparición en su caso, la autoridad jurisdiccional deberá, una vez admitido el trámite, dar intervención inmediata, tanto a la autoridad ministerial correspondiente, como al Sistema Nacional de Protección Integral de Niñas, Niños y Adolescentes, así como a las autoridades del Sistema Nacional de Búsqueda de Personas según corresponda. Dichas autoridades deberán ser notificadas de inmediato por el medio de comunicación que la autoridad jurisdiccional considere más efectivo.

Artículo 624. Presentada la solicitud, en el mismo proveído la autoridad jurisdiccional dispondrá lo relativo a la admisión de las pruebas ofrecidas por la persona promovente cuando así fuere necesario, y ordenará recabar oficiosamente las probanzas que considere faltantes para el trámite y resolución de la declaración de ausencia y presunción de muerte o bien, la declaración especial de ausencia por desaparición, sin que ello signifique cargas onerosas o dilatorias a quienes solicitan.

Dentro de los cinco días hábiles siguientes a la radicación del trámite, se señalará fecha y hora para el desahogo de una audiencia, a fin de revisar o decretar medidas provisionales idóneas para la máxima protección de la persona de cuya ausencia o desaparición se trate, así como de su familia, tomando en cuenta las situaciones particulares al caso concreto siempre que no contravengan lo dispuesto por las leyes de la materia en el orden Federal así como en el ámbito de las Entidades Federativas.

De manera enunciativa y no limitativa la autoridad deberá proveer sobre guarda y custodia y ejercicio de la patria potestad de los hijos o hijas menores de edad, así como de los alimentos de los acreedores alimentarios, uso y pago de la vivienda y vehículos, la continuidad en los servicios médicos y beneficios a los que puedan acceder los y las familiares de la persona ausente o desaparecida.

Artículo 625. Una vez cumplimentados los requisitos que para el caso establecen los códigos civiles, o en su caso, la Ley General en Materia de Desaparición Forzada de Personas, Desaparición Cometida por Particulares y del Sistema Nacional de Búsqueda de Personas, así como las leyes especiales en el Orden Federal o de las Entidades Federativas, en materia de declaración de ausencia así como de declaración especial de ausencia por desaparición, se expedirán los Edictos de Búsqueda correspondientes en los términos y plazos que las leyes establezcan para tal efecto.

Artículo 626. Una vez publicados los edictos a que se refiere el código civil respectivo o ley en materia de declaración especial de ausencia por desaparición, la autoridad jurisdiccional dictará la sentencia definitiva y en ese mismo acto se ordenará la expedición inmediata de las copias y oficios necesarios para hacer efectiva la resolución ante las personas públicas o privadas que correspondan a cada caso concreto.

La resolución será apelable en efecto devolutivo, debiéndose remitir actuaciones originales a la autoridad jurisdiccional de apelación dentro de los tres días siguientes, en el entendido que dicho órgano jurisdiccional tendrá un plazo máximo de quince días para resolver de plano el recurso sin necesidad de reenvío.

Artículo 627. La resolución que dicte la autoridad Jurisdiccional sobre declaración de ausencia prevista en los códigos civiles y familiares, así como en la declaración especial de ausencia por desaparición, regulada por la Ley General en Materia de Desaparición Forzada de Personas, Desaparición Cometida por Particulares y del Sistema Nacional de Búsqueda de Personas y en las leyes especiales en el Orden Federal así como de las Entidades Federativas, incluirá los efectos y las medidas definitivas para garantizar la máxima protección a la persona ausente o desaparecida y los familiares, sin que implique la obligación de continuar con el trámite de presunción de muerte.

Una vez efectuada la Declaración de Ausencia o la Declaración Especial de Ausencia por Desaparición, esta surtirá todos sus efectos legales.

Artículo 628. Lo dispuesto en los artículos que preceden, se aplicará al gravamen y enajenación de los bienes de las personas ausentes o desaparecidas, así como a la transacción y arrendamiento por más de cinco años, de bienes de ausentes o desaparecidos.

SECCIÓN SEXTA
RESTITUCIÓN NACIONAL DE NIÑAS, NIÑOS Y ADOLESCENTES

Artículo 629. El procedimiento de restitución nacional tiene como finalidad tutelar el derecho de las niñas, niños y adolescentes a no ser trasladados de manera ilegal de su domicilio habitual.

Artículo 630. La autoridad jurisdiccional competente para conocer de la custodia de niñas, niños o adolescentes será aquella en cuya jurisdicción se encuentre el lugar de residencia habitual de los mismos, salvo que exista un procedimiento previo en materia de custodia o patria potestad, ante otra autoridad jurisdiccional en cuyo caso este último será competente.

Recibida la solicitud de restitución, la autoridad tendrá un plazo máximo de tres días para proveer al respecto.

Artículo 631. Podrá presentar solicitud de restitución del traslado o retención ilegal o sin previa autorización, por escrito o mediante comparecencia:

I. La madre;

II. El padre, y

III. La persona o institución que tenga la custodia de niñas, niños o adolescentes.

Se exceptúan los casos en los que los progenitores cuenten con condena de violencia sexual contra niñas, niños, adolescentes o feminicidio.

Artículo 632. La solicitud de restitución deberá contener al menos lo siguiente:

I. Nombre, domicilio, fecha y lugar de nacimiento, parentesco con la niña, niño o adolescente; y en el caso de instituciones u organismos, el mandamiento judicial con el que se le designó la custodia;

II. Manifestación bajo protesta de decir verdad, que la niña, niño o adolescente ha sido trasladado o retenido ilegalmente o sin previo consentimiento de las personas que pueden otorgarlo;

III. Exhibición de la copia certificada del acta de registro de nacimiento de la niña, niño o adolescente y documentos que acrediten su domicilio habitual;

IV. Información relativa a la identidad de la persona que se refiere ha sustraído o retenido a la niña, niño o adolescente, así como el posible domicilio en el que se encuentre;

V. Los hechos en que se basa el o la solicitante, y

VI. Toda la información disponible relativa a la localización de niñas, niños o adolescentes y de la persona con la que se presume se encuentra.

La solicitud podrá contener fotografías tanto de la niña, niño o adolescente trasladado o retenido ilegalmente, así como de la persona con la que se presume se encuentra.

Artículo 633. Admitida la solicitud por la autoridad jurisdiccional y autorizada, se librará de inmediato, exhorto a la autoridad jurisdiccional con sede en el lugar en el que se señaló se encuentra la niña, niño o adolescente, otorgando plenitud de jurisdicción para el cumplimiento del mandamiento judicial.

Artículo 634. La autoridad jurisdiccional exhortante deberá en el proveído que autorice la restitución, solicitar a la exhortada al menos lo siguiente:

I. Provea respecto a la localización inmediata del niño, niña o adolescente, de conformidad con los datos proporcionados en el exhorto;

II. Ejecute el requerimiento para la restitución de la niña, niño o adolescente con el acompañamiento de personal especializado para dichos efectos y en su caso el uso de la fuerza pública. En todo momento se privilegiará la voluntariedad en la restitución;

III. Ordenar el cuidado temporal de la niña, niño o adolescente en una institución pública especializada, en su caso;

IV. En caso de oposición a la restitución, en ese mismo acto ordenar se realice la notificación del trámite y la celebración del desahogo de la única audiencia oral de restitución, y

V. Resolver la restitución y en caso de ser procedente, decretar de inmediato su cumplimiento con plenitud de jurisdicción.

Artículo 635. La notificación deberá realizarse con las formalidades establecidas en este Código Nacional. En ella se hará del conocimiento de la persona que trasladó o retuvo a la niña, niño o adolescente, que puede interponer sus excepciones y defensas de manera oral en la audiencia señalada.

Hecha la notificación, la persona requerida deberá presentarse en la fecha y hora señalada por la autoridad jurisdiccional, en compañía de la niña, niño o adolescente de quien se trate, si aún permaneciere en su compañía.

En caso de que no asista o no se presente con la niña, niño o adolescente, motivo de la restitución, se le impondrá la medida de apremio más eficaz que la autoridad jurisdiccional estime procedente y sin mayor trámite se procederá a la restitución solicitada.

Artículo 636. La audiencia de restitución será única y se tramitará en forma oral, se celebrará en un término no mayor a los tres días siguientes a la notificación y no podrá diferirse, y en ella se deberá determinar la procedencia o no de la restitución.

Artículo 637. La audiencia de restitución será presidida por la autoridad jurisdiccional, con la presencia de un representante del Sistema para el Desarrollo Integral de la Familia de la Entidad Federativa correspondiente, el Agente del Ministerio Público adscrito a la autoridad jurisdiccional respectivo, el solicitante y su persona representante autorizada, la persona a quien se atribuye el traslado o retención ilegal y su persona representante autorizada, así como el personal del juzgado que la autoridad jurisdiccional designe para dichos efectos, de conformidad con lo siguiente:

I. La persona a quien se le atribuye el traslado o retención ilegal de la niña, niño o adolescente, deberá señalar las objeciones que tenga para su restitución y presentar las pruebas que acrediten su dicho, con base en lo dispuesto por este Código Nacional;

II. En el mismo acto se dará vista a la parte contraria, para que manifieste lo que a su derecho corresponda;

III. Se escuchará a la niña, niño y adolescente en cuestión, si así lo desean, a efecto de que sus manifestaciones sean consideradas, con base en su autonomía progresiva, y

IV. Desahogadas las pruebas y escuchadas las partes, se decretará la restitución o su negativa. Contra dicha resolución no procede recurso alguno.

La audiencia deberá ser videograbada.

Artículo 638. La restitución de una niña, niño o adolescente sólo podrá negarse con base en lo siguiente:

I. Que existan pruebas suficientes a consideración de la autoridad jurisdiccional, de peligro inminente, o cualquier tipo de violencia, generada por la persona que solicita la restitución o con quien ésta comparta la residencia habitual;

II. Que quien solicitó la restitución no tenga derecho para solicitarla;

III. [Que hubieren transcurrido más de tres años desde que fue presentada la solicitud de restitución, y]

Fracción declarada inválida por sentencia de la SCJN a Acción de Inconstitucionalidad notificada para efectos legales 14-08-2024 y publicada DOF 04-12-2024

IV. Que la persona adolescente solicitada hubiere alcanzado la edad de dieciséis años y manifieste su conformidad con el traslado.

El desarrollo de la audiencia y la resolución que dicte la autoridad jurisdiccional, deberán apegarse de manera estricta al principio de interés superior de las niñas, niños o adolescentes.

Artículo 639. En caso de que sea ordenada la restitución de la niña, niño o adolescente buscado, éste deberá ser entregado al solicitante, quien, para su traslado al lugar de habitual residencia de la niña, niño o adolescente, podrá ser acompañado por quien hubiera ejercido su cuidado, si así lo determina la autoridad jurisdiccional.

Artículo 640. La autoridad jurisdiccional del lugar de residencia habitual de la niña, niño o adolescente quien fuere objeto de la restitución, será la única competente para determinar la custodia, régimen de convivencias, y patria potestad.

Artículo 641. Las solicitudes de restitución internacional de niñas, niños o adolescentes se regirán conforme a las disposiciones previstas en los tratados internacionales de los que el Estado Mexicano sea parte, y por este Código Nacional.

SECCIÓN SÉPTIMA
DEL PROCEDIMIENTO DE ADOPCIÓN

Artículo 642. Será competente para tramitar la solicitud de adopción la autoridad jurisdiccional ubicada en el domicilio de la persona que se pretende adoptar.

Artículo 643. Cuando en el trámite de adopción acontezca oposición legítima se tramitará en la vía incidental y de resultar procedente se dará por concluido el mismo.

En contra de dicha resolución procederá el recurso de apelación en ambos efectos.

Artículo 644. La solicitud de adopción podrá ser recibida mediante escrito o por comparecencia desahogada en audiencia, esta última será preferentemente videograbada o a través de los medios de comunicación electrónicos previstos en este Código Nacional. En ambas modalidades la solicitud deberá de ser proveída por la autoridad jurisdiccional el mismo día de la recepción.

En todos los casos, la solicitud deberá hacerse del conocimiento del Sistema Nacional de Desarrollo Integral de la Familia (DIF) para privilegiar el interés superior de la niñez.

En caso de que la o las personas adoptantes comparezcan sin representación técnica, la autoridad jurisdiccional designará persona defensora pública a fin de que les asista de manera efectiva y gratuita.

Cuando se presente la solicitud por comparecencia deberán de apersonarse la o las personas que pretendan adoptar debidamente identificadas y también podrá concurrir la o las personas a las que les corresponde otorgar su consentimiento para la adopción, ello a efecto de que en la misma audiencia sea otorgado tal consentimiento, lo que deberá de realizarse de manera informada y asistida. En esta audiencia deberá encontrarse presente la persona Agente del Ministerio Público, a quien se le notificará a través del medio que la autoridad jurisdiccional considere efectivo.

No obstante, el consentimiento para la adopción podrá recibirse en comparecencia por separado o se podrá acreditar mediante la exhibición de la documental pública que consigne el acto, ello al inicio o durante el procedimiento.

Artículo 645. Para la admisión del trámite únicamente deberán de exhibirse las certificaciones de las actas de nacimiento tanto de las personas que pretenden adoptar y de la o las personas que se pretende adoptar. No obstante, y con independencia de los requisitos establecidos en las legislaciones locales, en la solicitud deberá de expresarse, bajo protesta de decir verdad, lo siguiente:

I. El nombre y domicilio de las personas que se pretenden adoptar;

II. El nombre y domicilio de las personas que ejerzan o estén en aptitud de ejercer la patria potestad de quien se solicita la adopción o bien la tutela, así como quien esté a cargo de la guarda y custodia de hecho o de derecho;

III. El nombre y domicilio de las personas que pretendan adoptar, y

IV. Los hechos que motiven la solicitud.

Artículo 646. En el proveído que admita a trámite la autoridad jurisdiccional deberá indicarse a las personas adoptantes, preferentemente a través del principio de inmediación en audiencia videograbada, los requisitos que en contraste con los documentos exhibidos faltan de cumplimentar según las leyes aplicables al procedimiento pretendido.

En ese mismo acto de admisión, la autoridad jurisdiccional notificará mediante oficio al Sistema Nacional para el Desarrollo Integral de la Familia o bien a los organismos homólogos en las Entidades Federativas a través de sus Procuradurías, la tramitación de la solicitud y en caso de que no fuera exhibido el certificado o constancia de Idoneidad de Adopción en la comparecencia inicial o escrito correspondiente, se le notificará de inmediato y preferentemente vía electrónica, al organismo encargado de la expedición del documento que deberá proveer en relación con la expedición o negación del documento en un plazo no mayor a noventa días naturales, bajo el apercibimiento que de no hacerlo podrán ser aplicadas las medidas de apremio que establece este Código Nacional.

En el primer proveído del procedimiento se apercibirá a la o las personas adoptantes para que comparezcan ante la autoridad encargada de expedir el Certificado de Idoneidad, en el término de tres días a fin de que realicen todas las gestiones que a ellas corresponda para la expedición del señalado Certificado, bajo el apercibimiento que, de no hacerlo, se le aplicará las medidas de apremio señaladas en este Código Nacional.

De manera conjunta con el Certificado de Idoneidad la autoridad administrativa deberá remitir copia certificada del expediente administrativo que dio origen al documento, en el cual siempre deberán ser recabados los estudios psicológicos, sociológicos, médicos y socioeconómicos correspondientes en su caso, a la persona o personas que pretenden adoptar.

Artículo 647. Durante el trámite de la adopción, la autoridad jurisdiccional deberá proveer respecto de las siguientes medidas:

I. La guarda y custodia provisional de la persona o personas que se pretende adoptar, tomando todas las medidas necesarias para la seguridad de dicha o dichas personas, y

II. El acompañamiento psicológico tanto para la o las personas que pretenden adoptar, como para quien o quienes pretenden sean adoptadas, y si es solicitado, para quienes otorgaron el consentimiento para la adopción.

Artículo 648. Una vez reunidos los requisitos señalados por la ley sustantiva para la Adopción, se proveerá respecto de los medios de prueba ofertados y se fijará fecha y hora dentro de los siguientes quince días para el desahogo de la comparecencia de la persona que se pretende adoptar, ello a efecto de que sea escuchada su opinión y su sentir respecto del trámite pretendido.

Dentro de los cinco días hábiles siguientes al desahogo de la comparecencia señalada en el párrafo que antecede, se fijarán fecha y hora para el desahogo de una audiencia especial en la que la o las personas promoventes podrán expresar alegatos, se desahogarán los medios de prueba que fueron admitidos y se dictará de manera oral la sentencia, en la que se incluirá la modalidad del seguimiento de la adopción.

Artículo 649. En caso de que la autoridad jurisdiccional así lo requiera, a la audiencia de desahogo de pruebas, deberá comparecer el personal especializado encargado de la integración del expediente administrativo exhibido en el trámite.

Dentro de los tres días hábiles siguientes al desahogo de la última audiencia, se remitirán los autos originales a la autoridad jurisdiccional de segunda instancia para que proceda a la revisión oficiosa de la resolución, misma que deberá confirmarse, modificarse o revocarse dentro de los siguientes quince días hábiles siguientes a la recepción del expediente, sin que lo anterior implique algún tipo de reenvío.

Artículo 650. Una vez autorizada la resolución de adopción por la autoridad jurisdiccional de segunda instancia, deberá de emitirse la sentencia en formato de lectura fácil para la persona o personas adoptadas y a cargo del erario las copias y oficios necesarios para la inscripción de la adopción.

Artículo 651. Durante los tres años siguientes a la autorización de la adopción, en ejecución de sentencia y de manera oficiosa, la autoridad jurisdiccional revisará los informes que realice el Sistema Nacional para el Desarrollo Integral de la Familia o bien los organismos competentes en las Entidades Federativas, con motivo del seguimiento correspondiente a la adopción, así como cualquier medida de similar que haya sido decretada en el fallo en atención al caso concreto.

Artículo 652. Tratándose de extranjeros con residencia en el país, deberán acreditar los mismos requisitos que las personas nacionales.

Artículo 653. En los casos de adopción en los que intervengan extranjeros o mexicanos con residencia en otro país, el procedimiento se llevará a cabo según lo dispuesto por el Capítulo de procedimientos internacionales de este Código Nacional, los tratados internacionales y la legislación aplicable en cada Entidad Federativa.

CAPÍTULO II
DEL DIVORCIO BILATERAL

Artículo 654. Será competente para tramitar la disolución del vínculo matrimonial la autoridad jurisdiccional ubicada en donde se encuentre el último domicilio conyugal, salvo sumisión expresa de ambos cónyuges ante alguna otra autoridad jurisdiccional.

Artículo 655. El Divorcio Bilateral podrá tramitarse a solicitud de ambos cónyuges ante la autoridad jurisdiccional, Notaria o Notario Público o la autoridad del Registro Civil correspondiente de conformidad con las siguientes disposiciones.

Artículo 656. Ante la autoridad jurisdiccional, a la solicitud deberá acompañarse:

I. Copia certificada, física o electrónica del acta de matrimonio de la unión que se pretenda disolver;

II. En su caso, copia certificada física o electrónica de las actas de nacimiento de las hijas e hijos menores de edad, y

III. Una propuesta de Convenio que contenga:

a) De existir hijos o hijas menores de edad, quien ejercerá su guarda y custodia, la fijación de la pensión alimenticia que les corresponderá y el establecimiento de un régimen de convivencias, así como la pensión alimenticia que, en su caso pudiera corresponder al o la divorciante, y

b) La forma en que deban distribuirse los bienes, derechos y obligaciones que se hayan adquirido durante el matrimonio, de conformidad con el régimen patrimonial al que estuviera sujeto el matrimonio.

En caso de no ser aplicable lo dispuesto en las fracciones anteriores, las partes deberán manifestar lo necesario bajo protesta de decir verdad.

Artículo 657. Presentada la solicitud y el convenio o manifestación a que alude el artículo anterior, cumplidas en su caso las prevenciones, se le dará vista a la persona Agente del Ministerio Público de la adscripción en caso de afectarse derechos de niñas, niños o adolescentes y la autoridad jurisdiccional admitirá el trámite y citará a los cónyuges, dentro de los diez días siguientes, a una única audiencia.

En la audiencia se procederá a ratificación, revisión y en su caso aprobación del convenio presentado. Aprobado el convenio se declarará visto el asunto y se dictará en ese momento de manera oral la sentencia, la cual en caso de decretar la disolución del vínculo matrimonial será irrecurrible y causará ejecutoria en ese momento por ministerio de ley.

Artículo 658. En el caso de que alguna de las partes falte a la audiencia, por única ocasión se fijará nueva fecha y hora para el desahogo de la audiencia en un plazo máximo de diez días, en caso de verificarse de nueva cuenta la inasistencia se dará por concluido el trámite.

Artículo 659. Cuando en el convenio aprobado se haya pactado sobre la donación de inmuebles, la autoridad jurisdiccional de manera oficiosa, girará oficio al titular del Registro Público de la Propiedad correspondiente, para que haga la anotación preventiva.

Artículo 660. En la audiencia se entregará a los cónyuges o a sus representantes el oficio dirigido al Registro Civil que corresponda, para los efectos de la inscripción del divorcio. En dicho oficio quedará inserta la trascripción de los puntos resolutivos del fallo.

Artículo 661. El Divorcio Bilateral podrá tramitarse ante Notaria o Notario Público, siempre y cuando no se hayan procreado hijas o hijos, o que aun sean menores de edad y no existan bienes o deudas atribuibles al patrimonio conyugal, o el Código Civil o leyes de cada Entidad Federativa así lo dispongan.

Artículo 662. Procede el divorcio ante la autoridad del Registro Civil cuando ambos cónyuges convengan en divorciarse; no tengan bienes o deudas pertenecientes al patrimonio conyugal; no tengan hijos en común o teniéndolos sean mayores de edad, y éstos no requieran alimentos.

La autoridad del Registro Civil, previa identificación de los cónyuges, y ratificando en el mismo acto la solicitud de divorcio, levantará un acta en que los declarará divorciados y hará la anotación correspondiente en el acta de matrimonio.

TÍTULO TERCERO
DEL JUICIO ORAL FAMILIAR

CAPÍTULO I
DISPOSICIONES GENERALES

SECCIÓN PRIMERA
DE LA PROCEDENCIA DEL JUICIO ORAL FAMILIAR

Artículo 663. Se tramitarán en la vía oral familiar, todas las controversias que no tengan tramitación especial señalada en este Código Nacional.

Las disposiciones de este Capítulo serán aplicables en lo conducente a los demás procedimientos familiares que establece este Código Nacional cuando no exista previsión específica.

Artículo 664. Podrá acudirse ante la autoridad jurisdiccional en materia familiar por escrito o por comparecencia, para constituir, declarar, preservar o restituir derechos, únicamente precisando los hechos en que se funde su pretensión. Asimismo, podrán solicitarse las medidas provisionales que considere necesarias. Las partes deberán presentar desde la primera actuación las documentales que soporten su pretensión o excepción y ofrecer los medios de prueba que estimen oportunos.

Las copias respectivas de la comparecencia y demás documentos, serán tomados como pruebas, debiendo relacionarse en forma pormenorizada con todos y cada uno de los hechos narrados por el compareciente, así como los medios de prueba que presente.

La autoridad jurisdiccional una vez presentada la demanda, se deberá pronunciar, en su caso, sobre su admisión dentro del término máximo de tres días.

Artículo 665. De admitirse la solicitud, deberá decretar las medidas provisionales conducentes, las que serán revisadas de oficio o a petición de parte en la audiencia preliminar. Ordenará emplazar personalmente a la parte demandada, para que conteste por escrito o comparecencia, dentro del término de nueve días, quien deberá ofrecer las pruebas que estime necesarias, opondrá sus excepciones y defensas.

En el mismo proveído, le hará saber a las partes su derecho para designar mandatario judicial, así como la posibilidad de contar con los servicios gratuitos de la defensoría pública.

Además, la autoridad jurisdiccional hará saber a las partes la posibilidad de acudir al centro de justicia alternativa o institución análoga en las Entidades Federativas para formar parte de un proceso de mediación o conciliación.

Artículo 666. En todo momento las partes deberán contar con una defensa técnica, efectiva y tratándose de asuntos que afecten derechos de la infancia además la defensa será especializada. Para el caso de que alguna o ambas partes acudan sin ella, la autoridad jurisdiccional solicitará de inmediato la intervención de la Defensoría Pública, quien de manera gratuita asistirá a quien lo requiera y para el caso de que la designación se realice en el momento del desahogo de alguna audiencia, la autoridad jurisdiccional podrá diferirla, por una única ocasión, fijándose nuevo día y hora dentro de los siguientes diez días hábiles.

Artículo 667. En cualquier etapa del procedimiento, la autoridad jurisdiccional exhortará a los interesados a lograr un avenimiento con el que pueda darse por terminado el asunto, ello siempre y cuando no existan conductas de violencia acreditadas en juicio.

Para este fin, se les hará saber a las partes los beneficios de llegar a un convenio proponiéndoles soluciones.

Si en audiencia los interesados llegan a un convenio, la autoridad jurisdiccional lo sancionará y aprobará de plano si procede legalmente, y dicho pacto tendrá fuerza de cosa juzgada.

Las declaraciones, propuestas o aceptaciones de las partes, no surtirán efecto legal alguno en juicio ni podrán ser utilizadas por la parte contraria. Las propuestas y pronunciamientos de la autoridad no implican ningún tipo de prejuicio sobre el fondo del asunto.

La autoridad jurisdiccional les hará saber a las partes la posibilidad de acudir al centro de justicia alternativa o institución análoga en las Entidades Federativas para formar parte de un proceso de mediación o conciliación.

Artículo 668. A fin de proveer respecto de las medidas provisionales, la autoridad jurisdiccional podrá ordenar con causa justificada el desahogo anticipado de la prueba en una audiencia especial que para tal efecto se fije, con citación de las partes y en apego a las directrices que se establece para el desahogo de cada probanza conforme a las reglas generales previstas en este Código Nacional.

Este anticipo de prueba además será procedente cuando:

I. Exista peligro de que una persona se ausente del lugar del juicio o se altere su declaración.

II. Un objeto se oculte, dilapide o pueda no lograrse su inspección.

Artículo 669. En todo lo no previsto regirán las reglas generales de este Código Nacional, en cuanto no se opongan a los principios y disposiciones del presente Libro.

SECCIÓN SEGUNDA
DE LA AUDIENCIA PRELIMINAR FAMILIAR

Artículo 670. Una vez contestada la demanda, con las excepciones y defensas se dará vista a la parte actora por el término de tres días para que manifieste lo que a su derecho convenga y ofrezca pruebas.

Al contestar la demanda, se hará valer la reconvención cuando así proceda, y en su caso, se ordenará emplazar personalmente a la parte demandada reconvencionista, en el domicilio personal, procesal o correo electrónico, para que conteste por escrito, dentro del término de nueve días hábiles, quien deberá ofrecer las pruebas que estime necesarias, opondrá las excepciones y defensas que estime procedentes, interponiendo las objeciones de pruebas. Con las excepciones y defensas de la contestación de la reconvención se dará vista a la actora reconvencionista por el término de tres días para que manifieste lo que a su derecho convenga y ofrezca pruebas.

Una vez contestadas las excepciones y defensas en lo principal, o en su caso, en la reconvención o transcurrido el plazo para ello, se señalará fecha y hora para la celebración de la audiencia preliminar que tendrá verificativo dentro de los quince días siguientes.

Artículo 671. La audiencia preliminar se integra por dos fases que deberán celebrarse el mismo día y de manera consecutiva, las cuales son:

I. La junta anticipada, que se celebrará ante la persona secretaria judicial, y no será videograbada, dejando constancia en el acta mínima respectiva, y

II. La audiencia ante la autoridad jurisdiccional.

Artículo 672. La primera fase de la audiencia preliminar consistente en la junta anticipada tiene por objeto:

I. El intercambio de información y de pruebas entre las partes;

II. Formular propuestas de convenio;

III. Establecer acuerdos sobre hechos no controvertidos, y

IV. Proponer acuerdos probatorios, dentro de los cuales se puede incluir la exclusión parcial o total de pruebas o la incorporación de otras.

La persona secretaria judicial dará cuenta inmediata a la autoridad jurisdiccional con el resultado de la junta anticipada.

Artículo 673. La segunda fase de la audiencia preliminar iniciará inmediatamente después de concluida la primera, y en ella se desarrollarán las siguientes etapas:

I. La enunciación de la Litis, que es el momento procesal en que se precisarán las prestaciones admitidas y sus contestaciones;

II. La depuración del procedimiento, momento en que se estudiará y resolverá lo atinente a los presupuestos y excepciones procesales, salvo las cuestiones competenciales las cuales se tramitarán de conformidad con las reglas previstas en el presente Código Nacional;

III. La revisión y aprobación del convenio que hayan celebrado las partes. En caso de no existir convenio en la primera fase, en esta segunda se procurará la conciliación o mediación entre las partes ante la autoridad jurisdiccional;

IV. La revisión de acuerdos de hechos o probatorios y en su caso, nueva discusión, proposición y fijación de acuerdos sobre hechos no controvertidos y exclusión total o parcial de medios de prueba o incorporación de nuevos factores probatorios, independientemente de los acordados en la fase anterior;

V. La admisión y preparación de las pruebas;

VI. La revisión oficiosa de las medidas provisionales y órdenes de protección decretadas, y

VII. Citación para la audiencia de juicio.

Artículo 674. Las partes tienen el deber de comparecer a la audiencia preliminar personalmente.

A las personas representantes autorizadas que dejen de asistir a la audiencia preliminar sin justa causa calificada por la autoridad jurisdiccional se les impondrá una multa que no podrá ser menor a veinte ni superior a sesenta Unidades de Medida y Actualización, y se continuará con la audiencia por una única ocasión.

Si dejaran de concurrir alguna o ambas partes materiales a la audiencia preliminar sin justa causa calificada por la autoridad jurisdiccional, se les impondrá una multa que no podrá ser menor a diez ni superior a treinta Unidades de Medida y Actualización, y se diferirá la audiencia preliminar por una única ocasión.

En la audiencia diferida si las partes sin justificación dejaren de asistir, la autoridad jurisdiccional procederá a examinar los presupuestos y excepciones procesales, resolverá sobre la admisión o desechamiento de pruebas y citará para audiencia de juicio, que no podrá exceder de un plazo de cuarenta días siguientes a la celebración de esta audiencia quedando las partes notificadas desde ese momento.

Artículo 675. En la Audiencia Preliminar, la autoridad jurisdiccional se pronunciará respecto de la admisión de las pruebas, así como la forma en que deberán prepararse para su desahogo en la audiencia de juicio, quedando a cargo de las partes su oportuna preparación, bajo el apercibimiento que, de no hacerlo, se declararán desiertas de oficio las mismas por causas imputables al oferente.

Durante la etapa de admisión de pruebas, las partes podrán igualmente objetar las pruebas que consideren pertinentes.

De estimarlo necesario, la autoridad jurisdiccional, en auxilio del oferente, expedirá los oficios o citaciones y realizará el nombramiento de las personas peritas para su aceptación en la misma audiencia, en el entendido de que los oficios serán puestos a disposición de la parte oferente, a afecto de que preparen sus pruebas y éstas se desahoguen en la audiencia de juicio.

En su caso, la autoridad jurisdiccional señalará fecha para la entrevista de la niña, niño o adolescente en comparecencia.

Artículo 676. Concluido lo anterior, la autoridad jurisdiccional citará a las partes a la audiencia de juicio que deberá realizarse dentro de los cuarenta días siguientes de celebrada la audiencia preliminar, quedando notificadas las partes, en ese acto.

Artículo 677. Cuando las partes hayan demandado la disolución del vínculo matrimonial y en la junta anticipada de la audiencia preliminar manifiesten su intención de sujetarse a la vía especial de Divorcio Bilateral y elaboren el convenio respectivo, la autoridad jurisdiccional proveerá en la segunda fase el cambio de vía y celebrará inmediatamente la única audiencia prevista para el trámite especial.

Si las partes no reúnen los requisitos necesarios para acceder al cambio de vía, la autoridad jurisdiccional dentro de la segunda fase de la audiencia, particularmente en la etapa de fijación para audiencia de juicio, resolverá de manera oral únicamente sobre la disolución del vínculo matrimonial.

SECCIÓN TERCERA
DE LA AUDIENCIA DE JUICIO

Artículo 678. Abierta la audiencia de juicio, la autoridad jurisdiccional escuchará los alegatos de apertura de las partes, los cuales no podrán exceder de diez minutos, para exponer sus respectivas teorías del caso.

La autoridad jurisdiccional señalará el orden para el desahogo de las pruebas, de conformidad con los acuerdos fijados en la audiencia preliminar.

Serán declaradas desiertas aquellas pruebas que no estén debidamente preparadas para su desahogo por causas imputables a la parte oferente.

Artículo 679. En la audiencia y concluido el desahogo de pruebas se concederá el uso de la palabra, por una vez a cada una de las partes y por un máximo de diez minutos para formular los alegatos de cierre. La autoridad jurisdiccional tomará las medidas que procedan a fin de que las partes se sujeten al tiempo indicado.

Artículo 680. Enseguida se declarará el asunto visto y se emitirá la sentencia definitiva correspondiente, para lo cual la autoridad jurisdiccional dispondrá del receso necesario dentro del mismo día de la audiencia.

En la misma audiencia de juicio, la autoridad jurisdiccional explicará con lenguaje sencillo, en forma breve y clara la sentencia definitiva y leerá únicamente los puntos resolutivos, así como, en los casos que proceda, el derecho que tienen las partes para impugnar dicha sentencia mediante el recurso de apelación, lo que se asentará en el acta mínima respectiva y ésta contendrá los puntos resolutivos expuestos, entregando en un plazo no mayor a tres días la versión escrita de la sentencia definitiva.

Cuando así lo considere la autoridad jurisdiccional y se involucren a niñas, niños o adolescentes, se deberá redactar una sentencia en formato de lectura fácil.

Asimismo, se hará del conocimiento de las partes el derecho que tienen, si estimaren que la sentencia definitiva contiene omisiones, cláusulas o palabras contradictorias, ambiguas u oscuras, de solicitar por escrito dentro del término de tres días, posteriores a que se encuentre puesta a su disposición la sentencia escrita, la aclaración o adición a la resolución, sin que con ello se pueda variar la substancia del fondo de la resolución. Contra tal determinación procederá el recurso de apelación, sin necesidad de reenvío, debiendo la autoridad jurisdiccional de apelación asumir plena jurisdicción.

Artículo 681. En casos excepcionales, atendiendo a la complejidad del asunto, al cúmulo y naturaleza de las pruebas desahogadas, la autoridad jurisdiccional podrá diferir, por única ocasión, la audiencia para la explicación de la sentencia hasta por quince días, citando a las partes para el dictado y explicación conforme a lo establecido en el presente artículo.

En caso de que las partes no estén presentes en la audiencia donde se dicte la sentencia, se dispensará su explicación y lectura de puntos resolutivos, y se les hará saber al día siguiente a través del medio de comunicación procesal oficial.

Artículo 682. Concluida la explicación de la sentencia definitiva, la autoridad jurisdiccional informará a las partes la importancia de presentarse a la audiencia de cumplimiento de sentencia y sus ventajas, así como las consecuencias en caso de ejecución forzosa.

Artículo 683. Las resoluciones firmes dictadas en juicios sobre alimentos y en los que se vean involucrados derechos de niñas, niños y adolescentes, pueden ser modificados en vía incidental o juicio autónomo.

Para los efectos del párrafo anterior, será competente la misma autoridad jurisdiccional que emitió la resolución que hubiera quedado firme, salvo que así lo determine este Código Nacional.

LIBRO QUINTO
DE LOS JUICIOS UNIVERSALES

TÍTULO PRIMERO
JUICIOS SUCESORIOS

CAPÍTULO I
DISPOSICIONES GENERALES

Artículo 684. Será competente para conocer del procedimiento sucesorio testamentario o intestamentario, la autoridad jurisdiccional, en materia civil o familiar de conformidad con las leyes orgánicas del poder judicial de cada Entidad Federativa, así como la o el Notario Público en los términos que dispone el presente Código Nacional.

El procedimiento se inicia mediante denuncia o solicitud de apertura de procedimiento sucesorio por parte legítima, y deberá contener la expresión de los siguientes requisitos o bien declaración bajo protesta de decir verdad sobre su desconocimiento:

I. Nombre, fecha, lugar de la defunción y último domicilio de la persona de cuya sucesión se trata y a falta de éste, cualquier otra información pertinente para fijar la competencia en términos del artículo 89 de este Código Nacional;

II. Testamento, en su caso, y

III. En caso de no haber testamento, los nombres de las posibles personas herederas de que tenga conocimiento la parte denunciante, con expresión del grado de parentesco o lazo con la persona de cuya sucesión se trate.

Los procedimientos a que se refiere el presente Título se tramitarán por escrito, salvo aquellas diligencias que, por su naturaleza, puedan realizarse conforme a los principios del juicio oral.

Artículo 685. Podrán denunciar un juicio sucesorio enunciativa y no limitativamente:

I. Las personas presuntas herederas del autor de la sucesión;

II. Las personas presuntas legatarias;

III. La persona albacea designada en el testamento;

IV. Cualquier persona acreedora de aquella de cuya sucesión se trata, y

V. El Ministerio Público, la representación social o autoridad competente.

Artículo 686. Con el escrito de denuncia de un juicio sucesorio, deberán acompañarse los siguientes documentos:

I. Acta de defunción o copia certificada del acta de defunción de la persona de cuya sucesión se trata;

II. El testamento, en caso de haberlo;

III. En su caso, el acta del Registro Civil que compruebe el parentesco de la persona de cuya sucesión se trata;

IV. En su caso, el documento que acredite la relación con la persona de cuya sucesión se trata, tratándose de cónyuges, concubinas, concubinos o convivientes;

V. En su caso, las capitulaciones matrimoniales o documento que contenga el régimen patrimonial que rija la relación jurídica con la persona de cuya sucesión se trata, y

VI. Cualquier otro documento que acredite la legitimación de la persona denunciante.

Artículo 687. Cuando la autoridad jurisdiccional conozca de la muerte de una persona, en tanto no se presenten los interesados, dictará en audiencia oral con la presencia del Ministerio Público, representación social o autoridad competente, las medidas cautelares para proteger los bienes o derechos de la sucesión:

I. Si hay peligro de que se oculten, pierdan o dilapiden los mismos;

II. Si hay niñas, niños y adolescentes interesados, y

III. Si hay personas con discapacidad que pudieran requerir apoyo para el ejercicio de su capacidad jurídica.

En caso de no asistir a la audiencia el Ministerio Público, el representante social o autoridad competente, la autoridad jurisdiccional resolverá las medidas pertinentes.

Artículo 688. Las medidas cautelares para la conservación de los bienes, que la autoridad jurisdiccional debe decretar en caso del artículo anterior, son las siguientes:

I. Reunir y asegurar, el resguardo de documentos y mensajes de datos de la persona de cuya sucesión se trate, en forma física o electrónica que, cerrados y sellados, se resguardarán en el secreto del juzgado;

II. Ordenar a la administración de correos que le remita la correspondencia dirigida de la persona de cuya sucesión se trate, con la cual hará lo mismo que con los demás documentos;

III. Requerir el dinero, alhajas, valores, acciones y demás bienes muebles de valor que se tengan, así como degradables o de fácil descomposición, para ser puestos a disposición, y que los mismos sean depositados en el establecimiento autorizado por la Ley, y

IV. Girar oficios a las autoridades o personas que tengan registros de bienes o derechos, a efecto de que informen sobre su existencia y la autoridad jurisdiccional dicte las medidas de conservación pertinentes.

Artículo 689. Mientras no se nombre albacea, y cuando ello fuere necesario para la guarda y conservación de los bienes de la sucesión o derechos que correspondan a la autora o el autor de la herencia, la autoridad jurisdiccional nombrará a alguien que ejerza el cargo de interventor como albacea judicial o provisional, de entre los mencionados en el escrito de denuncia a que se refiere el artículo 685, para que en el término de diez días acuda a aceptar el nombramiento conferido y, de no comparecer para su aceptación, se designará otro en sustitución, con la obligación y responsabilidad de actuar de manera diligente bajo apercibimiento de que los interesados puedan incoar los procedimientos para el resarcimiento de los daños ocasionados por sus actuaciones.

También se deberá nombrar por la autoridad jurisdiccional interventor en caso de que no haya heredero o el nombrado no entre en la herencia.

Artículo 690. La persona designada como interventor recibirá los bienes por inventario y tendrá el carácter de simple depositario o depositaria, sin poder desempeñar otras funciones administrativas que las de mera conservación y las que se refieran al pago de las deudas mortuorias con autorización judicial.

Si los bienes estuvieren situados en lugares diversos o a largas distancias, bastará, para la formación del inventario, que se haga mención en él de los títulos de propiedad, si existen, entre los documentos de cuya sucesión se trate, o la descripción de ellos según las noticias que se tuvieren.

Si hubiere bienes degradables o de fácil descomposición, se autorizará al interventor, albacea judicial o provisional, su enajenación.

Podrá la persona interventora, albacea judicial o provisional, promover las demandas que tengan por objeto recobrar bienes o hacer efectivos derechos pertenecientes a la sucesión, y contestar las demandas que contra ella se promuevan.

Artículo 691. La persona que ejerza el cargo de interventor, albacea judicial o provisional, no podrá deducir en juicio las acciones que por razón de mejoras, manutención o reparación tenga contra el testamentario o el intestado, sino cuando haya hecho esos gastos con autorización previa.

Artículo 692. En caso de que se hayan otorgado medidas cautelares para la conservación de bienes, la autoridad jurisdiccional abrirá la correspondencia física o electrónica que se encuentre dirigida a la persona de cuya sucesión se trate, en presencia de la persona secretaria judicial y la persona que ejerza el cargo de persona interventora, albacea judicial o provisional, en los periodos que se señalen, según las circunstancias.

La persona interventora, albacea judicial o provisional, recibirá la correspondencia física o electrónica que tenga relación con el caudal, dejándose testimonio de ella en los autos, y la autoridad jurisdiccional conservará la restante para darle en su oportunidad el destino correspondiente.

Artículo 693. La persona interventora, albacea judicial o provisional, recibirá por el desempeño de su cargo, el monto a que se refiera el Código Civil correspondiente y a falta de disposición, el dos por ciento del importe de los bienes, si no exceden de doscientas Unidades de Medida y Actualización; si excedieren este monto, pero no de mil Unidades de Medida y Actualización, recibirá, además, el uno por ciento sobre el exceso; y, si lo excediere, recibirá el medio por ciento, además sobre la cantidad excedente.

Artículo 694. La persona interventora, albacea judicial o provisional, cesará en su función luego que se dé a conocer que la persona albacea nombrada por los herederos aceptó el cargo y aquella entregará a éste los bienes, así como la cantidad que resulte de la venta de los bienes a que se refiere este Código Nacional, sin que pueda retenerlos bajo ningún pretexto, ni aún por razón de mejoras, o gastos de manutención o reparación.

Artículo 695. La madre o el padre en ejercicio de la patria potestad serán los representantes de sus hijas o hijos que sean niñas, niños o adolescentes en los procedimientos siempre que, a juicio de la persona juzgadora, no haya conflicto de interés. En caso de haberlo, o a falta de quien ejerza la patria potestad, habiendo adolescentes, si han cumplido dieciséis años, podrán designar una persona tutora dativo que los represente en el juicio. Si las niñas o niños no han cumplido dieciséis años, se deberá designar a quien los represente a propuesta de quien ejerza la patria potestad o a través de su persona tutora o persona tutora ya sea especial, interino o definitivo.

Cuando la autoridad jurisdiccional considere que las niñas, niños y adolescentes tienen la capacidad suficiente para proponer a la persona tutora que haya de representarlos en el juicio, debe concederles el derecho de proponerlo.

Artículo 696. En las sucesiones de personas extranjeras, se dará a los cónsules o agentes consulares, la intervención que les conceda la Ley, los Tratados o los usos internacionales.

Artículo 697. Serán remitidos a los juicios testamentarios y a los intestamentarios, siempre que no se haya dictado sentencia de adjudicación:

I. Todos los juicios ordinarios y especiales, ya sean por acciones reales, personales o las ejecutivas, siempre que las demandas sean incoadas en contra de la persona de cuya sucesión se trate, por lo que se suspenderán hasta la designación de albacea, debiendo informar la autoridad jurisdiccional que conozca de la sucesión, sin que por ello se suspenda otra cosa que la adjudicación de los bienes en la partición, hasta en tanto se concluyen los juicios, con sentencia ejecutoriada, para ser remitida al juicio sucesorio y sea considerada en el haber hereditario, y

II. Todas las sentencias ejecutoriadas de las demandas ordinarias y ejecutivas que se dedujeron contra los herederos de la persona cuya sucesión se trate, cuando afecte a otros acreedores de la sucesión en su calidad de tales, después de denunciado el intestado.

De manera excepcional, en el juicio sucesorio, cuando quede de manifiesto que dolosamente repudió una persona heredera, con la intención de evadir el cumplimiento de una obligación en perjuicio de acreedores, sin que ello sea considerado vulnerar la voluntad de la persona de cuya sucesión se trate; quien solicitará la remisión de la sentencia ejecutoriada será la autoridad jurisdiccional en cuyo tribunal se encuentre radicada la sucesión.

Artículo 698. Son acumulables a los juicios sucesorios:

I. Los juicios ejecutivos incoados contra la persona de cuya sucesión se trate antes de su fallecimiento;

II. Las demandas por acciones personales pendientes en primera o única instancia contra la persona de cuya sucesión se trate;

III. Los juicios contra la persona de cuya sucesión se trate respecto de acciones reales pendientes en primera o única instancia;

IV. Las demandas ordinarias o ejecutivas promovidas contra las personas herederas o legatarias en dicho carácter, después de denunciada la sucesión;

V. Los juicios que sigan las personas herederas deduciendo la acción de petición de herencia, ya impugnando el testamento o la capacidad de aquellas personas herederas presentadas o reconocidas, o exigiendo su reconocimiento; siempre que esto último acontezca antes de la adjudicación, y

VI. Las acciones de las personas legatarias reclamando sus legados, siempre que sean posteriores a la acción de inventarios, y antes de la adjudicación, excepto los legados de alimentos, de pensiones, de educación y de uso y habitación.

Artículo 699. En los juicios sucesorios, el Ministerio Público, representación social o autoridad competente, comparecerá a nombre de las personas herederas, mientras no se presenten o no acrediten su representante legítimo, niñas, niños o adolescentes que no tengan representantes legítimos y, al Sistema para el Desarrollo Integral de la Familia, Beneficencia Pública, Instituciones Educativas, el Fisco, al Estado, o a quien se señale en el Código Civil Sustantivo en cada Entidad Federativa cuando no haya herederos legítimos dentro del grado de Ley, y mientras no se haga reconocimiento o declaración de herederos.

Artículo 700. La intervención que debe tener el representante del Fisco será determinada por las Leyes especiales de cada Entidad Federativa, pero conservando siempre la unidad del juicio.

Artículo 701. La persona albacea manifestará, dentro de tres días de haberle notificado el nombramiento, si acepta o no el cargo y hecho que sea, deberá garantizarlo dentro del término y conforme a las bases fijadas en el Código Civil de la Entidad Federativa que corresponda.

Si la persona albacea no garantiza su manejo dentro de los términos señalados conforme el párrafo anterior, se les removerá de plano, sin perjuicio de su obligación de rendir cuentas.

Artículo 702. Iniciado un juicio sucesorio intestamentario o testamentario y habiéndose reconocido los derechos hereditarios a las partes interesadas, así como aceptado el cargo de albacea, éstas podrán encomendar a una Notaría o un Notario Público, la continuación en la formación de inventarios, avalúos, liquidación, partición y adjudicación de la herencia, procediendo en todo de común acuerdo, lo que constará en uno o varios instrumentos, conforme a la legislación civil y notarial respectiva.

En el supuesto del párrafo anterior, cuando entre los interesados haya niñas, niños y adolescentes, deberán estar debidamente representados y no existir oposición del Ministerio Público, representación social o autoridad competente.

Los acuerdos que se tomen se denunciarán a la autoridad jurisdiccional, en su caso, y éste, oyendo al Ministerio Público, representación social o autoridad competente, dará su aprobación si no se lesionan sus derechos. Podrán convenir los interesados que los acuerdos se tomen por mayoría de votos.

Cuando no hubiere convenio o se suscite oposición o controversia entre los interesados, cesará la tramitación extrajudicial, quedando a cargo de la Notaría o Notario Público la devolución del juicio sucesorio al juzgado que lo puso a su disposición.

Artículo 703. La Notaría o Notario Público tendrá la responsabilidad de cumplir aquello que dicten las leyes para la satisfacción del interés fiscal que genere la adjudicación de los bienes de la masa hereditaria.

Artículo 704. En los juicios sucesorios se formarán cuatro secciones compuestas de los cuadernos necesarios. Pueden iniciarse conjuntamente las secciones segunda, tercera y cuarta, cuando simultáneamente se puedan aprobar las dos primeras y la última se turne para dictar la sentencia definitiva de adjudicación.

Artículo 705. La primera sección se llamará de sucesión y contendrá en sus respectivos casos:

I. El testamento o testimonio de protocolización, o la denuncia del intestado;

II. El acta de defunción de la persona de cuya sucesión se trate;

III. Las citaciones a las personas herederas, así como la convocatoria a quienes se crean con derecho a la herencia;

IV. La constancia de haberse obtenido los informes de existencia o no de testamento otorgado por la persona de cuya sucesión se trate, de las autoridades que correspondan en cada Entidad Federativa, así como del Registro Nacional de Avisos de Testamento;

V. El reconocimiento de derechos hereditarios, la repudiación y aceptación de la herencia y de los legados en caso de la comparecencia de legatarios, el reconocimiento de la validez del testamento y la declaratoria de herederos;

VI. Lo relativo al nombramiento y la aceptación o no del cargo de albacea;

VII. Los incidentes que se promueven sobre remoción de albacea, interventores o albaceas judiciales o provisionales, y

VIII. Las resoluciones que se pronuncien sobre la validez del testamento, la capacidad legal para heredar y la preferencia de derechos.

Artículo 706. La sección segunda se llamará de inventarios, y contendrá:

I. El inventario realizado por la persona que tenga el cargo de interventor, albacea judicial o provisional;

II. El inventario que forme la persona albacea o los herederos, según corresponda de conformidad con la legislación sustantiva de la Entidad Federativa respectiva;

III. La documentación que acredite la propiedad de los bienes inmuebles y su identificación plena con los datos del título de propiedad o escritura respectiva, acompañando, de ser necesario, la constancia de alineamiento y número oficial o cualquier otra constancia de autoridad competente de acuerdo a cada Entidad Federativa;

IV. El avalúo que solicite el albacea o los herederos el cual deberá ser practicado por corredora o corredor público, perito valuador de institución crediticia o de los auxiliares de la administración de justicia o el valor catastral según la Entidad Federativa de la que se trate;

V. Los incidentes que se promuevan, y

VI. La resolución sobre el inventario y avalúo.

Artículo 707. La tercera sección se llamará de administración y contendrá:

I. Todo lo relativo a la administración y rendición de cuentas;

II. La cuenta general, su glosa y calificación;

III. La comprobación de haberse cubierto el impuesto fiscal relativo al pago predial, consumo de agua y electricidad de los inmuebles inventariados; y los comprobantes de pago de deudas a cargo de la persona de cuya sucesión se trate;

IV. Los incidentes que se promuevan;

V. Todos los cuadernillos, archivos electrónicos y libros que contengan las cuentas anuales que se rindan hasta la conclusión del juicio sucesorio;

VI. En cuerda por separado el proyecto de distribución provisional de frutos si los hubiere, y

VII. Las cuentas que rinda el albacea removido.

Artículo 708. La cuarta sección se llamará partición y contendrá:

I. El proyecto de partición de los bienes, en el juicio testamentario de acuerdo a la voluntad del testador y en el caso del intestamentario, en términos de la declaratoria de herederos;

II. Los incidentes que se promuevan respecto del proyecto a que se refiere la fracción anterior y su resolución;

III. Los arreglos relativos, y

IV. La resolución respecto a la aplicación de los bienes del proyecto de partición.

Artículo 709. Si dictada la resolución que califica a la sucesión como intestamentaria apareciere un testamento, se aplicarán las disposiciones siguientes:

I. Se atenderá al contenido de la disposición testamentaria y quedará sin efecto la intestamentaria para recomponerse el procedimiento, y

II. Si la disposición testamentaria no comprendiere todos los bienes hereditarios, en el mismo expediente continuará el intestado y se tramitará el testamentario en cuanto haya lugar.

En este caso, se acumularán los juicios si resulta procedente, cumpliendo con las formalidades de este Código Nacional.

Artículo 710. Inmediatamente que se inicie el procedimiento sucesorio, la autoridad jurisdiccional o la Notaria o Notario Público ante quien se tramite, deberá obtener el informe de existencia o inexistencia de alguna disposición testamentaria otorgada por la persona de cuya sucesión se trate, ante el Archivo Judicial del Tribunal o Poder Judicial, así como en el Archivo General de Notarías, Registro Público de la Propiedad, Procuraduría Social del Estado, la Dirección del Archivo de Instrumentos Públicos, Dirección de Notarías y Registros Públicos, Secretaría General de Gobierno o cualquier otra dependencia, autoridad u oficina que lleve a cabo dicha función en la respectiva Entidad Federativa, siendo estas dependencias las encargadas de solicitar la información al Registro Nacional de Avisos de Testamento, sobre la existencia o inexistencia de alguna disposición testamentaria en alguna Entidad Federativa. Toda la información podrá ser recabada en formato impreso, o en medios electrónicos, ópticos o de cualquier otra tecnología.

SECCIÓN PRIMERA
DEL PROCEDIMIENTO ESPECIAL EN LOS INTESTADOS

Artículo 711. En las sucesiones intestamentarias en que no hubiere controversia alguna y las personas herederas fueren mayores de edad, así como niñas, niños o adolescentes que se encuentren debidamente representados, se podrá realizar el procedimiento especial en los intestados a que se refiere esta sección.

Se exceptúa de lo dispuesto en el párrafo anterior, cuando los bienes se encuentren afectos a patrimonio familiar, en cuyo caso no se admitirá a trámite el juicio hasta en tanto se presente la constancia de que el mismo se ha extinguido, en caso de que así lo prevea el Código Civil de la Entidad Federativa donde se pretenda radicar el juicio sucesorio, de lo contrario, deberán seguirse las reglas particulares que al efecto establezca dicha legislación.

Artículo 712. Las personas herederas de un juicio intestamentario pueden acudir ante la autoridad jurisdiccional en materia familiar para realizar el procedimiento especial en los intestados exhibiendo:

I. Copia certificada del acta de defunción o declaración judicial de muerte de la autora o el autor de la sucesión;

II. Actas de nacimiento para comprobar el entroncamiento o parentesco de las personas herederas;

III. Documentos o pruebas que acrediten la relación con la persona autora de la sucesión, tratándose de cónyuges, concubinos o convivientes;

IV. Inventario de los bienes, al que se le acompañarán los documentos que acrediten la propiedad de la persona autora de la sucesión, y

V. Convenio de adjudicación de bienes.

Artículo 713. La autoridad jurisdiccional en audiencia de juicio, habiendo solicitado previamente informe del Archivo Judicial o Poder Judicial, Archivo General de Notarías o Registro Público de la Propiedad del Estado o Procurador Social del Estado o Director del Archivo de Instrumentos Públicos o Dirección de Notarías y Registros Públicos del Estado o la Secretaría General de Gobierno así como del Registro Nacional de Avisos de Testamento o cualquier otra oficina pública que lleve a cabo la función de informar sobre la existencia o inexistencia de testamento, en presencia de los interesados examinará los documentos, así como a los testigos a que se refiere este Código Nacional; hecho lo anterior en la misma audiencia resolverá haciendo la declaración de herederos y adjudicación de los bienes de acuerdo al convenio exhibido, debiendo señalar a la Notaria o Notario Público que procederá a la formalización de la misma.

Una vez recibida la información solicitada en el párrafo que antecede, se fijará fecha de audiencia de juicio, la que se celebrará dentro de los veinte días siguientes, en la que se desahogarán las pruebas admitidas y se escucharán los alegatos finales de los interesados. Enseguida, se señalará fecha para escucha de explicación de la sentencia definitiva en el plazo de tres días.

En dicha audiencia de comparecer los interesados se dictará el fallo final, cuyos puntos resolutivos serán agregados al acta mínima que se levante con motivo de la diligencia, entregando a las partes copia simple de la versión escrita. En caso de incomparecencia de los interesados, la sentencia quedará a su disposición en la oficina judicial.

Artículo 714. Si en el procedimiento especial hubiere controversia, el juicio se seguirá conforme a las reglas generales de este Título.

Artículo 715. Al promoverse un intestado, deberá darse cumplimiento con los requisitos y exhibir los documentos señalados en este Código Nacional. Si la autoridad jurisdiccional encuentra apegada a derecho la denuncia, la radicará y ordenará girar los oficios respectivos y mandará notificar a los presuntos herederos, cónyuge que sobreviva o concubina, concubinario o conviviente, haciéndoles saber la radicación del juicio sucesorio para que comparezcan a deducir los posibles derechos hereditarios que consideren les correspondan, con citación del Ministerio Público.

Si las personas interesadas desde su presentación otorgaron su voto para la designación de albacea y fueren reconocidos como los herederos de la persona cuya sucesión se trata, la autoridad jurisdiccional deberá ordenar la ratificación de sus votos, y procederá a reconocer al albacea que resulte nombrado conforme a la ley.

Artículo 716. Una vez recibidos los informes de la inexistencia de disposición testamentaria, la autoridad jurisdiccional dentro del término de quince días señalará día y hora para la recepción de la información testimonial a cargo de dos personas dignas de fe, que protestadas legalmente testifiquen en primer término, que los interesados o los que designen son los únicos herederos, y en segundo lugar cuando se refiera a concubinos o convivientes para acreditar la existencia de éstos, si la Ley no contempla su registro obligatorio en la Entidad Federativa de la que se trate.

Artículo 717. Dicha información se practicará con citación del Ministerio Público, quien en el mismo acto o dentro de los tres días que sigan al de la diligencia y examinadas las constancias, formule los pedimentos con los que se dará vista a las personas interesadas para que los cumplimenten, si los hubiere.

Artículo 718. Una vez examinadas las constancias por el Ministerio Público y su opinión conforme al contenido de las mismas, de así considerarlo la autoridad jurisdiccional, se turnarán los autos para que dentro del término de diez días dicte sentencia interlocutoria de declaratoria de herederos, en la que se reconozca a quienes acreditaron su derecho hereditario intestamentario, o negándolo se reserve su acción, para que se haga valer en el juicio.

Contra la sentencia interlocutoria que se dicte procederá el recurso de apelación en efecto devolutivo de tramitación inmediata.

Artículo 719. En la sentencia interlocutoria de declaratoria de herederos se nombrará albacea, si las personas interesadas desde su escrito de denuncia dieron su voto y fue ratificado, de no ser así, en la propia sentencia se citará a una junta de herederos dentro de los quince días siguientes para que designen albacea. Se omitirá la junta si el heredero fuere único.

Artículo 720. Si la declaración de herederos la solicitaren parientes colaterales dentro del cuarto grado, la autoridad jurisdiccional después de recibir los justificantes del entroncamiento y la información testimonial, mandará fijar edictos en el medio de comunicación judicial, así como en un diario de los de mayor circulación del último domicilio y del lugar del fallecimiento de la persona finada, dos veces, de diez en diez días, anunciando su muerte, sin testar, y los nombres y grado de parentesco de los que reclaman la herencia, llamando a los que se crean con igual o mejor derecho para que comparezcan al juzgado a reclamarla dentro de los cuarenta días siguientes.

Artículo 721. Transcurrido el término de los edictos, a contar desde el día siguiente de su última publicación, si nadie se hubiere presentado, se pondrán los autos a la vista de la autoridad jurisdiccional, quien hará la declaración de herederos respectiva, conforme a lo dispuesto en este Código Nacional.

Si hubieren aparecido otros parientes, al momento de comparecer deberán acompañar los atestados del Registro Civil que justifiquen su mejor o igual grado de parentesco, con lo que se dará vista al Ministerio Público para que se imponga de ellos y desahogada o sin pedimento alguno, se procederá a realizar la declaratoria respectiva.

Artículo 722. Si el juicio intestamentario es denunciado por un acreedor o tercero interesado, se ordenará la elaboración de los oficios de localización de testamento ordenados en este Código Nacional, si de los informes se aprecia que no existe disposición testamentaria alguna y no se presentaren descendientes, cónyuge, ascendientes, concubina, convivientes o colaterales dentro del cuarto grado, la autoridad jurisdiccional mandará fijar edictos en el medio de comunicación judicial, así como en un diario de los de mayor circulación, de la manera y por los términos expresados en este Código Nacional, anunciando la muerte intestada de la persona cuya sucesión se trate, y llamando a los que se crean con derecho a la herencia.

Artículo 723. Vencido el término de los edictos si no se hubiere presentado ningún aspirante a la herencia o no fuere reconocido con derechos a ella ninguno de los pretendientes, se tendrán como herederos a quien señale el Código Civil y demás legislación de cada Entidad Federativa y como albacea a la persona que dichas instituciones señalen como su representante.

Artículo 724. Las personas que comparezcan a consecuencia de dichos llamamientos, reclamando su derecho a la herencia, deberán expresar, por escrito, el grado de parentesco en que se hallen con el causante de la herencia, justificándolo con los correspondientes documentos y previa vista al Ministerio Público, se turnará a sentencia, por lo que la autoridad jurisdiccional aplicará las reglas sucesorias que se consagran en el código sustantivo e incluso la norma general de que los parientes más próximos excluyen a los más remotos y procediendo desde luego al nombramiento de albacea.

Artículo 725. Al albacea se le entregarán los bienes sucesorios, así como los libros, archivos electrónicos y papeles, debiendo rendirle cuentas el interventor, con la finalidad de que el primero pueda realizar el inventario de la masa hereditaria, sin perjuicio de lo dispuesto en el Código Civil de cada Entidad Federativa respecto de si la o el cónyuge, conviviente o concubino, conserva la posesión y administración de la misma.

SECCIÓN SEGUNDA
DE LAS SUCESIONES TESTAMENTARIAS

Artículo 726. En los juicios de sucesión, si la Federación o las Entidades Federativas son herederos o legatarios en concurrencia con los particulares, se estará a las reglas de competencia previstas en este Código Nacional.

Artículo 727. La persona que promueva el juicio testamentario debe cumplir con los requisitos y exhibir la documentación ordenada en este Código Nacional, de no ser así, la autoridad jurisdiccional requerirá se corrija o se complete, y de encontrarse apegada a derecho, sin más trámite, lo tendrá por radicado y librará los oficios para búsqueda de testamento y de no existir otro testamento más que el exhibido, se notificará a los herederos en términos de este Código Nacional, haciéndole saber la radicación del presente juicio sucesorio, con citación del Ministerio Público.

Artículo 728. Si no se conociere el domicilio de los herederos, se mandarán publicar edictos en un diario de mayor circulación en la Entidad Federativa, conforme a lo dispuesto en este Código Nacional.

Artículo 729. La autoridad jurisdiccional convocará a los herederos designados en el mismo a una junta, que tendrá verificativo dentro de los veinte días siguientes a la citación, si la mayoría de los herederos reside en el lugar del juicio. Si la mayoría residiere fuera del lugar del juicio, la autoridad jurisdiccional señalará el plazo que crea prudente, atendidas las distancias; si hubiere albacea nombrado en el testamento, se les dé a conocer, y, si no lo hubiere, procedan a elegirlo con arreglo a este Código Nacional.

Artículo 730. Si en la designación hubiere personas con discapacidad, niñas, niños o adolescentes que tengan persona quien ejerza la patria potestad, persona tutora o persona que brinde apoyos para el ejercicio de su capacidad jurídica, se les mandará citar a estos últimos para la junta.

Si las herederas niñas, niños y adolescentes no estuvieren bajo patria potestad o tutela, la autoridad jurisdiccional dispondrá que se les nombren uno con arreglo a derecho como se previene en este Código Nacional.

Artículo 731. Respecto del heredero declarado ausente o desaparecido, se entenderá la citación con el que fuere su representante legítimo.

Artículo 732. Se citará también al Ministerio Público para que represente a los herederos cuyo paradero se ignore y a los que habiendo sido citados no se presentaren y mientras se presenten.

Luego que se presenten los herederos ausentes o desaparecidos cesará la representación del Ministerio Público.

Artículo 733. Si la madre, el padre, la persona tutora o tutriz, o cualquier representante legítimo de algún heredero que sea niña, niño, adolescente, tiene interés en la herencia, le proveerá la autoridad jurisdiccional, con arreglo a derecho, de una persona tutora especial para el juicio o hará que le nombre, si tuviere edad para ello. La intervención de la persona tutora especial se limitará sólo a aquello en que el propietario o representante legítimo tenga incompatibilidad.

Artículo 734. Si el testamento no es impugnado ni se objeta la capacidad de las personas interesadas, la autoridad jurisdiccional en la misma junta, reconocerá como herederos a los que estén nombrados en las porciones que les correspondan.

Si se impugnare la validez del testamento o la capacidad legal de algún heredero, se substanciará el juicio ordinario correspondiente con el albacea o el heredero respectivamente, sin que por ello se suspenda otra cosa que la adjudicación de los bienes en la partición.

Artículo 735. En la junta de las personas herederas, podrán estas nombrar a quien funja como interventor, conforme a la facultad y en los casos previstos en el Código Civil de cada Entidad Federativa.

SECCIÓN TERCERA
DEL INVENTARIO Y AVALÚO

Artículo 736. Dentro de diez días de haber aceptado su cargo, quien ejerce el albaceazgo debe dar aviso de que procederá a la formación de inventarios y avalúos, y propondrá al o los peritos valuadores en la materia correspondiente, debiendo concluir la presente sección dentro de los siguientes sesenta días.

Las personas herederas dentro del término de tres días deberán manifestar si están de acuerdo o no con la o las propuestas de peritos y si no lo hicieren, la autoridad jurisdiccional hará la designación procedente.

Se exceptuará el nombramiento de perito valuador cuando todas las personas herederas están conformes en que se tome el valor del avalúo catastral.

El inventario y avalúo se practicarán simultáneamente, si es única y universal persona heredera o si todos quienes tienen esta calidad firmaran de conformidad.

Artículo 737. El inventario deberá practicarse por la autoridad jurisdiccional, persona secretaria judicial, alcalde, alcaldesa, Notaria o Notario Público nombrada por los herederos, o autoridad competente en su caso, con las formalidades correspondientes al Código Civil aplicable siempre y cuando tenga que realizarse una descripción detallada de aquello que conforme la masa hereditaria de acuerdo con el importe de sus porciones, cuando concurran como herederos:

I. Niñas, niños y adolescentes;

II. Personas con discapacidad;

III. El Sistema para el Desarrollo Integral de la Familia;

IV. La Beneficencia Pública;

V. Instituciones Educativas;

VI. El Estado o las Entidades Federativas, y

VII. En su defecto, a quien, teniendo interés en la sucesión, señale la legislación sustantiva correspondiente.

A dicho inventario concurrirá conjuntamente el albacea.

Artículo 738. El inventario puede ser presentado por el albacea, cuando el acervo hereditario se constituya únicamente por inmuebles, y una vez que se encuentren exhibidos los avalúos se señalará fecha dentro de los cinco días siguientes, para que el albacea ante la presencia judicial ratifique el inventario a efecto de cumplir con la solemnidad y si comparecieran todos los reconocidos como herederos manifestando su conformidad se aprobará de plano, en caso contrario se procederá de acuerdo a lo dispuesto en este Código Nacional.

Artículo 739. El albacea dentro del término señalado en este Código Nacional procederá, a presentar el inventario de forma clara y precisa y en el orden siguiente:

I. Dinero en efectivo;

II. Alhajas;

III. Bienes, derechos de comercio o industria, así como de propiedad intelectual;

IV. Semovientes;

V. Frutos;

VI. Muebles;

VII. Inmuebles;

VIII. Créditos;

IX. Documentos y correspondencia;

X. Bienes ajenos que tenía en su poder el finado en comodato, depósito, prenda o bajo cualquier otro título, con expresión de la causa;

XI. Bienes o derechos litigiosos señalándose la autoridad jurisdiccional, la clase de juicio, la persona contra quien se litiga y la causa del pleito, y

XII. Las deudas que formen el pasivo de la sucesión, incluyendo los legados vigentes, los gastos funerarios y los que se hayan causado en la última enfermedad de la persona cuya sucesión se trata, con expresión de los títulos y documentos que justifiquen este pasivo.

Artículo 740. El inventario deberá especificar si de los bienes inventariados alguno corresponde la sociedad conyugal o se encuentren en copropiedad o posesión común en los casos de sociedad de convivencia o concubinato y los porcentajes, en su caso.

Si la masa hereditaria la conforma un solo bien y éste se encuentra afecto al patrimonio de familia, se suspenderá el procedimiento hasta en tanto no se haya extinguido el mismo, salvo que el Código Civil de la Entidad Federativa donde se encuentra radicado el juicio sucesorio intestamentario o testamentario prevea otra cosa.

Si dentro del caudal hereditario existen otros bienes que no conformen patrimonio familiar, el juicio podrá continuar por lo que hace a ellos, y por tanto, la suspensión sólo será del que sí se encuentra en dicha hipótesis en términos del párrafo que antecede.

Artículo 741. Si los bienes inventariados se encontraren en diversas Entidades Federativas se ampliará el término respectivo hasta por treinta días más.

Artículo 742. Practicados el inventario y avalúo serán agregados a los autos y se pondrá de manifiesto en la Secretaría, por cinco días, para que las personas interesadas puedan examinarlos, citándoseles mediante notificación personal en términos de lo dispuesto en este Código Nacional.

Artículo 743. Si transcurrido el término a que se refiere el artículo anterior, sin haberse hecho oposición, la autoridad jurisdiccional lo aprobará sin más trámites. En caso contrario, se substanciará el incidente respectivo.

Para dar curso al incidente de oposición, es indispensable expresar concretamente cuáles son los bienes omitidos o que deban de excluirse o el valor que se atribuye a cada uno de los inventariados correctamente, aportando pruebas para acreditar la misma.

Este incidente se desahogará en una sola audiencia oral a la que se citará a las partes.

Artículo 744. Si quienes reclamen fueren varios e idénticas sus oposiciones, deberán nombrar representante común en la audiencia oral. En caso de no nombrarlo o de no ponerse de acuerdo, la autoridad jurisdiccional lo nombrará de oficio de entre ellos mismos.

Artículo 745. Si a la audiencia dejaren de presentarse las personas designadas como peritos sin causa justificada, perderán el derecho de cobrar honorarios por los trabajos practicados.

En la tramitación de este incidente cada parte es responsable de la asistencia de los peritos que propusiere, de manera que la audiencia no se suspenderá por la ausencia de todos o de alguno de los propuestos.

Artículo 746. Si las oposiciones tuvieran por objeto impugnar simultáneamente el inventario y el avalúo, o se tramitaran diversos incidentes, estos se acumularán y se resolverán en una sola audiencia oral, a fin de evitar contradicción alguna.

Artículo 747. El inventario hecho por albacea o por heredero aprovecha a todas las personas interesadas, aunque no hayan sido citadas, incluso las substitutas y herederos por intestado.

El inventario perjudica a quienes lo hicieron y a quienes lo aprobaron.

Aprobado el inventario por la autoridad jurisdiccional o por el consentimiento de todas las personas interesadas, no podrá reformarse sino por error o vicio, debidamente justificado, a criterio de la propia autoridad jurisdiccional, en una audiencia oral y antes de dictarse la sentencia definitiva.

Artículo 748. Si aparecieren bienes omitidos, se procederá a la formación de un inventario suplementario aplicándose las reglas de esta sección, y demás disposiciones del Código Civil aplicable.

Artículo 749. Si pasados los términos establecidos en este Código Nacional, el albacea no promoviere o no concluyere el inventario, será removido de plano sin derecho a la percepción de honorarios y cualquier heredero podrá promover la formación del inventario.

Artículo 750. Los gastos de inventario y avalúo son a cargo de la masa hereditaria, salvo que se hubiere dispuesto otra cosa en el testamento.

SECCIÓN CUARTA
DE LA ADMINISTRACIÓN Y RENDICIÓN DE CUENTAS

Artículo 751. Corresponde la posesión y administración de la masa hereditaria a quien sobreviva, de conformidad con lo siguiente:

I. El o la cónyuge supérstite tanto en el régimen de la sociedad conyugal como en el de separación de bienes;

II. El o la conviviente que haya elegido que su patrimonio presente y futuro forme parte del patrimonio de la sociedad en convivencia, y

III. El o la concubina que hayan adquirido bienes en copropiedad o que haya procreado hijos en común con la persona de cuya sucesión se trata.

La posesión y administración de la masa hereditaria, por cualquiera de las personas anteriormente mencionadas se hará con intervención del albacea quien pondrá a su disposición los bienes que conforman la masa hereditaria.

Artículo 752. La intervención del albacea se concretará a vigilar la administración del o la cónyuge, del o la conviviente o del o la concubina, supérstite, y en cualquier momento en que observe que no se hace convenientemente, promoverá incidente ante la autoridad jurisdiccional, que conozca de la sucesión quien dará vista a quien se imputa la indebida administración, otorgando un término de tres días para que manifieste lo que a sus intereses convenga.

Una vez hechas sus manifestaciones, la autoridad jurisdiccional citará a ambas partes a una audiencia oral dentro de los tres días siguientes, en la que resolverá lo que en derecho proceda.

Artículo 753. Durante la substanciación del juicio sucesorio no se podrá enajenar los bienes inventariados, sino por acuerdo de las personas herederas o con aprobación judicial en los siguientes casos:

I. Cuando haya deuda o gasto urgente;

II. Cuando los bienes puedan deteriorarse;

III. Cuando sean de difícil y costosa conservación;

IV. Cuando para la enajenación de los frutos se presenten condiciones ventajosas, y

V. Cuando el acuerdo de los herederos no perjudique derechos de algún acreedor reconocido.

Artículo 754. Las cuentas y sus archivos físicos y electrónicos se entregarán al albacea y, hecha la partición a los herederos reconocidos. Los demás documentos y archivos físicos y electrónicos quedarán en poder de la persona que haya desempeñado el albaceazgo.

Artículo 755. Si nadie se hubiera presentado alegando derecho a la sucesión, o no hubieren sido reconocidos quienes se hubiesen presentado, y se hubiere declarado heredero, en su caso, a quien para esta hipótesis establezca como heredero legítimo la legislación sustantiva que corresponda a cada Entidad Federativa. Se entregarán a éstos por conducto de representante legal, los bienes, los documentos y archivos físicos y electrónicos que tengan relación con la misma, para su administración y rendición de cuentas.

Artículo 756. Concluido y aprobado el inventario, dentro de los quince días siguientes presentará el albacea su cuenta general de albaceazgo; si no lo hace se le apremiará por los medios legales.

Artículo 757. Presentada la cuenta general de administración, la autoridad jurisdiccional mandará dar vista a las personas interesadas por un término de diez días para que se impongan de ello, notificándose en forma personal en términos de lo dispuesto en este Código Nacional.

Artículo 758. Si todas las personas interesadas aprobaren la cuenta, o no la impugnaren, la autoridad jurisdiccional la aprobará de plano.

Si existe inconformidad, la persona interesada promoverá el incidente respectivo dentro de los tres días siguientes en que haya concluido la vista. Para darle curso al incidente, será indispensable que el promovente inconforme exprese concretamente cuáles son los puntos de la cuenta general del albaceazgo con los que se inconforma, aportando pruebas en su caso para controvertirlos. Este incidente se desahogará y resolverá en una sola audiencia oral a la que se citará a las partes, dentro de los cinco días siguientes.

En caso de que se promovieren dos o más incidentes en los que existiera identidad de puntos de inconformidad, se acumularán para ser resueltos en la misma audiencia.

Artículo 759. La persona interventora, el albacea provisional o judicial, en su caso, el o la cónyuge, el o la conviviente, el o la concubina, supérstite, el albacea designado por el testador o por los herederos y cualquier persona que haya tenido la administración de los bienes hereditarios, están obligados a rendir, dentro de los cinco primeros días de cada año del ejercicio de su cargo, la cuenta de su administración correspondiente al año anterior.

Artículo 760. Presentada la cuenta anual de administración, se mandará poner en la Secretaría, a disposición de quienes tengan interés para que se impongan, por un término de diez días, citándose mediante notificación personal en términos de lo dispuesto por este ordenamiento.

Artículo 761. Si todas las personas interesadas aprobaren la cuenta, o no la impugnaren, la autoridad jurisdiccional la aprobará. Si existiere inconformidad se tramitará el incidente respectivo. Quienes sostengan la misma pretensión deberán nombrar representante común.

Artículo 762. Las cantidades que resulten líquidas se depositarán a disposición de quien corresponda, en el establecimiento destinado por este Código Nacional.

Artículo 763. Cuando quien administre no rinda dentro del término legal su cuenta anual, será removido de plano. También podrá ser removido en términos de este Código Nacional, a solicitud de cualquiera de las personas interesadas, cuando alguna de las cuentas no fuere aprobada en su totalidad. El trámite se hará en forma incidental.

Artículo 764. Cuando no alcancen los bienes para pagar las deudas y legados, el albacea debe dar cuenta de su administración a personas acreedoras y legatarias.

Artículo 765. El albacea, dentro de los quince días de aprobado el inventario, presentará ante la autoridad jurisdiccional un proyecto para la distribución provisional de los productos de los bienes hereditarios, señalando la parte de ellos que, cada bimestre, deberá entregarse a herederos y legatarios, en proporción a su haber. La distribución de los productos se hará en efectivo o en especie.

Artículo 766. Presentado el proyecto, se pondrá a la vista de las personas interesadas por cinco días, citándose mediante notificación personal en términos de lo dispuesto en este Código Nacional.

Si están conformes o nada exponen dentro del término de la vista, lo aprobará la autoridad jurisdiccional y mandará abonar a cada quien la porción que le corresponda.

La inconformidad expresa se substanciará en forma incidental, el incidente se desahogará y resolverá en una sola audiencia oral a la que se citará a las partes, dentro de los cinco días siguientes. Dicha resolución será apelable en efecto devolutivo.

Artículo 767. Cuando los productos de los bienes variaren de bimestre a bimestre, el albacea presentará su proyecto de distribución por cada uno de los períodos indicados. En este caso deberá presentarse el proyecto dentro de los primeros cinco días del bimestre.

Artículo 768. Si el albacea no presentare el proyecto de distribución provisional de los productos de los bienes hereditarios, dentro del término legal o cuando durante dos bimestres consecutivos, sin justa causa, deje de cubrir a los herederos o legatarios las porciones de frutos correspondientes, será revocado de plano sí así lo solicita la mayoría de las personas herederas.

SECCIÓN QUINTA
DE LA PARTICIÓN DE HERENCIA

Artículo 769. Aprobada la cuenta general de administración, dentro de los quince días siguientes, el albacea presentará el proyecto de partición de los bienes, en los términos del Código Civil respectivo.

Artículo 770. Será removido el albacea de su cargo, mediante incidente, si no presentare el proyecto de partición dentro del término indicado en el artículo anterior o dentro de la prórroga que le concedan las personas interesadas por mayoría de votos.

Artículo 771. Cuando quien ejerza el albaceazgo requiera auxiliarse para hacer el proyecto de partición, podrá auxiliarse de un perito o especialista cuyo nombramiento deberá ser promovido dentro del tercer día de aprobada la cuenta y la autoridad jurisdiccional convocará a los herederos, a junta, dentro de los tres días siguientes, a fin de que se haga en su presencia la elección cuyo nombramiento se hará por mayoría de los presentes.

Si no hubiere mayoría, la autoridad jurisdiccional nombrará al perito o especialista de entre los propuestos.

Artículo 772. Quien tenga la calidad de cónyuge, conviviente, concubino o concubina, aunque no tenga el carácter de heredero, será tenido como parte, si entre los bienes hereditarios hubiere bienes de la sociedad conyugal, sociedad en convivencia o disposición de los concubinos que rija su patrimonio y será convocado a la junta que refiere el artículo que antecede, para que intervenga de acuerdo con sus intereses.

Artículo 773. Si se encuentra presente el partidor, encargado de la formulación del proyecto de partición en la misma junta que fue nombrado, procederá a aceptar y protestar su cargo, y en caso contrario se le notificará para que dentro del término de tres días comparezca a aceptar el mismo, habiendo señalado previamente el monto de sus honorarios de acuerdo con lo que le autoriza la Ley de cada Entidad Federativa, los que deberán ser autorizados y aprobados por la autoridad jurisdiccional, y cubiertos por los herederos en proporción a sus haberes.

Artículo 774. La autoridad jurisdiccional pondrá a disposición del partidor los autos y, bajo inventario, los papeles y documentos relativos al caudal, para que proceda a la partición, concediéndole hasta cuarenta días para que presente el proyecto partitorio, bajo el apercibimiento de perder los honorarios que le fueron autorizados y aprobados, ser separado de plano de su encargo y, en su caso, responsable de los daños y perjuicios.

Artículo 775. El partidor pedirá a las personas interesadas las instrucciones que estime necesarias, a fin de hacer las adjudicaciones de conformidad con ellas, en todo lo que estén de acuerdo, o de conciliar en lo posible sus pretensiones.

Puede solicitarse a la autoridad jurisdiccional para que, convoque a una junta, a fin de que las personas interesadas fijen de común acuerdo las bases de la partición, que se considerará como un convenio. Si no hubiere conformidad, el partidor presentará el proyecto de partición de los bienes, en los términos que lo dispuso el testador, en lo que no contravenga el Código Civil correspondiente.

Al hacerse la división se separarán los bienes que correspondan al cónyuge, conviviente, concubino o concubina que sobreviva, conforme a las capitulaciones matrimoniales que regulan la sociedad conyugal, a las disposiciones de la sociedad en convivencia o a las del patrimonio concubinal, cuando resulte ser en partes iguales y será convocado a la junta que refiere el artículo que antecede, para que intervenga de acuerdo con sus intereses.

Artículo 776. A falta de convenio entre las personas interesadas, se incluirán en cada porción, bienes de la misma calidad y especie, si fuere posible.

Si hubiere bienes gravados, se especificarán los gravámenes indicando el modo de redimirlos o dividirlos entre las personas herederas.

Artículo 777. Concluido el proyecto de partición, la autoridad jurisdiccional lo mandará poner a la vista de los interesados en la Secretaría, por un término de diez días. Vencido el término sin hacerse oposición, la autoridad jurisdiccional aprobará el proyecto y dictará sentencia de adjudicación, mandando entregar a cada quien los bienes muebles que le hubieren sido adjudicados, con la factura o los documentos de propiedad, después de asentarse por la persona secretaria judicial, una nota en que se haga constar la adjudicación.

Si se trata de niñas, niños o adolescentes, la autoridad jurisdiccional deberá verificar de manera oficiosa el proyecto de partición.

Si entre los bienes de la masa hereditaria, hubiere inmuebles, se mandará formalizar el proyecto de división y partición y otorgar la escritura pública correspondiente misma que deberá ser inscrita en el Registro Público de la Propiedad, Oficina Registral o cualquier otra Institución análoga según la Entidad Federativa de que se trate.

Artículo 778. Si hubiera oposición contra el proyecto, se substanciará en forma incidental, procurando que, si fueren varias, la audiencia sea común, y a ella concurrirán las personas interesadas y el partidor para que se discutan las gestiones promovidas y se reciban pruebas.

Para dar curso a esta oposición, es indispensable expresar concretamente cuál sea el motivo de la inconformidad y cuáles las pruebas que se invocan como base de la oposición.

Artículo 779. Pueden oponerse a que se lleve a efecto la partición:

I. Las personas acreedoras hereditarias legalmente reconocidas, mientras no se pague su crédito, si ya estuviere vencido y, si no lo estuviere, mientras no se les asegure debidamente el pago, y

II. Las personas legatarias de cantidad, de alimentos, de educación y de pensiones, mientras no se les pague o se garantice legalmente el derecho.

Artículo 780. La adjudicación de bienes hereditarios se otorgará con las formalidades que, por su cuantía, la Ley exige para su venta. La Notaria o Notario Público ante la que se otorgue la escritura será designada por el albacea.

Artículo 781. La escritura de partición, cuando haya lugar a su otorgamiento, deberá contener, la superficie, medidas y linderos que correspondan a los inmuebles adjudicados conforme al convenio con el fin de permitir su plena identificación.

El resto de los bienes o derechos adjudicados la autoridad jurisdiccional deberá formalizar su transmisión de conformidad con las leyes aplicables para cada caso.

Artículo 782. La sentencia que apruebe o repruebe la partición es apelable en ambos efectos.

CAPÍTULO II
DE OTRAS FORMAS TESTAMENTARIAS

SECCIÓN PRIMERA
DEL TESTAMENTO PÚBLICO CERRADO

Artículo 783. Para la apertura del testamento público cerrado, los testigos reconocerán separadamente sus firmas y el pliego que las contenga. El Ministerio Público asistirá a la diligencia.

Artículo 784. Cumplido lo prescrito en el Código Civil de la Entidad Federativa respectiva, ante la autoridad jurisdiccional, los testigos reconocerán separadamente sus firmas en el pliego que contenga el testamento y hecho lo anterior en presencia del Notario o Notaria Pública, testigos, Ministerio Público y persona secretaria judicial, abrirá el testamento, lo leerá, para sí y después le dará lectura en voz alta, omitiendo lo que deba permanecer en secreto y cumplidos los requisitos del Código Sustantivo de cada Entidad Federativa declarará la formalidad del testamento ordenando su protocolización.

En seguida firmarán al margen del testamento las personas que hayan intervenido en la diligencia, con la autoridad jurisdiccional y secretaria judicial de la Entidad Federativa de que se trate, y se le pondrá el sello del juzgado, asentándose todo ello en el acta.

Artículo 785. Para la protocolización del testamento la persona que hubiere promovido elegirá al Notario o Notaria Pública, dentro de la misma Entidad Federativa en donde se encuentre la autoridad jurisdiccional que apertura el testamento.

Artículo 786. Si se presentaren dos o más testamentos cerrados de una misma persona, la autoridad jurisdiccional procederá respecto a cada uno de ellos como se previene en este Capítulo y los hará protocolizar en un mismo oficio para los efectos de que el testamento que subsista sea aquel que indiquen las disposiciones del Código Civil de la Entidad Federativa respectiva.

SECCIÓN SEGUNDA
DE LA DECLARACIÓN DEL TESTAMENTO OLÓGRAFO

Artículo 787. La autoridad jurisdiccional que tenga noticia de que el autor de la herencia depositó su testamento ológrafo, como se dispone en el Código

Civil respectivo, dirigirá oficio al encargado del Archivo General de Notarías, Registro de la Propiedad, Director del Archivo de Instrumentos Públicos, Dirección de Notarías y Registros Públicos, la Secretaría General de Gobierno o cualquier otra oficina que lleve a cabo dicha función en la Entidad Federativa, en que se hubiere hecho el depósito, a fin de que le remita el pliego cerrado en que el testador declaró que se contiene su última voluntad.

Artículo 788. Recibido el pliego, procederá la autoridad jurisdiccional como se dispone en el Código Civil de cada Entidad Federativa.

Artículo 789. Si para la debida identificación fuere necesario reconocer la firma, por no existir los testigos de identificación que hubieren intervenido, o por no estimarse bastante sus declaraciones, la autoridad jurisdiccional nombrará un perito para que confronte la firma con las indubitadas que existan del testador, y teniendo en cuenta su dictamen hará la declaración que corresponda.

SECCIÓN TERCERA
DEL TESTAMENTO PRIVADO

Artículo 790. A instancia de parte legítima formulada ante la autoridad jurisdiccional competente, puede declararse formal el testamento privado de una persona, sea que conste por escrito o sólo de palabra de conformidad con el Código Civil respectivo.

Artículo 791. La declaración de estar conforme a derecho un testamento privado, se iniciará a solicitud de legítimo interesado, quien ofrecerá la información testimonial de quienes hayan concurrido al otorgamiento.

La autoridad jurisdiccional, citará al Ministerio Público, señalando día y hora para una audiencia en la que se recibirá la información testimonial, la que deberá rendirse en los términos que para estos casos prevén los Códigos Civiles respectivos.

Recibida la información testifical, la autoridad jurisdiccional en la misma audiencia, de estimar probados los requisitos previstos por el Código Civil respectivo, declarará la existencia de formal testamento.

Contra la declaración de no estar ajustado a derecho el testamento, procede apelación sin necesidad de reenvío. Si se declara lo contrario, podrá impugnarse la validez en el juicio hereditario que con él se inicie.

Artículo 792. Es parte legítima para los efectos del artículo anterior:
I. El que tuviere interés en el testamento;
II. El que hubiere recibido en él algún encargo del testador, y
III. El que, con arreglo a las Leyes aplicables, pueda representar sin poder, a cualquiera de los que se encuentren en los casos que se expresan en las fracciones anteriores.

Artículo 793. Hecha la solicitud, se señalarán día y hora dentro de los siguientes veinte días para el examen de los testigos que hayan concurrido al otorgamiento, bajo las reglas previstas por este Código Nacional.
Para la información se citará al Ministerio Público, quien tendrá obligación de asistir a las declaraciones de testigos e interrogarlos para asegurarse de su veracidad.
Las personas testigos declararán al tenor del interrogatorio respectivo, que se sujetará estrictamente a lo dispuesto en el Código Civil de cada Entidad Federativa.
Recibidas las declaraciones, y si éstas reúnen los requisitos de este Código Nacional, la autoridad jurisdiccional declarará que sus dichos son el formal testamento de la persona de que se trate, ordenando su protocolización.

Artículo 794. De la resolución que niegue la declaración de formalidad de un testamento privado, pueden apelar el promovente y cualquiera de las personas interesadas en la disposición testamentaria.
De la que otorgue la declaración de formalidad, puede apelar el Ministerio Público.

SECCIÓN CUARTA
DEL TESTAMENTO MILITAR

Artículo 795. Luego que la autoridad jurisdiccional reciba, por conducto de la persona titular de la Secretaría de la Defensa Nacional, el parte a que se refiere el Código Civil correspondiente, citará a los testigos que estuvieren en el lugar, y respecto a los ausentes o desaparecidos, mandará exhorto al Tribunal o Poder Judicial del lugar donde se hallen.

Artículo 796. De la declaración judicial se remitirá copia autorizada a la persona titular de la Secretaría de la Defensa Nacional. En lo demás, se observará lo dispuesto en el Capítulo que antecede.

SECCIÓN QUINTA
DEL TESTAMENTO MARÍTIMO

Artículo 797. Hechas las publicaciones que ordena el Código Civil de la Entidad Federativa respectiva, podrán los interesados ocurrir ante la autoridad jurisdiccional competente para que pida de la Secretaría de Relaciones Exteriores o al Gobierno local, según la Entidad Federativa que lo contemple, la remisión del testamento para que lo envíe y continúe el trámite legal correspondiente.

SECCIÓN SEXTA
DEL TESTAMENTO HECHO EN PAÍS EXTRANJERO

Artículo 798. El testamento hecho en país extranjero será declarado válido por la autoridad jurisdiccional competente, cuando haya sido formulado de conformidad con las Leyes del país en que se otorgue y no contravenga al orden público mexicano, siguiendo las reglas de aplicación e interpretación que contempla la legislación sustantiva de cada Entidad Federativa.

CAPÍTULO III
PROCEDIMIENTO SUCESORIO NO CONTROVERTIDO VÍA JUDICIAL

Artículo 799. En el caso que no exista controversia alguna entre herederos y legatarios si los hubiera, podrá optar por el trámite de sucesiones intestadas o testamentarias conforme a este procedimiento, y debiéndose cumplimentar los requisitos siguientes:

I. Exhibir las copias certificadas, ya sea en formato físico o electrónico, de las actas de nacimiento y defunción de la persona autora de la sucesión;

II. Exhibir las copias certificadas, ya sea en formato físico o electrónico, de las actas de la totalidad de las personas interesadas, en su caso las necesarias para acreditar el entroncamiento con la persona autora de la sucesión, así como la información relativa a si la persona se encontraba unida en matrimonio o concubinato en el momento de su fallecimiento;

III. En los casos de intestado, la denuncia deberá estar firmada por la totalidad de las personas presuntamente herederas, o por sus representantes, todas deberán de señalar bajo protesta de decir verdad su reconocimiento entre sí y la propuesta para la designación de albacea;

IV. Cuando se tenga conocimiento de la existencia de un testamento, a la denuncia se acompañará éste, o bien se realizará el señalamiento relativo a la ubicación del documento. El escrito de denuncia deberá de estar firmado por todas las personas interesadas o probablemente interesadas;

V. Se deberá exhibir el inventario de los bienes cuya propiedad esté debidamente acreditada, el cual deberá estar firmado y con la aceptación expresa de las personas interesadas;

VI. Se deberá exhibir el avalúo expedido por el perito valuador autorizado en términos de este Código Nacional, y

VII. Se exhibirá una propuesta de convenio de liquidación y partición del haber hereditario, en el cual se deberá de consignar la aceptación de las personas interesadas.

Artículo 800. Para el caso de que entre las personas interesadas existan niñas, niños o adolescentes, conjuntamente a su comparecencia mediante sus legítimos representantes, deberá verificarse por la autoridad jurisdiccional que se cuente con una defensa técnica y especializada durante el trámite del procedimiento.

Artículo 801. En la admisión del trámite la autoridad jurisdiccional ordenará de manera oficiosa que:

I. Se recabe ante las dependencias registrales que corresponda la información relativa a la existencia o no de un testamento otorgado por la persona autora de la sucesión y en caso de existir tal documento se ordenará su remisión a la autoridad jurisdiccional;

II. Se recabe en los Registros Públicos correspondientes, la información relativa a la existencia de bienes propiedad de la persona autora de la sucesión, y en su caso la existencia de gravámenes, y

III. Se recabe en el Registro Civil de la entidad las certificaciones de las actas de nacimiento de los ascendientes, descendientes y colaterales hasta el cuarto grado de la persona autora de la sucesión.

En el momento de la admisión del trámite se le dará intervención activa a la persona Agente del Ministerio Público correspondiente.

Artículo 802. En caso de que el trámite se encuentre iniciado como intestado y de la información rendida por las dependencias registrales se actualice la existencia de un testamento atribuible a la persona autora de la sucesión, el procedimiento especial se ajustará a las reglas aplicables a lo previsto en este procedimiento para el caso de sucesiones testamentarias.

Artículo 803. Recibidos los informes precisados en los artículos anteriores, se procederá a presentar y revisar el inventario, avalúo y proyecto de partición y de resultar ajustado a derecho, la autoridad jurisdiccional citará a la totalidad de los interesados a una sola audiencia oral en un término no mayor de veinte días, y en la que declarará herederas o legatarias de acuerdo a lo dispuesto en la legislación sustantiva de la Entidad Federativa correspondiente, o a las que hayan sido designadas con ese carácter en el testamento, teniéndose como albacea a la persona designada en el testamento o en su defecto a la propuesta por los herederos o por la autoridad jurisdiccional.

En la misma audiencia se proveerá respecto de la aprobación del inventario y avalúo y el proyecto de partición de los bienes, adjudicándolos a las personas interesadas conforme al convenio presentado. Finalmente, se ordenará remitir las constancias a la Notaria o Notario Público señalado por la persona albacea o por la mayoría de los herederos, ello para el otorgamiento de la escritura de formalización correspondiente.

En caso de que a la audiencia señalada en este artículo no comparezcan la totalidad de las personas interesadas por sí mismas o mediante representante legal, la actuación se diferirá por una única ocasión. Sin embargo, en caso de que de nueva cuenta no comparezcan las personas interesadas, ante la falta de interés de los promoventes se dará por concluido el trámite.

Artículo 804. Si existe oposición entre las partes interesadas o no se acredita plenamente la propiedad de los bienes del autor de la herencia, la autoridad jurisdiccional dará por concluido el procedimiento especial a que hace referencia este Capítulo y abrirá el proceso sucesorio correspondiente.

CAPÍTULO IV
DE LA SUCESIÓN TRAMITADA POR NOTARIO PÚBLICO

Artículo 805. Podrán tramitarse ante Notaria o Notario Público todas las sucesiones testamentarias o intestamentarias, siempre y cuando no hubiere controversia alguna, con arreglo a lo que se establece en el presente Código Nacional.

La apertura del testamento público cerrado, la declaración de ser formal el testamento ológrafo o un testamento especial y la declaración de ser formalmente válido un testamento otorgado en país extranjero se tramitará siempre judicialmente, excepto en este último caso cuando se trate de un testamento público abierto otorgado ante miembro del servicio exterior mexicano en ejercicio de funciones notariales en los términos de la Ley del Servicio Exterior Mexicano y su Reglamento, cuyo testimonio tendrá plena validez sin necesidad de legalización. Cumplido lo anterior, podrá tramitarse la sucesión ante Notaria o Notario Público conforme a lo dispuesto en este Código Nacional.

Artículo 806. Las sucesiones testamentarias podrán tramitarse ante la o el Notario Público al que acudan las y los herederos, así como el albacea de común acuerdo, sin que, para este supuesto apliquen las disposiciones de competencia del presente Código Nacional.

El albacea, si lo hubiere, y las personas herederas comparecerán ante la Notaria o el Notario Público, exhibiendo el acta de defunción del autor de la herencia y, en su caso, la de matrimonio con sus respectivas capitulaciones si las hubiere, constancia o convenio que realicen concubinos, o convivientes en los términos de la legislación sustantiva de cada Entidad Federativa que contenga la disposición patrimonial aplicable, el testimonio del testamento o de su protocolización, según corresponda.

La Notaria o Notario Público procederá a recabar los informes respectivos ante el Archivo Judicial del Tribunal o Poder Judicial, en el Archivo General de Notarías, Registro Público de la Propiedad, Procurador Social, Director del Archivo de Instrumentos Públicos, Dirección de Notarías y Registros Públicos, Secretaría General de Gobierno o cualquier otra oficina que lleve a cabo dicha función en cada Entidad Federativa, siendo estas dependencias las encargadas de solicitar la información al Registro Nacional de Avisos de Testamento, sobre la existencia o inexistencia de alguna disposición testamentaria en su localidad.

Toda la información podrá ser recabada en formato impreso, o en medios electrónicos, ópticos o de cualquier otra tecnología, para constatar que el testamento exhibido es el único o último otorgado por el autor de la sucesión y hecho lo anterior los interesados se presentarán ante la Notaria o Notario Público para hacer constar que aceptan la herencia, legados en su caso, se reconocen recíprocamente sus derechos hereditarios, que quien fue designado albacea aceptó el cargo y, a su vez, va a proceder a formar el inventario de los bienes de la herencia.

En el mismo acto, la o el Notario Público, podrá hacer constar el repudio de herencia, así como la manifestación de no aceptación del cargo de albacea por aquellas personas que tuvieren dichos derechos.

La Notaria o Notario Público dará a conocer estas declaraciones por medio de dos publicaciones que se harán, de diez en diez días en un periódico de circulación Nacional y en el registro nacional correspondiente.

Artículo 807. Para la sucesión intestamentaria que pretenda tramitarse ante Notaria o Notario Público, deberá de observar la competencia y formalidades previstas en este Código Nacional. Comparecerán las personas interesadas, exhibiendo la copia certificada del acta de defunción del autor de la herencia, en su caso atestado de matrimonio y capitulaciones de acuerdo al régimen patrimonial que lo regule, constancia o convenio que realicen los concubinos o convivientes cuando se encuentre legalmente constituida su relación y contenga disposición expresa, de que el patrimonio que se adquiera será en partes iguales y las partidas del estado civil que justifiquen su entroncamiento con el autor de la sucesión, ofreciendo en compañía de dos testigos idóneos quienes darán su testimonio bajo protesta de decir verdad, la información testimonial respectiva para constatar que no existen otras personas con igual o mejor derecho a la herencia.

La Notaria o Notario Público procederá a recabar los informes correspondientes a que se refiere el artículo anterior, para constatar que no existe disposición testamentaria otorgada por el autor de la sucesión.

En el instrumento que al efecto se levante, y previa declaración de quienes acudan como testigos conforme se señala en el siguiente párrafo, las personas comparecientes se reconocerán recíprocamente su calidad de herederos y propondrán entre ellos al albacea, quien deberá comparecer a aceptar el cargo que se le confiere.

Adicionalmente los herederos y sus testigos declararán bajo protesta de decir verdad el último domicilio del finado; que no tienen conocimiento de la existencia de testamento alguno otorgado por el autor de la sucesión; que no tienen conocimiento de que se haya iniciado el trámite de la sucesión ni de la existencia de persona alguna diversa de ellos con derecho a heredar en el mismo o preferente grado.

La Notaria o Notario Público dará a conocer estas declaraciones por medio de dos publicaciones en la forma y con la periodicidad prevista en el artículo anterior.

Artículo 808. Practicado el inventario y avalúos por el albacea en cualesquiera de las sucesiones y estando conformes con él todos los herederos, lo presentarán a la Notaria o Notario Público para su protocolización acompañando los documentos que acrediten la propiedad o titularidad de los bienes inventariados.

Artículo 809. El proyecto de partición formado por el albacea, con la aprobación de los herederos, lo exhibirán ante la Notaria o Notario Público, quien elaborará la escritura de protocolización y la de adjudicación a su solicitud. Si el testador hubiere ordenado la partición, esta se deberá llevar a cabo en los términos dispuestos por él.

Siempre que haya oposición de algún aspirante a la herencia o de cualquier persona acreedora, la Notaria o Notario Público suspenderá su intervención y lo remitirá a la autoridad jurisdiccional ante quien se tramite la oposición.

Artículo 810. Para la titulación notarial de la adquisición por los legatarios instituidos en testamento público simplificado o testamento respecto de vivienda de interés social popular que hubiere sido otorgado en el mismo instrumento de adquisición o de conformidad con la legislación particular de cada Entidad Federativa, se observará lo siguiente:

I. Los legatarios o sus representantes, exhibirán ante la Notaria o Notario Público la copia certificada del acta de defunción del testador y testimonio del testamento público simplificado o testamento respecto de vivienda de interés social popular y solicitarán por escrito el inicio del procedimiento especial de adjudicación;

II. La Notaria o Notario Público dará a conocer, por medio de una publicación en un periódico de circulación nacional, que ante él se está tramitando la titulación notarial de la adquisición derivada del testamento público simplificado o testamento respecto de vivienda de interés social popular, el nombre de la o el testador y de los legatarios;

III. La Notaria o Notario Público solicitará al Archivo Judicial del Tribunal o Poder Judicial, así como el Archivo General de Notarías, Registro Público de la Propiedad, Procurador Social, Director del Archivo de Instrumentos Públicos, Dirección de Notarías y Registros Públicos, la Secretaría General de Gobierno o cualquier otra oficina que lleve a cabo dicha función en cada Entidad Federativa, quienes serán las dependencias encargadas de solicitar la información al Registro Nacional de Avisos de Testamento, de las constancias relativas a la existencia o inexistencia de testamento. En el caso de que el testamento público simplificado o testamento respecto de vivienda de interés social popular presentado sea el último otorgado, la Notaría Pública podrá continuar con los trámites relativos, pasados diez días posteriores a la publicación a que se refiere la fracción anterior.

Si hubiese oposición dentro de dicho plazo la o el notario suspenderá el trámite y remitirá el asunto a la autoridad jurisdiccional que se lo solicite;

IV. La Notaria o Notario Público redactará el instrumento en el que se relacionarán los documentos exhibidos, las constancias a que se refiere la fracción anterior, los demás documentos del caso, y la conformidad expresa de los legatarios en aceptar el legado. El testimonio que se expida se inscribirá en el Registro de la Propiedad, Oficina Registral o cualquier otra Institución análoga según la Entidad Federativa de que se trate. En su caso, se podrá hacer constar la repudiación expresa, y

V. En el instrumento a que se refiere la fracción anterior, los legatarios podrán otorgar, a su vez, un testamento público simplificado o testamento respecto de vivienda de interés social popular, cuando reúnan los requisitos del Código Civil de la Entidad Federativa respectiva.

TÍTULO SEGUNDO
DEL CONCURSO DE ACREEDORES

CAPÍTULO ÚNICO
DISPOSICIONES GENERALES

Artículo 811. Puede someterse a los procedimientos regulados en este Título la persona deudora no comerciante, que no pueda hacer frente a sus obligaciones líquidas y exigibles, siempre que no se encuentre en los supuestos que regula la Ley de Concursos Mercantiles y demás leyes especiales.

El procedimiento puede ser extrajudicial o judicial, asimismo, podrá ser necesario o voluntario. Es necesario, cuando un acreedor de plazo cumplido ha demandado y ejecutado a su deudor y no haya bienes bastantes para pagar o garantizar su crédito.

El procedimiento extrajudicial se tramitará ante un facilitador o conciliador certificado en los términos de la Ley de la materia, y sólo podrá iniciarse a solicitud por escrito de la persona deudora o de algún acreedor.

El procedimiento judicial se tramita ante autoridad jurisdiccional en materia civil, quien podrá solicitar el auxilio de un facilitador o conciliador público en lo que estime necesario, y puede iniciarse a solicitud de la persona deudora o acreedor.

Artículo 812. Salvo disposición expresa en contrario, los convenios suscritos en el procedimiento extrajudicial no admitirán recurso alguno, pero su ejecución será en la vía de apremio, donde previa su ejecución, la autoridad jurisdiccional de oficio o a instancia de cualquiera de las partes, hará una revisión del procedimiento extrajudicial, convenio y plan de pagos alcanzado, verificando que se ajuste a derecho.

La resolución final que contenga el plan de pagos emitida en el procedimiento judicial es apelable en el efecto devolutivo de conformidad con las disposiciones del presente Código Nacional.

Artículo 813. Las personas casadas por sociedad conyugal o en régimen similar pueden presentar solicitud conjunta o ser demandadas en forma conjunta. En su caso, se aprobará un solo convenio o, en su defecto, se dictará una sola sentencia que contendrá un solo plan de pagos.

Artículo 814. Son personas relacionadas con la persona deudora o acreedora y no podrán desempeñarse como facilitadores o conciliadores en los procedimientos previstos en el presente Título, las siguientes:

I. En el caso de deudores personas físicas no comerciantes: su cónyuge, concubina o concubino, parientes consanguíneos o por afinidad, sus garantes, personas con quienes el deudor o quienes se mencionan en esta fracción, tengan algún vínculo de amistad, trabajo o de alguna otra naturaleza que pueda generar un conflicto de interés, o cualquier persona moral de la que sean socios o en la que tengan poder decisorio en forma directa o indirecta quienes se mencionan en esta fracción, y

II. En el caso de deudores personas morales de naturaleza civil no comerciantes: sus socios, cualquier miembro de sus órganos de administración, quienes tengan poder decisorio o por cualquier otra persona que tenga facultades de decisión en dichas personas morales.

Artículo 815. El facilitador o conciliador será el encargado del procedimiento extrajudicial y será auxiliar de la autoridad jurisdiccional en el proceso judicial cuando así se ordene.

Sus funciones en el procedimiento extrajudicial serán integrar la lista de créditos, verificar los pagos efectuados y comprobados por la persona deudora, y auxiliar el acuerdo entre las partes para la firma de un convenio con un plan de pagos, y en su caso, hacer propuestas de reestructuración de adeudos, que en el supuesto de personas morales de naturaleza civil no comerciante podría llegar hasta proponer su reorganización económica, si la Asamblea General de Socios así lo decide.

Iniciado el procedimiento extrajudicial, los acuerdos privados entre acreedores o entre cualquier acreedor y la persona deudora que participen del mismo, son nulos.

Artículo 816. A lo largo del procedimiento la persona deudora está obligada a proporcionar al facilitador o conciliador y a la autoridad jurisdiccional, toda la información que le sea requerida. La parte acreedora deberá entregar toda la información de sus créditos y manifestar claramente desde un inicio su postura, para que el facilitador o conciliador o autoridad jurisdiccional cuenten con los elementos necesarios a fin de que las partes lleguen a un acuerdo y plan de pagos.

Si el facilitador o conciliador es privado deberá de estar certificado y la persona deudora podrá elegirlo al inicio del procedimiento, siempre que no sea una persona relacionada en términos del artículo 814 del presente Código Nacional y este se encargará de su trámite si la mayoría simple de personas acreedoras presentes así lo ratifican.

Si el procedimiento extrajudicial lo inician los acreedores ante un facilitador o conciliador privado, este deberá ser certificado y ellos serán quienes lo designen por mayoría simple de votos de las personas acreedoras presentes en la primera convocatoria. En los procesos judiciales se dará preferencia a los facilitadores o conciliadores públicos; quienes deberán estar igualmente certificados en los términos de la ley de la materia.

Si no hay oposición de alguna de las partes, quien haya actuado como facilitador o conciliador en el procedimiento extrajudicial podrá continuar actuando en el proceso judicial. En caso de oposición la autoridad jurisdiccional lo designará y contra dicha resolución no procede recurso alguno.

Artículo 817. Los créditos insolutos se deberán demostrar con pruebas documentales. Los archivos electrónicos se considerarán documentos y no se les negarán efectos jurídicos por ese sólo hecho. Sólo en el procedimiento judicial los documentos exhibidos, podrán ser objetados e impugnados de falsos conforme a las disposiciones de este Código Nacional.

Las personas relacionadas que se presenten como acreedoras al procedimiento deberán en todo caso exhibir los documentos originales de sus créditos. Las partes tendrán derecho de prueba para controvertir tales documentos en los términos previstos en el presente Código Nacional.

Las acciones promovidas por los acreedores, así como los juicios seguidos contra de la persona deudora, que se encuentren en trámite al iniciarse el procedimiento extrajudicial, no se acumularán al mismo. Una vez iniciado el procedimiento extrajudicial, los acreedores podrán solicitar en forma legal la suspensión de aquellos procedimientos judiciales que estén pendientes de resolución definitiva, los que serán de inmediato enviados para su resguardo al Archivo Judicial sin que se contabilice el plazo para la caducidad y con el objeto de no proseguir con el mismo.

Alcanzado un acuerdo en el procedimiento extrajudicial, una vez cumplido el convenio y plan de pago, las partes estarán obligadas a desistirse de sus acciones contra el deudor dentro de un plazo no mayor a diez días de dicho cumplimiento.

Artículo 818. Las partes podrán convenir de manera conjunta, previo al procedimiento extrajudicial, los honorarios con su facilitador o conciliador y serán cubiertos de manera independiente al concurso civil, los cuales deberán ajustarse al arancel que se establezca en cada Entidad Federativa.

Artículo 819. Los procedimientos regulados en este Título, se regirán bajo las disposiciones previstas para concurrencia y prelación de créditos prevenidos en la legislación civil correspondiente; en caso de ausencia o para efecto del plan de pagos, con independencia a cualquier otro acreedor siempre serán preferidos los acreedores alimentarios, los acreedores laborales conforme al apartado A del artículo 123 de la Constitución Política de los Estados Unidos Mexicanos, así como los gastos de enfermedad en su caso, a quienes se pagará en primer lugar mes a mes o con la periodicidad que corresponda al tipo de obligación contraída hasta por el monto que en derecho proceda. La persona deudora podrá conservar el mínimo vital, para sí y para el de sus dependientes económicos.

En su caso, se considerará a los acreedores con créditos garantizados debidamente constituidos conforme a la ley con prenda o hipoteca sobre bienes de la persona deudora, quienes sujeto a lo establecido en este Título podrán conservar el contrato y reajustar su forma de pago, o bien, cobrarse con el valor de su garantía conforme al valor de mercado y con posterioridad al cobro de los acreedores preferentes.

Los acreedores comunes son todos aquellos que no están considerados en los párrafos anteriores, quienes cobrarán a prorrata, sin distinción de fechas y conforme al plan de pagos que en su caso se apruebe.

SECCIÓN PRIMERA
DEL PROCEDIMIENTO EXTRAJUDICIAL

Artículo 820. El procedimiento extrajudicial inicia en la fecha en la que la persona deudora entregue bajo protesta de decir verdad al facilitador o conciliador el formato único universal con toda la información precisada en el artículo 833 del presente Código Nacional, acompañado de su reporte especial de crédito emitido por una sociedad de información crediticia con no más de treinta días de antigüedad.

El facilitador o conciliador podrá ayudar a la persona deudora en el llenado del formato y la preparación de los documentos. En el transcurso del procedimiento, el facilitador o conciliador podrá solicitar a las partes la entrega de información o documentos adicionales, según sea el caso, para el mejor entendimiento del estado económico del concursado.

Artículo 821. El facilitador o conciliador notificará a cada uno de los acreedores de la solicitud presentada por la persona deudora dentro de los tres días hábiles siguientes por correo certificado, en el entendido de que en todo caso deberá contar con un acuse de recibo de la notificación. Además, se hará una publicación en el Boletín Concursal Nacional o medio de comunicación aplicable, a efecto de convocar a las personas acreedoras.

La notificación deberá acompañarse de la información presentada por la persona deudora, con el objeto de que en la primera reunión el facilitador o conciliador presente una lista de créditos con el fin de establecer un mecanismo de conciliación sobre el estado de adeudos entre las partes, y deberá precisar lo siguiente:

I. Lugar, fecha y hora de la primera reunión que deberá realizarse dentro de los siguientes veinticinco días y en la que deberá estar presente la persona deudora;

II. Nombre y domicilio de la persona deudora, así como del facilitador o conciliador;

III. El monto líquido probable de las obligaciones pecuniarias que la persona deudora sostenga se le deben a dicho acreedor, y

IV. El probable grado de prelación atribuido a su crédito, así como solicitarle exhiba los documentos justificativos de su crédito agregando un cálculo del saldo insoluto dentro de los diez días hábiles siguientes a la fecha de la notificación en el domicilio del facilitador o conciliador.

Para el caso de inasistencia sin causa justificada de la persona deudora en la primera reunión o subsecuentes, se dará por terminado el procedimiento extrajudicial.

Si las partes lo convienen desde la primera reunión, se podrá suspender la generación de intereses ordinarios y moratorios sobre la suerte principal, y en su caso, acordar que los acreedores se abstengan de hacer requerimientos judiciales de pago, de ejecución o requerimiento de la posesión de sus bienes o de dar por terminados los contratos que tengan entre ellos celebrados y puedan agravar la situación de la persona deudora.

Artículo 822. El facilitador elaborará la lista de créditos que sea compatible para personas deudoras no comerciantes, considerando todas las obligaciones pecuniarias del deudor aun cuando la determinación de algunos adeudos se encuentre reservada a otra autoridad, en el entendido de que estos últimos no podrán ser objeto de negociación en el procedimiento de concurso.

La lista de créditos deberá contener al menos lo siguiente:

I. El nombre, domicilio y correo electrónico de la persona deudora y de cada acreedor, y

II. La conciliación del saldo insoluto principal adeudado a cada acreedor más los intereses devengados hasta la fecha de presentación de la solicitud, especificando la prelación atribuida a cada crédito y sus garantías, misma que será explicada en la primera reunión con la finalidad de alcanzar acuerdo entre las partes.

En el caso de créditos garantizados deberá especificarse el valor de la garantía. Para dichos efectos el acreedor garantizado deberá presentar un avalúo de institución de crédito o una opinión de perito valuador, en este último caso la persona deudora también tendrá derecho a que se escuche a un experto nombrado de su parte.

Si algún acreedor no está de acuerdo con el monto y grado de prelación atribuido a su crédito en la lista de créditos propuesta por el facilitador o conciliador, tendrá expedito su derecho para hacerlo valer ante la autoridad jurisdiccional en la vía y forma que sea procedente, en cuyo caso, se dará por terminado el procedimiento extrajudicial.

Artículo 823. El convenio extrajudicial debe contener un plan de pagos que no excederá de tres años, con excepción del pago de créditos con garantía real en los que se observarán las reglas previstas en los Códigos Civiles respectivos, en relación con la concurrencia y prelación de créditos, salvo pacto en contrario, en el que los acreedores manifiesten su voluntad de acogerse a los beneficios del presente procedimiento. En el convenio se deberá determinar lo siguiente, según corresponda:

I. El reconocimiento de adeudo, pagos efectuados con anterioridad y monto que debe retener la persona deudora para satisfacer sus necesidades básicas y las de sus dependientes económicos, garantizando los alimentos de ellos;

II. Los montos y forma de pago de los acreedores preferentes y demás acreedores;

III. La continuación o terminación con consentimiento del acreedor del contrato sobre la vivienda de la persona deudora y su familia;

IV. Un plan de pagos en el que se detallará como se aplicarán los montos de los ingresos que la persona deudora se obliga a pagar a sus acreedores, con los montos, fechas y formas de pago;

V. Una lista de los bienes que se destinarán al pago de acreedores y que no sean necesarios para la subsistencia y trabajo de la persona deudora, en su caso, al valor más alto que les fue atribuido por corredor público o casa de comercio que se dedique a la venta de esos bienes, su posible adjudicación a favor de los acreedores como forma de pago o bien, el procedimiento para su venta extrajudicial de forma consensuada por las partes;

VI. Modificaciones a los plazos, amortizaciones o intereses de los créditos a cargo de la persona deudora sin que constituyan usura. Si la persona deudora es una persona moral de naturaleza civil, el convenio establecerá las modificaciones consensuadas entre las partes que deben hacerse a los créditos y garantías a su cargo, así como las modificaciones que sean necesarias para que la persona moral siga operando, siempre y cuando sea viable su operación;

VII. Las quitas o reducciones en los pagos, a cargo de la persona deudora y consentidas por el acreedor, y

VIII. Reservas para el pago derivado de los adeudos de procedimientos judiciales que se estén siguiendo en contra de la persona deudora o en los que se haya dictado sentencia definitiva.

El plan de pagos y el convenio deberán elaborarse atendiendo a la capacidad del pago de la persona deudora. El facilitador o conciliador será responsable de los daños y perjuicios que se ocasionen a las partes por su culpa o negligencia.

Artículo 824. El convenio deberá establecer que la persona deudora tome un curso de educación financiera impartido por institución pública. Los acreedores garantizados sólo serán tomados en cuenta en la votación del convenio si desean suscribirlo, en caso contrario, podrán ejercer sus derechos en la vía procedente.

El facilitador o conciliador procurará que el convenio represente un instrumento que beneficie a los acreedores en una recuperación rápida, eficiente y equitativa, y se constituya en una herramienta que dignifique a la persona deudora.

Artículo 825. Las obligaciones pecuniarias deducidas por concepto de alimentos decretadas judicialmente no pueden ser materia en el concurso civil, en cuyo caso, el facilitador o conciliador sólo podrá tomar nota de esas obligaciones para efectos del convenio.

El convenio alcanzado en este procedimiento de concurso sólo vincula a los celebrantes.

Artículo 826. El facilitador o conciliador tendrá un plazo máximo de dos meses contados a partir de la fecha de inicio del procedimiento para tener la lista definitiva de créditos y obtener la aprobación del convenio que dé por terminado el procedimiento.

El facilitador o conciliador podrá hacer modificaciones a la propuesta de convenio presentada por la persona deudora o acreedor, y podrá presentar propuestas alternativas, que concilien los intereses de las partes, debiendo para ello explicarles exhaustivamente las mismas.

Tendrá libertad para comunicarse en forma directa con todas y cada una de las partes, ya sea en forma verbal o escrita, e incluso en forma electrónica, y podrá reunirse o tener comunicaciones en forma individual con cada uno de los acreedores o en forma conjunta, según lo considere más adecuado para el avance de las negociaciones, debiendo resolver todas las deudas de que conoz-ca en un solo convenio y plan de pagos.

Los acreedores que hayan comparecido al procedimiento extrajudicial y no hayan consentido la propuesta de convenio no les será vinculante, por lo que podrán ejercer sus derechos en la vía y forma que estimen procedente.

Artículo 827. El facilitador o conciliador deberá notificar a las sociedades de información crediticia respecto de la celebración del convenio por parte de la persona deudora y acreedores, así como la fecha de terminación del plan de pagos convenido. Además, en el caso que la deudora sea una persona moral de naturaleza civil, el convenio deberá inscribirse en Registro Público de la Propiedad u organismo equivalente, en el folio de la persona moral de que se trate. Dicho aviso en ningún caso puede constituir un acto de discriminación a la persona deudora.

Artículo 828. El convenio celebrado ante un facilitador o conciliador cer-tificado en caso de incumplimiento trae aparejada ejecución para su exigibili-dad en la vía de apremio.

Las materias siguientes no serán objeto de negociación en el convenio, sin embargo, el facilitador o conciliador deberá tomar nota de esas obligaciones en el plan de pagos:

I. Alimentos decretados judicialmente, que son de exclusivo conocimiento de autoridad jurisdiccional;

II. Responsabilidad civil decretada en sentencia firme proveniente de deli-tos o de actos dolosos o de mala fe, y

III. Aquellos casos que conforme a la Ley no sean materia disponible.

Durante el plazo de cumplimiento del convenio, permanecerá la suspen-sión de los procedimientos y actos de ejecución sobre los bienes de la persona deudora entre aquellos que se sujetaron al convenio respectivo y la generación de intereses sólo operará en los términos establecidos en el convenio de con-formidad con lo establecido en el artículo 821.

Cuando las sociedades de información crediticia no reciban un aviso de incumplimiento del convenio, deberán tenerlo por cumplido al término del plazo establecido realizando la cancelación correspondiente, salvo prueba en contrario.

Artículo 829. No podrán suspenderse los servicios de agua, luz, internet ni de ningún otro servicio básico que atente contra la dignidad humana, en la vivienda de la persona deudora. La persona deudora tendrá prohibido gravar, enajenar o disponer de cualquier forma de sus bienes, salvo autorización judicial.

Artículo 830. El procedimiento extrajudicial tendrá una duración que no excederá de dos meses a partir de la fecha de presentación del formato único universal. Si alguna de las partes inicia el proceso judicial de concurso después de haber sido parte de un procedimiento extrajudicial, el facilitador o conciliador estará obligado a remitir toda la información que haya sido materia del procedimiento extrajudicial a la autoridad jurisdiccional.

Para efecto de lo dispuesto en el párrafo anterior, el facilitador o conciliador remitirá la lista de créditos, la propuesta de convenio, todos los documentos exhibidos por las partes en el procedimiento extrajudicial, y en su caso, las actas de las reuniones respectivas celebradas de forma extrajudicial entre las partes y el facilitador o conciliador.

Artículo 831. De alcanzarse un convenio y durante la vigencia del plan de pagos la persona deudora recibiere bienes o ingresos adicionales a los que fueron considerados para el plan de pagos o anticipa que no le será posible cumplir con los términos establecidos en el plan de pagos, la persona deudora o cualquier acreedor, podrán solicitar de manera preferente al facilitador o conciliador la modificación del convenio y del plan de pagos, aportando las pruebas correspondientes. El facilitador o conciliador deberá notificarlo a todas las partes que fueron obligadas por el convenio, y tendrá un plazo máximo de treinta días naturales contados a partir que haya sido recibida la última notificación para evaluar las pruebas y lograr un acuerdo adicional entre las partes, para la modificación del convenio original.

La modificación del convenio deberá mantener la vigencia establecida en el convenio original.

En caso de no lograrse un nuevo acuerdo en el plazo señalado, el facilitador o conciliador dejará expedito a las partes su derecho para que lo hagan valer en la vía y forma correspondiente.

Artículo 832. Si la persona deudora cumple el convenio, quedarán extinguidas sus obligaciones en los términos estipulados en el mismo; pero si dejare de cumplirlo en todo o en parte, su exigibilidad se hará en la vía de apremio y se podrá iniciar el concurso necesario.

SECCIÓN SEGUNDA
DEL PROCESO JUDICIAL DE CONCURSO CIVIL

Artículo 833. Para iniciar el proceso judicial, la persona deudora debe presentar en la oficialía de partes o en la vía electrónica la solicitud de concurso a través del formato único concursal que deberá contener además de la firma, todos los datos requeridos en éste. Dicho formato podrá ser descargado de la página de internet del Poder Judicial de la Entidad Federativa en que se inicie el proceso. La persona deudora en su escrito deberá expresar los motivos que lo obligan a iniciar el procedimiento.

Mediante la presentación del formato, la persona deudora declarará bajo protesta de decir verdad que todos los datos señalados son ciertos, con el apercibimiento que si incurre en falsedad se hará acreedor a las sanciones civiles, penales o administrativas que correspondan.

El formato deberá contener la información y anexos siguientes:

I. Nombre, domicilio para oír y recibir notificaciones, correo electrónico, a fin de que las notificaciones subsecuentes se le realicen por vía electrónica, así como identificación y datos de localización de cualquier persona con titularidad sobre los bienes de la persona deudora para que pueda deducir sus derechos;

II. El nombre, domicilio y correo electrónico de los acreedores. Asimismo, nombre y domicilio de los deudores del concursado y manifestar si existen juicios pendientes o en trámite en contra de dichos deudores del concursado, como proporcionando los datos necesarios para su identificación;

III. La persona deudora hará la solicitud a la autoridad jurisdiccional para que requiera al Centro de Justicia Alternativa del Poder Judicial de la Entidad Federativa que corresponda, designe una persona facilitadora o conciliador adscrito. Si la persona deudora o cualquiera de los acreedores no están de acuerdo con dicha designación, por encontrarse en alguno de los supuestos del artículo 814 del presente Código Nacional, la autoridad jurisdiccional designará al síndico provisional, quien se encargará de las funciones que correspondan;

IV. Identificación de todo tipo de procedimientos contra la persona deudora;

V. Montos que se estiman adeudados del principal e intereses a la fecha de presentación de la solicitud, con su prelación y en su caso, si tienen constituidas garantías, deberá exhibir las pruebas que así lo demuestren y manifestar el origen de cada deuda;

VI. Enlistado de bienes susceptibles de embargo propiedad de la persona deudora. Si tiene inmuebles, debe acompañar un certificado de gravámenes y un avalúo;

VII. Propuesta de un plan de pagos a sus acreedores, y

VIII. La persona deudora exhibirá un reporte de crédito especial emitido por una sociedad de información crediticia con los nombres y domicilios de sus acreedores, con no más de un mes de antigüedad.

Artículo 834. En los casos en los que resulte que la deudora es persona física, además deberá incluir:

I. Una copia de su identificación oficial;

II. El monto promedio mensual de sus ingresos ordinarios y extraordinarios, que acredite razonablemente mediante comprobantes, y a falta de estos, deberá expresarlos y señalarlos bajo protesta de decir verdad, con el apercibimiento de ley;

III. Nombres y edades de dependientes económicos comprobando el vínculo;

IV. Lista de gastos mensuales, con sus comprobantes, y a falta de alguno de ellos, que lo señale bajo protesta de decir verdad, con el apercibimiento de ley, y

V. La resolución provisional o definitiva o convenio que ordene el pago de pensión alimenticia, en su caso.

La persona deudora podrá acompañar un avalúo o una opinión de experto, sobre el valor de los bienes enlistados que puedan ser comercializados.

Artículo 835. En caso de personas físicas, la persona deudora deberá consignar a la autoridad jurisdiccional, el excedente de sus gastos necesarios de vida y de su familia para demostrar su voluntad de pago. A partir de la presentación de la solicitud, la persona deudora deberá consignar en billete de depósito el excedente de sus gastos necesarios a la autoridad jurisdiccional cada mes, salvo que la autoridad jurisdiccional establezca un plazo distinto.

Artículo 836. Cuando la deudora es persona jurídica de naturaleza civil, además deberá exhibir:

I. El Registro Federal de Contribuyentes junto con un balance que muestre su activo, pasivo y capital al mes anterior a la fecha de presentación de su solicitud de concurso;

II. Copia de su escritura constitutiva inscrita en el Registro Público de la Propiedad y del Comercio, en su caso;

III. Copia de sus estatutos vigentes, en caso de que haya habido modificaciones;

IV. Certificación de las hojas de sus libros o equivalente, que identifique a sus socios y miembros integrantes del órgano de administración. En caso de no contar con libros, una certificación del órgano de administración con esa información;

V. Resolución de la asamblea general de socios de la persona deudora o equivalente, en el sentido de iniciar el procedimiento, y

VI. La persona deudora deberá acompañar un avalúo o una opinión de experto sobre el valor de los bienes muebles e inmuebles enlistados que puedan ser comercializados.

Artículo 837. La demanda de concurso civil deberá especificar lo siguiente:

I. Autoridad jurisdiccional ante la cual se promueve;

II. Nombre, domicilio para oír y recibir notificaciones y correo electrónico del acreedor o deudor según sea el caso;

III. En su caso, solicitud para que las notificaciones subsecuentes se le realicen en la vía electrónica;

IV. Declaración de obligarse a dar aviso a la autoridad jurisdiccional dentro los tres días hábiles siguientes, respecto de cualquier pago que reciba de algún garante, avalista o coobligado de la persona deudora o acreedora según sea el caso;

V. Nombre y domicilio de la persona deudora;

VI. Fecha de suscripción, de vencimiento y monto total de su o sus créditos, tasa de interés aplicable y saldo principal no pagado e intereses a la fecha de presentación de la demanda, junto con los documentos que así lo justifiquen;

VII. Posible grado y prelación de su o sus créditos en concordancia con lo previsto en el Código Civil respectivo y salvedades contenidas en el presente Título, precisando si tiene garantías, y en su caso, especificando el valor de las mismas, lo cual debe acreditar agregando una valuación de institución de crédito o la opinión de experto, con no más de tres meses de antigüedad;

VIII. Hechos y fundamentos de derecho, así como las probanzas que tenga a su disposición, las que deberán de sujetarse a las reglas previstas en el presente Código Nacional;

IX. Datos de identificación de los juicios o procedimientos iniciados en contra de la persona deudora por el acreedor demandante, y

X. Los demás documentos o pruebas que acrediten la existencia del o los créditos. En su caso debe adjuntarse una relación que desglose los cargos y pagos realizados hasta ese momento por la persona deudora.

El acreedor podrá solicitar las medidas cautelares que resulten necesarias para preservar la finalidad del procedimiento de conformidad con las reglas previstas en el presente Código Nacional.

Artículo 838. Si la demanda o solicitud fuera oscura o irregular, y no cumpliera con alguno de los requisitos a que se refiere el presente Título, la autoridad jurisdiccional dentro del término de tres días señalará en qué consisten los defectos de la misma, en el proveído que al efecto se dicte. El solicitante deberá cumplir con la prevención en un plazo máximo de tres días contados a partir del día siguiente a aquél en que haya surtido efectos la notificación por boletín judicial, y de no hacerlo o transcurrido el término, la autoridad jurisdiccional la desechará y devolverá al interesado todos los documentos originales que se hayan exhibido. Contra la anterior determinación procede el recurso de queja.

No será motivo de desechamiento o prevención el hecho de no exhibir con la solicitud estados financieros o contabilidad del deudor persona física.

Artículo 839. Subsanada la prevención hecha al acreedor, se admitirá la demanda.

Admitida la demanda y emplazada la persona deudora, ésta podrá oponerse al concurso necesario, y en su caso, a las medidas cautelares, dentro de los quince días hábiles siguientes al emplazamiento, probando que está en cumplimiento o cumplió sus obligaciones y que ha realizado el pago puntual a los acreedores demandantes. La persona demandada podrá oponer las excepciones y defensas que estime pertinentes, con las que se dará vista por tres días al o los acreedores demandantes. Desahogada o no la vista la autoridad señalará fecha para celebrar audiencia preliminar dentro del término de quince días siguientes, en la que únicamente se resolverá lo referente a la depuración del procedimiento, así como fijación de hechos no controvertidos y acuerdos probatorios, siguiendo para el efecto las formalidades previstas en el presente Código Nacional.

Artículo 840. Subsanada la prevención ordenada a la persona deudora, en su caso, la autoridad jurisdiccional dictará el auto de admisión de la solicitud de concurso, o la resolución que lo tiene por presentado conforme al artículo anterior, en el que declarará la apertura del procedimiento y ordenará lo siguiente:

I. Notificar el inicio del procedimiento a todas las sociedades de información crediticia y solicitarles un reporte de crédito especial de la persona deudora, con los nombres y domicilios de sus acreedores al momento de la emisión del reporte;

II. Notificar a la persona deudora la formación de su concurso sea necesario o voluntario;

III. Notificar la formación del concurso a los acreedores personalmente o por correo certificado en el domicilio señalado en el reporte especial de crédito; y, cuando el domicilio del acreedor no esté señalado en dicho reporte, será en el domicilio señalado por la persona deudora y de no existir el domicilio o no encontrarse la persona acreedora en el mismo se ordenará la búsqueda a través de los medios que establece el presente Código Nacional.

Con la notificación se permitirá el acceso electrónico al formato único concursal y a la propuesta del plan de pagos realizada por la persona deudora, y en caso de no ser posible, se les correrá traslado con la información;

IV. Publicar el auto de apertura del procedimiento concursal en el medio de comunicación procesal oficial, por tres días hábiles consecutivos, contados a partir del día hábil siguiente a la fecha en que se dicte dicho auto. Las publicaciones en relación a los procedimientos regulados en este Capítulo serán gratuitas para el deudor;

V. Notificar electrónicamente al Centro de Justicia Alternativa de la Entidad Federativa que corresponda el inicio del proceso concursal a efecto que designe al facilitador o conciliador;

VI. La prohibición a la persona deudora de enajenar o gravar sus bienes, salvo con autorización judicial;

VII. Designar a la persona deudora como depositario judicial de todos sus bienes a la fecha de presentación del formato único concursal;

VIII. Señalará un término de quince días hábiles, contados a partir de que cause estado su notificación, para que los acreedores presenten los documentos justificativos de sus créditos y sus objeciones respecto de la información exhibida por la persona deudora, acompañadas de las pruebas que acrediten su dicho, apercibidas que, de no hacerlo, precluirá su derecho;

IX. Notificar a las autoridades jurisdiccionales ante quienes se tramiten juicios en contra de la persona deudora, del inicio del procedimiento concursal civil a efecto que informen a la autoridad jurisdiccional del concurso sobre el alcance y monto objeto del litigio para que sea tomado en cuenta en el procedimiento, así como en su caso, exhibir copia certificada de la sentencia y auto que la declare firme y que condene al pago de una cantidad líquida y exigible en contra de la persona deudora. El presente procedimiento no puede afectar los derechos de las niñas, niños o adolescentes en lo particular y los derechos de familia en lo general;

X. Notificar a los deudores conocidos la prohibición de hacer pagos o entregar efectos al concursado, bajo el apercibimiento de doble pago, debiendo consignar esos pagos a la autoridad jurisdiccional que conozca del concurso;

XI. Ordenar inscribir el auto de inicio del proceso concursal en los Registros Públicos que correspondan a los bienes de la persona deudora o cuando sea una persona jurídica colectiva de naturaleza civil o existan bienes inmuebles en su patrimonio, ordenando los exhortos, que resulten necesarios;

XII. Señalar la fecha de retroacción;

XIII. Tener por vencidas a la fecha de presentación de la solicitud o demanda todas las obligaciones de la persona deudora para poder determinar su cuantía durante el procedimiento;

XIV. Interrumpir el cómputo de la prescripción negativa respecto de todos los adeudos, y

XV. Se tendrán por no puestos los pactos que limiten o impidan el procedimiento concursal, o que iniciado el mismo agraven las obligaciones de la persona deudora en perjuicio de los acreedores.

Artículo 841. La autoridad jurisdiccional podrá ordenar las medidas de protección al patrimonio, descritas en el artículo 828 del presente Código Nacional, las cuales dejarán de surtir efectos si la solicitud o demanda es desechada, o en la fecha que ocurra antes de:

I. La aprobación del convenio entre la persona deudora y sus acreedores por la autoridad jurisdiccional o la emisión de una sentencia con un plan de pagos;

II. Un plazo de tres meses contados a partir de la notificación al último acreedor del auto referido en este artículo, y

III. Un plazo de tres meses contados a partir de la publicación a que se refiere la fracción IV del artículo 840.

Artículo 842. Por efecto de la notificación a que se refiere la fracción V del artículo 840, el Centro de Justicia Alternativa deberá designar al facilitador o conciliador y notificar a la autoridad jurisdiccional y al facilitador o conciliador sobre su designación.

Artículo 843. En caso de que el concursado no colabore o interfiera negativamente en el proceso concursal, se designará a un síndico provisional, quien tomará posesión y administración de los bienes, libros, valores y documentos del concursado de forma inmediata, debiendo llevar la contabilidad del concursado. En su caso, el síndico o depositario diverso a la persona deudora deberá otorgar garantía dentro de los siguientes diez días de aceptación del cargo.

Artículo 844. No se acumulan al concurso civil los juicios que estén pendientes de resolución ni los casos siguientes:

I. Los juicios de alimentos;

II. Los deducidos por trabajadores;

III. Los hipotecarios;

IV. Los que procedan de créditos prendarios;

V. Los que no sean acumulables, por disposición de la ley, y

VI. Los demás que se hubieren fallado en primera instancia, mismos que se acumularán una vez que se decidan definitivamente.

Artículo 845. El facilitador o conciliador designado para intervenir en el proceso judicial de concurso civil deberá aceptar su cargo ante la autoridad jurisdiccional dentro de los tres días hábiles siguientes a su designación.

El facilitador o conciliador deberá realizar lo necesario para que, en un plazo máximo de tres meses, contados a partir de la notificación al último acreedor del auto de apertura del procedimiento, se pueda conformar la lista definitiva de créditos, el convenio y plan de pagos en los términos precisados en el artículo 823 del presente Código Nacional debidamente aprobado por los acreedores. En el procedimiento concursal judicial el facilitador o conciliador realizará sus funciones de acuerdo con lo establecido en este Capítulo, siendo responsable de los daños y perjuicios que se produzca a cualquiera de las partes por su culpa o negligencia.

El convenio requerirá la aprobación de los acreedores que representen la mitad más uno y que sus créditos representen por lo menos las tres quintas partes del pasivo reconocido a acreedores comunes y de aquellos acreedores garantizados que suscriban el convenio.

Hecho lo anterior, se pondrá a consideración de la autoridad jurisdiccional el convenio para que en un plazo máximo de ocho días hábiles proceda a su revisión y eventual aprobación, plazo durante el cual se continuarán las medidas protectoras del patrimonio que hayan sido dictadas por la autoridad judicial.

Artículo 846. Si transcurrido el plazo de los tres meses referido en el artículo anterior, no se tiene una lista definitiva de créditos o no se ha aprobado un convenio con plan de pagos, el facilitador o conciliador deberá entregar de inmediato a la autoridad jurisdiccional:

I. Si el concursado es persona física, el formato único universal y en su caso, el enlistado actualizado de los bienes y adeudos del concursado. Si es persona jurídica, de manera adicional al formato único universal, deberá presentar un balance y un inventario actualizados de los bienes del concursado;

II. Todos los documentos que las partes le hubieren entregado, incluyendo propuestas de convenio o plan de pagos, y

III. Las demás que se le requiera de conformidad con el presente Capítulo y las que estime la autoridad jurisdiccional.

De igual manera, la autoridad jurisdiccional convocará a las partes a una audiencia para escuchar lo que a su derecho convenga en relación al convenio y plan de pagos, que se efectuará dentro de los quince días siguientes a la conclusión del plazo de tres meses al que se refiere el artículo anterior, la que tendrá lugar con independencia del número de acreedores que se presenten.

Verificada la audiencia de conformidad con lo dispuesto en el presente Código Nacional, se dictará resolución dentro de los diez días siguientes.

Artículo 847. La sentencia definitiva, además de cumplir con los requisitos de ley, deberá resolver:

I. El plan de pagos en los términos establecidos en el artículo 823;

II. Los bienes susceptibles de enajenación;

III. El monto que podrá conservar la persona deudora para cubrir los gastos necesarios para su subsistencia y la de sus dependientes económicos, y

IV. Las consideraciones aplicables, bajo la perspectiva de derechos humanos, sobre la declaratoria de concurso de la persona deudora y la imposibilidad de pago de sus deudas existentes al inicio del procedimiento.

Una vez que la persona deudora cumpla con lo establecido en la sentencia, se tendrán por extinguidas sus obligaciones existentes al inicio del procedimiento.

Artículo 848. La autoridad jurisdiccional deberá notificar a las sociedades de información crediticia respecto de la celebración del convenio o la emisión de la sentencia, adjuntado una copia certificada, y ordenará la inscripción del convenio o de la sentencia en los registros públicos en que proceda.

Artículo 849. La junta de acreedores se desarrollará como sigue:

I. El síndico exhibirá el formato único universal, en su caso, el balance actual y un inventario de los bienes;

II. Se examinarán los créditos de los acreedores;

III. El síndico formulará un proyecto de clasificación de los créditos;

IV. Los créditos podrán ser objetados por el síndico, por el concursado o por cualquier acreedor, y

V. Terminado el reconocimiento y graduación, los acreedores, por mayoría de créditos y de personas asistentes designarán síndico definitivo o en su defecto lo hará la autoridad jurisdiccional.

El síndico tendrá los mismos impedimentos respecto del concursado y de la autoridad jurisdiccional que los que tienen las personas tutoras que administren bienes. El síndico será removido, mediante incidente, si deja de cumplir con alguna de sus funciones.

Artículo 850. Sólo serán apelables las resoluciones que desechen la solicitud y contra la sentencia definitiva. Contra la resolución judicial que desecha la solicitud de concurso civil procede el recurso de queja. Contra la sentencia definitiva procede el recurso de apelación en ambos efectos.

Artículo 851. Para el supuesto que la persona deudora deba entrar en liquidación y, eventualmente, al remate de los bienes, las funciones del síndico serán:

I. Tomar posesión del patrimonio y de los demás bienes del concursado, con excepción de los necesario para la subsistencia de la persona deudora y sus dependientes económicos;

II. Redactar el inventario;

III. Formular el balance en caso de que el concursado sea una persona moral, y de ser necesario, rectificarlo, o aprobarlo en su caso;

IV. Recibir y examinar los libros y documentos del patrimonio del concursado;

V. Depositar los valores para su resguardo y conservación;

VI. Rendir a la autoridad jurisdiccional un informe del estado del patrimonio;

VII. Llevar a cabo las acciones necesarias para el avalúo de los bienes;

VIII. Llevar la contabilidad, y

IX. Ejercitar y continuar todos los derechos, acciones y excepciones que correspondan al concursado, con relación a sus bienes.

La liquidación del patrimonio de la persona deudora debe seguir las reglas de la ejecución de la sentencia, trance y remate de bienes que previene el presente Código Nacional.

Cuando no haya plazo específico para el cumplimiento de las obligaciones del síndico, lo será de diez días.

Artículo 852. Podrá constituir causa de anulación total o parcial del plan de pagos si en el transcurso de cualquiera de los procedimientos regulados en este Capítulo la persona deudora incurre en actos tendientes a retrasar u obstaculizar los objetivos del procedimiento, o en alguna de las conductas siguientes:

I. Proporcionar información falsa, inexacta u omitir información;

II. Ocultar sus bienes o ingresos u ocasionar su insolvencia poniendo sus bienes a nombre de personas relacionadas o se abstiene de distribuir el excedente a sus acreedores;

III. Abstenerse intencionalmente de conseguir un empleo o de generar ingresos;

IV. Celebrar actos jurídicos que disminuyan su patrimonio sin causa justificada o realizar algún acto en fraude de acreedores;

V. Celebrar actos jurídicos a título gratuito o sin una contraprestación a valor de mercado, y

VI. Realizar algún acto jurídico que le de alguna preferencia o coloque en una mejor posición a alguno de sus acreedores sin causa justificada, causando un daño o perjuicio al resto de los acreedores.

Cualquier acreedor estará legitimado para solicitar ante la autoridad jurisdiccional que se revoquen las medidas de protección al patrimonio.

El rector del procedimiento levantará todas las medidas de protección del patrimonio de la persona deudora previstas en este Capítulo. El acreedor deberá adjuntar a su escrito las pruebas que acrediten su solicitud de levantamiento o anulación, la cual se hará valer en la vía incidental. Contra esta resolución procede el recurso de apelación en el efecto devolutivo.

Artículo 853. La liquidación del patrimonio de la persona deudora procede, en el caso de personas físicas, cuando ésta lo solicite o cuando obstaculice la celebración o ejecución del convenio o sentencia definitiva.

Tratándose de personas jurídicas, la liquidación del patrimonio de la persona deudora procederá en caso de que no se logre la aprobación de un convenio con los acreedores y se determine que no es viable la consecución de su objeto o cuando se obstaculice la ejecución del convenio o sentencia definitiva.

En esos casos, el producto de la venta de los bienes se distribuirá entre los acreedores de acuerdo con el grado de prelación establecido en la lista de créditos aprobada y una vez pagados los acreedores preferentes. Si al efectuarse la distribución hubiere algún crédito que esté sujeto a algún litigio que todavía no tenga una resolución firme, se reservará su pago en la proporción que corresponda. Mientras no se entregue a los acreedores el producto de la venta de los bienes, las cantidades que se obtengan deberán invertirse por el síndico en instrumentos de renta fija, cuyos rendimientos protejan preponderantemente el valor real de dichos recursos en términos de la inflación y que, además, cuenten con las características adecuadas de seguridad, rentabilidad, liquidez y disponibilidad.

Artículo 854. Si la autoridad jurisdiccional determina la liquidación y ejecución de los bienes de la persona deudora, una vez distribuido todo el producto de la venta de los bienes que integran el patrimonio de la persona deudora o adjudicados los mismos, se dará por terminado el procedimiento. Lo anterior sin perjuicio de aquellos casos en que por dolo o mala fe de la persona deudora se reserve los derechos de los acreedores de exigir legalmente los saldos originales no pagados y sus accesorios.

El síndico debe notificar a las sociedades de información crediticia respecto de la sentencia que ordena la liquidación del patrimonio de la persona deudora.

LIBRO SEXTO
DE LAS ACCIONES COLECTIVAS

CAPÍTULO ÚNICO
DISPOSICIONES GENERALES

Artículo 855. La defensa y protección de los derechos e intereses colectivos, será ejercida ante los órganos jurisdiccionales competentes en el ámbito Federal con las modalidades que se señalen en este Libro, y sólo podrán promoverse en materia de relaciones de consumo de bienes o servicios, públicos o privados y medio ambiente.

Artículo 856. La acción colectiva es procedente para la tutela de las pretensiones cuya titularidad corresponda a una colectividad de personas determinadas o indeterminadas, así como para el ejercicio de las pretensiones individuales, cuya titularidad corresponda a miembros de un grupo de personas.

La acción colectiva será procedente además contra toda persona física o moral, que directa o a través de terceras personas hayan causado o causen daños en términos de las normas sustantivas aplicables a una colectividad de personas, independientemente de que haya o no un vínculo jurídico con los miembros de la colectividad.

Artículo 857. Para los efectos de este Código Nacional, los derechos citados en el artículo anterior se ejercerán a través de acciones colectivas, que se clasificarán en:

I. Acción difusa: Es aquélla de naturaleza indivisible que se ejerce para tutelar los derechos e intereses difusos, cuyo titular es una colectividad indeterminada, que tiene por objeto reclamar judicialmente de la persona demandada la reparación del daño causado a la colectividad, consistente en la restitución de las cosas al estado que guardaren antes de la afectación o, en su caso, al cumplimiento sustituto de acuerdo a la afectación de los derechos o intereses de la colectividad, sin que necesariamente exista vínculo jurídico alguno entre dicha colectividad y la parte demandada;

II. Acción colectiva en sentido estricto: Es aquélla de naturaleza indivisible que se ejerce para tutelar los derechos e intereses colectivos, cuyo titular es una colectividad determinada o determinable con base en circunstancias comunes, cuyo objeto es reclamar judicialmente de la parte demandada, la reparación del daño causado consistente en la realización de una o más acciones o abstenerse de realizarlas, así como a cubrir los daños en forma individual a las personas integrantes del grupo y que deriva de un vínculo jurídico común, existente por mandato de ley entre la colectividad y la parte demandada, y

III. Acción individual homogénea: Es aquélla de naturaleza divisible, que se ejerce para tutelar derechos e intereses individuales de incidencia colectiva, cuyos titulares son los individuos agrupados con base en circunstancias comunes, cuyo objeto es reclamar judicialmente de un tercero el cumplimiento forzoso de un contrato o su rescisión con sus consecuencias y efectos según la legislación aplicable.

La autoridad jurisdiccional calificará en definitiva la procedencia de la acción colectiva planteada por la parte actora en la etapa de certificación. En caso de que la autoridad jurisdiccional considere que la acción se planteó incorrectamente al referir la categoría propuesta en este mismo artículo, de oficio determinará cuál es la acción colectiva que se admite, en el entendido que lo anterior en ningún momento podrá ser motivo de desechamiento de la demanda. La autoridad jurisdiccional no podrá modificar los hechos ni los argumentos planteados en el escrito inicial de demanda.

Artículo 858. En particular, las acciones colectivas son procedentes para tutelar:

I. Derechos e intereses difusos y colectivos, entendidos como aquéllos de naturaleza indivisible cuya titularidad corresponde a una colectividad de personas, indeterminada o determinable, relacionadas por circunstancias de hecho o de derecho comunes, y

II. Derechos e intereses individuales de incidencia colectiva, entendidos como aquéllos de naturaleza divisible cuya titularidad corresponde a quienes sean integrantes de una colectividad de personas, determinable, relacionadas por circunstancias de derecho.

Artículo 859. Cualquier acción colectiva podrá tener por objeto pretensiones declarativas, constitutivas o de condena, con base a los principios de reparación integral del daño y justa indemnización.

Se entenderá por reparación integral del daño y justa indemnización, aquellas pretensiones a favor de la colectividad encaminadas a resarcir los daños causados por la parte demandada, considerando las medidas necesarias para la no repetición de los actos que causaron el daño.

Artículo 860. La autoridad jurisdiccional interpretará las normas y los hechos de forma compatible con los principios y objetivos de los procedimientos colectivos, en aras de proteger y tutelar el interés general y los derechos e intereses colectivos.

Artículo 861. Las acciones colectivas previstas en este Libro prescribirán a los cinco años, contados a partir del día en que se haya causado el daño. Si se trata de un daño de naturaleza continua, el plazo para la prescripción transcurrirá de momento a momento y comenzará a contar a partir del último día en que se haya generado el daño que produjo la afectación. No correrá el plazo de la prescripción en los casos que se siga generando el daño.

Se interrumpirá el plazo de la prescripción con la sola presentación de la demanda. Si resulta desestimada la demanda colectiva, se dejarán a salvo los derechos de los miembros de la colectividad para que los ejerzan en la vía y forma que mejor convenga.

Tratándose de acciones colectivas relacionadas con prácticas monopólicas y concentraciones ilícitas, el plazo de prescripción se suspenderá con el acuerdo de inicio de investigación por parte de la Comisión Federal de Competencia Económica y del Instituto Federal de Telecomunicaciones.

SECCIÓN PRIMERA
DE LA LEGITIMACIÓN ACTIVA

Artículo 862. Tienen legitimación activa para ejercitar las acciones colectivas:

I. La Procuraduría Federal del Consumidor, la Procuraduría Federal de Protección al Ambiente, la Comisión Nacional para la Protección y Defensa de los Usuarios de Servicios Financieros, la Comisión Federal de Competencia Económica y el Instituto Federal de Telecomunicaciones en materia de competencia económica;

II. La persona que ejerza la representación común deberá ser parte de la colectividad conformada por, al menos quince personas;

III. Las asociaciones civiles o sus correlativas sin fines de lucro, legalmente constituidas, al menos, un año previo al momento de presentar la acción, cuyo objeto social incluya la promoción o defensa de los derechos e intereses de la materia de que se trate y que cumplan con los requisitos establecidos en este Código Nacional;

IV. La Fiscalía General de la República, y

V. El Instituto Federal de la Defensoría Pública.

Artículo 863. La representación a que se refieren las fracciones II y III del artículo anterior, deberá ser adecuada. Se considera representación adecuada:

I. Actuar con diligencia, pericia y buena fe en la defensa de los intereses de la colectividad en el juicio;

II. No encontrarse en situaciones de conflicto de interés con las personas que representa respecto de las actividades que realiza;

III. No promover o haber promovido de manera reiterada acciones difusas, colectivas o individuales homogéneas frívolas o temerarias;

IV. No promover una acción difusa, colectiva en sentido estricto o individual homogénea con fines de lucro, electorales, proselitistas, de competencia desleal o especulativos, y

V. No haberse conducido con impericia, mala fe o negligencia en acciones colectivas previas, en los términos del Código Civil Federal.

La representación de la colectividad en el juicio se considera de interés público. La autoridad jurisdiccional Federal, deberá vigilar de oficio que dicha representación sea adecuada durante la substanciación del procedimiento.

La persona que ejerza el cargo de representante deberá rendir protesta ante la autoridad jurisdiccional Federal y rendir cuentas en cualquier momento a petición de ésta.

En el caso de que durante el procedimiento dejare de haber alguien con legitimación activa o bien, los legitimados referidos en las fracciones II y III, del artículo 862 de este Código Nacional, no cumplieran con los requisitos referidos en el presente artículo, la autoridad jurisdiccional Federal, de oficio o a petición de cualquier integrante de la colectividad, abrirá un incidente de remoción y sustitución, debiendo suspender el juicio y notificar el inicio del incidente a la colectividad en los términos a que se refiere este Código Nacional.

Una vez realizada la notificación a que se refiere el párrafo anterior, la autoridad jurisdiccional Federal recibirá las solicitudes de las partes interesadas dentro del término de diez días, evaluará las solicitudes que se presentaren y resolverá lo conducente dentro del plazo de tres días.

En caso de no existir interesados, la autoridad jurisdiccional Federal dará vista a los órganos u organismos a que se refiere la fracción I del artículo 862 de este ordenamiento, según la materia del litigio de que se trate, quienes deberán asumir la representación de la colectividad o grupo.

La autoridad jurisdiccional Federal deberá notificar la resolución de remoción al Consejo de la Judicatura Federal para que registre tal actuación y en su caso, aplique las sanciones que correspondan a la persona representante.

La persona que ejerza el cargo de representante será responsable frente a la colectividad por el ejercicio de su gestión.

SECCIÓN SEGUNDA
DEL PROCEDIMIENTO

Artículo 864. La demanda deberá contener:

I. La autoridad jurisdiccional ante la cual se promueve;

II. El nombre, domicilio, número telefónico y dirección de correo electrónico que señale para oír y recibir notificaciones;

III. En el caso de las acciones colectivas en sentido estricto y las individuales homogéneas, los nombres de quienes integren la colectividad promoventes de la demanda;

IV. El nombre de la persona representante autorizada y número de cédula profesional;

V. Los documentos con los que la parte actora acredite su representación de conformidad con este Título;

VI. El nombre de la parte demandada y su domicilio, o la manifestación bajo protesta de decir verdad de que se ignora éste;

VII. La precisión del derecho difuso, colectivo o individual homogéneo que se considera afectado;

VIII. El tipo de acción que pretende promover;

IX. Las pretensiones correspondientes a la acción;

X. Los hechos en que funde sus pretensiones y las circunstancias comunes que comparta la colectividad respecto de la acción que se intente;

XI. Los fundamentos de derecho, y

XII. En el caso de las acciones colectivas en sentido estricto e individuales homogéneas, las consideraciones y los hechos que sustenten la conveniencia de la substanciación por la vía colectiva en lugar de la acción individual.

La autoridad jurisdiccional Federal podrá prevenir a la parte actora para que aclare o subsane su demanda cuando advierta la omisión de requisitos de forma, sea obscura o irregular, otorgándole un término de cinco días para tales efectos.

La autoridad jurisdiccional Federal resolverá si desecha de plano la demanda en los casos en que la parte actora no desahogue la prevención, no se cumplan los requisitos previstos en este Libro, o se trate de pretensiones infundadas, frívolas o temerarias.

Artículo 865. Son requisitos de procedencia de la legitimación en la causa los siguientes:

I. Que se trate de actos que dañen a personas consumidoras o usuarias de bienes o servicios públicos o privados o al medio ambiente o que se trate de actos que hayan dañado a la persona consumidora por la existencia de concentraciones indebidas o prácticas monopólicas, declaradas existentes por resolución firme emitida por la Comisión Federal de Competencia Económica y el Instituto Federal de Telecomunicaciones;

II. Que verse sobre cuestiones comunes de hecho o de derecho entre quienes integren la colectividad de que se trate;

III. Que existan al menos quince personas en la colectividad, en el caso de las acciones colectivas en sentido estricto e individuales homogéneas;

IV. Que exista coincidencia entre el objeto de la acción ejercitada y la afectación sufrida;

V. Que la materia de la litis no haya sido objeto de cosa juzgada en procedimientos previos con motivo del ejercicio de las acciones tuteladas en este Título;

VI. Que no haya prescrito la acción, y

VII. Las demás que determinen las leyes especiales aplicables.

Artículo 866. Son causales de improcedencia de la legitimación en el procedimiento, los siguientes:

I. Que las partes promoventes de la colectividad no hayan otorgado su consentimiento en el caso de las acciones colectivas en sentido estricto e individuales homogéneas;

II. Que los actos en contra de los cuales se endereza la acción constituyan procesos judiciales;

III. Que la representación no cumpla los requisitos previstos en este Libro;

IV. Que la colectividad en la acción colectiva en sentido estricto o individual homogénea, no pueda ser determinable o determinada en atención a la afectación a sus miembros, así como a las circunstancias comunes de hecho o de derecho de dicha afectación;

V. Que su desahogo mediante el procedimiento colectivo no sea idóneo;

VI. Que exista litispendencia entre el mismo tipo de acciones, en cuyo caso procederá la acumulación en los términos previstos en este Código Nacional, y

VII. Que las asociaciones que pretendan ejercer la legitimación en el procedimiento no cumplan con los requisitos establecidos en este Libro.

La autoridad jurisdiccional Federal, de oficio o a petición de cualquier persona interesada, podrá verificar el cumplimiento de estos requisitos durante el procedimiento.

Artículo 867. Una vez presentada la demanda o desahogada la prevención, la autoridad jurisdiccional Federal, certificará el cumplimiento de los requisitos de procedencia previstos en los artículos 865 y 866 de este Código Nacional, dentro del término de diez días. Este plazo podrá ser prorrogado por la autoridad jurisdiccional hasta por otro igual, en caso de que la complejidad de la demanda lo amerite.

Artículo 868. Concluida la certificación referida en el artículo anterior, la autoridad jurisdiccional Federal proveerá en el término de cuarenta y ocho horas sobre la admisión o desechamiento de la demanda, ordenará el emplazamiento a la parte demandada, y en su caso, dará vista por el plazo de tres días hábiles, a los órganos y organismos públicos referidos en el artículo 862 fracciones I, IV y V de este Código Nacional, según la materia del litigio de que se trate.

Cuando la autoridad jurisdiccional Federal advierta que existen elementos constitutivos de un posible delito en contra de la colectividad, por parte de la demandada, de oficio dará vista al Ministerio Público Federal para que proceda conforme a su competencia.

La autoridad jurisdiccional Federal ordenará la notificación a la colectividad del inicio del ejercicio de la acción colectiva de que se trate, mediante los medios idóneos para tales efectos, incluso a través de tecnologías avanzadas de información tomando en consideración el tamaño, localización y demás características de dicha colectividad. La notificación deberá ser económica, eficiente y amplia, teniendo en cuenta las circunstancias en cada caso.

El auto que admita la demanda deberá ser notificado en forma personal a los legitimados referidos en las fracciones II y III del artículo 862 de este Código Nacional, quienes deberán ratificar la demanda.

Contra el desechamiento de la demanda procede el recurso de apelación en ambos efectos, y contra el auto que la admite en efecto devolutivo.

Artículo 869. La parte demandada contará con quince días para contestar la demanda a partir de que surta efectos la notificación del auto de admisión de la demanda. La autoridad jurisdiccional podrá ampliar este plazo hasta por un periodo igual, a petición de la parte demandada.

Una vez contestada la demanda, se dará vista a la actora por cinco días para que manifieste lo que a su derecho convenga, plazo que podrá prorrogarse hasta por otro igual.

Artículo 870. La notificación a que se refiere el presente Título, contendrá una relación sucinta de los puntos esenciales de la acción colectiva respectiva, así como las características que permitan identificar a la colectividad.

Las demás notificaciones a la colectividad o grupo se realizarán por estrados y a través del uso de tecnologías de la información y comunicación, atendiendo a lo establecido en el artículo 203, fracción VI, de este Código Nacional. Salvo que se encuentren previstas de forma diversa en este Título, las notificaciones a las partes se realizarán en los términos que establece este Ordenamiento.

Artículo 871. Las personas de la colectividad afectada podrán adherirse a la acción de que se trate, conforme a las reglas establecidas en este artículo.

En el caso de las acciones colectivas en sentido estricto e individuales homogéneas, la adhesión a su ejercicio podrá realizarse por cada persona que tenga una afectación a través de una comunicación expresa por cualquier medio físico o a través del uso de tecnologías de la información y la comunicación, dirigida a la persona representante o persona representante autorizada de la parte actora, según sea el caso.

Las personas afectadas podrán adherirse voluntariamente a la colectividad durante la substanciación del procedimiento y hasta dos años posteriores a que la sentencia haya causado estado o en su caso, el convenio judicial adquiera la calidad de cosa juzgada.

Dentro de este lapso, la persona interesada hará llegar su consentimiento expreso y simple por cualquier medio físico o a través del uso de tecnologías de la información y la comunicación a la persona representante, quien a su vez lo presentará a la autoridad jurisdiccional.

La autoridad jurisdiccional Federal proveerá sobre la adhesión y, en su caso, ordenará el inicio del incidente de liquidación que corresponda a la persona interesada.

Las personas afectadas que se adhieran a la colectividad durante la substanciación del procedimiento, promoverán el incidente de liquidación en los términos previstos en este Capítulo.

Las personas afectadas que se adhieran posteriormente a que la sentencia haya causado estado o, en su caso, el convenio judicial adquiera la calidad de cosa juzgada, deberán probar el daño causado en el incidente respectivo.

En tratándose de la adhesión voluntaria, la exclusión que haga cualquier persona integrante de la colectividad posterior al emplazamiento de la parte demandada, equivaldrá a un desistimiento de la acción colectiva, por lo que no podrá volver a participar en un procedimiento colectivo derivado de los mismos hechos.

Tratándose de acciones colectivas en sentido estricto e individuales homogéneas sólo tendrán derecho al pago que derive de la condena, las personas que formen parte de la colectividad y prueben en el incidente de liquidación haber sufrido el daño causado.

La persona representante designada por la colectividad, tendrá los poderes más amplios que en derecho procedan con las facultades especiales necesarias para sustanciar el procedimiento y para representar a la colectividad y a cada una de las personas integrantes que se hayan adherido o se adhieran a la acción.

Artículo 872. Realizada la notificación ordenada en este Código Nacional, la autoridad jurisdiccional Federal señalará de inmediato fecha y hora para la celebración de la audiencia previa y de conciliación, la cual se llevará a cabo dentro de los diez días siguientes.

En la audiencia, la autoridad jurisdiccional Federal exhortará a las partes a solucionarlo, pudiendo auxiliarse de las personas expertas que considere idóneas.

La acción colectiva podrá ser resuelta por convenio judicial entre las partes en cualquier momento del procedimiento hasta antes de que cause estado.

Si las partes alcanzaren un convenio total o parcial, la autoridad jurisdiccional Federal, de oficio, revisará que proceda legalmente y que los intereses de la colectividad de que se trate estén debidamente protegidos. Previa vista por diez días a los órganos y organismos a que se refiere la fracción I del artículo 862 de este Código Nacional y a la persona titular de la Fiscalía General de la República, y una vez escuchadas las manifestaciones de la colectividad, si las hubiere, la autoridad jurisdiccional Federal podrá aprobar el convenio elevándolo a la categoría de cosa juzgada.

Artículo 873. En caso de que las partes no alcanzaren acuerdo alguno en la audiencia previa y de conciliación, la autoridad jurisdiccional procederá a abrir el juicio a prueba por un período de treinta días hábiles, comunes para las partes, para su ofrecimiento y preparación, pudiendo, a instancia de parte, otorgar una prórroga hasta por diez días hábiles. No obstante, las partes podrán ofrecer pruebas antes y durante la audiencia previa y de conciliación, siempre que estén reconocidas por la ley y guarden relación inmediata con los hechos controvertidos. Las partes podrán formular acuerdos sobre hechos no controvertidos en la misma audiencia previa y de conciliación.

La audiencia de juicio observará para su desarrollo las reglas previstas en este Código Nacional en lo que no se oponga a este procedimiento.

Las pruebas de declaración de parte y testimonial se desahogarán a través de sus representantes legales.

La admisión de las pruebas es recurrible como violación procesal cuando se apele la sentencia definitiva; el desechamiento es apelable en efecto devolutivo.

La autoridad jurisdiccional Federal dictará sentencia dentro de los treinta días hábiles posteriores a la celebración de la audiencia de juicio.

Artículo 874. Los términos establecidos en este Capítulo, podrán ser ampliados por una sola vez por la autoridad jurisdiccional Federal, si existieren causas justificadas para ello.

Artículo 875. La autoridad jurisdiccional Federal podrá allegarse de cualquier medio de prueba para mejor proveer, siempre que tenga relación inmediata con los hechos controvertidos.

Las personas tercero que acudan no deberán de encontrarse en conflicto de interés respecto de las partes ni de la autoridad jurisdiccional.

La autoridad jurisdiccional Federal en su sentencia deberá, sin excepción, hacer una relación sucinta de las personas que en calidad de tercero interesadas ejerzan el derecho de comparecer ante el Tribunal, conforme a lo establecido en el párrafo anterior y de los argumentos o manifestaciones por ellos vertidos.

La autoridad jurisdiccional Federal podrá requerir a los órganos y organismos a que se refiere la fracción I del artículo 862 de este Código Nacional o a cualquier tercero, la elaboración de estudios o presentación de los medios probatorios necesarios con cargo al Fondo a que se refiere este Título.

Artículo 876. Si la autoridad jurisdiccional Federal lo considera pertinente, de oficio o a petición de parte, podrá solicitar a una de las partes la presentación de información o medios probatorios que sean necesarios para mejor resolver el litigio de que se trate o para ejecutar la sentencia respectiva.

Artículo 877. Para resolver, la autoridad jurisdiccional Federal puede valerse de medios probatorios estadísticos, actuariales o cualquier otro derivado del avance de la ciencia.

Artículo 878. No será necesario que la parte actora ofrezca y desahogue pruebas individualizadas por cada integrante de la colectividad. Las reclamaciones individuales deberán justificar, en su caso, la relación causal en el incidente de liquidación respectivo.

Artículo 879. Cuando la acción sea interpuesta por las personas a que se refieren las fracciones II y III del artículo 862 de este ordenamiento, estarán obligadas a informar a través de los medios idóneos a la colectividad, sobre el estado que guarda el procedimiento por lo menos cada seis meses.

SECCIÓN TERCERA
DE LAS SENTENCIAS

Artículo 880. Las sentencias deberán resolver la controversia planteada por las partes conforme a derecho.

Artículo 881. En acciones difusas, la autoridad jurisdiccional Federal sólo podrá condenar a la parte demandada a la reparación del daño causado a la colectividad, consistente en la restitución de las cosas al estado que guardaren antes de la afectación, si esto fuere posible.

Esta restitución podrá consistir en la realización de una o más acciones o abstenerse de realizarlas.

Tratándose de materia ambiental y de consumo, la autoridad jurisdiccional Federal también podrá imponer las medidas adicionales que considere pertinentes a efecto de asegurar que no se repita la conducta materia de la condena.

Artículo 882. En el caso de acciones colectivas en sentido estricto e individuales homogéneas, la autoridad jurisdiccional podrá condenar a la parte demandada a la reparación del daño, consistente en la realización de una o más acciones o abstenerse de realizarlas, así como a cubrir los daños en forma individual a los miembros del grupo conforme a lo establecido en este artículo.

Cada integrante de la colectividad podrá promover el incidente de liquidación, en el que deberá probar el daño sufrido, o en su caso, la persona representante común o cualquiera de las personas a que se refiere el artículo 862 de este Código Nacional podrá presentar el incidente de liquidación masivo en el que se deberá probar el monto del daño sufrido por cada integrante de la colectividad.

La autoridad jurisdiccional establecerá en la sentencia, los requisitos, bases y plazos que deberán cumplir las personas integrantes de la colectividad para promover el incidente. Contra la sentencia interlocutoria que resuelva el incidente de liquidación procederá el recurso de apelación.

El incidente de liquidación podrá promoverse por cada persona que integre la colectividad o en forma masiva en ejecución de sentencia, dentro de los dos años siguientes al que la sentencia cause ejecutoria.

El pago que resulte del incidente de liquidación será hecho a las personas integrantes de la colectividad en los términos que ordene la sentencia; en ningún caso a través de la persona representante común o cualquiera de las personas a que se refiere el artículo 862 de este Código Nacional.

Artículo 883. En caso de que una colectividad haya ejercitado por los mismos hechos de manera simultánea una acción difusa y una acción colectiva, la autoridad jurisdiccional proveerá la acumulación de las mismas en los términos de este Código Nacional.

Artículo 884. La sentencia fijará a la parte condenada un plazo prudente para su cumplimiento atendiendo a las circunstancias del caso, así como los medios de apremio que deban emplearse cuando se incumpla con la misma.

Artículo 885. La sentencia o convenio respectivo, serán notificados a la colectividad en los términos de lo dispuesto en el presente Código Nacional.

Artículo 886. Cuando alguna de las partes o miembro de la colectividad, tenga conocimiento de que sus representantes ejercieron una representación fraudulenta en contra de sus intereses, éstas podrán promover por la vía incidental, la remoción de la persona representante y la reposición de las actuaciones viciadas dentro del procedimiento colectivo y hasta antes del dictado de la sentencia. Contra la resolución interlocutoria que se dicte al respecto, no cabrá recurso alguno.

En este supuesto, la autoridad jurisdiccional hará del conocimiento de los hechos que correspondan al Ministerio Público Federal.

Cuando la representación fraudulenta se advirtiera después de dictada la sentencia, la autoridad jurisdiccional reservará los derechos de las partes para hacerlos valer en la vía y forma que estimen procedentes.

Artículo 887. En cualquier etapa del procedimiento, la autoridad jurisdiccional Federal podrá decretar a petición de parte, medidas precautorias que podrán consistir en:

I. La orden de cesación de los actos o actividades que estén causando o necesariamente hayan de causar un daño inminente e irreparable a la colectividad;

II. La orden de realizar actos o acciones que su omisión haya causado o necesariamente hayan de causar un daño inminente e irreparable a la colectividad;

III. El retiro del mercado o aseguramiento de instrumentos, bienes, ejemplares y productos directamente relacionados con el daño irreparable que se haya causado, estén causando o que necesariamente hayan de causarse a la colectividad, y

IV. Cualquier otra medida que la autoridad jurisdiccional considere pertinente dirigida a proteger los derechos e intereses de una colectividad.

Artículo 888. Las medidas precautorias previstas en el artículo anterior podrán decretarse siempre que con las mismas no se causen más daños que los que se causarían con los actos, hechos u omisiones objeto de la medida.

La autoridad jurisdiccional Federal deberá valorar que las medidas que se dicten no afecten la viabilidad financiera de la parte demandada.

Para el otorgamiento de dichas medidas se requerirá:

I. Que la persona solicitante de la medida manifieste claramente cuáles son los actos, hechos o abstenciones que estén causando un daño o vulneración a los derechos o intereses colectivos o lo puedan llegar a causar.

II. Que exista urgencia en el otorgamiento de la medida en virtud del riesgo de que se cause o continúe causando un daño de difícil o imposible reparación.

Si con el otorgamiento de la medida se pudiera ocasionar daño a la persona demandada, ésta podrá otorgar garantía suficiente para reparar los daños que pudieran causarse a la colectividad, salvo aquellos casos en los que se trate de una amenaza inminente e irreparable al interés social, a la vida o a la salud de los miembros de la colectividad o por razones de seguridad nacional.

Artículo 889. La autoridad jurisdiccional federal, para hacer cumplir sus determinaciones, puede emplear, a discreción, los siguientes medios de apremio:

I. Multa hasta por la cantidad equivalente a treinta mil Unidades de Medida y Actualización, cantidad que podrá aplicarse por cada día que transcurra sin cumplimentarse lo ordenado por la autoridad jurisdiccional;

II. El auxilio de la fuerza pública y la fractura de cerraduras si fuere necesario;

III. El cateo por orden escrita;

IV. El arresto hasta por treinta y seis horas.

Si fuere insuficiente el apremio, se procederá contra la persona rebelde por el delito de desobediencia.

Artículo 890. No procederá la acumulación entre procedimientos individuales y procedimientos colectivos.

En caso de coexistencia de un proceso individual y de un proceso colectivo proveniente de la misma causa, la misma persona demandada en ambos procesos informará de tal situación a las autoridades jurisdiccionales Federales.

La autoridad jurisdiccional Federal del proceso individual notificará a la parte actora de la existencia de la acción colectiva para que, en su caso, decida continuar por la vía individual o ejerza su derecho de adhesión a la misma dentro del plazo de noventa días contados a partir de la notificación.

Para que proceda la adhesión de la parte actora a la acción colectiva, deberá desistirse del proceso individual para que éste se sobresea.

Tratándose de derechos o intereses individuales de incidencia colectiva, en caso de la improcedencia de la pretensión en el procedimiento colectivo, las personas interesadas tendrán a salvo sus derechos para ejercerlos por la vía individual.

Artículo 891. La sentencia no recurrida tendrá efectos de cosa juzgada.

Artículo 892. Si alguna persona inició un procedimiento individual al cual recayó una sentencia que causó ejecutoria no podrá ser incluida dentro de una colectividad para efectos de un proceso colectivo, si el objeto, las causas y las pretensiones son las mismas.

Artículo 893. La sentencia de condena incluirá lo relativo a los gastos y costas que correspondan.

Artículo 894. Cada parte asumirá sus gastos y costas derivados de la acción colectiva, así como los respectivos honorarios de sus representantes.

Los honorarios de la persona representante legal y representante común, que convengan con sus representados, quedarán sujetos al siguiente arancel máximo:

I. Serán de hasta el veinte por ciento si el monto líquido de la suerte principal no excede de doscientos mil Unidades de Medida y Actualización;

II. Si el monto líquido de la suerte principal excede doscientos mil, pero es menor a dos millones de Unidades de Medida y Actualización, serán de hasta el veinte por ciento sobre los primeros doscientos mil y de hasta el diez por ciento sobre el excedente, y

III. Si el monto líquido de la suerte principal excede a dos millones de Unidades de Medida y Actualización, serán de hasta el once por ciento sobre los primeros dos millones, y hasta el tres por ciento sobre el excedente.

Si las partes llegaran a un acuerdo para poner fin al juicio antes del dictado de la sentencia, los gastos y costas deberán estar contemplados como parte de las negociaciones del convenio de transacción judicial. En cualquier caso, los honorarios de la persona representante legal y representante común que pacten con sus representados deberán ajustarse al arancel máximo previsto en este artículo.

Artículo 895. Los gastos y costas se liquidarán en ejecución de sentencia de conformidad con las siguientes reglas:

I. Los gastos y costas, así como los honorarios de las personas representantes de la parte actora referidos en el artículo anterior, serán cubiertos en la forma que lo determine la autoridad jurisdiccional Federal, buscando asegurar el pago correspondiente. Dicho pago se hará con cargo al Fondo a que se refiere este Libro, cuando exista un interés social que lo justifique y hasta donde la disponibilidad de los recursos lo permita.

II. En el caso de las sentencias que establezcan una cantidad cuantificable, la parte actora pagará entre el tres y el veinte por ciento del monto total condenado por concepto de honorarios a sus representantes según lo previsto en el artículo anterior.

La autoridad jurisdiccional Federal tomará en consideración el trabajo realizado y la complejidad del mismo, el número de miembros, el beneficio para la colectividad respectiva y demás circunstancias que estime pertinente.

III. Si la condena no fuere cuantificable, la autoridad jurisdiccional Federal determinará el monto de los honorarios, tomando en consideración los criterios establecidos en el segundo párrafo de la fracción anterior.

Artículo 896. Por ser la representación común de interés público, las asociaciones civiles a que se refiere la fracción III del artículo 862, deberán registrarse ante el Consejo de la Judicatura Federal.

Artículo 897. Para obtener el registro correspondiente, dichas asociaciones deberán:

I. Presentar los estatutos sociales que cumplan con los requisitos establecidos en este Título, y

II. Tener al menos un año de haberse constituido y acreditar que han realizado actividades inherentes al cumplimiento de su objeto social.

Artículo 898. El registro será público, su información estará disponible en la página electrónica del Consejo de la Judicatura Federal, y cuando menos deberá contener los nombres de los socios, asociados, representantes y aquellos que ejerzan cargos directivos, su objeto social, así como el informe a que se refiere la fracción II del artículo 900 de este Código Nacional.

Artículo 899. Las asociaciones deberán:
I. Evitar que sus asociados, socios, representantes o aquellos que ejerzan cargos directivos, incurran en situaciones de conflicto de interés respecto de las actividades que realizan en términos de este Título;
II. Dedicarse a actividades compatibles con su objeto social, y
III. Conducirse con diligencia, probidad y en estricto apego a las disposiciones legales aplicables.

Artículo 900. Para mantener el registro las asociaciones deberán:
I. Cumplir con lo dispuesto en el artículo anterior;
II. Entregar al Consejo de la Judicatura Federal, un informe anual sobre su operación y actividades respecto del año inmediato anterior, a más tardar el último día hábil del mes de abril de cada año, y
III. Mantener actualizada en forma permanente la información que deba entregar al Consejo de la Judicatura Federal en los términos de lo dispuesto por el artículo 898 de este Código.

Artículo 901. Para los efectos señalados en este Capítulo, el Consejo de la Judicatura Federal administrará los recursos provenientes de las sentencias que deriven de las acciones colectivas difusas y para tal efecto deberá crear un Fondo.

Artículo 902. Los recursos que deriven de las sentencias recaídas en las acciones referidas en el párrafo anterior, deberán ser utilizados exclusivamente para el pago de los gastos derivados de los procedimientos colectivos, así como para el pago de los honorarios de las personas representantes de la parte actora a que se refiere el artículo 894 de este Código, cuando exista un interés social que lo justifique y la autoridad jurisdiccional así lo determine, incluyendo pero sin limitar, las notificaciones a los miembros de la colectividad, la preparación de las pruebas pertinentes y la notificación de la sentencia respectiva. Los recursos podrán ser además utilizados para el fomento de la investigación y difusión relacionada con las acciones y derechos colectivos.

Artículo 903. El Consejo de la Judicatura Federal divulgará anualmente el origen, uso y destino de los recursos del Fondo.

LIBRO SÉPTIMO
DE LOS RECURSOS

CAPÍTULO ÚNICO
DISPOSICIONES GENERALES

Artículo 904. Las resoluciones judiciales dictadas dentro de los procedimientos son impugnables conforme a lo ordenado por este Código Nacional. Para ello la persona recurrente deberá precisar la parte de la resolución que impugna.

Artículo 905. Los recursos previstos en este Código Nacional son:
I. Apelación;
II. Reposición, y
III. Queja.

Artículo 906. En el sistema de recursos previsto en el presente Código Nacional, se tendrá por perdido el derecho a recurrir una resolución judicial cuando:
I. Se consienta expresamente, y
II. Una vez concluido el plazo que la ley señala para interponer algún recurso, éste no se interponga.

Quienes hubieren interpuesto un recurso podrán desistirse de éste antes de su resolución. Los efectos del desistimiento no se extenderán a los demás recurrentes.

Artículo 907. La citación errónea en la fundamentación de preceptos legales en la sentencia o resolución impugnada que no haya influido en el sentido del fallo, así como los errores de forma en la transcripción que no causen agravio, no anularán ni revocarán la resolución judicial, deberán ser subsanados de oficio en cuanto sean advertidos de forma inmediata por la autoridad que emita la resolución judicial, o a petición de parte cuando sea advertida por ella, con la finalidad de evitar dar trámite a algún recurso que represente dilaciones procesales.

SECCIÓN PRIMERA
DE LA APELACIÓN

Artículo 908. El recurso de apelación tiene por objeto que la autoridad jurisdiccional de apelación confirme, revoque o modifique la resolución impugnada.

Artículo 909. La apelación procederá en el efecto devolutivo o en ambos efectos.

Las apelaciones que se admitan en ambos efectos suspenderán el procedimiento; en el efecto devolutivo no suspenderán el procedimiento.

No obstante, cuando la apelación se admita en ambos efectos, la autoridad jurisdiccional continuará conociendo para resolver con plenitud de jurisdicción, todo lo relativo a depósitos, embargos trabados, rendición de cuentas, gastos de administración, aprobación de entrega de fondos para pagos urgentes, medidas provisionales decretadas durante el juicio y cuestiones similares que por su urgencia no pueden esperar.

Artículo 910. La apelación en ambos efectos procede:

I. Sentencias definitivas dictadas en juicios escritos, de acciones colectivas, y ordinarios orales civiles; en materia familiar, únicamente contra la sentencia definitiva o interlocutoria que cancele o disminuya alimentos;

II. Sentencias o cualquier otra resolución judicial que por su naturaleza suspenda, impida la continuación del juicio, le pongan fin o haga imposible su continuación, cualquiera que sea la naturaleza del procedimiento, y

III. Aquellas resoluciones judiciales señaladas expresamente por este Código Nacional.

Artículo 911. Además de los casos determinados expresamente en este Código Nacional, el recurso de apelación en efecto devolutivo procede contra:

I. Sentencias definitivas dictadas en juicios sumarios, especiales orales civiles; juicios orales familiares tanto ordinarios como especiales, salvo la precisión realizadas en la fracción I del artículo anterior;

II. El auto que desecha el incidente de nulidad de actuaciones por defectos en el emplazamiento, la resolución que se dicte en el incidente y en donde la autoridad jurisdiccional de oficio decrete nulo el emplazamiento;

III. El auto que tenga por contestada o no la demanda principal o reconvencional;

IV. Las sentencias interlocutorias que trasciendan al resultado del fallo;

V. La última resolución dictada para el cumplimiento de la sentencia definitiva;

VI. La resolución que apruebe o no el remate;

VII. Resoluciones que, en la fase definitiva del proceso cautelar, decreten providencias precautorias y medidas de aseguramiento;

VIII. En contra de la imposición de cualquier medida de apremio;

IX. La resolución dictada durante la revisión de las medidas provisionales en materia de familia, en la audiencia preliminar o las que se dicten con posterioridad a dicha etapa, y

X. Las resoluciones dictadas en los procedimientos sucesorios, salvo la sentencia definitiva que se admitirá en ambos efectos.

Artículo 912. Admitida la apelación en efecto devolutivo, sólo se suspenderá la ejecución de la resolución en los casos en que, de los autos o de las sentencias recurridas derive una ejecución que pueda causar un daño irreparable o de difícil reparación. La parte apelante podrá solicitar la suspensión al interponer el recurso y deberá señalar con precisión los motivos por los que considera el daño irreparable o de difícil reparación, y, además, otorgue garantía mediante fianza o billete de depósito conforme a las reglas siguientes:

I. La calificación de la idoneidad de la garantía será al prudente arbitrio de la autoridad jurisdiccional;

II. La garantía otorgada por la parte actora comprenderá la devolución del bien o bienes que deba percibir, sus frutos e intereses y la indemnización de daños y perjuicios si la segunda instancia revoca el fallo;

III. La otorgada por la persona demandada comprenderá el pago de lo juzgado y sentenciado, como su cumplimiento, en el caso de que la sentencia condene a hacer o a no hacer;

IV. La liquidación de los daños y perjuicios que se hará en la ejecución de la sentencia, y

V. En los juicios sin interés pecuniario, el monto de la garantía quedará a criterio de la autoridad jurisdiccional.

La parte contraria y perjudicada puede solicitar la no suspensión de la ejecución, otorgando a su vez contragarantía, la que se fijará por la autoridad jurisdiccional de acuerdo con las mismas bases que se tomaron en consideración para fijar la garantía y en ningún caso puede ser inferior a ésta, caso en el cual no se admitirá la suspensión del procedimiento.

En caso de que la resolución impugnada pueda afectar a niñas, niños y adolescentes, grupos sociales en situación de vulnerabilidad, no se exigirá garantía o contragarantía para que, de oficio o a petición de parte, se suspenda la ejecución de la resolución impugnada.

Si la segunda instancia confirmare la resolución apelada, hará efectiva la garantía o contragarantía, según corresponda, a favor de la contraparte.

Artículo 913. La parte que obtuvo sentencia definitiva favorable, puede adherirse a la apelación interpuesta en contra de la sentencia definitiva al momento de contestar los agravios, expresando los razonamientos tendientes a mejorar las consideraciones vertidas por la autoridad jurisdiccional en la resolución de que se trate. Con dicho escrito, se dará vista a la contraria para que en el plazo de tres días manifieste lo que a su derecho corresponda.

La adhesión al recurso sigue la suerte de éste, al no ser una apelación independiente.

Artículo 914. Pueden apelar las partes que consideren haber recibido algún agravio, las terceras que hayan salido al juicio y las demás personas con interés jurídico a quienes perjudique la resolución judicial.

No puede apelar la persona que obtuvo todo lo que pidió. La parte vencedora que no obtuvo todo lo solicitado puede apelar en lo que a estos puntos de la resolución se refiere.

Artículo 915. Los plazos para la interposición del recurso de apelación serán de nueve días si fuere sentencia definitiva y de cinco días en contra de las demás resoluciones, a partir del día siguiente a aquél en que surta efecto la notificación de la resolución impugnada.

Artículo 916. El recurso de apelación se interpondrá ante la autoridad jurisdiccional que pronunció la resolución impugnada, con expresión de agravios.

Al apelar la sentencia definitiva se deberán expresar agravios en contra de las resoluciones dictadas durante el procedimiento en contra de las cuales no proceda recurso alguno, que les hayan causado un agravio y que trasciendan al resultado del fallo, dentro del mismo plazo para apelar la sentencia definitiva, en escritos por separado o conjuntos, exponiendo en sus agravios de qué manera trascendería al fondo del asunto el resarcimiento de la violación a subsanar.

Si fuera procedente la existencia de una o varias violaciones procesales hechas valer en la apelación, la segunda instancia así lo declarará y reservará la resolución del recurso en contra de la definitiva, procediendo a subsanar la o las violaciones procesales bajo las mismas formalidades que el juicio de origen, y una vez reparada, se citará para resolver la apelación en contra de la sentencia definitiva. Lo anterior, salvo en tratándose de defectos en el emplazamiento, que de existir se declarará su nulidad y se ordenará la reposición del procedimiento por parte de la autoridad jurisdiccional de origen, declarando insubsistente la sentencia definitiva.

De no ser procedentes los agravios de las apelaciones en contra de violaciones procesales, la segunda instancia estudiará y resolverá la procedencia o no de los agravios expresados en contra de la definitiva, resolviendo el recurso con plenitud de jurisdicción.

Artículo 917. La autoridad jurisdiccional dará trámite al recurso, expresando si lo admite en ambos efectos o sólo en el efecto devolutivo y ordenará dar vista con la expresión de agravios a la parte apelada, para que los conteste dentro del término de tres días.

Cuando se trate de apelaciones en ambos efectos, transcurrido el plazo señalado en el párrafo anterior, sin necesidad de declaración de rebeldía y se hayan contestado o no los agravios, dentro del término de ocho días, se remitirán a la segunda instancia el escrito de apelación electrónico o físico del apelante y en su caso de la parte apelada, así como los autos originales digitales o físicos, incluidos los documentos exhibidos por las partes y terceros, así como los soportes electrónicos de las audiencias, los cuales, en caso de existir agravio en contra de actuaciones realizadas dentro de audiencia, serán materia de análisis y harán fe de lo actuado, por ello, en ningún caso se exigirá reproducción escrita o documental de su contenido.

En el caso de apelaciones admitidas en efecto devolutivo, la autoridad jurisdiccional, dentro del término de ocho días, deberá integrar y remitir el escrito de apelación electrónico o físico del apelante y en su caso de la parte apelada, así como testimonio físico o electrónico del primer testimonio de apelación; debiendo dejar en el expediente original copia certificada de los escritos de apelación y de su contestación si lo hubiera.

En tratándose de segunda o ulteriores apelaciones, solamente formará el testimonio de apelación con las constancias faltantes entre la última apelación admitida y las subsecuentes hasta la apelación de que se trate, incluyéndose todos los documentos que las partes hayan exhibido desde el escrito inicial de demanda y durante la tramitación del juicio, hasta la etapa en que se encuentre. Si existieren apelaciones pendientes para su debida integración y el juicio estuviere en estado de resolución, el término para dictar la sentencia definitiva o interlocutoria iniciará una vez que se haya remitido el testimonio a la segunda instancia.

Artículo 918. Los expedientes, testimonios de apelación, documentos y videograbaciones podrán integrarse y remitirse digital o electrónicamente a la segunda instancia, ya sea mediante la generación de un archivo digital o con la autorización de acceso al expediente electrónico, de conformidad con lo que establezca la Ley Orgánica respectiva. Los Consejos de la Judicatura deberán implementar las medidas de protección y seguridad adecuadas para garantizar la confidencialidad e integridad de la información y los datos que se generen de forma electrónica.

Artículo 919. La segunda instancia integrará digital o documentalmente el toca respectivo con copia certificada de la resolución impugnada, los escritos de agravios y contestación, así como los proveídos que les recayeron, agregando lo que se actúe en cada recurso, y la resolución que se dicte.

Artículo 920. En tratándose de apelaciones en efecto devolutivo, con los testimonios que remita la autoridad jurisdiccional se formarán los cuadernos de constancias consecutivos que sean necesarios, a los que se seguirán agregando los subsecuentes testimonios que se remitan para tramitar otras apelaciones.

Una vez integrados los tocas de apelación, la segunda instancia calificará la admisión y el efecto, y en caso de confirmarse, se citará para oír sentencia.

Artículo 921. Admitido y calificado el recurso, de oficio o a petición de parte, en tratándose de apelaciones en contra de sentencias definitivas, con o sin resoluciones dictadas dentro del procedimiento, se señalará fecha para la celebración de una audiencia oral que presidirá la persona Magistrada Ponente, en donde se otorgará el uso de la palabra a los interesados directamente o por conducto de su persona representante autorizada, para que realicen sus aclaraciones o resumen de agravios y su contestación, por un máximo de tiempo de diez minutos para cada una de las partes.

Posteriormente, se citará a las partes para oír sentencia. Por lo que una vez firmada electrónica o físicamente la resolución por unanimidad o mayoría de votos, dentro de los tres días siguientes se señalará fecha para la celebración de una audiencia oral, en donde la persona Magistrada ponente explicará de manera breve, clara y precisa, con uso de lenguaje cotidiano, la resolución definitiva dictada y hecho lo cual entregará a las partes comparecientes copia simple de la misma, quedando debidamente notificados de dicha sentencia, la cual se ordenará en ese momento publicar por el medio de comunicación procesal oficial.

En caso de incomparecencia de ambas partes contendientes, no será necesaria la explicación de la sentencia y se pondrá a disposición de los contendientes copia simple de la misma, quedando notificados en ese acto de la resolución, hubiesen asistido o no a la celebración de la audiencia, ordenando entonces su publicación por el medio de comunicación procesal oficial.

Artículo 922. En los escritos de expresión de agravios, tratándose de apelación de sentencia definitiva, el apelante sólo podrá ofrecer pruebas cuando hubieren ocurrido hechos supervenientes, especificando los puntos sobre los que deben versar, que no serán extrañas ni a la cuestión debatida ni a los hechos sobrevenidos, pudiendo el apelado en la contestación de los agravios, oponerse a esa pretensión.

Artículo 923. En el auto de radicación la segunda instancia resolverá sobre la admisión de las pruebas ofrecidas y en caso de admitirlas ordenará se reciban en forma oral y señalará la audiencia dentro de los veinte días siguientes.

Artículo 924. La audiencia de desahogo de pruebas será impostergable y la parte que ofreció la prueba será responsable de la falta de su oportuna preparación. De no preparar la prueba, ésta se dejará de recibir, sin necesidad de prevención. Concluida la recepción de pruebas en la audiencia, alegarán verbalmente las partes y se les citará para oír sentencia.

Artículo 925. La segunda instancia deberá suplir la falta de agravios o la deficiencia de los expresados en los casos siguientes:

I. Cuando el juicio verse sobre derechos que pudieran afectar el interés de la familia;

II. Cuando intervenga por lo menos un niño, niña o adolescente como parte, si por falta de esa suplencia pudieran verse afectados sus derechos; y

III. Cuando se advierta por el Tribunal de apelación que en el procedimiento de primera instancia existieron violaciones manifiestas de la Ley que hayan dejado sin defensa a alguna de las partes.

Artículo 926. En los recursos de apelación en contra de sentencia definitiva el ponente contará con diez días para la elaboración del proyecto y las demás personas magistradas contarán con un plazo de cinco días para emitir su voto.

En tratándose de recursos de apelación distintos a la sentencia definitiva o en los casos que deban resolverse unitariamente, la resolución deberá pronunciarse dentro del plazo de ocho días.

En aquellos asuntos complejos o por el volumen de las constancias podrán ampliarse los plazos antes citados por quince días más.

SECCIÓN SEGUNDA
DE LA REPOSICIÓN

Artículo 927. En la segunda instancia sólo procederá el recurso de reposición y será:

I. En contra de la calificación de admisibilidad del recurso de apelación, así como en contra de su efecto;

II. Cuando no se admitan pruebas en segunda instancia, y

III. Cuando algún o algunas de las apelaciones en contra de resoluciones dictadas dentro del procedimiento hubiere resultado procedente, la reposición será admitida en contra de aquellas resoluciones que se dicten para reparar la violación procesal, siempre y cuando causen un perjuicio irreparable y puedan trascender al sentido del fallo definitivo.

Artículo 928. El recurso de reposición debe interponerse por escrito dentro de los tres días siguientes a que surta efectos la notificación de la resolución impugnada, y de admitirse se dará vista a la parte contraria por el término de tres días, para que exprese lo que a su derecho convenga, y se resolverá por escrito dentro de los tres días siguientes.

En contra de esta resolución no se admitirá ningún recurso.

SECCIÓN TERCERA
DE LA QUEJA

Artículo 929. El recurso de queja procede:
I. Contra la resolución que niegue la admisión de la apelación o adhesión a ésta;
II. En contra de resolución que se emita para fijar el monto de la fianza en tratándose de apelaciones en efecto devolutivo, y
III. En los demás casos fijados por este Código Nacional.

Artículo 930. El recurso de queja se interpondrá ante la autoridad jurisdiccional de primera instancia, dentro de los tres días siguientes a que surta efectos la notificación del proveído que se recurra, expresando los motivos de inconformidad.

Artículo 931. Dentro de los cinco días siguientes en que se tenga por interpuesto el recurso, la autoridad jurisdiccional de primera instancia remitirá a la segunda instancia el informe que justifique su resolución, y acompañará en su caso, las constancias procesales respectivas.

Artículo 932. La autoridad jurisdiccional de segunda instancia, dentro de los ocho días siguientes a la recepción de las citadas constancias, dictará el fallo correspondiente.

LIBRO OCTAVO
DE LA JUSTICIA DIGITAL

TÍTULO ÚNICO
DEL PROCEDIMIENTO EN LÍNEA E INTEGRACIÓN DEL EXPEDIENTE JUDICIAL

CAPÍTULO I
DISPOSICIONES GENERALES

Artículo 933. Todos los procedimientos regulados en el presente Código Nacional podrán tramitarse bajo la modalidad de procedimiento en línea que, al igual que cualquier otra modalidad procesal, será gratuita para las partes.
En los procedimientos en línea, la autoridad jurisdiccional garantizará una justicia digital equitativa y segura.

Artículo 934. En la aplicación de las normas referentes a justicia digital se tomarán en cuenta los principios de elegibilidad, equivalencia funcional o no discriminación, neutralidad tecnológica y seguridad de la información, adicionalmente a los generales del presente Código Nacional.

Artículo 935. El principio de elegibilidad consiste en que las partes tienen el derecho de optar voluntariamente que los procedimientos regulados en el presente Código Nacional, se tramiten de forma digital y en línea. La elegibilidad permitirá la sola integración de expedientes electrónicos, así como actuaciones y audiencias presenciales o a distancia, indistintamente.

La autoridad jurisdiccional, podrá proponer que un procedimiento se lleve a cabo en línea, atendiendo a cada caso en concreto o en las situaciones en que acontezca un fortuito o fuerza mayor; o bien, cuando para el trámite expedito del procedimiento de que se trate así convenga.

En el escrito inicial de demanda o comparecencia, la persona accionante manifestará si es su deseo tramitar el procedimiento en línea. En el caso de un procedimiento contencioso, al contestar la demanda, la persona demandada, manifestará si es su deseo igualmente de llevar el procedimiento en línea. Además, la autoridad jurisdiccional podrá, solicitar a las partes contendientes para que, de común acuerdo de forma voluntaria, el trámite procesal del juicio de que se trate, se realice de manera digital y en línea; en caso contrario, se continuará con la modalidad procesal tradicional, conforme a las disposiciones del presente Código Nacional, salvo que se trate de un procedimiento en línea exclusivamente.

Lo anterior sin perjuicio de que las partes, en cualquier etapa procesal, puedan solicitar que se cambie la modalidad para que, en lo subsecuente, se tramite en línea y digital.

Artículo 936. El principio de equivalencia funcional o no discriminación, para los efectos de los procedimientos que regula este Código Nacional, se puede interpretar bajo cualesquiera de las siguientes formas:

I. La autoridad jurisdiccional no negará efectos jurídicos, validez o eficacia probatoria a cualquier tipo de información por la sola razón de que esté contenida en un documento electrónico o en un mensaje de datos.

En ningún caso se requerirá manifestación bajo protesta de decir verdad de que los documentos digitalizados son copia fiel e inalterada de los documentos físicos;

II. La autoridad jurisdiccional no negará validez a la información o las comunicaciones, sea que estén contenidas en documentos electrónicos, mensajes de datos o en medios físicos por el solo hecho de usar alguna tecnología determinada;

III. La firma electrónica avanzada en un documento electrónico o en su caso, en un mensaje de datos, satisface el requisito de firma del mismo modo que la firma autógrafa en los documentos impresos;

IV. Todas las actuaciones judiciales, promociones, resoluciones, diligencias, expedientes, audiencias y demás semejantes dadas en forma oral, de forma virtual, electrónica, remota o a distancia, tendrán la misma eficacia probatoria o valor jurídico, que los que este Código Nacional consagra para las actuaciones presenciales y los instrumentos escritos, y

V. Los procedimientos judiciales podrán tramitarse total o parcialmente en línea, así como celebrarse sus actuaciones judiciales presencialmente o a distancia, sin que ello afecte la validez de las actuaciones. No se cuestionará la validez de un procedimiento por la sola razón de que una de las partes haya elegido llevarlo en línea y la otra de forma tradicional.

Artículo 937. El principio de neutralidad tecnológica consiste en que este Código Nacional no impondrá preferencias en favor o en contra de determinada tecnología, ni fomentará artificialmente determinadas opciones tecnológicas en detrimento de otras.

Este principio no limitará o impedirá que se usen los sistemas de justicia digital autorizados, según lo determinen los Acuerdos que establezcan los Lineamientos aprobados por el Consejo de la Judicatura respectivo.

Artículo 938. Los sistemas de justicia digital constituyen implementos adicionales, progresivos y optativos que deberán aplicarse y usarse en respeto a los derechos humanos y garantizando el derecho a la tutela judicial efectiva, por lo que de ninguna forma podrán interpretarse en forma restrictiva.

SECCIÓN PRIMERA
DE LA INTEGRACIÓN DEL EXPEDIENTE JUDICIAL

Artículo 939. El expediente judicial se integrará física y electrónicamente de acuerdo con las disposiciones establecidas en el presente Código Nacional, salvo que las partes convengan en que únicamente se integre de forma electrónica.

El Acuerdo que contenga Lineamientos aprobados por el Consejo de la Judicatura que corresponda, establecerá las reglas que permitan la debida integración de expedientes físicos y electrónicos, para los procedimientos tramitados en la modalidad en línea.

El expediente físico deberá contar con la impresión de los mensajes de datos y, de ser requerido, autenticados con firma electrónica avanzada, así como, en su caso, el acta de la diligencia respectiva, en la que se indicará la existencia de la videograbación que, aunque esté resguardada en otro lugar, formará parte del expediente respectivo.

Artículo 940. La autoridad jurisdiccional, a través de las áreas competentes, realizará todos los actos necesarios para concentrar todas las actuaciones, audiencias, diligencias, promociones y demás constancias de un procedimiento en línea en un mismo expediente judicial, que se integrará cronológicamente con las actuaciones judiciales, con independencia de la forma en que se hayan celebrado o presentado las mismas, garantizando que tanto el expediente físico como el electrónico contengan la misma información.

Artículo 941. El expediente electrónico deberá integrarse simultáneamente con el expediente físico, salvo aquellos casos en que el Consejo de la Judicatura correspondiente autorice solamente la integración de la versión electrónica y siempre que se garantice el derecho a la tutela judicial efectiva de las partes.

El expediente electrónico será el reflejo del expediente físico, para lo cual, además de los requisitos aplicables, se certificará por la persona funcionaria judicial facultada para ello, la coincidencia de las actuaciones judiciales entre sí.

Artículo 942. En los procedimientos en línea o promociones electrónicas, cualquier anexo deberá ir adjunto a la promoción electrónica. El juzgador podrá requerir la exhibición física del documento para corroborar su autenticidad e integridad. El anexo debe ir digitalizado junto con la promoción, lo que permitirá al juzgador consultarlo cuando lo requiera.

Artículo 943. El cotejo de documentos y demás actos necesarios que se requieran confrontar entre los expedientes físico y electrónico, se podrá realizar por conducto de la persona funcionaria judicial facultada para ello.

Dicha persona funcionaria judicial será responsable de verificar la coincidencia de contenidos entre el expediente físico y el expediente electrónico, y deberá validar, cuando así proceda, que:

I. Toda documentación recibida por vía electrónica se imprima y agregue al expediente físico, en su caso, con la evidencia criptográfica de la firma electrónica avanzada respectiva, y

II. La documentación recibida en formato impreso se digitalice e ingrese al expediente electrónico respectivo, certificándolo mediante el uso de la firma electrónica avanzada correspondiente.

Artículo 944. Las personas que intervengan en el procedimiento en línea deberán ajustarse a los Lineamientos para la promoción, consulta y acceso de expedientes digitales que emitan los Consejos de la Judicatura respectivos.

Artículo 945. Las personas funcionarias judiciales adscritas a las autoridades jurisdiccionales podrán acceder a los expedientes electrónicos relacionados con el ejercicio de sus atribuciones, para lo cual deberán contar con la clave de acceso otorgada por el órgano competente del Consejo de la Judicatura respectivo. Adicionalmente, deberán utilizar su firma electrónica avanzada para agregar constancias y resoluciones judiciales a los referidos expedientes.

Artículo 946. La información relativa a los expedientes electrónicos será preservada de conformidad con los lineamientos o disposiciones correspondientes.

SECCIÓN SEGUNDA
DE LA DIGITALIZACIÓN Y USO DE FIRMA ELECTRÓNICA

Artículo 947. Toda promoción, documentación y actuación que ingrese a un expediente electrónico deberá ser suscrita y autenticada con una firma electrónica avanzada.

Artículo 948. Las diligencias, promociones, resoluciones o actuaciones físicas autenticadas con firma autógrafa, se digitalizarán para su incorporación en el expediente electrónico de forma que se garantice su integridad, conservación y disponibilidad. Para la conservación y digitalización de documentos, la autoridad jurisdiccional seguirá las reglas que, para tal efecto, establece la Norma Oficial Mexicana que regule dichas actividades o las que se establezcan en los lineamientos que emita el Consejo de la Judicatura Federal correspondiente y que deberán ser acordes con dicha Norma.

Artículo 949. Las actuaciones y promociones judiciales contenidas en un mensaje de datos o documento electrónico suscritas con una firma electrónica avanzada amparada por un certificado digital vigente, garantizará la integridad del documento y producirá los mismos efectos que las leyes otorgan a los documentos con firma autógrafa, teniendo el mismo valor probatorio.

Artículo 950. Para efectos de los procedimientos en línea regulados por este Código Nacional, la autoridad jurisdiccional y las partes podrán utilizar la Firma Electrónica Certificada del Poder Judicial de la Federación (FIREL), la firma electrónica que se utilice en el Poder Judicial respectivo, y las firmas electrónicas emitidas y reconocidas por otras autoridades con los cuales los Poderes Judiciales hayan celebrado convenios para el reconocimiento de certificados digitales homologados.

Artículo 951. La página de firmantes que contenga las firmas electrónicas avanzadas de las personas funcionarias judiciales, hará las veces del sello físico que la autoridad jurisdiccional impone en los expedientes físicos.

Artículo 952. Todas las notificaciones realizadas en los procedimientos en línea surtirán sus efectos conforme a lo previsto en este Código Nacional.

Artículo 953. Cuando deba correrse traslado en la notificación electrónica, se adjuntará el documento digitalizado, documento electrónico o mensaje de datos respectivo debidamente cotejado por la persona funcionaria judicial facultada, de forma que garantice su disponibilidad e integridad.

Artículo 954. Cuando las partes reciban la notificación electrónica, el sistema de justicia digital correspondiente deberá generar acuse de recibido en el momento de la recepción del mensaje de datos a notificar, de conformidad con los lineamientos que para dichos efectos se emitan. Dicho acuse acreditará la debida notificación.

Artículo 955. Las comunicaciones diversas, como vistas al Ministerio Público, Fiscalías o Representación Social, requerimientos a las autoridades, peritos y demás auxiliares oficiales, se harán en forma electrónica a su correo electrónico oficial designado para ello, con acuse de recibo.

Artículo 956. Toda la información recibida vía electrónica, se apegará a las disposiciones aplicables de las leyes vigentes en materia de transparencia, acceso a la información pública y protección de datos personales, según corresponda.

CAPÍTULO II
DEL PROCEDIMIENTO EN LÍNEA Y DE LAS AUDIENCIAS VIRTUALES

SECCIÓN PRIMERA
DEL PROCEDIMIENTO EN LÍNEA

Artículo 957. Los procedimientos en línea se ajustarán a las siguientes disposiciones:

I. Las partes e intervinientes en un procedimiento en línea podrán presentar todos sus escritos, promociones y anexos de forma electrónica o a través de documento digitalizado. En ambos casos deberán estar autenticados mediante firma electrónica avanzada.

II. En el caso de diligencias y audiencias virtuales:

a) Se señalará día y hora para llevarla a cabo;

b) Se hará saber a las partes y demás intervinientes, por cualquiera de los medios de comunicación establecidos en este Código Nacional, la fecha de la misma y el enlace o método de acceso a la sala virtual;

c) En la fecha señalada, la autoridad jurisdiccional declarará la apertura de la diligencia o audiencia virtual en su sede judicial, ordenando a la persona secretaria de acuerdos o a quien, de acuerdo con el organigrama correspondiente realice tales funciones, proceda a identificar a todos y cada uno de los participantes;

d) Para fines de dicha identificación, los participantes deberán presentar el original de su identificación oficial vigente con fotografía, a los efectos de contar con evidencia digital, videograbada o fotográfica de la misma o, en su caso, cualquier elemento de identificación adicional que al efecto se autorice por la autoridad jurisdiccional, y

e) Hecho lo anterior, se procederá al desahogo de la diligencia o audiencia en los términos establecidos en este Código Nacional para el procedimiento respectivo.

III. Cuando deban recibirse testimonios, declaraciones, peritajes o cualquier información, con el objeto de garantizar las condiciones de autonomía y libertad en su emisión, o el derecho de las partes a realizar las preguntas que les correspondan, según sea el caso, la autoridad jurisdiccional podrá ordenar, a su criterio, cualquiera de las siguientes medidas:

a) Que la persona declarante lo haga en un área de transmisión designada por la autoridad jurisdiccional, sala remota o unidad de enlace que proporcione el Poder Judicial de la Entidad Federativa que corresponda, debiendo cumplir los requisitos para la recepción del desahogo de la prueba o información de que se trate;

b) Que la persona declarante lo haga en el área de transmisión que haya señalado la parte oferente en el juicio, acompañada de un servidor público, quien deberá asegurarse y hacer constar que la persona declarante no está siendo asistida de ninguna forma;

c) Que la persona declarante transmita desde un área que haya señalado la parte interesada, que permita verificar visual y auditivamente, a través de la cámara y micrófono, que al momento de la recepción de la prueba se encuentra sin asistencia, debiendo mantenerse a cuadro en todo momento, con el micrófono encendido durante su desahogo, ya que no se permitirá la interrupción de la transmisión de video y audio en ningún caso, así como el uso de algún dispositivo electrónico o la injerencia de cualquier otra persona durante el desahogo y hasta en tanto concluya la audiencia. En caso de incumplimiento se amonestará al infractor por única ocasión y, en caso de reincidencia, se dará vista a la Representación Social para que, de oficio, inicie la investigación correspondiente, y se declarará desierta la prueba por causas imputables a su oferente, continuándose en la etapa procesal que corresponda;

d) La parte contraria podrá estar presente durante el desahogo de la audiencia o diligencia virtual y, de ser necesaria su intervención, podrá solicitarlo mediante mensaje en el sistema electrónico de la sala virtual, levantando la mano o pidiéndolo verbalmente, para ser escuchado por la autoridad jurisdiccional. Mismo orden deberá llevarse a cabo, en el supuesto de que decida formular preguntas a alguno de los declarantes;

e) Que la persona declarante, o aquella que tenga a su cargo el desahogo de una prueba, se ubique en la misma área de transmisión de la autoridad jurisdiccional, aun cuando los representantes legales o demás participantes se encuentren en diverso lugar del de la transmisión, y

f) Cumplir con las disposiciones de la Sección segunda "De las Audiencias y Diligencias Virtuales", de este Capítulo.

IV. La persona juzgadora usará un lenguaje sencillo y claro durante toda la audiencia o diligencia virtual.

V. En su caso, desahogado todo el caudal probatorio, se pasará al período de alegatos si se prevé esta etapa para el procedimiento respectivo y, declarado visto el asunto, se procederá a emitir en el acto la sentencia o resolución judicial correspondiente, la cual se explicará con un lenguaje cotidiano, breve y sencillo a quien esté presente, entregando copia de la misma. Para ello, se decretará el receso pertinente para la materialización de la sentencia o resolución judicial. A quien esté ausente o desaparecido se le notificará en forma electrónica, dispensándose la explicación ante la inasistencia de ambas partes. La sentencia o resolución judicial correspondiente se emitirá en los términos y con las formalidades que se establecen en el presente Código Nacional para cada caso.

VI. Una vez hecho lo anterior, la autoridad jurisdiccional ordenará la elaboración de un acta mínima de la diligencia o audiencia virtual, la cual no requerirá de la firma de los participantes y sólo contendrá la firma electrónica avanzada de la persona a quien corresponda autorizar y dar fe del contenido de dicha acta.

VII. Si en la sentencia o resolución judicial se ordena su inscripción ante algún Registro, autoridad o institución, o la expedición de algún oficio, la autoridad jurisdiccional lo realizará y enviará electrónicamente a las autoridades o personas correspondientes.

En todo lo no previsto en el presente Capítulo, se estará a las disposiciones contenidas en este Código Nacional.

Artículo 958. En todos los casos las partes interesadas o intervinientes en una audiencia o diligencia virtual, deberán cumplir con las disposiciones antes referidas, apercibidos de que, en caso contrario, serán expulsadas de la sala virtual las personas infractoras, por causas imputables a las mismas, debiendo asumir las consecuencias legales que esto implique, continuando con el desarrollo de la audiencia o diligencia virtual. Asimismo, se impondrán las correcciones disciplinarias y medidas de apremio reguladas en este Código Nacional que la persona juzgadora considere oportunas.

SECCIÓN SEGUNDA
DE LAS AUDIENCIAS Y DILIGENCIAS VIRTUALES

Artículo 959. A petición de parte o por propuesta de la autoridad jurisdiccional, cualquier audiencia y diligencia prevista en el presente Código Nacional podrá celebrarse bajo la modalidad de audiencia virtual y diligencia virtual.

En las audiencias, cualquiera de las partes o la autoridad jurisdiccional, podrán estar presentes vía remota o a través de sistemas de justicia digital de acuerdo con los lineamientos respectivos, siempre y cuando se garantice el derecho a la tutela judicial efectiva y los principios procesales previstos en el presente Código Nacional.

Artículo 960. Cuando la autoridad jurisdiccional advierta en cualquier etapa del procedimiento, la viabilidad de llevar a cabo la audiencia o diligencia virtuales del procedimiento de que se trate, exhortará a las partes para optar por dicha alternativa. En todo caso, quienes intervengan en forma virtual o remota deberán:

I. Tener acceso a una computadora o dispositivo electrónico similar que tenga la capacidad de realizar videoconferencias, para lo cual es necesario que dicho equipo cuente con micrófono y cámara web;

II. Contar con conexión a Internet con al menos una velocidad de 1.5 megabytes por segundo;

III. Señalar un correo electrónico que esté registrado o señalado ante la autoridad jurisdiccional para ser notificado, así como para recibir el enlace o método de acceso a la sala virtual designada para llevar la audiencia o diligencia virtual, y

IV. Quienes comparezcan vía remota o electrónica deberán indicar el lugar y área de transmisión que ocuparán, así como los demás intervinientes a su cargo, lo que deberán hacer bajo protesta de decir verdad, cumpliendo además con lo dispuesto en este Código Nacional.

En caso de requerirlo, cualquiera de las partes o intervinientes en una audiencia o diligencia virtuales, podrán solicitar a una autoridad jurisdiccional, local o federal, distinta de la que sustancie el procedimiento, que le permita el acceso a su recinto judicial y le proporcione todo lo necesario para atender en tiempo y forma la audiencia o diligencia virtual. Dicha solicitud deberá hacerse con una razonable anticipación a la celebración de la audiencia o diligencia virtuales, dependiendo del procedimiento de que se trate, y deberá contener los datos de identificación del expediente y procedimiento judicial, las razones en que sustenta su solicitud y una dirección de correo electrónico. La autoridad jurisdiccional requerida deberá resolver y notificar su resolución mediante correo electrónico, en un plazo breve.

Artículo 961. En caso de advertir alguna falla técnica u otra situación extraordinaria que impida el desarrollo de la audiencia o diligencia virtuales, la autoridad jurisdiccional determinará las medidas que estime necesarias para continuarla o, de ser el caso, suspenderla, supuesto en el que señalará una hora o fecha posterior para su reanudación a través del uso preferente de la sala virtual o de manera presencial.

Las audiencias y diligencias virtuales se registrarán y el personal facultado para ello deberá relacionarlas con el expediente electrónico respectivo, siguiendo para ambos aspectos las pautas establecidas en los Acuerdos que contengan los Lineamientos que los Consejos de la Judicatura respectivos emitan para tal efecto.

El registro de las diligencias virtuales, audiencias virtuales y, tratándose de sesiones, de la porción respectiva al asunto del que se trate, será parte del expediente electrónico y no se requerirá transcripción alguna de lo que ahí conste.

La participación de las partes a través de audiencias y diligencias virtuales generará los mismos efectos y alcances jurídicos que la audiencia o diligencia que se realice con presencia física ante las autoridades jurisdiccionales.

Artículo 962. Cuando para el desarrollo de la audiencia o diligencia virtuales resulte fundamental mantener la separación o exclusión de ciertos intervinientes en determinados momentos de la misma, la autoridad jurisdiccional encargada de su conducción solicitará el apoyo de su personal técnico o administrativo para que, con asistencia técnica, se adopten medidas tendientes a:

I. Verificar dicha separación física y la ausencia de influencias o injerencias que puedan afectar un testimonio, declaración o peritaje;

II. Enviar a dichos intervinientes a salas de espera virtuales, utilizando para ello las funcionalidades previstas en la herramienta tecnológica implementada para la práctica de las mismas, y

III. Ordenar todas las medidas necesarias para tal efecto, siempre que se respeten los principios de este Código Nacional.

Artículo 963. Para la celebración de las diligencias y audiencias virtuales deberán de acatarse las reglas de las diligencias y audiencias dentro del procedimiento judicial respectivo, ajustándose en lo conducente a las reglas para el desarrollo de las audiencias y diligencias virtuales, en términos de lo dispuesto en el presente Título.

CAPÍTULO III
DE LOS SISTEMAS DE JUSTICIA DIGITAL Y DE
LA SEGURIDAD DE LA INFORMACIÓN

SECCIÓN PRIMERA
DE LOS SISTEMAS DE JUSTICIA DIGITAL

Artículo 964. Los Poderes Judiciales correspondientes, a través del Consejo de la Judicatura o la autoridad competente señalada en su respectiva Ley Orgánica:

I. Implementarán y mantendrán actualizadas y funcionales los sistemas de justicia digital necesarios con el fin de contar con Oficialías de Partes en línea, servicios digitales, notificaciones electrónicas, así como las tecnologías necesarias para hacer accesible para todas las personas la justicia digital, y proveer lo necesario para que exista ciberseguridad;

II. Designarán a una persona, área, unidad administrativa o proveedor de tecnologías de información que de forma permanente sea responsable de:

a) Supervisar que los sistemas de justicia digital se mantengan funcionando de forma correcta y segura;

b) Dar soporte a las personas juzgadoras y personas funcionarias judiciales en todo lo relacionado con el uso de los sistemas de justicia digital;

c) Atender las quejas y orientar a los usuarios de sistemas de justicia digital para que comprendan la forma de operar de dichos sistemas;

d) Corregir cualquier falla, error, intermitencia o problema que afecte, impida u obstaculice, total o parcialmente, el funcionamiento de los sistemas de justicia digital, y

e) Conocer y compartir las mejores prácticas en el funcionamiento e implementación de sistemas de justicia digital con los Consejos de la Judicatura de otras Entidades Federativas, así como con el Consejo de la Judicatura Federal.

Artículo 965. Los sistemas de justicia digital deberán:

I. Contar con garantías sólidas de uso y funcionamiento, que les brinde continuidad y soporte permanente a los usuarios de estos sistemas, y

II. Gozar de medidas de seguridad de la información confiables y robustas.

Artículo 966. Cuando por caso fortuito, fuerza mayor o por fallas técnicas se interrumpa el funcionamiento de uno o más de los sistemas de justicia digital que dependan la autoridad jurisdiccional y que hacen posible los procedimientos en línea, hagan inviable el cumplimiento de los plazos establecidos en la ley, las partes deberán dar aviso a la autoridad jurisdiccional correspondiente en la misma promoción sujeta a término, quien pedirá un reporte al titular de la unidad administrativa del Juzgado o Tribunal responsable de la administración del sistema o plataforma sobre la existencia de la interrupción del servicio.

El reporte que determine que existió interrupción en el sistema o plataforma deberá señalar la causa y el tiempo de dicha interrupción, indicando la fecha y hora de inicio y término de la misma. Los plazos se suspenderán únicamente por el tiempo que haya durado la interrupción del sistema de justicia digital afectado. Para tal efecto, el Juzgado o la Sala hará constar esta situación mediante acuerdo en el expediente electrónico y, considerando el tiempo de la interrupción, realizará el computo correspondiente, para determinar si hubo o no incumplimiento de los plazos legales.

Artículo 967. Las fallas que pueda sufrir la computadora, dispositivo, el equipo o la conexión a internet de las partes, interesados o sus representantes legales, de ninguna forma interrumpirán los plazos establecidos en este Código Nacional.

SECCIÓN SEGUNDA
DE LA SEGURIDAD DE LA INFORMACIÓN

Artículo 968. Seguridad de la información es el principio consistente en que todo procedimiento en línea, promoción electrónica, audiencia virtual, diligencia virtual, videoconferencia, y en general, toda actuación y documentación que forme parte de procedimientos en línea, se lleve a cabo protegiendo la información y los sistemas de información contra el acceso, uso, divulgación, interrupción, modificación o destrucción no autorizados a fin de proporcionar confidencialidad, integridad y disponibilidad, mientras dichos atributos no se contrapongan con la naturaleza o características de determinado procedimiento, audiencia o actuación judicial.

Artículo 969. Las autoridades jurisdiccionales tienen la principal responsabilidad de proteger la información, los documentos y las comunicaciones que se lleven a través de medios electrónicos, así como los sistemas que contengan dicha información, incluyendo las audiencias y diligencias virtuales.

Lo anterior no exime a las partes interesadas y usuarios de sistemas de justicia digital de tomar sus propias medidas y precauciones para mantener la seguridad de la información que se envíe, intercambie y gestione a través de dichos sistemas.

Artículo 970. La autoridad jurisdiccional advertirá a todas las personas que intervengan en un procedimiento en línea, de la naturaleza confidencial o pública de las audiencias y diligencias virtuales.

Artículo 971. Las partes, los auxiliares en la administración de justicia, sus representantes y cualquier otra persona que intervenga en un procedimiento en línea, deberán acatar toda instrucción, orden u obligación en materia de seguridad de la información, privacidad y protección de datos personales, que provenga de la autoridad jurisdiccional, de este Código Nacional, de la legislación federal aplicable o de los Lineamientos que emita el Consejo de la Judicatura respectivo.

Artículo 972. Son acciones básicas que debe adoptar la autoridad jurisdiccional para darle seguridad al expediente electrónico, así como a los procedimientos en línea, y todos los sistemas de justicia digital:

I. Adoptar e implementar políticas, programas o soluciones informáticas que detecten, prevengan, mitiguen y eliminen amenazas, riesgos e incidentes cibernéticos;

II. Verificar la vigencia de los certificados digitales de las firmas electrónicas avanzadas;

III. Verificar el adecuado funcionamiento de los programas o plataformas electrónicas que posibiliten las audiencias virtuales, así como las videoconferencias;

IV. Usar comunicaciones electrónicas protegidas por algún mecanismo de seguridad como el cifrado;

V. Corroborar que los enlaces y documentos electrónicos o mensajes de datos que se adjunten en correos o comunicaciones electrónicas estén libres de virus y código malicioso, y en caso contrario, aplicar los mecanismos necesarios para eliminar o corregir cualquier amenaza cibernética detectada;

VI. Comprobar la integridad, accesibilidad, formato y contenido de los documentos digitalizados, archivos electrónicos o mensajes de datos que formen parte de los expedientes judiciales, las actuaciones, las audiencias y las diligencias virtuales;

VII. Corroborar fehacientemente la identidad de las partes y otras personas intervinientes en un procedimiento en línea;

VIII. Aplicar soluciones o mecanismos tecnológicos que aseguren la conservación, integridad y disponibilidad de todas las resoluciones judiciales e información que contenga el expediente electrónico, y

IX. Mantener respaldos seguros de toda la información que contengan los expedientes electrónicos.

El Consejo de la Judicatura respectivo emitirá Lineamientos de Seguridad de la Información, y todos aquellos que considere pertinentes para dotar de seguridad jurídica y tecnológica a los procedimientos en línea.

Artículo 973. No se deberán usar los documentos, sellos y firmas electrónicas para fines indebidos, por lo que ante ello se dará vista a los interesados para que realicen las gestiones pertinentes ante los órganos administrativos o autoridades correspondientes.

LIBRO NOVENO
DE LA SENTENCIA, VÍA DE APREMIO Y SU EJECUCIÓN

TÍTULO ÚNICO
DE LA EJECUCIÓN DE LA SENTENCIA

CAPÍTULO I
DE LA SENTENCIA EJECUTORIADA Y COSA JUZGADA

Artículo 974. Se considera cosa juzgada la sentencia que ha causado ejecutoria, el convenio emanado de cualquier procedimiento judicial, el celebrado en el procedimiento de mediación en el Centro de Justicia Alternativa correspondiente en las Entidades Federativas, así como el que resulte de la mediación comunitaria, y en los demás casos que la ley prevea.

Artículo 975. Causan ejecutoria por ministerio de Ley:

I. Las sentencias de segunda instancia;

II. Las que resuelvan una queja;

III. Las que resuelven una competencia;

IV. Las demás que se declaran irrevocables por prevención expresa de la Ley;

V. Las que no puedan ser recurridas por ningún medio ordinario, y

VI. Los convenios de mediación, conciliación o transacción emanados de los mecanismos alternativos para la solución de controversias realizados antes del inicio de un procedimiento jurisdiccional o durante el desarrollo de éste, sin necesidad de ser ratificados ante la autoridad jurisdiccional, los que tendrán la categoría de cosa juzgada o en su caso de sentencia ejecutoriada de conformidad con sus propias leyes.

Artículo 976. Las sentencias definitivas o interlocutorias respecto de prestaciones futuras y de los juicios que por su naturaleza así proceda, serán declaradas firmes, en virtud de que sólo tendrán autoridad de cosa juzgada, mientras no se alteren o cambien las circunstancias que afecten el ejercicio de la acción que se dedujo en el juicio principal y sólo podrán ser modificadas mediante juicio posterior.

Artículo 977. Causan ejecutoria por declaración judicial:

I. Las sentencias y resoluciones judiciales consentidas expresamente por las partes o por su persona representante autorizada con poder o cláusula especial;

II. Las sentencias de que hecha notificación en forma, no se interponga recurso en el término señalado por la Ley, y

III. Las sentencias contra las que se interpuso recurso, pero no se continuó en forma y términos legales, operando la caducidad de la segunda instancia; o cuando el recurso se declare improcedente, se deseche o se desista de éste, la parte o su persona representante autorizada con poder o cláusula especial.

Artículo 978. En los casos a que se refiere la fracción I del artículo anterior, la autoridad jurisdiccional de oficio hará la declaración correspondiente.

En el caso de la fracción II, la declaración se hará de oficio o a petición de parte, previa la certificación correspondiente de la persona secretaria judicial.

En los supuestos de la fracción III, la declaración se hará de oficio o a petición de parte, por la autoridad jurisdiccional que corresponda.

Artículo 979. El auto en que se declara que una sentencia o resolución judicial ha causado o no ejecutoria, no admite ningún recurso.

CAPÍTULO II
DE LA VÍA DE APREMIO Y EJECUCIÓN DE SENTENCIA

Artículo 980. En la vía de apremio y los procedimientos de ejecución de sentencia o convenio, además de los principios previstos por este Código Nacional, serán aplicables los siguientes:

I. Cumplimiento voluntario. La autoridad jurisdiccional privilegiará y dará prioridad al cumplimiento voluntario de la sentencia de la resolución a través de los mecanismos autorizados en el presente Código Nacional y los que considere pertinentes, dejando como última alternativa la ejecución forzosa;

II. Ejecución con óptica de derechos humanos. Debe garantizarse la ejecución pronta y expedita de la sentencia definitiva o convenio judicial en estricto respeto a los derechos humanos de la parte ejecutante y ejecutada;

III. Idoneidad, razonabilidad y proporcionalidad. La autoridad jurisdiccional deberá interpretar armónicamente las disposiciones para la ejecución de sentencias en relación con los puntos resolutivos de la sentencia definitiva, procurará tener siempre un enfoque de los derechos humanos de la persona ejecutante y ejecutada;

IV. Celeridad. La ejecución de sentencia o convenio judicial, privilegiará el cumplimiento sobre la formalidad, siempre y cuando se garantice la igualdad, seguridad y la tutela jurisdiccional efectiva de las personas ejecutantes, ejecutadas y terceros relacionados con los últimos, y

V. Buena fe y lealtad procesal. Es responsabilidad de las partes, ejecutante y ejecutada, cumplir y lograr la ejecución de la sentencia o convenio judicial, por lo que su participación debe entenderse en el sentido de cumplir con la vigilancia y postulación del procedimiento, así como garantizar el cumplimiento de la misma con dignidad para todas las personas, sin dilación en la impartición de justicia.

Artículo 981. En el procedimiento de ejecución de sentencia, de las resoluciones judiciales o la tramitación de cualquier incidente relacionado con las mismas, no se requerirá notificación personal, salvo que la ejecución se solicite después de tres meses que la sentencia definitiva o convenio judicial cause ejecutoria o se trate del emplazamiento de una tercería. Lo anterior, salvo la materia familiar, en la que la autoridad jurisdiccional proveerá lo necesario en relación con las notificaciones personales en dichos supuestos.

Las tercerías en etapa de ejecución de sentencia y aquellos que la autoridad jurisdiccional estime necesario, se notificarán personalmente a las partes, a través del correo electrónico que hayan designado en autos, o en su defecto, por cualquier medio de comunicación judicial de los previstos en el presente Código Nacional.

Artículo 982. Procede la vía de apremio a instancia de parte, siempre que se trate de la ejecución de una sentencia o de un convenio celebrado en juicio o en virtud de pacto comisorio expreso que obre en escritura pública, ya sea por las partes o por terceros que hayan venido a juicio.

Esta disposición será aplicable en la ejecución de convenios celebrados ante la Procuraduría Federal del Consumidor, la Procuraduría Social y las Instituciones homólogas de la Entidad Federativa de que se trate con las atribuciones respectivas, así como los laudos emitidos por dichas Instituciones.

La ejecución de convenios emanados del procedimiento de mediación ante los Centros de Justicia Alternativa, de Mediación Comunitaria, Estatales o Municipales, los realizados a través de Mediadores Públicos o Privados certificados, que cumplan previamente con los requisitos previstos en la Ley de cada Entidad Federativa, los celebrados ante los Juzgados Cívicos o sus homólogos tratándose de daños culposos causados con motivo de tránsito de vehículos.

Artículo 983. La ejecución de sentencias definitivas que hayan causado ejecutoria, se hará por la autoridad jurisdiccional que conoció del procedimiento en la primera instancia o por aquella que la Ley Orgánica respectiva determine.

La ejecución de las resoluciones firmes que resuelvan un incidente queda a cargo de la autoridad jurisdiccional que conozca del principal, según corresponda.

La ejecución de los convenios celebrados en juicio se hará por la autoridad jurisdiccional que conozca del asunto en que tuvieron lugar; pero no procede en la vía de apremio, si no consta judicialmente en autos.

Las sentencias pronunciadas sobre derechos reales e inmuebles en una Entidad Federativa serán ejecutadas en las demás y por la Federación por la autoridad jurisdiccional facultada para ello de conformidad con las leyes del lugar de la ejecución.

Artículo 984. Las transacciones o los convenios que se celebren en segunda instancia, serán ejecutados por la autoridad jurisdiccional que resolvió en la primera instancia, debiendo la autoridad jurisdiccional de segunda instancia enviar los autos y copia certificada del convenio respectivo dentro de los tres días siguientes a que se celebró y aprobó.

Artículo 985. La sentencia ejecutoriada que pronuncie la autoridad jurisdiccional de segunda instancia no requerirá notificación personal alguna a las partes.

Artículo 986. La ejecución de las sentencias arbitrales, los laudos, los convenios de mediación o transacción extrajudiciales y los celebrados ante las autoridades administrativas correspondientes, se hará por la autoridad jurisdiccional designada por las partes o, en su defecto, por la del lugar del procedimiento o la de la ubicación de los bienes objeto de ejecución a elección de la parte ejecutante.

Artículo 987. La ejecución de las sentencias y convenios en la vía ejecutiva, se efectuará conforme a las reglas generales del juicio ejecutivo civil oral por la autoridad jurisdiccional que resolvió el asunto.

Artículo 988. Las sentencias definitivas, interlocutorias y los convenios judiciales deberán señalar un plazo razonable para su cumplimiento; en caso de ausencia de dicho plazo, la persona ejecutada contará con el término improrrogable de diez días, una vez que la resolución judicial de que se trate quede firme, mismo que correrá a partir del día siguiente en que surta efectos su notificación.

Artículo 989. Una vez que la sentencia definitiva, sentencia interlocutoria ejecutoriada o convenio judicial, se encuentre firme, y transcurrido el plazo concedido para su cumplimiento voluntario, sin que éste se haya realizado, la parte que pretenda ejecutar, podrá solicitar a la autoridad jurisdiccional, la celebración de la audiencia de cumplimiento. Admitida la solicitud, se señalará fecha y hora para su celebración dentro de los siguientes diez días.

En los demás casos que proceda la vía de apremio será siempre a instancia de parte interesada el inicio del procedimiento. En estos casos deberá notificarse personalmente a las partes involucradas el inicio del procedimiento y los demás casos que la autoridad jurisdiccional lo considere necesario.

Artículo 990. En materia familiar, sólo en aquellos casos que dadas las especiales particularidades de los efectos de la sentencia ejecutoriada y cuando la autoridad jurisdiccional considere viable la celebración de la audiencia de cumplimiento, se ordenará la misma. En los demás casos, transcurrido el plazo para su cumplimiento voluntario, se procederá a su inmediata ejecución forzosa, sin necesidad de notificación personal a las partes, salvo que la autoridad jurisdiccional así lo decrete.

Artículo 991. Tratándose de prestaciones económicas sin cuantificar, en la audiencia de cumplimiento las partes podrán realizar adicionalmente las propuestas para efecto de su liquidación; quienes además podrán acordar el plazo, forma y modo para su cumplimiento.

Cuando las partes no alcancen un acuerdo sobre la forma, plazo, cuantía o modo de cumplimiento de la sentencia ejecutoriada, se dará por concluida la etapa, y, sin mayor trámite, la autoridad jurisdiccional procederá a ordenar la ejecución forzosa de la sentencia de la que se trate, dictando auto de mandamiento en forma.

Artículo 992. La ejecución de una sentencia definitiva, interlocutoria o convenio judicial podrá iniciarse en la misma audiencia de juicio, concluida la explicación del fallo, siempre que haya comparecido la parte que resultó vencida y se conforme con la misma. La persona ejecutada en ese mismo acto podrá proponer un acuerdo de cumplimiento a la persona que venció, sin que este acuerdo, pueda alterar, modificar o novar el fondo de los puntos resolutivos de la sentencia, salvo en los asuntos del orden familiar y la autoridad jurisdiccional así lo apruebe.

Artículo 993. Cuando se pida la ejecución de una sentencia ejecutoriada, la autoridad jurisdiccional señalará fecha única e indiferible en el plazo de diez días para la celebración de la audiencia de cumplimiento que contará con las siguientes etapas:

I. La etapa de cumplimiento voluntario, y

II. La etapa de ejecución forzosa.

La audiencia se desarrollará de acuerdo a las siguientes reglas:

I. Declarada la apertura de la audiencia de cumplimiento de sentencia ejecutoriada, se iniciará con los acuerdos sobre el cumplimiento voluntario de la sentencia. El funcionario judicial que asista a la autoridad jurisdiccional, identificará a las partes y les tomará la protesta de ley. Seguidamente dará lectura a los puntos resolutivos de la sentencia ejecutoriada de que se trate. En caso de hacerse constar la incomparecencia de la parte demandada desde el inicio de la audiencia, se decretará precluidos sus derechos y se iniciará de inmediato la ejecución forzosa de la sentencia;

II. Agotada la lectura a que se refiere la fracción anterior, la persona ejecutada propondrá a la persona ejecutante una propuesta de cumplimiento voluntario de la sentencia. Enseguida, la persona ejecutante manifestará su conformidad, o bien, propondrá a la persona ejecutada una nueva contra propuesta, quien manifestará la conformidad o no con la misma. Las partes podrán hacer cuantas propuestas y contra propuestas que consideren oportunas con el objeto de llegar a un acuerdo de cumplimiento y siempre que no entrañen dilaciones procesales a consideración de cualquiera de las partes o de la autoridad jurisdiccional;

III. De llegar a un acuerdo sobre el cumplimiento voluntario, la autoridad jurisdiccional, verificará que sea conforme a derecho, respetando los derechos humanos de todos los participantes y que el mismo no provoque o modifique de manera sustancial el fallo que se ejecuta, salvo en materia familiar;

IV. De no llegarse a un acuerdo entre las partes en esta audiencia, se declarará cerrada la etapa de cumplimiento voluntario y, sin mayor trámite se procederá a la apertura de la etapa de ejecución forzosa de la sentencia, procediendo el órgano jurisdiccional a pronunciar auto de mandamiento en forma en contra del ejecutado;

V. Asimismo, en el caso de que existan prestaciones económicas por cuantificar o liquidar o alguna otra condición que no haya hecho exigible la prestación condenada desde la sentencia, las partes podrán llevar sus propuestas de cuantificación para que consensen acuerdo al respecto.

Cuando no se logre ningún acuerdo, en esta etapa, se dará por concluida la etapa de cumplimiento voluntario y se iniciará la ejecución forzosa de la sentencia ejecutoriada, procediendo el órgano jurisdiccional a pronunciar auto de mandamiento en forma en contra del ejecutado por las prestaciones líquidas y se dejarán a salvo los derechos de las partes para que en la vía y forma cuantifiquen las prestaciones pendientes;

VI. En la etapa de ejecución forzada de la sentencia, las partes podrán igualmente intentar llegar a acuerdos sobre la forma de fijar el valor de los bienes en caso de remate, designación de perito único, forma de desocupación, compensaciones y el perdón o quita de algunas prestaciones económicas condenadas, para facilitar la pronta ejecución, los que en su caso serán aprobados por la autoridad jurisdiccional.

De encontrarse el ejecutado o no llegar a algún acuerdo las partes, se emitirá únicamente auto de mandamiento en forma en contra del ejecutado;

VII. Abierta la etapa de ejecución forzada de la sentencia, las partes podrán hacer valer en forma oral, el incidente de liquidación de aquellas prestaciones que la sentencia no tenga cuantificadas de conformidad con las reglas previstas en este Código Nacional.

De no estar presente alguna de las partes, el incidente de liquidación siempre se deberá presentar por escrito, observando las disposiciones aplicables en materia de incidentes previstas en el presente Código Nacional, y

VIII. En la audiencia de cumplimiento no serán admisibles promociones o peticiones por escrito, y las resoluciones judiciales no serán impugnables, salvo que el presente Código Nacional disponga lo contrario.

Artículo 994. Transcurrido el plazo para el cumplimiento voluntario y dictado el auto de mandamiento en forma, si la sentencia condenare al pago de cantidad líquida, se procederá siempre, y sin necesidad de previo requerimiento personal a la persona condenada, se procederá al embargo de bienes en los términos previstos en el presente Código Nacional.

El embargo de bienes, en ejecución de sentencia, sólo puede tener lugar para garantizar el pago de las prestaciones condenadas, así como el pago de daños y perjuicios.

En el caso de procedimientos emplazados por edictos y el ejecutado se encuentre en rebeldía, el embargo se trabará en la sede del órgano jurisdiccional que resultó competente para el trámite y resolución del asunto, debiendo notificarse dicho acto procesal mediante edictos, que se publicarán por una única ocasión en el medio que determine la autoridad jurisdiccional, con los apercibimientos respectivos.

Iniciada la ejecución forzosa de la sentencia ejecutoriada, los actos que requieran notificación personal del ejecutado, se efectuarán en el correo electrónico designado para tal efecto, a falta de correo electrónico o domicilio para oír y recibir notificaciones, le surtirán efectos las mismas, mediante su publicación en el medio de comunicación judicial que ordene la autoridad jurisdiccional.

Artículo 995. Transcurrido el plazo otorgado en el acuerdo respectivo para el cumplimiento de la sentencia, sin haberse cumplido, se procederá al embargo de cantidad cierta y determinada.

En todo caso en que, para despachar ejecución, sea necesario practicar previamente una liquidación de la sentencia, se efectuará ésta por el procedimiento incidental.

Artículo 996. Si los bienes embargados fueren dinero, sueldos, pensiones o créditos realizables en el acto, como efectos de comercio o acciones de compañías que se coticen en la Bolsa Mexicana de Valores, se hará el pago a la persona acreedora inmediatamente después del embargo. Los efectos de comercio y acciones, bonos o títulos de pronta realización, se mandarán vender por conducto de Corredor Público o por la Institución autorizada, a costa de la persona obligada.

Cuando la persona deudora consignare la cantidad reclamada, se suspenderá el embargo y la cantidad se consignará mediante billete de depósito. Si la cantidad consignada no fuere suficiente para cubrir la deuda principal y demás condenas accesorias, se practicará el embargo por lo que falte.

Artículo 997. Si los bienes embargados precautoriamente no estuvieren valuados anteriormente o no se define en audiencia de cumplimiento su valor por acuerdo de ambas partes, se ordenará el avalúo y en su caso, la venta en almoneda pública, en los términos previstos por este Código Nacional.

Sin perjuicio por lo dispuesto en las normas fiscales, no se requiere avalúo cuando el precio conste en instrumento público o se haya fijado por consentimiento de las personas interesadas o se determine por otros medios el precio de los bienes, según las estipulaciones del contrato base de la controversia, a menos que en el curso del tiempo o por mejoras, hubiere variado el precio; el que se fijará sobre el valor objetivo y razonable del mismo, por la autoridad jurisdiccional a través de un único perito valuador.

Cuando la persona ejecutada no hubiere hecho el nombramiento en ejecución de sentencia de perito valuador, se realizará el mismo a través del perito designado por la autoridad jurisdiccional, dentro de aquellos que se encuentren autorizados por el Poder Judicial que corresponda, a costa de la parte ejecutada.

Artículo 998. Del precio del remate, se pagará a la persona ejecutante el importe de su crédito y se cubrirán los gastos de ejecución que hayan sido probados.

Artículo 999. Si la sentencia contuviere condena al pago de cantidad líquida y de otra ilíquida, podrá hacerse efectiva la primera, sin esperar a que se liquide la segunda.

Artículo 1000. Si la sentencia no contiene cantidad líquida, cualquiera de las partes podrá cuantificarla por escrito o en forma oral al promover su liquidación. Si se promueve fuera de la audiencia, se dará un plazo de tres días para que se conteste el incidente, señalándose fecha para audiencia de cumplimiento en cuanto las pruebas admitidas estén preparadas, misma en la que se resolverá. Esta resolución será apelable en el efecto devolutivo.

En el caso de que para la cuantificación se requiera de alguna pericial se ofrecerá en el momento de que se promueva o conteste, la que seguirá el trámite de ofrecimiento, preparación y desahogo en los términos previstos en el presente Código Nacional.

Artículo 1001. Cuando la sentencia hubiere condenado al pago de daños y perjuicios sin fijar su importe en cantidad líquida, habiéndose establecido o no en aquélla las bases para la liquidación, la persona que haya obtenido a su favor el fallo, presentará con la solicitud oral o escrita, en relación de los daños y perjuicios y de su importe, observándose lo dispuesto en este Código Nacional.

Lo mismo se practicará cuando la cantidad ilíquida proceda de frutos, rentas o productos de cualquier clase.

Artículo 1002. Si la sentencia condena a la ejecución de un hecho o prestación de algún bien, la autoridad jurisdiccional señalará al que fue condenado a un plazo prudente para el cumplimiento. Si pasado el plazo el obligado no cumpliere, se observarán las reglas siguientes, dentro o fuera de audiencia de cumplimiento en ejecución de sentencia:

I. Si el hecho fuere personal del obligado y no pudiere prestarse por otro, el ejecutante podrá reclamar el pago de daños y perjuicios a juicio de peritos, salvo que se hubiera condenado al pago de alguna pena, caso en el cuál por ésta, se despachará ejecución;

II. Si el hecho pudiere prestarse por otro, la autoridad jurisdiccional nombrará a la persona o personas que lo ejecuten a costa del obligado en el término que le fije. La persona nombrada podrá solicitar, antes de realizar los trabajos, se le asegure el importe fijado por acuerdo entre ellos, o en su defecto, a juicio de perito oficial, pidiendo de ser necesario se despache auto de ejecución para tal efecto, y

III. Si el hecho consiste en el otorgamiento de algún instrumento o la celebración de un acto jurídico, la autoridad jurisdiccional lo ejecutará por el obligado, expresándose en el documento que se otorgó en rebeldía.

En el caso de que el documento consista en una escritura pública, se pondrán los autos a disposición de la Notaria o el Notario Público que designe la parte en cuyo favor se dictó la sentencia y mediante notificación que surta sus efectos a través de la publicación en el medio de comunicación judicial oficial, se hará del conocimiento de la parte condenada, su deber de comparecer ante la Notaría, a cumplir con su obligación de firmar la escritura que se elabore en estricto cumplimiento a la sentencia condenatoria, lo que deberá hacer dentro del término de cinco días a partir de que la Notaria o el Notario Público le informe que está listo el proyecto respectivo, apercibido que de no hacerlo lo hará la autoridad jurisdiccional en su rebeldía.

Artículo 1003. En el instrumento público, que se otorgue conforme a lo señalado en el artículo anterior, se hará constar que se otorga en ejecución de la sentencia emitida en juicio.

Las actuaciones judiciales que deberán relacionarse, insertarse o agregarse en copias certificadas, al apéndice en la escritura serán, al menos las siguientes:

I. Las cláusulas del contrato que se formaliza o acto jurídico del que emana dicha obligación;

II. La demanda, el emplazamiento y su contestación o la declaración de rebeldía;

III. La sentencia que haya resuelto el fondo del asunto y, en su caso, del auto que la declara firme o del convenio judicial y el auto de aprobación que lo eleve a categoría de sentencia ejecutoriada;

IV. El proveído que ordene poner a disposición de la Notaria o Notario Público los autos para el otorgamiento de escritura respectiva en el cual consta, además, la notificación a las partes de dicho hecho, y

V. El auto de la autoridad jurisdiccional por el que, al no haber comparecido a la firma correspondiente, se otorga la escritura sin su comparecencia.

La Notaria o el Notario Público, una vez que se haya otorgado el instrumento deberá informar a la autoridad jurisdiccional, el número, libro y fecha que corresponda al mismo y, en su caso, devolverá el expediente puesto a su disposición. En caso de requerimiento, la Notaria o el Notario Público, informará de la situación que guarda el expediente que le haya sido turnado.

La autoridad jurisdiccional contará con un plazo máximo de diez días hábiles para emitir mediante proveído las observaciones que estime pertinentes. En caso de requerimiento, la Notaria o el Notario Público, contará con el mismo plazo para su atención.

De no existir observaciones o una vez realizadas las indicadas, la autoridad jurisdiccional firmará la escritura en rebeldía de la parte condenada.

Las resoluciones judiciales que se emitan con relación a las actuaciones que se deben insertar en la escritura y sus aclaraciones, serán irrecurribles.

Artículo 1004. Si la parte ejecutante optare, en cualquiera de los casos enumerados en el artículo anterior, por el resarcimiento de daños y perjuicios, se procederá a embargar bienes de la persona deudora por la cantidad que aquella señale y que la autoridad jurisdiccional podrá moderar prudentemente, sin perjuicio de que la persona deudora reclame sobre el monto.

Esta reclamación se substanciará como el incidente de liquidación de sentencia, misma que será susceptible de apelación.

Artículo 1005. Cuando se trate de sentencia que condene a no hacer, su ejecución consistirá en notificar, al sentenciado, que a partir del cumplimiento del término que en ella misma se señale, o del que, en su defecto, le fije la autoridad jurisdiccional prudentemente, se abstenga de hacer lo que se le prohíba. Lo mismo se observará cuando la obligación de no hacer constar en cualquier otro título que motive ejecución.

Artículo 1006. Tratándose de arrendamiento, en caso de que el arrendatario, en la contestación de la demanda, confiese o se allane a la misma, siempre y cuando esté y se mantenga al corriente en el pago de las rentas, la autoridad jurisdiccional concederá un plazo de tres meses, fijado prudentemente, para la desocupación del inmueble. Cuando la demanda se funde exclusivamente en el pago de rentas este beneficio será de tres meses, siempre y cuando exhiba las rentas adeudadas y se mantenga al corriente en el pago de las mismas. Estos plazos podrán modificarse por acuerdo de ambas partes en la audiencia de cumplimiento.

Artículo 1007. En cualquier otro caso en que se despache ejecución, mandará la autoridad jurisdiccional que se requiera a la persona deudora, para que, en el acto de la diligencia, cubra las prestaciones reclamadas y que, en caso de no hacerlo, si no hubiere bienes embargados afectos al cumplimiento de la obligación, o los que hubiere no fuesen suficientes, se le embarguen los que basten para satisfacer la reclamación.

En el mismo auto a que se refiere el párrafo anterior, se mandará prevenir a las partes que, dentro de tres días, nombre cada una un perito valuador o en su caso, un perito único designado por la autoridad jurisdiccional.

Artículo 1008. Cuando la ejecución tenga por objeto bienes determinados, y, al tratar de llevarse a efecto, resultare que ya no existe, que el deudor la ha ocultado o simplemente no aparece, el ejecutante puede reclamar su valor, intereses y daños y perjuicios, por las cantidades que específicamente fije, y por ellas se despachará ejecución, substanciándose la oposición, en su caso, por el procedimiento incidental, cuya resolución será apelable en el efecto devolutivo.

Artículo 1009. Si el o los bienes se hallan en poder de un tercero, la ejecución no podrá despacharse en su contra, sino en los casos siguientes:

I. Cuando la ejecución se funde en acción real, y

II. Cuando judicialmente se haya declarado nula la enajenación por la que adquirió el tercero.

Artículo 1010. Cuando, en una ejecución, se afecten intereses de terceros que no tengan, con el ejecutante o el ejecutado, alguna controversia que pueda influir sobre los intereses de éstos y en virtud de los cuales se ha ordenado la ejecución, tanto el ejecutante como el ejecutado son solidariamente responsables de los daños y perjuicios que con ella se causen al tercero, y la oposición de éste se resolverá por el procedimiento incidental.

Cuando se demuestre que sólo una de las partes ha sido responsable de la ejecución en bienes del tercero, cesa la solidaridad, condenando sólo al responsable.

Artículo 1011. Cuando la sentencia condene a rendir cuentas, la autoridad jurisdiccional señalará un término de cinco días a la persona obligada, para que se rindan, e indicará también a quién se deban de rendir.

Artículo 1012. La persona obligada, en el término que se le fije, y que no se prorrogará sino por una sola vez y por causa grave, rendirá su cuenta presentando los documentos que tenga en su poder y que la persona acreedora tenga en el suyo y que debe presentar poniéndolos a la disposición de la persona deudora en la secretaría de la autoridad jurisdiccional de que se trate.

Las cuentas deben de contener un preámbulo que contenga la exposición sucinta de los hechos que dieron lugar a la gestión y la resolución judicial que ordena la rendición de cuentas, la indicación de las sumas recibidas y gastadas y el balance de las entradas y salidas, acompañándose de los documentos justificativos, como recibos, comprobantes de gastos y demás.

Artículo 1013. Si la persona deudora presenta sus cuentas en el término señalado, quedarán éstas por tres días a la vista de las partes en el órgano jurisdiccional, y dentro del mismo tiempo presentarán sus objeciones, determinando las partidas no consentidas.

El incidente de impugnación de algunas partidas no impide que se despache ejecución a solicitud de parte, respecto de aquellas cantidades que confiese tener en su poder la persona deudora, sin perjuicio de que se substancien las oposiciones a las partidas objetadas.

Artículo 1014. Si la persona obligada no rindiere cuentas en el plazo que se le señaló, puede la persona acreedora pedir que se despache ejecución contra la persona deudora, si durante el juicio comprobó que ésta tuviera ingresos por la cantidad que estos importaron. La persona obligada puede contradecir el monto de la ejecución, substanciándose el incidente en la misma forma a que se refiere el artículo anterior.

En el mismo caso podrá la persona acreedora pedir a la autoridad jurisdiccional que, en lugar de ejecutar a la persona obligada, preste el hecho un tercero que la propia autoridad jurisdiccional nombre al efecto con cargo al deudor.

Artículo 1015. Cuando la sentencia condene a dividir un bien común y no presente las bases para ello, en la audiencia de cumplimiento se convocará al ejecutante y al ejecutado, para que en presencia judicial determinen las bases de la partición y si no se pusieren de acuerdo, la autoridad jurisdiccional designará a un perito en la materia y señalará a éste el término prudente para que presente el proyecto partitorio.

Presentado el plan de partición, quedará en la secretaría a la vista de los interesados por tres días hábiles para que formulen las objeciones dentro de ese mismo tiempo y de las que se correrá traslado al partidor, y se substanciarán en la misma forma de los incidentes de liquidación de sentencia. La autoridad jurisdiccional, al resolver oralmente, mandará hacer las adjudicaciones.

Artículo 1016. Si la sentencia condena a no hacer, su infracción se resolverá en el pago de daños y perjuicios a la persona actora, quien tendrá el derecho de señalarlos para que por ello se despache ejecución, sin perjuicio de la pena que señale en la sentencia o convenio judicial.

Artículo 1017. Cuando en virtud de la sentencia o de la determinación de la autoridad jurisdiccional deba entregarse algún bien mueble o inmueble, se procederá inmediatamente a poner en posesión de éste a la parte ejecutante o a la persona en quien se fincó el remate aprobado, practicando para este fin todas las diligencias conducentes que solicite la persona interesada.

Si el bien fuere mueble y pudiere ser habido, se le mandará entregar a la persona ejecutante o interesada, que indique la resolución. Si la persona obligada se resistiere, lo hará el actuario, notificador, ejecutor o su homólogo, quien podrá mandar romper las cerraduras y en los casos que se requiera emplear el uso de la fuerza pública.

En caso de no poderse entregar los bienes muebles señalados en la sentencia, se despachará la ejecución por la cantidad que señale la parte interesada y sin perjuicio de que se oponga la persona deudora en la vía incidental al monto señalado.

Igualmente, en los casos que la autoridad jurisdiccional ordene la legal intervención de instituciones de gobierno, éstas deberán brindar el auxilio necesario y sin dilaciones a los efectos de la realización del desalojo.

En la resolución judicial respectiva, se deberá ordenar que, en caso de uso de la fuerza pública, éste será el necesario, razonable y proporcional en la diligencia de desalojo. En la solicitud para la práctica de dicha diligencia, el ejecutante deberá solicitar la autorización judicial de aquellas personas que intervendrán en el desalojo, debiendo identificarlas de forma individual y quienes solo facilitarán el traslado de bienes muebles del interior al exterior del inmueble o mudanza respectiva.

El ejecutante y el ejecutado, serán responsables de los daños y perjuicios ocasionados con motivo de actos realizados por ellos u otras personas que intervengan en el desalojo legal, por actos de exceso y oposición al mismo.

La autoridad jurisdiccional desde que reciba la demanda e identifique la posibilidad de un desalojo legal, garantizará la igualdad de las partes y ordenará las medidas de protección, ajustes razonables, sistemas de apoyo, y demás determinaciones para el debido cumplimiento de la sentencia o convenio sin menoscabo de los derechos humanos de las partes.

La diligencia podrá ser videograbada por servidor público judicial que intervenga.

Artículo 1018. Cuando la sentencia ejecutoriada ordene la entrega de personas, la autoridad jurisdiccional dictará de inmediato los decretos para su debido cumplimiento, contra dicha resolución no procede recurso ordinario alguno.

Además de las medidas de apremio previstas en este Código Nacional, la autoridad jurisdiccional podrá dictar las siguientes:

I. Orden de búsqueda dentro del domicilio en el que se presuma se encuentra la persona que se pretenda restituir, que precise en su caso el rompimiento de cerraduras y el auxilio de la fuerza pública en estricto apego a los requisitos y formalidades previstas en la Constitución Política de los Estados Unidos Mexicanos y los tratados internacionales en la materia;

II. Retención de pasaporte de la persona que se busca, y

III. Solicitud de activación del Protocolo Nacional Alerta AMBER México, en su caso.

Artículo 1019. Todos los gastos y costas que se originen en la ejecución de una sentencia serán a cargo de la persona que fue condenada en ella.

Artículo 1020. La petición para exigir la ejecución de una sentencia, transacción o convenio judiciales podrá ser ejercitada dentro de los siguientes plazos:

I. Tres años en juicios ejecutivos orales, diversos especiales en materia civil y derivados de convenios de mediación y extrajudiciales referidos en este Código Nacional, salvo que la ley especial de donde surja el convenio prevea un plazo diverso;

II. Cinco años para los juicios ordinarios orales civiles;

III. Diez años para el resto de las sentencias dictadas en diversos juicios, incluida la materia familiar, y

IV. En los demás casos, en los plazos que el presente Código Nacional establezca.

Artículo 1021. Los términos fijados en el artículo anterior, se contarán desde la fecha de la sentencia o convenio, a no ser que en ellos se fije el plazo para el cumplimiento de la obligación, en cuyo caso el término se contará desde el día en que se venció el plazo o desde que pudo exigirse la última prestación vencida si se tratare de prestaciones periódicas.

Sólo la última resolución dictada en ejecución forzosa de una sentencia admitirá el recurso de apelación en el efecto devolutivo.

Artículo 1022. Contra la ejecución de las sentencias, convenios judiciales, extrajudiciales y de mediación que alcancen categoría de cosa juzgada, no se admitirá más excepción que la de pago, transacción, compensación, compromiso en árbitros, novación, la espera, la quita, y cualquier otro arreglo que modifique la obligación.

Todas estas excepciones, sin comprender la de falsedad, deberán ser posteriores a la sentencia, convenio o juicio, y constar por instrumento público o por documento privado judicialmente reconocido, o por confesión judicial en la audiencia de cumplimiento.

Estas excepciones se substanciarán en la audiencia de cumplimiento de sentencia, con suspensión de la ejecución únicamente cuando se sustente en la prueba documental antes señalada.

Artículo 1023. Todo lo que en este Capítulo se dispone respecto de la sentencia, comprende el pacto comisorio expreso, transacciones, convenios, laudos y aquellos que ponen fin a los juicios arbitrales, convenios judiciales y aquellos a que se refiere el artículo 471 de este Código Nacional.

CAPÍTULO III
DEL EMBARGO

Artículo 1024. En los casos que así proceda, en la audiencia de cumplimiento la autoridad jurisdiccional decretará oralmente o por escrito el auto de ejecución, el cual tendrá fuerza de mandamiento en forma, para el efecto de que se requiera a la persona deudora el cumplimiento de la obligación respectiva y no verificándolo en el acto, se proceda a embargar bienes suficientes a garantizar el importe de lo que se reclama.

Cuando la parte ejecutada no acuda a la audiencia de cumplimiento, el ejecutor judicial, en compañía del ejecutante, requerirá en el domicilio de la persona deudora el cumplimiento de la obligación y no verificándolo éste en el acto, se procederá a embargar bienes suficientes para cubrir las prestaciones condenadas en la sentencia ejecutoriada, o bien, las demandadas, si se tratare de juicio ejecutivo.

Si el demandado, en el acto del requerimiento, cumple la obligación, ya no se efectuará el embargo.

Artículo 1025. No es necesario el requerimiento de pago en la ejecución del embargo precautorio, ni en la ejecución de sentencias cuando no fuere hallado el ejecutado.

Cuando el embargo recaiga sobre bienes muebles, se podrá efectuar sobre aquellos que el ejecutor judicial tenga a la vista y sean susceptibles de plena identificación, especificando en el acta respectiva las características específicas de los mismos.

Para el caso de no tener a la vista los bienes, a petición del interesado, la autoridad jurisdiccional prestará auxilio para el perfeccionamiento del embargo.

Artículo 1026. Decretado el embargo, si la persona deudora no fuere encontrada en su domicilio, para hacerle el requerimiento de pago, se le dejará citatorio para que espere a hora fija del día siguiente hábil y si no espera, se practicará la diligencia con la persona que se encuentre en el mismo, o a falta de ésta, con el vecino inmediato.

Cuando se encontrare cerrado el domicilio, o se impidiere el acceso al mismo, el ejecutor judicial requerirá el auxilio de la fuerza pública, para hacer respetar la determinación judicial, y hará que, en su caso, sean rotas las cerraduras, para poder practicar el embargo de bienes que se hallen dentro de dicho domicilio.

No verificado el pago, sea que la diligencia se haya o no entendido con el ejecutado, se procederá al embargo de bienes, en el mismo domicilio del demandado o en el lugar en que se encuentren los bienes que han de embargarse.

Artículo 1027. Tratándose de juicio ejecutivo, si la persona deudora, no fuere encontrada en su domicilio por una vez, se le dejará citatorio para hora fija dentro de las veinticuatro horas siguientes y si no espera, se practicará la diligencia con cualquier persona que se encuentre en el domicilio.

Si no se supiere el paradero de la persona deudora, ni tuviere domicilio en el lugar, se hará el requerimiento por tres días consecutivos en el medio de comunicación judicial, se fijará la cédula en los lugares públicos de costumbre y surtirá sus efectos dentro de tres días, salvo el derecho de la persona actora para pedir providencia precautoria.

Verificado de cualquiera de los modos indicados el requerimiento, se procederá en seguida al embargo.

Artículo 1028. Para el caso que no se conociere el paradero de la persona deudora, una vez que se hayan llevado a cabo las diligencias a que se refiere el artículo 199 del presente Código Nacional, se hará la citación a través de la publicación en el medio de comunicación judicial por tres días consecutivos, el cual surtirá sus efectos dentro de tres días. Transcurridos los tres días el embargo se ejecutará, según el caso, en una audiencia especial ante la autoridad jurisdiccional respectiva.

En el caso que la persona ejecutada se encuentre en la audiencia de cumplimiento y la autoridad jurisdiccional ordene auto de mandamiento, en el acto se procederá al requerimiento del pago y en caso de negativa, se procederá al embargo de bienes que resulte procedente conforme a las reglas previstas en el presente Capítulo.

Artículo 1029. El derecho de designar los bienes que han de embargarse corresponde a la persona deudora; y sólo que ésta se rehúse a hacerlo o que esté ausente o desaparecido, deberá ejercerlo la persona actora o su representante legal con facultad expresa para ello, o bien manifestar que se reserva el derecho para hacerlo con posterioridad. El orden que debe guardarse para los embargos es el siguiente:

I. Los bienes consignados como garantía de la obligación que se reclama;
II. Dinero;
III. Créditos realizables en el acto;
IV. Alhajas;
V. Frutos y rentas de toda especie;
VI. Bienes muebles no comprendidos en las fracciones anteriores;
VII. Bienes inmuebles;
VIII. Créditos, y
IX. Sueldos o comisiones.

Artículo 1030. La designación de embargo sobre créditos o cuentas bancarias de la persona deudora sólo procede respecto de las que existen al momento de la ejecución, y bastará que se haga en forma genérica, para que se trabe el embargo y se perfeccione posteriormente por la parte a cuyo favor se haga la ejecución, con el auxilio judicial acerca de informes que rindan terceros, quienes estarán en todo caso obligados a proporcionar los números de cuenta o crédito que permitan su identificación.

En el caso de que el ejecutante se reserve el derecho a señalar bienes, no será motivo para dar nueva oportunidad al ejecutado de señalar.

Cualquier dificultad suscitada en la diligencia no impedirá el embargo; el ejecutor judicial la allanará prudentemente, a reserva de lo que determine la autoridad jurisdiccional.

En caso de que se pretenda ejecutar deudas de carácter alimentario, la prelación establecida en el artículo 819 del presente Código Nacional no será necesaria.

Artículo 1031. La persona ejecutante puede señalar los bienes que han de ser objeto de embargo, sin sujetarse al orden establecido por el artículo anterior:

I. Si para hacerlo estuviere autorizado por la persona obligada en virtud de convenio expreso;
II. Si los bienes que señala la persona demandada no fueron bastantes o si no se sujeta al orden establecido, o
III. Si los bienes estuvieren en diversos lugares. Pudiendo señalar los que se hallen en el lugar del juicio.

Artículo 1032. El embargo sólo procede y subsiste en cuanto a los bienes que fueron objeto de él, basten para cubrir lo condenado en la resolución judicial de que se trate la suerte principal, intereses, costas, gastos y daños y perjuicios, en su caso, incluyéndose los nuevos vencimientos y réditos hasta la conclusión del procedimiento.

Artículo 1033. Cuando practicado el remate de los bienes consignados en garantía, no alcanzare su producto para cubrir la reclamación, la persona acreedora puede pedir el embargo de otros bienes.

Artículo 1034. Podrá pedirse la ampliación de embargo:

I. En cualquier caso, en que, a juicio de la autoridad jurisdiccional, no basten los bienes embargados para cubrir lo condenado en la resolución judicial de que se trate;

II. Si el bien mueble embargado que se sacó a remate dejare de cubrir el importe de lo reclamado a consecuencia de las retasas que sufriere o si transcurrido seis meses de la remisión, no se hubiere obtenido su venta;

III. Cuando no se embarguen bienes suficientes por no tenerlos la persona deudora y después aparezcan o los adquiera;

IV. En los casos que se promueva una tercería, conforme a lo dispuesto en este Código Nacional, y

V. En los casos en los que después de emplazarse a todas las personas demandadas, transcurran seis meses sin que haya resuelto en definitiva el juicio debido a medios de defensa promovidos por el presunto ejecutado.

Artículo 1035. La ampliación del embargo se seguirá sin suspensión de la sección de ejecución.

Artículo 1036. De todo embargo se tendrá como persona depositaria o interventor, según la naturaleza de los bienes que sean objeto de éste, a la persona o institución, que bajo su responsabilidad nombre la persona acreedora, pudiendo ser ella misma o la persona deudora, mediante formal inventario.

En dichos casos la persona deberá identificarse, señalar domicilio para la guarda y custodia de los bienes dentro de la competencia territorial de la autoridad jurisdiccional, así como protestar y aceptar el cargo en la diligencia respectiva; requisitos sin los cuales no se le tendrá por designado.

El depositario o interventor recibirán los bienes bajo inventario formal, previa aceptación y protesta de desempeñar el cargo. De igual manera, responderán de los daños y perjuicios que pudieran causarse por su negligencia o mala fe, con motivo del depósito o por el incumplimiento de cualquier mandato que determine sobre el destino de los bienes secuestrados.

Se exceptúan de lo dispuesto en este precepto:

I. El embargo de dinero o de créditos fácilmente realizables que se efectúa en virtud de sentencia, porque entonces se hace entrega inmediata a la persona actora en pago; en cualquier otro caso, el depósito se hará en billete o certificado respectivo que se conservará en el seguro del juzgado;

II. El embargo de bienes que han sido objeto de embargo judicial anterior, en cuyo caso este depositario lo será respecto de todos los embargos subsecuentes mientras subsista el primero, a no ser que el reembargo sea por virtud de juicio hipotecario, derecho de prenda u otro privilegio real; porque entonces éste prevalecerá si el crédito de que procede es de fecha anterior al primer embargo, y

III. El embargo de alhajas, obras de arte y demás bienes muebles o inmuebles preciosos que se hará depositándolos en el Monte de Piedad o Institución designada para ello, a costa de la persona deudora.

Artículo 1037. Cuando se justifique que los bienes que se trate de embargar están sujetos a depósito o intervención con motivo de embargo judicial anterior, en caso de reembargo no se nombrará nuevo depositario o interventor, sino que el nombrado con anterioridad lo será para todos los reembargos subsecuentes, mientras subsista el primer embargo, y se pondrá en conocimiento de las autoridades jurisdiccionales que ordenaron los anteriores aseguramientos.

Cuando se remueva al depositario, se comunicará el nuevo nombramiento a las autoridades jurisdiccionales que practicaron los ulteriores embargos, para que procedan conforme a derecho.

Artículo 1038. Cuando por cualquier motivo, quede insubsistente el primer embargo, la autoridad jurisdiccional que lo haya dictado lo comunicará así al que le siga en orden, para que, ante él, se haga el nombramiento de nuevo depositario; pero la autoridad jurisdiccional que dictó dicho primer embargo no cancelará, por esta razón, las garantías otorgadas, hasta que apruebe la gestión del depositario que nombró, y lo declare libre de toda responsabilidad, y hasta que el que le siga en orden le comunique que ante él se otorgaron las que exige la ley. Además, deberá estar concluida toda cuestión relativa a la entrega de los bienes al nuevo depositario.

La autoridad jurisdiccional cuyo embargo quede en primer término, lo comunicará, así a los ulteriores, con expresión de todos los requisitos que, ante ésta, llenó el nuevo depositario.

Artículo 1039. No son susceptibles de embargo:

I. Los bienes que constituyan el patrimonio de familia desde su inscripción en el Registro Público de la Propiedad, Oficina Registral o cualquier otra Institución Registral análoga según la Entidad Federativa de la que se trate, en los términos establecidos por el Código Civil;

II. El lecho cotidiano, los vestidos y los muebles de uso ordinario de la persona deudora, su cónyuge o sus hijos, siempre que no se trate de artículos de lujo;

III. Los instrumentos, aparatos y útiles necesarios para el arte u oficio a que la persona deudora esté dedicada;

IV. La maquinaria, instrumentos y animales propios para el cultivo agrícola, en cuanto fueren necesarios para el servicio de la finca a que estén destinados a juicio de la autoridad jurisdiccional, a cuyo efecto oirá el informe de un perito nombrado por ella a costa de la persona deudora;

V. Los libros, aparatos, instrumentos y útiles de las personas que ejerzan o se dediquen al estudio de profesiones liberales;

VI. Las armas que los militares en servicio activo usen, indispensables para éste, conforme a las Leyes relativas;

VII. Los efectos, maquinaria e instrumentos propios para el fomento y giro de las negociaciones mercantiles e industriales, en cuanto fueren necesarios para su servicio y movimiento, a juicio de la autoridad jurisdiccional, a cuyo efecto oirá el dictamen de un perito nombrado por ella, cuyos honorarios correrán a costa de la persona deudora, pero podrán ser intervenidos juntamente con la negociación a que estén destinados;

VIII. Las mieses, antes de ser cosechadas, pero no los derechos sobre las siembras;

IX. El derecho de usufructo, pero no los frutos de éste;

X. Los derechos de uso y habitación;

XI. Las servidumbres, a no ser que se embargue el fundo a cuyo favor están constituidas, excepto la de aguas, que es embargable independientemente;

XII. La renta vitalicia, en los términos establecidos en los artículos relativos del Código Civil;

XIII. Los sueldos y el salario de las personas trabajadoras, en los términos que establece la Ley; siempre que no se trate de deudas alimenticias o responsabilidad proveniente de delito;

XIV. Las asignaciones de las personas pensionistas del erario;

XV. Los ejidos de los pueblos y la parcela individual que en su fraccionamiento haya correspondido a cada persona ejidataria, y

XVI. Los demás bienes exceptuados por disposición de las leyes.

Artículo 1040. La persona deudora sujeta a patria potestad o tutela, la que estuviere físicamente impedida para trabajar y la que sin culpa carezca de diversos bienes o de profesión u oficio, tendrán alimentos que la autoridad jurisdiccional fijará, sólo cuando existan bienes que produzcan frutos, de entre los que se encuentran garantizando la obligación y hasta en tanto salgan del patrimonio del titular, momento en que cesarán los alimentos, siempre atendiendo a la importancia de la demanda y de los bienes y las circunstancias de la persona demandada.

Artículo 1041. Todo embargo de bienes inmuebles o derechos reales sobre bienes inmuebles, se inscribirá en el Registro Público de la Propiedad, Oficina Registral o cualquier otra Institución Registral análoga de la Entidad Federativa de la que se trate, expidiéndose para tal efecto por duplicado, copia certificada de la diligencia o del acta mínima de la audiencia, y cuando se trate de juicios ejecutivos; de la diligencia de embargo, uno de los ejemplares, después del registro, se agregará a los autos y el otro quedará en la oficina de registro.

El embargo de títulos valor se puede realizar aun cuando no se tengan a la vista, y se tomará nota de él en el registro que corresponda, conforme al procedimiento establecido en el párrafo anterior.

Artículo 1042. Una vez trabado el embargo no puede el ejecutado alterar en forma alguna el bien embargado, ni contratar el uso del mismo, si no es con autorización judicial, que se otorgará oyendo al ejecutante. Registrado que sea el embargo, toda transmisión de derechos respecto de los bienes sobre los que se haya trabado, no altera de manera alguna la situación jurídica de los mismos en relación con el derecho del embargante de obtener el pago de su crédito con el producto del remate de esos bienes, derecho que se surtirá en contra de tercero con la misma amplitud y en los mismos términos que se surtiría en contra del embargado, si no se hubiese operado la transmisión.

Artículo 1043. Cuando se aseguren créditos, el embargo se reducirá a notificar a la persona deudora o a quien deba pagarlos, que no verifique el pago, sino que retenga la cantidad o cantidades correspondientes a disposición del juzgado, apercibida de doble pago en caso de desobediencia; y a la persona acreedora contra quien se haya dictado el embargo, que no disponga de esos créditos, bajo las penas que señala el Código Penal aplicable.

Si llegare a asegurarse el título mismo del crédito, se nombrará una persona depositaria que lo conserve en guarda, quien tendrá obligación de hacer todo lo necesario para que no se altere ni menoscabe el derecho que el título represente, y de intentar todas las acciones y recursos que la ley conceda para hacer efectivo el crédito, quedando sujeto, además a las obligaciones que impone el Código Civil.

Si se tratare de títulos a la orden o al portador, el embargo sólo podrá practicarse mediante la aprehensión de los mismos.

Si el crédito fuere pagado en su totalidad, se depositará su importe en la institución de crédito respectiva y el billete de depósito se guardará en la caja del juzgado que se trate y, desde ese momento, cesará en sus funciones el depositario nombrado.

Artículo 1044. Si los créditos a que se refiere el artículo anterior fueren derechos litigiosos, la providencia de embargo se notificará a la autoridad jurisdiccional de los autos respectivos, dándole a conocer a la persona depositaria nombrada a fin de que ésta pueda sin obstáculo alguno desempeñar las obligaciones que corresponda.

Artículo 1045. Cuando el embargo recaiga sobre el dinero efectivo o alhajas, el depósito se hará en una institución de crédito, y, donde no haya esta institución, en casa comercial de crédito reconocida. En este caso, el billete de depósito se guardará en la caja del juzgado que se trate, y no se recogerá lo depositado sino en virtud de orden escrita de la autoridad jurisdiccional de los autos.

Artículo 1046. Una vez recaído el embargo sobre bienes muebles que no sean dinero, alhajas, ni créditos, la persona depositaria que se nombre sólo tendrá el carácter de simple custodia de los objetos puestos a su cuidado, los que conservará a disposición de la autoridad jurisdiccional respectiva. Si los muebles fueren fructíferos, rendirá cuentas en los términos de este Código Nacional.

Artículo 1047. La persona depositaria, en el caso del artículo anterior, pondrá en conocimiento de la autoridad jurisdiccional el lugar en que quede constituido el depósito y recabará de ésta la autorización para hacer, en caso necesario, los gastos razonables de almacenaje y conservación. Los gastos de almacenaje serán a cargo de la persona deudora.

Si no pudiere, la persona depositaria, hacer los gastos que demande el depósito, pondrá esta circunstancia en conocimiento de la autoridad jurisdiccional, para que ésta, oyendo a las partes en una audiencia, que se efectuará dentro de tres días siguientes, decrete el modo de hacer los gastos, según en la audiencia se acordare o, en caso de no haber acuerdo, imponiendo esa obligación al que obtuvo la providencia del embargo.

Artículo 1048. Si los muebles depositados fueren bienes fungibles, la persona depositaria tendrá, además, la obligación de imponerse del precio observado en el comercio de los efectos confiados a su guarda, a fin de que, si encuentra ocasión favorable para la venta, lo ponga desde luego, en conocimiento de la autoridad jurisdiccional, con objeto que ésta determine lo que fuere conveniente, en una audiencia en que oirá al depositario y a las partes, si asistieren, y que se efectuará, a más tardar, dentro de los tres días siguientes.

Los bienes podrán depositarse en un almacén general de depósito cuyo costo será a cargo de la persona deudora.

Artículo 1049. Cuando hubiere inminente peligro de que los bienes fungibles se pierdan o inutilicen, entre tanto que se cita y efectúa la audiencia a que se refiere el artículo anterior, el depositario está obligado a venderlas al mejor precio observado en el comercio, rindiendo, a la autoridad jurisdiccional, cuenta con pago.

Artículo 1050. Si los muebles depositados fueren bienes fáciles de deteriorarse o demeritarse, la persona depositaria deberá examinar frecuentemente su estado y poner en conocimiento de la autoridad jurisdiccional el deterioro o demérito que en ellos observe o tema fundadamente que sobrevenga, a fin de que ésta dicte las medidas conducentes para evitar el daño, o acuerde su venta con las mejores condiciones, en vista de los precios observados en el comercio y del demérito que hayan sufrido o estén expuestos a sufrir los objetos secuestrados.

Artículo 1051. Si el embargo recayere en finca urbana y sus rentas o sobre éstas solamente, la persona depositaria tendrá el carácter de administradora, con las facultades y deberes siguientes:

I. Podrá contratar los arrendamientos fijando una renta a precio de mercado, procurando que las rentas no sean menores a las que estuvieron vigentes al tiempo de verificarse el embargo. Exigirá para asegurar el arrendamiento las garantías de estilo, bajo su responsabilidad, si no quiere aceptar ésta, recabará la autorización judicial;

II. Recaudará las pensiones que por arrendamiento rinda la finca, en sus términos y plazos; procediendo, en su caso, contra las personas inquilinas morosas, con arreglo a la ley;

III. Efectuará, sin previa autorización los gastos ordinarios de la finca, como el pago de contribuciones y los de mera conservación, servicio y aseo, no siendo excesivo su monto, cuyos gastos incluirá en la cuenta mensual que presentará a la autoridad jurisdiccional y serán a cargo de la persona deudora;

IV. Pagará los impuestos que corresponda por el arrendamiento en forma oportuna, y de no hacerlo así, serán de su responsabilidad los daños y perjuicios que su omisión origine;

V. Para hacer los gastos de reparación o de construcción ocurrirá a la autoridad jurisdiccional solicitando la autorización para ello, y acompañando, al efecto, los presupuestos respectivos, y

VI. Pagará, previa autorización judicial, los réditos de gravámenes reconocidos sobre la finca.

Artículo 1052. Para el efecto que se refiere en la fracción I del artículo anterior del presente Código Nacional, si ignorare la persona depositaria cuál era el importe de la renta al tiempo de practicarse el embargo, recabará dictamen pericial y solicitará la correspondiente autorización judicial para tal efecto.

Pedida la autorización a que se refiere la fracción V del mismo artículo 1051 del presente Código Nacional, la autoridad jurisdiccional citará a una audiencia que se verificará dentro de tres días siguientes para que las partes, en vista de los documentos que se acompañan, resuelvan de común acuerdo, si se autoriza o no el gasto. Si no se logra el acuerdo, y la persona depositaria o alguna de las partes insiste en la necesidad de la reparación, conservación o construcción, la autoridad jurisdiccional resolverá, autorizando o no el gasto, como lo estime conveniente. Contra dicha resolución no procede recurso alguno.

Artículo 1053. Cuando se embarguen bienes que estuvieren arrendados o alquilados, se notificará, a los arrendatarios, que, en lo sucesivo, deben pagar las rentas o alquileres a la persona depositaria nombrada, apercibidos de doble pago, si no lo hicieren así.

Al hacerse la notificación, se dejará, en poder del inquilino, cédula en que se insertará el auto respectivo. Si, en el acto de la diligencia o dentro del día siguiente de causar estado la notificación, el inquilino o arrendatario manifestare haber hecho algún anticipo de rentas o alquileres, deberá acreditarlo al hacer su manifestación, con los recibos del arrendador. De lo contrario, no se tomará en cuenta, y quedará obligado en los términos anteriores.

Artículo 1054. Si el embargo se efectúa en una finca rústica o en una negociación mercantil o industrial, la persona depositaria será interventora con cargo a la caja, vigilando la contabilidad y todas las operaciones que se efectúen, pudiendo oponerse incidentalmente a la realización de cualquier acto que perjudique a los intereses de la persona ejecutante y tendrá las siguientes atribuciones:

I. Dentro de los diez días siguientes a la fecha en que haya tomado posesión de su cargo, realizara una descripción de todos los bienes muebles e inmuebles, títulos valor, géneros de comercio y derechos de cualquier otra especie, conforme al valor que la propia contabilidad de la negociación les fije, elaborando, asimismo, un balance que muestre la situación financiera de la negociación a fin de que produzcan el mejor rendimiento posible, con los cuales dará cuenta a la autoridad jurisdiccional y vigilará:

a) En las fincas rústicas, la recolección de los frutos y su venta;

b) Las compras y ventas de las negociaciones mercantiles, recogiendo, bajo su responsabilidad el numerario y efectos de comercio para hacerlos efectivos en su vencimiento;

c) La compra de materia prima, su elaboración y la venta de los productos, en las negociaciones industriales, recogiendo el numerario y efectos de comercio para hacerlos efectivos en su vencimiento;

II. Ministrará los fondos para los gastos de la negociación o finca rústica y cuidará que la inversión de esos fondos se haga convenientemente;

III. Depositará mediante billete de depósito el dinero que resultare sobrante, después de cubiertos los gastos necesarios y ordinarios a disposición del juzgado;

IV. Las medidas necesarias para evitar abusos y malos manejos de las personas administradoras, dando cuenta a la autoridad jurisdiccional para su ratificación y para que determine lo conducente para remediar en su caso, la mala administración, y

V. La persona administradora designada deberá acreditar, conjuntamente al aceptar y protestar el cargo, tener conocimiento y experiencia para ejercer el cargo, así como acreditar contar con bienes inmuebles suficientes o exhibir una garantía o fianza que cubra los daños y perjuicios, para así asegurar el debido ejercicio del cargo. Sin ese requisito no se le tendrá por designado y no se le pondrá en posesión del cargo.

Artículo 1055. Si en el cumplimiento de los deberes que el artículo anterior impone a la persona interventora, ésta encontrare que la administración no se hace convenientemente, o puede perjudicar los derechos de la persona que pidió y obtuvo el embargo, lo pondrá en conocimiento de la autoridad jurisdiccional, para que, oyendo a las partes y a la persona interventora, determine lo conveniente. Contra dicha resolución no procede recurso alguno.

Artículo 1056. Si la persona interventora al efectuar la valoración de los bienes muebles e inmuebles, incluyendo los efectos, maquinaria e instrumentos propios para el fomento y giro de las negociaciones mercantiles o industriales, así como de los títulos valor, géneros de comercio y derechos de cualquier otra especie, encuentra que alguno o algunos de ellos son suficientes para cubrir el adeudo, lo hará del conocimiento de la autoridad jurisdiccional, para que ésta autorice su venta, a valor de mercado, debiendo tomar nota del valor de venta en la contabilidad de la negociación y el que arroje el juicio de perito único adscrito y designado por la autoridad jurisdiccional, siempre y cuando los bienes de que se trate no fueren necesarios para el servicio y movimiento de aquellas, a juicio de la autoridad jurisdiccional.

En caso de que el producto de la venta cubra el monto total de la condena y los gastos que correspondan, terminará la designación del interventor con cargo a la caja.

Artículo 1057. Las personas que tengan administración o intervención presentarán a la autoridad jurisdiccional cada mes, una cuenta de los esquilmos y demás frutos de la finca, y de los gastos erogados, con todos los comprobantes respectivos, en cuyo caso las partes tendrán derecho de controvertir en la vía incidental.

Artículo 1058. La autoridad jurisdiccional en la vía incidental aprobará o no, la cuenta mensual y determinará los fondos que deban quedar para los gastos necesarios, mandando depositar el sobrante líquido. Los incidentes relativos al depósito y a las cuentas, se seguirán de conformidad con las disposiciones previstas en el presente Código Nacional.

Artículo 1059. Será removida la persona depositaria en los siguientes casos:

I. Si dejare de rendir cuenta mensual o la presentada no fuere aprobada;

II. Cuando no haya manifestado su domicilio o el cambio de ésta;

III. Cuando tratándose de bienes muebles, no pusiere en conocimiento de la autoridad jurisdiccional, dentro de los tres días que sigan a la entrega, el lugar en donde quede constituido el depósito, y

IV. Cuando actúe con dolo, negligencia o mala fe con motivo del depósito o por el incumplimiento de cualquier mandato que determine sobre el destino de los bienes secuestrados.

Si la persona removida fuere la persona deudora, la persona ejecutante nombrará nuevo depositario. Si lo fuere la persona acreedora o la persona por él nombrada, la nueva elección se hará por la autoridad jurisdiccional, de conformidad con las disposiciones previstas en el presente Capítulo. Contra dicha resolución no procede recurso alguno.

La persona depositaria responderá de los daños y perjuicios causados en caso de negligencia o mala fe.

Artículo 1060. La persona depositaria y la persona actora, cuando ésta la hubiere nombrado, serán responsables solidariamente de los bienes.

Artículo 1061. Cuando hubiere cambio de la persona depositaria, se prevendrá, a quien tuviere los bienes, que haga entrega de ellos, dentro de los tres días siguientes al que fuere nombrado, con el apercibimiento de que, de no hacerlo, se hará uso inmediato de la fuerza pública. Si el plazo indicado no bastare para concluir la entrega, la autoridad jurisdiccional podrá ampliarlo.

Artículo 1062. Las personas depositarias e interventoras percibirán por honorarios los que señale el arancel autorizado por la Ley Orgánica o legislación correspondiente de cada Entidad Federativa.

Artículo 1063. Los incidentes de liquidación de sentencia, rendición de cuentas y determinación de daños y perjuicios, así como cualquier audiencia, solicitud o trámite para la ejecución de la sentencia, se harán de la manera más sencilla y accesible, sin mayor formalidad que las dispuestas en este Código Nacional. Lo anterior resulta aplicable tratándose de la fijación de acuerdos siempre que no vulneren disposiciones de orden público y social, o derechos de terceros.

En todos los casos se procurará dar trámite y resolver dentro del sistema de audiencias, conforme a los principios del juicio oral.

Artículo 1064. Las disposiciones de este Capítulo resultan aplicables a todos los casos de embargo judicial, salvo aquéllos en que este Código Nacional disponga expresamente otra cosa.

CAPÍTULO IV
DEL REMATE EN SUBASTA PÚBLICA

Artículo 1065. Toda venta que legalmente deba practicarse en subasta o almoneda pública, se sujetará a las disposiciones contenidas en este Capítulo, salvo en los casos en que el presente Código Nacional disponga expresamente lo contrario.

Artículo 1066. Todo remate de bienes inmuebles o muebles será público y deberá celebrarse en la sede de la autoridad jurisdiccional que fuere competente para la ejecución.

Las reglas contenidas en este Capítulo serán aplicables para los semovientes y créditos en lo que resulte aplicable.

Artículo 1067. Una vez inscrito el embargo sobre el bien inmueble de que se trate, exhibido el certificado de gravamen y notificados los acreedores o terceros que del mismo se desprendan, dentro del término común de diez días que establezca la autoridad jurisdiccional, la parte ejecutora, parte ejecutada, personas acreedoras y terceros tendrán derecho de exhibir avalúo de los bienes inmuebles, mismo que deberá ser realizado por corredor público, institución de crédito o perito valuador autorizado por el Consejo de la Judicatura, los cuales en ningún caso podrán tener el carácter de parte o de persona interesada en el juicio.

Artículo 1068. En el caso de bienes inmuebles el valuador deberá considerar en su dictamen las características físicas, económicas, plusvalía, contexto y zona sociodemográfica en la que se encuentra el inmueble, el precio del mercado inmobiliario y todo aquel otro elemento que sirva para determinar el valor comercial del mismo.

Cuando la parte ejecutada no hubiere designado perito valuador en el plazo legal o el juicio se siga en su rebeldía, la autoridad jurisdiccional lo designará en su rebeldía, nombrado de la lista de peritos autorizados por el Consejo de la Judicatura respectivo, cuyos honorarios serán cubiertos por la parte ejecutada.

Artículo 1069. En el supuesto de que ninguna de las partes exhiba el avalúo dentro del plazo señalado, cualquiera de ellas podrá presentarlo posteriormente. A partir de que se presente el primero, las demás partes tendrán un término común de diez días para exhibir el suyo.

Artículo 1070. Si todas las partes exhibieren los avalúos y el valor referido en ellos no coincide, se tomará como base para el remate el promedio de entre el más alto y más bajo, siempre que no exista un veinte por ciento de diferencia entre ellos. En caso de que la diferencia supere ese porcentaje, la autoridad jurisdiccional ordenará se practique un nuevo avalúo para determinar el valor, nombrando perito valuador de la lista autorizada por el Consejo de la Judicatura respectivo, cuyos honorarios serán cubiertos por ambas partes.

Artículo 1071. El avalúo practicado tendrá vigencia de un año. Durante la primera subasta deberá estar vigente el avalúo practicado. Si entre ésta y las subsecuentes mediará un término mayor de seis meses, se deberán actualizar los valores.

Artículo 1072. Tratándose de remate de bienes inmuebles, se deberá exhibir certificado que consigne la existencia de gravámenes, emitido no mayor a seis meses por autoridad registral competente.

Artículo 1073. Si del certificado aparecieren gravámenes, se procederá a notificar de forma personal el estado de ejecución a las personas acreedoras o quienes a su favor existan derechos para que intervengan en el avalúo y subasta de los bienes, si así lo deciden.

Artículo 1074. Las personas acreedoras o aquellas cuyo gravamen este a su favor, tendrán las siguientes facultades:

I. Intervenir en el acto del remate y hacer las observaciones a la autoridad jurisdiccional que estimen pertinentes para garantizar sus derechos. Lo anterior no implicará que se suspenda el procedimiento de remate;

II. En su caso, apelar el auto de aprobación del remate, y

III. Una vez notificado, nombrar a su costa perito valuador que podrá con los nombrados por las partes, practicar el correspondiente avalúo. No podrá ejercer este derecho después de transcurrido el término común y practicado el avalúo por los peritos de las partes o el tercero en discordia o el designado por la autoridad jurisdiccional, ni cuando la valorización se haga por otros medios.

Artículo 1075. Cuando el monto líquido total de la condena sea igual o superior al valor de los bienes valuados y del certificado en el que se hagan constar los gravámenes, no aparecieren otras personas acreedoras, la parte ejecutante podrá optar por la adjudicación directa de los bienes. Contra la resolución que adjudica de forma directa al ejecutante, procede el recurso de apelación en ambos efectos.

La persona acreedora o alguna otra tercera a quien se adjudique el bien, de forma directa o en subasta pública, reconocerá, a las personas acreedoras hipotecarias anteriores, sus créditos, hasta donde baste a cubrir el precio de adjudicación, para pagárselos al vencimiento de sus escrituras.

Artículo 1076. Una vez determinado el valor de los bienes inmuebles, la autoridad jurisdiccional deberá cerciorarse que los datos de identificación de los mismos asentados en el acta de embargo coincidan con aquellos contenidos en el certificado en el que se hace constar los gravámenes, así como con los datos de identificación en el avalúo. Tratándose de juicios que en autos conste los títulos de propiedad de los bienes, la autoridad jurisdiccional deberá hacer la misma identificación señalada en el párrafo anterior. Una vez realizada la identificación, se podrá ordenar la publicación de edictos para anunciar la subasta pública.

Artículo 1077. De existir diferencias en los datos de identificación de los inmuebles a rematar, la autoridad jurisdiccional lo hará del conocimiento a las partes, a efecto de que éstas aporten los elementos necesarios para subsanar cualquier diferencia previa a la subasta pública.

Artículo 1078. El remate deberá realizarse dentro de los veinte días siguientes a la fecha de publicación del anuncio de su celebración; pero en ningún caso mediarán menos de cinco días entre la publicación del último edicto y la subasta.

La subasta pública deberá anunciarse por edicto una sola ocasión en el medio de comunicación procesal oficial y a través de los medios electrónicos del Poder Judicial respectivo, así como en los de la Tesorería de cada Entidad Federativa, debiendo mediar entre la publicación y la fecha de remate cuando menos cinco días hábiles.

Tratándose de remates del interés de la Federación, deberá anunciarse la subasta pública ante el Instituto de la Administración y Avalúos de Bienes Nacionales.

Si los bienes estuvieren ubicados en diversas jurisdicciones, en todas ellas se publicarán los edictos privilegiando los medios electrónicos correspondientes, o aquellos que considere a juicio de la autoridad jurisdiccional.

Artículo 1079. Antes de aprobarse la subasta, podrá la persona deudora librar sus bienes pagando lo condenado a través de la exhibición de certificado de depósito por la cantidad que prudentemente califique la autoridad jurisdiccional, para garantizar el pago de las costas, si hubiere condena a ello. Después de aprobada la subasta, no podrá ser revocada por la propia autoridad jurisdiccional. La resolución que apruebe o desapruebe un remate podrá ser apelable en el efecto devolutivo.

Artículo 1080. Si los bienes inmuebles estuvieren situados en otra Entidad Federativa distinta al del lugar de la ejecución, en todos ellos se publicarán los edictos en los sitios de costumbre y en las puertas de los tribunales respectivos.

En tales casos, se ampliará el plazo para la celebración de la subasta, concediéndose un día más por cada doscientos kilómetros o por una fracción que exceda de la mitad, y se calculará para designar el día de la subasta, la distancia mayor a que se hallen los bienes. La autoridad jurisdiccional además de los medios de publicidad mencionados, podrá utilizar algún otro para convocar postores.

Artículo 1081. Postura legal es la que cubre las dos terceras partes del valor determinado para los bienes en subasta, con el objeto de que la cantidad de la parte de contado, sea suficiente para pagar el monto del crédito o créditos de lo sentenciado.

Cuando por el importe del valor fijado a los bienes, no sea suficiente la parte de contado para cubrir lo sentenciado, será postura legal las dos terceras partes del avalúo, dadas al contado.

Artículo 1082. Las posturas se formularán por escrito, salvo que los Consejos de la Judicatura establezcan otros mecanismos para ello expresando, la misma parte postora o su representante con facultades para ello, lo siguiente:

I. El nombre, capacidad legal y domicilio de la parte postora;

II. La cantidad que se ofrezca por los bienes;

III. La cantidad que se otorgue de contado, y los términos en que se haya de pagar el resto;

IV. El interés que deba causar la suma que se quede reconociendo, el que no puede ser menor del nueve por ciento anual;

V. La exhibición del billete de depósito que consigne el diez por ciento del valor de los bienes sujetos a la subasta, y

VI. La sumisión expresa a la autoridad jurisdiccional que conozca del negocio, para que haga cumplir el contrato.

En caso de que una postura no cumpla con los anteriores requisitos, la autoridad jurisdiccional le requerirá al postor que satisfaga los omitidos, que deberán ser subsanados dentro del día siguiente, y en caso de que ese día se celebre la subasta, deberá realizarse antes de su inicio, caso contrario, se tendrá por no hecha la postura.

Artículo 1083. Las posturas que ofrezcan de contado solo una parte del precio, deberán exhibir en el remate el diez por ciento en numerario o billete de depósito a favor de la autoridad jurisdiccional ante la cual se lleva la subasta, y la cantidad que adeude será garantizada con primera hipoteca o prenda, expresando, al formular su postura, los bienes que quedarán sujetos al gravamen respectivo.

Al concluir la subasta, la autoridad jurisdiccional ordenará al postor en quien se finque el remate, la exhibición del diez por ciento que quedará como garantía del cumplimiento de su obligación, misma que se mandará depositar en términos del presente Código Nacional. Las exhibiciones de las personas postoras que no se les fincaron los bienes, les serán devueltas en ese acto.

Artículo 1084. Cuando el importe de las posturas y mejoras en el precio de subasta se ofrezcan de contado, debe exhibirse en numerario o billete de depósito a favor de la autoridad jurisdiccional que realiza la subasta; y, fincado el bien en favor del postor que hubiere hecho la exhibición, se procederá en los términos de la parte final del artículo anterior.

Artículo 1085. La parte ejecutante podrá formar parte en la subasta y mejorar las posturas de las pujas que se hicieren, sin necesidad de consignar el depósito prevenido en el artículo anterior.

Cuando la parte ejecutante haga postura, la garantía o la exhibición de contado, en su caso, se limitará al exceso de la postura, sobre el importe de lo sentenciado.

Artículo 1086. La persona postora no puede rematar para un tercero, sino con poder y cláusula especial, quedando prohibido hacer postura, reservándose la facultad de declarar después, el nombre de la persona para quien se hizo.

Artículo 1087. Desde que se anuncie el remate y durante éste, se pondrán de manifiesto los planos que hubiere y estarán a la vista los avalúos.

Artículo 1088. La autoridad jurisdiccional revisará minuciosamente el expediente antes de iniciar la subasta, y decidirá de plano cualquier cuestión que se suscite durante la misma. Las resoluciones que dicte durante la subasta serán irrecurribles.

Artículo 1089. En la hora prevista el día de la subasta, la autoridad jurisdiccional, de forma personal, pasará lista de las partes postoras presentadas, y concederá diez minutos para admitir a las nuevas personas postoras que se presenten. Concluido el plazo, la autoridad jurisdiccional declarará que procederá a subastar los bienes y no podrá admitir nuevos participantes. Enseguida revisará las propuestas presentadas, desechando, desde luego, las que no tengan postura legal y las que no estuvieren acompañadas del billete de depósito a que se refiere el presente Capítulo del Código Nacional.

Artículo 1090. Calificadas de buenas las posturas, la autoridad jurisdiccional las leerá en voz alta por sí misma, para que las partes postoras presentes puedan mejorarlas. Si hay varias posturas legales, la autoridad jurisdiccional decidirá cuál es la preferente.

Hecha la declaración de la postura considerada preferente, la autoridad jurisdiccional preguntará si alguno de los licitadores la mejora inmediatamente, contando del uno al tres en un término no mayor a los treinta segundos, sin necesidad de certificación. En caso de que alguna persona mejore la postura antes de llegar al conteo señalado, interrogará de nuevo si algún postor puja la mejora, realizando un nuevo conteo en igual tiempo y forma y, así, sucesivamente, con respecto a las pujas que se hagan y mejoren el precio del remate. En cualquier momento en que, transcurrido el término antes señalado, después de hacer la pregunta correspondiente, no se mejorare la última postura o puja, declarará la autoridad jurisdiccional fincado el remate en favor del postor que hubiere hecho aquélla y lo aprobará en su caso.

En caso de que la autoridad jurisdiccional lo considere necesario podrá decretar un receso razonable que no excederá de treinta minutos para analizar las pujas, previo a la aprobación y fincar el remate.

La resolución que apruebe o desapruebe el remate será apelable en el efecto devolutivo, sin que proceda recurso alguno en contra de las resoluciones que se dicten durante el procedimiento de remate.

Artículo 1091. Una vez ejecutada la subasta, si restan cantidades exigibles por cuantificar que sean pendientes de cumplimiento en la resolución judicial que se ejecuta, cualquiera de las partes podrá promover incidente de liquidación.

Antes de fincado el remate, puede el deudor librar sus bienes si paga en el acto lo sentenciado y garantiza el pago de las costas que estén por liquidar.

Artículo 1092. Al declarar aprobada la subasta, mandará la autoridad jurisdiccional, dentro de los tres días siguientes se otorgue a favor de la persona adjudicataria la escritura de adjudicación correspondiente, en los términos de su postura y que se le entreguen los bienes subastados. Para ello corresponderá a la autoridad jurisdiccional la firma de la escritura, sin necesidad de requerir al ejecutado.

La suscripción de la escritura de adjudicación observará el procedimiento prescrito en este Código Nacional. Independientemente de ello, a petición de parte se ordenará la entrega de los bienes rematados.

Artículo 1093. Si el postor no cumpliere sus obligaciones, ya porque se negare a otorgar la garantía ofrecida, ya porque, extendida la escritura correspondiente, en su caso, se negare a firmarla en el término legal, la autoridad jurisdiccional, cerciorándose de estas circunstancias declarará sin efecto el remate, para citar, nuevamente, a la misma almoneda, y el postor perderá el diez por ciento exhibido, el que se aplicará, por vía de indemnización, al ejecutado, manteniéndose en depósito para los efectos del pago al ejecutante, hasta concluir los procedimientos de ejecución.

Artículo 1094. No habiendo parte postora, quedará al arbitrio de la parte ejecutante pedir en el momento de la subasta que se le adjudiquen los bienes por el precio del avalúo que sirvió de base para el remate o que se saquen de nuevo a subasta pública sin rebaja en el precio.

Esta segunda subasta se anunciará y celebrará en igual forma que la anterior.

En caso de liquidación de sociedad conyugal o herencias, no operará la rebaja en el precio fijado a los bienes, al no constituir un crédito pendiente de pago.

Artículo 1095. Si en la segunda subasta tampoco hubiere personas licitadoras, la persona actora podrá pedir o la adjudicación por el precio que sirvió de base para la segunda subasta o, que se le entreguen en administración los bienes para aplicar sus productos al pago del capital, los intereses y de las costas.

Artículo 1096. Si la parte ejecutante no está de acuerdo con ninguno de los dos medios expresados en el artículo que precede, podrá pedir que se celebre una tercera subasta, con rebaja del diez por ciento de la tasación.

En este caso, si hubiere parte postora que ofrezca las dos terceras partes del precio con rebaja para la subasta que sirvió de base y que acepte las condiciones de ésta, se fincará el remate, sin más trámites.

Si no llegase a dichas dos terceras partes, con suspensión del fincamiento del remate, se hará saber el precio ofrecido a la parte deudora, para que, en una continuación de la audiencia a celebrarse en los siguientes diez días hábiles, para que haga el pago a la parte acreedora librando los bienes, o presentar persona que mejore la postura, dentro de la referida continuación de audiencia de ejecución.

Si la parte deudora no hizo el pago o no lleva un mejor postor, se aprobará el remate mandando llevar a efecto la venta.

Las personas postoras a que se refiere este artículo cumplirán con el requisito previo del depósito a que se refiere este Código Nacional.

Artículo 1097. Cuando se mejore la postura, la autoridad jurisdiccional, mandará abrir nueva subasta dentro de los siguientes cinco días hábiles, la que se celebrará únicamente entre las dos personas postoras, realizándose las pujas respectivas inmediatamente, conforme a las disposiciones del presente Capítulo y, en su caso, se adjudicará la finca al que hiciere la proposición más ventajosa.

Si la primera persona postora, en vista de la mejora hecha por la segunda, manifestare que renuncia a sus derechos, o no se presentare a la subasta, se fincará en favor de la segunda. Lo mismo se hará con la primera, si la segunda no se presenta a la subasta.

Artículo 1098. Si en la tercera subasta se hiciere postura admisible en cuanto al precio, pero ofreciendo pagar a plazos o alterando alguna otra condición, se hará saber a la persona acreedora, la cual podrá pedir en los cinco días siguientes, la adjudicación de los bienes en las dos tercias partes del precio de la segunda subasta; y si no hace uso de este derecho, se aprobará el remate en los términos ofrecidos por el postor.

Para el caso de que la parte acreedora, el precio desee adjudicarse el bien de que se trate y su crédito condenado no alcance las dos tercias partes del precio del avalúo, podrá formar parte de la subasta y exhibir la diferencia en numerario o billete de depósito con las formalidades exigidas en el presente Capítulo.

Artículo 1099. Cualquier subasta que tenga que hacerse de los gravámenes que afecten a los inmuebles vendidos, gastos de la ejecución y demás, se regulará por la autoridad jurisdiccional en forma incidental.

Artículo 1100. Aprobada la subasta se prevendrá a la persona compradora que consigne ante la propia autoridad jurisdiccional, el precio del remate.

Si la persona compradora no consignare el precio en el plazo que la autoridad jurisdiccional señale, o por su culpa dejare de tener efecto la venta, se procederá a nueva subasta como si no se hubiera celebrado, perdiendo la persona postora el depósito respectivo, que se aplicará por vía de indemnización, por partes iguales, a las partes ejecutante y ejecutada.

Artículo 1101. Consignado el precio y aprobado en definitiva el remate o la adjudicación, se suscribirá la escritura a la persona adquirente ante la Notaria o Notario Público que éste designe, apremiando, en su caso, a la persona deudora para que los entregue, y se pondrán los bienes a disposición del mismo comprador, dándose para ello las órdenes necesarias, aun las de desocupación de fincas habitadas por la persona deudora o terceros que no tuvieren contrato para acreditar el uso, en los términos que fija el Código Civil respectivo de cada Entidad Federativa. Se le dará a conocer como dueño a las personas que él mismo designe.

En todos los casos el ejecutado, es responsable de la evicción.

Artículo 1102. Con el precio se pagará a la persona acreedora hasta donde alcance, y si hubiere costas pendientes que liquidar, se mantendrá en depósito la cantidad que se estime bastante para cubrirlas, hasta que sean aprobadas las que faltaren de pagarse; pero si la persona ejecutante no formula su liquidación dentro de los cinco días de hecho el depósito perderá el derecho de reclamarlas.

El reembargo produce su efecto en lo que resulte líquido del precio del remate, después de pagarse el primer embargante, salvo el caso de preferencia de derechos. La persona reembargante para obtener el remate en caso de que éste no se haya verificado, puede obligar a la primera ejecutante a que continúe su acción.

En la liquidación deberán comprobarse todos los gastos y costas posteriores a la sentencia de remate.

Artículo 1103. Si la parte que se diera de contado o billete de depósito excediere del monto de lo sentenciado, formada y aprobada la liquidación, se entregará la parte restante al ejecutado, si no se hallare retenida a instancia de otro acreedor, observándose, en su caso, las disposiciones del Código Civil respectivo sobre graduación de crédito.

Artículo 1104. Si la ejecución se hubiere despachado a instancia de una segunda persona acreedora hipotecario o de otra persona hipotecaria de ulterior grado, el importe de los créditos hipotecarios preferentes de que responda la finca rematada, se consignará ante el juzgado correspondiente y el resto se entregará sin dilación a la persona ejecutante, si notoriamente fuera inferior a su crédito o lo cubriere.

Si excediere, se le entregarán capital e intereses y las costas líquidas. El remanente quedará a disposición de la persona deudora a no ser que se hubiere retenido judicialmente para el pago de otras deudas.

Artículo 1105. La persona acreedora que se adjudique la cosa soportará los créditos hipotecarios que existan para pagarlos al vencimiento de su escrituración, y entregará a la persona deudora al contado, lo que resulte libre del precio, después de hecho el pago.

Artículo 1106. Cuando se hubiere seguido la vía de apremio en virtud de títulos a la persona portadora con hipoteca inscrita sobre la finca vendida, si existieren otros títulos con igual derecho, se prorrateará entre todo el valor líquido de la venta, entregando a la persona ejecutante lo que le corresponda y depositándose la parte correspondiente a los demás títulos hasta su cancelación.

Artículo 1107. En los casos a que se refieren los artículos 1102 y 1104 de este Código Nacional se cancelarán las inscripciones de las hipotecas a que estuviere afecta la finca vendida, expidiéndose para ello mandamiento, en el que se exprese que el importe de la venta no fue suficiente para cubrir el crédito de la persona ejecutante y, en su caso, haberse consignado el importe del crédito acreedor preferente o el sobrante, si los hubiere, a disposición de las personas interesadas.

En el caso del artículo 1105 de este ordenamiento, si el precio de la venta fuere insuficiente para pagar las hipotecas anteriores y las posteriores, sólo se cancelarán éstas, conforme a lo prevenido en la primera parte de este artículo.

Artículo 1108. Cuando conforme a lo previsto en este Código Nacional, la persona acreedora hubiere optado por la administración de las fincas embargadas, se observará lo siguiente:

I. La autoridad jurisdiccional mandará que se le haga entrega de ellas bajo el correspondiente inventario, y que se le dé a reconocer a las personas que el mismo acreedor designe;

II. La persona acreedora y la persona deudora podrán establecer por acuerdos particulares las condiciones y término de la administración, forma y época de rendir las cuentas. Si así no lo hicieren se entenderá que las fincas han de ser administradas según la costumbre del lugar, debiendo el acreedor rendir cuentas cada seis meses;

III. Si las fincas fueren rústicas podrá la persona deudora intervenir las operaciones de la recolección;

IV. La rendición de cuentas y las diferencias que de ellas surgieren se substanciarán sumariamente;

V. Cuando la persona ejecutante haya hecho pago de su crédito, intereses y costas con el producto de las fincas, volverán éstas a poder de la persona ejecutada, y

VI. La persona acreedora podrá cesar en la administración de la finca cuando lo crea conveniente y pedir se saque de nuevo a pública subasta por el precio que salió a segunda almoneda, y si no hubiere persona postora, que se le adjudique por dos terceras partes de ese valor, en lo que sea necesario para completar el pago, deduciendo lo que hubiere percibido a cuenta.

Artículo 1109. Si en el contrato se ha fijado el precio en que una finca hipotecada haya de ser adjudicada a la persona acreedora sin haberse renunciado la subasta, el remate se hará teniéndose como postura legal la que exceda del precio señalado para la adjudicación, y cubra con el contado lo sentenciado. Si no hubiere postura legal, se llevará a efecto desde luego la adjudicación en el precio convenido, debiéndose observar al efecto lo dispuesto en este Código Nacional.

Artículo 1110. Cuando los bienes, cuyo remate se haya decretado, fueran muebles, se observará lo siguiente:

I. Se efectuará su venta siempre de contado, por medio de corredor o casa de comercio que expenda objetos o mercancías similares, o cualquier otro medio que la autoridad jurisdiccional considere, haciéndole saber, para la busca de personas compradoras el precio fijado por peritos o por convenio de las partes;

II. Si pasados diez días de puestos a la venta no se hubiere logrado ésta, la autoridad jurisdiccional ordenará una rebaja del diez por ciento del valor fijado primitivamente, y, conforme a ella comunicará al corredor o casa de comercio el nuevo precio de venta, y así sucesivamente, cada diez días, hasta obtener la realización;

III. Efectuada la venta, el corredor, casa de comercio o el establecimiento correspondiente, entregará los bienes a la persona compradora, otorgándosele la factura correspondiente, que firmará la persona ejecutada o la autoridad jurisdiccional en su rebeldía;

IV. Después de ordenada la venta, puede la parte ejecutante pedir la adjudicación de los bienes por el precio que tuvieren señalado al tiempo de su petición; eligiendo los que basten para cubrir su crédito, según lo sentenciado;

V. Los gastos de corretaje o comisión serán a cargo de la persona deudora y se deducirán preferentemente del precio de venta que se obtenga, y

VI. En todo lo demás, se estará a las disposiciones de este Capítulo.

CAPÍTULO V
DE LA EJECUCIÓN DE LA SENTENCIA Y DEMÁS RESOLUCIONES DE LAS AUTORIDADES JURISDICCIONALES DE LAS ENTIDADES FEDERATIVAS

Artículo 1111. La autoridad jurisdiccional ejecutora que reciba exhorto con las inserciones necesarias, conforme a derecho para la ejecución de una sentencia u otra resolución judicial, cumplirá con lo que disponga la autoridad jurisdiccional requirente, siempre que lo que haya de ejecutarse no fuere contrario a las Leyes de cada Entidad Federativa.

Artículo 1112. La autoridad jurisdiccional ejecutora no podrá oír ni conocer de excepciones, cuando fueren opuestas por alguna de las partes que litigan ante la autoridad jurisdiccional requirente, salvo el caso de competencia legalmente interpuesta por alguna de las personas interesadas.

Artículo 1113. Si al ejecutar los autos insertos en las requisitorias, se opusiere tercera persona, el órgano jurisdiccional oirá incidentalmente y calificará las excepciones opuestas, conforme a lo siguiente:

I. Cuando la tercera persona que no hubiere sido oído por la autoridad jurisdiccional requirente y poseyere en nombre propio la cosa en que debe ejecutarse la sentencia, no se llevará adelante la ejecución, devolviéndose el exhorto con inserción del auto en que se dictare esa resolución y de las constancias en que se haya fundado, y

II. Si la tercera opositora que se presente ante la autoridad jurisdiccional requerida, no probare que posee con cualquier título traslativo de dominio la cosa sobre que verse la ejecución del auto inserto en la requisitoria, será condenada a satisfacer las costas, daños y perjuicios a quien se los hubiere ocasionado. Contra esta resolución no se dará recurso alguno.

Artículo 1114. Las autoridades jurisdiccionales requeridas deberán ejecutar las sentencias, de conformidad con lo siguiente:

I. Que versen sobre cantidad líquida o cosa determinada individualmente;

II. Que se trataren de derechos reales sobre inmuebles o de bienes muebles ubicados en la Entidad Federativa correspondiente y conforme a las Leyes del lugar;

III. Si tratándose de derechos personales o del estado civil, la persona condenada se sometió expresamente o por razón de domicilio a la justicia que la pronunció, y

IV. Siempre que la parte condenada haya sido emplazada personalmente para ocurrir al juicio.

Artículo 1115. La autoridad jurisdiccional que reciba despacho u orden de su superior para ejecutar cualquier diligencia es mero ejecutor y, en consecuencia, no dará curso a ninguna excepción que opongan los interesados, y se tomará simplemente razón de sus respuestas en el expediente, antes de devolverlo.

LIBRO DÉCIMO
DE LOS PROCESOS DE CARÁCTER INTERNACIONAL

CAPÍTULO I
DE LA COMPETENCIA

Artículo 1116. Los procesos de carácter internacional se regirán por las disposiciones de este Código Nacional y demás leyes aplicables, salvo lo dispuesto en los tratados y convenciones de los que México sea parte.

Artículo 1117. Es autoridad jurisdiccional competente para conocer de los siguientes casos:

I. La del domicilio del demandado;

II. En caso de declaración de ausencia o declaración especial de ausencia por desaparición, la del domicilio del último lugar de residencia habitual del ausente o desaparecido;

III. En caso de restitución de niñas, niños y adolescentes, la del lugar donde se encuentren;

IV. En asuntos de relaciones de filiación, curatela y tutela, la de la residencia habitual de los hijos o pupilos o adolescentes; si el actor es alguno de éstos o su representante, éste también podrá elegir el foro del domicilio del padre, madre o persona tutora;

V. En acciones reales sobre inmuebles o muebles, será la del lugar de la ubicación de los bienes;

VI. La autoridad jurisdiccional mexicana competente para ejecutar una sentencia, laudo o resolución jurisdiccional proveniente del extranjero, será el del domicilio del ejecutado o el del lugar donde se encuentran los bienes sobre los que podrá ejecutarse la sentencia;

VII. Para el discernimiento de personas que pertenezcan a grupos sociales en situación de vulnerabilidad que les impida la emisión clara de su voluntad, es competente la autoridad jurisdiccional del foro de la residencia de éstos y si este no se conociere, el del lugar donde se encuentren;

VIII. Cuando de acuerdo con las reglas del litisconsorcio pasivo necesario debiera ser llamada a juicio una autoridad extranjera ante la cual se celebró el acto materia de la litis, la autoridad jurisdiccional competente será la del lugar donde se encuentra el funcionario o la autoridad demandada;

IX. Para conocer de acciones relativas a obligaciones derivadas del hecho ilícito, la autoridad jurisdiccional competente será la del foro en que se produzca el daño o el acontecimiento del que deriva la acción; salvo que se trate de demandas por responsabilidad por el producto, en cuyo caso, el foro competente será el del domicilio del productor o el lugar de producción del bien, y

X. Para el caso de acciones contra personas jurídicas o sin personalidad jurídica, pero con un patrimonio de afectación identificable, con residencia o ubicación en el extranjero, será competente la autoridad jurisdiccional mexicana si la demandada cuenta con alguna sede o sucursal en territorio mexicano.

Artículo 1118. Son reglas especiales de competencia tratándose de sucesiones en el ámbito internacional, las siguientes:

I. Es competente para conocer de una sucesión, incluida su liquidación y tutela testamentaria, la autoridad jurisdiccional de la última residencia del causante de la misma al momento de su fallecimiento, ausencia o desaparición. Si no hubiera tenido domicilio o se desconociera, lo será la del lugar de la ubicación de los bienes inmuebles, en su defecto, la del lugar del fallecimiento, y

II. Si la persona hubiese tenido domicilio en el territorio nacional y falleció en el extranjero y no se hubiese iniciado en el extranjero la sucesión dentro de los siguientes tres meses a partir de la fecha de su fallecimiento, será competente la autoridad jurisdiccional nacional.

Artículo 1119. Tratándose de sucesiones de personas extranjeras, las autoridades jurisdiccionales y notariales nacionales deberán avisar a la Secretaría de Relaciones Exteriores para todos los efectos legales y consulares a que haya lugar.

Artículo 1120. En el caso de adopción internacional de niñas, niños o adolescentes, la competencia de las autoridades jurisdiccionales se regirá conforme a lo siguiente:

I. Para el otorgamiento de la adopción, la del lugar de la residencia habitual del adoptado;

II. Sobre la nulidad de la adopción, será la del lugar de la residencia habitual del adoptado al momento de la adopción, y

III. Para decidir sobre la conversión de la adopción simple en adopción plena, legitimación adoptiva o figuras afines, a elección del actor, la del lugar de la residencia habitual del adoptado o adoptantes, al momento de la adopción.

Artículo 1121. La competencia de las autoridades nacionales para conocer de asuntos sobre alimentos se regirá por las siguientes disposiciones:

I. A elección del acreedor alimentario, la de su residencia o la del deudor alimentista, o la ubicación de los bienes del deudor alimentista, y

II. Para las acciones de cese o modificación de la pensión alimenticia la que haya conocido de la fijación de ésta, o los de la residencia del acreedor.

Artículo 1122. Para conocer de los efectos del matrimonio o figuras similares, es competente la autoridad jurisdiccional de la residencia o domicilio común; la de la residencia de la persona demandada o la del lugar en que se encuentre, a elección del actor.

En caso de divorcio o semejante, será competente la autoridad jurisdiccional que elijan en común acuerdo las partes y, a falta de acuerdo, el foro del último domicilio común de la pareja o el del actor, cuando éste ya hubiese cumplido en ese lugar seis meses de residencia.

Artículo 1123. Tratándose de foros renunciables es competente el elegido por las partes, siempre y cuando dicha elección se hubiese hecho expresamente y por escrito.

Para efectos de la competencia, un acuerdo exclusivo de elección de competencia que forme parte de un convenio o contrato, deberá ser considerado un acuerdo independiente de las demás cláusulas del mismo, y no podrá ser impugnada por la sola razón de que el resto del convenio o contrato no es válido.

No procede la elección o renuncia previa de la competencia suscrita en los Estados Unidos Mexicanos tratándose de cuestiones alimenticias, capacidad de las personas físicas, responsabilidad extracontractual, derechos reales sobre bienes ubicados en el territorio de los Estados Unidos Mexicanos, validez de las inscripciones en los registros públicos, y demás establecidos en las leyes nacionales.

Artículo 1124. Cualquier autoridad jurisdiccional mexicana suspenderá el procedimiento iniciado y, en su caso, rechazará la demanda que se le hubiese presentado, cuando ante éste se demuestre que el litigio hubiese sido sometido a un acuerdo exclusivo de elección de foro, salvo que concurra alguna de las siguientes circunstancias:

a) El acuerdo de exclusividad sea nulo o no aceptable, en virtud de la ley del lugar donde se encuentra el tribunal elegido.

b) Una de las partes careciera de capacidad para celebrar el acuerdo de elección de foro en virtud de la ley del tribunal al que se ha acudido.

c) Que de dar efecto al acuerdo conduciría a una manifiesta denegación de justicia o violación del equilibrio procesal o sería manifiestamente contrario a principios o instituciones fundamentales del orden público mexicano, en términos del Artículo 15, fracción II del Código Civil Federal.

d) Cuando por causas excepcionales, fuera del control de las partes, el acuerdo no pudiera ser razonablemente ejecutado.

e) Que el tribunal elegido haya resuelto no conocer del litigio.

Artículo 1125. Las autoridades jurisdiccionales nacionales asumirán competencia para resolver un asunto, cuando, al haberse presentado un conflicto competencial internacional negativo de no aceptarla, conduzca a una denegación de justicia.

Artículo 1126. En los casos que una persona goce de inmunidad de jurisdicción e inicie una acción judicial no podrá alegar dicha inmunidad en relación con una demanda reconvencional que esté directamente ligada a la demanda principal.

Artículo 1127. En el caso de reconvención, se considerará satisfecho el requisito de la competencia en la esfera internacional cuando la demanda principal hubiera cumplido con las disposiciones previstas en este Código Nacional, y la reconvención se fundamente en el acto o hecho en que se basó la demanda principal.

Artículo 1128. En ningún caso la competencia de las autoridades jurisdiccionales nacionales se suspenderá por el hecho de que se invoque litispendencia apoyada en la existencia de un proceso ante la autoridad jurisdiccional extranjera. Solo podrá suspenderse el proceso iniciado en los Estados Unidos Mexicanos cuando éste se hubiese iniciado con posterioridad al iniciado en el extranjero, y que el demandado en el proceso extranjero hubiese sido notificado de la demanda en el proceso extranjero antes de que se hubiese iniciado el proceso mexicano.

CAPÍTULO II
DE LA COOPERACIÓN PROCESAL INTERNACIONAL

Artículo 1129. Salvo lo prescrito en los tratados internacionales de que México sea parte, no procede la acumulación de procesos que también se estén tramitando en el extranjero, ni la escisión de procesos que produzcan la remisión de un proceso al extranjero.

Artículo 1130. Salvo disposición derivada de este Código y de tratados y convenciones internacionales de que México sea parte, el derecho procesal aplicable al proceso es el mexicano, siguiendo, al efecto, las siguientes reglas:

I. El orden jurídico de los Estados Unidos Mexicanos determinará las condiciones, procedimiento y efectos de las inscripciones registrales en los registros públicos mexicanos, y

II. Solo los hechos estarán sujetos a prueba; el derecho lo estará únicamente cuando se funde en usos, costumbres, tradiciones o valores culturales.

SECCIÓN PRIMERA
DE LAS NOTIFICACIONES, EMPLAZAMIENTOS Y MEDIDAS CAUTELARES

Artículo 1131. Las notificaciones y emplazamientos provenientes del extranjero, para la Federación y sus dependencias, las Entidades Federativas y los Municipios, se harán por conducto de las autoridades Federales que resulten competentes por razón del domicilio o residencia de aquéllas.

Artículo 1132. Toda notificación a una persona que se encuentre fuera de los Estados Unidos Mexicanos, para surtir efectos en territorio nacional, deberá hacérsele en forma personal y deberá informársele por los medios que prescriba el orden jurídico del lugar en donde se encuentre.

Las notificaciones que se hagan en los Estados Unidos Mexicanos por medio de edictos a personas que residan en el extranjero serán nulas.

Artículo 1133. Cuando alguna persona extranjera de naturaleza privada actúe por medio de algún representante, se considerará que tal representante, o quien lo sustituya, está autorizado para responder a las reclamaciones y demandas que se intenten en contra de dicha persona con motivo de los actos en cuestión, de conformidad con lo dispuesto en este Código Nacional.

Artículo 1134. Todas las notificaciones y emplazamientos provenientes del extranjero en territorio nacional se harán de conformidad con lo dispuesto en este Código Nacional.

Artículo 1135. El plazo concedido a una persona domiciliada en el extranjero para contestar una demanda seguida ante tribunales de los Estados Unidos Mexicanos, nunca podrá ser menor de veinte días hábiles.

Cuando un tribunal extranjero conceda un plazo a una persona residente en México para que conteste una demanda seguida en el extranjero, si fue notificada en territorio mexicano, ese plazo deberá ser similar o mayor, al que se refiere el párrafo anterior.

Artículo 1136. El trato procesal dispensado a mexicanos y extranjeros será igual de conformidad con lo dispuesto por las leyes de los Estados Unidos Mexicanos. Toda persona gozará de los derechos a los mismos procedimientos y medios impugnativos sin necesidad de otorgar garantías especiales, así como del derecho de asistencia judicial y representación jurídica que otorgue el orden jurídico mexicano. No obstante, ningún extranjero podrá recurrir a la protección diplomática de su Estado hasta en tanto hubiese agotado los medios impugnativos que ofrece el orden jurídico mexicano.

El hecho de que una persona carezca de condición o calidad migratoria, que permita su estancia en México, no suspenderá sus derechos y garantías de participación en un proceso.

Artículo 1137. Las autoridades jurisdiccionales nacionales podrán ejecutar las medidas cautelares dictadas por una autoridad jurisdiccional extranjera, cuando el objeto de la medida consista en garantizar la seguridad de personas y bienes.

En su ejecución se observarán las siguientes disposiciones:

I. El cumplimiento de medidas cautelares por una autoridad jurisdiccional nacional no implicará el compromiso de reconocer y ejecutar la sentencia extranjera que se pudiere dictar.

II. La modificación de una medida cautelar, así como las sanciones por peticiones maliciosas o desproporcionadas, se regirán por este Código Nacional y demás leyes nacionales aplicables.

III. En caso de que el afectado justifique la improcedencia de la medida, la autoridad jurisdiccional nacional podrá levantar o disminuir dicha medida de acuerdo con el derecho mexicano.

IV. Si se opusiese una tercería excluyente de dominio o de derechos reales sobre el bien embargado o su posesión de éste último, se resolverá por la autoridad jurisdiccional nacional, de acuerdo con el orden jurídico del lugar de la ubicación de dicho bien.

V. Tratándose de alimentos, se ejecutarán las medidas cautelares solicitadas cuando exista resolución judicial, lo establezca un instrumento internacional o exista prueba incontrovertible a juicio de la autoridad jurisdiccional nacional, de que el ejecutado es deudor alimentista.

Artículo 1138. La autoridad jurisdiccional nacional dictará las medidas necesarias, a petición de cualquier persona o del Ministerio Público, cuando una persona que se presuma extranjera, haya desaparecido o se ignore el lugar donde se encuentre o quien la represente, nombrando un depositario de sus bienes, además informará de inmediato a la representación consular de su nacionalidad y se ordenará la búsqueda correspondiente.

En caso de que, un nacional se extravíe en el extranjero, se enviará al cónsul mexicano en el lugar en que se presume el extravío, la solicitud de búsqueda, incluido el edicto que se publique en los Estados Unidos Mexicanos.

SECCIÓN SEGUNDA
DE LAS PRUEBAS

Artículo 1139. Las disposiciones relativas a la presentación de documentos y desahogo de pruebas en procedimientos internacionales se regirán por lo previsto en instrumentos internacionales y en su defecto, por lo dispuesto en esta Sección.

Artículo 1140. La obligación de exhibir documentos y bienes en procedimientos que se sigan en el extranjero, no comprenderá la de exhibir documentos o copias de documentos identificados por características genéricas.

En ningún caso, podrá una autoridad jurisdiccional nacional ordenar ni llevar a cabo la inspección general de archivos que no sean de acceso al público, salvo en los casos permitidos por las leyes nacionales.

Artículo 1141. Las dependencias y organismos públicos de la Federación, Entidades Federativas y municipales, así como sus servidores públicos, estarán impedidos de llevar a cabo la exhibición de documentos o copias de documentos existentes en archivos oficiales bajo su control y desahogar prueba testimonial con respecto a sus actuaciones en su calidad de tales; se exceptúa de lo anterior los casos que, tratándose de asuntos particulares, deban exhibir documentos o archivos personales según lo permita la Ley.

Artículo 1142. En un proceso extranjero en que se precise la prueba testimonial o declaración de parte requerida, los declarantes podrán ser examinados en términos del derecho procesal extranjero, sin perjuicio de que la autoridad mexicana solicite la aplicación de disposiciones de este Código Nacional cuando se estime que, de aplicarse las extranjeras se vulnerarían derechos humanos.

Se deberá acreditar ante la autoridad jurisdiccional nacional, que los hechos materia del interrogatorio están relacionados con el proceso pendiente y que medie solicitud de parte o de la autoridad extranjera requirente.

Artículo 1143. El estado civil o análogo se acreditará mediante documento salvo que, dejaren de existir los registros o constancias, se admitirá cualquier medio de prueba que acredite dicho estado.

Artículo 1144. Los documentos públicos extranjeros serán reconocidos por las autoridades mexicanas cuando se presenten debidamente apostillados o legalizados en términos de la legislación aplicable o conforme a las salvedades que dispongan los instrumentos internacionales o las leyes nacionales en la materia.

En caso de imposibilidad para obtener la legalización, ésta se substituirá por cualquier prueba adecuada para garantizar su autenticidad.

Tratándose de documentos de nacimiento que acrediten la nacionalidad e identidad de personas mexicanas nacidas en el extranjero o migrantes en retorno de nacionalidad mexicana, no se requerirá de la legalización consular o de la apostilla. Bastará con presentar el certificado de nacimiento extranjero y el acta de nacimiento del padre o madre mexicanos para acreditar su identidad y su nacionalidad mexicana con el fin de obtener el registro de su nacimiento ante los Registros Civiles del país, en términos de la normatividad aplicable.

Párrafo adicionado DOF 04-06-2024

Artículo 1145. Los procedimientos en el ámbito de cooperación internacional observarán el principio de publicidad de conformidad con lo establecido en los tratados internacionales, las leyes nacionales en materia de transparencia, acceso a la información pública, con excepción de los procedimientos donde se ventilen secretos profesionales, comerciales, industriales o personales y protección de datos personales.

En ningún caso podrán ser públicos los procedimientos donde se encuentren involucrados derechos de niñas, niños y adolescentes.

Artículo 1146. Cuando las personas no hablen o no entiendan el idioma español, deberá proveérseles intérprete y traductor, sin perjuicio que puedan nombrar ellas mismas intérprete y traductor de su confianza. Además, podrán producir documentos en su propia lengua y grabar sus declaraciones, mismos que luego deberán traducirse al idioma español. Lo anterior también resulta aplicable para las personas que tengan algún impedimento en comunicarse.

Artículo 1147. Las autoridades jurisdiccionales nacionales podrán encomendar la práctica de diligencias en territorio extranjero a los miembros del Servicio Exterior Mexicano, las cuales producirán sus efectos jurídicos en los procedimientos ante ellas tramitados, en términos de este Código Nacional y la normatividad aplicable, dentro de los límites que conceda el derecho internacional.

Artículo 1148. Un proceso que tenga lugar en el extranjero podrá prepararse solicitando la declaración de testigos, peritos u otras declaraciones para ser practicadas en territorio nacional. La parte interesada al solicitar la diligencia citará los hechos sobre los cuales se hará el examen.

La parte legítima podrá solicitar a la autoridad jurisdiccional nacional actos de emplazamiento, notificación o de recepción de pruebas, para ser utilizados en procesos en el extranjero sin que se requiera exhorto para su trámite, a través de los procedimientos de jurisdicción voluntaria y medios preparatorios a juicio previstos en este Código Nacional, según corresponda.

La diligenciación de cualquiera de estos actos, no implicará el reconocimiento de la competencia asumida por la autoridad jurisdiccional extranjera, ni el compromiso de ejecutar la sentencia que a futuro se dictare en el proceso correspondiente.

Artículo 1149. Las autoridades jurisdiccionales nacionales y los fedatarios públicos nacionales, podrán solicitar el auxilio y cooperación del Servicio Exterior Mexicano para ejecutar actos relacionados con un asunto o proceso que ante ellos se tramite, en los términos previstos por los instrumentos internacionales, este Código Nacional o cualquier disposición legal nacional.

SECCIÓN TERCERA
DE LA COOPERACIÓN, CUANDO INTERVENGAN
NIÑAS, NIÑOS Y ADOLESCENTES

Artículo 1150. El ejercicio del derecho de visita y custodia de niñas, niños o adolescentes cuyos padres radiquen en países diferentes de manera habitual, se regirá conforme a los instrumentos internacionales y se observarán las siguientes reglas:

I. Las autoridades nacionales ejecutarán las medidas necesarias a fin de lograr la plena convivencia de las niñas, niños o adolescentes con sus padres, incluyendo la utilización de medios telemáticos;

II. El derecho de visita de una niña, niño o adolescente a otro país diferente al del lugar de su residencia, implicará que el progenitor que lo reciba en visita en el Extranjero o en los Estados Unidos Mexicanos, asegure la restitución de la niña, niño o adolescente, y

III. La autoridad jurisdiccional fijará a cargo de qué persona correrán los gastos de desplazamiento, si es que no hubiese acuerdo entre los interesados.

Artículo 1151. Las solicitudes de restitución internacional de niñas, niños o adolescentes se regirán de acuerdo con los tratados internacionales y en su defecto, por las siguientes disposiciones:

I. La autoridad jurisdiccional tendrá la facultad de ordenar las medidas precautorias y de aseguramiento, con el fin de asegurar el bienestar de las niñas, niños y adolescentes y prevenir que sean nuevamente trasladados indebidamente o retenidos.

II. Los procedimientos de restitución no podrán pronunciarse y decidir sobre el fondo de la guarda y custodia.

III. En los casos de retención o traslado ilícito de una niña, niño o adolescente, deberá procederse de inmediato y sin dilaciones a la restitución del mismo.

IV. Cuando la niña, niño o adolescente reclamado, no se encuentre en territorio mexicano, el órgano competente autorizado responderá a la solicitud informando el resultado de la búsqueda.

Ninguna autoridad jurisdiccional de lugar diferente al de la residencia habitual de la niña, niño o adolescente, podrá declarar a favor de la persona que retiene o efectúe el traslado, algún derecho de custodia, salvo que el derecho convencional internacional lo permita. Si se encuentran en trámite procedimientos jurisdiccionales que resuelvan la custodia, éstos deberán suspenderse.

Artículo 1152. La autoridad jurisdiccional nacional podrá rechazar una solicitud de restitución de una niña, niño o adolescente, cuando la persona que se oponga a la restitución compruebe que:

I. La persona, institución u organismo titulares de la solicitud de restitución, no ejercía de modo efectivo el derecho de custodia en el momento en que fue trasladado o retenido, o había consentido o posteriormente aceptado, dicho traslado o retención.

II. Existe un riesgo grave de que la restitución del menor lo exponga a un peligro físico o psicológico, o que de cualquier otra manera ponga al menor en una situación intolerable.

III. La niña, niño o adolescente, se oponga a la restitución, si ya alcanzó una edad y un grado de madurez suficiente en que resulte apropiado tener en cuenta su opinión.

IV. La restitución podría violentar los derechos humanos reconocidos en los Estados Unidos Mexicanos y las garantías que para ellos se otorguen.

V. Cuando la solicitud de restitución se hubiere presentado un año después de ocurrido el traslado o la retención y se comprueba que la niña, niño o adolescente, ha quedado integrado a su nuevo medio ambiente.

Artículo 1153. Los procedimientos de restitución deberán ser iniciados dentro del plazo máximo de un año contado a partir de la fecha en que la niña, niño o adolescente hubiere sido trasladado o retenido ilícitamente, por lo que corresponderá a la autoridad competente ordenar la restitución inmediata del menor.

Respecto de menores cuyo paradero se desconozca, el plazo se computará a partir del momento en que fueren precisa y efectivamente localizados.

Artículo 1154. Toda solicitud de restitución de una niña, niño o adolescente, proveniente del extranjero, se presentará, por conducto de la Secretaría de Relaciones Exteriores, la cual lo remitirá a la o las autoridades jurisdiccionales competentes.

Si en los Estados Unidos Mexicanos se encuentra la niña, niño o el adolescente, deberán adoptarse todas las medidas adecuadas tendientes a obtener la restitución voluntaria de la niña, niño o adolescente.

Las autoridades nacionales podrán propiciar una solución amigable, a través de la mediación. De no lograrse ésta en una única sesión, deberán iniciar procedimiento jurisdiccional o administrativo con el objeto de conseguir la restitución, o en su caso, permitir la regulación o ejercicio efectivo del derecho de visita.

Artículo 1155. La solicitud de restitución deberá contener al menos lo siguiente:

I. Nombre y datos generales de la niña, niño o adolescente;

II. Nombre y datos del solicitante y el carácter con el que promueve respecto a la niña, niño o adolescente;

III. Antecedentes y los hechos relativos al traslado o sustracción;

IV. El nombre de la persona que se presume retuvo o traslado ilícitamente y el domicilio o ubicación donde se presume que se encuentra la niña, niño o adolescente, y

V. Cualquier información que sea necesaria o pertinente para su localización.

Artículo 1156. La solicitud de restitución deberá estar acompañada de:

I. Copia documento que acredite la custodia de la niña, niño o adolescente solicitado;

II. Constancia de la residencia habitual de la niña, niño o adolescente solicitado;

III. Cualquier otro documento con el que se pueda probar el medio en el que se desarrolla habitualmente la niña, niño o adolescente;

IV. Fotografías y demás datos o elementos precisos de identificación de la niña, niño o adolescente en su caso, y

V. La traducción de los documentos que se presenten en un idioma distinto al del país al que se solicite la restitución.

La autoridad competente podrá prescindir de algunos de estos requisitos si a su juicio se justifica la restitución.

Artículo 1157. Toda petición de restitución será preferente y, salvo consideración especial de la autoridad jurisdiccional, deberá concluir dentro del plazo de seis semanas a partir de su presentación.

Artículo 1158. Ningún procedimiento de custodia tramitado en los Estados Unidos Mexicanos suspenderá la restitución ordenada.

Artículo 1159. Presentada la solicitud de restitución, la autoridad jurisdiccional dispondrá de un plazo de veinticuatro horas para pronunciarse sobre su admisión.

En caso de ser admitida, ordenará correr traslado a la parte de la que se presume ha retenido o trasladado ilícitamente a la niña, niño o adolescente para que, con los apercibimientos legales correspondientes, acuda ante la autoridad jurisdiccional dentro del término de tres días hábiles siguientes en compañía de la niña, niño o adolescente, así como todas las pruebas que considere necesarias para apoyar su objeción a la restitución, si fuera el caso.

El auto que admita la solicitud deberá disponer las medidas cautelares necesarias, y en su caso, ordenará la entrevista con la niña, niño o adolescente solicitado, en términos de este Código Nacional.

Artículo 1160. En la audiencia única la autoridad jurisdiccional intentará conciliar a las partes para su restitución voluntaria y la parte requerida deberá manifestar si acepta restituir voluntariamente a la niña, niño o adolescente; en caso de que así sea, se levantará el acta correspondiente con las condiciones que las partes concedan, debiendo ser dicho acuerdo sancionado por la autoridad jurisdiccional. En caso de que haya objeción en la restitución, quien se oponga deberá hacer valer las excepciones aplicables y ofrecer las pruebas correspondientes que las acrediten.

En esa audiencia, la autoridad jurisdiccional realizará la entrevista a la niña, niño o adolescente. Hecho lo anterior, admitirá o no las pruebas ofrecidas y enseguida procederá a su desahogo, en términos de este Código Nacional.

Artículo 1161. Concluido el desahogo, la autoridad jurisdiccional deberá resolver sobre la restitución, dentro de la misma audiencia.

En caso de que se otorgue la restitución, la autoridad jurisdiccional dictará las medidas adecuadas y eficaces para garantizar el retorno seguro de la niña, niño o adolescente.

La autoridad jurisdiccional deberá informar de dicha decisión a la Secretaría de Relaciones Exteriores.

SECCIÓN CUARTA
DE LOS EXHORTOS INTERNACIONALES Y CARTAS ROGATORIAS

Artículo 1162. Los exhortos o cartas rogatorias que se remitan al extranjero serán comunicaciones oficiales escritas, que contendrán la petición de ejecutar las actuaciones necesarias para el proceso en que se expidan. Dichas comunicaciones contendrán los datos informativos necesarios y las copias certificadas, cédulas, copias de traslado y demás anexos procedentes, con su respectiva traducción, según sea el caso.

Artículo 1163. Los exhortos extranjeros o cartas rogatorias que se reciban serán diligenciados conforme a la legislación mexicana, salvo en lo prescrito en los instrumentos internacionales y en este Código Nacional. Sólo requerirán homologación cuando requieran ejecución forzosa sobre personas, bienes o derechos. En este caso, se aplicará lo dispuesto por el apartado relativo a la ejecución de sentencias extranjeras.

Artículo 1164. Los exhortos o cartas rogatorias relativas a notificaciones, recepción de pruebas y a otros asuntos de sólo trámite, se diligenciarán sin necesidad de homologación o reconocimiento, de acuerdo con las siguientes disposiciones:

I. La solicitud deberá contener la descripción de las formalidades necesarias para la diligenciación del exhorto o carta rogatoria;

II. La autoridad jurisdiccional nacional requerida podrá conceder la simplificación de formalidades o la observancia de formalidades diversas a las nacionales, salvo que concurra una excepción al reconocimiento o aplicación del derecho extranjero o vulnere los derechos humanos;

III. La autoridad jurisdiccional prevendrá al solicitante en caso de que se omitiere acompañar los documentos correspondientes, para que dentro del plazo de cuarenta y cinco días naturales presente la documentación faltante, caso contrario, se desechará la solicitud;

IV. Las autoridades jurisdiccionales nacionales formarán expediente de todas las actuaciones que realicen en todos los procedimientos de cooperación internacional en las que intervengan y enviarán copia de las actuaciones que correspondan a la autoridad jurisdiccional requirente;

V. En el caso de que no se pudiere ejecutar la totalidad de lo solicitado a la autoridad jurisdiccional nacional, deberá retransmitir la autoridad jurisdiccional competente el resto para su ejecución. Las autoridades jurisdiccionales que conozcan deberán informar al requirente, y

VI. No se exigirán requisitos de forma adicionales respecto de los exhortos o cartas rogatorias que provengan del extranjero.

Las autoridades jurisdiccionales nacionales que sean competentes para realizar las diligencias, deberán cooperar y colaborar entre ellas.

Artículo 1165. Los exhortos o cartas rogatorias podrán ser presentadas a la autoridad jurisdiccional competente por las propias partes interesadas, vía judicial, vía consular, agentes diplomáticos o por la autoridad competente del Estado requirente, salvo que los instrumentos internacionales prescriban otra cosa.

Se privilegiará la presentación y transmisión por vías oficiales, que no implique la participación de las partes interesadas.

Los exhortos o cartas rogatorias provenientes del extranjero que sean presentadas por conductos oficiales no requerirán legalización o apostillamiento, tampoco la requerirán los que se remitan al extranjero, salvo que el otro Estado lo exija.

La participación de particulares en cualquier acto de traslado o presentación de exhortos o cartas rogatorias sin participación de los conductos oficiales, requerirán la legalización o apostillamiento, según corresponda.

Artículo 1166. Todo exhorto o carta rogatoria, así como los anexos que se reciban del extranjero, en idioma distinto del español, deberán acompañarse de su debida traducción.

Artículo 1167. Las autoridades nacionales jurisdiccionales de ciudades fronterizas que requieran enviar o recibir cartas rogatorias, podrán diligenciarlas a través de sus servidores públicos adscritos, en caso de que el Estado requerido lo tenga previsto en su legislación.

Lo anterior no requerirá de legalización ni apostillamiento, únicamente deberá obrar constancia del nombre y cargo del personal que obre la diligencia.

La autoridad nacional fronteriza deberá cerciorarse de la autenticidad del exhorto o carta rogatoria, por el medio de comunicación que estime más idóneo.

Artículo 1168. La entrega de resultados o devolución de un exhorto o carta rogatoria, se hará por la misma vía en que se recibió, o por la vía en que lo solicite la autoridad jurisdiccional internacional requirente.

SECCIÓN QUINTA
DE LA UTILIZACIÓN DE VIDEOCONFERENCIAS
EN PROCESOS INTERNACIONALES

Artículo 1169. De acuerdo al uso de tecnologías en la cooperación internacional, requirente y requerido, podrán utilizar videoconferencias para la ejecución de actos procesales y empleo de medios electrónicos de comunicación oficiales.

Artículo 1170. Procederá el empleo de videoconferencia cuando medie solicitud del Estado requirente y sea técnicamente realizable. La preparación de la videoconferencia podrá iniciarse por medio de correo electrónico o cualquier otra tecnología que permita la transmisión de la solicitud, siempre que se remita de un sistema de información que esté bajo el control del iniciador o de la parte que la envíe en nombre de éste. Se establecerá día, hora y lugar de la misma.

Artículo 1171. La solicitud para el empleo de videoconferencia deberá señalar:

I. Las formas y medios técnicos que permitan lograr la comunicación entre el requirente y el requerido.

II. La naturaleza del caso, nombres y domicilios de las personas a ser interrogadas, el objetivo que se persigue con la diligencia y los impedimentos previstos por orden jurídico del requirente para que una persona declare.

Artículo 1172. Durante una videoconferencia solo podrán permanecer en la sala de audiencia los interesados y deberá privilegiarse la privacidad y deberá grabarse la videoconferencia desde su inicio hasta su conclusión. Para su ejecución se tomarán en cuenta las siguientes reglas:

a) Cuando los técnicos informen que se ha logrado la comunicación, la autoridad requirente comenzará notificando lugar, fecha, nombres de las personas que intervendrán en la videoconferencia como autoridad jurisdiccional, persona secretaria judicial, nombre de los declarantes y abogados presentes. Lo mismo hará la autoridad requerida;

b) La autoridad requerida identificará a cada testigo o perito a ser interrogados. Deberá aludir a los medios como se ha realizado la identificación, debiendo obtener copia de los documentos identificatorios. En caso necesario, deberá estar presente la persona que hubiese de realizar la traducción, que también deberá ser identificada;

c) La autoridad requirente tomará la protesta o juramento de que el declarante se conducirá con verdad, incluida el apercibimiento en la que se le haga saber al declarante la sanción por conducirse con falsedad;

d) Durante la audiencia podrán presentarse aquellos documentos que se pongan a la vista del declarante para su reconocimiento. Podrá recurrirse a cualquier tipo de tecnología que permita la transmisión de cualquier tipo de datos, y

e) El examen lo hará la autoridad requirente o los abogados reconocidos ante ésta. Las preguntas podrán ser objetadas por el requirente o el requerido, cuando no sean admisibles acorde al orden jurídico mexicano.

SECCIÓN SEXTA
DE LA INFORMACIÓN DEL DERECHO EXTRANJERO

Artículo 1173. El conocimiento, texto, alcance, sentido y vigencia del derecho extranjero, escrito o no escrito, deberá realizarse en forma oficiosa por la autoridad jurisdiccional nacional, pudiendo los interesados allegarle a la autoridad jurisdiccional datos o elementos para su conocimiento.

Para informarse del texto, vigencia, sentido y alcance legal del derecho extranjero, el que, de resultar aplicable se considerará derecho y no hecho; las autoridades jurisdiccionales mexicanas podrán valerse de informes oficiales al respecto, pudiendo solicitarlos al Servicio Exterior Mexicano, o bien, las autoridades jurisdiccionales podrán ordenar o admitir las diligencias que consideren necesarias o que ofrezcan las partes.

Artículo 1174. Por sentido y alcance legal del derecho extranjero se entenderá el resultado de la interpretación del derecho y normas extranjeras y de su aplicabilidad al caso concreto. El sentido implica la calificación del supuesto, así como el significado de lo contenido en la disposición extranjera, mientras que el alcance comprende los datos o campos sobre los que aplica o se abstiene de su aplicación. Se hará el mismo análisis tratándose de usos, costumbres, tradiciones o valores culturales extranjeros, sin embargo, estos sí se considerarán hechos sujetos a prueba.

Artículo 1175. La solicitud de informe sobre derecho extranjero se tramitará acorde a lo establecido en los instrumentos internacionales. En su defecto, se observará lo siguiente:

a) Preferentemente, se dirigirá a la autoridad central extranjera solicitándole le informe sobre el texto, vigencia, sentido y alcance legal del derecho extranjero, en el apartado que desea conocer. A su solicitud, deberá agregar una síntesis de los hechos a partir de los cuales se formula la solicitud;

b) De no ser posible lo anterior, la autoridad jurisdiccional podrá ordenar y admitir las diligencias que considere necesarias o que le ofrezcan las partes en la audiencia preliminar, y

c) Asimismo, podrá ordenar el desahogo de dictámenes o pruebas periciales a cargo de expertos mexicanos o extranjeros, solicitar el auxilio del servicio consular mexicano en el extranjero e incluso, podrá emplear medios electrónicos que le den rapidez a la comunicación e informe de ese derecho extranjero.

Artículo 1176. Cuando un Estado extranjero solicite informes sobre el derecho nacional, así como de usos y costumbres, se tramitará acorde a lo establecido en los instrumentos internacionales. En su defecto, se observará lo siguiente:

I. La autoridad jurisdiccional extranjera podrá solicitar a la Secretaría de Relaciones Exteriores un informe sobre el texto, vigencia, sentido y alcance legal del derecho mexicano que desea conocer. A su solicitud, deberá agregar una síntesis de los hechos a partir de los cuales se formula la solicitud.

II. La Autoridad Central nacional podrá acceder directamente a la solicitud o, en su caso, asistirse de personas expertas y conocedoras del apartado del derecho solicitado. En la información que pudiera proporcionar, dará a conocer los textos prescritos del orden jurídico mexicano que contengan la respuesta, su interpretación, según los precedentes de las autoridades jurisdiccionales y doctrinarios que obtuviese, y una opinión sobre cómo una autoridad jurisdiccional nacional calificaría e interpretaría el derecho para el caso concreto solicitado, así como los usos y costumbres.

La respuesta que proporcione el Estado mexicano no implicará que la sentencia que se pudiera dictar en el extranjero tenga que ejecutarse en los Estados Unidos Mexicanos, ni que con ello reconozca la competencia asumida por la autoridad jurisdiccional extranjera.

Artículo 1177. Cuando se admita una demanda y contestación que impliquen la aplicación del derecho extranjero o que tenga aspectos de derecho internacional privado, la autoridad jurisdiccional nacional deberá citar a la audiencia preliminar en términos de este Código Nacional.

Artículo 1178. En la audiencia preliminar la autoridad jurisdiccional deberá precisar la procedencia de su competencia judicial internacional y en su caso, definir el derecho sustantivo aplicable, nacional o extranjero. Las partes podrán manifestar sus argumentos jurídicos sobre la competencia y el derecho sustantivo aplicable, que consideran deben ser tomados en cuenta por la autoridad jurisdiccional para emitir su declaración.

Las partes podrán convenir en una solución a su conflicto, decidir sobre la autoridad jurisdiccional competente y definir el derecho sustantivo aplicable en aquellos casos que así sea permitido.

Artículo 1179. Depurado el procedimiento y hecha la declaración de competencia de la autoridad jurisdiccional nacional y definido el derecho sustantivo aplicable, tanto la audiencia preliminar como el procedimiento continuará en los términos previstos por este Código Nacional y resolverá aplicando los diversos derechos de manera armónica, procurando realizar las finalidades perseguidas por cada uno de tales derechos. Las dificultades causadas por la aplicación simultánea de tales derechos se resolverán tomando en cuenta las exigencias de la equidad en el caso concreto.

Artículo 1180. La autoridad jurisdiccional nacional para mejor proveer podrá admitir o allegarse de informes técnicos de personas, instituciones y organismos ajenos al litigio y que ostenten reconocida competencia sobre la cuestión planteada por las partes; éstas tendrán el carácter de Amigos del Tribunal y su informe no implicará el pago de costas u honorarios.

CAPÍTULO III
DE LA EJECUCIÓN DE SENTENCIAS, LAUDOS Y RESOLUCIONES DICTADAS EN EL EXTRANJERO

Artículo 1181. El procedimiento de reconocimiento de sentencias, laudos arbitrales y demás resoluciones extranjeras, así como su ejecución se regirán conforme a las disposiciones previstas en los instrumentos internacionales aplicables y las contenidas en este Código Nacional, en particular, las disposiciones especiales de este Capítulo.

Los efectos que las sentencias, laudos arbitrales y demás resoluciones extranjeras produzcan en los Estados Unidos Mexicanos se regirán por lo dictado en la sentencia, fallo o laudo arbitral.

La forma y el fondo de la sentencia extranjera, así como los procedimientos seguidos para dictarla, estarán regulados por el orden jurídico del lugar de la autoridad jurisdiccional que la emitió, incluidas sus normas de conflicto.

Artículo 1182. La autoridad jurisdiccional competente mexicana para ejecutar una sentencia, laudo o resolución jurisdiccional proveniente del extranjero, será el del domicilio del ejecutado o el del lugar donde se encuentran los bienes sobre los que deba ejecutarse la sentencia. En el caso de un laudo arbitral, también será competente la autoridad jurisdiccional mexicana cuando la sede del arbitraje haya sido en los Estados Unidos Mexicanos.

Artículo 1183. Las sentencias extranjeras que no requieran el procedimiento de reconocimiento u homologación para su ejecución, así como demás documentos públicos extranjeros, deberán ser reconocidas de acuerdo con los tratados internacionales y al derecho mexicano.

Artículo 1184. Tratándose de sentencias, laudos arbitrales o resoluciones jurisdiccionales que únicamente vayan a utilizarse como prueba, será suficiente que las mismas llenen los requisitos necesarios para ser consideradas como documentos auténticos.

Artículo 1185. Los acuerdos o transacciones judiciales entre las partes, sancionados por una autoridad jurisdiccional extranjera, podrán reconocerse como sentencias firmes cuando se acredite que en el país de origen se le otorgue dicho carácter. Para esto, deberá presentarse una certificación de la autoridad jurisdiccional del Estado de origen, haciendo constar que la transacción judicial o una parte de ella es ejecutoria como lo es una resolución judicial en el Estado de origen.

Artículo 1186. Las sentencias, laudos arbitrales privados de carácter no comercial y resoluciones jurisdiccionales dictados en el extranjero, tendrán carácter de cosa juzgada para ser ejecutadas en los Estados Unidos Mexicanos, si cumplen con los siguientes requisitos:

I. Que se hayan satisfecho las formalidades previstas en este Código en materia de exhortos o cartas rogatorias provenientes del extranjero y llenen los requisitos para ser considerados como auténticos;

II. Que no hayan sido dictados como consecuencia del ejercicio de una acción real inmobiliaria;

III. Que la autoridad jurisdiccional que dictó la sentencia haya tenido competencia para conocer y juzgar el asunto de acuerdo con las reglas reconocidas en la esfera internacional, que sean análogas y compatibles con las adoptadas por el orden jurídico mexicano;

IV. No se reconocerá la competencia de la autoridad jurisdiccional extranjera cuando el acuerdo de elección del foro sea estimado como nulo si alguna de las partes carecía de la capacidad para celebrar el acuerdo;

V. Que el demandado haya sido notificado o emplazado en forma personal a efecto de asegurarle la garantía de audiencia y el efectivo ejercicio de sus defensas y derechos procesales;

VI. Que tengan el carácter de cosa juzgada en el país en que fueron dictados, o que no exista recurso ordinario en su contra;

VII. Que la acción que les dio origen no sea materia de juicio que esté pendiente entre las mismas partes ante autoridades jurisdiccionales nacionales y en el cual hubiere prevenido la autoridad jurisdiccional nacional o cuando menos que el exhorto o carta rogatoria para emplazar hubieren sido tramitados y entregados a la Secretaría de Relaciones Exteriores o a las autoridades del Estado donde deba practicarse el emplazamiento, y

VIII. Que la ejecución de la resolución no vaya en contra de instituciones o principios fundamentales del orden público mexicano, que implique la evasión fraudulenta del derecho aplicable.

No obstante, lo anterior la autoridad jurisdiccional podrá negar la ejecución si se probara que en el país de origen no se ejecutan sentencias o laudos extranjeros en casos análogos.

Cuando la sentencia no evidencie los requisitos anteriores, la autoridad jurisdiccional requerida podrá solicitar otros medios de prueba para constatar que se cumplen tales.

Artículo 1187. En la resolución de reconocimiento u homologación, la autoridad jurisdiccional deberá especificar, si fuere el caso, qué parte del procedimiento de ejecución podrá ejecutarse siguiendo formas especiales o distintas a las mexicanas. La autoridad jurisdiccional también especificará las formas procesales que podrán adicionarse o suprimirse. Lo anterior procederá siempre y cuando no resulte lesivo a principios e instituciones fundamentales del orden público y especialmente a los Derechos Humanos contemplados en la Constitución. La petición extranjera o la parte interesada deberá integrar la descripción de las formalidades cuya aplicación se solicite para la diligenciación del exhorto internacional o carta rogatoria.

Artículo 1188. El exhorto de la autoridad jurisdiccional requirente deberá acompañarse de la siguiente documentación:

I. Copia auténtica de la sentencia, laudo o resolución jurisdiccional;

II. Copia auténtica de las constancias que acrediten que se cumplieron los requisitos previstos en las fracciones IV y V del artículo 1186;

III. Las traducciones al idioma español que sean necesarias al efecto, y

IV. Que el ejecutante haya señalado domicilio para oír notificaciones en el lugar de la autoridad jurisdiccional del reconocimiento u homologación.

Artículo 1189. Ninguna sentencia o resolución extranjera será reconocida en el ámbito nacional cuando:

I. Al momento de la solicitud de reconocimiento no posea el carácter de cosa juzgada.

II. La sentencia carezca totalmente de efectos jurídicos en todo el territorio del Estado donde fue emitida.

III. La sentencia resulta contraria a los principios o instituciones fundamentales del orden público nacional o fue emitida en fraude a la ley.

IV. El procedimiento concreto que condujo a la resolución fue incompatible con los principios fundamentales de equidad procesal establecidos en el derecho nacional.

SECCIÓN ÚNICA
DE LA EJECUCIÓN FORZOSA

Artículo 1190. El reconocimiento y ejecución de sentencias, fallos y laudos extranjeros que impliquen coacción en su ejecución, requerirá procedimiento de homologación y se sujetará a las siguientes disposiciones, en el entendido de que no podrá controvertirse el fondo de la resolución:

I. Se citará personalmente tanto a la persona ejecutante como a la ejecutada y se les concederá el término de nueve días para que manifiesten lo que a su derecho conviniere. Se les admitirán los medios de prueba que ofrezcan si fueren pertinentes y se señalará fecha y hora de audiencia para su desahogo. La preparación de la prueba correrá a cargo del oferente, salvo razón fundada.

II. Las personas autorizadas o reconocidas como apoderados por la autoridad jurisdiccional extranjera podrán actuar como tal conforme a las facultades que la autoridad requirente señale.

III. En todo momento la autoridad jurisdiccional ejecutante velará por el interés superior de las niñas, niños y adolescentes y gozará de plenitud de jurisdicción para garantizar sus derechos.

IV. Los gastos de ejecución correrán a cargo de parte interesada, sin perjuicio que en su momento deban ser cubiertos por la parte ejecutada.

V. La resolución que determine la ejecución forzosa deberá pronunciarse dentro del plazo de tres días, una vez que se haya desahogado la última prueba. Dicha resolución es apelable en ambos efectos.

VI. Las cuestiones sobre el depósito, avalúo, subasta y demás sobre la ejecución de la sentencia se regirán conforme a este Código Nacional.

VII. La autoridad jurisdiccional de ejecución, y en su caso, la de segunda instancia, se abstendrá de pronunciarse sobre el fondo del fallo ni sobre los fundamentos del hecho o derecho en que se apoye, ni exigir equivalencia de resultados del fallo extranjero con respecto al propio, únicamente examinarán la autenticidad de la misma y sobre la forma de su ejecución en términos de este Código Nacional.

VIII. La sentencia reconocida podrá tener cumplimientos parciales cuando no sea posible cumplimentarse en su integridad.

IX. La autoridad jurisdiccional que se declare incompetente para ejecutar la sentencia deberá remitir oficiosamente los autos a la autoridad jurisdiccional que considere competente.

X. La resolución que reconozca la sentencia extranjera precisará en su caso, qué parte del procedimiento de ejecución observará disposiciones especiales o extranjeras, observando la autoridad jurisdiccional requerida que no se violenten derechos humanos.

XI. El exhorto internacional de requerimiento o solicitud deberá especificar las formalidades de su diligenciación.

Durante la tramitación del procedimiento de reconocimiento no procederá recurso alguno, ni medio que lo suspenda.

Artículo 1191. La resolución reconocida será cumplimentada conforme al derecho mexicano, excepto en los casos en que se autoricen disposiciones distintas.

En el caso de subasta pública, los fondos resultantes quedarán a disposición de la autoridad jurisdiccional extranjera hasta por la cantidad definida en la resolución. El resto será distribuido por la autoridad jurisdiccional ejecutante conforme al derecho nacional.

ARTÍCULOS TRANSITORIOS

Artículo Primero. El presente Decreto entrará en vigor al día siguiente de su publicación en el Diario Oficial de la Federación.

Artículo Segundo. La aplicación de lo dispuesto en el Código Nacional de Procedimientos Civiles y Familiares previsto en el presente Decreto, entrará en vigor gradualmente, como sigue: en el Orden Federal, de conformidad con la Declaratoria que indistinta y sucesivamente realicen las Cámaras de Diputados y Senadores que integran el Congreso de la Unión, previa solicitud del Poder Judicial de la Federación, sin que la misma pueda exceder del 1o. de abril de 2027.

En el caso de las Entidades Federativas, el presente Código Nacional, entrará en vigor en cada una de éstas de conformidad con la Declaratoria que al efecto emita el Congreso Local, previa solicitud del Poder Judicial del Estado correspondiente, sin que la misma pueda exceder del 1o. de abril de 2027.

La Declaratoria que al efecto se expida, deberá señalar expresamente la fecha en la que entrará en vigor el Código Nacional de Procedimientos Civiles y Familiares, y será publicada en el Diario Oficial de la Federación y en los Periódicos o Gacetas Oficiales del Estado, según corresponda.

Entre la Declaratoria a que se hace referencia en los párrafos anteriores, y la entrada en vigor del presente Código Nacional de Procedimientos Civiles y Familiares, deberán mediar máximo 120 días naturales. En todos los casos, vencido el plazo, sin que se hubiera emitido la Declaratoria respectiva, la entrada en vigor será automática en todo el territorio nacional sin que la misma pueda exceder el día 1o. de abril de 2027.

Artículo Tercero. De conformidad con el Artículo Segundo de las Disposiciones Transitorias de este Decreto, se abrogan el Código Federal de Procedimientos Civiles, así como la legislación procesal civil y familiar de las Entidades Federativas.

Artículo Cuarto. Los procedimientos civiles y familiares que a la entrada en vigor del Código Nacional de Procedimientos Civiles y Familiares se encuentren en trámite, continuarán su sustanciación de conformidad con la legislación aplicable en el momento del inicio de los mismos, salvo que las partes conjuntamente opten por la regulación del Código Nacional.

No procederá la acumulación de procesos civiles y familiares cuando alguno de ellos se esté tramitando conforme al presente Código Nacional, y el otro proceso conforme a un Código abrogado.

Artículo Quinto. Cuando por razón de competencia, sea por fuero o territorio, se realicen actuaciones conforme a un fuero o sistema procesal distinto al que se remiten, podrá la autoridad jurisdiccional receptora convalidarlas, siempre que, de manera, fundada y motivada, se concluya que se respetaron las garantías esenciales del debido proceso en el procedimiento de origen.

Asimismo, podrá regularizarse aquellas actuaciones que, también de manera fundada y motivada, la autoridad jurisdiccional que las recibe determine que las mismas deban ajustarse a las formalidades del sistema civil o familiar al cual se incorporarán tomando en cuenta su marco sustantivo interno.

Artículo Sexto. En el caso de la Federación, la Cámara de Diputados, tomando en cuenta la estimación de ingresos aprobados para cada ejercicio fiscal, y con base en los principios de austeridad, eficiencia, eficacia y economía, contemplará en los ejercicios fiscales posteriores a la publicación del presente Decreto, una asignación de recursos presupuestarios para el cumplimiento del presente Decreto.

Para efectos de lo anterior, el Poder Judicial de la Federación, al elaborar su proyecto de presupuesto de egresos anual, deberá observar los criterios generales de política económica, en los términos de la Ley Federal de Presupuesto y Responsabilidad Hacendaria y demás disposiciones aplicables.

Los Congresos Locales, en el ámbito de sus atribuciones, aprobarán los recursos presupuestarios correspondientes para los Poderes Judiciales de las Entidades Federativas, para el cumplimiento del presente Decreto.

En todo caso y siempre que proceda, las adecuaciones a las estructuras orgánicas, ocupacionales y salariales que se deriven de la ejecución del presente Decreto, deberán realizarse mediante movimientos compensados y no deberán incrementar el presupuesto regularizable de servicios personales.

Artículo Séptimo. La Secretaría de Gobernación, sesenta días hábiles posteriores a la publicación de este Decreto, instalará y presidirá una Comisión para la Coordinación del Sistema de Justicia previsto en el presente Decreto, con la participación de la Presidencia de la Comisión Nacional de Tribunales Superiores de Justicia de los Estados Unidos Mexicanos; la Presidencia del Tribunal Superior de Justicia del Estado, así como la Presidencia de la Comisión de Justicia del Congreso Local que corresponda, quienes concurrirán a convocatoria o solicitud ante la Presidencia de la Comisión, con el fin de configurar la asistencia técnica a los Poderes Judiciales, Federal y Locales, en la instrumentación del Código Nacional de Procedimientos Civiles y Familiares con base en el desarrollo de habilidades, destrezas y sanas prácticas procesales, y la definición de estándares uniformes de operación del sistema; así como la correcta aplicación de los recursos públicos asignados; asimismo la Comisión contará con la representación de la Presidencia de la Comisión de Justicia tanto de la Cámara de Diputados como del Senado de la República; y la Presidencia del Consejo de la Judicatura Federal y Locales, en caso de ausencia de las personas designadas, concurrirán quienes ostenten su representación legal. En todos los casos las participaciones de quienes integran esta Comisión, serán honoríficos.

La Comisión tendrá por objeto analizar y acordar las políticas de coordinación necesarias para la instrumentación del Código Nacional de Procedimientos Civiles y Familiares, así como la armonización legislativa que apareja, en todo el territorio nacional. Para dichos efectos podrá convocar a los diversos grupos de la sociedad y la academia, de conformidad con las Bases de Operación que para dichos efectos expida la propia Comisión, en cumplimiento a su Acuerdo de instalación. La Comisión deberá remitir un Informe de Actividades a las Cámaras del Congreso General de los Estados Unidos Mexicanos.

Artículo Octavo. La Comisión, atendiendo a lo previsto en el Artículo Sexto transitorio, contará con una Secretaría Técnica, encargada de ejecutar los Acuerdos y determinaciones de la Comisión, así como coadyuvar, coordinar y brindar apoyo a las autoridades Locales y Federales en la instrumentación del Código Nacional de Procedimientos Civiles y Familiares.

Artículo Noveno. Los Poderes Judiciales de la Federación y de las Entidades Federativas, en el ámbito de sus respectivas competencias, establecerán las etapas y calendarios para llevar a cabo las acciones y medidas necesarias para la instrumentación del Código Nacional de Procedimientos Civiles y Familiares, de conformidad con las asignaciones presupuestales aprobadas para ese fin en sus respectivos presupuestos de egresos del ejercicio fiscal que corresponda.

La Comisión prevista en el Artículo Séptimo de estas Disposiciones Transitorias, dará seguimiento a la implementación conforme a lo establecido o dispuesto en el párrafo anterior.

Artículo Décimo. El Congreso General de los Estados Unidos Mexicanos, así como las Legislaturas de las Entidades Federativas, contarán con un plazo máximo de 180 días naturales posteriores a la publicación del presente Decreto, para expedir las actualizaciones normativas correspondientes para su debido cumplimiento.

Artículo Décimo Primero. Los Poderes Judiciales Federal y de las Entidades Federativas, deberán hacer los ajustes reglamentarios para la adopción de las mejoras en sus estructuras e infraestructura física y tecnológica y de capacitación en el plazo máximo de a la entrada en vigor del presente Código Nacional.

Artículo Décimo Segundo. Para la instrumentación de lo dispuesto en este Decreto, tanto en el ámbito Federal como Local, las autoridades podrán establecer Convenios de Colaboración.

Artículo Décimo Tercero. Toda referencia a la legislación procesal civil y familiar Federal y de las Entidades Federativas, en ordenamientos diversos, se entenderá a partir de la vigencia en las mismas, al Código Nacional de Procedimientos Civiles y Familiares.

Artículo Décimo Cuarto. El Consejo de la Judicatura Federal coordinará, con los Consejos de la Judicatura de las Entidades Federativas, la armonización regulatoria y operativa respecto de la información judicial a su cargo para la instrumentación de una plataforma digital bajo la denominación de Sistema Nacional de Información Jurisdiccional, para acceso y consulta pública, la cual deberá contener al menos el nombre de la persona actora, demandada, autoridad jurisdiccional que conoce del juicio o de la apelación, tipo de juicio, así como las resoluciones de primera y segunda instancia y en su caso si se promovió juicio de amparo.

En esta plataforma se agregará un apartado, en el que se contengan las direcciones de correo electrónico de las autoridades, peritos y auxiliares oficiales.

Dicha plataforma digital será administrada por el Consejo de la Judicatura Federal, quien tendrá control y resguardo absoluto de las bases de datos, bajo lineamientos que al efecto expida para el manejo y recopilación de la información, observando en todo momento el marco regulatorio en materia de transparencia.

Artículo Décimo Quinto. En materia de digitalización de documentos en expedientes judiciales, mientras el Consejo de la Judicatura respectivo no establezca sus propios lineamientos, deberá cumplirse lo que para tal efecto establece la Norma Oficial Mexicana que señala los requisitos que deben observarse para la conservación de mensajes de datos y digitalización de documentos.

Artículo Décimo Sexto. Para efecto de que todas las comunicaciones y notificaciones electrónicas, se les realicen a todas las autoridades, peritos y demás auxiliares oficiales a través de su dirección de correo electrónico oficial, deberán señalar dicha dirección en su página de internet oficial, de contar con ella, y en todo caso deberán hacerlo de conocimiento de los poderes judiciales dentro de los 90 días siguientes a la entrada en vigor del presente Decreto. Los poderes judiciales deberán registrar y almacenar dicha información, para remitirla al Sistema Nacional de Información Jurisdiccional a fin de que sea de acceso público.

Artículo Décimo Séptimo. Los Consejos de la Judicatura Federal y de las Entidades Federativas, contarán con un plazo máximo de 180 días naturales a partir de la publicación de este Decreto, para emitir el formato único concursal; así como el diseño e instrumentación del Boletín Concursal Nacional Digital en la Plataforma del Sistema Nacional de Información Jurisdiccional, en el que se registre el número de expediente de cada proceso judicial de insolvencia que se admita, la fecha de admisión, el juzgado de radicación y el nombre de la persona deudora. Dicho registro será público, y tendrá por objeto servir de medio de notificación de los procedimientos de insolvencia a todos los acreedores que puedan ser afectados; así como a las autoridades jurisdiccionales que conozcan de algún proceso a favor o en contra de la persona deudora.

Artículo Décimo Octavo. Las sociedades de información crediticia contarán con un plazo máximo de 180 días naturales a partir de la entrada gradual en vigor del presente Decreto según corresponda, para incorporar en sus reportes de crédito una clasificación especial que identifique a las personas deudoras que celebraron un convenio, plan de pagos, o sentencia, que deriven del concurso civil que prevé el presente Código Nacional.

Artículo Décimo Noveno. Se derogan todas aquellas disposiciones que establezcan procedimientos de interdicción, cuyo efecto sea restringir la capacidad jurídica de las personas mayores de 18 años, de conformidad con lo previsto por las Disposiciones Transitorias del presente Decreto.

Artículo Vigésimo. Para el caso que, en la fecha de publicación en el Diario Oficial de la Federación este Código Nacional, en la legislación vigente de las entidades federativas no exista regulación relacionada con el procedimiento especial de declaración de ausencia por desaparición, a partir del día siguiente de dicha publicación, se aplicarán supletoriamente las disposiciones del presente Código Nacional.

Ciudad de México, a 24 de abril de 2023.- Sen. **Alejandro Armenta Mier**, Presidente.- Dip. **Santiago Creel Miranda**, Presidente.- Sen. **Verónica Noemí Camino Farjat**, Secretaria.- Dip. **Sarai Núñez Cerón,** Secretaria.- Rúbricas."

En cumplimiento de lo dispuesto por la fracción I del Artículo 89 de la Constitución Política de los Estados Unidos Mexicanos, y para su debida publicación y observancia, expido el presente Decreto en la Residencia del Poder Ejecutivo Federal, en la Ciudad de México, a 6 de junio de 2023.- **Andrés Manuel López Obrador**.- Rúbrica.- El Secretario de Gobernación, Lic. **Adán Augusto López Hernández.**- Rúbrica.

ARTÍCULOS TRANSITORIOS DE DECRETOS DE REFORMA

DECRETO POR EL QUE SE ADICIONAN LOS ARTÍCULOS 314 Y 1144 DEL CÓDIGO NACIONAL DE PROCEDIMIENTOS CIVILES Y FAMILIARES.

Publicado en el Diario Oficial de la Federación el 4 de junio de 2024

Artículo Único.- Se adicionan un tercer párrafo al artículo 314 y un tercer párrafo al artículo 1144 del Código Nacional de Procedimientos Civiles y Familiares, para quedar como sigue:

....

TRANSITORIOS

Primero. El presente Decreto entrará en vigor el día siguiente al de su publicación en el Diario Oficial de la Federación.

Segundo. La Secretaría de Gobernación, a través de la Dirección General del Registro Nacional de Población e Identidad, emitirá los lineamientos para acreditar la autenticidad de los certificados de nacimiento expedidos por autoridades extranjeras, a efecto de darlos a conocer a todas las autoridades del registro civil en el país.

Ciudad de México, a 23 de abril de 2024.- Dip. **Marcela Guerra Castillo**, Presidenta.- Sen. **Ana Lilia Rivera Rivera**, Presidenta.- Dip. **Pedro Vázquez González**, Secretario.- Sen. **Verónica Noemí Camino Farjat**, Secretaria.- Rúbricas."

En cumplimiento de lo dispuesto por la fracción I del Artículo 89 de la Constitución Política de los Estados Unidos Mexicanos, y para su debida publicación y observancia, expido el presente Decreto en la Residencia del Poder Ejecutivo Federal, en la Ciudad de México, a 4 de junio de 2024.- **Andrés Manuel López Obrador**.- Rúbrica.- La Secretaria de Gobernación, **Luisa María Alcalde Luján**.- Rúbrica.

PUNTOS RESOLUTIVOS DE LA SENTENCIA DICTADA POR EL TRIBUNAL PLENO DE LA SUPREMA CORTE DE JUSTICIA DE LA NACIÓN EN LA ACCIÓN DE INCONSTITUCIONALIDAD 154/2023, PROMOVIDA POR LA COMISIÓN NACIONAL DE LOS DERECHOS HUMANOS.

Notificados al Congreso de la Unión para efectos legales el 14 de agosto de 2024

Al margen un sello con el Escudo Nacional, que dice: Poder Judicial de la Federación.- Suprema Corte de Justicia de la Nación.

SECRETARÍA GENERAL DE ACUERDOS
OFICIO NÚM. SGA/MOKM/272/2024
SEÑOR LICENCIADO EDUARDO ARANDA MARTÍNEZ
SECRETARIO DE LA SECCIÓN DE TRÁMITE DE
CONTROVERSIAS CONSTITUCIONALES Y DE
ACCIONES DE INCONSTITUCIONALIDAD DE LA
SUPREMA CORTE DE JUSTICIA DE LA NACIÓN
P R E S E N T E

El Tribunal Pleno, en su sesión celebrada el trece de agosto de dos mil veinticuatro, resolvió la acción de inconstitucionalidad 154/2023, promovida por la Comisión Nacional de los Derechos Humanos, en los términos siguientes:

"PRIMERO. Es procedente y parcialmente fundada la presente acción de inconstitucionalidad.

SEGUNDO. Se reconoce la validez de los artículos 554, en su porción normativa 'entendida como la violencia ejercida contra las mujeres a través de sus hijos', y 610, fracción II, en su porción normativa 'el mismo menor', del Código Nacional de Procedimientos Civiles y Familiares, publicado en el Diario Oficial de la Federación el siete de junio de dos mil veintitrés.

TERCERO. Se declara la invalidez de los artículos 610, fracciones II y IV, en sendas porciones normativas 'que hubiere cumplido la edad exigida por la legislación sustantiva de cada Entidad Federativa', y 638, fracción III, del referido Código Nacional de Procedimientos Civiles y Familiares, la cual surtirá sus efectos a partir de la notificación de estos puntos resolutivos al Congreso de la Unión.

CUARTO. Publíquese esta resolución en el Diario Oficial de la Federación, así como en el Semanario Judicial de la Federación y su Gaceta."

Cabe señalar que el Tribunal Pleno determinó que la declaratoria de invalidez surtirá sus efectos a partir de la notificación de estos puntos resolutivos al Congreso de la Unión, por lo que le solicito gire instrucciones para que, a la brevedad, se practique la citada notificación al referido Congreso, inclusive al titular del Poder Ejecutivo Federal.

Asimismo, con el objeto de dar cumplimiento a lo determinado por el Tribunal Pleno en su sesión privada celebrada el doce de abril de dos mil diez, le solicito que remita a esta Secretaría General de Acuerdos únicamente copia certificada del documento en el que conste la notificación que se realice al Congreso de la Unión.

Atentamente

Ciudad de México; 13 de agosto de 2024

LICENCIADO RAFAEL COELLO CETINA.- Rúbrica.

Notificados los puntos resolutivos a la Cámara de Diputados del H. Congreso de la Unión el miércoles 14 de agosto de 2024 a las 12:40 hrs.- Dirección General de Asuntos Jurídicos.- Sello de Recibido.

SENTENCIA DICTADA POR EL TRIBUNAL PLENO DE LA SUPREMA CORTE DE JUSTICIA DE LA NACIÓN EN LA ACCIÓN DE INCONSTITUCIONALIDAD 154/2023, ASÍ COMO LOS VOTOS CONCURRENTES DE LA SEÑORA MINISTRA PRESIDENTA NORMA LUCÍA PIÑA HERNÁNDEZ Y DE LOS SEÑORES MINISTROS JUAN LUIS GONZÁLEZ ALCÁNTARA CARRANCÁ Y LUIS MARÍA AGUILAR MORALES.

Publicada en el Diario Oficial de la Federación el 4 de diciembre de 2024

Al margen un sello con el Escudo Nacional, que dice: Estados Unidos Mexicanos.- Suprema Corte de Justicia de la Nación.- Secretaría General de Acuerdos.

ACCIÓN DE INCONSTITUCIONALIDAD 154/2023
PROMOVENTE: COMISIÓN NACIONAL DE LOS DERECHOS HUMANOS

VISTO BUENO
SR/A. MINISTRA/O
MINISTRO PONENTE: JORGE MARIO PARDO REBOLLEDO.
COTEJÓ
SECRETARIA: CLAUDIA LISSETTE MONTAÑO MENDOZA.

Ciudad de México. El Tribunal Pleno de la Suprema Corte de Justicia de la Nación, en sesión correspondiente al **trece de agosto de dos mil veinticuatro**, emite la siguiente:

SENTENCIA

Mediante la cual se resuelve la acción de inconstitucionalidad 154/2023, promovida por la Comisión Nacional de los Derechos Humanos (CNDH), en contra de los artículos 610, fracciones II, en la porción normativa *"el mismo menor que hubiere cumplido la edad exigida por la legislación sustantiva de cada Entidad Federativa"*; y, IV, en la porción normativa *"que hubiere cumplido la edad exigida por la legislación sustantiva de cada Entidad Federativa"*; 638, fracción III; y, 554 en la porción normativa *"entendida como la violencia ejercida contra las mujeres a través de los hijos"*; todos del Código Nacional de Procedimientos Civiles y Familiares, expedido mediante Decreto publicado en el Diario Oficial de la Federación el siete de junio de dos mil veintitrés.

....

VII. EFECTOS.

218. De conformidad con los artículos 41, fracción IV, y 73 de la Ley Reglamentaria de las Fracciones I y II del Artículo 105 constitucional, las sentencias dictadas en acciones de inconstitucionalidad deberán establecer sus alcances y efectos, fijando con precisión, en su caso, los órganos obligados a cumplirla, las normas o actos respecto de los cuales opere y todos aquellos elementos necesarios para su plena eficacia en el ámbito que corresponda.

219. Por lo anterior, se declara la invalidez de la porción normativa "que hubiere cumplido la edad exigida por la legislación sustantiva de cada Entidad Federativa" de las fracciones II y IV del artículo 610; así como de la fracción III del artículo 638, ambos del Código Nacional de Procedimientos Civiles y Familiares. La cual surtirá sus efectos a partir de la notificación de los puntos resolutivos de este fallo al Congreso de la Unión. Y, se declara la validez de la segunda parte del artículo 554, en la porción normativa "entendida como la violencia ejercida contra las mujeres a través de sus hijos", así como de la fracción II del artículo 610 en la porción normativa "el mismo menor", ambos del propio Código Nacional de Procedimientos Civiles y Familiares.

220. Por lo expuesto y fundado, este Tribunal Pleno de la Suprema Corte de Justicia de la Nación

RESUELVE

PRIMERO. Es procedente y parcialmente fundada la presente acción de inconstitucionalidad.

SEGUNDO. Se reconoce la validez de los artículos 554, en su porción normativa "entendida como la violencia ejercida contra las mujeres a través de sus hijos", y 610, fracción II, en su porción normativa "el mismo menor", del Código Nacional de Procedimientos Civiles y Familiares, publicado en el Diario Oficial de la Federación el siete de junio de dos mil veintitrés.

TERCERO. Se declara la invalidez de los artículos 610, fracciones II y IV, en sendas porciones normativas "que hubiere cumplido la edad exigida por la legislación sustantiva de cada Entidad Federativa", y 638, fracción III, del referido Código Nacional de Procedimientos Civiles y Familiares, la cual surtirá sus efectos a partir de la notificación de estos puntos resolutivos al Congreso de la Unión.

CUARTO. Publíquese esta resolución en el Diario Oficial de la Federación, así como en el Semanario Judicial de la Federación y su Gaceta.

Notifíquese; mediante oficio a las partes y, en su oportunidad, archívese el expediente como asunto concluido.

Así lo resolvió el Pleno de la Suprema Corte de Justicia de la Nación:

....

La señora Ministra Presidenta Piña Hernández declaró que el asunto se resolvió en los términos precisados.

Firman la señora Ministra Presidenta y el señor Ministro Ponente, con el Secretario General de Acuerdos que da fe.

Presidenta, Ministra **Norma Lucía Piña Hernández**.- Firmado electrónicamente.- Ponente, Ministro **Jorge Mario Pardo Rebolledo**.- Firmado electrónicamente.- Secretario General de Acuerdos, Licenciado **Rafael Coello Cetina**.- Firmado electrónicamente.

EL LICENCIADO **RAFAEL COELLO CETINA**, SECRETARIO GENERAL DE ACUERDOS DE LA SUPREMA CORTE DE JUSTICIA DE LA NACIÓN: CERTIFICA: Que la presente copia fotostática constante de cincuenta y cinco fojas útiles, concuerda fiel y exactamente con el original firmado electrónicamente de la sentencia emitida en la acción de inconstitucionalidad 154/2023, promovida por la Comisión Nacional de los Derechos Humanos, dictada por el Pleno de la Suprema Corte de Justicia de la Nación en su sesión del trece de agosto de dos mil veinticuatro. Se certifica con la finalidad de que se publique en el Diario Oficial de la Federación.- Ciudad de México a diecinueve de noviembre de dos mil veinticuatro.- Rúbrica.

DECRETO POR EL QUE SE REFORMAN Y ADICIONAN DIVERSAS DISPOSICIONES DE LA LEY GENERAL PARA LA IGUALDAD ENTRE MUJERES Y HOMBRES, DE LA LEY GENERAL DE ACCESO DE LAS MUJERES A UNA VIDA LIBRE DE VIOLENCIA Y DEL CÓDIGO NACIONAL DE PROCEDIMIENTOS CIVILES Y FAMILIARES.

Publicado en el Diario Oficial de la Federación el 16 de diciembre de 2024

Artículo Tercero. Se reforman los artículo 554 y 573, último párrafo, del Código Nacional de Procedimientos Civiles y Familiares, para quedar como sigue:

....

TRANSITORIOS

Primero.- El presente Decreto entrará en vigor al día siguiente de su publicación en el Diario Oficial de la Federación.

Segundo. Las atribuciones señaladas en el presente Decreto conferidas a la Secretaría de las Mujeres entrarán en vigor hasta que la reforma a la Ley Orgánica de la Administración Pública Federal que crea dicha Secretaría surtan sus efectos legales y cobren vigencia.

Tercero.- Las reformas al Código Nacional de Procedimientos Civiles y Familiares dispuestas en este Decreto entrarán en vigor de conformidad con lo dispuesto en el artículo Segundo transitorio del Decreto publicado el 7 de junio de 2023 en el Diario Oficial de la Federación.

Ciudad de México, a 11 de diciembre de 2024.- Sen. Gerardo Fernández Noroña, Presidente.- Dip. Sergio Carlos Gutiérrez Luna, Presidente.- Sen. Verónica Noemí Camino Farjat, Secretaria.- Dip. José Luis Montalvo Luna, Secretario.- Rúbricas."

En cumplimiento de lo dispuesto por la fracción I del Artículo 89 de la Constitución Política de los Estados Unidos Mexicanos, y para su debida publicación y observancia, expido el presente Decreto en la Residencia del Poder Ejecutivo Federal, en la Ciudad de México, a 16 de diciembre de 2024.- **Claudia Sheinbaum Pardo**, Presidenta de los Estados Unidos Mexicanos.- Rúbrica.- Lcda. **Rosa Icela Rodríguez Velázquez**, Secretaria de Gobernación.- Rúbrica.